소비자계약법

Consumer Contract Law

송오식 著

소비자계약을 통하여 소비자는 생활에 필요한 물품과 서비스 욕구를 충족한다. 특히 오늘날 **금융소비자계약**에서 금융상품정보의 왜곡, 금융소비자의 전문성 미흡은 금융소비자보호를 필요로 하게 되었고 이에 **금융소비자보호법**이 제정되었다.

전남대학교출판문화원

■ 머리말

2013년에 '소비자법'의 이름으로 책을 출간한 지 거의 7년이 지난 시점에서 '소비자계약법'이란 이름으로 책을 발간하게 되어서 감개무량하다. 소비가 미덕인 시대에서 현명한 소비생활이 요구되는 시대로 변화하고 있다. 기업은 판매량과 이윤의 극대화를 추구하기 때문에 자칫 소비자의 입장에서는 거래의 각 단계에서 상품정보의 왜곡, 거래조건의 불평등, 구제수단의 불충분 등으로 인하여 불이익을 당할 가능성이 상존한다.

최근 소비자보호의 방향이 금융산업의 규모가 커지고 금융상품거래로 인한 금융소비자들이 피해를 당하는 일이 빈번해지면서 금융소비자보호 쪽으로 눈을 돌리게 되었다. 10여 전부터 금융소비자보호법 제정에 대한 논의가 진행되어 드디어 2020년에 입법이 되었고 2021년 3월부터 시행될 예정이다. 동법은 그 동안 단행법에 흩어져 있던 금융소비자보호 관련 규정들을 통합하여 '동일기능·동일규제'의 원리로 규제하고 있다. 본서에서는 특히 올해부터 시행되는 금융소비자보호법에 초점을 맞추고 현재 법률과 시행령만 제정된 상태에서 금융소비자보호를 위한 적정하고 타당한 해석을 시도함과 동시에 동법을 상세하게 소개하고 있다.

1999년부터 전자상거래의 법적 쟁점을 연구하면서 자연스럽게 소비자보호에 관심을 가지게 되었고, 일반대학원에서 소비자법 강좌를 개설하여 강의하면서 체계적인 연구를 하게 되었다. 종전 기 출간한 '소비자법' 책에서는 소비자법의 기초이론과 기본체계, 소비자계약의 기본원리 등을 추출하려고 노력하였다. 다루는 내용에서도 소비자법을 크게 소비자공법과 소비자사법으로 나누고, 소비자사법을 다시 소비자계약법과 소비자불법행위법으로, 소비자불법행위법의 내용에 제조물책임법과 개인정보보호법을 포함시켰다. 뿐만 아니라 소비자공법으로서 표시·광고공정화법과 함께 소비자의 피해구제제도까지 다루었다. 아무래도 소비자보호 관련 광범위한 내용을 다루다 보니 깊이 면에서는 부족하였다.

따라서 이번 '소비자계약법'에서는 소비자계약 이외의 내용들을 모두 제외하고 순수하게 소비자계약에 집중하여 기술하였고, 그 동안 축적된 판례와 변경된 법령의 내용을 반영하였다. 소비자계약이 갖는 다수 소액피해의 특성상 소송으로까지 이어지지 않았지만 최근에는 소비자의 권리의식의 제고와 소비자 집단피해로 인하여 소송에서 다투는 경우가 많아졌다. 그러한 영역에서는 이제 판례가 형성되고 축적되는 경향을 보이고 있다.

소비자계약을 광의의 의미로 소비자와 사업자 사이에 체결된 모든 계약이라고 할 수 있고, 좁은 의미로는 상품과 상품처럼 거래되는 용역을 그 대상으로 하는 소비자와 사업자의 계약이라고 정의할 수 있다. 개인으로서 소비자는 다양한 형태의 거래를 통하여 실제 생활에 필요한 상품과 용역을 충당하는데, 이를 규율하기 위해서는 동등한 당사자를 기반으로 입법된 민법으로는 한계가 있다.

본서에서도 소비자계약의 기본이념을 '계약공정'으로 상정하고 계약자유가 기초하고 있는 양당사자의 대등성이 여러 가지 사정으로 충족되지 못할 때, 대등성의 확보를 통해 공정성의 확보를 위한 이론적 기초를 제시하고자 하였다. 우리나라에서 아직 소비자법이란 독자적 법학분야로서 확고하게 자리 잡지 못한 상태에서 이러한 작업을 해 나가는 것이 용이하지 않다.

본서의 특징은 소비자계약을 유형별로 적시하고 유형에 맞추어 소비자보호 관련 법규들을 찾아 설명하였다는 점이다. 소비자계약 유형을 크게 내용에 따라 매매계약형과 역무제공형, 소비자신용형, 시설제공형, 혼합형으로 구분하였고, 계약방법에 따라 오프라인 거래형과 온라인 거래형으로 구분하여 기술하였다. 온라인거래 부분에서는 전자소비자계약으로 명명하여 계약의 특성에 맞추어 거기에서 요구되는 소비자보호에 대하여 다루었다. 본서의 후반부에는 금융소비자계약으로 명명하여 금융상품거래에서 발생하는 금융소비자보호피해의 특성과 그에 따른 금융소비자보호를 새로 입법된 금융소비자보호법에 맞추어 소개하였다. 이 점에서 종전의 소비자법과 차별성을 갖는다고 말할 수 있다.

본서로 말미암아 조금이나마 소비자법의 발전에 일조를 할 수 있고, 소비자보호에 보탬이 된다면 그것만으로도 큰 기쁨으로 여긴다.

본서의 출간까지 많은 이들의 많은 분들의 도움이 있었다. 바쁜 가운데 원고를 읽고 조언을 해 준 오대한 변호사, 꼼꼼하게 원고 교정을 도와준 최지원 양, 원고집필을 독려하고 전 과정을 세심히 배려해 주신 전남대학교출판문화원의 송미숙 과장님, 표지디자인을 멋지게 해주신 배광현님에게도 심심한 감사를 드린다.

2021년 2월

송오식 씀

■ 목 차

제3장 소비자계약의 현황과 유형 ___ 223

제4장 소비자계약의 규율 ___ 249

참 고 문 헌

【국내문헌】

고형석 소비자보호법 제2판, 세창출판사, 2008.
권오승, 소비자보호법 제5판, 법문사, 2005.
김성천, 소비자계약법 제정방안 연구, 한국소비자원, 2011.
김형배외 5인, 독일채권법의 현대화, 법문사, 2003.
박수영, 소비자법해설, 피데스, 2019.
서희석, 소비자계약의 법리, 부산대학교출판부, 2018.
송오식, 소비자법, 전남대학교출판부, 2013.
송오식, 계약법, 동방문화사, 2017.
송오식, 사이버스페이스법, 전남대학교출판부, 2016.
여정성/최종원/장승화 공편, 소비자와 법의 지배, 서울대학교출판부, 2008.
이병준, 현대시민사회와 소비자계약법, 집문당, 2013.
이은영(편), 소비자법과 민법, 세창출판사, 2010.
이은영(편), 금융시장과 소비자보호, 세창출판사, 2011.
이은영(편), 변화하는 온라인서비스 환경과 이용자보호, 2012.
임재연, 자본시장법, 박영사, 2020
사법연수원, 약관규제와 소비자보호연구, 2012.
양창수 역, 독일민법전, 박영사, 2018.
현대호, 소비자계약 관련 입법의 체계화방안연구, 한국법제연구원, 2003.

【외국문헌】

Joanthan Hill, Cross-Border Consumer Contracts, Oxford, 2008.
Cristina Coteanu, Cyber Consumer Law and Unfair Trading Practice, ASHGATE, 2005.
Norbert Reich/Hans-W. Micklitz, Europäisches Verbraucherrecht, Nomos, 2003.
Thomas Pfeiffer, Rechtsvergleichende Untersuchung des Verbraucherinfomantionsrechts, Nomos, 2013.
일본변호사연합회편, 소비자법강의, 일본평론사, 2009.
大村敦志, 消費者法 제3판, 유비각, 2006.
長尾治助 등, レクチヤ-消費者法, 法律文化史, 2011.

제 1 장
소비자법의 의의

제1장 소비자법의 의의

제1절 소비자법의 연혁

Ⅰ. 현대사회와 소비자문제의 등장

1. 현대사회의 특징

(1) 고도정보화 사회

산업혁명과 함께 대량생산이 가능하게 됨으로써 생산과 소비가 분리되는 현상이 발생하였으며, 이는 대량생산, 대량유통, 대량소비로 이어지게 되었다. 산업사회 이전의 시대에는 생산자와 소비자는 그 지위가 호환되는 사회였으나 오늘날에는 생산은 기업이 전담하게 되었고 일반 가계는 기업이 생산하는 상품을 소비하는 일방적 소비자로 전락하였다.[1) 이른바 소비사회가 출현하게 된 것이다.

정보의 집적이 이루어지면서 고도의 정보화사회가 되었고, 상품뿐만 아니라 교육, 의료, 교통, 컨설팅, 금융, 통신, 스포츠, 여행, 연예·오락, 상담뿐만 아니라 심지어 상조서비스까지 다양한 서비스분야에서 여러 유형의 전문가집단이 등장하여 일반인들은 이제 '서비스공급자로서 전문가'가 제공하는 서비스에 절대적으로 의존하는 서비스수요자 내지 서비스 소비자의 위치에 있다.

(2) 독과점기업의 출현과 불공정거래 가능성

자본주의의 발전에 따라 자본의 집중이 이루어지고 독과점기업이 출현하게 됨에 따라 실제의 시장에서는 경쟁이 제한되고 있으며 가격기구가 정상적인 기능을

---

1) 오늘날에는 인터넷과 통신의 발달로 소셜미디어와 UCC 등에서 보듯이 소비자가 문화콘텐츠를 생산하여 유튜브 등에 upload하는 것이 가능하게 되어 미디어와 지적재산분야에서는 일방적 소비자에서 생산자로서의 역할도 하고 있다.

발휘하지 못하게 되었고, 경쟁상태의 기업보다 독과점기업은 공급량을 조절함으로써 더 높은 가격을 책정하여 더 많은 이윤을 취하게 된다.[2)] 이러한 독과점 기업의 출현으로 말미암은 불공정거래는 기업간의 공정거래문제와 아울러 가격결정 등에서 소비자보호문제가 대두되었다.

(3) 제조물의 결함으로 인한 소비자의 안전침해

과학과 기술의 발달로 인하여 종전에는 향유할 수 없었던 수 많은 공산품과 약품 및 식품가공물 등 많은 제조물의 대량생산이 가능하게 되었지만, 그와 함께 제조물의 안전성의 결여로 인하여 소비자의 생명과 신체를 위협하게 되었다. 이제 제조물의 결함문제는 단순한 하드웨어적인 제품뿐만 아니라 IT시대에 소프트웨어의 결함이 소비자의 안전과 연결되기도 한다. 최근에는 국민들의 소득수준의 향상으로 인하여 소비자들의 욕구가 고급화·다양화됨에 따라 소비자들은 상품의 수량이나 성능뿐만 아니라 그 안전성에 대해서도 고려하게 되었으며 소비자의 안전확보가 점차 그 중요성을 더해 가고 있다.

(4) 광고매체의 발달과 정보의 왜곡

통신기술과 인터넷의 발달로 신문, 잡지, TV 등 종전의 전통매체를 활용한 상품의 광고는 이제 그 영역을 뛰어넘어 SMS 문자메시지, 인터넷의 포털사이트나 소셜미디어를 활용한 온라인 광고까지 확대되고 있다. 사업자들은 온라인 플랫폼이나 쿠키 프로그램을 통하여 개인정보를 수집하고 개별 소비자에게 맞춤형 광고까지 가능하게 되었다. 이처럼 무차별적으로 광고에 노출되고 있는 현대의 소비자들에게 건전한 정보제공으로서의 광고가 아닌 과대광고나 기만광고에 의한 소비자의 피해가 증대하고 있다.

(5) 4차 산업혁명과 소비자환경의 변화

제4차 산업혁명에 의해 소비자사회는 많은 변화를 겪고 있다. AI와 빅데이터로 대변되는 제4차 산업혁명은 연결사회, 감시사회, 스마트사회, 데이터사회를 창출하고 있다. 특히 사물인터넷, 5G, SNS 등에 의해 소비자와 소비자 사이가 즉응적으로

2) 최근 배달앱 업체인 배달의 민족의 독점으로 인한 서비스료 인상을 둘러싼 사건 등이 대표적이다.

연계되는 초연결사회로 나아가고 있다. 이와 함께 빅데이터, 인공지능, 블랙박스, CCTV 등으로 소비자는 소비생활에서 과도한 감시 아래 생활하고 있다. 이 상황에서 소비자는 자신의 정체성은 물론 소비생활 자체가 드러나 정부나 기업으로부터 자유로운 선택을 할 수 있는 기회를 박탈당하게 된다. 이 문제는 개인정보보호와 차원이 다른 프라이버시 침해의 문제가 발생하게 된다.

(6) 디지털시대와 개인정보침해 증대

정보통신기술의 발달로 인하여 기업의 상품판매는 오프라인에서 뿐만 아니라 온라인에서도 이루어지고 있고, 이러한 온라인거래의 특성상 기업은 상품의 판매과정에서 용이하게 소비자의 개인정보를 수집·가공·축적·제3자에의 제공 등을 할 수 있게 되었다. 특히 모바일의 등장과 소셜네트워크, 사물인터넷, 안전을 위한 CCTV의 광범위한 설치와 자동차 블랙박스의 등장으로 개인정보가 당사자의 동의 없이 무차별적으로 수집되고 있는 실정이다. 또한 신용카드와 체크카드의 사용은 개인의 상품구매 및 기호를 선별하여 수집·가공을 가능하게 하고, 진료기록의 전산화 등은 이러한 자료 등이 해킹이 될 경우, 민감한 개인정보 등이 유출될 수 있다는 점에서 그 문제의 심각성을 드러낸다. 특히 AI와 빅데이터기술의 발달로 개인정보의 활용이 더욱 용이해짐으로써 기업의 개인정보이용과 개인들의 개인정보보호가 첨예하게 대립하고 있다. 과거 공공기관에 의한 개인정보보호문제는 이제는 오히려 기업에 의한 개인정보보호의 문제가 더 중요하게 되었다.

2. 소비자문제의 의의

소비자문제는 한편으로는 상품이나 서비스의 가격과 품질 등에 대한 현재의 수준과 기대되는 수준과의 괴리에서 비롯되며, 영원히 해결할 수 없는 문제이기도 하다. 일반적으로 경제문제는 인간행동의 결과에 대하여 화폐적인 가치를 부여하는 문제, 예를 들면 국민총생산, 경제성장률, 1인당 국민소득 등에 초점을 맞추는 반면에, 소비자문제는 인간의 여러 가지 행동 중에서 최종적인 재화를 소비하는 생활자의 경제적인 행동 - 소득의 창출 및 재화와 용역의 구매, 사용, 폐기에 이르는 일련의 소비과정을 통하여 합리적인 의사결정을 하는 행위 - 이 일어나는 과정에 초점을 맞추게 된다.

소비자문제는 가격기구를 통하여 시장시스템에 기인하지 않는 측면, 즉 소비자의 안전, 사회 및 경제정의의 실현, 소득의 재분배, 소외계층의 보호, 인간성의 회복, 자원절약, 환경보호활동 등이 시장시스템에 기인하지 않는 소비자문제의 원천이 된다. 소비자문제가 개발도상국보다는 오히려 국민소득이 높은 선진국에서 더 큰 사회적 관심을 끌고 있는 것도 바로 이러한 이유에서이다.[3]

3. 소비자피해의 특징

통상 소비자문제라고 하면 그것은 소비자의 피해를 어떻게 구제 또는 예방할 것인가의 문제로 이해된다. 이 때 소비자피해란 "소비자가 사업자와 거래하는 상품과 서비스의 거래조건과 거래방법에 관하여, 소비자가 가졌던 합리적인 기대와 현실 사이에 부당한 불일치가 있는 상태"라고 할 수 있다.[4] 소비자피해는 사업자와의 계약관계에서도 발생할 수 있고, 계약관계가 없는 경우에도 발생한다. 소비자피해는 계약성립 전 광고단계에서부터 계약체결, 계약성립, 계약이행, 계약종료 후까지 전과정에서 발생하며, 계약관계가 없는 경우에도 사회적 접촉관계가 빈번해짐에 따라 다양한 소비자피해가 발생한다.

(1) 피해의 빈번성

대량생산·대량유통·대량소비사회에서 일반 소비자들은 생활의 대부분을 기업에 제공하는 상품과 용역에 의존하고 있다. 의식주와 교통수단, 통신시설, 스포츠, 여가와 오락, 교육, 금융, 정보습득 등 그야말로 전영역에 걸쳐 있다. 개인으로부터 이러한 상품과 용역을 공급받는 경우는 이제 예외적인 현상이 되었으며, 기업이 소비자의 수요를 예측하여 일방적으로 공급한 상품과 용역을 소비자계약을 통하여 구매함으로써 소비자피해는 거래의 모든 영역에서 발생하고 있다. 따라서 기업과 소비자간의 대량적이고 정형적인 거래에서 소비자피해는 빈번하게 발생하는 특징을 가지고 있다.

(2) 피해의 광범위성

IT 기술의 발달로 인해 가상공간에서 거래시간과 공간의 제약을 받지 않는 전자상거래와 같은 새로운 거래유형이 등장하였고, 교통수단의 발달로 인해 기업이

3) 일찍부터 EU국가들은 EU 소비자지침이나 국내법의 개정을 통하여 소비자보호를 꾀하여 왔다.
4) 권오승, 소비자보호법 제5판, 법문사, 2005, 14면.

제조한 상품은 이제 전 세계에 단기간에 공급이 가능하게 되었다. 소비자들은 해외직구를 통해서 직접 외국의 제품을 구매하고 있다. 이것은 필연적으로 소비자피해가 이제 한 지역이나 국가만의 문제가 아니라 전 세계적인 문제가 되었으며, 그 피해영역도 광범위하게 되었음을 의미한다.

(3) 피해원인규명(입증)의 곤란성

오늘날 상품과 서비스는 생산과 유통에서 여러 단계를 거칠 뿐만 아니라 생산과정의 복잡성과 전문성 등으로 인하여 소비자의 입장에서는 피해원인규명이 용이하지 않다. 소비자가 발생한 피해에 대한 손해를 청구하기 위해서는 먼저 피해원인제공자를 규명하여야 하고, 그 자의 영역에서 책임 있는 사유로 인하여 피해가 발생하였다는 것을 입증하여야만 피해의 구제가 이루어지는데, 전문성이 떨어지는 소비자로서는 이 점에서 불리한 지위에 있다.

(4) 당사자 지위의 불평등성

소비자피해의 가장 큰 특징은 사업자와 소비자간 불평등에서 찾을 수 있다.[5] 소비자는 기술과 정보를 독점하고 있는 사업자에 비하여 정보력, 경제력, 교섭력 등 모든 면에서 열위에 있다. 거래나 가격조건에 대해서도 소비자들이 교섭이나 흥정을 할 수 있는 여지는 거의 없으며, 대개의 거래는 계약의 자유라는 미명하에 소비자는 사업자가 일방적으로 정한 계약조건인 약관에 구속되어 상품과 용역을 구매할 수밖에 없다. 이러한 당사자 지위의 불평등성으로 인한 소비자의 피해는 거래의 전과정과 이행후의 A/S에 이르기까지 걸쳐 있으며, 이로 말미암아 소비자보호도 전 영역에서 이루어져야 한다.

(5) 피해의 부담전가 능력의 결여

기업은 자기의 이익을 추구하기 위하여 비용을 상품 및 서비스의 가격에 편입시켜서 결국은 소비자가 부담하도록 하지만, 소비자는 그와 같은 기회와 능력이 없기 때문에 최종적인 비용부담자로 머무르게 된다. 기업은 제조물책임과 같이 거래가 아닌 영역에서 발생한 손해에 대한 비용도 미리 예상하여 제품가격에 산정하

---

5) 사업자와 소비자의 비대칭성을 정보 측면에서의 열등성, 기술조작에 있어서 열등성, 부담전가에 있어서의 열등성, 그리고 조직력과 시장지배력에 있어서의 열등성으로 적시하기도 한다. 권오승, 앞의 책, 9-10면.

여 부담을 소비자에게 전가할 수 있지만, 소비자는 그러한 부담전가능력이 없다. 결국 제품 결함으로 인하여 발생한 손해의 회복을 위한 손해배상도 소비자의 몫이 되는 셈이다.

(6) 피해구제의 곤란성

소비자에게 피해가 발생하였더라도 대개의 상품은 유통을 거치기 때문에 책임 소재 규명이 어려운 경우가 있다. 또한 피해가 발생한 경우에도 소비자는 발생한 피해가 소액인 경우에는 피해구제에 소극적이 되며, 피해구제를 위하여 사업자측에서 임의로 나서지 않을 경우 행정기관이나 법원을 통해서 피해구제를 받아야 한다. 하지만 소액의 피해가 주를 이루는 소비자분쟁을 소송으로 해결할 경우에 소비자는 소송에 관한 전문지식의 부족과 시간·절차·경제적인 문제로 권리구제에 소극적이 될 수밖에 없다. 특히 전자상거래의 활성화로 해외의 사업자와 계약을 체결하여 발생한 피해에 대한 소비자의 권리구제문제는 더 곤란하다.

4. 소비자피해의 유형

(1) 법익침해의 유형에 따른 분류

1) 생명이나 신체　상품이나 용역의 결함이 원인이 되어 소비자의 생명이나 신체의 안전을 침해하는 경우로서, 소비자에게 가장 중요한 법익침해가 된다. 이러한 경우로서는 결함제조물로 인한 확대손해, 식품이나 약품의 결함으로 인한 인신손해, 의료과오(소비자계약으로 보는 경우), 비행기나 선박과 같은 교통수단에 의한 사고, 여행 중의 사고 등이 여기에 해당한다.

2) 인격권의 침해　사업자측의 과도한 개인정보수집이나 동의 없이 개인정보를 이용하거나 또는 사업자측의 과실이나 제3자에 의하여 개인정보나 프라이버시 등이 침해되는 경우이다. 오늘날 사업자는 사업상 소비자의 정보를 다양하게 수집하고 있는데, 전통적인 형식의 거래뿐만 아니라 금융, 의료, 언론, 교육 등 다양한 영역에서 개인정보나 프라이버시 침해 등이 발생할 수 있다.

3) 재산상의 손해　소비자가 사업자와 거래하는 과정에서 상품의 하자, 허위광고와 같은 기망, 부당한 가격결정, 불공정한 약관이나 거래조건 또는 불공정한 거래방법 등을 통하여 재산상의 손해가 발생한다. 거래 이외의 영역에서도 제품의

결함으로 인하여 소비자의 재산에 확대손해가 발생할 수 있다.

(2) 발생면에서의 분류

1) 내용상의 피해　이는 상품이나 용역의 내용상의 하자나 결함으로 인하여 소비자가 받는 피해이다. 이러한 피해는 상품이나 용역의 하자나 결함 그 자체에 그치는 경우도 있고, 그 하자나 결함이 원인이 되어 소비자의 생명이나 신체의 안전을 침해하거나 기타 재산상의 추가손해를 발생시키는 경우도 있다.

2) 거래상의 피해　이는 소비자가 거래과정에서 사업자의 부당한 가격결정, 불공정한 약관이나 거래조건 또는 부당표시나 허위광고 등으로 인하여 받는 피해이다.

(3) 형태면에서의 분류

1) 소액 다수피해　개별적인 소비자가 받는 피해액은 소액이지만, 그 피해자의 수가 많은 경우로서 대개의 소비자피해가 이에 해당한다. 개인정보의 침해, 생활용품으로 인한 피해가 여기에 해당한다. 부당한 가격결정이나 불공정한 약관 또는 부당한 표시 등을 통한 대량거래의 경우도 이에 해당한다. 그런데 이러한 소비자피해는 전통적인 소송절차를 통해서는 적절히 구제될 수 없기 때문에, 피해를 받은 다수의 소비자가 집단적으로 피해구제를 받을 수 있는 방안을 모색할 필요가 있다. 그러한 방법으로 소비자단체소송과 소비자집단소송 등이 있다.

2) 고액 다수피해　이는 개별적인 소비자가 받는 피해액이 고액일 뿐만 아니라, 그 피해자의 수도 다수인 경우를 가리킨다. 고가의 의약품이나 결함자동차, 하자있는 아파트, 부실 금융상품의 판매 등으로 인하여 소비자의 생명이나 신체의 안전 또는 재산이 침해되는 경우이다.

3) 소액 소수피해　이는 개별적인 소비자가 받는 피해액이 소액일 뿐만 아니라 그 피해자의 수도 소수인 경우를 가리킨다. 예컨대 세탁소에 맡긴 의류가 손상되었거나 자동차수리로 인한 피해 등이다.

4) 고액 소수피해　이는 개별적인 소비자가 받는 피해액은 고액이지만 그 피해자의 수는 소수인 경우를 가리킨다. 예컨대 의료과오로 인하여 환자의 생명 또는 신체의 안전이 침해되는 경우가 이에 해당된다.

Ⅱ. 소비자법의 전개

1. 경제생활의 구조변화에 따른 소비자입법의 필요성

근대민법의 입법자는 법률생활을 '개인 대 개인'으로 상정하고 상호 대등성 내지 상호 호환성의 전제 아래 당사자의 일방을 특별히 고려하거나 보호하려고 하지 않았다. 그러나 영리를 추구하는 기업이 등장함으로써 대부분의 법률관계가 '기업 대 기업'의 법률관계나 '기업 대 개인'의 법률관계로 변화하면서, 개인 대 개인의 법률관계와 다른 원리로 규율하여야 할 필요성이 제기되었다. 특별히 '기업 대 개인'의 법률관계는 당사자간에 교섭력, 정보력, 경제력에서 차이가 나기 때문에 양 당사자를 대등한 원리로 규율하는 것이 일방에게 불공정하거나 가혹하게 되었다. 이에 국가에서는 처음에는 행정규제의 차원에서 소비자를 보호하려고 하였으나 오늘날에는 소비자를 보호의 객체에서 자율적인 주체의 입장의 시각으로 전환하는 입법 태도를 보이고 있다. 이제 '기업 대 기업'의 법률관계는 상법과 경제법의 영역으로 편입되었으며 기업 대 개인의 법률관계는 경제법 내지 소비자법의 영역에서 다루게 되었다.

2. 소비자법의 연혁

소비자보호에 관한 최초의 법으로는 1980년에 제정된 「소비자보호법」이다. 동법은 소비자보호원의 설치 및 법의 실효성 확보를 위하여 1986년에 전면 개정되었고, 2006년에 소비자주권개념의 등장과 함께 「소비자기본법」으로 입법되었다. 구 소비자보호법은 소비자의 기본권 권리[6]를 제시함과 동시에 국가 및 지방자치단체의 의무(책무)를 정하며 국가의 소비자정책에 관한 기본적 사항을 정하고 있었으므로 실제 기본법적 성격을 띠고 있었다.[7]

(1) 소비자보호법 제정까지

1960년대부터 우리나라에서도 민간 소비자단체를 중심으로 소비자문제에 대한 논의가 이루어졌지만, 소비자보호가 법률의 목적조항에 등장하는 것은 1967년 「공

6) 구체적인 권리라기보다는 선언적 이념적 성격을 띠고 있었다.
7) 소비자법의 연혁에 대한 상세는 서희석, 소비자기본법 30년과 소비자법의 구조전환 - 소비자법의 제3의 물결을 위하여 -, 법조 통권 654호, 2011.3, 84면 이하 참조.

산품품질관리법」이다. 동법률은 1960년대 후반, 경제성장에 따라 공업용품의 생산이 증가하면서 제기된 품질관리 문제에 대응하기 위한 법으로 품질표시·품질검사 등을 통하여 소비자의 이익을 보호하고 공업용품의 품질향상을 도모하는 것을 목적으로 하는 것이었다.

이후 독과점의 폐해와 물가의 앙등이 사회문제화된 1970년대 중반까지 「물가안정 및 공정거래에 관한 법률」(1975) 및 「농수산물의 유통 및 가격안정에 관한 법률」(1976) 등이 계속 제정되었는데, 물가의 안정과 자유로운 경쟁질서의 확립 또는 농수산물의 유통의 원활화가 가격안정을 통한 소비자의 이익 보호가 각 법률의 제정목적으로 규정되었다.

소비자보호에 관한 우리나라 최초의 법으로는 1980년에 제정된 「소비자보호법」이다. 이 법은 우리나라 소비자(보호) 행정에서 실질적으로 최초의 입법적 근거를 마련하였다는 점에서 의미가 있다. 동법률은 기본법적인 성격을 가지나, 행정조치에 관한 사항(검사 및 자료제출 권한, 시정조치, 과태료 등)을 규정하고 있었을 뿐 아니라 벌칙규정도 두어서 동법은 피해구제법(ADR)과 조직법, 사업자에 대한 행정규제법 및 형사규제법까지 아우르는 복합법으로서의 성격을 가지고 있었다.

소비자보호법 이외에 소비자보호에 관한 법률이 활발하게 제정되었다. 1980년 독점규제 및 공정거래에 관한 법률, 1986년에 약관규제법, 1991년 할부거래법과 방문판매법, 1992년 표시·광고의 공정화에 관한 법률, 2002년에 전자상거래소비자보호법, 2006년 대부업법 등이 제정되었다. 이른바 '업법'이라고 불리는 할부거래법, 방문판매법 등을 통하여 청약철회권이 인정됨으로써 소비자보호가 구체화되었다.

(2) 소비자보호법의 전면개정

1980년의 「소비자보호법」은 소비자보호를 위한 첫 걸음을 디뎠다는 점에서 의미가 있었으나 소비자보호의 실효성 측면에서는 미흡하였다. 이에 1986년에 소비자보호정책의 추진체계를 마련하기 위한 제도적 근거를 마련하기 위하여 소비자보호법을 전면 개정하였다.

동 법률에서는 소비자보호원의 설립, 소비자의 기본적 권리의 선언, 소비자단체에 관한 근거규정의 신설 등을 내용으로 하는 법 개정을 하였는데, 중요한 것은 소비자피해구제업무 및 분쟁조정위원회제도가 도입되어 한국소비자보호원에서 담당하게 되었다. 이 법을 근거로 하여 「상담 → 피해구제 → 분쟁조정」이라는 3단계

분쟁해결시스템이 완성되었고, 이러한 시스템은 이후 우리나라 행정형 ADR 제도의 모범으로서 기능하였다.[8)]

동법률에 의하여 소비자보호원이 설치되어서 소비자보호를 위한 실질적인 업무를 하였으며, 동 법률의 전면개정과 함께 소비자보호 관련 법규가 제정되기 시작하였다. 동년(1986)에 「약관의 규제에 관한 법률」을 시작으로 하여 「방문판매 등에 관한 법률」(1991), 「할부거래에 관한 법률」(1991), 「여신전문금융업법」(1997), 「표시광고의 공정화에 관한 법률」(1999), 「제조물책임법」(2000년 제정, 2002년 시행), 「전자상거래 등에서의 소비자보호에 관한 법률」(2002), 「대부업의 등록 및 금융이용자보호에 관한 법률」(2002) 등 소비자보호를 주된 목적으로 하는 법률들이 차례로 제정되었다.

(3) 소비자기본법의 제정

2006년에는 구 소비자보호법의 명칭을 「소비자기본법」으로 변경하고 그 내용 역시 전면적으로 개정하였다. 이는 소비생활환경의 변화와 소비자의 의식 및 지위가 향상되었으며 새로운 정책수요에 대한 대응의 필요성에 따라 종전의 보호 위주의 소비자정책에서 탈피하여 경제주체로서 합리적인 소비자의 역할을 강조하고 소비자의 안전 등 최근 더욱 중요성이 부각되고 있는 소비자의 권익보호의 강화가 주된 배경이유였다.[9)] 1986년의 소비자보호법과 비교하여 내용에서 큰 차이를 보이는 것은 아니지만 법의 목적의 변화, 공정위가 소비자정책이 주관부서가 되었다는 점이다.[10)]

주요 개정내용은 첫째, 소비자보호법의 제명, 입법목적 및 한국소비자보호원의 명칭의 변경과 법체계(장절 구성)를 재구성하였다. 법의 목적조항이 소비자의 기본권익보호에서 소비자의 권익증진으로 변경되었다. 둘째, 소비자의 기본적 권리에 대응하는 '소비자의 책무'가 새로이 부가되었다. 즉 소비자기본법에서는 소비자의 권익증진을 입법목적에 명시함에 따라 소비자의 역할에서 더 나아가 소비자가 스

8) 「금융감독기구의 설치 등에 관한 법률」(1997)에 의하여 설치된 금융분쟁조정위원회 및 금융감독원에 의한 피해구제제도는 소비자보호법(1986) 상의 3단계 분쟁해결시스템을 모델로 한 것이다.

9) 서희석, 앞의 논문, 94-95면.

10) 공정거래위원회는 소비자보호에 관한 주요 법률들의 입법 및 집행권한을 가진 부서로서 우리나라의 소비자보호행정에서 대단히 큰 역할을 담당하게 되었다. 공정거래위원회는 2006년 이후부터 소비자정책의 담당자로 전면에 나서게 되면서 보다 강력한 소비자보호의 역할을 수행하게 되었다.

스로 일정한 책무를 부담함을 명시하였다. 즉, 소비자는 사업자 등과 더불어 자유시장경제를 구성하는 주체임을 인식하여 물품 등을 올바르게 선택하고, 소비자의 기본적 권리를 정당하게 행사하여야 하며, 또한 소비자는 스스로의 권익을 증진하기 위하여 필요한 지식과 정보를 습득하도록 노력하여야 하고, 자주적이고 합리적인 행동과 자원절약적이고 환경친화적인 소비생활을 함으로써 소비생활의 향상과 국민경제의 발전에 적극적인 역할을 다하여야 한다(제5조).

셋째, 소비자정책에 관한 기본계획을 3년마다 수립하고 이를 바탕으로 매연도별 시행계획을 수립 추진한다. 이를 위하여 소비자정책의 심의·의결기구인 소비자정책위원회(재정경제부에 설치)를 설치한다(제23조). 한편 소비자보호원의 명칭도 한국소비자원으로 바꾸고 한국소비자원 및 소비자단체의 관할권을 공정위로 이관하는 등 공정위의 소비자정책기능을 강화하였다.

넷째, 소비자안전의 강화이다. 구 소비자보호법상 소비자안전에 관한 제도의 골격이 형성된 것은 1995년부터인데, 즉 중앙행정기관의 장에 의한 위해 물품 등의 수거·파기명령제도(리콜명령제도 또는 강제리콜제도)의 도입이다. 이 제도는 2001년에 결함정보를 사업자 스스로 보고하게 하고(결함정보보고제도), 사업자 스스로 문제가 된 물품 등을 자진 수거하도록 하며(자진 리콜제도), 중앙행정기관의 장에 의한 수거·파기의 권고제도(리콜 권고제도)를 보완함으로써 현재의 리콜제도의 골격을 완성하였다. 소비자기본법에서는 국가 및 지방자치단체에 대하여 어린이·노약자 및 장애인(취약계층)에 대한 보호시책의 강구, 한국소비자원에 소비자안전센터를 설치하여 위해정보를 수집하고 분석하는 등의 업무를 맡게 하였다(제51조, 52조).

다섯째, 집단분쟁조정제도(일괄분쟁조정제도) 및 소비자단체소송제도 등 새로운 피해구제제도의 도입이다. 전자는 기존 분쟁조정제도에 대한 특례의 신설(제68조)로서 소비자분쟁조정위원회가 50인 이상의 소비자에게 발생하는 같거나 비슷한 사건에 대하여 일괄적인 분쟁조정을 실시할 수 있도록 하고, 집단분쟁조정의 실시를 14일 이상 공고하도록 하여, 소액 다수피해 발생이라는 특성을 지닌 소비자문제를 일괄적·효율적으로 해결하도록 하였다. 소비자기본법으로의 변신으로 소비자보호에는 어느 정도 진전이 있다 하더라도, 문제는 경쟁정책의 당국인 공정거래위원회가 소비자정책까지 함께 맡는 것과 법의 목적의 변화(소비자의 기본권익의 보호에서 소비자의 권익증진으로)가 실질적으로 어떠한 의미를 가지는지에 대한 회의론도 존재한다.[11]

이후에도 소비자기본법은 2008년에 한국 소비자원 부설 소비자안전센터가 제한 없이 소비자들에게 교정정보를 할 수 있도록 하고, 양벌규정에서 법인 또는 영업주가 종업원 등에 대한 관리·감독상의 주의의무를 다한 경우에는 처벌을 면하게 함으로써 책임주의 원칙이 관철되도록 하였으며(제85조 단서), 2010년에 질서위반행위규제법의 제정으로 불필요해진 과태료의 부과·징수 절차 등에 관한 내용을 정비하였다. 또한 2011년에는 시각장애인 소비자를 위한 별도의 표시기준을 정하였고(제10조 제7호), 사업자가 제품용량 등을 변경하는 경우에는 변경 전후의 사항을 표시하도록 하며, 소비자분쟁조정위원회의 회의운영을 효율화하기 위하여 조정부의 제도를 새로 도입하였다(제63조 제1항 2호).

(4) 소비자기본법 제정 이후

2006년 소비자기본법으로의 변경 이후에도 소비자보호관련 법률이 새로 제정되거나 소비자보호를 위한 새로운 제도들이 각 법률에 도입되기도 하였다. 재화에 대한 대금결제방식이 전자적으로 이루어짐에 따라 이로 인하여 발생하는 문제를 규율하기 위하여 2007년에 「전자금융거래법」이 제정되었다. 또한 소비자의 권익증진 및 소비생활의 향상에 관한 기본적인 정책을 종합·조정하고 심의·의결하기 위한 기관으로서 종전의 심의기관이었던 소비자정책심의위원회를 국무총리 산하의 소비자정책위원회로 개칭하여 설치하고 위상을 강화하였다(소비자기본법 제23조).

개인정보의 문제는 그 동안 각각 개개의 법률에 의하여 개인정보를 보호하던 차원에서, 인터넷의 등장으로 전자거래가 활성화됨에 따라 개인정보 보호 기준을 준수해야 할 대상을 공공기관과 정보통신서비스 제공자 뿐만 아니라 모든 민간사업자와 단체로까지 확대한 「개인정보보호법」이 2011년 3월에 제정되어 9월 30일부터 시행되고 있다. 개인정보보호법은 기업의 빅데이터 활용을 위한 가명정보의 활용을 위하여 개인정보에 관한 데이터3법(개인정보보호법·신용정보법·정보통신망법)이 2020년에 개정되어 2020.8.5.부터 시행되고 있다.

소비자보호와 관련하여 징벌적 손해배상제도를 우리나라에서도 도입하였는데 2015년에 개인정보보호법(제39조 제2항), 2017년에 제조물책임법(제3조 제2항), 2018년

11) 공정거래위원회가 경쟁정책과 소비자정책을 함께 맡는 것의 장점은 기업들에 대한 강력한 제재나 권고가 가능하기 때문에 그 점에서 소비자보호의 실효성이 담보된다는 점이다. 서희석, 소비자법의 30년과 소비자법의 구조전환 - 소비자법의 제3의 물결을 위하여-, 법조, 통권 654호(2011.3.), 법조협회, 98면.

에 독점규제 및 공정거래에 관한 법률(제56조 제2항) 등에서 규정하고 있다.

최근 금융시장에서 소비자보호가 화두가 되면서 금융소비자보호법이 2020. 3. 5.에 국회 본회의를 통과하여 2021년 시행 예정에 있다. 동법의 의의는 개별 금융관련법에 산재되어 있는 금융소비자 관련 규제를 단일의 기본법으로 통합하였다는 데에 있고, 모든 금융상품에 대하여 6대 판매원칙을 적용하게 하였다. 즉 예금 및 대출, 금융투자상품, 보험상품, 신용카드 등 모든 금융상품에 관하여 적합성 원칙 준수, 적정성 원칙 준수, 설명의무 준수, 불공정영업행위 금지, 부당권유행위 금지, 허위과장광고 금지가 적용된다.

제2절 소비자법의 기초이론

Ⅰ. 소비자법의 기본원리

1. 기본원리의 필요성

모든 법에는 기본원리가 존재한다. 헌법과 행정법, 민법 등 각각 고유의 기본원리가 있게 마련이다. 민법에서의 사적 자치의 원칙은 양당사자의 대등성과 호환성을 전제로 하여 계약자유를 그 본질적 내용으로 하고 구체적 내용으로서는 계약체결의 자유, 계약상대방선택의 자유, 계약내용의 자유, 계약방식의 자유를 포함한다. 과연 소비자법의 기본원리로 무엇을 꼽을 수 있을지는 현재 생성중인 법으로서 확정적으로 단언하기는 곤란하다. 다만 소비자법도 사업자와 소비자 사이의 법률관계를 규율하는 법으로서 소비자보호에 초점을 맞춘다면, 그러한 가치로부터 기본원리를 도출해 보는 시도는 가능하다고 본다.[12)]

(1) 소비자주권

소비사회의 형성에 따라 사업자의 광고와 마케팅에 의한 소비의 왜곡으로 인하여 소비자가 자신의 진정한 이해와 필요에 의해 주체적·합리적으로 소비를 결정

12) 일본의 大村敦志 교수는 소비자법의 기본원리로 소비자법의 독립성과 소비자법의 완결성을 꼽고 다시 전자에는 법영역의 독립성, 법전·재판기관의 불완전성을 특색으로 들면서 기술하고 있다. 大村敦志, 消費者法(3판), 有斐閣, 2007, 15면 이하.

하고 이것이 시장에 신호로 전달되어 사업자의 생산을 조절한다는 소비경제학의 기본전제가 무너지기 시작했다. 즉 소비사회의 성립과 소비주의의 확산으로 인하여 시장의 민주적 기능은 정지되고 시장의 민주적 단위인 소비자의 자기결정권은 침해당하지 않을 수 없게 되었다.

이러한 문제의식에 따라 1950년대 초부터 독일 내에서 시민운동으로서의 소비자운동이 본격적으로 전개되었고 이는 유럽 전역으로 퍼져나갔고, 1950년대 중반부터는 바다 건너 미국에까지 확산되었다. 국가정책 및 사업자의 영향과 조종으로부터 벗어나 시민들이 당당한 소비주체가 되어 민주적 경제구조를 수립하는 데 참여해야 한다는 인식이 전 세계적으로 확산되기 시작하였고, 이러한 전제 하에서 미국의 제도주의 경제학자 John Kenneth Galbraith가 1958년에 '소비자 주권(Consumer sovereignty)'의 이론을 주창하기에 이르렀고,[13] 이를 기점으로 소비자권리선언 및 소비자보호정책들을 발표하게 되었고, 소비자법이라고 하는 새로운 법영역이 탄생하게 되었다. 따라서 소비자주권개념은 소비자보호와 관련하여 초창기에 형성되었으며 자유주의적 소비자보호모델이자 소비자법의 핵심원리로 자리잡았다.

소비자주권의 개념에 대해서는 시장경제에서 주어진 생산자원을 가지고서 누가 무엇을 얼마만큼 생산하여 누구에게 공급할 것인가 하는 문제, 즉 사회전체의 자원배분이 소비자들의 자유로운 선택에 의하여 결정된다고 이해한다.[14]

소비자주권개념에는 능동적이고 자주적인 소비자상을 전제로 하고 있으며, 소비자는 국민경제의 경제주체로서 민주사회에서의 정치적 주권에 이어 시장경제에서의 경제적 주권을 행사할 수 있다는 것이다. 소비자주권개념은 소비자보호법의 초기단계에서 주창되었으나, 후에 위와 같은 자유주의적 소비자관은 독일의 사회주의 성향의 법학자들에 의하여 비판에 직면하게 된다. 이들은 기존의 자유주의적인 소비자보호모델은 현실적인 소비자상과 괴리가 있는데, 그 이유로 첫째, 규모의 이익을 앞세운 다국적자본이 국경을 초월하여 저렴한 가격과 우수한 품질로 각국 시장을 지배하는 현실 아래서 한 국가의 독점규제정책은 한계를 가질 수밖에 없고, 둘째 공정거래질서가 이룩된다고 하더라도 제공되는 상품 등의 기술적 복잡성과 다양성 등이 소비자의 합리적 시장조망가능성과 상품간의 ·단점비교가능성 등을 원천적으로 봉쇄하며,[15] 셋째 약관의 적용이 확대되고 소송비용의 부담이 점점 증

13) 이에 대해서는 Galbraith, The Affluent Society, Houghton Mifflin Book, 1958. 참조.
14) 권오승, 소비자보호법 제5판, 법문사, 2005, 44면.

대되는 등 법현실에서 공정거래질서를 수립하는 이외의 모든 민사상 소비자문제 해결을 사적 자치에만 일임할 경우 소비자는 사업자가 일방적으로 지시하고 규율하고 조종하는 바에 의해 따라갈 수밖에 없음을 들었다.

위와 같은 시각에서는 소비자는 결코 이성적이지도 않고 독립적이지도 않으며 자기책임이 강하지도 않고, 그 때 그 때의 상황변화에 따라 정보를 취합하여 합리적 의사결정을 할 수 없는 존재로서 자기의 욕구와 선호도에 대해서도 잘 모르며, 상품의 선택에 있어서도 소비자 자신이 결정하는 것이 아니라, 기업이 광고하고 국가가 유도하는 대로 따라갈 뿐이라는 것이다.[16] 즉 기존의 자유주의적 소비자보호모델이 상정하고 있는 이성적이고 합리적이며 주체적인 소비자란 이 세상에 존재하지 않으며, 설령 그런 소비자가 일부 존재한다고 하더라도 자유주의자들이 말하는 소위 '이성적 소비자관'은 현실성이 없다고 한다.

왜냐하면 소비자는 구조적으로 거대자본의 압도적인 정보력·조직력·교섭력 앞에 약한 존재이며, 지식면에서도 허위정보나 대중매체의 선전·선동에 용이하게 현혹될 만큼 안목을 갖추지 못했으며, 심리적인 면에서도 주위의 압력이나 대세의 분위기에 쉽게 휩쓸리고 동조할만큼 경박·경솔하며 새로운 지식과 정보를 재빨리 검색하고 습득할 만큼 부지런한 것도 아니라는 것이다.

그러나 오늘날의 소비자들은 교육과 지적 수준면에서 과거와는 달리 상당히 세련되었으며 정보와 통신기술의 발달로 정보화시대의 도래로 말미암아 이제 소비자도 일정부분 생산자와 동등한 정보를 보유하고 선호표출 등의 방식으로 생산과정에 직접 참여하는 소비자생산(prosumer)이 확산되면서 시장구조가 소비자중심의 시장구조로 개편되는 등 변화가 일고 있다. 소비자주권의 개념도 현대적인 의미에서 새로이 음미되고 있는 것이다.

---

15) Vgl. Reich, Markt und Recht, S. 183 f.; Reich/Tonner/Wegener, Verbraucher und Recht-Üdberholte Konzeptionen, GöAttingen 1976, S. 20; Simitis, Verbraucherschutz-Schlagwort oder Rechtsprinzip?, S.113.

16) Vgl. Simitis, Verbraucherschutz-Schlagwort oder Rechtsprinzip?, S. 111; Fuchs, Zur Disponsibilität gesetzlicher Widerrufsrechte im Privatrecht-unter besonderer BerüPcksichtigung der Widerrufsrechte nach §§ 7 VerbrKrG, 168 S. 2 und 130 Abs. 1 S. 2 BGB, in: AcP 196 (1996), 313 (334); Reich, Verbraucherpolitische Probleme bei der Anwendung des Gesetzes zur Regelung des Rechts der Allgemeinen Geschäftsbedingungen (AGBG)-Zugleich eine Würdigung neu erschienener Erläuterungsliteratur, in: NJW 1978, 513 (519); Reich/Micklitz, Verbraucherrecht in der Bundesrepublik Deutschland - Eine Studie im Auftrage der EG Kommission, New York 1980, Rd. 3.

(2) 소비자법의 강행법규성

소비자주권론의 등장에 따라 소비자가 보호의 객체에서 주체로 지위의 변화가 시도되고 있다. 과거에는 행정법적 차원에서 소비자보호가 이루어졌고 따라서 이른바 소비자법은 강행법규적 성격을 지니고 있었다. 오늘날 소비자법을 사법적 차원에서 편입하거나 규율하려 하는 움직임이 존재하는데, 사업자와 소비자 사이에 행해지는 계약에 대하여 사법에 편입한다 하더라도 그러한 규정들은 강행법규성을 띠게 된다.

여러 가지 소비자보호규정들이 계약유형강제 및 문서방식강제(할부거래법 제6조), 체약강제, 계약내용통제(약관규제법·이자제한법·대부업법) 등 강행법규화하고 있으며, 소비자계약의 특별법이라고 할 수 있는 약관규제법(제6조 1항·제7조·제8조 등) 방문판매법(제52조), 할부거래법(제43조), 전자상거래소비자보호법(제35조) 등은 소비자에게 불리한 약정을 체결한 경우 그 약정을 무효라고 함으로써 강행법규로서 효력법규임을 밝히고 있다.

(3) 소비자법의 독자성

소비자법 영역은 전통적인 법영역인 헌법, 민법, 형법이나 최소한 체계적인 법전이 있는 상법, 민사소송법, 형사소송법이나 혹은 체계적인 법전은 갖추고 있지 않지만 독자적인 법영역으로 인정받고 있는 경제법이나 노동법과 같이 독립된 법영역의 지위까지 획득하였다고 볼 수 없다.[17] 20세기에 이르러 자본주의가 고도화되면서 독점자본주의가 형성되고, 그 결과 사회적·경제적 불평등이 심화되었다. 이를 배경으로 노사문제, 주거문제, 의료문제, 소비자문제 등이 구조적인 사회문제로 등장하게 되었다.

각 국가에서는 이러한 문제를 해결하여 사회의 안정을 기하고자 약자를 보호하는 법률을 제정하기 시작하였다. 사적자치에 기반한 계약자유의 원칙 등 시민법의 원리를 수정하는 새로운 법의 영역을 인정하게 된 것이다. 노동법, 주택법, 환경법, 소비자법 등이 그것이다.[18] 위의 법들은 사회법, 경제법으로 불리우며 시민법

17) 소비자법의 독자성 확립에 대해서는, 이은영, 소비자계약법의 과제, 소비자법과 민법, 세창출판사, 2010, 1면 이하 참조.

18) 소비자법의 독자성에 대하여는, 강창경, 중장기 소비자입법정책의 과제와 방향, 한국소비자원, 2010.12., 19면 이하 참조.

의 원리에 대폭 수정을 가한 내용을 담게 되었다.

위에서 살펴보았듯이 소비자의 개념에 대한 논쟁에서 시작하여 자연스럽게 '소비자'라는 인간상의 특성에 대한 논쟁으로 이어가면서 소비자가 보호의 대상이 되는 사회적 약자인지 아니면 충분한 정보가 제시되기만 하면 스스로 유리한 결정과 선택을 할 수 있는 합리적 인간인지에 대한 견해차이가 나타났고 이는 소비자법을 하나의 독자적인 연구영역으로 끌어들이는 동기를 부여하였다.[19] 소비자법의 영역은 다양하며 기존의 법체계로는 분류할 수 없는 통일체로서의 법리구조를 가지고 있다.

이상에서 살펴보듯이 1980년 단행법으로서 '소비자보호법'의 제정 이래 거래의 실태에 따른 소비자보호의 필요에 의해서 그때 그때 특수거래를 규율하기 위한 단행법의 제정을 통하여 소비자문제에 대처하여 왔는데, 그 단행법들의 성격은 기본적으로는 행정법의 성격을 띠며 절차법, 형법, 민법 등이 복합된 복합법적 성격이 있는 법률이다. 구제절차에서도 단일한 절차에 의하지 않고 사안에 따라 행정소송, 민사소송 혹은 형사절차에 의하는 등 여러 가지 다른 절차에 의하여 행해지고 있고 소비자단체소송은 소비자기본법에서 규율하고 있다.

따라서 소비자법의 영역이 정착되고 전문가집단이 형성되면서 현재의 산발적 소비자특별법체제에 대하여 강력한 비판이 행해졌다. 공통점으로는 첫째, 소비자법으로서 소비자사법과 소비자공법의 분리가 필요하다는 점이고 둘째, 소비자계약법에 관한 일반원칙을 밝히는 규정이 필요하다는 점이다.[20] 현재 활발하게 소비자사법, 그 중에서도 특히 소비자계약법의 민법에의 편입방안 등이 논의되고 있는데, 향후 소비자법이 독자적인 영역을 구성한다면 그 영역에 속하는 법원칙이 무엇인가를 밝히는 작업은 더 구체화되어야 할 것이다.

(4) 소비자법의 의의

소비자법(consumer law, Verbraucherrecht)은 소비생활관계에 관한 법규의 총체라고 할 수 있다. 바꾸어 말하면 소비자의 소비생활을 둘러싸고 발생하는 법률관계를 규율하는 법규의 총체를 말한다. 소비생활을 하나의 영역으로 인정하고 이를 법이론 또는 입법정책의 대상으로 하는 법영역이다.

후기산업사회 내지 후기정보사회에서 사업자가 제공하는 상품과 용역에 의존

19) 이은영, 앞의 책, 2면.

20) 이은영, 위의 책, 28면.

하여 소비생활을 하는 개인으로서 소비자는 사업자와 동등한 주체로서 스스로 안정된 생활을 영위하기가 어렵게 되었다. 특히 시장의 변화, 정보의 격차, 불공정거래 등으로 종전의 법이론으로 소비자를 보호하는데 한계를 드러내면서 독자적인 영역으로서 소비자법이 필요하게 되었다. 당사자의 대등성과 호환성을 기반으로 한 근대시민법체계나 기업의 유지강화를 그 이념으로 하는 기업법체계는 더 이상 소비생활에 유용하지 않게 되었다.[21] 물론 경쟁법은 간접적으로 소비자보호에 기여하기도 한다. 여기서 사회의 변화에 따른 새로운 법체계를 정면으로 인정할 필요가 있었고, 그 산물이 소비자법이다. 소비자법은 소비자의 입장을 고려하여 구성된 소비생활관계에 관한 법규의 총체이다. 소비자법은 소비자의 권리와 법익의 보장, 소비자거래, 소비자안전, 소비자피해구제, 소비자행정 등을 그 대상으로 한다. 이 점에서 소비자법은 그 대상이 명확한 독자성을 가지며, 다른 법과 구별된다.

다만, 향후 산재되어 있는 소비자보호 법규들을 묶어 프랑스처럼 단일한 소비법전을 제정하여 독자적인 법영역으로 구축할 필요가 있다.[22]

2. 소비자의 기본적 권리

소비자의 기본적인 권리에 대한 최초의 천명은 미국 케네디(John F. Kennedy) 대통령의 '소비자의 이익보호에 관한 특별교서'이며, 동 교서에서는 소비자의 네 가지의 기본적인 권리로 안전의 권리, 정보에 관한 권리, 선택의 권리, 의견제시의 권리를 포함하고 있었다. 이후 보상을 받을 권리, 교육을 받을 권리, 단결 및 단체활동에 관한 권리, 환경에 관한 권리가 새로이 추가되었으며, 소비자기본법에서도 소비자의 기본적인 권리로서 8대 권리를 규정하고 있다.

---

21) 경쟁법을 지배하는 3가지 주요 원칙이 있다. 첫째, 기업간의 자유 거래와 경쟁을 제한하는 계약이나 관행은 금지된다. 특히, 카르텔에 의하여 자유 거래를 제한하는 것을 포함한다. 둘째, 시장지배적 사업자의 권한남용행위 또는 그러한 지배적 지위를 유지하고자 하는 반경쟁적 관행은 금지된다. 셋째, 대기업의 인수 합병을 감시한다. 경쟁법의 요소와 실행은 관할에 따라 다양하지만, 소비자의 권익 보호와 사업자의 시장 경제에서의 경쟁 기회 부여는 공통적으로 중요한 요소로 취급되고 있다.

22) 프랑스 소비법전은 모두 5권으로 구성되어 있다. 제1권은 소비자정보와 계약의 형식, 제2권은 제조물 및 서비스의 적합성 및 안전, 제3권은 부채, 제4권은 소비자단체, 제5권은 각종 위원회에 관하여 규정하고 있다. 또한 크게 입법부분, 부칙부분:참사원 데크레, 부칙부분:단순데크레의 3부분으로 나누어져 있고, 각 부분 모두 위의 5권과 같이 편성되어 있다. 입법부분은 국회의 입법에 의한 법률에 해당하는 규정들을 포함하고 있고, 부칙부분은 시행령 내지는 시행규칙에 해당하는 규정들을 포함하고 있다.

우리 헌법은 소비자의 권리를 직접적으로 뒷받침할 수 있는 명문의 규정을 두고 있지 않고 있으며, 비교법적으로도 그 예는 드물다. 그럼에도 불구하고 소비자의 권리를 기본권적 관념으로 구성하고 체계화하려는 논의는 지속적으로 전개되어 왔다. 이하에서는 소비자기본법상의 소비자의 기본적 권리에 대하여 기술한다.

(1) 안전의 권리

소비자는 물품 또는 용역으로 인한 생명·신체 또는 재산에 대한 위해로부터 보호받을 권리를 갖는다(소비자기본법 제4조 1호). 오늘날 소득수준의 향상으로 인하여 소비자들의 욕구수준이 높아지게 되면서, 상품의 안전성이 소비자의 상품선택에서 아주 중요한 고려요소가 되고 있다. 안전의 권리는 소비자의 권리 중 가장 기본적인 권리로서, 사업자가 제공하는 물품이나 용역으로 인하여 소비자의 생명·신체나 재산이 침해되어서는 안된다는 것을 의미한다.

사업자는 소비자가 거래과정에서 피해를 입지 않도록 공정한 거래방식을 채택함과 동시에 재화 등을 제조 또는 판매를 통하여 소비자안전이 침해되지 않도록 적정한 안전기준을 갖춘 재화를 생산하여야 하며, 재화의 용도에 따라 인체에 유해를 가할 위험이 있는 재화에 대하여는 소비자에게 충분히 그 내용을 설명하거나 표시하여 피해를 예방할 수 있도록 조치를 취하여야 한다.

안전할 권리를 보장하기 위하여 국가는 위해방지의무(동법 제8조 제1항)와 자진수거·파기(recall)(동법 제48조), 수거·파기권고(동법 제49조), 수거·파기명령(동법 제50조)을, 국가 및 지방자치단체는 소비자에 대한 정보제공의무(동법 제13조)를, 사업자는 위해방지의무(동법 제19조 제1항)와 결함정보보고의무(동법 제47조 제1항)를 부담한다. 또한 한국소비자원에 소비자안전센터의 설치의무(동법 제51조)를 규정하고 있으며, 제7장에서 소비자안전에 관한 여러 규정(동법 제45조-제52조)를 두고 있다.

또한 제조물의 결함으로 인하여 생명·신체 또는 재산상 손해를 입은 소비자를 보호하기 위하여 제조물책임법을 제정하여 2002년 7월 1일부터 시행되고 있는데, 제조물책임법의 시행으로 기업들은 제조 및 설계상의 결함뿐만 아니라 지시·경고상의 결함에 대하여 세심한 주의를 기울임으로써 소비자의 안전이 확보되었다.[23)]

---

23) 소비자의 안전할 권리를 보호하기 위해서 식품위생법, 공산품 품질관리법, 약사법 등의 단행법에서 소비자안전과 관련된 각종 기준을 규정하고 있으나, 본래의 입법목적이 행정청에 의한 행정규제에 있었기 때문에 소비자보호 측면에서는 미흡한 실정이다. 우리나라도 소비자의 안전한 권리를 적극적으로 실현시키기 위해서는 미국, 일본과 같이 소비자제품안전법을 제정하여

(2) 알권리(지식·정보 등을 제공받을 권리)

알권리는 소비자의 입장에서 사업자측으로부터 정보 등을 제공받을 권리를 말하는데, 오늘날 소비자의 권리로서 대단히 중요한 권리가 되었다. 소비자는 물품이나 용역 등을 선택함에 있어서 필요한 지식 및 정보를 제공받을 권리를 갖는다(동법 제4조 2호). 이는 바꾸어 말하면 사업자측에서는 정보제공의무를 부담한다는 것을 의미한다. 이러한 정보에 관한 소비자의 알권리는 합리적인 선택권의 행사 및 소비생활의 영위와 밀접한 관련이 있으며, 그 기초가 된다. 판례는 피고(주식회사 다음커뮤니케이션)에게 원고들의 개인정보를 형사소송법에 의한 이메일에 대한 압수·수색영장의 집행에 따라 수사기관에 제공한 현황에 관한 열람이나 제공을 요구한데 대하여 소비자기본법 제4조 제2항의 지식 및 정보에 수사기관에 대한 이메일 제공 현황이 포함된다고 보이지 아니한다고 하고 있다.[24]

소비자의 알권리를 보장하기 위하여 국가는 표시·광고기준제정의무(동법 제10조·제11조), 국가 및 지방자치단체는 계량 및 규격의 적정화의무(제9조), 소비자에 대한 정보제공의무(동법 제13조) 및 시험검사결과의 공표·조치의무(동법 제17조 제3항)를, 사업자는 소비자단체 및 한국소비자원의 자료·정보제공요청에 대한 적극협력의무(동법 제18조 제2항)와 소비자에 대한 정보제공의무(동법 제19조 제3항)를 부담하며, 등록된 소비자단체 및 한국소비자원의 사업자 또는 사업자단체에 대한 자료·정보제공요청권을 부여하고 있다(동법 제78조). 소비자단체 및 한국소비자원에서의 유사한 상품들간에 우수성을 비교·시험하여 일반에게 공표하는 것(동법 제28조 제2항, 제35조 제3항)도 소비자의 알권리를 도모하기 위한 것이며, 표시·광고법에서도 중요정보공개제(동법 제4조)를 운영하고 있다.

(3) 선택할 권리

소비자는 물품 등을 선택함에 있어서 거래의 상대방·구입장소·가격 및 거래조건 등을 자유로이 선택할 권리를 갖는다(동법 제4조 3호). 소비자는 다수의 사업자가 제공하는 다양한 재화들 가운데 자신에게 적합한 재화를 선택할 수 있어야 한다. 선택할 권리는 자유롭고 공정한 경쟁이 이루어지는 시장구조가 전제되어야 하며,

---

산재한 관련 규정을 통일화할 필요가 있다는 주장으로는, 박수영, 소비자법해설, fides, 2019, 각주 39)

24) 대판 2015.2.12. 2011다76617.

만약 거래의 상대방인 사업자가 시장에서 독·과점적인 지위를 가지는 경우에 소비자는 재화 등을 비롯한 거래조건을 선택하지 못하고 사업자가 일방적으로 결정한 사항을 따를 수밖에 없다. 따라서 소비자가 자유로이 선택할 권리를 보장하기 위하여 국가는 표시기준제정의무(동법 제10조), 거래의 적정화에 대한 의무(동법 제12조), 국가 및 지방자치단체는 소비자에 대한 정보제공의무(동법 제13조), 사업자는 거래의 적정화의무(동법 제19조 제2항)와 부당행위금지의무(동법 제20조)를 부담한다. 또한 소비자가 올바른 선택을 할 수 있도록 공정거래법 등 경쟁법을 제정하여 기업간의 부당행위를 방지하고 있다.

(4) 의견을 반영시킬 권리

소비자는 소비생활에 영향을 주는 국가 및 지방자치단체의 정책과 사업자의 사업활동 등에 대하여 의견을 반영시킬 권리를 가진다(동법 제4조 4호).[25] 소비자주권의 실현을 위하여 소비자의 의견을 반영시킬 권리는 중요한 의미를 갖는다. 소비자는 국가 및 사업자 등과 더불어 경제의 일 주체임에도 불구하고 종전에는 소비생활과 관련된 정책결정 등에서 참여하지 못하였다. 그 결과 소비자에 관한 사항을 결정할 때 가장 직접적인 이해관계인인 소비자가 참가하지 못하여 정작 소비자의 입장을 충분히 반영되지 못하였다. 따라서 국가 등은 소비생활과 관련된 정책을 결정함에 있어서 소비자에 대한 정보제공의무를 부담하며(동법 제13조), 소비자정책위원회에 소비자대표가 참여하도록 하고 있으며(동법 제24조 제3항), 소비자단체는 국가 및 지방자치단체에 대해 소비자권익시책에 대한 건의를 할 수 있도록 하고 있다(동법 제28조 제1항 1호).

(5) 피해보상을 받을 권리

소비자는 물품 등의 사용으로 인하여 입은 피해에 대하여 신속공정한 절차에

---

25) 대법원은 '소비자는 사업자의 사업활동 등에 대하여 소비자의 의견을 반영시킬 권리가 있고(소비자기본법 제4조), 공급자 중심의 시장 환경이 소비자 중심으로 이전되면서 사업자와 소비자의 정보 격차를 줄이기 위해 인터넷을 통한 물품 또는 용역에 대한 정보 및 의견 제공과 교환의 필요성이 증대되므로, 실제로 물품을 사용하거나 용역을 이용한 소비자가 인터넷에 자신이 겪은 객관적 사실을 바탕으로 사업자에게 불리한 내용의 글을 게시하는 행위에 비방의 목적이 있는지는 해당 적시 사실의 내용과 성질, 해당 사실의 공표가 이루어진 상대방의 범위, 표현의 방법 등 표현 자체에 관한 제반 사정을 두루 심사하여 더욱 신중하게 판단하여야 한다'고 한다. 대판 2012.11.29. 2012도10392.

따라 적절한 보상을 받을 권리를 갖는다(동법 제4조 5호). 소비자가 재화 등을 구입하여 사용함으로써 발생할 수 있는 피해를 사전에 예방하는 것이 최선책이지만, 피해가 현실적으로 발생한 경우에 신속하고 효율적으로 보상을 받을 수 있도록 해야 한다. 이를 위하여 사업자는 소비자의 피해가 발생한 경우에 피해구제를 위하여 충분한 조치를 취하여야 한다. 국가나 지방자치단체도 소비자피해에 대해 사업자의 구제가 이루어지지 않거나 충분하지 못하여 소비자가 피해구제를 요청한 경우에 적절한 보상 또는 배상을 받을 수 있도록 노력해야 한다.

소비자기본법의 규정을 보면, 피해를 보상받을 권리를 보장하기 위하여 국가 및 지방자치단체는 소비자에 대한 정보제공의무(동법 제13조)와 소비자피해구제기구의 설치의무(동법 제16조 제1항)를, 국가는 소비자분쟁해결기준제정의무(동법 제16조 제2항)를 부담하며, 사업자는 피해보상·손해배상의무(동법 제19조 제5항)와 소비자상담기구 설치·운영노력의무(동법 제53조 제1항)를 부담한다. 소비자단체는 소비자불만 및 피해처리를 위한 상담·정보제공 및 당사자간의 합의권고 등을 할 수 있도록 하고 있다(동법 제28조 제1항 5호). 또한 소비자분쟁조정위원회의 설치(동법 제65조), 집단분쟁조정(동법 제68조) 및 소비자단체소송제도(동법 제70조) 등의 도입은 소비자의 피해를 보상받을 권리를 보장하기 위한 제도의 일환이다.

(6) 교육을 받을 권리

소비자는 합리적인 소비생활을 위하여 필요한 교육을 받을 권리를 갖는다(동법 제4조 6호). 소비자가 사업자와의 관계에서 현명하고 합리적인 소비생활을 하도록 하려면 사업자와 소비자간의 여러 가지 정보의 불균형 격차를 해소해 주어야 한다. 오늘날 소비자가 구매하는 제품과 용역은 첨단과학기술을 응용함으로 말미암아 그 내용이 복잡다기해지고, 기업들의 판매방식도 전통적인 거래방식에서 다양한 현대형 거래방식을 사용할 뿐만 아니라 광고와 홍보수단도 새로운 매체를 통하여 소비자에게 접근하기 때문에 오히려 소비자로서는 과다한 정보 속에서 재화 등의 선택에 곤란을 느낄 뿐만 아니라 또한 피해발생시 어떠한 구제수단이 있는지 궁금해 한다. 따라서 소비자에게 꾸준한 교육이 이루어져야 한다. 소비자가 충분한 교육을 받음으로써 소비자정보의 모든 것을 국가가 관여하기 때문에 발생할 수 있는 시장의 왜곡과 비용증가를 줄일 수 있다.

이처럼 교육을 받을 권리는 소비자의 자주적, 주체적 소비생활을 통해 소비자권익이 옹호되도록 하기 위함이며, 이를 보장하기 위해 소비자단체를 통한 꾸준한 소비자교육(동법 제28조 제1항 4호)과 한국소비자원으로 하여금 소비자의 권익증진·안전 및 능력개발과 관련된 교육·홍보 및 방송사업(제35조 4호)을 하도록 하고 있으며, 국가 및 지방자치단체에게 소비자에 대한 정보제공의무(동법 제13조)와 소비자의 능력향상의무(동법 제14조)를 지우고 있다.

소비자교육의 방법으로서 국가나 지방자치단체는 정보통신매체를 이용하거나, 현장실습 등 체험위주의 방법, 평생교육시설을 활용하는 방법, 비상업적 공익광고 등 다양한 매체를 활용하는 방법을 사용하도록 하고 있다(동법 시행령 제6조). 소비자들은 실로 다양하다. 유아·어린이부터 고령자, 다문화, 성별, 장애인 등 다양한 계층에게 그들에게 적당한 소비자교육이 주기적으로 이루어져야 한다. 소비자교육은 단순한 합리적인 소비생활뿐만 아니라 환경소비자로서 상품을 선택할 때 한경오염배출이나 근로자의 처우, 기업의 사회적 책임까지도 고려하도록 하여야 한다.

(7) 단결권 및 단체활동권

소비자는 소비자 스스로의 권익을 증진하기 위하여 단체를 조직하고 이를 통하여 활동할 수 있는 권리를 갖는다(동법 제4조 7호).[26] 우리 헌법상 결사의 자유가 인정되기 때문에(헌법 제21조 제1항), 특별히 소비자기본법에 소비자단체의 단결권 및 단체활동권을 규정하지 않더라도 소비자단체 결성의 자유는 인정된다. 다만 사업자나 노동자 등 다른 이익집단과 달리 소비자의 집단화는 그 특성상 뚜렷한 구심점이 없기 때문에 연혁적으로도 최근에야 이루어지고 있다. 다양한 소셜미디어의 발달은 가상공간에서 소비자들의 연대 및 집단화를 종전보다 용이하게 하고 있다.

사업자가 소비자에 비해 경제력, 정보력, 조직력 등의 면에서 우월한 지위를 가지고 있고, 특히 사업자가 기업 또는 기업집단인 경우에 이러한 격차는 더욱 커지게 된다. 이러한 점에서 개별적인 소비자가 사업자를 상대로 하여 자신의 권익을 주장하여 보호를 받는다는 것은 어렵게 되고, 소비자의 단결권 및 단체활동권은 사업자와의 대등성 확보라는 차원에서 의미가 있고 소비자단체의 역할이 중요해지고 있다.

소비자단체는 대통령령이 정하는 업무처리를 위한 전산장비와 사무실, 5인 이상의 상근 인력을 갖추고 비영리민간단체지원법 제2조 각호의 요건을 모두 갖추어서

26) 단결권과 단체활동권만 인정되고 단체교섭권은 인정되지 않는다.

공정거래위원회 또는 지방자치단체에 등록하도록 하고 있고 이러한 요건을 갖추지 못한 경우에는 등록을 취소할 수 있다(동법 제30조 제2항). 소비자단체도 주무관청의 허가를 받아 법인으로 하거나 비법인으로 등록하여 활동할 수는 있지만, 실질적인 소비자단체의 단결권을 인정하기 위해서는 현재 비영리사단이 법인격을 취득하려면 주무관청의 허가를 얻도록 하고 있는 민법의 개정이 이루어져야 할 것이다.

소비자의 단결권 및 단체활동권을 보장하기 위하여 국가 및 지방자치단체는 소비자의 건전하고 자주적인 조직활동의 지원·육성의무(동법 제6조 4호)[27]와 소비자에 대한 정보제공의무(동법 제13조)를 부담하며, 소비자단체의 시험·검사시설에 대한 지원(동법 제17조 제4항), 등록된 소비자단체에 보조금지급(동법 제32조) 등을 할 수 있고, 소비자단체의 임원을 소비자분쟁조정위원회에 위원으로 임명·위촉할 수 있다(동법 제61조 제2항). 또한 사업자는 소비자단체의 정보제공요청에 협력할 의무(동법 제18조 제2항)를 부담한다.

현재 소비자기본법상 소비자단체 및 소비자단체소송의 요건은 너무 엄격하여 소비자단체소송을 하는데 걸림돌이 되고 있다. 실질적인 소비자보호를 위하여 소비자단체 및 소비자단체소송의 요건을 완화할 필요가 있다.

(8) 환경 친화의 소비권

소비자는 안전하고 쾌적한 소비생활 환경에서 소비할 권리를 갖는다(동법 제4조 8호). 2001년 개정시 소비자의 기본적인 권리로 추가된 권리인데, 안전하고 쾌적한 소비생활 환경에서 소비할 권리란 소비자의 생활의 질을 향상시키기 위한 물리적 환경에 대한 권리로서 환경이 소비자의 생명이나 건강을 해치지 않고 쾌적하게 유지하도록 요구할 권리를 의미한다. 기본법상의 환경권처럼 이 권리는 권리로서의 성격뿐만 아니라 의무적 성격도 겸유한다. 즉 소비자는 자원절약적이고 환경친화적인 소비생활을 하여야 하며(동법 제5조 제3항), 사업자는 안전하고 쾌적한 소비생활 환경을 조성하기 위하여 물품 및 용역을 제공함에 있어서 환경친화적인 기술의 개발과 자원의 재활용을 위하여 노력할 의무(동법 제18조 제3항)와 개인정보보호의무(동법 제19조 제4항), 소비자의 생명·신체 또는 재산 보호를 위한 국가·지방자치단체 및 한국소비자원의 조사 및 위해방지 조치에 적극 협력할 의무(제18조 제4항)를 부담한다.

---

27) 소비자단체는 비영리공익단체라고 할 수 있다. 소비자기본법 제32조에 보조금지급규정이 존재하지만 비영리공익단체를 지원하는 법으로 비영리민간단체지원법이 있다.

3. 소비자의 기본적 권리의 법적 성격

위에서 열거한 소비자의 8가지 기본적 권리는 소비자기본법에 규정되어 있다. 소비자기본법은 소비자정책의 기본법이며, 소비자행정의 기본방향을 제시한 법이라고 할 수 있다. 동법은 국가, 지방자치단체, 사업자, 소비자 모두에게 소비자를 보호하기 위한 의무와 역할을 부여한 법으로서 소비자보호에 관한 일반법으로서의 성격을 가지기 때문에, 다른 법률에서 소비자보호에 관해 특별히 언급하지 않았다면 「소비자기본법」이 적용된다(동법 3조). 동법은 기본법으로서의 성격을 갖기 때문에 소비자는 동법에 열거된 소비자의 권리임을 들어서 사업자나 국가에게 구체적 권리로서 주장하기는 어렵다고 보아야 할 것이다.

4. 소비자의 책무

계약당사자는 계약의 내용에 따라 권리를 갖고 의무를 부담하게 되지만, 사업자와 소비자간의 거래에서는 일반적인 계약당사자로서의 의무 이외에 어떠한 책무를 갖는가가 문제된다.

소비자기본법에서는 소비자가 사업자 등과 더불어 자유시장경제를 구성하는 주체임을 인식하여 물품 등을 올바르게 선택하고, 소비자기본법상의 기본적 권리를 정당하게 행사하여야 하며(동법 제5조 제1항), 소비자는 스스로의 권익을 증진하기 위하여 필요한 지식과 정보를 습득하도록 노력하여야 한다(동법 제5조 제2항)고 규정하며, 또한 소비자는 자주적이고 합리적인 행동과 자원절약적이고 환경친화적인 소비생활을 함으로써 소비생활의 향상과 국민경제의 발전에 적극적인 역할을 다하여야 한다(동법 제5조 제3항). 이 규정은 종전 '소비자의 역할'이란 제호에서 소비자의 책무로 변경되었지만 여전히 선언적 성격의 규정으로 보아야 한다.

Ⅱ. 기본원리의 구성요소

1. 소비사회

소비사회는 현대사회의 한 특징이다. 소비사회에서 소비는 단순히 물질적인 소비 그 이상의 의미를 지닌다. 즉 사회적인 이미지나 상징 등과 같은 인간생활을 형성하는 비물질적 요소를 포함하게 되며 소비의 행태는 사용상의 효용 이상의 것으로 다양화된다. 인류는 농업혁명을 거쳐 19세기 산업혁명에 이르는 동안 생산과 소비를 분리되지 않은 개념으로 이해하였다. 대개 일반인들은 생산자와 소비자 지위를 겸유하였으므로 양자는 언제든지 호환될 수 있었고 근대민법의 기초자들은 이를 전제로 하여 양자를 차별화하여 규율할 필요성을 느끼지 않고 양자를 대등한 자로 취급하여 민법을 제정하였다.

이렇듯 생산과 결부되어서만 의미를 가질 수 있었던 소비라는 개념이 갑자기 생산의 개념으로부터 분리되고 그 자체로서 중요성을 인정받기 시작한 것은 산업혁명 이후부터의 일이었다. 증기기관, 방적기, 컨베이어벨트시스템 등과 함께 인간의 삶 모든 부분을 기계화, 합리화하기 시작하였던 산업혁명은 노동방식을 분업화하고 생산방식을 표준화, 집중화, 대량화하였으며, 교통수단 및 정보통신의 발달로 인해 폭발적으로 팽창하는 시장의 규모는 생산의 확대를 부추겼고 이는 자연스럽게 소비재가격의 하락과 소비의 확대로 이어졌다.[28)]

특히 기업의 등장과 대량생산·대량유통·대량소비를 통하여 소비에 대한 인식은 획기적으로 바뀌었고, 생산자와 소비자 사이의 관계는 추상화, 익명화되었고, 인간의 삶에서 소비는 재생산을 위한 것이 아니라 그 자체로서의 의미를 획득하기 시작하였다. 식량과 제품의 대부분은 자급자족이 아닌 시장에서의 판매를 위하여 경작·제조되기 시작했으며, 이 때부터 사람들은 타인이 제공하는 식량과 상품, 서비스에 거의 전적으로 의존하게 되었다.

이렇게 소비사회인구의 대부분이 소비의 형식으로 기본생활을 영위하며, 시장에서의 소비 없이는 정상적인 삶이 가능할 수 없는 소비사회가 대두하였으며 서구에서는 대략 1920년대,[29)] 한국에서는 1970년대에 자리를 잡게 되었다. 현대사회에서 상품소비는 물질적 소비욕구의 일차적 만족을 벗어나 정신적 소비와 서비스 소비를 포함하며, 상징의 소비, 기호의 소비로서 소비 자체가 의식과 행동양식을 규정하는 요인이 되고 있다.

소비자의 행동과 소비생활의 관습은 역사적·제도적 산물이므로 경제와 사회가 발전함에 따라 현저히 변해간다. 따라서 소비문화의 변화는 개별 소비자의 소비행동 변화로부터 출발하며 그 변화의 수단은 다양하다. 소비의 성격으로 인해 현대

---

28) 백경일, 소비자보호법의 존재의의 및 효용성에 대한 비판적 고찰-소비자법의 규범적 정당성과 경제적 실효성에 대한 분석-, 법학연구 49권 2호, 부산대학교 법학연구소, 2009.2., 248면.

29) Vgl. König, Geschichte der Konsumgesellschaft, Stuttgart 2000, S. 8.

소비사회에 나타나는 소비문화의 특성은 소비주의, 상징주의, 과시소비, 물질주의 등 다양하게 나타난다.

2. 소비자[30]

(1) 소비자 범주의 확정 필요성

소비자보호에서 첫 번째 선결과제는 소비자개념의 확정이다. 소비자만이 소비자보호 법률관계에서 권리의 주체가 될 수 있을 뿐만 아니라 보호대상이 되기 때문이다. 예컨대 청약철회권의 행사는 소비자만이 할 수 있다. 소비자의 알권리를 위해서 사업자에게는 정보제공의무가 부과된다. 소비자의 범주에 대해서는 입법례마다 약간씩 다르게 나타나고 있는데 그것은 각국이 처한 상황과 소비자보호수준이 다르기 때문이다. 따라서 소비자의 범주를 어떻게 정하느냐의 문제는 입법정책의 문제이기도 하다.

(2) 소비자의 특성

1) 거래주체로서의 인(人)　　법의 세계에서 사람은 어떻게 상정되는가. 헌법은 국민과 사람을 상정하고 그들에게 기본권을 인정하고 국가에게 기본권보호의무를 지우고 있다. 한편 민법은 일반사인을 거래주체로서 상정하고 상법은 상인, 소비자법은 사업자와 소비자를 그 대상으로 한다. 근대민법에서 입법자는 계약 당사자의 대등성 또는 계약 당사자의 대등성을 자명한 공리로 전제로 하여 왔다. 즉 민법을 포함하여 근대법에서는 확고한 의사와 판단력을 가진 합리적인 인간상을 전제로 하여 형성된 것이다.

법률의 세계에서도 고전주의경제학파가 전제로 한 「합리적 인간상」과 같은 형태의 「인」의 개념을 전제로 하고 있다. 여전히 소비자에 대하여 현명하고 자주적인 소비자상을 견지하는 경우에는 시장의 신뢰를 중시하면서 소비자의 자립과 자기책임을 강조하게 된다. 따라서 개인이 자기결정에 바탕을 두고 거래를 맺은 이상 거기

30) 소비와 소비자 중 무엇을 문제로 하는가는 동일한 차원이다. 소비자법은 영미에서는 Consumer Law(소비자법)라고 부르지만, 프랑스에서는 droit de la consonnation(소비법)이라고 부른다. 이처럼 「소비자」에 주목하는지 혹은 「소비(행위)」에 주목하는지는 국가마다 다르다. 그러나 실제 그 차이는 별로 크지 않다. 프랑스에서도 소비법은 소비자 개념을 중핵으로 하고 있기 때문이다.

서 생긴 손해는 원칙적으로 자기가 부담해야 한다. 즉, 시장거래에서 사적 자치의 원칙은 계약자유의 원칙과 과실책임의 원칙으로 나타나게 되며, 이 때 거래주체의 지위의 대등성과 입장의 호환가능성을 그 전제로 한다. 그러므로 사적자치의 원칙하에 거래당사자들의 자기결정에 맡기고 국가는 여기에 직접 개입하지 않는 것을 원칙으로 하며, 다만 이러한 전제가 지켜지지 않을 때 바로 정부가 개입하게 된다.

그러나 고도소비사회에 속해 있는 현대인들을 일상생활의 모든 면에서 이와 같은 합리적인 인간이라고 상정하기에는 도저히 불가능한 상황에 이르렀다. 현실사회에서 「인」과 법이 예정하고 있는 「인」사이의 차이로 말미암아 근대민법에 의해서는 소비자문제의 대응에 한계를 보이고 있다. 따라서 소비자법에서는 민법에서의 인간관과는 다른 사업자와의 관계성에서 좀 더 취약한 인간, 사업자의 거래권유에 합리적 판단보다는 성급한 판단을 내릴 수도 있는 인간으로 취급하기도 한다. 따라서 근대민법의 대원칙인 사적자치와 계약자유의 원칙을 수정하여 국가의 개입이 필요하다고 하게 된다. 오늘날 소비자법은 이러한 인간상의 전제하에 국가와 지방자치단체에게 많은 책무를 부과하고 상당부분 개입할 여지를 남겨놓고 있다.

하지만 오늘날 소비자를 항상 사업자에 비하여 취약하며 비합리적이며 충동적인 소비를 하는 자연인으로만 여길 수 없는 부분이 있다. 소비자들도 소셜미디어를 통해 손쉽게 정보를 검색하며 상호간 의견을 나눌 수 있으며, 상품비교나 가격비교 등을 통하여 더 유리한 거래를 하는 것이 가능하기 때문이다. 또한 순식간에 소셜네트워크를 통하여 연대하여 집단화하는 것도 가능하다. 유튜브처럼 가상공간에서는 일순간 소비자가 생산자가 되기 때문에 소비자가 소비자성에 항상 고정되지 않는 경우도 생겨나고 있다.

소비자 용어 문제

민법에서 권리능력자로서 사용하는 법률용어는 인(人) 또는 사람이다. 제1편 제2장 제목도 '인'으로 되어 있으며 제3조는 자연인을 '사람'이라고 칭하고 있다. 계약편에서도 계약당사자에게 '인'을 사용하는 예는, 매도인과 매수인, 임대인과 임차인, 임치인과 수치인, 도급인과 수급인, 위임인과 수임인이 있다. '주(主)'를 사용하는 예는, 사용대주와 사용차주, 소비대주와 소비차주가 있다. 이에 반해 계약당사자에 '자'를 붙이는 것은 증여자와 수증자, 사용자와 노무자, 여행주최자와 여행자가 있다. 어느 기준으로 계약당사자의 호칭에 '인'과 '자'와 '주'를 사용하였는지 알 수 없다. 대개의 용어는 일본에서의 언어관용에서 비롯되었다고 추측할 뿐이다. 문제는 왜 '소비인'이라고 하지 않고 '소비자'라고 부르는 것인가이다. 영어의 소비(consume)라는 단어에 사람을 칭하는 'er'을 붙이면 '인'과 '자' 호칭에 따른 뉘앙스 차이는 생기지 않게 된다.

오늘날 다양한 소비자유형에 대한 호칭들이 존재한다. 크리슈머(cresumer),[31] 아이덴슈머(idensumer), 모디슈머(modisumer), 소셜슈머(socialsumer), 큐레이슈머(curasumer), 페이크슈머(fakesumer),[32] 화이트슈머(whitesumer),[33] 블랙슈머(blacksumer),[34] 프로슈머(prosumer), 블루슈머(Bluesumer),[35] 트윈슈머(twinsumer)[36] 등이 그것이다. 특히 위의 것 중 프로슈머 또는 생비자(生費者)란 단순히 소비에만 그치는 소비자가 아니라, 제품의 기획과 개발 및 유통 등에 적극적으로 참여하는 '생산적 소비자' 또는 참여형 소비자를 의미한다. 이 용어는 미래학자 앨빈 토플러(Alvin Toffler)가 1980년 그의 저서「제3의 물결」에서 처음으로 사용하였다. 제4차 산업혁명시대, 디지털과 온라인시대에는 생산자와 소비자의 경계가 불분명해지면서 소비만 강요당하던 소비자들이 다양한 경로를 통하여 생산과정에 그들의 의견을 반영하고 그 결과 생산자의 역할까지도 일부 수행하고 있다.

---

31) 크리슈머는 창조적 소비자로서 신제품개발이나 대자인, 서비스 등의 문제에 적극 개입하며, 자신의 의견을 내놓은 소비자들을 의미하고 화이트슈머와 연계된다. 아이덴슈머는 똑같은 상품이나 서비스를 이용하는 사람들로서 동질감을 느끼는 소비자, 모디슈머는 제조업체에서 제시하는 방식이 아닌 사용자가 개발한 방식으로 제품을 활용하는 소비자, 소셜슈머는 소비자 개인의 만족뿐만 아니라 사회 전체의 혜택을 위해 의견을 개진하고 관철시키는 사회 활동가로서의 소비자를 일컫는 용어로, 최근 기업의 사회적 책임(CSR) 개념이 발전하여 기업과 사회 모두의 가치를 증대하자는 공유가치 창출(CSV) 개념이 등장하여 주목받고 있는 현상과 맥을 같이한다. 큐레이슈머는 전시회의 큐레이터처럼 기존 제품을 꾸미고 다양하게 활용하여 자신에게 맞게 구성하는 편집형 소비자를 의미한다. 대표적인 예가 배경화면과 앱의 배치를 자신이 원하는 방식으로 재구성하는 적극적인 스마트폰 사용자들이 이에 해당한다. 큐레이슈머는 직접 생산에 참여하는 프로슈머보다 한 발 더 진화한 능동적인 소비자이다.

32) 하고 싶은 것은 많지만 시간과 돈이 부족한 20대의 새로운 소비자를 의미한다. 예를 들어 해외여행을 가지 못하더라도 여행책을 읽을 수 있는 서점에 가고, 연애도 가상 연애 게임으로 경험하는 등 대리만족을 느끼는 소비자를 말한다.

33) 기업에 아이디어를 제공하거나 제품의 결함 등을 알려주는 등 도움을 주는 선량한 소비자를 의미한다.

34) 기업으로부터 보상금을 받기 위해 특정 상품의 결함을 의도적으로 조작하거나 허위 내용으로 악성 민원을 제기하는 소비자를 의미한다.

35) 경쟁자가 없거나 미개척의 시장 영역에 존재하는 새로운 수요층으로서 소비자를 의미한다. 1인 가구를 대상으로 한 싱글산업 등이 대표적인 블루슈머 시장이다.

36) 온라인을 통한 구매 시 다른 이들의 사용 후기 등을 참조하여 물건을 구매하는 소비자를 의미한다.

이러한 소비자유형에는 긍정적인 유형도 있지만 부정적인 유형도 있다. 예컨대 인터넷 매체를 통한 허위사실을 유포하거나 불매운동으로 나아가기도 한다. 이러한 다양한 소비자유형의 등장은 과거에 비하여 소비자들의 정보습득이 용이해졌음을 의미한다.

2) 제품의 안전성에 취약 소비자의 생명이나 신체는 사업자가 제공하는 제품이 갖는 안전성의 결함에 대하여 취약할 뿐만 아니라, 정신적 경제적 측면에서도 취약하다. 오늘날 사업자가 제공하는 제품에 결함이 존재하는 경우에 이로 인하여 생명이나 신체에 대한 직접적 침해 뿐만 아니라 질병에 노출되기도 한다. 특히 고속교통기관의 발달과 매일 쏟아지는 다양한 가공식품과 새로 개발된 약품뿐만 아니라 첨단기술이 도입된 수많은 공산품들은 효용성 못지 않게 결함을 가질 가능성도 배제할 수 없다.

또한 제품생산의 주기가 단축되면서 소비자들은 새로운 제품에 대한 사용습득의 기회를 충분히 갖지 못하기 때문에 그러한 측면에서도 안전성이 문제될 수 있다. 한편으론 오늘날 소비자들의 욕구수준이 높아지면서 제품의 안전성이 소비자의 상품선택에 있어서 아주 중요한 고려요소가 되고 있다. 소비자의 입장에서는 '상품성의 결여'인 하자 못지않게 제품의 안전성의 결여인 '결함'에도 관심을 쏟기 시작하였다.

3) 정보력의 열위 소비자는 상품이나 용역에 관한 정보를 취득함에 있어서 사업자에게 의존하고 있다. 특히 빠른 기술진보로 인하여 새로 개발된 상품이나 복잡한 생산공정을 거쳐서 생산된 상품에 대해서는 스스로 그 품질이나 가격을 제대로 분별하지 못하는 것이 보통이다. 이러한 경우에 소비자로서는 사업자가 상품 등에 대한 표시, 설명, 광고 등을 통하여 제공하는 정보를 기초로 하여 상품의 품질이나 가격을 판단하여 결정할 수밖에 없다. 사업자의 정보제공의무는 정보력을 격차를 해소하기 위한 방법이다.

4) 거래조건 및 가격결정에의 종속적 지위 자본의 집중이 심화되고 독과점기업의 등장으로 시장지배력을 획득한 기업들은 이러한 시장지배력을 이용하여 상품이나 용역의 거래조건이나 가격을 일방적으로 결정하거나 유지하는 경우가 많다. 소비자들은 기업이 산정하는 가격의 적정성 등에 대하여 정보를 가지고 있지 않기 때문에 기업이 정하는 가격대로 제품을 구매할 수밖에 없다.

(3) 소비자의 의의

오늘날 소비자 개념의 모호성과 소비자 문제의 어려움 그리고 이러한 상황에서 이루어질 수 있는 법정책의 혼선에 대한 우려를 나타내고 있다. 그럼에도 소비자문제는 최근 법개혁의 뚜렷한 동인이 되어 왔으며, 되돌릴 수 없는 시대적 사고가 되고 있다.

소비자란 개념은 원래 법적 개념이 아니라, 경제적 혹은 사회적 개념에서 출발하였다. 그러나 현대에 들어와 소비자운동과 함께 소비자보호가 단순한 사회적인 관심사로부터 법적인 문제로 등장하면서, 소비자란 개념도 '새로운 권리의 주체'로서 법적으로 자리잡게 되었다.[37]

1) 소비자 개념 요소　소비자개념의 정의와 관련된 문제로서 소비자의 개념요소가 무엇인지와 관련된다. ① 소비자가 자연인만을 의미하는지 혹은 자연인과 유사한 상황에 놓인 법인도 포함하는지의 여부, ② 거래나 활동이 개인적 용도를 위한 적극적 형태로 정의되어야 하는가, 아니면 개인의 거래, 영업 또는 직업적 영역의 밖이라는 소극적 형태로 정의되어야 하는가, ③ 복합목적을 가진 거래도 소비자 보호규정의 적용을 받을지 여부, ④ 거래의 목적을 상대방이 알았거나 또는 상대방이 알 수 있었는지의 여부 등이 고려되어야 한다.[38]

②와 관련하여서는 기본적으로 자연인의 활동에 대한 목적을 기술하는 방식은 두 가지가 있다. 하나는 개인이 개인적 또는 가정, 가사를 위한 용도로 활동한다는 식의 '적극적 규정방식'이 있으며, 다른 하나는 개인이 자신의 거래나 영업 또는 직업적 영역 밖에 있는 목적을 위하여 활동한다는 식의 '소극적 규정방식'이 있다.[39] 두 가지 방식은 국내법이든 국제협약에서든 모두 활용되고 있으며 대부분의 경우에는 어느 방식을 취하든 동일한 결론에 이르게 될 것이나 다른 결과에 이르는 경우도 있다. 예컨대 어떤 사람이 자신의 명의로 물품계약을 체결하면서, 그 거래 목적은 자신이 회원으로 가입되어 있는 비영리단체[40]에서의 사용을 위한 것인 경우를 가정해 볼 수 있다. 이 때 그 사람의 거래목적은 자신의 거래나 영업 또는 직업

37) 권대우, 민법과 소비자보호법, 한국민사법학회 창립 50주년 기념 발표논문, 2006.6., 2면.

38) 이병준, 유럽계약법에서의 소비자와 사업자, 외법논집, 2006.8., 17면 이하.

39) 소비자를 자신의 영업활동이나 독립적 직업활동에 속하지 아니하는 목적으로 거래를 하는 자연인이란 식으로 정의하며 독일 민법 제13조의 소비자 정의가 대표적이다.

40) 실제 비영리단체의 경우에도 세분하여 공익비영리단체와 비공익비영리단체로 구분하여 소비자개념에 포섭할 수 있을지 따져볼 수도 있다.

적 영역의 밖에 있는 것이긴 하지만, 개인적 또는 가정, 가사를 위한 용도를 위한 것은 아니다. 따라서 소극적 방식을 이용한다면 이 경우에 그 는 소비자로 보호할 수 있지만, 적극적 방식에 의한다면 소비자로 보호할 수 없게 되는 것이다.

2) 소비자 개념 입법례 유럽에서 소비자개념을 정의하려고 처음 시도한 것은 유럽의회의 소비자보호헌장이다.[41] A장에서 "소비자는 자연인 또는 법인으로서 사적 이용을 위하여 상품이 공급되거나 서비스가 제공되는 자를 말한다"라고 정의하고 있다. 법인을 소비자개념에 포섭했다는 점이 특징이다. 1980년의 UN 통일매매법은 소비자매매를 제외하려고 하는 목적으로 간접적인 방법을 택하여, 소비자개념을 사용하는 것을 피하고자 적용범위에서 소비자매매를 제외하였다. 즉 "물품이 개인적 또는 가정, 가사에서의 용도로 사용될 목적으로 구매되는 것을 계약체결 당시에 또는 그 이전에 매도인이 몰랐고 알 수도 없었던 것이 아니라면, 본 협약은 이와 같은 물품거래에 적용되지 않는다"라고 규정하였다(제2조 (a)항). 여기서는 계약상대방인 매도인의 시각을 중시함으로써 새로운 측면에서 소비자개념을 도입하고 있다고 말할 수 있다.

소비자와의 거래에서 관계되는 많은 지침을 가지고 있는데, 예컨대 방문판매입법지침, 부동산 일시사용권취득에 관한 입법지침, 소비자신용입법지침, 약관규제법 입법지침, 소비재매매입법지침, 방문판매입법지침 등이다. 유럽계약법의 모든 영역에서 소비자가 보호를 받는 것은 아니며, 많은 규정들은 소비자만이 아니라 특정계약유형에서 사업자의 모든 계약상대방을 모호하는 것을 목적으로 한다.

유럽연합은 주로 사업장외판매와 통신판매의 분야에 한정된 범위에서 새로이 '소비자권리지침'(Directive 2011/83/EU on Consumer Rights)을 제정·시행하였는데 동지침에 의하면, 소비자는 그의 사업(trade), 영업(business), 수공업(craft) 또는 직업(profession) 이외의 목적으로 행위하는 자연인을 의미한다(제2조 제1호). 이중목적 거래(dual purpose contract)가 있을 경우 소비자의 판정에서는 목적의 지배성에 따라 소비자성을 판단하고 있다. 즉 계약이 부분적으로 그의 사업의 내부에 있는 또한 부분적으로 그의 사업의 외부에 있는 목적을 위하여 체결되고, 그 사업 목적이 계약의 전체적 맥락에 비추어 지배적이지 않을 정도로 제한되어 있는 경우에는, 그 사람은 소비자로 간주되어야 한다. 이러한 소비자권리지침의 소비자개념은 공통참조기준초

---

41) Council of Europe, Consultative Assembly, Resolution 543 [1973] v 17.5.

안(DCFR)에서도 유사하게 규정하고 있다.[42] DCFR에서는 독자적 직업활동이 아니라 그의 사업, 영업 또는 직업과 관련되지 않을 것이 요구되므로, 직업활동의 범위 내에서 계약을 체결하는 근로자는 소비자로 간주되지 않는다.[43]

소극적 규정방식의 대표적인 입법례가 독일이다. 독일민법은 제13조에서 '소비자란 자신의 영업활동이나 독립적 직업활동에 속하지 아니하는 목적으로 법률행위를 자연인을 말한다'고 규정하고 있다. 다만 제13조의 문언은 소비자성 및 사업자성의 경계설정을 함에 있어서 거래하는 자에 의하여 추구되는 객관적 목적을 기준점으로 할 것인지 또는 계약상대방이 인식할 수 있는 정황을 기초로 해야 하는지 여부가 명백하지 않다.[44]

또한, 미국의 '통일상법전'(Uniform Commercial Code, UCC) 제1편 일반규정은 소비자를 정의하고 있는데(제1-201조 제(b)항 제(11)호), 즉, "소비자는 주로 개인적(personal), 가족적(family) 또는 가사적(household) 목적을 위하여 거래를 체결하는 개인을 의미한다"고 규정하고 있다.

---

42) 제Ⅰ.-1:105조 제(1)항. 주로 개인적, 가족적 또는 가사적 목적을 위하여 계약을 체결하는 자연인은 소비자로 간주된다. 소비자가 구매한 물건을 재판매함으로써 이윤을 취득할 의도를 가진 경우에도 소비자에 해당한다. 다만 소비자의 이러한 재판매는 부정기적이고 소규모이어야 하고, 정기적이거나 대규모인 재판매는 영업행위에 해당하게 된다.

43) 이와 달리, 독일법에서 근로자는 일반적으로 소비자로 간주된다. 다만 독일법에서 근로자가 모든 경우에 소비자로 취급되는 것은 아니다. 가령 근로계약이나 근로해지계약의 경우 근로자는 소비자로서의 철회권을 행사할 수 없다. DCFR Ⅰ.-1:105 Notes Ⅱ.

44) 독일의 학설은 두 가지로 나뉘었으나 독일연방대법원은 법률행위가 추구하는 객관적 목적을 기준으로 판단해야 한다는 입장을 취하였다. BGHZ 162, 253 ff.; BGH NJW 2008, 435.에서 연방대법원은 "독일의 입법자가 채택한 독일 민법 제13조 규정의 소극적 표현형태를 통하여 명백히 알 수 있는 것은 자연인의 법률행위는 기본적으로 소비자로서 행위한 것으로 보아야 하며 구체적인 행위가 어느 영역에 해당하는지에 대하여 의문이 있는 경우에는 소비자로서 행위한 것으로 보아야 한다는 점이다. 따라서 법률행위를 통하여 객관적으로 추구되는 목적과 다른 판단이 이루어지기 위해서는 계약상대방에게 인식가능한 정황이 자연인인 자신의 영업상 또는 독립적 직업활동을 목적으로 거래한다는 것을 명확하고 의문의 여지없이 증명하는 경우에만 가능하다. 물론 소비자에게 법률행위를 통하여 추구한 목적이 객관적으로 사적인 법영역에 속한다는 점에 대한 증명책임이 있다. 그러나 계약상대방에게 인식 가능한 외부의 거래 정황에 근거하는 불확실성과 의심은 법률의 소극적 표현형태로 인하여 소비자의 불이익으로 돌아가지 않는다. 따라서 - 항소법원의 입장과는 달리 – 표의자가 상대방에게 명백히 자신이 소비자로서 행위한다는 사실을 알렸는지의 여부에 따라 결정할 수 없다. 오히려 자연인과의 계약체결의 경우에는 원칙적으로 소비자로서 행위한다는 것을 전제로 한다. 다르게 판단하기 위해서는 상대방이 인식할 수 있는 사정을 기초로 하여 명백하고 의심의 여지 없이영업상 또는 독립적 직업 활동에 귀속시킬 수 있어야 한다"라고 판시하였다.

(4) 소비자개념에서 고려해야 할 요소

소비자의 개념에서 고려하여야 할 요소는 첫째, 개인인 소비자는 생산하는 자 또는 판매하는 자로부터 필요한 재화 등을 매수하여 소비함으로써 삶을 유지한다. 따라서 재화 등을 생산하는 것과 이를 판매하는 것으로부터 삶을 유지하기 위하여 이용하는 '소비'라는 개념이 발생하게 되었다.

둘째, 사업자가 제공하는 물품 및 용역을 사용하거나 이용하는 자라고 하더라도, 그것을 소비생활을 위하여 사용하거나 이용하는 '최종소비자'이어야지, 이를 다시 팔거나 이를 소재로 하여 생산활동을 영위하는 자는 원칙적으로 소비자의 개념에 포함되지 않는다. 이러한 최종적 소비자의 개념은 소비자가 시장에서 거래에 대한 전문성과 경험을 구비한 정교하고 재력 있는 사업자와 개별적 거래를 하는 경우에는 특별한 법적 문제에 직면하게 되고, 이러한 당사자 불균형이 소비자에 대한 특별한 보호나 지지를 요구한다는 것을 의미한다. 이와 같이 시장의 내부적 실패-정보비대칭이나 협상력 불균형에 의한 소비자의 자기결정의 침해를 치유하여야 하는 소비자법의 관점에서 볼 때 소비자는 최종적 소비자를 의미하는 것으로 보아야 한다.[45)]

셋째, 소비자는 사업자의 대응개념인데, 소비생활을 목적으로 재화를 구입하는 자는 상행위로서 판매하는 자로부터 구입할 수 있으며, 일반 개인으로부터 재화를 구입할 수 있다. 하지만 소비자로서의 지위를 가지기 위하서는 일반 개인이 아닌 제조업자 또는 판매업자 등의 상인으로부터 재화를 구입하여야 한다. 소비는 생산 또는 판매와 대립하는 개념이기 때문에 재화의 구입 역시 이러한 행위를 업으로 하는 자, 즉 제조·가공·포장·수입·판매하거나 용역을 제공하는 사업자로부터 소비생활을 목적으로 구입하여야 한다. 따라서 개인이 사업자가 아닌 자로부터 소비생활을 위하여 재화를 구입한 경우에는 소비자의 지위를 갖는 것이 아니라 매수인의 지위를 갖게 된다.

(5) 우리나라 법상 소비자 개념

1) 소비자개념의 입법화 과정　소비자개념이 우리 법제에 처음 등장한 것은

45) 시장의 외부적 실패-독과점에 의한 불완전경쟁과 같은 자기결정의 환경의 침해를 치유하여야 하는 경쟁법의 관점에서 볼 때 소비자는 최종적 소비자와 함께 중간적 고객(재화를 영업에의 투입으로 사용하는 자, intermediate customer)을 포함하는 것으로 이해된다. 김태현, 소비자계약에 대한 법적 규율의 기초와 방법에 관한 연구, 한양대 박사학위논문, 2015.8., 19면.

1987년 소비자보호법 제1차 개정을 통해서였다. 1980년에 소비자보호법이 제정되었지만 7년 동안 소비자개념에 관한 법적 정의가 시도되지 않은 상태에서 소비자보호에 관한 일련의 규정들이 선언적 형식으로 제정되었다. 1987년에 소비자보호법에 신설된 정의규정은 동법 제2조에서 사업자와 소비자의 개념을 각각 독립적으로 규정하였다. 당시 이 조문에 나타난 사업자는 "물품을 제조(가공 및 포장 포함)·수입·판매하거나 용역을 제공하는 자"로 정의되었고, 소비자는 "사업자가 제공하는 물품 및 용역을 소비생활을 위하여 사용하거나 이용하는 자 또는 대통령령이 정하는 자"로 규정되었다. 즉 소비자의 일부 유형은 법률에 명시하면서 다른 일부 유형을 시행령에 위임하는 방식이 채택되었다. 이에 따라 소비자보호법상 소비자는 법률에서 규정하는 유형과 대통령령에서 정하는 유형의 두 가지 형태가 존재하게 되었는데, 이 같은 골격은 이후 수차례의 법제 과정을 거치면서도 큰 변화 없이 유지되어 왔다.

소비자개념에 대해 이원적 구성방식을 취하는 것은, 본질상 소비자와 본질상 사업자에 속하지만 경제적 지위 면에서 소비자와 다를 바가 없는 약자이면서 다른 사업자로부터 물품 등을 공급받는 농·어민을 소비자의 개념에 포함시키되, 일정 규모 이상의 기업형 농·어업 종사자는 소비자상의 전제인 경제적 약자성이 인정되지 않으므로 이 역시 소비자 범주에서 제외시켰다. 요컨대 소비자보호법상 소비자 개념은 법률과 시행령을 연계함으로써 그 외형과 범위를 파악할 수 있었고, 이런 구도는 소비자기본법 시대인 현재에도 큰 변화 없이 지속되고 있다.

2) 현행법상 소비자에 대한 정의 방식　현행법에서 소비자를 규정하는 방식은 크게 소비자에 대한 정의를 규정하는 방식과 그 용어를 사용하지만 정의규정을 두고 있지 않은 방식으로 구분된다. 또한 전자의 방식은 특정한 자를 소비자로 인정하는 방식(제한방식)과 이에 관계없이 거래 상대방 모두를 소비자로 인정하는 방식(무제한방식)으로 구분된다. 그리고 다시 제한방식은 소비자의 개념을 이원적으로 정의하는 방식과 일원적으로 정의하는 방식으로 구분된다.

3) 제한방식으로서 이원적 구성·일원적 구성방식　먼저 이원적 구성방식은 소비자를 정의할 때 하나의 기준이 아닌 두 개의 기준을 적용하는 것을 말한다. 이러한 방식을 취하고 있는 법으로는 소비자기본법, 할부거래법, 방문판매법 및 전자상거래소비자보호법이다. 즉 소비자에 대해 '본질적 의미의 소비자'와 '정책적 의미의

소비자'로 구분하여 정의하고 있다.[46] 전자에 대해서는 모두 동일하게 규정하고 있지만, 후자에 대해서는 각 법률별로 차이가 있다.

일원적 구성방식을 취하는 법률로는 「표시광고법」이 대표적이다. 동법에서는 소비자를 '사업자등이 생산하거나 제공하는 상품들을 사용하거나 이용하는 자'로 규정하고 있다(동법 제2조 5호). 즉 사업자 등이 생산하거나 제공하는 상품등을 사용하거나 이용하는 자로 정의하고 있을 뿐 '소비생활의 목적으로 사용하는 자'로 한정하고 있지 않으며, 영업 등의 목적으로 사용하는 자를 배제하고 있지 않다. 따라서 동법상 소비자는 그 목적에 관계 없이 상품 등을 이용하는 자이며, 성령 상행위를 목적으로 사용하는 자도 소비자에 해당한다.

4) 소비자기본법상의 소비자 개념 기본적으로 소비자는 사업자에 대립되는 개념이다. 우리나라 소비자기본법(2006.9., 법명변경)은 소비자의 정의에 대해 이원적 구성방식을 취하고 있다.[47] 즉 소비자란 '사업자가 제공하는 물품 및 용역을 소비생활을 위하여 사용하거나 이용하는 자 또는 생산활동을 위하여 사용하는 자로서 대통령령이 정하는 자를 말한다(동법 제2조 및 동법시행령 2조).[48][49] 소비자기본법은 본질적 의미의 소비자 개념 외에도 정책적 의미의 소비자개념을 도입함으로서 소비자개념의 예외적 확장을 시도하고 있다. 즉 동법 시행령 제2조에 따라 당해 물품 등의 최종사용자 및 일정규모 이하의 농민 및 어민이다.

가. 본질적 의미의 소비자 사업자[50]가 제공하는 물품 등을 소비생활을 목적으로 사용 또는 이용하는 자이다. 따라서 소비자가 되기 위해서는 그 상대방이

46) 고형석, 소비자의 개념에 관한 연구, 법학논문집 제40집 제1호, 중앙대학교 법학연구소, 2016, 99-100면 ; 이외에도 소비생활자와 생산활동자로 나누기도 한다. 서희석, DCFR상 소비자·사업자의 정의; 우리 법과의 비교검토, 외법논집 제36권 제2호, 한국외국어대학교 법학연구소, 2012, 14면.

47) 이러한 구성방식에 대한 상세는, 고형석, 법인의 소비자성에 대한 연구, 법인에 대한 민법의 과제와 전망, 한국재산법학회 하계학술대회 자료집, 2018.8., 35면 이하 참조.

48) 독일민법은 제13조에서 소비자의 개념을 정의하고 있는데, 이에 의하면 소비자란 자신의 영업활동이나 독립적 직업활동에 속하지 아니하는 목적으로 법률행위를 하는 자연인을 말한다고 한다.

49) 방문판매법 제2조 12호도 소비자를 정의하고 있는데 소비자기본법과 동일한 내용이다. 소비자기본법이 소비자관련 특별법의 기본법인 만큼 방문판매법에서 소비자기본법의 소비자의 정의와 동일한 개념을 규정할 필요는 없을 것 같다.

50) 소비자기본법 제2조 2호에서 사업자에 대해 물품을 제조(가공 또는 포장을 포함한다)·수입·판매하거나 용역을 제공하는 자로 규정하고 있다. 동규정의 사업자의 정의는 일(事)과 업이라는

사업자이어야 하며, 그 물품 등을 소비생활을 목적으로 사용 또는 이용하여야 한다. 가장 핵심적인 요소는 사용 등의 목적인 소비생활이다. 그 의미는 개인 또는 가정 등에서의 사용을 말한다고 할 수 있으며, 재화 등을 사용하여 추가적인 부가가치(사업적 이익)를 창출하지 않는 것을 의미한다. 여기에서의 소비자는 당연히 자연인을 포함하지만, 소비자기본법의 정의에서는 '사용 또는 이용하는 자'라고 하여 문언해석상으로는 자연인과 법인 양자를 포함하는 것으로 볼 여지가 있다. 외국의 입법례에서는 명시적으로 자연인으로 한정하고 있기 때문에 논란의 여지가 없지만 우리의 경우에는 문제된다. 이 문제를 해결하는 핵심적인 요소는 '소비생활'이다. 물론 소비는 사용 또는 이용을 통해 그 가치를 감소시키는 행위이기 때문에 자연인뿐만 아니라 법인도 가능하다. 그러나 법문에서는 단순히 '소비'만이 아니라 소비생활이라고 하고 있어서 법인이 생활할 수 있는가가 문제된다. 그러나 생활이라는 의미는 자연인을 전제로 하는 것이기 때문에 법인은 생활할 수 없다. 따라서 본질적 의미의 소비자에서 법인은 포함되지 않으며, 자연인만이 이에 해당한다.

나. 정책적 의미의 소비자　정책적 의미의 소비자라 함은 사업자임에도 불구하고 입법정책적 측면에서 소비자로 인정되는 자를 말한다. 그 범주에 대해서는 개별 법률마다 다른데, 소비자기본법에서는 「생산활동을 위하여 사용하는 자로서 대통령령이 정하는 자」를 말한다고 규정하면서 동 시행령에서는 제공된 물품 등을 원재료(중간재를 포함한다), 자본재 또는 이에 준하는 용도로 생산활동에 사용하는 자는 제외하고 그 물품등을 최종적으로 사용하는 자[51] 및 「원양산업발전법」 제6조 제1항에 따라 해양수산부장관의 허가를 받아 원양어업을 하는 자는 제외

51) 이에 대한 해석론으로 최종적 사용이라는 요건은 결국에는 소비목적이라는 것으로 해석하게 된다면 결국에 해당 사업자는 소비목적으로 거래하는 소비자에 해당하기 때문에 이 규정은 무의미하게 된다는 견해가 있다. 이병준, 사업자와 소상공인 사이에 체결된 온라인 광고계약에 대한 방문판매법의 적용 가능성, 선진상사법률연구 제77호, 2017, 276면. 이에 대해서 이 견해는 소비자기본법시행령의 내용만을 가지고 판단한 것이며, 위임법인 소비자기본법의 내용을 고려하지 않은 것이라고 한다. 즉 소비자기본법 제2조 1호에서 시행령으로 위임한 내용은 '생산활동을 위하여 사용하는 자로서 대통령령이 정하는 자'이다. 따라서 동 시행령에서 사업자를 열거하여 규정하고 있더라도 '생산활동을 위하여'라는 점이 전제적 요건이다. 그럼에도 불구하고 최종적 사용을 소비목적으로 한정하여 해석하는 것은 상위법의 내용을 오해한 해석이라고 한다(고형석, 앞의 논문, 각주 10).

하고 그 물품 등을 농업(축산업을 포함한다) 및 어업활동을 위하여 사용하는 자로 규정하고 있다(동법 제2조 1호, 동 시행령 2조).

즉 우리 소비자기본법은 소비자 속에 소규모 농민, 어민, 축산업자[52] 등과 같은 생산자도 포함시켜 보호하고자 한다(동법 제2조 및 동법 시행령 제2조 2호).[53] 엄밀한 의미에서는 이러한 자들은 소비자라기보다는 생산자에 속하나 영세성 내지 경제적 약자라는 점을 고려하여 정책적으로 소비자의 범위에 포함시키고 있다. 외국에서도 소비자란 개념에서 협의로는 자신의 소비생활을 위하여 시장에서 재화나 용역을 구입하는 자를 포섭하고 있지만,[54] 광의의 소비자개념에는 정책적으로 보호가 필요한 약자의 개념으로 노동자, 노인, 유아, 장애인 이외에도 임차인 등을 포함하여 논하기도 하고, 또한 영세 상공인의 경우에 소비자의 범주에 포함시키기도 한다.

5) 할부거래법　할부거래법에서는 소비자의 개념에 대해 이원적 구성방식을 취하고 있다. 소비자란 '할부계약 또는 선불식 할부계약에 의하여 제공되는 재화 등을 소비생활을 위하여 사용하거나 이용하는 자와 사실상 위의 자와 동일한 지위 및 거래조건으로 거래하는 자 등 대통령령으로 정하는 자'(동법 제2조 5호)를 말하는데, 소비자기본법과 마찬가지로 소규모 농민, 어민, 축산업자 등의 생산자도 포함한다. 즉 ① 대통령령으로 재화 또는 용역을 최종적으로 사용하거나 이용하는 자, 다만, 재화 등을 원재료(중간재 포함) 및 자본재로 사용하는 자는 제외한다. ② 할부거래법 제3조 제1호 단서에 해당하는 사업자로서 재화등을 구매하는 자(해당 재화등에 대한 거래관계에 한정한다) ③ 재화 등을 농업(축산업 포함) 및 어업활동을 위하여 구입한 자로서 원양산업발전법 제6조 제1항에 따라 해양수산부장관의 허가를 받은

52) 축산업법 시행규칙 제26조에 의하면 모돈 500두 이상의 양돈업과 닭 5만수 이상의 양계업에 대기업의 참여가 제한된다.

53) 농어민, 축산업자의 소비자개념에의 포섭에 대하여 구분의 명확성이란 측면과 보호대상의 의미와 방법이란 관점에서 소비자보호법에 의하여 보호하기보다는 농업이나 축산, 수산업의 영역에 고유한 상황에 맞추어 배려되는 방식이 더 바람직하다는 견해(권대우, 앞의 논문, 3면)와 이들이 거래과정에서 피해를 본다고 하더라도 그것을 제3자에게 전가할 수 있기 때문에 소비자의 개념에서 제외하여야 한다는 견해(권오승, 앞의 책, 5면)가 있으나 전자에 대해서는 관계법령에서 규모를 적시함으로서 이러한 문제는 해결될 수 있다고 본다.

54) 독일민법 제507조는 소비자소비대차계약, 금융리스계약, 할부거래 등의 경우에 영업이나 독립적 직업활동을 개시하기 위하여 5만 유로 이하의 대차금이나 자금융통지원을 받는 자연인을 소비자로서 보호하고 있다.

원양어업자 외의 자(할부거래법시행령 제2조)를 포함한다.

다만 할부거래법에서는 거래대상물에 따라 시행령(동법 시행령 제2조 및 제4조 참조)에 의하여 철회권의 행사가 제한되기도 한다. 즉 ① 농산물·수산물·축산물·임산물·광산물로서 「통계법」 제22조에 따라 작성한 한국표준산업분류표상의 제조업에 의하여 생산되지 아니한 것 ② 의약품 ③ 보험 ④ 증권 및 어음 ⑤ 부동산에 대해서는 할부거래법의 적용을 배제하고 있어서(동법시행령 제4조). 소비자보호법규로서 할부거래법에 의한 보호를 받을 수 없게 된다.

6) 방문판매법　방문판매법도 소비자의 개념에 대해서 이원적 구성방법을 취하고 있다. '소비자'란 사업자가 제공하는 재화등을 소비생활을 위하여 사용하거나 이용하는 자 또는 대통령령으로 정하는 자를 말한다. 다만 동법 제3조는 다음 사유에 해당하는 거래에는 적용하지 아니한다. ① 사업자(다단계판매원, 후원방문판매원 또는 사업권유거래의 상대방은 제외한다)가 상행위를 목적으로 재화등을 구입하는 거래. 다만, 사업자가 사실상 소비자와 같은 지위에서 다른 소비자와 같은 거래조건으로 거래하는 경우는 제외한다. ② 보험회사와 보험계약을 체결하기 위한 거래 ③ 개인이 독립된 자격으로 공급하는 재화등의 거래로서 대통령령으로 정하는 거래(방문판매법 제3조)가 이에 해당한다. 여기서 '대통령령으로 정하는 자'란 소비생활 외의 목적으로 사용하거나 이용하는 자로서 ① 재화 등을 최종적으로 사용하거나 이용하는 자(다만, 재화등을 원재료(중간재포함) 및 자본재로 사용하는 자는 제외), ② 동법 제3조 제1호 단서에 해당하는 사업자로서 재화등을 구매하는 자(해당 재화등을 판매한 자에 대한 관계로 한정), ③ 다단계판매원 또는 후원방문판매원이 되기 위하여 다단계판매업자 또는 후원방문판매업자로부터 재화등을 최초로 구매하는 자, ④ 방문판매업자 또는 전화권유업자와 거래하는 경우의 방문판매원 또는 전화권유판매원, ⑤ 재화 등을 농업·축산업 및 어업 활동을 위하여 구입한 자(원양산업발전법 제6조 제1항에 따라 해양수산부장관의 허가를 받은 원양어업자는 제외한다)

7) 보호범위의 확장으로서 사업자 또는 상인 보호　표시광고법에서는 소비생활이라는 목적이 없는 경우의 소비자까지 보호함으로써 소비자뿐만 아니라 사업자 역시 소비자보호의 대상이 될 수 있다. 표시광고법 제2조 제5호에서는 소비자를 사업자 또는 사업자단체가 생산하거나 제공하는 상품 등을 사용하거나 이용하는 자라 정의한다. 따라서 같은 법상 소비자 범위는 사업자까지 확대된다. 즉 같은 법

상 소비자는 상품 등을 사용 또는 이용하는 자이기만 하면 충분한 것이다. 표시광고법의 취지는 표시광고의 허위 내지 과대광고로 인한 피해를 입은 자를 보호하기 위한 것이므로, 이에 대한 규제는 소비자계약을 포함하여 모든 계약에서 이루어져야 한다고 보아야 한다.[55)]

8) 가상공간에서 소비자성의 유동성 현대에 들어와 일반 개인인 소비자는 사업자가 제공하는 상품이나 용역에 대하여 일방적으로 소비하는 자로서의 지위에 머무르지 않게 되었다. 즉 가상공간에서는 개인인 소비자는 언제든지 생산자로 전화(轉化)할 수 있다. 컴퓨터기술의 발달과 멀티미디어저작기술의 발달에 따른 온라인 컨텐츠의 제작의 용이함은 과거 정보의 소비자로부터 정보의 생산자로 변화시키고 있다.[56)] 온라인상의 공유경제에서 일반 개인들은 용이하게 시장에 진입하여 사업자로서 영업 활동이 가능하게 되었다.

이처럼 가변적인 소비자성에 비추어 볼 때 소비자개념을 어떻게 정의할 것이냐는 입법정책의 문제이다. 다만, 앞으로도 누구를 소비자로 할 것이냐에 있어서 결정기준으로서 자연인(개인), 최종적인 소비, 정보력 및 교섭력의 열위 등은 여전히 주요 지표가 될 것이다.

오늘날 소비자의 개념을 입법에서 어떻게 정의할 것이냐의 문제는 일의적으로 결정하기가 곤란한 문제이다. 소비자의 개념을 민법에 두고(독일민법 제13조), 소비자계약법의 민법전에의 편입을 시행한 독일의 예에서 보듯이 이제 소비자보호의 문제는 한 국가 내의 범위를 벗어난 것으로 보인다.

교통기관의 발달과 컴퓨터통신의 발달에 의한 전자거래의 활성화는 소비자보호를 범국가적인 이슈로 만들었다. 상이한 국가 간의 소비자보호 정도나 범위에 대한 입법의 차이는 결국 준거법과 재판관할 및 외국법원의 판결의 효력의 문제까지 범위를 넓히게 된다. 다른 법영역보다도 소비자보호법의 비교법적 검토가 절실한 이유가 여기에 있는 것이다.

---

55) 동지, 송혜진, 국경을 넘는 소비자계약을 위한 소비자·사업자 개념의 통일적 정의-국제계약법·E지침·유럽 각국의 입법례를 중점으로-, 동아법학 제76호, 동아대학교 법학연구소, 2017.8., 168-169면.

56) 온라인상에서의 개인들의 다양한 활동의 장인 유튜브 등 UCC(User Created Contents)나 블로그를 보면 지적재산권이나 정보에서 개인이 소비자이면서 생산자가 될 수 있음을 알 수 있다.

(5) 유사개념

1) 약관규제법상의 고객　소비자기본법이나 할부거래법, 방문판매법과 달리 약관규제법에서는 소비자라는 개념을 사용하지 않고 '고객'이란 용어를 사용하고 있는데, 이는 약관의 구속을 받는 당사자란 의미를 강조하는 것으로 볼 수 있고, 여기에서는 개인으로서의 소비자뿐만 아니라 소비자 이외의 사업자(상인)도 사전에 일방적으로 마련한 약관을 사용할 경우에 약관규제법상의 보호의 대상이 될 수 있다.[57] 계약의 내용결정의 자유에 대한 보장을 위한 규범이므로, 상인이라 할지라도 일방적으로 마련된 계약조항을 강요당하게 될 경우에는 동법의 적용을 통하여 계약자유의 실질적 보장을 받을 수 있게 되어 있다.

그러나 약관규제법 제1조 목적에서 밝힌 것처럼 동법도 궁극적으로는 소비자를 보호하기 위한 법률로서 대개는 고객의 범주에 소비자가 포섭될 가능성이 높다.

2) 이용자　이용자라는 용어를 사용하고 있는 법으로는 콘텐츠산업진흥법,[58] 정보보호산업진흥법 등이 있다. 콘텐츠산업진흥법상 이용자는 콘텐츠사업자가 제공하는 콘텐츠를 이용하는 자를 말한다(동법 제2조 6호). 정보보호산업진흥법상 이용자는 정보보호기업이 제공하는 정보보호기술, 정보보호제품 및 정보보호서비스를 이용하는 자를 말한다(동법 제2조 제4호). 따라서 양법상 이용자는 콘텐츠 또는 정보보호기술등을 이용하는 자이며, 그 목적 또는 이용단계에 대해 제한이 없다. 따라서 직업 또는 영업 등의 목적으로 이를 사용하거나 최종 사용이 아니더라도 콘텐츠 등을 사용하기만 하면 이용자에 포함된다. 그 결과, 사업자라고 하더라도 콘텐츠 등을 사용하면 이용자에 포함되며, 설령 콘텐츠 등을 사용하는 자가 법인이라고 하더라도 이용자에 포함된다. 동법에서 청약철회에 관해서는 전자상거래소비자보호법을 준용하고 있기 때문에 이용자가 소비자인 경우에는 청약철회행사가 가능하게 된다.

3) 회원 및 일반이용자　「체육시설의 설치·이용에 관한 법률」에서는 보호대상

---

57) 예컨대 건물임대업을 하는 사업자가 정형적·반복적으로 이루어지는 건물임대차에 관한 약관을 가지고 있는 경우에 건물을 필요로 하는 수요자가 기업인 경우에도 동법의 보호의 대상이 될 수 있게 된다.

58) 이전의 온라인디지털콘텐츠산업발전법에서는 이용자와 소비자라는 용어를 같이 사용하였으나 2013년 3월부터 시행되고 있는 동법에서는 이용자라는 용어로 통일하여 제2조 정의규정에 두고 있다.

자에 대해 회원과 일반이용자로 규정하고 있다. 동법상 회원은 체육시설의 시설을 일반이용자보다 우선적으로 이용하거나 유리한 조건으로 이용하기로 체육시설업자와 약정한 자를 말한다(동법 제2조 4호). 또한 일반이용자는 1년 미만의 일정 기간을 정하여 체육시설의 이용료를 지불하고 그 시설을 이용하기로 체육시설업자와 약정한 자를 말한다(동조 제5호). 동법상 회원 또는 일반이용자의 개념에서 자연인 또는 소비생활목적이라는 제한요소가 없기 때문에 자연인뿐만 아니라 사업자도 포함된다.

(6) 소비자의 개념 요소

소비자의 개념요소로서는 ① 생산 또는 판매에 대응하는 소비[59], ② 최종소비를 목적으로 하는 재화의 구입, ③ 사업자로부터의 구입 ④ 개인 내지 자연인 등을 들 수 있다.

첫째, 개인은 생산하는 자 또는 판매하는 자로부터 필요한 재화 등을 매수하여 소비함으로써 삶을 유지한다. 따라서 재화 등을 생산하는 것과 이를 판매하는 것으로부터 삶을 유지하기 위하여 이용하는 '소비'라는 개념이 발생하게 되었다.

둘째, 사업자가 제공하는 물품 및 용역을 사용하거나 이용하는 자라고 하더라도, 그것을 소비생활을 위하여 사용하거나 이용하는 최종소비자이어야지, 이를 다시 팔거나 이를 소재로 하여 생산활동을 영위하는 자는 원칙적으로 소비자의 개념에 포함되지 않는다.

셋째, 소비자는 사업자의 대응개념인데, 소비생활을 목적으로 재화를 구입하는 자는 상행위로서 판매하는 자로부터 구입할 수 있으며, 일반 개인으로부터 재화를 구입할 수 있다. 하지만 소비자로서의 지위를 가지기 위해서는 일반 개인이 아닌 제조업자 또는 판매업자 등의 상인으로부터 재화를 구입하여야 한다. 소비는 생산 또는 판매와 대립하는 개념이기 때문에 재화의 구입 역시 이러한 행위를 업으로 하는 자, 즉 제조·가공·포장·수입·판매하거나 용역을 제공하는 사업자로부터 소비생활을 목적으로 구입하여야 한다. 따라서 개인이 사업자가 아닌 자로부터 소비생활을 위하여 재화를 구입한 경우에는 소비자의 지위를 갖는 것이 아니라 매수인의

59) 소비의 사전적 의미는 돈이나 물자, 시간, 노력 따위를 들이거나 써서 없애는 것을 말하고, 경제적으로는 욕망을 충족시키기 위하여 재화를 소모하는 일을 의미한다. 소비에도 본래적 소비와 생산적 소비가 있는데 여기서는 본래적 소비를 말한다.

지위를 갖게 된다.

넷째, 소비자는 사업자가 제공하는 상품과 용역을 소비생활을 위하여 소비하는 개인으로서 자연인에 한정한다는 점이다.

3. 소비자단체

(1) 소비자단체의 존재이유

소비자는 사업자와의 관계에서 각자 개별적인 존재로서 고립되어 있는 것이 보통이다. 사업자보다 여러 면에서 약자인 소비자의 고립은 소비자의 사업자에의 종속을 초래하고 분쟁발생시 사업자와 대등한 지위에서 교섭할 수 없게 한다. 즉 소비자가 개별적으로 자신의 권리를 실현하는 데에는 일정한 한계가 있다. 따라서 개개의 소비자는 그의 정당한 이익이 침해당하는 것을 막기 위하여 자신의 법률상의 지위를 강화하기 위하여 소비자를 조직화할 필요가 있으며, 이를 위하여 이러한 목적을 가진 단체를 요구하게 되는 것이다. 이와 같은 취지에서 소비자기본법에서도 소비자의 단결권 및 단체활동권을 소비자의 권리의 하나로서 규정(동법 제4조 7호)하여 보장하고 있으며, 소비자단체의 업무를 법정하여 소비자단체의 역할과 활동을 적극적으로 보장하고 있다(동법 제28조 이하).

(2) 소비자단체의 의의 및 종류

소비자단체를 협의와 광의로 구분하기도 하는데, 전자는 소비자를 구성원으로 하지만 단체구성원이냐 아니냐를 묻지 않고 소비자의 정당한 이익을 옹호하기 위해 사업자와 대등한 지위에서 교섭하고, 사업자와의 관계에서 소비자의 입장을 개선하는 것과 그 밖의 다른 소비생활상의 지위향상을 도모하는 것을 주된 목적으로 설립된 단체 또는 그 연합단체로, 후자에는 단체의 구성원인 소비자가 상호 그 생활의 안정과 생활문화의 향상을 꾀하는 것을 목적으로 조직한 단체 또는 그 연합단체와 지방공공단체 등이 상담·고충처리부분에서 소비자가 제시한 문제에 대하여 사업자와 교섭하여 분쟁 등을 대화로 해결하는 것을 주된 업무로 하는, 전문가에 의하여 구성된 단체 또는 그의 연합단체가 있다. 광의의 소비자단체에는 위의 양자가 포함된다고 한다.[60]

소비자단체는 소비자의 건전하고 자주적인 조직 활동을 촉진하고 권익을 보호하기 위하여 소비자단체협의체를 구성할 수 있는데, 소비자보호운동을 효과적으로 전개하기 위하여 현재 한국소비자단체협의회가 구성되어 있다.[61] 한국소비자단체협의회는 1976년 4개의 발기단체로 시작하였고 현재 10개의 회원단체와 전국 255개의 지역단체들로 구성되어 있다.[62]

(3) 소비자단체와 법인격

소비자가 소비자단체를 설립함에 있어서는 제한이 없으며, 소비자단체가 법인격을 취득하여야 하는 것은 아니다.[63] 또한 소비자단체의 등록 역시 필수요건은 아니지만, 일정한 요건을 갖춘 경우에 공정거래위원회 등에 등록을 할 수 있다(소비자기본법 제29조). 그러나 법인격을 취득하면 사회활동의 단위로서 안정된 지위를 가지고 영속적인 활동을 할 수 있게 되고, 업무 및 재산에서도 법률에서 정한 감독을 받게 됨으로써 사회적으로 신용을 얻을 수 있다. 이런 의미에서 소비자단체는 법인격을 취득할 필요성이 있다.

소비자단체소송을 하기 위해서는 단체의 정회원수가 1천명을 넘어야 하고 공정거래위원회에 등록 후 3년이 경과할 것(동법 제70조 1호) 등을 요건으로 하기 때문에 소비자단체소송을 하기 위한 단체는 제한되어 있다. 또한 현재 등록된 소비자단체에 한하여 국가 또는 지방자치단체가 소액의 보조금을 지급하고 있는데(소비자기본법 제32조), 이러한 방식으로는 소비자단체의 자발적인 활동을 활성화하기에 충분하지 않다.

(4) 소비자단체의 업무와 권한

소비자단체의 업무와 권한에 대해서는 소비자기본법 제28조에서 규정하고 있다. 업무로서는 국가 및 지방자치단체의 소비자의 권익과 관련된 시책에 대한 건의(동법 제1항 제1호), 물품 등의 규격·품질·안전성·환경성에 관한 시험·검사 및 가격 등을 포함한 거래조건이나 거래방법에 관한 조사·분석(제2호), 소비자문제에 관한 조사·연구(제3호), 소비자의 교육(제4호), 소비자의 불만 및 피해를 처리하기 위한

---

60) 長尾治助 등, レクチヤ-消費者法, 法律文化史, 2011, 14面.

61) http://www.consumer.or.kr/about/org.html

62) http://www.consumer.or.kr/partner/p_main.html

63) 법인격을 취득하기 위하여는 설립행위와 주무관청의 허가 및 설립등기를 갖추어야 한다(민법 제32조·제33조).

상담·정보제공 및 당사자 사이의 합의의 권고(제5호) 등을 들 수 있다.

소비자단체의 권한으로서는 조사 등의 결과 공표권(제28조 제2항)을 가지고 있는데, 시설이 미비한 소비자단체의 부정확한 결과 공표로 인하여 사업자가 입을 피해를 사전에 방지하고 결과에 대한 신뢰성을 확보하기 위하여 전문시험·검사의 경우에는 일정한 제한을 가하고 있다. 다음으로 자료 및 정보제공 거부사실 등의 공표권(동조 제3항), 소비자와 사업자 사이에 발생한 분쟁에 관하여 국가나 지방자치단체에 의하여 설치된 관련기구에서 소비자분쟁이 해결되지 아니하거나 합의권고에 따른 합의가 이루어지지 아니한 경우 조정위원회에 분쟁조정을 신청할 수 있다(제65조 제1항).

소비자단체는 사업자가 소비자의 권익증진 관련 기준준수의 규정을 위반하여 소비자의 생명·신체 또는 재산에 대한 권익을 직접적으로 침해하고 그 침해가 계속되는 경우 법원에 소비자권익침해행위의 금지·중지를 구하는 소송(단체소송)을 제기할 수 있다(제70조).

4. 사업자

(1) 사업자의 개념

사업자는 소비자에 대응하는 개념으로서 소비자법에서 사업자개념은 규제의 대상이라는 점에 특징이 있다. 사업자는 일반적으로 물품을 판매하거나 용역을 제공하는 자로 정의되나,[64] 개별법에서의 사업자는 다르게 규정되기도 한다.[65] 소비자와 대응하는 개념으로 사업자라는 용어를 사용하는 것일 일반적이지만, 그렇지 않은 경우도 있다.[66] 또한 할부거래법의 경우 사업자 자체에 대한 개념정의가 없는 경우도 있다.[67] 사업자 개념에 대하여 명문으로 규정하고 있지는 않지만 소비

64) 소비자기본법과 전자상거래소비자법에서의 사업자 정의는 동일하다. 즉 사업자란 물품을 제조(가공 또는 포장을 포함)·수입·판매하거나 용역을 제공하는 자로 정의한다(소비자기본법 제2조 제2호, 전자상거래소비자법 제2조 제6호).

65) 표시광고법에서의 사업자란 제조업, 서비스업, 기타 사업을 행하는 자(동법 제2조 제3호)이다(동법 제2조 제4호). 또한 약관규제법에서의 사업자는 상대 당사자, 즉 고객에게 약관을 계약의 내용으로 할 것을 제안하는 자를 의미한다(동법 제2조 제2호).

66) 방문판매법에서는 사업자라는 용어를 사용하지 않으며, 다만 거래 유형별로 사업자에 해당하는 방문판매자, 전화권유판매자, 다단계판매자, 후원방문판매자 등으로 사업자개념을 별도로 규정하고 있다(동법 제2조 2호·4호·5호·6호·8호)

67) 다만 소비자에 대응하는 개념으로서 할부거래업자와 선불식 할부거래업자를 정의하고 있다

자의 상대방이란 표현으로 사업자개념을 간접적으로 표현하는 국제사법의 경우도 있다. 이처럼 우리나라는 소비자보호가 특별법의 형태로 발달되어 온 관계로 사업자 개념 또한 통일되지 못하였다. 비록 사업자에 대한 통일적인 정의규정은 없지만 일반적으로 사업자는 물품을 판매하거나 용역을 제공하는 자로 정의되며, 사업자 범위에는 자연인과 법인이 모두 포함된다.

사업자의 개념은 정보제공의무나 철회권 등과 같은 특별한 규정에 의하여 소비자가 그의 상대방으로부터 보호되는지의 여부를 결정하는 기능을 한다. 만약 거래에서 상대방이 일반 개인이라면 소비자법의 적용영역이 아니고 민법 혹은 상법이 적용된다. 다만 소비자법상 사업자는 상법에서 의미하는 상인에 한정되는가에 대하여는 문제가 제기된다. 소비자기본법에서는 물품을 제조(가공 또는 포장을 포함한다)·수입·판매하거나 용역을 제공하는 자라고 정의하고 있다(동법 제2조 2호). 사업자에는 개인으로서 자연인뿐만 아니라 법인도 포함하는 것으로 보아야 한다.[68] 프랑스의 학설과 판례는 소비자와 같이 사업자의 범위를 매우 폭넓게 인정하고 있는데, 즉 사업자를 물건의 제조나 공급, 또는 용역의 제공 등을 목적으로 일정한 활동을 반복적으로 행하는 자연인 또는 법인[69]이라 함으로써, 사인은 물론 공인도 소비법전상의 사업자에 해당될 수 있을 뿐 아니라, 일정한 활동의 반복적 행사를 사업자의 필요충분조건으로 함으로써 비영리행위를 행하는 자도 사업자의 범위에 포함하고 있다.

사업자 사이에서 공정하고 자유로운 경쟁의 촉진을 꾀함과 동시에 소비자의 이익을 확보하기 위한 시장규제법인 「독점규제 및 공정거래에 관한 법률」에서는 제조업, 서비스업 기타 사업을 행하는 자로 정의되어 있다(동법 제2조 1호).

소비자기본법 제2조 2호는 사업자가 되기 위하여는 단순히 판매만이 아닌 이를 '업'으로써 하는 자이어야 한다. 즉, 단순한 판매 또는 제공하는 자에는 사업자뿐만 아니라 사인으로서 매도인도 있을 수 있다. 사업자가 사인으로서 매도인과 구분되는 점은 이를 업(계속 반복적인 의사를 가지고)으로서 한다는 점이다. 따라서 소비자기본법상 사업자는 '업'으로써 물품을 제조·수입·판매하거나 용역을 제공하는 자를 의미한다고 할 수 있다. 사업자의 거래행위는 의심스러운 경우에는, 사업자의 영역

(동법 제2조 제3항·제4항).

68) 독일민법에서 사업자는 그의 영업활동 또는 독자적 직업활동의 행사로서 법률행위를 하는 자연인 또는 법인을 말한다(독일민법 제14조 제1항).

69) J. Calais-Auloy & F. Steinmetz, *Droit de la Consommation*, p.4.

으로 귀속될 수 있다.[70)]

사업자는 통상적으로 대가를 요구할 수 있는 어느 정도 정규적인 조직과 설비에 기초하여 행위하여야 한다. 그러나 사업자가 반드시 이윤을 획득할 의도를 가져야 하는 것은 아니다. 이윤을 획득할 의도는 사업자의 내면적 요소로서 그 입증이 곤란하므로, 그것이 소비자가 보호되는지 여부와 관련되어서는 안 되기 때문이다. 또한 사업자의 행위가 그에 의하여 통상적으로 수행되는 것에 해당하는지는 관계가 없다.

나아가 계약이 사업 목적과 영업적 목적에 중복하여 관련되는 경우가 발생할 수 있다(이른바 혼합목적계약). 이 경우 소비자지위와 사업자지위가 중첩될 수 있다. 이 경우 소비자와 사업자의 양자에 해당하는 자는, 소비자를 보호하는 규정과 관련하여서는 전적으로 소비자로 간주되고, 그렇지 않다면 전적으로 사업자로 간주하여야 한다. 이와 같이 취급하여야 하는 이유는 구매자인 소비자를 보호하기 위한 것이다. 구매자는 판매자가 어느 정도로 영업적 목적을 가지고 있었는지를 평가할 필요가 없다.[71)]

소비자기본법상 사업자와 상법상의 상인이 동일한지의 여부를 판단할 때 다음의 점이 고려되어야 한다. 즉 상인은 기본적으로 영업을 하는 자를 말하며, 영업이라 함은 영리를 목적으로 계속 반복적으로 상행위를 하는 자를 말한다. 하지만, 사업자는 업으로서 물품을 제조·수입·판매하거나 용역을 제공하는 자를 말한다. 양자의 차이점은 '영리의 목적'의 유무에 있으며, 단순히 용역의 제공은 상행위에 포함되지 않는다. 따라서 소비자기본법상 사업자는 상법상 상인보다 더 광범위하며, 구체적으로 변호사[72)] 또는 의사 등은 상법상 상인에 해당하지 않지만, 소비자기본

70) 독일상법 제344조 제1항의 "상인이 행한 법률행위는 의심스러운 경우에는 그의 상업의 활동에 속하는 것으로 본다" 규정 참조.

71) DCFR Ⅰ.-1:105 Comments D.

72) 서울지법 2003.12.17.자 2003비단19결정에서 「…변호사법 제38조에서 겸직제한 규정을 두어 변호사가 소속 지방변호사회의 허가 없이 상업 기타 영리를 목적으로 하는 업무를 경영하거나 이를 경영하는 자의 사용인이 되거나 영리를 목적으로 하는 법인이 업무집행사원, 이사 또는 사용인이 될 수 없는 것으로 규정하고 있어, 변호사가 변호사의 직무를 수행하는 것은 상업이나 영리를 목적으로 하는 업무가 아닌 것으로, 즉 변호사가 변호사의 직무를 수행하는 것이 상업이나 영리를 목적으로 하는 업무가 아닌 것으로, 즉 상행위라 아닌 것으로 천명하고 있다고 보아야 할 것이고, 더 나아가서는 변호사가 변호사의 직무를 수행하는 것이 상행위가 되어서는 안 된다는 것을 천명하고 있다고 보아야 할 것이므로 변호사의 자격을 가진 자가 변호사로서 등록하여 변호사로서의 직무를 수행하는 범위 내에서는 그 직무 수행은 상행위가 아니

법상 사업자에는 해당하게 된다.[73)]

사업자는 행정적 규제의 대상으로 되는 행위주체, 책임주체로서, '업법(에컨대 방문판매법 등과 같은 특수거래 규율법)'에서 정하고 있는 종류의 산업에 속하는 행위를 업으로서 행사는 자가 중심개념이다. 소비자보호에서 행정관청이 직접 소비자의 권리·이익의 옹호자로서 행동하는 것은 아니고 이해관계인 사이에 중립적인 지위에 있는 자로서 공권력을 행사하기 때문에 규제가 미치는 사업자의 범위는 비교적 고정되고 명확할 필요가 있다.

(2) 사업자단체

1) 사업자단체의 존재이유　개별사업자를 구성원으로 하여 통상 산업별로 구성되는 사업자단체는 상품등의 개발, 생산, 판매 등에 관하여 필요한 정보를 구성원인 각 사업자에게 제공하는 것을 통해서 당해 산업계의 발전 및 시장질서의 유지 등의 확보를 목적으로 하고 있다. 산업 자체가 육성중에 있거나 시장에 일반적으로 알려지지 않은 새로운 업종의 경우, 혹은 개별사업자의 대다수가 영세규모인 경우, 사업자단체는 당해 산업과 관계있는 행정관청의 규제 등에 관한 행정청의 제방침을 개별사업자에게 통지하는 역할을 담당하기도 한다.

2) 사업자단체의 정의규정　소비자기본법에서는 2 이상의 사업자가 공동의 이익을 증진할 목적으로 조직한 단체로(동법 제2조 4호), 독점규제 및 공정거래에 관한 법률에서는 그 형태 여하를 불문하고 2 이상의 사업자가 공동의 이익을 증진할 목적으로 조직한 결합체 또는 그 연합체를 말한다(동법 제2조 4호)로 정의하고 있다. 사업자단체는 사업자로 구성된 단체로서 소속 사업자는 내부적 규율에 따라 강한 통제를 받게 된다.

동종업종의 사업자일 필요는 없으며 형태에 상관없이 경제적 이익을 목적으로 하는 단체이며, 단순한 친목, 종교, 학술, 연구, 사회활동 등을 목적으로 하는 단체는 사업자단체에 해당하지 않는다. 사업자단체의 대표적인 예로서는 전국경제인연합회, 대한변호사협회, 대한의사협회 등이 있다.

며 변호사는 상인이 될 수 없다고 보아야 할 것이고, 변호사가 변호사의 직무 이외의 다른 상업이나 영리활동을 상인으로서 영위하고자 한다면 소속 지방변호사회의 허가를 받거나 변호사의 직무에 대해서는 휴업하여야 한다」고 하고 있다. 같은 취지의 대법원 결정으로는 대판 2007.7.26. 2006마334 결정.

73) 고형석, 소비자보호법 제2판, 세창출판사, 2008, 7면.

3) 사업자단체의 등록　할부거래에 관한 법률에서는 거래 및 선불식 할부거래의 건전한 발전과 소비자의 신뢰도 제고, 그 밖에 공동이익의 증진을 목적으로 설립된 사업자단체는 대통령령으로 정하는 바에 따라 공정거래위원회에 등록할 수 있도록 하고 있고(동법 제45조), 등록의 요건, 방법 및 절차 등에 관하여는 대통령으로 정하고 있다(동법 시행령 제32조). 신청서에는 목적, 명칭, 주된 사무소·지부의 주소 및 인터넷 홈페이지 주소, 대표자의 성명·주민등록번호·주소·전화번호·전자우편주소, 설립연월일, 회원의 수(지부를 포함한다), 사업내용 등을 기재하여야 한다(동법 시행령 제32조 1항).

제3절 소비자법의 기본체계

소비자법이 정비되어 있지 않은 우리 실정에서 소비자법의 체계를 논한다는 것은 용이한 작업이 아니다. 또한 소비자보호 관련 여러 법률을 어떻게 체계화하고 정비할 것인가는 중요한 과제이기도 하다. 그 동안 소비자법의 민법전에의 편입방법이나 소비자법 단일법의 제정 등 몇 가지 방법이 제안되기도 하였다.

우리나라에서는 1980.1.4.「소비자보호법」이 제정되고, 동법이 2006.9.27. 전부개정되어 소비자기본법으로 명칭을 바꾸어 시행되고 있지만 말 그대로 기본법에 불과하다. 그 동안 소비자법의 적용범위(즉, 약관의 규제, 독점규제 및 공정거래, 방문판매, 통신판매, 할부거래, 제조물책임, 전자거래, 소비자신용, 금융거래, 개인정보보호 등)가 크게 확대되었다.

이러한 개별적인 소비자보호 법률 체계는 법전문가 뿐만 소비자 입장에서도 법의 접근을 어렵게 하고 있어서 소비자보호 관련 법률들을 어떻게 정비하여 체계화시키느냐가 현재 중요한 과제가 되었는데, 유럽에서는 최초로 1993년에 단일법으로「소비자법」을 제정한 프랑스를 필두로 이탈리아, 오스트리아와 같이 소비자 관련 법률들을 묶어 독립된 단일의 소비자법전을 가진 나라가 있는 반면, 네덜란드나 독일과 같이 소비자계약법을 중심으로 하여 소비자법을 민법전에 편입시킨 나라도 있다.[74] 우리나라에서도 어떤 형식이든 분산되어 있는 소비자보호 관련 법

74) 이에 대해서는 이병준·남궁술, 소비자보호를 위한 각국의 소비자법제 비교연구 및 법제지도작

률들을 체계적이고 통일적인 형태로 묶는 작업이 필요하다고 본다. 특히 소비자사법 내지 소비자계약법의 정비와 관련하여 소비자사법의 민법에의 통합을 주장하는 견해와 일본과 같이 별도의 소비자계약법을 제정하자는 견해로 대별되고 있다. 우리나라의 소비자법은 행정규제를 위주로 성장하여 왔고 입법도 이러한 행정규제를 중심으로 규정되어 있다는 측면에서 소비자사법의 강화를 먼저 선행한 후에 비로소 소비자사법의 통일 내지 정비를 논할 수 있다는 주장 등도 존재한다. 소비자보호법으로부터 소비자기본법으로의 명칭변경에서 드러난 입법자의 소비자관의 변경은 우리에게 근본적인 소비자보호 패러다임 변경을 요구하고 있다. 개인적으로는 통일적이고 체계적인 단행법으로서의 「소비자법」의 입법이 필요하다고 생각한다.

우리나라 소비자기본법 제1조에서 규정하고 있는 법의 목적이 「소비자의 기본권익보호」에서 「소비자의 권익증진」으로 변경된 것은 소비자의 보호범위를 확대하고자 한 소비자기본법이 전제로 하는 소비자의 상(像)이 보호의 객체에서 자립의 주체로 바뀐 것을 의미함과 동시에, 소비자주권론을 소비자정책의 기반으로 삼았음을 의미한다. 이러한 측면에서 소비자주권의 실현을 위한 소비자정책의 과제 및 목적과 관련하여 「소비자의 사법적 권리」의 보장에 의하여 실현될 수 있다는 주장도 있다.[75]

소비자법의 기본체계에 대한 국내의 논의는 거의 존재하지 않는다. 그러나 다음과 같이 소비자법 체계를 구성해 볼 수 있다.

Ⅰ. 헌법

헌법은 국가의 최고규범으로서 모든 법질서는 헌법의 규율을 받는다. 따라서 헌법은 소비자보호를 위한 입법의 근거가 된다. 헌법에서 최초로 소비자에 관한 표현이 등장한 것은 1980년의 제5공화국헌법이다. 제125조에서 「국가는 건전한 소비행위를 계도하고 생산품의 품질향상을 촉구하기 위한 소비자보호운동을 법률이 정하는 바에 의하여 보장한다」고 하여 소비자보호운동에 관하여 규정하였고, 현재는 동일한 내용으로 제124조에 규정하고 있다.

성, 2008년도 법무부 연구용역 과제보고서, 2008.11. 참조.

75) 서희석, 소비자법의 30년과 소비자법의 구조전환-소비자법의 제3의 물결을 위하여- 법조, 통권 654호, 2011.3., 법조협회 99면.

1. 소비자보호의 헌법적 기초

소비자의 권리를 주관적 공권으로 파악하고자 하는 논의는 소비자의 권리를 다양한 측면에서 포착될 수 있는 새로운 유형의 현대적 기본권으로 이해하는 것에서 출발하고 있다.[76]

우리 헌법은 소비자의 권리를 직접적으로 뒷받침할 수 있는 명문의 규정을 두고 있지 않고 있으며, 비교법적으로도 그 예는 드물다.[77] 그럼에도 불구하고 소비자의 권리를 기본권적 관념으로 구성하고 체계화하려는 논의는 지속적으로 전개되어 왔다.[78]

헌법에 명문의 규정이 없는 상황에서 소비자의 권리를 기본권으로 고양하기 위해서는, 소비자의 권리가 헌법이 보장하고 보호하고자 하는 특정한 삶의 영역과의 관련성이 밝혀져야 하고 이 점에서 경제학에서 연원하는 소비자주권(Consumer Sovereignty)에 대한 검토가 행해져야 한다.[79]

소비자주권의 개념을 "시장경제에서는 주어진 생산자원을 가지고서 누가 무엇을 얼마만큼 생산하여 누구에게 공급할 것인가 하는 문제, 즉 사회전체의 자원배분이 소비자들의 자유로운 선택에 의하여 결정되는 것"을 의미한다면, 소비자주권의 실현은 헌법적으로 그 기초가 주어지는 정당한 경제질서의 형성과 필연적으로 결합한다.[80] 이런 측면에서 이를 매개로 하여 개인의 주관적 공권으로서의 관념도 가능하다고 본다.[81]

---

76) 권영성, 헌법학원론, 법문사, 1998, 505면.

77) 헌법에서 소비자의 권리를 인정하고 있는 나라로는, 포르투갈 헌법 제60조, 스위스헌법 제97조, 스페인헌법 제51조, 아르헨티나헌법 제42조, 에콰도르헌법 제9장이 있고, 유럽연합기본권헌장 제38조는 '유럽연합은 높은 수준의 소비자 보호정책을 보장하여야 한다'고 규정하고 있다.

78) 이와 관련한 문헌으로는, 맹수석, 소비자권리의 기본권성과 헌법상 보장, 경제법연구, 제17권 제2호, 2018; 김현철, 헌법상 소비자의 권리, 외법논집 제41권 제1호, 2017; 이병준, 헌법에 의한 소비자보호의 의의와 한계, 저스티스 통권 제170-2호, 2019; 황의관, 헌법상 소비자기본권의 도입 논의와 시사점, 소비자정책동향 제87호, 2018; 김현철, "헌법재판소가 바라 본 소비자의 권리", 「헌법학연구」 제19권 제4호(2013).

79) 소비자주권론을 통하여 소비자의 권리를 헌법상의 권리로 받아들이는 것에 관한 논의로는 성낙인, 헌법학, 법문사, 2001, 207면; 반면 허전, 소비자보호법의 재검토, 법제 제207호, 1987.9, 21-22면에서는 소비자주권론이 독점규제법 등의 헌법적 기초로서의 매개역할을 하고 있다고 보고 있다.

80) 우리 헌법재판소는 소비자주권의 사고가 자유시장경제의 바탕을 이룬다고 보고 있다. 헌법재판소 1996.12.26. 96헌가18(주세법 제38조의 7 등에 대한 위헌제청).

81) 소비자주권을 통한 보장은 규범구조상 객관적 법질서로서의 보장으로 보는 것이 적절하다는

그러나 소비자주권은 기본적으로 자원의 효율적 배분에 관련되는 것이며, 이러한 배분구조에 헌법상의 경제질서, 즉 객관적 법질서로서의 의미가 부여되고 있다고 하더라도, 이로부터 바로 기본권적 성격이 도출된다고 보는 것은 성급하다 할 것이다.[82]

2. 소비자권리의 기본권성

따라서 기본권으로서의 소비자 권리의 이해는 기존의 다양한 기본권의 의의와 구체적 내용의 검토로부터 소비자 문제가 포섭될 수 있는 가능성을 확인하는 것에서 출발할 필요가 있다.

현행 헌법에서 소비자보호규정은 기본권의 장이 아닌 경제편 제124조에 규정되어 있는 관계상 과연 소비자의 권리를 헌법상 기본권으로 볼 수 있는지에 대해 헌법학계는 이를 긍정하는 견해와 부정하는 견해로 나뉘고 있다. 부정하는 견해에서는 소비자의 권리는 헌법전에 담을 필요가 없는 것으로 소비자보호에 대한 사항은 성질상 헌법저거 사항이 아니라 법률적 사항에 해당한다고 보는 견해,[83] 소비자보호를 위한 규정은 기본권이라기보다는 하나의 객관적 법질서를 보장하기 위한 제도보장으로 보는 견해[84]가 있다. 소비자의 권리가 기본권편에 규정되어 있지 아니하고 '소비자의 권리'라고 명시되지도 않은 것을 기본권이라고 부르는 것은 문제가 있으므로 독일 헌법학계의 용어를 차용하여 '기본권유사적 권리'로 부르자고 한다.[85]

다수의 견해는 현행 헌법 체계상 소비자권리를 기본권으로 인정하고 있는 것으로 보인다. 인정하는 경우 그 법적 성격은 어떠한지에 대해서도 견해가 일치되지 않고 있다. 주지하다시피 헌법상 기본권 종류에는 크게 평등권, 자유권, 사회권,

---

견해로는 성낙인, 앞의 책, 207면.

82) 권오승/홍명수, 소비자보호의 계약법적 구성과 한계, 서울대학교 법학 제43권 제3호, 2002.9, 128면.

83) 정종섭, 헌법학원론, 박영사, 2014, 237면에서 국가가 소비행위를 계도하는 것은 국가우월적인 태도일뿐 아니라 시장의 소비활동에 국가가 개입하여 시장을 왜곡시킬 우려가 있기 때문에 이 조항을 폐지하는 것이 타당하다고 하면서, 소비자운동에 관한 규정도 소비자에 대한 인식이 저조한 때 이를 강조하기 위하여 헌법에 정한 것이고 현재는 이에 대하여 법률에 정비되어 있으므로 이를 헌법에서 정할 필요가 없다고 한다.

84) 김학성, 헌법학원론, 피앤씨미디어, 2018, 268면.

85) 홍성방, 헌법학, 박영사, 2007, 991면.

청구권, 참정권이 있는데, 이중에서도 소비자의 권리를 자유권, 사회권, 복합적 성격을 보유한 권리로 각기 다르게 해석하여, 그 견해가 나뉘고 있다. 먼저 자유권적 기본권설의 입장은 소비자가 상품이나 용역을 자유롭게 선택할 수 있으며, 거래상의 경제주체로서 경제적 이익의 침해로부터 자유를 보장받을 수 있는 경제적 자유권으로 보고 있으며,[86] 다음으로 사회권적 기본권설의 입장에서는 사업자와 관계에서 경제적 약자에 있는 소비자의 생존을 위한 사회권으로 보고 있다.[87] 이러한 양 기본권의 성격을 함께 지닌다고 보는 복합적 기본권설도 있다. 이 견해는 실제 다양한데,[88] 다수는 사회권적 성격이 중심이 된 복합적 기본권으로 보고 있으며 현재 다수설이다.

생각건대, 소비자기본권은 자유권적 기본권보다는 사회권적 기본권적 성격에 가까운 현대형 기본권이라고 할 수 있다. 또한 국민만이 가지는 기본권이라기보다는 오늘날 모든 사람이 소비자이므로 '사람의 권리'라고 해야 한다. 다만 우리나라에서는 소비자의 개념에 자연인뿐만 아니라 법령에 의하여 사업자인 경우도 소비자개념에 포섭하고 있으므로, 현재의 해석론으로서는 소비생활을 하는 자연인과 소비자의 개념에 포섭되는 법인도 포함되는 것으로 해야 한다.

소비자의 권리를 기본권으로 인정한다면 그 근거를 어디에서 찾을 것인가.

인간의 존엄과 가치 및 행복추구권을 규정한 제10조[89] 및 제124조에서 찾아야 한다는 견해 등이 있다.[90] 또한 인간의 존엄성과 행복추구권을 규정한 헌법 제10조를 이념적인 근거로,[91] 소비자보호운동을 보장하고 있는 헌법 제124조를 부분적

---

86) 맹수석, 앞의 논문, 251면; 계희열, 헌법학(중), 법문사, 2007, 593면.

87) 양건, 헌법강의, 법문사, 2016, 227면.

88) 복합적 기본권의 견해는 i) 자유로운 경제생활의 보장에 관한 방어권으로서의 측면과 국가에 의한 보호라는 사회권 측면이란 입장, ii) 상품 또는 용역의 자유로운 선택과 소비자집단행동에 관하여 방해를 받지 아니하는 권리는 자유권적 기본권과 양질의 상품 또는 용역을 공정한 가격으로 구입하거나 사용함으로써 경제적 손실을 피할 수 있는 권리라는 측면에서 경제적 기본권, 소비자 피해예방 또는 보상을 청구할 수 있는 권리라는 측면에서 청구권적 기본권, 양질의 상품 또는 용역을 적절한 유통구조를 통해 구입하거나 사용함으로써 인간다운 생활을 영위할 수 있고 건강을 침해당하지 아니할 권리라는 측면에서 사회적 기본권 등이 포함된 것으로 보는 입장, iii) 경제적 자유권과 사회권적 성격 등 모두를 가지고 있으나 사회권적 성격이 중심이 된 복합적 기본권으로 보는 입장 등이 있다.

89) 소비자의 자기결정권은 포괄적 기본권으로서의 성질을 가진 행복추구권에서 파생한다고 보는 견해도 있다. 허영, 한국헌법론, 박영사, 2018, 356면.

90) 권대우, 헌법적 권리로서의 소비자권과 소비자운동권의 발현, 세계헌법연구 제17권 제3호, 2011, 262, 284면.

인 직접적 근거로,[92] 헌법에 열거되지 아니한 기본권을 승인하고 있는 헌법 제37조 제1항을 보완적인 근거로 그리고 재산권보장에 관한 헌법 제23조 제1항, 인간다운 생활의 보장에 관한 헌법 제34조 제1항, 보건에 관한 보호를 규정하고 있는 헌법 제36조 제3항, 경제의 민주화에 관한 제119조 등을 간접적인 근거로 하여 소비자의 권리를 헌법상의 권리로 인정하고자 한다.[93]

이러한 규정들의 종합적이고 체계적인 제시는 소비자의 권리가 갖고 있는 다양한 성격을 충분히 포괄할 수 있다는 점에서 긍정적이다.[94] 위의 체계화에서 보완적인 근거로 언급되고 있는 인간다운 생활을 할 권리의 경우에, 인간의 존엄성에 상응하는 건강하고 문화적인 최저한의 생활을 인간다운 생활의 함의로 갖고 있다는 점과 인간다운 생활이 우리 경제질서의 가치지표로서 인식되고 있다는 점 등을 고려하고 또한 소비생활이 현대사회에서의 인간의 삶의 영위에 있어서 기본적인 수단임에 비추어 볼 때, '인간다운 생활을 할 권리'를 소비자의 권리의 보다 직접적인 근거로서 원용하는 것도 가능하다고 한다.[95]

헌법재판소 1995.7.21. 94헌마136는 소비자기본법에서 규정하는 소비자의 기본권리를 헌법상 인정되고 있는 소비자 기본권의 구체화로 이해하고 있다. 또한 헌법 제124조에 의거하여 소비자의 권리를 마련하고 구체적으로 보장하기 위해 제정된 법률을 열거하고 있는데, 소비자기본법, 독점규제 및 공정거래에 관한 법률, 식품위생법, 제조물책임법, 약관의 규제에 관한 법률, 증권거래법, 물가안정에 관한 법률, 농수산물유통 및 가격안정에 관한 법률, 농산물품질관리법 등을 들고 있는 점[96]은 흥미롭다.

또한, 헌법이 보장하는 소비자보호운동의 일환으로 행해지는 소비자불매운동이 헌법적 허용한계를 가지는가에 대하여, 현대 자유시장경제질서 하에서 생산물품 또는 용역의 가격, 품질 결정, 유통 구조 등의 결정이 사업자 중심으로 왜곡되

91) 헌법재판소는 '소비자의 행복추구권'이라는 용어를 사용하면서, '소비자의 선택의 자유'를 헌법 제10조에서 보장하는 행복추구권에서 발현하는 '자기결정권'에 등치시키고 있다. 헌법재판소 1996.12.26. 96헌가18(주세법 제38조의 7 등에 대한 위헌제청) 및 헌법재판소 2000.3.30. 97헌마108(식품위생법 제11조 위헌 확인).

92) 헌법재판소 1995.7.21. 94헌마136(고발권 불행사 위헌확인)에서 조승형 재판관의 별도의견 참조.

93) 권영성, 앞의 책, 503면.

94) 권오승/홍명수, 앞의 논문, 129면.

95) 권오승/홍명수, 위의 논문, 129면.

96) 헌재 2011.12.29. 2010헌바54, 407(병합).

어 소비자들이 사회적 약자의 지위에 처하게 되었음을 인정하였고, 소비자보호운동의 일환으로 구매력을 무기로 소비자가 자신의 선호를 시장에 실질적으로 반영하려는 시도인 소비자불매운동을 언급하면서, 헌법이나 법률에 비추어 정당하다고 평가되는 범위[97]에 해당하는 경우에만 형사책임이나 민사책임이 면제된다고 한다.

Ⅱ. 소비자기본법

현재의 소비자기본법은 「소비자보호법」의 명칭을 사용하다가 소비자주권시대에 걸맞게 2006년에 「소비자기본법」으로 명칭을 변경하였다. 동법은 종래 소비자보호 위주의 소비자정책에서 탈피하여 중장기 소비자정책의 수립, 소비자안전·교육의 강화 등으로 소비자권익을 증진함으로써 소비자의 주권을 강화하고, 시장 환경 변화에 맞게 한국소비자원의 관할 및 소비자정책에 대한 집행기능을 '공정거래위원회'에 이관하도록 하며, 소비자피해를 신속하고 효율적으로 구제하기 위하여 일괄적 집단분쟁조정 및 소비자단체소송을 도입하여 소비자피해구제제도를 강화하고 있다.

동법은 본문 11장 86개조, 부칙 13조로 구성되어 있다. 이 중 본문 11장은 각각 총칙, 소비자의 권리와 책무, 국가 등의 책무, 소비자정책의 추진체계, 소비자단체, 한국소비자원, 소비자안전, 소비자분쟁의 해결, 조사절차, 보칙, 벌칙이라는 제목을 가지고 있다. 이 중 제6장은 조직법이며 제8장과 제9장은 절차법이다. 명칭은 기본법이지만 혼합법적 성격을 지닌 법이다.

동법은 체계상 기본법 및 일반법[98]적 성격을 가지고 있다. 따라서 소비자의 권익에 관하여 다른 법률에서 특별한 규정을 두고 있는 경우를 제외하고는 소비자기본법을 적용한다(제3조). 소비자기본법은 소비자보호를 위한 각 경제주체의 기본적

---

97) 헌재 2011.12.29. 2010헌바54, 407(병합) 결정문에서는 불매운동이 민·형사 책임이 면제되기 위한 구체적인 요건을 제시하였다. i) 객관적으로 진실한 사실을 기초로 행해져야 하며, ii) 소비자불매운동에 참여하는 소비자의 의사결정의 자유가 보장되어야 하며, iii) 불매운동을 하는 과정에서 폭행, 협박, 기물파손 등 위법한 수단이 동원되지 않아야 하고, iv) 특히 물품 등의 공급자나 사업자 이외의 제3자를 상대로 불매운동을 벌일 경우 그 경위나 과정에서 제3자의 영업의 자유 등 권리를 부당하게 침해하지 않을 것을 요구한다.

98) 동 법률 제3조는 소비자의 권익에 관하여 다른 법률에서 특별한 규정을 두고 있는 경우를 제외하고는 동법을 적용한다고 규정하고 있다.

인 권리와 의무를 규정하고 있지만, 구체적인 내용에 대하여는 언급하지 않고 있다. 따라서 구체적인 거래분야에서의 소비자보호에 관한 사항은 다시 개별 법령에서 규정하고 있다.[99)]

소비자기본법에서는 소비자의 권리와 책무, 국가·지방자치단체 및 사업자의 책무, 소비자정책의 추진, 소비자단체, 한국소비자원, 소비자안전, 소비자단체소송 소비자분쟁의 해결, 조사 등의 절차와 벌칙에 관한 규정 등을 두고 있다. 소비자기본법이 그 목적으로 삼고 있는 소비자의 권익증진에 도달하는 수단은 정부, 지방자치단체, 사업자, 소비자, 소비자단체 등 여러 법적 주체의 역할 및 관계에 대한 규정과 기본적 사항을 담고 있다.

소비자법에 관한 통일적인 혹은 종합적인 법전을 제정하자는 논의도 가능하다. 이 경우 소비자법을 독자적인 법영역으로 구성한다면 그 영역에 속하는 '법원칙'은 무엇인가 하는 문제가 구명되어야 할 것이다.[100)] 또한 우리나라와 같은 성문법 국가에서 입법형식은 법의 입법이나 집행에서 중요한 의미를 지니게 된다. 따라서 소비자기본법이 가지는 기본법이라는 의미가 무엇인지, 그 역할은 어디까지인지, 여기에 담을 내용은 어떤 것이어야 하는지 심사숙고하여 입법의 방향을 결정하여야 한다. 현재처럼 행정시책기본법으로 운영할 것이지, 좀 더 주된 소비자법의 내용을 담아서 독자적인 소비자보호법으로서 기능하게 할 것인지, 아니면 소비자사법의 내용을 민법전에 편입하여 규율할 것인지 향후 입법과제이다.

Ⅲ. 소비자공법과 소비자사법

개략적으로 소비생활을 위한 법을 소비자법이라고 칭할 수 있는데, 소비자기본법이 존재하지만 말 그대로 기본법에 불과할 뿐 소비자법이라는 일반법은 존재하지 않는다.[101)] 공법과 사법을 준별하고 있는 대륙법체계를 가지고 있는 특성상 소

99) 소비자기본법의 성격상 원칙적으로 기본적 사항만을 규정하여야 한다.

100) 이은영 편, 소비자법과 민법, 소비자계약법의 과제, 세창출판사, 2010, 32면.

101) 소비자법은 본래적 소비자보호법과 기능적 소비자보호법으로 분류하는 것도 가능한데, 법률의 제1조 목적조항에서 소비자보호를 위한 법임을 천명하는 법률, 예컨대 할부거래법, 방문판매법, 약관규제법, 제조물책임법 등을 본래적 소비자보호법이라고 한다면, 법률에서 소비자보호를 위한 것임을 나타내고 있지 않다 하더라도 소비자보호기능을 하는 식품위생법, 의료법, 약사법 등을 기능적 소비자보호법이라 할 수 있다.

비자법도 소비자공법과 소비자사법으로 구분이 가능하다. 소비자법은 주로 공법적 규제 차원에서 공법으로 출발했지만 오늘날에는 소비자법의 민법에의 편입문제가 활발하게 논의되고 있다.

소비자법이라고 부를만한 법률들은 통상 「복합법」으로서의 성격을 가지고 있다. 소비자보호를 목적으로 하는 소비자문제의 해결을 위해서는 민법, 상법, 경제법, 행정법, 형법, 소송법의 적용이 요구되며, 그 밖의 특별법으로서 약관규제법, 할부거래법, 방문판매법, 제조물책임법, 독점규제 및 공정거래에 관한 법률, 식품위생법, 약관규제법, 증권거래법, 물가안정에 관한 법률, 농수산물유통 및 가격안정에 관한 법률, 농산물품질관리법과 같이 직접 간접으로 소비자보호에 기여하는 특별법뿐만 아니라 이와 연관된 판례 등을 포함한 복합법영역의 도움이 필요하다.

과연 소비자공법과 소비자사법이 존재하는가에 대해 의구심을 가질 수 있으나, 우리나라의 법체계가 공사법 이분법체계로 준별되어 있고, 소송도 각각 다른 소송체계를 취하고 있는 한, 일응 소비자공법과 소비자사법으로 구분할 수 있다. 다만 우리나라의 소비자보호 관련 법규는 앞에서 살펴 본 것처럼 양자가 혼재되어 있는 것이 특징이다. 순수한 소비자사법으로는 제조물책임법을 들 수 있는데, 대개 일찍 제정된 소비자보호법들은 소비자행정법과 소비자형법과 소비자계약법 등이 혼재된 법으로서 특징을 가지고 있다.

1. 소비자공법

대개의 소비자관련법규는 소비자공법적 색채를 띠고 있다. 소비자피해의 예방과 구제에 즉각적이고 실효적으로 대응하기 위하여 행정의 역할은 중요하다. 우리나라에서는 그동안 사법적(司法的) 구제를 위한 사회체제가 불비된 상황에서 행정이 시장에 신속히 개입하여 소비자문제를 해결하여 왔고, 이러한 연유로 소비자행정법 관련 법규는 많이 존재한다. 대표적으로 소비자정책 추진관련 규정, 약관규제 관련 규정이 그러한 예이다. 할부거래법이나 방문판매법 등처럼 대개 '업법'이라고 불리는 소비자특별법은 시정조치나 처벌규정을 두고 있어서 실제 공법적 색채를 띠고 있는 법규들이며, 「식품위생법」, 「의료법」, 「약사법」과 「환경정책기본법」을 비롯한 환경오염 관련 규제법률 등은 직접적인 소비자법은 아니지만 간접적으로 소비자보호의 역할을 하고 있다. 「표시광고의 공정화에 관한 법률」은 대표적인 소비자공법이라 할 수 있지만 사법적 요소인 손해배상책임 규정(제10조)[102]도 두고 있는 것이 특징이다.

소비자공법영역은 특히 소비자의 생명, 신체의 안전의 문제와 관련하여 국가가 직접 개입하여, 즉 강제적 내지 비강제적인 행정적 개입이 필요하거나 처벌을 통하여 예방적 보호를 노리고자 하는 경우에 중요한 의미를 갖는다. 또한 계약관계의 공정화나 사후 배상의 엄정화를 통한 해결이 불충분하거나 적절하지 않을 수 있는 경우에 효과적인 규율수단이다.

안전성 확보를 위한 행정적 개입의 구체적 내용은 주로 예방적 차원에서 이루어진다. 즉 해당하는 상품이나 사업의 사전적인 심사를 통하여 또는 제품의 안전성에 문제가 발생한 경우 수거·파기나 리콜 등을 통하여 시장에의 공급 자체를 제한하는 방식이 주조를 이룬다.

소비자의 안전을 보호하기 위한 행정적 규제는 불가피한 것으로 볼 수 있으며, 다만 그 범위와 방식은 법제도의 현실적 의의, 경제사회적 상황 그리고 소비자와 사업자의 인식과 형태 등에 대한 종합적인 고찰을 통하여 결정되어야 한다.

2. 소비자사법

현재 우리나라에는 소비자사법은 존재하지 않는다. 종래 소비자법은 경제법의 한 분야로 인식하여 왔다. 보기에 따라 차이는 있으나 경제법의 영역은 넓다. 경제법이 시장의 민주화를 위한 경제규제법이라면 소비자보호를 위한 경제규제도 경제법의 영역에 속한다. 경제법의 규율원리는 종래의 시민법원리에 의한 것이 아니라 국가가 적극적으로 관여하여 경제활동의 규제를 통하여 시장에서의 공정한 경쟁을 유도하는 것이라는 데 특색이 있다.

그러나 오늘날 소비자법이 경제법에 속한다고 말할 수 없다. 경제법과 소비자법은 종종 그 대상을 같이 하기도 하나, 전혀 다른 내용을 다루기도 한다. 법의 분과로서 경제법과 소비자법은 서로 다른 이념과 목적을 가지고 있다. 경제법은 시장에 대한 규제법규를 말하는데 대하여, 소비자법은 소비생활관계에 관한 법이기 때문에 그 이념과 대상은 구별된다.

또한 소비자법은 소비생활관계에 관한 법이고, 상법은 기업생활관계에 관한 법

102) 고의 또는 과실을 요하지 않는 무과실책임규정이다.

이다. 이 점에서 양자는 차이가 있다. 다만 소비생활 가운데 사업자와의 거래부분은 상법의 영역과 교착된다. 사업자의 영업행위의 대부분은 소비자를 상대로 하는 것이다. 소비자법에서 다루는 할부, 방문, 통신, 전자상거래 등 특수거래가 상법의 영역이기도 하다. 보험, 은행, 증권 등 금융업도 소비자법의 영역이면서 동시에 상법의 영역이다. 이 이외에 거의 모든 상행위는 소비자법의 대상이면서 상법의 대상이 된다.

근대 민법 제정 당시에 초기자본주의하의 경제질서 하에서 당연히 소비자보호 문제를 염두에 두지 않았고, 1970년대 이후 소비자보호 문제가 대두하자 행정규제적 측면에서 접근하였기 때문이다. 물론 민법 안에 일방당사자의 보호를 위한 규정들이 있고, 비록 이러한 규정들이 소비자문제를 예상하고 규정된 것은 아니지만 오늘날 소비자보호를 위해 부분적으로 적용되고 있다.[103] 최근 여행계약의 민법전에의 편입은 전형적 소비자계약이 최초로 민법전에 들어온 것이다. 따라서 현재 우리나라에서는 사업자와 소비자간의 거래를 규율하는 행정법규적 특색을 가진 특별법들이 존재할 뿐이고, 소비자사법 내지 소비자계약법을 어느 형태로 정비해야 하는지에 논란만이 존재한다고 할 수 있다.

소비자법과 민법은 밀접한 관계에 있다. 할부계약, 약관, 제조물책임, 소비자생활협동조합, 한국소비자원 등에 관한 내용을 특별법으로 정하고 있으나 그 자체가 독자적으로 완성된 형태를 가지고 있지 않다. 이러한 특별법에서는 민법의 관련조항을 적용 또는 준용하도록 하고 있다. 그러나 이러한 입법은 소비생활관계와 개인생활관계를 구분하지 않아 소비자법의 이념을 실현하는데 장애가 되기도 하고, 소비자의 법리를 구성하는데 어려움을 주기도 한다. 소비자입법에서 개인간의 거래와 소비자와 사업자간의 거래(일방적 상행위)를 구별하여 다루어 정비할 필요가 있다.

소비자사법을 민법으로 좀 더 범위를 좁혀서 보자면, 다시 사업자와 소비자간의 계약 내지 거래관계를 규율하는 법과 계약관계 내지 거래관계가 존재하지 않는 경우 규율하는 법으로 구분할 수 있고, 전자를 소비자계약법 후자를 소비자불법행위법이라고 부를 수 있다.

---

103) 민법 제607조 내지 제608조의 대물반환의 예약 규정 등이 대표적이다. 판례는 약관의 내용통제의 시초가 된 예문해석을 신의칙이라는 일반 민법원리에서, 그리고 이자제한의 법리를 제103조에서 찾고 있다.

(1) 소비자계약법

소비자계약이란 사업자와 소비자간에 행하여지는 계약이다.[104] 민법전의 기초자는 제정 당시 계약당사자들의 법적 지위가 언제든지 상호 호환이 가능하다는 전제하에 동등하게 다루었다. 비록 사업자와 소비자가 우열관계, 비대칭성관계라고 평가될지라도 소비자의 지위와 그에 따른 문제는 사업자와의 구체적인 거래를 통해서 현실화된다. 그러나 한편으로 소비자와 사업자 사이의 거래는 근대 사법이 개인의 자기실현, 즉 사적자치의 주된 방식으로 설정한 계약의 형태로 이루어지며, 근본적으로 계약자유 이념의 엄정한 요구 안에 위치한다. 오늘날 각국의 입법을 보면 소비자보호를 사법의 영역으로 끌어들이고 있고, 계약당사자간의 구조적인 차이에 착안하여 국가의 관여의 정도를 조절하고자 한다.

사업자와 소비자간에 소비자계약이 행해지는 거래는 실로 다양하다. 우리 민법의 전형계약 중 가장 빈번하게 행해지는 것으로는 매매계약이며 매매의 형태도 할부매매, 통신판매, 방문판매, 다단계판매, 전화권유판매 등 다양한 형태로 나타난다. 그 외에 소비대차계약, 임대차계약, 도급계약, 위임계약 등에서도 소비자계약이 이루어진다. 우리 법제에서는 이러한 소비자계약에 대하여 주로 특별법을 제정하여 소비자를 보호하고자 하였다.

소비자계약에서는 소비자보호를 위하여 사업자의 정보제공의무(소비자기본법 제13조·할부거래법 제5조), 소비자에 대한 일정기간 내 청약철회권의 인정(할부거래법 제8조 1항·제9조, 방문판매법 제8조 1항·제17조 1항, 전자상거래소비자법 제17조 1항) 등이 주요한 내용이다.

소비자계약도 다시 그 내용에 따라 소비자매매형, 소비자신용형, 소비자시설제공형, 소비자역무제공형, 혼합형으로 구분할 수 있고, 거래방법에 따라 가상공간형과 실거래형, 민법전의 계약유형인지 여부에 따라 전형계약형과 비전형계약형(무명계약형·혼합계약형)으로 구분할 수 있다. 소비자계약을 규율하는 법으로서 소비자매매형에 관한 것으로는 「할부거래에 관한 법률」, 「방문판매에 관한 법률」, 「전자상거래등 소비자보호에 관한 법률」을 들 수 있으며, 소비자신용형에 관한 것으로는

104) 우리나라에서는 소비자계약이라는 용어의 사용을 극히 꺼려왔다. 일본에서는 일반적인 소비자계약법이 제정되었음에도 우리나라에서의 논의가 여전히 그렇게 진전되지 못하고 있는 것은 소비자보호를 계약법적 논의로 이끌어 내기보다는 국가에 의해서 보호되는 영역으로 사고하는 경향이 컸기 때문이다.

「이자제한법」, 「대부업의 등록 및 금융이용자보호에 관한 법률」, 「여신전문금융업법」, 「종합금융회사에 관한 법률」이 있고, 금융상품거래에 관한 것으로는 「금융소비자보호를 위한 법률」 을 들 수 있으며, 모든 소비자계약에 적용되는 「약관규제에 관한 법률」도 소비자계약법에 속한다.

(2) 소비자불법행위법

사업자와 소비자간에 계약관계가 없다 하더라도 기업활동 영역이 넓어지고 정보통신의 발달에 따라 소비자들은 은연중 사업자와의 관련성을 갖지 않을 수 없다. 소비자들은 기업에 생산한 제품을 구매하여 사용하며, 기업이 제공한 용역과 정보에 의거하여 소비활동을 하기도 한다. 기업들은 자신들의 이익을 극대화하기 위하여 최소한의 비용으로 최대의 이윤을 추구하는 활동을 하기 때문에 종종 소비자의 이익과 충돌되기도 한다.

기업과 소비자간에 계약관계가 없는 경우에 소비자로서는 기업의 위법한 행위로 인하여 발생한 손해에 대하여 손해배상책임을 물을 수 있는데 이 영역이 소비자불법행위이다. 소비자불법행위법으로 들 수 있는 것은 「제조물책임법」, 「개인정보보호법」, 「정보통신망이용촉진 및 정보보호등에 관한 법률」 등이다. 가장 중요한 법률이 제조물책임법인데 제조물책임법 시행 이전에도 판례에 의하여 제조물책임의 경우에 불법행위법의 성립요건을 완화하거나 입증책임을 경감함으로써 소비자보호를 꾀해 왔으나 그 한계성 때문에 제조물책임법을 제정하여 입법적으로 성립요건을 '과실책임'에서 '결함책임'으로 전환함으로써 소비자보호에 획기적인 변화를 가져왔다.

개인정보보호법에서도 소비자의 입증곤란을 배제하기 위하여 개인정보처리자에게 고의 또는 과실에 대한 입증을 전환하고 있으며(동법 제39조 제1항), 표시·광고법에서도 사업자의 부당한 표시·광고행위로 인한 소비자의 손해에 대하여 무과실책임을 인정하고 있다(동법 제10조 제2항).

또한 인터넷 등 통신수단의 발달, 특히 소셜네트워크의 등장으로 개인정보보호의 문제가 국가나 공공기관에 대한 방어 차원에서 민간 기업부분에 대한 보호 문제로 옮겨지게 되었다. 종전에는 민간부분과 공공부분을 구분하여 규율하였고 민간부분에 대해서는 「정보통신망이용촉진 및 정보보호등에 관한 법률」에 의하여 규율하다가 2011년에 3월 29일에 민간부분과 공공부분을 아우르는 개인정보보호법이 제정되어 시행되고 있다.

3. 기타 소비자특별법

오늘날 공법과 사법의 어느 하나에 속하지 않고 사법적 요소와 강행법규적 요소가 혼합된 경제법, 사회법이 광범위하게 등장하고 있는데 이러한 법 중에 소비자보호와 밀접한 관련을 갖는 특별법들이 존재한다. 물론 할부거래법이나 약관규제법, 방문판매법도 소비자특별법이라고 할 수 있으나, 위 법률들은 전형적인 소비자법이라고 할 수 있다. 그러나 법률의 제정목적이 소비자를 위한 법률은 아니지만 간접적으로 소비자보호와 연관되는 법률들이 존재한다. 예컨대 독점규제 및 공정거래에 관한 법률, 증권거래법, 농산물유통 및 가격안정에 관한 법률 등이 그 예이다. 경쟁법들은 실제 소비자보호보다는 기업의 자유로운 경쟁을 통한 공정한 거래질서를 확보하기 위한 것이지만 그의 반사적 이익으로서 소비자가 혜택을 누리게 된다. 특히 경제법은 국가가 권력적 수단을 통하여 국민의 사적 경제활동이나 법률활동에 관여하게 되는데, 이 점에서 소비자법과 공통점을 가진다. 이러한 소비자특별법들은 제정목적이 국민경제 전체의 이익을 위한다는 점과 민법원칙의 수정을 통하여 경제질서를 규율하고자 하는 민사특별법의 일종이라고 할 수 있다.

4. 소비자절차법

소비자피해 구제도 당사자 해결이 원칙이다. 하지만 당사자에 의하여 해결이 되지 않는 경우 최종적으로 법원이 관여하게 된다. 소비자피해가 발생한 경우 현재 별도의 소비자소송절차가 별도로 존재하는 것은 아니다. 따라서 소비자가 피해구제를 받고 싶은 경우에는 민사소송절차에 의존해야 한다. 법원에 의한 구제는 개인인 소비자의 입장에서 볼 때 그 절차가 복잡하고 까다롭다. 따라서 일반 소비자는 법률지식의 부족이나 소송비용의 과중한 부담으로 인하여 소제기 자체를 꺼리는 경우가 많다. 특히 소비자피해의 전형적인 모습이 소액다수피해라는 점을 감안하면 소송을 통한 구제는 그 실익이 적다. 소액다수피해라는 특성을 가진 소비자피해를 구제하기 위한 방안으로 민사소송법상 다수당사자소송이 있다. 물론 신속하고 저렴한 소송을 위한 간이한 소송제도로서 소액사건 심판절차가 있다. 그 외에도 독촉절차나 소비자분쟁조정위원회의 조정을 통한 분쟁해결을 꾀할 수도 있다.

현재 소비자기본법에서는 소비자단체소송제도를 두어 사업자가 소비자의 생명·신체 또는 재산에 대한 권익을 직접적으로 침해하고 그 침해가 계속되는 경우 법원에 소비자권익침해행위의 금지·중지를 구하는 소송을 제기할 수 있도록 하고 있다(소비자기본법 제70조). 그러나 소비자단체소송제도의 한계는 원고적격으로서 소비자단체를 엄격하게 제한하고 있으며, 손해배상청구는 인정하고 있지 않다는 점이다.

소비자피해는 동종의 피해가 다수인에게 발생하는 특수성이 있기 때문에, 동일한 유형의 피해에 대하여 다수인이 원고로 등장하게 된다. 이러한 소액다수의 피해를 일괄적으로 구제하기 위하여 집단분쟁제도를 운영하고 있다. 문제는 이 제도로는 대세적 효력을 인정할 수 없는 문제 등이 있으므로, 동일한 피해를 입은 소비자들에 대한 일괄적 구제방법으로서 집단소비자소송을 도입할 필요가 있다.

Ⅳ. 소비자법의 미래

1. 소비자법 독자적 영역의 법원리 정립

소비자법이 과연 독자적인 법영역으로서 인정될 수 있으며 인정되는 경우 독자적인 법원리가 무엇인가 하는 문제는 앞으로 더 연구되어야 할 과제이다. 소비자법은 먼저 사업자와 '소비자'라는 당사자간에 소비자보호를 염두에 두고 법률관계를 규율하고자 한다. 양당사자의 정보와 경제력 등의 불대등성 뿐만 아니라 소비자 안전과 개인정보보호 등이 중요한 고려대상이 된다. 따라서 사법상 대원칙인 사적자치의 원칙, 재산권존중의 원칙, 과실책임의 원칙이 일정한 전제하에서 제한을 받게 된다. 물론 위의 대원칙들은 민법의 최고이념으로서 공공복리나 신의칙, 선량한 풍속, 불공정성이라는 원리에 의하여 검증되기도 한다. 그러나 계약의 자유가 '계약의 공정'이라는 방향에서 소비자보호를 위한 소비자사법 원리로 자리매김하기 위해서는 좀 더 통일적이고 일반적인 기준이나 전제요건의 탐색이 필요하다고 본다.

소비자법은 공법, 사법, 절차법 등 여러 법 영역에 걸쳐 있으며 아직까지 확고하게 독자적인 법영역을 구축했다고 말하기에는 이르기 때문이다.

2. 소비자법의 독자적 법체계 완성의 필요성

소비자계약법의 민법전에의 편입문제가 활발하게 논의되고 있는데, 민법개정의 논의와 함께 소비자 종합법전에 관한 논의도 검토할 필요가 있다.[105)]

프랑스는 1993년 민법전 외의 사수의 개별법에 산재하는 형식으로 존재하고 있는 여러 소비자법 법률을 소비자법(Code de la consommation)으로 통합하는 방법을 채용하였다.[106)] 유럽연합(BC)의 소비자법지침을 따르기 위해 소비자물품매매와 관련하여 민법의 개정과 '소비자법전'의 제정 두 가지 중 입법형식에 대한 논란 끝에 「소비법전」의 제정으로 귀결이 되었다. 이러한 소비법전의 제정에 대하여 빈번한 개정의 필요성에 신속하고 유연한 대응을 가능하게 한다는 점을 들어 민법으로의 편입방식보다 우월하다는 찬성론적 주장과 소비법전은 사법·공법·형사법적 법률의 혼성이므로 일관된 원칙을 찾기 어려운 점, 기존의 특별법을 모았을 뿐 체계화되지 않았다는 점을 들어 비판적 의견이 제기되었다. 그러나 프랑스에서는 소비법전의 제정으로 소비자법이라는 분야에 대한 국민들의 인지도가 높아지게 되었으며, 그 존재만으로 성공적이라고 평가되고 있다.[107)]

우리나라에서도 특별법에 있는 소비자규정을 종합하여 소비자법의 종합법을 제정하자는 입법의견이 제시되기도 하였다.[108)]

오늘날 소비자관련 법률의 양산은 한편으로는 소비자문제의 다양성을 반영한 여러 소비자보호관련 법률 간의 조화의 문제뿐만 아니라 다른 한편으로는 소비자가 원용해야 할 법률에의 접근성에 큰 장애를 일으키고 있다는 점에서, 이에 대한 체계적인 정비가 시급한 것은 사실이다. 소비자법의 수범자를 소비자(국민)와 법관으로 보았을 때 공법과 사법에 걸쳐서 산발적으로 존재하는 것은 법원(法源)으로서의 기능을 떨어뜨릴 뿐만 아니라[109)] 특별법으로 존재하는 경우 그 소관부처가 상

---

105) 이은영, 소비자계약법의 과제, 소비자법과 민법(이은영편), 세창출판사, 2010, 32면.

106) 프랑스의 소비법전의 제정에 대하여는, 남궁술, 여러 특별법으로 산재된 소비자법의 단일화 방안 : 민법과의 통합인가, 아니면 별도의 소비자법전의 제정인가-프랑스의 경우를 중심으로, 위의 책, 100면 이하.

107) 이은영, 위의 책, 33면.

108) 남궁술, 여러 특별법으로 산재된 소비자법의 단일화 방안 : 민법과의 통합인가, 아니면 별도의 소비자법전의 제정인가-프랑스의 경우를 중심으로, 위의 책, 126면,

109) 실제 소비자의 입장에서는 자신이 소비자로서 가지는 권리가 어느 법률에서 규정되어 있는지 찾기가 어려울 뿐만 아니라 만약 민법전에 소비자법을 편입한다 하더라도 일반 소비자들은 2,000조 이상이 되는 민법 규정에서 해당 분야에 따라 흩어진 소비자관련 규정을 일일이

이함으로 인한 소비자보호의 문제점도 노정될 수 있다.

향후 소비자관련 법규를 상호 조화를 통한 체계적이고 종합적으로 정리하여 하나의 법전에 통합하여 규정함으로써 소비자의 법률 탐색의 혼란을 물론 소비자보호의 실효성을 기해야 할 것이다.

3. 소비자법의 국제적 통일의 필요성

인터넷의 발달로 국제간 전자거래의 활성화는 소비자보호에서 새로운 보호대책을 요구하고 있다. 이제 소비자들은 해외에 기반을 둔 아마존 혹은 알리바바 등 여러 전자거래업체로부터 상품을 직접 구매할 수 있으며, 플랫폼 사업자를 통하여 해외에서 여러 서비스를 이용할 수 있게 되었다. 이 경우 제품의 하자나 서비스의 품질에 문제가 있는 경우 해외에 있는 사업자를 상대로 소비자구제가 이루어져야 한다. 이제 소비자보호문제가 단순히 국내법적 문제가 아니라 국제사법적 문제로 등장하여 재판관할과 준거법 등이 결정되어야 한다. 이 경우 국내법에 의하면 소비자의 청약철회권 등 소비자의 권리가 인정되지만 상대방의 국내법에 의하면 소비자의 권리를 인정하지 않는 경우 소비자구제는 이루어지지 않는다.

우리나라에서는 이러한 문제를 해결하고자 국제사법 제27조에 소비자계약의 규정을 신설하여 소비자를 보호하고자 한다. 그러나 궁극적인 해결방법은 소비자법의 국제적 통일이다. 다국적 기업의 상품이나 서비스로 인한 소비자피해를 구제하기 위해 소비자운동이 국제적인 네트워크를 형성하게 될 것이다. 소비자법의 국제적 통일을 통하여 국제간 소비자거래에서 소비자보호의 사각지대를 최소화할 수 있기 때문이다. 이러한 요구는 향후 국가간 통합소비자법 또는 국제소비자법이 제정을 필요로 한다.[110)]

찾아야 하는 불편을 감수해야 한다.

110) 동지, 이은영, 소비자계약법의 과제, 소비자법과 민법, 세창출판사, 2010, 34-35면.

제 2 장
소비자계약법

제2장 소비자계약법

제1절 소비자계약의 의의

Ⅰ. 소비자계약의 개념

1. 서언

자유주의와 개인주의를 사상적 기초로 하고 초기 자본주의를 경제적 근간으로 한 근대민법의 입법자는 계약법의 원리를 계약당사자의 합리적 인간상에서 찾았다. 따라서 당사자를 대등하게 취급하며 계약의 자유를 사적자치의 원칙에 의하여 대등한 당사자가 자유롭게 계약관계를 형성하는 원리로 보았다. 따라서 계약의 당사자는 계약을 체결할지 여부를 자유롭게 결정할 수 있으며, 상대방 선택의 자유, 계약내용의 자유, 계약방식의 자유를 아울러 갖게 되는 것으로 구성하였다.

그러나 자본주의의 발달은 필연적으로 자본이 집약된 자본단체인 회사와 기업의 등장과 활동을 촉진시켰다. 이제 전통적인 계약법 하에서의 개인 대 개인의 계약관계보다는 기업 대 개인 내지 사업자 대 개인의 계약관계가 거래관계의 태반을 차지하고 있고, 형식적으로 계약자유라는 미명하에 경제력, 교섭력, 정보력에서 열위인 노동자와 소비자의 권익이 침해당하게 되자 이러한 자들의 보호가 사회공동체의 유지를 위하여 중요하게 되었다. 노동법과 경제법은 이러한 사회경제적 분위기를 반영하여 새로운 법영역을 형성하게 되었다.

특히 현대의 계약법은 계약대등성이 교란된 계약으로서 소비자와 사업자 간의 소비자계약에 주목하고 있다. 현대의 계약법은 소비자와 사업자간의 계약관계에 내재하는 소비자의 상대적 열등성에 착안하여 소비자를 특별히 보호하고자 한다. 이는 종전의 민법상 착오, 사기·강박 또는 공서약속 등의 고전적 규율법리와는 다른 법리에 의한 보호를 말한다.

소비자계약의 개념은 소비자구제와 밀접한 관련이 있기 때문에 소비자의 개념

만큼 중요하다. 당사자 중의 하나가 교섭력이 약한 것으로 보이는 소비자인 계약이라고 일응 정의할 수 있다. 소비자계약의 범주에 포함한다는 것은 불공정한 약관, 청약철회권의 인정, 정보의 제공 등 다양한 보호가 주어지기 때문에 중요하다. 강행법규에 의해 당사자의 일방이 배제할 수 없는 계약으로서 강화된 법적 권리가 보장된다는 점에서 의미가 있다.

2. 소비자계약의 개념

소비자계약이란 광의로는 소비자와 사업자 사이에 체결된 모든 계약을 의미하고, 통상은 좁은 의미로, '상품'과 '상품처럼 거래되는 용역'을 그 대상으로 하는 소비자와 사업자의 계약이라고 볼 수 있다. 비록 소비자-사업자의 개념과 계약의 범위는 각국의 법제도에 따라 내용이 달라질 수 있지만, 소비자계약의 개념적 징표는 계약대등성의 결여, 즉 계약당사자 사이의 힘의 불균형에 있다. 이는 구체적으로 소비자의 경제력, 교섭력, 정보력의 열위로 나타난다.

넓은 의미로 소비자계약을 사용하는 입법례로서는 일본[1]을 들 수 있으며, 독일 민법은 주로 소비자와 사업자 사이의 특수거래행위(예컨대, 방문판매계약, 할부계약, 통신판매계약 등)를 중심으로 소비자계약[2]이라는 용어를 사용하고 있지만 오늘날에는 그 적용범위가 일반적인 거래에까지 넓혀지고 있다.[3] 미국에서는 소비자계약법이라는 명칭의 소비자계약 일반에 적용되는 입법은 존재하지 아니한다. 그렇지만 소비자계약에 대하여 일반법에서 실질적으로 배려하고 있다. 미국 통일상법전에서는 소비자계약을 상인인 매도인과 소비자인 매수인 사이의 판매계약의 경우로 한정하기도 하지만, 오늘날에는 그 적용범위가 일반적인 거래에까지 넓혀지고 있다.[4] 전자의 경우에는 특수거래행위에 한정하지 않고 모든 형태의 소비자와 사업자 사이의 계약을 소비자계약으로 보기 때문에 결국 소비자계약의 의의는 계약당사자인 소비자와 사업자의 법적 개념을 어떻게 정의하느냐에 따라 소비자계약의 의의

---

1) 일본의 소비자계약법 제2조 제3호에서 '소비자계약이란 소비자와 사업자 사이에서 체결된 계약을 말한다'라고 규정하고 있다.

2) 독일민법 제310조에서는 사업자와 소비자간의 계약을 소비자계약(Verbrauchervertrag)으로 칭하며, 제355조에서도 「소비자계약에서의 철회권」이라는 표제어로 소비자계약이라는 용어를 사용하고 있다.

3) 현대호, 소비자계약관련입법의 체계화방안연구, 한국법제연구원, 2003.11, 25면.

4) 현대호, 앞의 책, 25면.

가 정해진다.

소비자계약이란 용어는 아직 우리나라에서는 법률에서도 사용되고 있지 않으며 실무에서도 친한 개념이 아니다. 그러나 현대생활에서 일반인은 일상생활에서 수많은 소비자계약을 체결하면서 생활하고 있다. 결국 소비자계약의 의의는 사업자와 소비자의 개념정의에 따라, 그리고 입법자의 소비자보호 범위에 따라 정의되어야 할 문제이다.

Ⅱ. 소비자계약과 그 범위에 대한 비교법적 고찰

1. 서언

계약자유의 원칙은 계약내용의 자유를 포함하기 때문에 당사자는 얼마든지 계약법에서 정하고 있지 않은 계약유형을 창출해 낼 수 있다. 그러나 사업자와 소비자 간에 행해지는 계약에서는 소비자계약의 특성상 소비자보호가 요구되는 일정한 범위의 계약에서만 소비자계약으로서 규율된다. 예컨대 증여계약이나 사용대차계약은 소비자계약이 될 수 없다. 원칙적으로 소비자계약은 사업자와 소비자 간에 대가적인 연관을 갖는 급부와 반대급부가 존재하고 유상계약으로서 쌍무계약이 이에 해당한다. 소비자계약의 범위는 앞에서 살펴본 소비자의 정의 내지 개념과 밀접한 연관을 갖는다. 소비자의 개념을 넓히는 경우 소비자계약의 범위도 넓게 인정되며, 소비자를 좁게 정의한다면 그에 따라 소비자계약의 범위도 축소하게 된다. 소비자계약의 범위에 대해서도 각국의 제도 운용에 따라 달라진다.[5)]

2. 미국

미국에서는 소비자계약 일반에 적용되는 소비자계약법 관련 입법은 존재하지 아니한다. 다만, 커먼로와 주법에서 규율되는 거래문제에 대한 통일된 규범을 마련하고자 하는 노력이 행하여지고 있는데, 그 대표적인 것이 통일상법전(Uniform Commercial Code: UCC)·계약에 관한 리스테이트먼트 및 통일컴퓨터정보거래법 등의 통일법이나 모델법이다. 통일상법전과 계약에 관한 제2차 리스테이트먼트에서 소비자계약

5) 소비자계약의 범위에 대한 각국의 입법례는 김태현, 앞의 박사학위논문, 19-21면 참조.

에 해당하는 것을 찾아볼 수 있고, 특히 1999년에 제정된 통일컴퓨터정보거래법(UCITA)에서 명시적인 조항으로 도입하고 있다.

즉, 2002년 개정된 미국 통일상법전 2-103(1)(e)조는 소비자계약을 '상인(merchant)인 매도인과 소비자간의 계약'으로 정의하고 공식적인 Comment는 '상인인 매도인과 소비자인 매수인 사이의 판매계약의 경우로 한정된다. 따라서 소비자 대 소비자의 매매나, 상인이 가정에서 영위하는 사업(home business)에 쓸 목적으로 구입하는 개인에게 판매하는 경우는 소비자계약이 아니다'고 부연하고 있다.

2-103(d)조는 소비자의 정의를 '동산매매계약체결의 시점에서 개인, 가족, 혹은 가정용으로 주로 쓰일 물품을 구입하거나 구매코자 계약하는 개인'이라고 하면서 동조에 대한 주석에서 이 정의는 어떤 계약이 '소비자계약'으로 분류될 수 있는가의 여부를 판단하는데 중요한 역할을 한다고 설명하고, 여기에서 개인은 자연인(natural person)이라고 부연설명하고 있다.[6)]

한편 2-108(1)(b)조는 제2편의 범위에 있는 소비자계약이라 할지라도 소비자를 위한 다른 규범을 확립하고 있는 다른 법이 있을 때에는 그 법의 규율도 받는다고 규정하고 있다. 동조의 Official Comment는 'rule of law'라는 개념은 제정법, 그 제정법 하에서 제정된 행정기관의 시행규칙, 그리고 법원의 최종 판결을 포함한다고 설명한다.[7)]

2012년부터 미국법률가협회의 프로젝트로 시작된 소비자계약법 리스테이트먼트(초안)[8)] 제1조(a(4)에서 소비자계약이라 함은 고용계약 이외의 사업자와 소비자간의 계약을 말한다.[9)] 동 리스테이트먼트는 정보나 교섭력의 비대칭성이 존재하는 소비자계약에 적용되는 것이 원칙이다. 그러나 약관이 사용되지 않는 일반적인 계약의 경우, 동 리스테이트먼트가 아니라 일반 규정으로서 제2차 계약법 리스테이트먼트의 적용범위에 해당한다.[10)] 동 리스테이트먼트는 코먼로 상 법리를 확인하는 것이 주된 목적이기 때문에 연방이나 주의 제정법이 존재하는 경우 이들 규정

6) Proposed Final UCC §2-103(1)(d) & cmt.
7) Proposed Final UCC §2-108(1)(b) & cmt. 4.
8) 미국 소비자계약법 리스테이트먼트(초안)에 대한 상세한 소개는, 김현수, 미국 소비자계약법 리스테이트먼트(초안)에 관한 고찰, 소비자문제연구 51(1), 2020,4, 175면 이하.
9) Restatement of the Law, Consumer Contracts § 1(a)(4) (Am. Law. Inst., Tentative Draft 2019).
10) 이와 같은 형태의 소비자와 사업자 간 거래는 향후 데이터 기반 경제가 가속화되면서 일반화될 것이다. Restatement of the Law, Consumer Contracts §1 Reporters' Note (Am. Law. Inst., Tentative Draft 2019).

의 흠결을 보충하는 역할을 하게 된다. 예를 들어, 소비자계약과 관련한 많은 사안을 규율하고 있는 통일상법전 제2편(매매), 제2A편(리스) 및 관련 규정이 적용되는 곳에서는 이들 규정이 우선 적용된다. 또한 신용카드계약, 보험계약, 부동산계약, 증권계약과 같이 해당 분야를 규율하는 특별법이 존재하는 소비자계약은 해당 특별법에 의해 규율되며 동 리스테이트먼트는 이들 규정을 보충하는 역할을 한다.[11)]

한편 미국에서 불공정계약의 규제 법리인 '비양심성 법리(unconscionability)'는 통일상법전에 규정되어 있다. 또한 소비자계약법 리스테이트먼트(초안) 제5조에서도 규정하고 있다. 동조에서는 계약조항이 비양심적인 것으로 되기 위한 요건과 그 효과에 대해 규정하고 있다. 비양심적인 계약이나 조항은 강제할 수 없다고 하는 비양심성 법리는 영국의 형평법에 기원을 둔 것으로 통일상법전 제2편 제302조에 규정된 후 제2차 계약법 리스테이트먼트 제208조에서도 채택되었다.[12)] 그러나 비양심성의 법리의 적용범위는 물품매매(sale of goods)의 경우에 한정되지 않고 미국 법원의 판례에 의하여 다른 모든 계약유형-특히, 소비자계약-에 미치고 있다.

미국 통일컴퓨터정보거래법에서는 '소비자계약이란 상인인 라이센스허락자와 소비자 사이의 계약을 의미한다'[13)]고 하고, 동법에서는 '소비자'란 계약 당시 주로 사적, 가족적, 또는 가사적 목적으로 이용할 의도를 가진 정보나 정보권의 라이센스이용자인 개인을 의미하고, 이 용어는 사적 또는 가족적인 투자관리 이외에 농업, 경영관리 및 투자관리를 포함하여 주로 직업적, 상업적 목적을 위한 라이센스 이용자인 개인은 포함하지 아니한다.[14)]

11) Restatement of the Law, Consumer Contracts § 1 cmt. 10 (Am. Law. Inst., Tentative Draft 2019).

12) U.C.C. § 2-302(비양심적인 계약 또는 계약조항) (1) 법원은, 법률상, 계약 또는 계약 중 어느 조항이 계약체결시에 비양심적으로 인정하는 경우에는 계약의 효력을 부인하거나, 비양심적인 조항을 제외한 나머지 부분의 계약의 효력을 인정하거나, 또는 비양심적인 결과를 피하기 위하여 비양심적인 조항의 적용을 제한할 수 있다.

13) UCITA §102(a)(16) "Consumer contract" means a contract between a merchant licensor and a consumer.

14) UCITA §102(a)(15) "Consumer" means an individual who is a licensee of information or informational rights that the individual at the time of contracting intended to be used primarily for personal, family, or household purposes. The term does not include an individual who is a licensee primarily for professional or commercial purposes, including agriculture, business management, and investment management other than management of the individual's personal or family investments.

3. 일본

일본에서는 소비자기본법을 1968년에 제정하였으며, 소비자계약과 관련하여서는 2000년 4월에 제정, 2001년 4월부터 시행하고 2016년 및 2018년에 대폭에 개정한, 총 5장 53개의 조문으로 구성된 '소비자계약법'과 '금융상품판매 등에 관한 법률'이 있다.[15] 소비자계약법을 민법, 상법이라는 일반법에 대하여 특별히 소비자계약에 대해 적용되는 민사특별법으로 보고 있다. 종전의 다른 소비자계약을 규율하는 할부판매법 등의 개별업법을 민사실체법규정과의 관계에서는, 소비자계약법이 이러한 개별업법에 대해 일반법의 지위에 있는 것으로 본다.[16] 이전의 소비자거래를 규율했던 개별입법과 비교하여 볼 때, 소비자계약법의 특징은 종전에는 행정에 의한 소비자구제에 치중하였다면, 민사원칙의 확립에 의한 사법(私法)을 중심으로 한 구제를 도모했다는 점이다.[17] 일본의 소비자계약법은 일본민법의 계약 중에서 소비자와 사업자 간에 체결되는 계약을 규율한다.[18] 특별한 사유가 없는 한 일반계약이 사업자와 소비자 사이에 행해지는 경우 소비자계약법이 적용된다. 다만 노동계약은 소비자계약의 범위에서 제외되고 있다.

2016년과 2018년 개정에서는 소비자계약에서 시대적 상황을 고려하고 소비자보호에 좀 더 치중하여 취소사유와 무효사유를 추가하였고, 사업자의 정보제공의무를 강화하였다는 점에 특색이 있다.

일본 소비자계약법에서 '소비자'란 개인(사업으로서 또는 사업을 위하여 계약의 당사자가 되는 경우를 제외한다)을 말한다(동법 제2조 제1항). 그리고 '사업자'란 법인 그 밖의 단체 및 사업으로서 또는 사업을 위하여 계약의 당사자가 되는 경우의 개인을 말한다(동법 제2조 제2항). 따라서 소비자계약이 되려면 소비자측에서는 개인으로서 자연인만이 법률관계의 당사자가 되는 것이고 법인이나 그 밖의 단체는 소비자로부

15) 최근 일본의 소비자계약법의 동향에 대해서는, 남윤경, 일본 소비자계약법의 최근 개정동향에 관한 소고, 재산법연구 제36권 제4호, 한국재산법학회, 2020.2, 73면 이하 참조.; 일본소비자청, 소비자계약법의 일부를 개정하는 법률(평성 30년 법률 제54호) http://www.caa.go.jp/policies/policy/consumer_system/consumer_contract_act/amendment/2018/

16) 安永正昭/임상혁 역, 일본에 있어서 소비자계약에 대한 법적 규율의 전개, 서울대학교 법학 제42권 제2호(2001), 56면.

17) 배성호, 일본의 소비자계약법, 비교사법 8권 1호, 2001, 581-582면. 일본에서의 소비자계약법의 의의에 대해서는 北川善太郎,, 消費者契約法と近未來の法 モデル, 民商法雜誌 123卷4-5號, 2001, 468面;落合誠一, 消費者契約法, 有斐閣, 2001, 171面 이하.

18) 일본소비자계약법 제2조 제3항

터 제외된다. 또한 '사업으로서 또는 사업을 위하여 계약의 당사자가 되는 경우'에는 개인도 또한 소비자로부터 제외된다. 사업이라는 용어는 영업과 달리 비영리의 행위가 포함된다고 해석된다.[19]

또한 비전문가인 소비자의 정보습득력의 차이를 고려하여 사업자의 조항 명확화와 평이화 노력의무를 지우고 있다. 즉, 사업자는 소비자계약의 조항을 정할 때 소비자의 권리·의무 기타 소비자계약의 내용이 그 해석에 대해 의문이 생기지 않도록 명확하게 하고, 소비자에게 평이한 것이 되도록 배려를 강구하도록 노력하여야 한다(제3조)고 규정하고 있다.

특히 일본 소비자계약법 제4조는 민법의 의사표시에 관한 규정의 특칙으로서 당사자의 일정한 행위로 말미암아 소비자가 '오인'하거나 또는 '곤혹(권유)'하여 의사표시를 한 경우에 '소비자취소권'을 인정하고 있는데, 이는 민법의 사기, 강박에 의한 의사표시의 요건을 완화하여 사업자의 부당한 권유에 의해 체결한 계약에 대해 소비자를 보호하려는 의도로 입법된 것이다. 요건에 대해 구체적으로 살펴보면, 부실고지 또는 단정적 판단의 제공에 의한 오인 유형(동법 제4조 1항), 고의 또는 중대한 과실로 불이익사실의 불고지에 의한 오인 유형(동법 제4조 2항), 불퇴거·감금에 의한 곤혹유형(동법 4조 3항)[20] 등이다.

2018년 개정법에서는 소비자가 청약 또는 승낙의 의사표시를 취소할 수 있는 부당한 권유행위(곤혹행위) 6가지를 추가하였는데, 일본의 현실을 감안한 사항들이다.[21] 예컨대, ① 사회경험 부족자의 불안을 부추기는 고지행위(제4조 제3항 3호), ② 사회경험 부족자의 연애감정 등 호의감정을 이용하는 행위(제4조 제3항 4호), ③ 노화(加齢) 또는 심신장애로 인한 판단력의 저하를 이용하여 불안을 부추기는 고지(제4조 제3항 5호), ④ 영감(霊感) 등 합리적으로 입증하기 어려운 특별한 능력에 의한

---

19) '사업'이란 '일정한 목적으로써 행하여지는 동종행위의 반복계속적 수행'을 말하는 것으로, 영리의 요소는 필요하지 않고, 영리의 목적으로써 행하여지는 것인지도 관계없다. 또한 공익·비공익에 관계없이 반복 계속하여 행하여지는 동종의 행위가 포함되는 것이므로, 자유직업·전문적 직업의 개념도 포함된다. 内閣府, 逐条解説消費者契約法, 2002, 26면 .

20) 불퇴거란 당해 사업자에 대하여 당해 소비자가 그 주거 또는 그 업무를 하고 있는 장소로부터 퇴거해야 한다는 취지의 의사를 표시했음에도 불구하고 그 장소에서 퇴고하지 않는 것을 말하며, 감금이란 당해 사업자가 당해 소비자계약의 체결에 대하여 권유를 하고 있는 장소로부터 그 소비자가 퇴거할 취지의 의사를 표시했음에도 불구하고 그 장소로부터 그 소비자를 퇴거시키지 않은 것을 말한다. 安永 正昭/임상혁 역, 앞의 논문, 59면.

21) https://www.caa.go.jp/policies/policy/consumer_system/consumer_contract_act/amendment/2018/pdf/amendment_2018_0003.pdf

식견을 이용한 고지(제4조 제3항 6호), ⑤ 계약체결 전에 채무의 내용을 실시하여 원상회복을 곤란하게 하는 행위(제4조 제3항 7호), ⑥ 계약체결 전에 사업활동을 특히 실시하는 것이라는 취지 및 손실보상을 청구하는 것(제4조 제3항 8호) 등이다.

사업자가 소비자에게 소비자계약의 체결을 권유함에 있어서 당해 소비자가 사회생활상의 경험이 부족하여 사회생활상의 중요한 사항에 대한 소망(願望)을 실현하고 싶은 불안이 있는데, 그 불안을 알면서도 그 불안을 부추겨, 합리적인 근거가 있거나 기타 정당한 이유가 있는 경우가 아닌데도 물품, 권리, 역무, 기타 해당 소비자계약의 목적이 되는 것이 해당 소망(願望)을 실현하기 위해 필요하다고 하여 소비자계약을 체결하게 하였다면 소비자는 그 계약을 취소할 수 있다. 소비자가 자유로운 판단이 불가능한 상황에 빠지는 것을 이용하는 것이다. 이곳에서 사회생활상의 중요한 사항이란 ① 진학, 취직, 결혼, 생계 기타 사회생활상 중요한 사항이나 ② 외모, 체형 기타의 신체 특징 또는 상황에 관한 중요한 사항을 말한다(제4조 제3항 제3호). 사업자가 구직활동 중인 학생의 불안을 알고서 구직을 위하여 취직대비 세미나의 계약을 체결한 경우가 이에 해당한다.

2016년 개정에서 고령자나 사회경험부족자 등 합리적인 판단이 어려운 자를 중심으로 소비자 피해자 자주 발생하게 되자 이에 대한 대응으로 취소권 행사사유를 확대하였는데, 과량계약(제4조 제4항)이 그 예이다. 즉, 소비자는 사업자가 소비자계약의 체결에 대해 권유를 할 때, 물품, 권리, 역무, 기타 해당 소비자계약의 목적이 되는 것의 분량, 횟수 또는 기간(이하 "분량등"이라 한다)이 해당 소비자에게 있어서의 통상적인 분량등(소비자계약의 목적이 되지만 내용, 거래조건 및 사업자가 그 체결에 대해 권유를 할 때의 소비자의 생활상황 및 이에 대한 해당소비자의 인식에 비추어 해당 소비자계약의 목적이 되는 분량등으로서 통상 상정되는 분량등을 말한다)을 현저하게 넘는 것임을 알면서도 그 권유에 의해 해당 소비자계약의 청약 또는 그 승낙의 의사표시를 했을 때에는 이를 취소할 수 있다. 사업자가 소비자계약의 체결에 대해 권유를 할 때 소비자가 이미 해당 소비자계약의 목적이 되는 것과 동종의 것을 목적으로 하는 소비자계약(이하 "동종 계약"이라 한다)을 체결하고, 해당 동종 계약의 목적이 되는 것의 분량등과 해당 소비자계약의 목적이 되는 것의 분량등을 합산한 분량등이 해당 소비자에게 있어서의 통상적인 분량등을 현저하게 넘는것임을 알았을 경우에, 그 권유에 의해 해당 소비자계약 신청 또는 그 승낙의 의사표시를 했을 때도 마찬가지이다(법 제4조 제4항).

계약내용의 효력에 관해서 소비자취소권과 함께 무효사유를 규정하고 있다. 즉 사업자의 면책조항은 무효로 하고(동법 제8조), ① 사업자의 채무불이행으로 발생한 소비자의 해제권을 포기시키거나 당해 사업자에게 그 해제권의 유무를 결정한 권한을 부여하는 조항과 ② 소비자계약이 유상계약이라면 해당 소비자계약의 목적물에 숨겨진 하자가 있는 경우(해당 소비자계약이 도급계약이라면 해당 소비자계약의 업무인 목적물의 하자가 있는 경우)에 발생한 소비자의 해제권을 포기하거나 해당 사업자에게 그 해제권의 여부를 결정한 권한을 부여하는 조항은 무효로 한다(동법 제8조의 2 제1호·제2호). 또한 소비자가 지불할 손해배상액을 예정하는 조항 등의 무효(동법 9조), 신의칙에 반하여 소비자이익을 해하는 조항은 무효(동법 제10조)로 하고 있다.

2016년도에 개별사유의 무효조항 이외에도 일반조항에서의 일반적 무효사유를 보완하는 개정을 하였다. 즉 동법 제10조의 제1요건(본조 전단)에 해당하는 무효조항 내용인 '법령 중 공공질서[22]에 관계없는 규정(임의규정)의 적용에 따른 경우에 비하여 소비자의 권리를 제한하거나 소비자의 의무를 가중하는 소비자계약의 조항'에 "소비자의 부작위를 가지고 당해 소비자가 새로운 소비자계약의 청약 또는 그 승낙의 의사표시를 한 것으로 간주하는 조항"이라는 문언을 추가하였다.

2018년 개정법 제3조 제1항 2호는 기존의 정보제공의무의 내용에 사업자가 '개별 소비자의 지식과 경험을 고려한 후에'라는 부분을 추가하여 소비자계약의 체결에 필요한 정보를 제공하여야 하는 노력의무를 부과하였다. 즉 사업자가 소비자계약의 체결을 권유할 때는 소비자의 이해를 돕기 위하여 물품, 권리, 역무, 기타 소비자계약의 목적이 되는 것의 성질에 대응하여 개별 소비자의 지식 및 경험을 고려한 다음, 소비자의 권리 의무, 기타 소비자계약 내용에 대하여 필요한 정보를 제공하도록 힘쓰도록 하고 있다. 이 때 고려해야 할 개별 소비자의 사정으로는 소비자의 이해와 관련성이 높은 지식 및 경험이 명시되었다.

소비자취소의 효과에 대해서는 제6조의 2에서 소비자는 현존이익만을 반환하도록 함으로써 소비자를 보호하고 있다. 즉, 민법 제121조2 제1항의 규정에도 불구하고 소비자계약에 따른 채무의 이행으로 급부를 받은 소비자는 제4조 제1항부터 제4항까지의 규정에 따라 당해 소비자계약의 청약 또는 그 승낙의 의사표시를 취소한 경우에 급부를 받은 당시 그 의사표시가 취소할 수 있는 것임을 알지 못한

22) 공공질서에 일반적인 법리등도 포함되는지에 관하여 일본 최고재판소는 명문규정뿐만 아니라 일반적인 법리 등도 포함하는 것으로 해석하는 것이 상당하다고 해석하고 있다.

경우에는 당해 소비자계약에 의해 실제 이익을 받은 한도에서 반환의 의무를 진다고 규정하고 있다.[23)]

기존 소비자계약법상 소비자취소권은 추인할 수 있는 날로부터 6개월간 행사하지 않거나, 당해 소비자계약의 체결시로부터 5년이 경과하면 시효로 소멸한다고 규정되어 있었다(2016년 개정 전 소비자계약법 제7조 제1항). 그러나 2016년 개정법에서는 추인을 하는 것이 가능한 때로부터 6개월이라는 단기의 취소권 행사기간이 1년으로 연장되었다.

4. 유럽연합

소비자계약에서의 불공정조항에 관한 유럽연합지침의 불공정규제가 적용되는 소비자계약은 기본적으로 사업자(판매자 또는 제공자)와 소비자 사이의 매매계약 또는 서비스계약이다. 따라서 근로계약, 상속권계약, 가족법상의 계약, 회사의 설립과 조직에 관한 계약 또는 조합계약은 지침의 적용범위에서 제외된다.[24)] 공통참조기준초안(DCFR)에서는 소비자계약의 범위를 한정하는 특별한 규정을 두고 있지 않기 때문에 일반적인 계약의 범위와 같다고 할 수 있다(제Ⅰ.-1:101조 제(1)항). 다만 공통참조기준초안의 적용범위에서 배제되는 계약유형은 소비자계약의 범주에 포함될 수 없다. 동초안은 다음과 같은 계약유형을 적용범위에서 배제하고 있다(제Ⅰ.-1:101조 제(2)항). 즉, 자연인의 지위 또는 법적 능력(제a호), 유언과 상속(제b호), 혼인관계를 포함하는 가족관계(제c호), 환어음, 수표와 약속어음 및 기타 유통증권(제d호), 고용관계(제e호), 부동산에 대한 소유권 또는 담보권(제f호), 회사의 설립, 능력, 내부조직, 규정 또는 해산 및 기타 법인 또는 비법인의 단체(제g호), 주로 소송 또는 집행과 관련된 사항(제h호) 등이다.[25)]

유럽연합 회원국 개별국가의 규율을 보면, 프랑스에서 소비자계약에 대한 불공정성규제는 소비자소비자법(Code de la consommation, Consumer code)이 규정하고 있다. 프랑스 소비자법은 "사업자와 비사업자 또는 소비자 사이에서 체결된 계약에서, 당

23) 일본민법 제121조의 2 제1항은 무효인 행위에 기초한 채무의 이행으로서 급부를 받은 자는 상대방에 대하여 원상회복의무를 부담한다고 하여, 취소의 효과도 원상회복이 원칙으로 하게 되어 이 경우 소비자에게 불리하게 되므로 소비자보호를 위하여 민법 제121조의2 제3항에 대한 예외규정을 인정하는 특칙을 둔 것이다.

24) 소비자계약에서의 불공정조항에 관한 유럽연합지침의 설명(Recital).

25) DCFR Ⅰ, -1:101 Comments.

사자의 권리와 의무에 현저한 불균형을 야기하여 비사업자 또는 소비자의 손해를 야기하는 조항은 불공정하다"라고 규정하여,[26] 특별히 소비자계약의 범위를 한정하고 있지는 않다. 따라서 프랑스에서 적어도 불공정규제와 관련하여 소비자계약의 범위는 일반계약과 같다.

영국에서는 규제 법률에 따라 소비자계약의 범위가 다르다. 불공정계약조항법(UCTA:Unfair Contract Terms Act 1977)에서 (a) 보험계약(연금지급계약 포함), (b) 토지에 대한 지분의 성립, 이전 또는 소멸, 합병, 양도, 몰수 등에 의한 그러한 지분의 종료와 관련된 모든 계약, (c) 지적재산권과 관련된 계약, (d) 회사의 설립 또는 해산 또는 회사의 정관과 관련된 계약, (e) 담보 또는 담보권의 성립 또는 이전과 관련된 계약 등의 계약유형은 적용범위에서 배제되고 있다(동법 부록(Schedule) 1 제1조). 그런데, 소비자계약에서의 불공정조항법(UTCCR)[27] 제4조 1항에서 적용되는 소비자계약 중에는 보험계약, 금융계약, 부동산매매, 부동산임대차 및 소비자저당 등의 계약유형을 포함하고 있다고 해석한다.

5. 독일

(1) 민법전에의 소비자법 편입

독일에서는 1970년대와 1980년대를 거치면서 소비자계약법을 민법전에 편입하여 규율할 것인지 그렇지 않으면 특별법으로 규율할 것인지에 관하여 논의를 하였고, 특히 소비자계약법이 일반계약법에 해당하는지 그렇지 않으면 민법(계약법)과 구별되어야 할 특별법인지에 대한 논란이 있었다. 이러한 논의는 1990년대까지 계속 이어지다가 드디어 2002년 1월 1일 발효한 독일채권법개정법률에서 민사특별법들인 소비자보호법규를 민법으로 수용하는 입법적 결단을 단행하였다.[28]

---

26) Code la consommation Art. L132-1 Par. 1.

27) The Unfair Terms in Consumer Contracts Regulations 1999.

28) 2001년 민법전에 편입된 특별법으로는 Gesetz zum Schutz der Teilnehmer am Fernunterrricht (통신교육상 수강자보호법), Gestetz über den Widerruf von Haustürgeschäften un ähnlichen Geschäften(방문판매법), Verbräucherkreditgesetz(소비자신용법), Gesetz über die Veräußerung von Teilzeitungrechten an Wohngebäuden(주택의 정기이용권의 양도에 관한 법률) 등이 있다. 독일 소비자법의 민법전에의 편입에 대해서는 하경효, 소비자보호법의 통합수용, 독일채권법의 현대화(김형배 외 5인 공저), 법문사, 2003, 135면 이하; 김진우, 독일 소비자계약법의 발전과 동향, 외법논집 제30호, 한국외국어대학교 법학연구소, 2008, 19면 이하.

이러한 결단은 계약법 영역과 불법행위법 영역에 민사특별법들의 제정으로 '민법의 공동화현상'을 가져오는데 대한 회의, 즉 기본법으로서 민법이 계속적으로 특별법에 의하여 보완되는 한계를 극복하려는 의도에서 비롯된 것으로 보인다. 독일의 입법자는 민법전의 조망성·명료성·통일성을 제고하고, 법규범을 개선하며, 민법전의 위상을 강화하고, 거래상의 부담을 완화하는 것을 주된 목적으로 하여 소비자계약법을 민법전으로 통합하였다.[29]

(2) 독일 민법전의 소비자보호 내용

따라서 독일민법은 기존에 제반 소비자사법에 흩어져 있던 소비자개념(독일민법 제13조)[30]와 사업자개념(동법 제14조)을 민법에 편입하였고, 철회권과 반환권의 행사기간에 관한 내용이 민법 내에서 통일되었다.[31] 그 후로도 소비자보호를 위한 민법 개정작업이 꾸준히 이어지고 있다.[32] 소비자는 제355조에서 정한 철회권을 가지며, 이 철회권에 관하여는 소비자에게 불리하게 달리 약정할 수 없다(제312조의 f 제1문 참조). 만약 소비자와 사업자간의 거래관계가 지속적으로 유지되어야 할 경우에는 소비자는 철회권 대신에 반환권을 가진다(제356조).

소비자계약의 일유형인 여행계약(제651조의a)과 중개계약(제652조), 소비자소비대차계약(제491조-제505e조)의 도입과 그 밖의 사업자와 소비자 사이의 자금융통원조(제506조-제508조), 분할공급계약(제510조), 부동산소비자소비대차계약(제511조), 무이자소비대차계약 및 무상 자금융통원조(제514조-제515조) 등의 규정을 신설하였다. 특수한 판매방식으로서 방문판매, 통신판매 그리고 전자거래에서의 소비자보호에 관하여 규율하고 있다. 종래 방문판매법이나 통신판매법을 민법전에서 수용하고 있으며, 전자거래에 관한 유럽입법지침에 따라 규율하고 있다. 전자거래에서는 소비

29) 소비자계약법의 독일민법전으로의 통합은, 유럽연합의 지침(Richtlinie)을 따른 것이라는 것에 대하여, 독일민법전상의 소비자계약법의 내용은 유럽연합의 지침을 따른 것이긴 하지만, 소비자계약법을 특별법으로 규정할 것인가 아니면 민법전으로 통합할 것인가는 각국의 자유로운 판단사항인데 이 점에서 순수한 독일의 내부적 사정에 기한 것이라고 한다. Arzt, Schuldrechtsmodernisierung 2001/2002-Integration der Nebengesetze in das BGB, Jus 2002, 528.

30) 주로 자신의 영업활동이나 독립적 직업활동에 속하지 아니하는 목적으로 법률행위를 하는 모든 자연인을 말한다. 따라서 법인은 소비자의 범주에 포함되지 않는다.

31) 이에 대한 자세한 것은 이병준, 독일민법상 소비자계약에서의 철회권과 반환권, 외법논집 18집(2005.2.), 217면 이하.

32) 독일의 소비자법 상세한 소개로는, 송혜진, 주요국가 소비자법제 연구Ⅱ-독일 소비자법제-, 정책연구보고서, 한국소비자원, 2019.10., 1-192면 참조.

자가 아닌 고객의 보호에 관하여 규율하고 있으며, 고객이 사업자인 경우에도 적용된다는 점에서 다른 소비자보호규정과 구별된다. 또한 사업자와 소비자간의 금전소비대차계약, 금융지원, 소비자건축계약(제650조의i), 할부거래에 대하여 각각 규율하고 있다.

이 이외에도 전자거래상의 계약을 규정하고 소비자에 대한 전자거래에서의 특별한 의무를 부과하고 있다(제312조의j). 소비자보호의 내용으로서 사업자의 정보제공의무와 사업자의 정보제공의무 이행에 관한 입증책임(제312조의k 제2항), 소비자의 철회권과 반환권이 핵심을 이루고 있다.

독일에서는 특히 약관통제와 관련하여 원칙적으로 소비자계약이 개별적 사례에서 어떠한 계약유형(예컨대, 매매, 소비대차, 임대차 등)을 취하는지는 문제가 되지 않는다.[33] 다만 가족법, 상속법 및 회사법의 영역에서의 계약, 단체협약, 취업규칙 및 복무규정은 소비자계약의 범주에 포함될 수 없다. 근로계약도 소비자계약의 범주에 편입되기 어려운 특수성이 인정된다.[34]

독일에서는 소비자계약법이 민법전에 통합됨으로써 소비자계약법을 이제 일반사법으로 인식하고 있다. 개정된 민법의 시행으로 당초 우려했던 것만큼의 혼란은 발생하지 않았고, 오히려 원칙적으로 성공한 개혁이라는 평가를 조심스럽게 행하고 있다.[35]

6. 프랑스

프랑스는 모든 소비자법을 통일된 단일의 법률로 제정하였다는 데에 특징이 있다. 프랑스의 소비법전은 1993년 7월 26일 법률에 의해 최종 확정되었는데, 모두 5권으로 구성되어 있다. 구성을 보면, 소비자정보와 계약의 성립을 제1권으로 하였고, 제2편에 상행위에 각종의 소비자계약의 유형과 관련 규제조항을 두었고, 제3편 계약의 일반조건은 주로 불공정조항을 규제하고 있다. 이러한 점에서 프랑스 소비법전은 '소비자계약'이라는 큰 틀에서 체계를 이루고 있음을 알 수 있다. 그러나 프랑스 소비법전은 독일민법과 같이 소비자계약만을 통합하고 있는 것은 아니다.

제2편 상행위편에 법정 상행위와 불법적 상행위를 규정하고 있는데, 법정 상행

33) 독일민법 제310조 제3항.
34) 독일민법 제310조 제4항.
35) 김진우, 소비자계약법의 민법전으로의 통합을 위한 변론, 소비자법과 민법(이은영편), 50면.

위에는 기만적 상행위와 광고, 통신에 의한 물품매매와 서비스제공, 방문판매, 직거래, 계약금에 의한 판매 또는 급부, 광고에 의한 추첨, 할인 광고, 유아용 식품에 관한 상거래 및 광고, 주거용물건용익계약, 숙박권장기이용계약, 주거용물건용익권 또는 장기숙박권의 재매매계약, 주거용물건용익권 또는 장기숙박권의 교환계약, 제과업자 명명 및 제과점 상호, 전자통신서비스계약, 전기 및 가스공급계약, 이삿짐운송계약을 규정하고 있고, 불법적 상행위에는 매매 또는 서비스제공의 부당거절과 부당패키지, 사전주문 없는 매매 및 서비스제공, 불법다단계 판매 또는 제공, 박약자에 대한 부당거래, 위협과 상행위 등을 규정하고 있다.

그 외에 프랑스 소비법전에는, 소비자정보와 관련하여 소비재의 '원산지증명'(Appellations d'origine)의 표시에 관한 규정(소비법전 L115-1조~L115-18조), 소비계약조항의 불공정성을 심사하는 '불공정조항위원회'(Commission des clauses abusives)에 관한 규정(소비법전 L132-2조~L132-5조), 불법다단계판매와 같은 불법적 상행위에 관한 형사적 처벌에 관한 규정(소비법전 L122-1조~L122-15조), 과다채무자의 구제절차에 관한 규정(소비법전 L330-1조~L333-8조), 단체소송에 관한 규정(소비법전 L421-1조~L422-3조) 등과 같이, 프랑스 소비법전은 공법과 사법은 물론 실체법과 절차법적 성격을 지닌 조항을 망라하여 소비자보호에 관한 핵심적 수단들을 소비계약이라는 틀에 맞추어 종합적이고 체계적으로 정리하여 갖추고 있다. 이것이 가능했던 것은 프랑스가 소비자법의 다면성을 고려한 단일의 법전을 마련했기 때문이라고 할 수 있다.

7. 미국

미국은 소비자보호에서 유럽이나 다른 선진국과 비교할 때 매매계약상의 소비자권리의 성문화에 뒤떨어져 있다고 평가된다.[36] 소비자계약에 대한 통일적인 법률은 없고 통일상법전과 계약에 관한 제2차 리스테이트먼트에서 소비자계약에 해당하는 규정을 볼 수 있고, 특히 통일컴퓨터정보거래법에서는 명시적인 규정을 두고 있다. 미국에서 표준적인 소비자개념은 통일상법전(UCC)에 규정되어 있다. 통일상법전 제1편 일반규정은 소비자를 다음과 같이 규정하고 있다. 즉 소비자는 주로 개인적, 가족적 또는 가족적 목적을 위하여 거래를 체결하는 개인이라는 것이다.[37]

36) Jennifer S. Martin, An Emerging Worldwide Standard for Protections of Consumers in the Sale of Goods: Did we miss an opportunity with Revised UCC Article 2, 41 Texas Int'l L.J.,223(2006)
37) UCC §1-201(b)(11)

이와 같은 소비자개념은 2019년의 소비자계약법 리스테이트먼트 초안에서도 동일하게 정의하고 있다.[38]

반면 최초 통일상법전 제2편 매매의 정의규정에서는 매매계약의 당사자로 매수인과 매도인이 규정되어 있는 이외에, 소비자권리에 대한 논의는 있었으나 성문화에 실패로 끝나 소비자가 별도로 규정되어 있지 않았다. 2002년에 제안된 통일상법전 제2편 매매의 '수정안'(Proposed Amendments to Uniform Commercial Code Article2 - Sales(2002))에서 '소비자'와 '소비자계약'의 개념을 규정하였다.[39] 즉 '수정안'에서, 소비자는 계약체결 시점에, 주로 개인적, 가족적 또는 가사적 목적을 위하여 사용할 것으로 의도하는 물품을 매수하거나 매수하는 계약을 체결하는 개인을 의미한다(동수정안 제2-103조 제(1)항 제(d)호). 소비자는 소비자와 전형적으로 결합된 목적, 즉 개인적, 가족적 또는 가사적 목적을 위하여 계약을 체결하는 자연인이다. 매수인이 물품을 '주로' 개인적, 가족적 또는 가사적 목적을 위하여 사용할 것으로 의도하여야 한다는 점은 통일상법전 제9편(담보거래)의 '소비재'(consumer goods)에서의 정의와 일치한다. '수정안'에서, 소비자계약은 상인(merchant)인 매도인과 소비자 사이의 계약을 의미한다(동수정안 제2-103조 제(1)항 제(e)호). 수정안의 '제안된 주석'에 의하면, 소비자계약이라는 용어는 '상인'인 매도인과 '소비자'인 매수인 사이의 매매계약에 한정된다. 따라서 소비자 대 소비자의 매매 또는 상인 대 개인(물품을 주로 가내영업(home business)에서 사용할 것으로 의도하는)의 매매는 소비자계약에 해당하지 않는다.

또한 미국 통일컴퓨터정보거래법에서 소비자계약이란 상인인 라이센스허락자와 소비자 사이의 계약을 의미한다.[40] 동법에서는 소비자란 계약 당시 주로 사적, 가족적, 또는 가사적 목적으로 이용할 의도를 가진 정보나 정보권의 라이센스이용자인 개인을 의미하고, 이 용어는 개인의 사적 또는 가족적인 투자관리 이외에 농

38) Restatement of the Law, Consumer Contracts §1(a)(1) (Am. Law. Inst., Tentative Draft 2019).

39) 제2편 수정안이 비록 소비자와 관련된 조항을 신설하고 있으나 전체적으로 보아 소비자권리의 보호에는 제한적이라고 평가되고 있다. 수정안은 기본적으로 현행 제2편이 견지하고 있는 자유주의적 시장관이나 소비자 이슈에 대한 중립성을 바꾸고자 한 것이 아니었다. 결과적으로 수정안과 현행 제2편에서의 소비자권리의 보호의 관점에서 크게 개선된 바가 없다. 이러한 수정안은 미국법률협회(American Law Institute, ALI)와 통일주법위원회국가회의(National Conference of Commissioners on Uniform State Laws, NCCUSL)에 의하여 승인(2002)된 이후 최근까지 개별주에서 채택되지 않고 있다. 문기석, "미국의 통일상법전 제2편 (매매) 수정안에 대한 소고: 미완의 소비자권리 보장," 한양법학 제21집, 한양법학회, 2007, 268-274면.

40) UCITA §102(a)(16).

업, 경영관리 및 투자관리를 포함하여 주로 직업적, 상업적 목적을 위한 라이센스 이용자인 개인을 포함하지 아니한다[41]고 규정하고 있다.

8. 우리나라

우리나라에서는 소비자계약에 관한 통일적인 법률은 없고 소비자계약에 관한 행정법적 색체가 강한 특별법(업법)들을 가지고 있다. 종래 소비자계약에 대한 법적 규율은 개별적인 비전형(非典型)의 특수한 계약에 초점을 맞추어왔다. 즉 방문판매, 통신판매, 전자거래, 소비자신용 등이다. 이러한 소비자계약을 규율하는 법률로는 약관규제법, 할부거래에 관한 법률, 방문판매법, 전자문서 및 전자거래에 관한 법률, 전자상거래등소비자보호에 관한 법률, 대부업의 등록 및 금융이용자보호에 관한 법률, 이자제한법, 여신전문금융업법, 자본시장법 등이 있었다. 2020년에 금융소비자보호를 위하여 예금성 상품, 대출성 상품, 보장성 상품, 투자성 상품을 거래대상으로 하는 금융소비자계약에 관한 일반법으로서 금융소비자보호법이 제정되어 2021년부터 시행될 예정에 있다. 현행 법률 중 유일하게 소비자계약이라는 표현을 사용하는 법률로 국제사법이 있다. 국제사법 제27조는 소비자계약이라는 제목을 달고 "소비자가 직업 또는 영업활동 외의 목적으로 체결하는 계약이 다음 각호 중 어느 하나에 해당하는 경우에는 당사자가 준거법을 선택하더라도 소비자의 상거소가 있는 국가의 강행규정에 의하여 소비자에게 부여되는 보호를 박탈할 수 없다"고 규정하고 있다.

우리나라에서 소비자계약에 관한 통일적 입법이 되어 있지 않은 관계로 각각의 법률들은 동일한 사항에 대하여 각 상이하게 규정하는 경우도 있기 때문에, 소비자의 입장에서는 접근성이 떨어진다는 문제점을 안고 있다. 일본의 소비자계약법의 제정과 독일의 소비자계약법의 민법전에의 편입, 프랑스의 소비법전의 제정 등으로 우리나라에서도 소비자계약의 민법전에의 편입 등에 대한 논의가 이루어지고 있으나 크게 진전을 보지 못한 상태이다.[42]

---

41) UCITA §102(a)(15)

42) 이에 대한 상세는, 김진우, 소비자계약법의 민법전으로의 통합을 위한 변론, 소비자법과 민법(이은영 편), 세창출판사, 2010, 39면 이하. 민법전에의 통합에 대한 반대론의 논거는, 사적 자치 내지 계약에의 구성성의 원칙과의 부조화, 법질서의 조감성 저하, 시기상조론 내지 입법기술상의 난점, 민법전의 내구성과의 관계 등을 꼽는다. 이에 대하여 김진우 교수는 통합 찬성의 논거로 민법전 본연의 위상 회복, 일반사법으로서의 소비자계약법, 사적 자치 내지 계약자

생각건대, 우리나라에서도 일본처럼 소비자계약의 특수성을 인정하여 소비자계약 일반을 규율하는 소비자계약법을 제정하든가 아니면 독일과 같이 민법에 편입하는 것을 고려할 필요가 있다.[43] 우리 민법상 15개의 전형계약에 소비자계약의 일유형인 여행계약이 신설되었으며 그 밖에 중개계약을 민법전에 넣고자 하였지만 불발되었다. 여행계약은 소비자계약적 성질이 강한 계약이다.

소비자계약에 관한 사법적 규정들을 민법전으로 편입 내지 통합할 경우 어떠한 방식을 취할 것인가. 일거에 통합할 것인가 아니면 단계적 통합을 취할 것인가의 문제가 있다. 현재 우리 민법전의 계약법은 여행계약을 제외하고는 고전적 색채가 농후한 전형계약만을 알고 있을 뿐이다.[44] 바꾸어 말하면 대개의 소비자계약은 근대 민법 기초자가 알지 못한 현대형 계약인데 일거에 소비자계약을 민법전에 편입하는 것은 무리라고 본다. 먼저 민법전의 계약법의 현대화 작업이 진행되어야 한다. 그리고 특별법에 의해 규율되는 소비자계약들, 예컨대 할부거래나 방문판매, 통신판매 등은 매매계약의 일유형인 만큼 이들에 대해서는 통일적 규제가 어렵지 않다고 본다. 먼저 민법전 내에 소비자의 개념을 받아들이고, 공통적인 규율 요소로서 정보제공의무, 청약철회권 등을 순차적으로 규율하고, 이후 특수매매형태의 소비자계약뿐만 아니라 용역공급형 소비자계약의 민법전에의 편입도 고려해야 할 것으로 보인다.

Ⅲ. 소비자계약의 특성

소비자계약의 법적 성질은 사법상 계약이며 법률행위의 일종으로서 일반계약과 별 차이가 없으나 계약당사자 일방인 소비자의 특수성 때문에 법적 취급을 달리 할 필요가 있다.[45]

대량생산·대량판매·대량소비로 특징 지워지는 현대 경제 시스템에서는 소비자

유원칙에 대한 새로운 이해, 계약법의 조감성·통일성의 제고, 유럽사법에 관한 공통참조기준 초안(DCFR)로부터의 시사 등을 들고 있다.

43) 소비자계약법 제정을 찬성하는 견해로는 소재선, 소비자계약법의 과제와 전망, 비교사법 5권 2호(9호), 1998, 204면;

44) 현대형 신종계약에 대한 상세는, 송오식, 신종계약의 법적 규율, 재산법연구 제36권 제2호, 2019.8, 1-38면 참조.

45) 中馬義直, 消費者契約, ジュリスト總合特輯 No.13, 1979, 有斐閣, 174面.

는 정보력, 기술조작력, 조직력, 시장지배력에서 열위인 만큼 소비자계약은 부합성, 종속성, 집단성을 띠게 되며 당사자간의 협의에 의한 이익형량의 가능성은 배제되기 마련이다. 또한 상품의 생산·유통에 다수의 사업자가 관여하고 상품의 내용이 고도화하여 소비자로서는 법적 쟁점에 대하여 입증곤란 및 상품이 소액인 경우 소송경제측면에서 구제의 어려움이 있다. 이하에서는 나누어서 소비자계약의 특성을 살펴보기로 한다.

(1) 사업자와 소비자 사이의 계약

소비자계약은 기본적으로 사업자와 소비자 사이의 계약이다. 소비자에 대해서는 앞에서 살펴보았으므로 생략하고, 사업자에 대하여 살펴보기로 한다. 소비자보호법 제2조 1호에 의하면 사업자란 물품을 제조(가공 및 포장을 포함한다)·수입·판매하거나 용역을 제공하는 자를 말한다. 우리나라의 많은 법률에서 사업자라는 용어를 사용하고 있는데, 소비자보호법에서 사용하는 사업자 정의는 소비자보호와 관련한 법규에서 적용되는 것으로 보아야 할 것이다.[46]

독일민법 제14조 제1항에서는 사업자란 '거래관계의 체결시, 자신의 영업활동 또는 독립적 직업활동의 일환으로 행위하는 자연인 또는 법인 또는 권리능력 있는 인적 회사'라고 하고 다시 제2항에서는 권리능력 있는 인적 회사라 함은 '권리를 취득하고 의무를 부담하는 능력을 갖춘 인적 회사'라고 규정[47]하고 있다.

일본의 소비자계약법 제2조 제2항에서는 사업자란 '법인 그 외의 단체 및 사업으로서 또는 사업을 위한 계약의 당사자가 되는 경우에 있어서의 개인'이라고 정의하여 '사업관련성'을 가지는 법인과 개인 양자를 사업자로 보고 있다.

우리나라 소비자보호법에서 사업자와 소비자의 개념에 대해서 규정하고 있지만, 사업자라는 용어는 다의적으로 사용되고 있다. 우리 소비자보호법의 해석에 있어서도 사업자에는 자연인과 법인 양자를 포함하는 것으로 해석해야 할 것이고, 물품의 제조자와 수입업자 판매업자 및 용역제공자가 사업자에 해당한다. 「제조」라 함은 일반적으로 부품이나 원재료에 인공을 가하여 새로운 제품을 만드는 것으로,

46) 전자상거래소비자보호법 제2조 6호에서도 사업자의 정의를 소비자보호법에서와 동일하게 규정하고 있다.

47) Unternehmer ist eine natürliche oder juristische Person oder eine rechtsfähige Personengesellschaft, die bei Abschluss eines Rechtsgeschäfts in Ausübung ihrer gewerblichen oder selbständigen beruflichen Tätigkeit handelt.

생산보다는 좁은 개념이고 용역은 포함되지 않는 것으로 해석한다. 즉 제2차 산업에 관계있는 생산행위를 가리키며 제1차 산업에 사용되는 생산행위는 포함되지 않는다. 또 「가공」이라 함은 타인의 재료를 사용하여 또는 타인의 물건에 변경을 가하여 물품의 본질을 변하지 않고서 부품이나 원재료의 가치를 증대시키면서 새로운 물건을 만드는 것을 말한다.[48] 사업자는 법인이나 자연인 양자가 가능하고 대부분의 경우에는 기업이 사업자가 되나 소비자는 자연인으로서 개인이다.

앞으로 우리나라에서도 소비자계약의 당사자로서 사업자의 개념정의에 대해서는 독일민법이나 일본의 소비자계약법의 비교법적 검토가 필요하다고 하겠다.

(2) 사업자와 소비자의 비대칭성

소비자계약의 당사자인 사업자와 소비자는 비대칭성을 갖는다. 즉 정보와 기술조작, 조직력과 시장지배력 등에 있어서 사업자는 우월한 지위에 있고 소비자는 열등한 지위에 놓여 있다.[49] 소비자가 계약을 체결하고 그 결과를 자기책임 하에 부담하기 위해서는 충분한 정보가 주어지고 자발적인 의사결정이 전제조건일 것이다. 그러나 현대의 소비자거래에 관한 정보가 고도화 전문화되어 있는 상태에서, 소비자는 사업자에 비하여 정보력에 있어서 열위에 있을 수밖에 없다.

일본의 소비자계약법은 제1조 동법의 목적에서 '소비자와 사업자간의 정보의 질, 양, 및 교섭력의 격차를 감안하여'라고 하여 소비자계약의 비대칭적인 특성을 동법에 담고 있다.

오늘날 정보력에서 소비자는 사업자의 정보제공의무의 이행과 함께 인터넷 검색을 통한 다양한 정보와 비교검색을 통하여 상품의 품질이나 가격에 대해 많은 정보를 획득함으로써 정보력의 열위를 상쇄하고 있다.

(3) 사업자와 다수당사자인 개인으로서 소비자와의 계약

소비자계약의 당사자인 소비자는 상품이나 용역을 개인의 소비생활을 위하여

---

48) 민법주해(Ⅴ), 권오곤 집필, 1997, 박영사, 506면.

49) 竹内昭夫, 消費者保護法, 現代經濟構造と法(現代法學全集 52), 16면 이하; 大村敦志, 消費者··消費者契約の特性-中間報告(2), NBL 476號(1991), 44면. 이러한 소비자의 '약자론'에 대하여, 앞으로의 소비자보호는 공평·정의에 의한 약자론이 후퇴하고 자기책임주의로의 전환을 예견하는 견해(소재선, 앞의 논문, 201면)도 있으나, 본질적으로 양자간에 격차가 존재하기 때문에, 자기책임주의로의 전환은 한계가 있기 마련이다.

사용하거나 이용하는 자이다. 이미 언급되었듯이 소비자성의 첫 번째 요건은 '개인'일 것을 요하고, 여기에서의 개인은 개개의 자연인을 의미한다. 자연인이 특정 목적을 위해 결합한 경우에는 '단체'로서 사업자로 평가되는 것이고, 단체로서 평가되지 않는 자연인이라는 의미에서의 개인이다.

복수의 자연인이 당사자가 되어서, 하나의 계약을 사업자와 체결하는 경우에는, 일반적으로 그 복수의 자연인사이에 어느 정도의 공동행위성이 인정되지만, 이러한 경우 모두를 '단체'로 보고 '개인'성을 부정하는 것은 곤란하다. 예컨대 같은 동에 사는 주부들이 모여서 어느 상점에서 특정의 상품을 공동으로 구입하는 계약을 체결하는 경우에는 개인으로 보아야 할 것이다. 공동으로 계약을 체결할지라도 정보·교섭력의 격차는 일반적으로 해소되지 않고, 소비자계약으로 보아 보호할 필요가 있다 할 것이다.[50]

(4) 약관에 의한 계약

약관이란 계약의 일방 당사자가 다수의 상대방과 계약을 체결하기 위하여 일정한 형식에 의하여 미리 마련해 놓은 계약의 내용이나 조건, 즉 계약의 초안을 가리키는데,[51] 이러한 요건이 충족되면 구체적인 형태, 명칭, 범위 등에 상관없이 약관으로 인정된다. 사업자는 다수의 소비자와 계약체결시 이러한 약관을 이용하여 간편하게 계약을 체결하게 된다. 이러한 약관은 은행거래(예금·대차계약), 보험계약(화재·손해·생명보험 등), 공급계약(전기·가스·수도공급 등), 운송계약(철도·버스·선박·항공운송 등), 이용계약(우편, 전신, 전화, 인터넷 등), 할부판매, 통신판매, 여행계약, 전자거래 등에서는 물론이고, 의료계약에서도 사용된다. 이러한 약관은 대체로 계약서의 이면이나 별도의 용지에 인쇄되어 있거나, 전자거래에서는 컴퓨터 화면상에서 스크롤하면서 보아야 하기 때문에, 소비자는 약관의 존재를 알지 못하거나 혹은 안다고 하더라도 그 약관에 대한 숙지를 하지 못한 상태에서 정형적인 계약서에 서명을 하거나 클릭을 하여 사업자과 거래관계를 체결함으로서 약관의 내용을 계약의 내용으로 받아들이게 된다. 오늘날 많은 소비자계약이 약관에 의하여 체결되고 있다. 약관을 규제하는 방식에는 약관이 사용되는 거래의 분야에 따라 별도로 규제하는 개별적 규제방식과 모든 분야의 약관을 일률적으로 규제하는 일반적

---

50) 落合誠一, 앞의 책, 54면.

51) 약관규제법 제2조 제1항 참조.

규제방식이 있다. 전자의 예로서는 보험업법, 은행법, 여객자동차운수사업법, 화물유통촉진법, 항공법에서의 약관을 규제하는 규정들을 들 수 있고, 후자의 예로서는 1986년에 제정되어 1987년 7월 1일부터 시행되고 있는 약관의 규제에 관한 법률을 들 수 있다.

(5) 변형계약 내지 비전형계약성

민법에서 규정하고 있는 15개의 전형계약은 계약당사자의 대등성과 호환성을 전제로 한 계약이다. 일반적으로 소비자가 당사자가 될 수 있는 전형계약유형으로는 매매, 교환, 임대차, 소비대차, 도급, 위임계약, 임치계약 등을 들 수 있다. 근대 민법전 제정 후 사업자와 소비자 사이에 상품이나 상품처럼 거래되는 용역을 대량적이고 규격화하여 판매하는 행위가 증가하였다. 매매계약에서도 근대 민법의 입법자가 예상하지 못하였던 새로운 형태의 매매계약들이 등장하였다. 할부매매, 방문판매, 다단계판매, 통신판매, 전화권유판매 등이 있고, 그 외에도 금융리스계약, 팩토링계약, 의료계약, 여행계약 등을 들 수 있다. 상법상의 운송계약, 보험계약, 중개계약, 전기, 전파, 가스 또는 물 공급계약, 객(客)의 집래를 위한 시설에 의한 거래 등도 대표적인 소비자계약이다. 또한 전자거래 중 B2C 도 대표적인 사업자와 소비자간의 거래이다. 이러한 특수한 거래에 대해서는 종전의 민법전의 계약법을 적용하는 것이 부당하게 되자 특별법의 제정을 통하여 규율하고 있다.

(6) 부합계약성

소비자계약에서는 계약당사자의 일방인 사업자가 대량거래를 신속하고 획일적으로 처리하면서 안정된 계약을 확보하고, 일정한 경우에 자기 책임을 면제 혹은 경감시키기 위하여, 상대방인 소비자의 권리를 제한한다든지 상대방인 소비자에게 일정한 의무를 부과하는 경우가 많다. 예를 들면, 전기·가스의 공급, 운송서비스의 제공, 전화통신계약, 보험계약, 운송계약과 같은 대량거래이면서 획일적이고 신속한 거래가 요구되는 거래에서는 부합계약의 계약형태를 취하는 경우가 많다. 위와 같은 거래 이외에도 금융소비자계약에서 대출계약의 경우 금융소비자는 금융판매업자의 일방적 요구에 따를 수밖에 없는 상황에 처할 수 있다. 일반인은 계약내용은 물론 계약체결 여부의 자유도 충분히 가지지 못하게 되고, 이 점에서 계약자유의 원칙은 실질적으로 해당범위가 좁아진다는 점에 특색이 있다.

(7) 사업자의 정보제공의무

소비자계약에서는 정보의 불균형성이 심하다. 정보력에 있어서 우위에 있는 사업자측에서는 과도하게 왜곡된 정보를 제공할 수도 있고 소비자에게 필요한 정보를 제공하지 않을 수도 있다. 민법에서도 소비자를 위한 사업자의 정보제공의무에 관한 명시적 규정은 존재하지 않고, 또한 직접적으로 정보량의 격차가 있는 계약당사자들 간에 열위에 있는 일방당사자를 배려하는 규정도 두고 있지 않다. 다만 제436조의 2에서 보증계약 체결시 보증인 보호를 위한 채권자의 정보제공의무 규정을 두고 있을 뿐이다.

계약체결과정에서의 정보제공의무에 관한 규율은 소비자 등 사회적·경제적 약자보호 또는 시장질서의 공정성과 투명성 회복 등을 위한 각종의 특별법의 영역으로 규율되어 왔다.

소비자기본법 제4조 제2호는 소비자에게 물품 등을 선택함에 있어서 필요한 지식 및 정보를 제공받을 권리를 규정하고 있으며, 제19조 제2항에서 사업자의 책무로 "사업자는 소비자에게 물품등에 대한 정보를 성실하고 정확하게 제공하여야 한다:고 규정함으로써 사업자의 정보제공의무를 명시하고 있다. 약관규제법에서 약관에 대한 명시 설명의무 또한 이의 일환으로 볼 수 있다. 이러한 특별법의 영역으로는 할부거래에 관한 법률(제5조·제23조), 약관규제에 관한 법률(제3조), 보험업법(제95조의 2), 방문판매법(제7조), 가맹사업거래의 공정화에 관한 법률(제7조·제9조), 여신전문금융업법(제18조·제39조·제50조의11), 공인중개사법(제25조), 자본시장과 금융투자업에 관한 법률(제159조·제161조·제323조 제1항)이 있다.

Ⅳ. 소비자계약에서 소비자와 사업자

1. 소비자와 사업자의 개념

소비자계약이란 사업자와 소비자간의 계약이고 따라서 소비자의 개념이 소비자계약의 개념 정의에서 필수적이다. 소비자란 개념은 원래 법적 개념이 아니라, 경제적 혹은 사회적 개념에서 출발하였다. 그러나 현대에 들어와 소비자운동과 함께 소비자보호가 단순한 사회적인 관심사로부터 법적인 문제로 등장하면서, 소비자란 개념도 '새로운 권리의 주체'로서 법적으로 자리잡게 되었다.[52)]

(1) 소비자의 개념

소비자계약에서 소비자의 개념은 미국 UCC 제2편의 공식 Comment가 적절히 지적하고 있는 것처럼 본질적 요소이다. 일본의 소비자계약법 제2조 제1호에서는 '소비자란 개인(사업으로서 또는 사업을 위해 계약의 당사자인 경우를 제외한다)'이라고 정의하고, 독일민법 제13조에서는 '소비자란 자신의 영업활동이나 독립적 직업활동에 속하지 아니하는 목적으로 법률행위를 하는 자연인을 말한다'고 정의하고 있다. 미국 통일상법전 2-103(d)조는 '소비자란 동산매매계약체결의 시점에서 개인, 가족, 혹은 가사용으로 주로 쓰일 물품을 구입하거나 구매코자 계약하는 개인'이라고 정의한다.

독일이나 일본이나 미국의 입법례에서 알 수 있는 것처럼 각국이 소비자보호의 문제를 국가의 공권력의 개입에 의한 행정규제의 대상에서 당사자의 합의와 자치에 기반을 둔 민사의 법률행위 내지 계약의 문제로 끌어들였다는 점이다. 여전히 소비자계약의 문제를 소비자기본법 내지 각각의 공법적 색체를 띤 개별 단행법체제를 유지하고 있는 우리나라에 시사하는 바가 크고 우리나라도 향후 소비자계약의 관점에서 규율해야 할 것으로 보인다.

우리나라에서 소비자개념을 정의하고 있는 법률로는 소비자기본법 이외에 소비자계약법으로서 할부거래법, 방문판매법, 전자상거래소비자보호법 등이 있다.

소비자기본법에서는 '사업자가 제공하는 물품 및 용역을 소비생활을 위하여 사용하거나 이용하는 자 또는 생산활동을 위하여 사용하는 자로서 대통령령이 정하는 자를 말한다(동법 제2조 및 동법시행령 2조).[53]

할부거래법상 소비자란 할부계약 또는 선불식 할부계약에 의하여 제공되는 재화 등을 소비생활을 위하여 사용하거나 이용하는 자(동법 제2조 5호 가목), 가목 이외의 자로서 사실상 가목과 동일한 지위 및 거래조건으로 거래하는 자 등 대통령령으로 정하는 자 등의 어느 하나에 해당하는 자(제2조 5호 나목)를 말한다. 여기서 사실상 제2조 5호 가목과 동일한 지위 및 거래조건으로 거래하는 자 등 대통령령으로 정하는 자란 ① 재화 또는 용역을 최종적으로 사용하거나 이용하는 자(다만, 재

52) 권대우, 민법과 소비자보호법, 한국민사법학회 창립 50주년 기념 발표논문, 2006.6, 2면.

53) 독일민법은 제13조에서 소비자의 개념을 정의하고 있는데, 이에 의하면 소비자란 자신의 영업활동이나 독립적 직업활동에 속하지 아니하는 목적으로 법률행위를 하는 자연인을 말한다고 한다.

화 등을 원재료(중간재를 포함한다) 및 자본재로 사용하는 자는 제외한다), ② 동법 제3조 제1호 단서에 해당하는 사업자로서 재화 등을 구매하는 자(해당 재화 등에 대한 거래관계에 한정한다), ③ 재화 등을 농업(축산업을 포함한다) 및 어업활동을 위하여 구입한 자로서 원양산업발전법 제6조 제1항에 따라 농림수산식품부장관의 허가를 받은 원양업자 외의 자 등의 어느 하나에 해당하는 자(동법 시행령 제2조)를 말한다.

방문판매법상 소비자의 개념은 소비자기본법상의 개념과 동일하다(동법 제2조 제12호). 다만 여기서 '대통령령이 정하는 자'라 함은 사업자가 제공하는 재화 또는 용역을 소비생활 외의 목적에 사용하거나 이용하는 자로서 ① 재화 등을 최종적으로 사용하거나 이용하는 자(다만, 재화 등을 원재료(중간재 포함) 및 자본재로 사용하는 자를 제외한다), ② 동법 제3조 제1항 단서의 규정에 해당하는 사업자로서 재화 등을 구매하는 자(당해 재화 등을 판매한 자에 대한 관계에 한한다), ③ 다단계판매원 또는 후원방문판매원이 되고자 다단계판매업자 또는 후원방문판매업자로부터 재화 등을 최초로 구매하는 자, ④ 방문판매업자 또는 전화권유판매업자와 거래하는 경우의 방문판매원 또는 전화권유판매원, ⑤ 재화 등을 농업(축산업 포함) 및 어업활동을 위하여 구입한 자(원양산업발전법 제6조 제1항에 따라 해양수산부장관의 허가를 받은 원양어업자는 제외한다)의 어느 하나에 해당하는 자를 말한다. 방문판매법에서는 일정한 경우 생산자도 소비자의 범위에 포함시키고 있는 점이 특색이다.

전자상거래소비자보호법에서는 소비자의 정의를 할부거래법과 같이 규정하고 있다. 다만 소비자의 지위가 아닌 사업자의 지위에서 상행위를 목적으로 이루어진 거래에 대해서는 기본적으로 동법이 적용되지 않지만, 사업자라고 하더라도 사실상 소비자와 같은 지위에서 다른 소비자와 같은 거래조건으로 거래하는 경우에는 소비자의 범위에 포함되어 전자상거래소비자보호법이 적용된다(동법 제3조 제1항 단서 참조).

약관규제법에서는 소비자를 보호함을 목적(동법 제1조)으로 하는 소비자계약법의 특별법이지만 소비자라는 개념 대신에 '고객'이라는 개념을 사용하고 있으며 '고객'이란 계약의 한쪽 당사자로서 사업자로부터 약관을 계약의 내용으로 할 것을 제안받는 자를 말한다라고 하여 사업자나 법인도 계약의 한쪽 당사자로서 고객이 될 수 있음을 밝히고 있다.

(2) 사업자의 개념

소비자의 의의에 대해서는 이미 전술하였고, 소비자계약을 어떻게 정의하느냐의 문제에서 사업자의 개념도 중요하다.

소비자기본법 제2조 제2호에 의하면 '사업자란 물품을 제조(가공 및 포장을 포함한다)·수입·판매하거나 용역을 제공하는 자를 말한다. 우리나라의 많은 법률에서 사업자라는 용어를 사용하고 있는데, 소비자기본법에서 사용하는 사업자 정의는 소비자보호와 관련한 법규에서 적용되는 것으로 보아야 할 것이다.

독일민법 제14조 제1항에서는 사업자란 '거래관계의 체결시, 자신의 영업활동 또는 독립적 직업활동의 일환으로 행위하는 자연인 또는 법인 또는 권리능력 있는 인적 회사'라고 하고 다시 제2항에서는 권리능력 있는 인적회사라 함은 '권리를 취득하고 의무를 부담하는 능력을 갖춘 인적 회사'라고 규정[54]하고 있다.

일본의 소비자계약법 제2조 제2항에서는 사업자란 '법인 그 외의 단체 및 사업으로서 또는 사업을 위한 계약의 당사자가 되는 경우에 있어서의 개인'이라고 정의하여 '사업관련성'을 가지는 법인과 개인 양자를 사업자로 보고 있다. 이러한 사업자와 소비자 간에 체결된 계약을 소비자계약이라고 한다. 프랑스 소비법전에서는 도입조인 용어의 정의에서, 사업자를 다른 사업자의 명의로 또는 다른 사업자를 위해 행동하는 자를 포함하여, 상업, 산업, 수공업, 자유적 또는 농업 활동에 속하는 목적을 위해 행동하는 모든 자연인이나 공법이 또는 사법인이라고 정의한다.

우리나라 소비자기본법에서도 앞에서 본 것처럼 사업자의 개념에 대해서 규정하고 있지만, 사업자라는 용어는 다의적으로 사용되고 있다. 우리 소비자기본법의 해석에서도 사업자에는 자연인과 법인 양자를 포함하는 것으로 해석해야 할 것이고, 물품의 제조자와 수입업자, 판매업자 및 용역제공자가 사업자에 해당한다. 사업자는 대부분의 경우 기업이 될 것이나 자연인도 사업자가 될 수 있고, 그 경우에는 정보의 질과 양, 교섭력에서 개별 소비자에 비해 우월적 지위를 점하는 자로 자기의 위험과 계산으로 일정 목적으로 동종행위를 반복적·계속적으로 행하는 것과 함께 영리성과 전문성이라는 부가적 요인이 고려될 것이다.[55]

생각건대, 오늘날 소비자와 사업자의 개념을 입법에서 어떻게 정의할 것이냐의 문제는 일의적으로 결정하기가 곤란한 문제이다. 또한 EU 지침에 의거하여 소비자

---

54) Unternehmer ist eine natürliche oder juristische Person oder eine rechtsfähige Personengesellschaft, die bei Abschluss eines Rechtsgeschäfts in Ausübung ihrer gewerblichen oder selbständigen beruflichen Tätigkeit handelt.

55) 정종휴, 일본의 소비자계약법에 관한 연구, 소비자문제연구 제24호, 한국소비자보호원, 2001, 155-156면.

계약법을 민법전에 편입한 독일의 예[56]에서 보듯이, 이제 소비자보호의 문제는 한 국가 내의 범위를 벗어난 것으로 보인다. 교통기관의 발달과 컴퓨터통신의 발달에 의한 전자거래의 활성화는 소비자보호의 문제를 초국가적인 이슈로 만들었다. 상이한 국가간의 소비자보호의 정도나 범위에 대한 입법의 차이는 결국 준거법과 재판관할 및 외국법원의 판결의 효력의 문제까지 범위를 넓히게 된다. 다른 법영역보다도 소비자보호법의 비교법적 검토가 절실한 이유가 여기에 있는 것이다.[57]

2. 소비자개념의 변화 가능성

정보화시대 이전에는 생산자로서의 사업자와 소비자의 지위는 고정되어 있어서 기업으로서 사업자에 대한 소비자보호 차원에서 소비자법의 원리를 찾고자 하였다. 그러나 이제 정보화시대에는 소비자들도 가상공간에서 얼마든지 기업정보와 함께 기업이 제공하는 상품과 용역에 대하여 기업이 제공하는 정보뿐만 아니라 파워블로거들이 제공하는 정보나 제품비교사이트 등을 통하여 정보를 획득할 수 있을 뿐만 아니라 전자상거래나 통신판매중개업자로서 또는 다양한 영업방법으로 사업자로 변신이 가능하다.

가상공간에서는 개인으로서 소비자는 언제든지 생산자로 전화(轉化)할 수 있다. 컴퓨터기술의 발달과 멀티미디어저작기술의 발달에 따른 온라인컨텐츠의 제작의 용이함은 과거 정보의 소비자로부터 정보의 생산자로 변화시키고 있다. 이처럼 가변적인 소비자성에 비추어 볼 때 소비자개념을 어떻게 정의할 것이냐는 입법정책의 문제이다. 다만, 앞으로도 누구를 소비자로 할 것이냐에 있어서 결정기준으로서 자연인(개인), 최종적인 소비, 정보력 및 교섭력의 열위 등은 여전히 주요 지표가 될 것이다.

이제 소비자계약은 매매나 소비대차, 임대차, 위임과 같은 민법상의 전형계약

---

56) 독일민법에의 소비자계약의 편입에 대한 소개는, 하경효 소비자보호법의 통합수용, 독일채권법의 현대화(김형배 외 5인), 법문사, 2003, 135면 이하; 박종희, 보통거래약관법의 민법에의 통합, 독일채권법의 현대화, 159면 이하; 이병준, 독일민법상 소비자계약에서의 철회권과 반환권, 외법논집 18집(2005.2.), 217면 이하; 권오승·홍명수, 소비자보호의 계약법적 구성과 한계 -독일민법개정과 일본 소비자계약법 제정을 중심으로-, 법학 제43권 제3호, 서울대학교, 101면 이하.

57) 이에 대한 소개로는 김성천, 소비자개념에 관한 법제 개선방안, 한국소비자보호원, 2004; 이병준, 유럽계약법에서의 소비자와 사업자, 외법논집 제23집, 2006.8., 1면 이하.

뿐만 아니라 상법상의 운송, 보험, 금융거래와 같은 상행위와 민법이나 상법에 규정되어 있지 않은 무명계약에서도 가능하고,[58] 특히 용역의 형태에서 다양한 서비스의 등장으로 그 범위가 확대될 것으로 보이며, 소비자와 사업자 모두 시공간을 초월하여 전자적 방식으로 소비자계약을 체결함으로서 종전의 소비자계약과는 다른 특성과 보호내용도 달라질 것으로 보인다.

제2절 소비자계약의 기본원리

Ⅰ. 소비자계약 기초이론 정립의 필요성

근대 민법전에서의 계약법은 대등한 당사자 사이에 자율성을 전제로 하여 사인간의 계약을 상정하고 입법된 것이다. 계약당사자로서 소비자는 이러한 계약법의 원리에 의하여 사업자로부터 보호를 받을 수 있다. 계약체결 이전이라면 계약체결상의 과실책임이론에 의해서, 계약이 사기·강박에 의하여 성립된 경우에는 취소권의 행사를 통해서, 계약의 내용의 중요부분에 착오가 있고 소비자측에 중과실이 없었다면 착오에 의사표시로서 취소를 통해서, 선량한 풍속 기타 사회질서에 위반한 계약이거나 불공정한 계약이라면 무효를 주장할 수도 있다.

그 밖에도 사업자가 유상으로 제공한 상품이나 서비스의 품질이 통상 갖추어야 할 성능이나 품질을 갖추지 못한 경우에는 소비자는 사업자에 대하여 그 하자에 대하여 선의·무과실인 경우 계약의 해제나 다른 물건이나 서비스의 제공을 요청할 수 있고 손해배상을 청구할 수도 있다. 하자담보책임을 추궁할 때는 매도인의 과실을 요건으로 하지 않는다는 점에서 매수인인 소비자로서는 유리한 지위에 있지만 6월의 제척기간이 있다는 점은 매도인인 사업자에게 유리한 점이다. 물론 계약내용에서 정한 채무를 이행하지 않은 경우 먼저 이행을 청구하고 채무불이행

58) 오늘날 노무공급계약으로서 의사의 진료계약을 의료공급자로서의 의사측과 의료소비자로서의 환자측간의 소비자계약으로 보는 시각이 존재하며, Reeder가 1972년에 처음으로 의료서비스의 소비자(Health Care Consumer)라는 용어를 사용한 이래, 많은 의료전문가들도 '환자와 의사의 관계'를 의료서비스의 '공급자-소비자'라는 용어로 사용하고 있다. Reeder, L.G., The Patient-client as a consumer, Journal of Health and Social Behavior, 13(4), 1972, pp. 406-412.

에 대하여 손해배상을 청구하거나 계약을 해제할 수 있다.

위와 같은 전통적 계약법이론은 특별히 일방 당사자를 우월적 지위에 있는 다른 당사자로부터 보호하기 위한 이론이 아니라 평균적 정의에 바탕을 둔 당사자의 이익을 동등하게 고려한 이론이기 때문에, 소비자가 사업자보다 더 유리한 지위에 있다고 말할 수 없다.

현대 고도소비사회에서 등장한 다양한 소비자계약을 통일적인 원리하에 규율하기 위해서는 그 이론적 기초의 정립이 필요하다. 이러한 작업을 위해서는 소비자의 특성을 정확히 짚어내고, 일반 계약과 달리 소비자계약이 갖는 의사결정 구조의 결함과 계약내용의 불공정 위험을 분석하는 것이 요구된다. 그 동안 소비자계약에 대한 법적 규율을 정당화하는 이론으로서 대륙법에서는 사법 내지 사적자치의 실질화라는 관점에서 설명하였고, 영미법에서는 고전적 계약법이론의 한계극복 또는 수정이라는 관점에서 설명하여 왔다.

Ⅱ. 계약자유의 원칙에서 계약공정의 원칙으로[59)]

1. 서

고전경제학에서는 계약자유를 경제이론상의 과학적 진리라고 생각하였으나 실은 존재하는 부의 분배가 정당한 경우에 한해서만 계약자유에 의해 만족스러운 분배가 이루어진다. 즉 사적 자치 내지 계약자유는 일반적으로 거래시 동등한 힘을 가진 양당사자가 서로 대립될 때에만 적절한 결과를 가져온다. 근대 계약자유의 원칙은 '형식적 합리성'을 지나치게 강조한 나머지 개개인의 구체적인 능력의 차이로 인한 '실질적인 불평등'을 초래하게 되었다.

즉 일방당사자가 정보력이나 경제력면에서 우월하고 독과점적 지위를 가지고 있는 경우에는 계약이 당사자의 의사에 기해 자유스럽게 체결되었다 하더라도 당사자가 의욕한대로 법률효과를 부여하기에는 곤란한 점이 있다. 특히 거래당사자의 일방이 사업자이고 타방이 소비자인 경우에는 더욱 그러하다. 따라서 이러한 소비자계약의 영역에서는 '계약자유의 원칙'은 수정되거나 제한되어서 '계약공정의

59) 이에 대해서는 졸저, 계약법(개정증보판), 동방문화사, 2017, 25면 이하 참조.

원칙'으로 전화(轉化)하게 된다. 계약공정의 원칙을 실현하기 위하여 소비자법에서는 계약체결을 강제하거나 상대방선택의 자유를 제한하기도 하고, 약관규제법이나 소비자계약법을 통하여 계약내용의 자유를 제한하기도 하고, 일정한 소비자거래(예컨대 할부거래 등)에서는 서면 등 일정한 방식을 요구하기도 한다.

2. 신의성실의 원칙

신의성실의 원칙은 오늘날 사법상의 원리로서 작용할 뿐만 아니라 공법상의 원리로서도 작용한다. 행정법에서도 신뢰보호의 원칙은 중요한 원칙으로서 받아들여지고 있고, 공법인 국세기본법 제15조, 지방세기본법 제18조, 관세법 제6조, 행정절차법 제4조, 국가를 당사자로 하는 계약에 관한 법률 제5조, 근로자참여 및 협력증진에 관한 법률 제2조에서도 인정하고 있다. 또한 민사소송법 제1조 제2항에서도 당사자와 소송관계인은 신의에 따라 성실하게 소송을 수행하여야 한다고 하여 명문으로 규정을 두고 있다. 그 외에도 의료사고피해구제 및 의료분쟁조정등에 관한 법률 제4조, 환경분쟁조정법 제3조, 소비자의 복지 증진을 목적으로 하는 가맹사업거래의 공정화에 관한 법률 제4조에서도 "가맹사업당사자는 가맹사업을 영위함에 있어서 각자의 업무를 신의에 따라 성실하게 수행하여야 한다"고 규정하고 있고, 「대규모유통업에서의 거래공정화에 관한 법률」 제5조에서는 대규모 유통업자와 납품업자에게 상호 신의성실을 요구하고 있다.

신의성실의 원칙은 민법의 제왕규정으로서 모든 사람은 권리 행사와 의무의 이행에 있어서 신의에 좇아 성실히 행해야 할 것을 요구하고 있으며, 사업자와 소비자간의 소비자계약이라고 하여 예외는 아니다. 사회적으로 접촉관계에 있는 자 사이에서는 모두 요구되는 원칙이라고 할 수 있으며, 소비자계약의 경우 계속거래를 포함하여 특수거래의 형태로 행해지기 때문에 더욱이 신의성실의 원칙이 더 요구된다. 소비자계약에서 요구되는 정보제공의무도 소비자계약상 파생원칙이라고 할 수 있다.

소비자계약법 곳곳에서 신의성실의 원칙 규정을 찾을 수 있다. 약관규제법에서 약관은 신의성실의 원칙에 따라 공정하게 해석되어야 하며(동법 제5조), 신의성실의 원칙을 위반하여 공정성을 잃은 약관 조항은 무효이다(동법 제6조 제1항). 방문판매법에서도 방문판매업자 등은 계약체결 전의 정보제공 및 계약체결에 따른 계약서 교부의무규정(동법 제7조 제1항)에 의하여 소비자에게 표시 또는 고지한 거래조건을 신의에 좇아 성실하게 이행하여야 한다(동법 제7조 제5항)고 규정하고 있다.

소비자계약관계에서 사업자는 소비자보다 여러 면에서 우위에 있는 관계상 광고단계 및 소비자계약교섭단계에서부터 이행단계 및 이행 후까지 전과정에 걸쳐 신의칙에 따라야 할 것이며, 소비자의 경우에도 소비자계약법에서 소비자에게 인정하고 있는 청약철회권 등의 행사에 있어서 법률에 의하여 보장되어 있다 하더라도 신의칙에 의거하여 행사하여야 하며 소비자의 의무는 여전히 성실하게 이행하여야 할 것이다.

Ⅱ. 계약공정의 원칙

1. 체약(계약체결)의 자유에 대한 제한

일반 소비자의 일상생활과 밀접한 관련을 가지는 서비스의 경우에는 계약체결이 강제된다. 또한 공익적 독점기업, 예컨대 우편 등의 통신기관(통신법 제50조)·철도·버스·전철 등의 운송기관(철도법 제10조·제20조, 자동차운수사업법 제12조, 궤도사업법 제18조), 수도·전기·가스 등의 특정기업(수도법 제18조·전기사업법 제17조, 도시가스사업법) 등의 경우와 공공적 직무·공익적 용역을 제공하는 경우에도 계약체결이 강제된다. 예컨대 공증인의 촉탁 거절금지(공증인법 제4조), 집행관의 직무거절금지(집행관법 제14조), 의료인의 진료거부금지(의료법 제15조), 약사의 조제거부 금지(약사법 제24조) 등이 있다.

독점 기업 등이 체약의무를 위반하면 어떻게 되는가? 체약을 강제하는 법령에 의하여 행정상의 제재를 받게 되거나 형사처벌을 받게 된다(우편법 제50조, 전기사업법 제80조, 수도법 제35조, 도시가스사업법 제54조, 공증인법 제82조·제83조, 집행관법 제23조, 의료법 제68조). 또한 그 밖에 사법상의 책임을 부담하여야 할 경우도 있을 것이다. 사법상의 책임의 법적 근거로서는 민법 제103조와 제750조에서 찾아야 한다. 체약의무위반이 위법한 부작위불법행위로 평가된 경우 민법 제750조에 위법한 가해행위로서 불법행위를 구성하게 된다.

2. 상대방선택의 자유에 대한 제한

계약을 체결하고자 하는 경우에 누구를 계약상대방으로 선택할 것인가에 대하여 당사자는 자유롭게 결정할 수 있다. 사업자의 경우에도 일정한 거래에서는 상대방선택의 자유를 가지고 거래의 상대방을 결정할 수 있다. 대개의 거래에서 사업자는 이윤을 추구하기 때문에 모든 소비자를 거래의 상대방으로 상정하지만 독과점기업의 경우에는 계약체결의 자유에서와 마찬가지로 소비자의 생활에 필수적인 경우에는 제한될 수 있다. 즉 상대방선택의 자유는 계약 체결의 자유의 한 내용으로 볼 수 있고 따라서 위에서 언급한 상대방선택의 자유에 대한 제한은 상대방선택의 자유에 대한 제한에도 동일하게 적용된다.

3. 계약내용의 자유에 대한 제한

계약을 체결하는 경우에 계약의 내용을 어떻게 결정할 것인가는 당사자 자신이 결정한다. 계약자유의 가장 중요한 부분이며, 또한 계약자유의 침해가 주로 문제되는 분야이다. 오늘날 대량생산·대량소비 사회에서 기업은 소비자와 계약을 체결할 때에 정형적·반복적으로 이루어지는 계약에 대하여 사전에 사업자가 일방적으로 서면으로 약관을 제공하여 소비자계약을 체결하게 된다. 오늘날의 소비자계약의 태반이 약관에 의해 행해지게 되는데 사업자에 의하여 일방적으로 정해진 약관은 소비자의 입장에서는 불공정하게 될 가능성이 높기 때문에 약관의 규제가 필요하다. 일찍부터 이러한 인식이 있었고 「약관규제에 관한 법률」에서는 사업자와 소비자간 계약의 공정성을 확보하기 위하여 편입통제, 해석통제, 불공정성 통제를 하고 있다. 그 외에도 소비자소비대차에서 소비자보호를 위한 이자율의 제한(대부업의 등록 및 금융이용자 보호에 관한 법률 제8조) 등이 있다.

4. 방식의 자유제한

원칙적으로 우리 민법은 계약 방식에 관하여 아무런 제한을 가하고 있지 않기 때문에 서면에 의하지 않고 구두로 계약을 체결하더라도 계약 성립에는 영향이 없고 단지 서면에 의하는 경우에는 계약의 성립에 대한 증거로서의 가치를 가지게 된다.

(1) 우리 민법에서는 제555조에서 증여의 의사가 서면으로 표시되지 않는 경우에는 각 당사자는 이를 해제할 수 있다고 규정하고 있는데, 이는 계약방식결정의 자유에 대한 간접적 제한이라고 말할 수 있다. 건설공사의 도급계약 및 하도급계

약에서 당사자는 계약체결에서 일정사항을 서면으로 명시하여야 한다(건설산업기본법 제22조 제2항) 그러나 증여계약은 소비자계약이 아니기 때문에 소비자계약의 방식의 자유에 대한 제한은 아니다.

(2) 「할부거래에 관한 법률」에 의하면, 할부계약은 일정사항을 기재한 서면으로 체결하도록 되어 있다. 그러나 서면으로 작성되지 않았다 하여 할부계약이 무효로 되는 것은 아니다(동법 제6조).

(3) 「대부업의 등록 및 이용자보호에 관한 법률」에 의하면, 대부업자가 대부계약을 맺을 때에는 일정사항이 기재된 계약서를 작성해서 상대방에게 교부하여야 한다(동법 제6조 및 시행령 제4조 참조).

Ⅲ. 소비자의 청약철회권

계약에서 청약은 그것이 효력을 발생한 때에는 원칙적으로 청약자가 이를 임의로 철회하지 못한다. 이를 「청약의 구속력」이라고 하는데, 이를 인정하는 이유는 청약이 있게 되면 이를 수령한 상대방은 승낙 여부를 결정하기 위한 준비를 하게 되는 것이 보통이므로 청약자가 임의로 청약을 철회할 수 있게 하면 상대방에게 뜻하지 않는 손해를 줄 염려가 있기 때문이다.

그러나 소비자계약에서는 소비자계약의 특성상, 즉 계약 당사자인 사업자와 소비자의 지위의 불균형으로 인한 정보력의 차이가 일반적이고, 사업자는 소비자의 진정한 의사표시를 유도하기보다 민법상의 착오와 사기에 해당하지는 않지만 비합리적인 청약 또는 승낙의 의사표시를 유도하여 형식적으로 완전한 계약을 체결하는 거래행위가 보편화 되었고, 소비유도를 위한 사업자의 적극적인 매매방식 예컨대 소비자에게 신용을 제공하는 할부매매라든가, 방문판매, 전화권유판매, 전자상거래 등으로 일반 계약보다 쉽게 청약을 할 가능성이 높기 때문에 소비자보호를 위하여 청약철회권을 인정하는 것이 필요하다. 우리 소비자계약법에서도 청약철회권을 인정하고 있다.

Ⅳ. 사업자의 정보제공의무(소비자의 알권리)

계약법에서 사적자치의 원칙은 특히 계약당사자의 주체성·자율성의 강조로 나타나게 되고, 이는 계약교섭단계에서 계약내용을 포함한 계약 전반에 걸쳐 자기책임하에 스스로 계약에 관한 여러 사실들을 조사하여 충분한 정보를 가진 뒤에 계약을 체결하도록 하고, 상대방이 그 내용을 알리지 않았다고 하더라고 정보위험에 대해서는 자기책임의 문제로서 법률상 문제가 되지 않지만,[60] 계약체결 과정 중에 계약체결과 계약이행을 위해서 중요한 사정들을 상대방에게 알려야 할 의무가 존재하기도 한다.[61]

그러나 소비자계약이거나 일방당사자가 전문가인 경우에는 양당사자의 정보량의 격차로 인하여 대등한 지위에 있는 것이 아니라 계약체결의 상당부분을 사업자나 전문가에게 의존하고 있다고 할 수 있다. 특히 소비자계약에서는 소비자는 사업자가 상품이나 용역에 대한 표시, 설명, 광고 등을 통하여 제공하는 정보를 기초로 하여 상품의 품질이나 가격을 판단할 수밖에 없다.[62] 특히 기술혁신의 속도가 대단히 빠른 현대에 사는 소비자들에게 새로 개발된 상품이나 복잡한 생산공정을 거쳐서 생산된 상품이나 용역 등에 대하여 스스로 그 품질이나 가격을 결정하는 능력을 기대하기는 더더욱 어려운 일이다.

따라서 전문가와 비전문가간의 계약과 소비자계약의 경우, 전문가와 사업자에게 정보제공의무를 인정하자는 것이 오늘날의 추세이며, 특히 소비자계약에서 정보량에서 열위에 있는 소비자의 합리적 선택에 도움을 줄 수 있는 실질적 정보를 제공해야 할 필요성이 있는 것이다. 정보에서 대등하지 않은 당사자간에 전문가에게 가중된 설명의무와 정보제공의무를 인정하는 것이 일반적 견해이며,[63] 입법적 태도이다.

---

60) 최상호, 계약상의 정보제공의무에 관한 연구 - 사기와 착오법리의 적용관계를 중심으로 -, 경북대학교 법학연구소, Vol. 9., 1993, 63면.

61) 계약당사자는 고지·설명의무의 일환으로서 계약의 성립과 실현에 관하여 중요한 의미를 가지는 사정을 상대방에게 알려야 할 의무를 부담하지만, 고지·설명의무는 계약체결과 연결될 수 있는 모든 위험(Risiko)이나 결과를 알려 주어야 한다는 넓은 의미는 아니라고 한다. 김형배, 채권각론(계약법) 신정판, 2001. 박영사, 128면.

62) 권오승, 앞의 책, 9면. 소비자정보의 유형은 가격, 품질, 시장, 상품, 상품대안정보 등 매우 다양하여 표시, 광고, 약관, 설명서, 기업 홈페이지 등을 통해 제공되고 있다. 최근 기업에서 가장 많이 활용하는 방법인 웹사이트의 경우 정보생산과 유통에 낮은 비용이 소요된다는 점과 정보흐름의 쌍방향성이라는 인터넷매체의 특성으로 기업과 소비자사이의 정보 격차를 해소하고 시장지위의 동등성 회복의 새로운 정보교류 방법이 되고 있다.

63) 이병준, 전자상거래소비자보호법상의 정보제공의무와 명확성의 원칙, 정보화정책 제11권 3호, 2004년 가을, 30면.

소비자계약에서 사업자의 정보제공의무는 소비자의 알권리에서 출발한다. 헌법상의 기본권인 알권리는 국가기관에 대한 정보공개청구권의 문제[64]로 나타나게 되지만, '소비자의 권리로서 알권리'는 소비자기본법 제4조 2호에 그 근거를 두고 있다. 동조 2호는 소비자의 권리 중의 하나로서 소비자에게 「물품 등을 선택함에 있어서 필요한 지식 및 정보를 제공받을 권리」를 인정하고 있으며, 소비자에게 스스로의 권익을 증진하기 위하여 필요한 지식과 정보를 습득하도록 노력하도록 하는(동법 제5조 2항) 책무를 부과하면서도, 사업자가 소비자에게 물품 등에 대한 정보를 성실하고 정확하게 제공(동법 제19조 3항)하도록 함으로써 사업자의 일반적인 의무로서 정보제공의무를 규정하고 있다. 또한 다른 소비자특별법에서도 정보제공의무(설명의무)를 사업자에게 부과하고 있다(할부거래법 제5조·금융소비자보호법 제19조).

V. 소비자에게 불리한 계약의 금지(편면적 강행규정)

계약의 양당사자가 대등한 지위에 있지 않은 경우 소비자계약이 아니라 하더라도 계약의 공정성을 확보하는 것은 매우 중요한 문제이다. 특히 계약유형에 따라서 약자의 지위에 있는 자에게 공정성을 잃은 계약내용에 따라 이행하게 하는 것은 약자에게 너무 불공평하기 때문에 계약공정성을 담보하기 위하여 일정한 경우에 그러한 계약내용에 대해서 약자의 지위에 있는 자에 대한 효력을 부정하는 것이 필요하다.

일반적으로 강행규정에 위반하여 무효인 경우에는 양 당사자가 효력 없음을 주장할 수 있는데 반하여, 일방에게 불리한 것으로서 그 일방에게만 효력이 없고 그 일방만 효력 없음을 다툴 수 있는 것으로 하여 이것을 법률로서 선언하는 경우 「편면적 강행규정」이라고 한다.

민법에서도 소비대차에서 대물반환의 예약에 관하여 소비차주에게 불리한 것은 환매 기타 여하한 명목이라도 그 효력이 없다(민법 제608조)고 규정하고 있고, 주택임대차보호법에서도 동법의 규정에 위반한 약정으로서 임차인에게 불리한 것은 그 효력이 없다(동법 제10조)고 규정하고 있다. 주택임대차보호법이나 상가건물임대차보호

---

64) 물론 기본권의 제3자적(대사인적) 효력으로서 '기본권으로서 알권리'를 국가기관뿐만 아니라 정보 면에서 우위적 지위에 있는 사업자와 열위적 지위에 있는 소비자간의 거래인 소비자계약에서 사업자에 대한 소비자의 권리로서 소비자에게 인정할 수도 있다.

법에서는 임차인이나 상가건물임차인에게 불리한 약정의 경우 그 효력이 없음을 규정하기도 한다(주택임대차보호법 제10조·상가건물임대차보호법 제15조).

소비자계약법에서도 사업자에 비하여 열위에 있는 소비자를 보호하기 위하여 일정한 경우 소비자에게 불리한 계약을 금지하는 규정을 두고 있다. 할부거래에 관한 법률에서도 동법률의 일정한 규정을 위반한 약정으로서 소비자에게 불리한 것은 효력이 없다(동법 제43조)고 규정하고 있으며, 약관규제법 등 소비자계약법에서는 다수 존재한다. 판례도 매수인에게 불리한 것은 매도인뿐만 아니라 신용제공자에 대한 관계에서도 효력을 인정할 수 없다고 하여 간접할부계약에도 동 규정을 유추적용하고 있다.[65] 그 밖에 방문판매법 제52조, 「전자상거래등에서의 소비자보호에 관한 법률」 제35조에서도 동일한 취지의 규정을 두고 있다.

제3절 계약의 공정과 약관의 규제

1. 약관의 등장 배경

오늘날은 대량생산·대량유통·대량소비 즉 대량거래의 시대이다. 이러한 대량거래의 계약은 약관에 의하여 체결되는 것이 일반적일 정도로 약관은 대중화되었다. 그러나 약관은 대개 사업자에 의하여 일방적으로 작성되어 고객으로서는 약관을 받아들일 수밖에 없으므로 '계약자유에 대한 제한'이 된다. 따라서 약관은 현대계약법상 중요문제의 하나가 되고 있으며, 각국은 약관을 규제하는 법률을 제정하고 있는데, 그 중에서 특히 유명한 것은 1976년의 독일의 입법이다(Gesetz zur Regelung des Rechts der Allgemeinen Geschäftungsbedingungen, 이를 줄여서 AGB-Gesetz 또는 AGBG라고 함). 그 후 독일은 2002년 민법전 개정시 약관에 관한 규정들을 민법전에 편입하여 규정하고 있다. 우리나라도 「약관의 규제에 관한 법률」을 1986년에 제정하였다.[66]

65) 대판 2006.7.28. 2004다54633.

66) 약관규제법 관련 최근 문헌으로는, 이병준, 약관규제법 시행 30주년과 법적 과제, 세창출판사, 2018; 서희석, 약관규제와 계약법, 외법논집 제41권 제3호, 2017; 김동훈, 약관규제법 시행 이후의 대표적 판결과 그 의의, 외법논집 제41권 제3호, 2017; 코야마 야스시, 2017년 일본 민법(채권법) 개정에서 약관(정형약관) 규제 규율, 서강법률논총 제8권 제1호, 2019.

2. 약관의 의의와 기능

(1) 약관의 의의

약관이라 함은 계약의 일방당사자가 다수의 상대방과 계약을 체결하기 위하여 일정한 형식에 따라 미리 마련해 놓은 계약의 내용이 되는 것[67]을 말하며, 그 명칭(실무에서는 규정, 거래조건, 계약서, 약정서)이나 형태 또는 범위는 이를 묻지 않는다(약관규제법 제2조 제1항). 이는 당사자가 일정한 종류의 거래에 획일적으로 적용하기 위하여 사전에 마련한 계약의 내용이나 조건으로서, 구체적인 거래에 있어서 쌍방 당사자가 합의한 개별약정과 구별된다.

이러한 점에서 명칭이나 형태 또는 범위를 불문하는 부정형성, 한쪽 당사자인 사업자에 의해 작성되어야 한다는 일방성, 사전에 준비되어야 한다는 사전성, 여러 명의 상대방인 고객과 계약을 체결하기 위한 것이어야 한다는 다수성(일반성), 일정한 형식에 의한 것이어야 한다는 일정한 형식성, 계약의 내용을 이루게 될 것이어야 한다는 내용성 등의 특성을 가지고 있다.

이와 같은 약관은 은행거래(예금, 대부), 보험계약(화재, 손해, 생명보험), 공급계약(전기, 가스, 수도, 주택 등), 운송계약(철도, 버스, 선박, 항공 등), 이용계약(우편, 전신, 전화, 인터넷 등), 영화관·극장 등의 입장계약, 창고임치계약, 병원의 진료계약, 증권투자신탁, 할부매매, 신용카드거래, 리스계약, 고용계약, 여행계약 및 국제간의 상품거래 등과 같은 오늘날의 대량적·집단적 거래에 있어서 필수적인 존재로 인식되고 있다. 이 이외에도 신입생 모집요강 중 등록금에 관한 조항[68], 전기공급규정[69], 예탁금 회원제로 운영되는 골프클럽의 운영회칙[70] 등이 있다. 또한 목욕탕에서 흔히 볼 수 있는 “손님이 맡기지 않은 물건의 분실, 도난에 대하여는 책임지지 않습니다”는 문구도 약관에 해당한다.

약관에 의한 계약의 체결에 있어서, 경제적으로 약한 당사자가 강자인 기업이 제시하는 약관을 전면적으로 그대로 수용하지 않을 수 없는 계약을 프랑스 학자들은 부합계약 또는 부종계약(contrat d'adhésion)이라고, 부르고 독일에서는 보통계약약

---

67) 학자에 따라서는 정형적 계약 내용 내지 계약조건이라고 하거나 계약의 초안, 계약조항이라고 하기도 한다.

68) 대판 1997.12.26. 96다51714.

69) 대판 2002.4.12. 98다570909.

70) 대판 1990.5.25. 89다카8290.

관, 영미에서는 표준형식계약(standard form contract)이라고 일컫는다.

1) 계약체결에서 약관을 이용하는 것은 주로 기업이나, 기업만이 약관에 의한 계약체결을 하는 것은 아니며, 개인(예컨대, 사무실 임대차를 업으로 하는 빌딩소유자)이 이용하는 경우도 있다.

2) 약관은 그것을 사용해서 계약을 체결하려는 한쪽 당사자가 스스로 작성하는 경우가 많으나 때로는 제3자가 마련하기도 한다. 이익단체(건설협회, 의사회)에서 그 구성원(건설회사)에게 그 사용을 강제(진료계약이나 도급계약시)하기 위하여 작성하기도 한다. 즉, 누가 작성했느냐는 문제가 되지 않는다.

3) 약관은, 계약서 가운데 포함되어 있든 별지로 되어 있든 이를 묻지 않는다. 보통은 인쇄된 것이나 손으로 직접 쓴 것이더라도 상관없으며, 또한 약관의 내용을 이루는 조항 내지 규정의 수도 문제가 되지 않는다.

4) 약관은 「서식」과는 구별된다. 서식은 거래의 형식에 지나지 않으며 거래의 내용은 아니다. 그러나 계약조건이 인쇄되어 있는 계약서식은, 기업이 개별적 계약을 체결하거나 또는 약관을 작성하는 데 있어서 하나의 표준 내지 모범이 될 것을 고려해서 작성되는 것이다(표준계약방식 내지 표준계약서식). 이러한 계약서식이 그대로 개별적 계약의 체결에 이용되는 때에는, 약관과의 구별이 매우 어렵게 된다. 그러나 서식의 본래의 이용 목적은 어디까지나 모범으로 하려는 데에 있을 뿐이며, 또한 그 조건으로 계약을 체결할 것을 요구하지는 않는다. 이런 면에서 집단 거래의 획일적 처리 자체를 목적으로 하는 약관과는 본질적으로 다르다.

(2) 약관의 기능

사업자는 영업의 합리화, 법률의 상세화, 거래상의 위험의 전가(轉嫁) 내지 분산 등을 목적으로 하여 약관을 사용하고 있다.

1) 영업의 합리화 대량생산, 대량판매, 대량소비로 대표되는 오늘날의 기업거래에 있어서 기업들이 고객들과 체결하는 계약의 구체적인 내용이나 조건을 매 거래마다 상담을 통하여 개별적으로 결정하려고 한다면 그들의 업무는 대단히 복잡하게 될 것이며 대량거래의 신속한 처리는 기대할 수 없게 될 것이다. 따라서 오늘날의 기업들은 대량거래의 신속한 처리를 위하여 그들이 체결하고자 하는 계약의 내용이나 조건을 사전에 정해 놓고 이를 그들의 거래에 일률적으로 적용하고 있다.

2) 법률의 상세화 근대사회의 법질서는 사적자치를 기본으로 하고 있기 때문에 개인 상호간에 체결되는 계약의 구체적인 조건이나 내용에 관하여는 당사자들의 자유로운 결정에 맡기고 있다. 따라서 개인 상호간의 법률관계를 규율하는 민법이나 상법의 규정들은 대개가 임의규정일 뿐만 아니라 그 내용이 아주 추상적이거나 불명확한 경우가 많다. 그리고 리스계약이나 여행계약과 같이 거래계의 요청에 따라 새롭게 등장한 계약유형에 대하여는 이를 규율하는 규정이 전혀 없는 경우도 있다.

이와 같이 법률에 전혀 규정되어 있지 않거나 아주 불충분하게 규정되어 있는 계약유형에 대하여 기업들은 보통거래약관을 이용하여 당해 거래에 필요한 사항을 그 세목에 이르기까지 상세하게 규정해 둠으로써 당해 거래에 따르는 법률관계를 명확하게 규율하고, 나아가 당사자간에 있을 수 있는 법률적 분쟁을 사전에 예방할 수 있다.

3) 거래상의 위험의 전가 및 분산 기업은 약관을 작성함에 있어서 거래상의 위험을 합리적으로 분산시키려 하는데, 이때에 그들의 우월한 경제적인 지위를 이용하여 자기가 부담해야 할 거래상의 위험을 거래의 상대방에게 전가시키는 경우가 많다. 이른바 면책조항이나 책임제한조항이 그 대표적인 예이다. 그런데 거래계에 실제로 통용되고 있는 대부분의 약관에는 이러한 면책 내지 책임제한조항이 포함되어 있다.

기업이 그에게 일방적으로 유리하게 작성한 약관에 대하여 그 기업과 대등하거나 그 기업보다 강한 계약상대방은 그 약관의 내용을 수정하거나 변경할 것을 요구할 수 있지만, 경제력이 약한 고객이나 일반 소비자들은 그 약관을 그대로 계약의 내용으로 받아들일 수밖에 없다. 그런데 이 경우에 그 기업이 독점기업이거나 혹은 그 기업이 제공하는 상품이나 서비스가 생활필수물자인 경우에는, 계약상대방은 그들의 기업활동이나 생활을 유지하기 위해서는 어쩔 수 없이 그 약관에 따라 거래를 하지 않을 수 없게 된다.

(3) 약관의 문제점

약관의 긍정적인 면은 대량거래를 신속하고 원활하게 처리할 수 있게 하지만, 부정적인 측면에서는 기업이 그들의 우월한 경제적 지위를 이용하여 자기들의 권리나 이익을 되도록 확대하고 거래상의 위험을 상대방에게 전가함으로써 부당한 이익을 취하는 동시에 상대방에게 부당한 불이익을 강요하게 될 우려가 있다.

따라서 약관에 관한 법률문제는 주로 이와 같은 기업의 경제력남용을 막음으로써 고객 내지 소비자를 보호하고 약관의 공정성을 확보하기 위하여 약관에 대한 법적 규제에 집중되고 있다.

3. 약관에 대한 규제

(1) 약관규제법의 제정

약관을 규제하는 방식에는 약관이 사용되는 거래의 분야에 따라 별도로 규제하는 개별적 규제방식과 모든 분야의 약관을 일률적으로 규제하는 일반적 규제방식이 있다. 전자의 예로서는 보험업법, 은행법, 자동차운수사업법, 자동차정류장법, 항공법, 창고업법 등에서 약관을 규제하는 규정들을 들 수 있고, 후자의 예로서는 1986년 12월에 제정되어 1987년 7월 1일부터 시행되고 있는 「약관규제에 관한 법률」을 들 수 있다.[71)]

약관규제법은 사업자가 그 거래상의 지위를 남용하여 불공정한 내용의 약관(약관)을 작성하여 거래에 사용하는 것을 방지하고 불공정한 내용의 약관을 규제함으로써 건전한 거래질서를 확립하고, 이를 통하여 소비자를 보호하고 국민생활을 균형 있게 향상시키는 것을 목적으로 한다(제1조).

약관규제법은 제1장에서 목적, 정의, 약관의 명시·설명의무, 개별약정의 우선, 약관의 해석 등에 관하여 규정하고 있으며, 제2장에서는 불공정한 약관을 판단하는 기준과 그 효과에 관하여, 제3장에서는 불공정한 약관의 사용금지와 시정조치에 대하여 규정하고 있으며, 제4장에서 분쟁의 조정 등에 대하여 2012년에 새로이 신설하였고, 제5장에서는 보칙, 그리고 제6장에서는 벌칙을 규정하고 있다.

(2) 약관규제법의 법이념

약관규제법의 입법목적 내지 법이념에 대한 관점으로는 약관적 접근법, 소비자계약법 접근법, 교섭력 접근법이 있다.[72)] 첫째, 약관적 접근법은 약관에 의한 합의

71) 우리나라의 「약관의 규제에 관한 법률」은 독일의 「보통거래약관의 규제에 관한 법률」을 모델로 하여 1986년에 제정되었지만 그 내용과 통제방법에 관하여는 상당한 차이를 보이고 있다. 독일의 약관규제법은 2002년 민법전에 편입되었다.

72) 山本 豊, 約款規制, Jurist, 1998.1., 통권 1126호.

와 그 밖의 경우를 나누어 전자는 후자에 비해 보다 엄격한 내용통제가 이루어져야 한다는 접근법이다. 약관식 접근법에 충실하게 따른 것이 (구)독일보통거래약관법(AGBG)이다. 독일에서는 약관규제의 법이념을 두 가지의 관점에서 설명하고 있는데, 하나는 약관사용자가 일방적으로 계약내용을 정한다는 관점에서 설명하는 방식이고, 다른 하나는 교섭력에서의 불균형을 시정해야 한다는 관점에서 설명하는 방식이다. 전자는 약관을 사용하는 계약당사자가 계약내용결정의 자유를 일방적으로 행사는 것이 약관조항에의 내용적 통제를 정당화하는 결정적인 근거가 된다. 이 경우 교섭력 내지 지위의 비대등성은 문제삼지 않는다. 여기에서는 거래합리화의 요청상 법질서에 의해 승인되고 있는 일방적 계약형성의 자유로 인해 고객의 지위가 부당하게 침해되어서는 곤란하다는 입장이다.

이에 대하여는 약관이 사용된다는 사실이 실제로는 당사자간에 교섭력의 불균형이 존재한다는 징표로 파악해야 한다는 견해도 있다. 즉 다수계약을 위해서 계약조항을 미리 작성하여 이를 변경함이 없이 계약의 상대방이 그 약관에 영향력을 행사하는 것이 불가능함을 의미하므로 약관사용자는 일방적인 계약내용 형성력을 갖고 있다는 확실한 징표라고 이해한다. 단순히 계약조건을 미리 마련한다는 것에서 더 나아가 실제 현실에서 그 계약조항이 변경되지 않고 수용되고 있는 것을 고려한다면 상대방의 사정을 고려하지 않고 약관사용자는 일방적인 계약내용 형성력을 가지고 있다는 설명이 가능하다.

또한 교섭력 불균형 내지 비대등성의 관점에서 보면, 사업자가 약관을 제시함으로써 당해 약관에 의한 거래를 하겠다는 의사가 표명된 것으로 약관사용자는 고객에 대하여 심리적 우위에 서게 된다. 이 단계에서 사업자는 약관내용을 충분히 검토하여 작성하겠지만 고객의 경우 충분한 검토기회를 가지지 못한 채 계약내용의 변경을 주장하는 기회를 얻지 못하는 경우가 대부분이다. 이러한 구조적 불균형성을 들어 약관의 내용규제의 정당성의 근거를 제시한다.[73] 종전 독일의 (구)독일보통거래약관법의 해석으로는 약관적 접근방법이 전통적인 설명방식이었으나, 독일에서도 최근에는 구조적 불균형을 이유로 품질보증계약의 효력을 부정한 일련의 연방헌법재판소의 판결이 있었고, 기본적으로 소비자계약적 접근법을 따르고 있는 EC지침에 맞추어 소비자계약과 약관의 민법전에의 편입을 하게 됨에 따라 구조적 불균형에 따른 설명방식을 취하는 견해가 점차 유력해지고 있다.

73) 이를 구조적 불균형이론이라고 한다.

(3) 약관규제법의 적용범위

주의할 것은, 우리의 약관법은 모든 약관에 적용되는 것은 아니다. 즉, (ⅰ) 상법 제3편(회사법)과 근로기준법, 그리고 대통령령으로 정하는 비영리사업의 분야에 속하는 계약에 관한 것일 때에는 약관규제법을 적용하지 않고(제30조 제1항), (ⅱ) 국제적으로 통용되는 약관이나 그 밖에 특별한 사정이 있는 약관으로서 대통령령으로 정하는 경우에는 제7조부터 제14조까지의 규정을 적용하는 것을 조항별·업종별로 제한할 수 있다.

(4) 약관의 통제

기업에 의하여 일방적으로 작성된 약관에 의한 부당한 거래를 규율하기 위하여 이론과 판례는 노력하여 왔다. 대법원은 일찍이 부당한 약관조항의 효력을 부인하기 위하여 일본의 초기판례가 발전시킨 예문해석의 이론, 즉 일정한 계약서식에 포함되어 있는 불공정 또는 부당한 조항이나 상투적인 문구는 단순한 예문(例文)에 불과하여 당사자를 구속하는 힘이 없다고 판시하여 왔다.[74)]

즉, 부동산의 매매, 임대차 또는 전세, 금전소비대차 등 각종 계약에서 관행적으로 계약서식이 사용되고 있는 영역에서 한 당사자에게 일방적으로 유리한 조항이 인쇄 내지 삽입되어 있는 경우, 대법원은 이러한 조항은 단순히 예문에 지나지 않는다고 하여 당사자가 이에 구속당할 의사가 없는 것으로 보아 문언의 효력을 부정하였다. 그 이유로서는 주로 타방 당사자가 소비자로서의 지위를 갖는 경우가 많았고 이 당사자가 계약서식을 읽지 않거나 그 내용을 이해하지 못하는 경우가 많았기 때문이다. 이처럼 판례는 부동문자로 인쇄된 조항이 당사자에게 일방적으로 불리하면 당사자 사이의 이해관계를 공평하게 조정하는 수단으로 '예문해석'이라는 이름으로 규제하여 왔다.

하지만 예문의 개념과 인정기준이 불명확할 뿐만 아니라, 부당한 약관조항의 통제를 위하여 약관의 규제에 관한 법률이 시행된 이후(1978.7.1.)에 예문해석이 필요없다는 쪽으로 학설의 비판을 받고 있으나, 판례는 예문해석을 계속 활용하고 있는 실정이다.[75)]

약관법에 의한 약관에 대한 규제는, 편입통제와 해석통제 및 불공정성 통제의

74) 대판 1979.11.27. 79다1141; 대판 1984.6.12. 83다카2159; 대판 1986.11.11 86다카1152.

75) 이병준, 약관규제법의 민법편입, 소비자법과 민법(이은영 편), 세창출판사, 2010, 189면.

단계로 이루어진다.[76] 첫째, 편입통제는 사업자는 약관을 명시하고 고객요구 시 사본을 교부하여야 하며, 중요한 내용은 고객에게 설명하여야 하는데, 사업자가 이를 위반하면 당해 약관을 계약의 내용으로 주장하지 못하고(명시설명의무, 동법 제3조), 당사자 사이에 약관 내용과 다르게 합의한 사항이 있을 때 그 합의사항은 약관에 우선한다(개별약정 우선의 원칙, 동법 제4조).

둘째, 해석통제라는 것은 약관은 신의성실의 원칙에 따라 공정하게 해석되어야 하고(신의성실의 원칙, 동법 제5조 제1항 전단), 고객에 따라 다르게 해석되어서는 안되며(객관적 해석의 원칙, 동법 제5조 제1항 후단), 약관의 뜻이 명백하지 않은 경우에는 고객에게 유리하게 해석하여야 한다(불명료의 원칙, 동법 제5조 제2항)는 것을 의미한다.

셋째 불공정성 통제라는 것은 약관의 조항 중 공정성을 잃은 약관을 무효로 하는 것인데, 약관규제법은 제6조에 일반조항을 두고 제7조 이하에서 개별규정을 두어 규율하고 있다. 즉 신의성실의 원칙에 반하여 공정을 잃은 약관조항은 무효이고(일반원칙, 동법 제6조 제1항), 고객에게 부당하게 불리한 조항, 고객이 계약의 거래형태 등 제반사정에 비추어 예상하기 어려운 조항, 계약에 따른 본질적인 권리를 제한하는 조항은 일단 공정성을 잃은 것으로 추정된다(제6조 제2항). 따라서 고객보호를 위하여 사업자가 그 유효성을 입증하도록 입증 책임을 전환하였다. 그리고 동법 제7조 내지 제14조에서 개별적인 금지규정을 두고 있다.

4. 약관의 구속력

(1) 구속력의 근거

약관이 갖는 구속력의 근거에 대하여 종래에는 규범설과 계약설이 서로 대립하고 있었다. 규범설은 당사자의 의사와 상관없이 그 자체로서 당사자를 구속하는 힘을 갖는다고 하는데, 이 규범설은 다시 약관은 기업이 자치적으로 제정한 법규라고 하는 자치법설[77]과 특정한 거래에 있어서는 거래의 조건은 '약관에 따른다'는 상관습법이나 상관습이 있다고 하는 상관습설[78]로 나누어진다. 계약설은 약관은

76) 대판 2008.12.16. 2007마1328 결정; 김영갑, 약관규제의 법리와 수정해석의 문제, 법조 1997.1.(통권484호), 89면.

77) 양승규·박길준, 상법요론, 삼영사, 1991, 404면. 양승규 교수는 일반약관에 대해서는 계약설이 타당하다고 하면서, 보통보험약관에 대해서는 보험계약의 단체성을 이유로 규범설이 타당하다고 한다.

법규범이 아니기 때문에, 약관이 당사자를 구속하는 힘을 갖기 위해서는 당사자들이 구체적인 거래에 있어서 그 약관을 계약에 편입시키기로 합의해야 한다고 한다.

다만 약관규제법이 제정된 이후에 계약설은 약관규제법의 해석에 따라 당사자 사이에 일치된 합의로서 구속력을 갖는다는 순수한 계약설[79]과 계약설을 기본으로 하되 일정한 경우에는 예외적으로 다른 근거에서 구속력이 인정된다는 제한적 계약설,[80] 약관의 법적 성질은 계약에 해당하지만 그것이 거래계에서 수행하는 규범과 유사한 기능으로 인해 규범적 요소가 가미된 계약으로 변형되었다고 보는 절충설[81]로 세분화되었다.

종래에는 규범설이 지배적인 지위를 차지하고 있었으나, 이 규범설에 따르게 되면 기업이 일방적으로 자기에게 유리하게 작성한 약관, 즉 불공정한 약관도 구속력을 가지게 될 우려가 있기 때문에, 최근의 판례는 약관은 단순히 계약의 초안에 불과하며 따라서 그것이 구속력을 갖기 위해서는 당사자들이 이를 계약에 편입시켜야 한다는 계약설을 취하고 있고(대판 1985.11.26. 84다카2543; 대판 1986.10.14. 84다카122; 대판 2017.9.26. 2015다245145), 약관규제법도 계약설의 입장에서 약관을 규율화고 있다.[82]

약관의 본질에 관한 학설의 대립은 약관이 계약의 내용으로 편입되기 위한 요건으로 고객의 동의가 필요한지 여부를 검토하는 데 실익이 있다. 약관규제법은 약관이 계약의 내용으로 편입되기 위한 요건으로 약관의 명시·설명의무를 규정(동법 제3조)하고 있고, 고객의 동의에 대하여는 명문의 규정이 없어 학설과 판례의 입장이 대립하고 있다.

---

78) 손주찬, 보통거래약관의 현실적 문제, 「법과 약관」, 삼영사, 1984, 61-63면.

79) 김진환, 약관규제법과 전자약관의 계약편입, 법학연구(경상대학교) 제10집, 2001, 42면; 장경환, 약관의 구속력의 근거, 고시계 제40권 7호, 1995, 142면.

80) 곽윤직, 채권각론, 박영사, 1990, 34-37면.

81) 이은영 교수는 약관이 기본적으로는 계약의 성질을 가지나 우리 약관규제법은 사업자의 명시 및 고객의 채용동의를 계약편입의 적극적인 요건으로 요구하지는 않기 때문에(제3조 제3항), 계약설에 접근한 절충설을 취하고 있다. 이은영, 약관규제법, 박영사, 1994, 104면 참조.

82) 전기공급규정은 전기사업법 제15조에 의하여 전기사업자인 피고가 동력자원부장관의 인가를 받아 전기요금 기타 공급조건에 관한 사항을 정한 규정임이 명백한 바, 이러한 공급규정은 국민에 대하여 일반적 구속력을 갖는 법규로서의 효력은 없고 단지 피고와 전기공급계약을 체결하거나 그 규정의 적용에 동의한 수용가에 대하여만 그 효력이 미친다(대판 1983.12.27. 83다카893).

순수한 계약설은 약관규제법 제3조를 해석함에 있어서 계약설의 근본취지를 충분히 살리고 약관규제법 제2조의 사업자와 고객에 대한 정의규정에서 설정된 '제안하고 제안받는 관계'가 다름 아닌 고객의 승낙 내지 양해를 의미한다고 하면서 고객의 동의를 편입요건의 하나로 인정하고 있다.[83] 제한적 계약설도 계약당사자의 경제적 지위의 차이에 따라 약관의 증명 요부가 달리 판단될 뿐, 약관에 따라서 계약을 체결하는 데에 상대방의 동의는 필요하다고 보고 있다.[84] 그에 반하여 절충설에 따르면 약관규제법은 사업자의 명시 및 고객의 동의를 계약편입의 적극적인 요건으로 규정하고 있지 않음을 들어 사업자의 약관의 제안만 있으면 별도의 합의가 없더라도 약관은 계약에 편입되는 것이라고 해석한다.[85] 이 설에서는 편입규제보다는 내용규제 측면에서 고객을 보호해야 하기 때문에 합의는 필요하지 않다고 본다. 판례는 약관을 계약내용으로 편입시키고자 하는 합의가 필요한 것으로 보고 있다.

그러나 고객의 동의를 요한다는 견해들도 반드시 명시적일 필요는 없다고 하는데 이는 약관의 개별조항에 대해 체결단계에서 고전적 계약법에서 상정하는 구체적·개별적 합의의 존재는 기대하기 어렵기 때문에 기능적 관점에서 객관적 합의의 존재형태를 다양하게 바라보고 있다.[86] 따라서 약관을 계약에 편입하기 위한 전제로서 묵시적 승낙을 인정하여 이를 기초로 약관 전체를 계약내용에 편입시킨다는 내용의 포괄적 합의를 해석상 인정할 수 있다고 한다.[87]

(2) 약관의 계약에의 편입

1) 명시·설명의무 약관규제법 제3조는 약관은 사업자가 다수의 계약을 위하여 사전에 작성한 계약의 초안에 불과하기 때문에, 그것이 당사자를 구속하는 힘을 가지기 위해서는 당사자들이 그 약관을 계약에 편입시켜야 한다는 입장에서 약관을 사용하여 계약을 체결하려고 하는 사업자는 고객에게 그 약관의 내용을 명시하고, 약관의 중요한 내용을 고객에게 설명해 주어야 한다고 규정하고 있다. 즉 약관의 명시·설명의무가 있다.

83) 김진환, 앞의 논문, 43면.
84) 곽윤직, 채권각론 제6판, 박영사, 2003, 22면.
85) 이은영, 앞의 책, 104면.
86) 김대규, 약관편입통제 조항의 기능성연구, 비교사법 제11권 1호, 2003, 258면.
87) 민법주해 Ⅷ, 손지열 집필편, 318면.

그러나 다른 법률의 규정에 의하여 행정관청의 인가를 받은 약관으로서 거래의 신속을 위하여 필요하다고 인정된 약관, 즉 여객운송업, 통신업, 전기·가스 및 수도사업, 우편업, 공중전화 서비스 제공 통신업의 약관에 대하여는 사업자의 명시·교부의무가 면제된다(우편법 제3조 제2항, 시행령 제2조).

사업자는 약관에 정하여져 있는 중요한 내용을 고객이 이해할 수 있도록 설명해 주어야 한다. 다만, 계약의 성질상 설명하는 것이 현저하게 곤란한 경우에는 그러하지 아니하다(동법 제3조 제3항). 여기서 '중요한 내용'이라 함을 사회통념에 비추어 고객이 계약체결의 여부나 대가를 결정하는 데에 직접적인 영향을 미칠 수 있는 사항을 의미한다.[88] 사업자에게 약관의 명시·설명의무를 요구하는 것은 어디까지나 고객이 알지 못하는 가운데 약관의 중요한 사항이 계약 내용으로 되어 고객이 예측하지 못한 불이익을 받게 되는 것을 피하고자 하는 데 근거가 있다. 예컨대 자동차종합보험계약에서 가족운전자 한정운전 특별약관[89] 등이다.

따라서 약관조항에 관한 명시·설명의무가 제대로 이행되었더라도 그러한 사정이 보험계약의 체결 여부에 영향을 미치지 않은 경우 중요한 내용이라고 할 수 없고,[90] 고객이 약관의 내용을 충분히 잘 알고 있는 경우에는 그 약관이 바로 계약의 내용이 되어 당사자에 대하여 구속력을 가지므로, 사업자로서는 고객에게 약관의 내용을 따로 설명할 필요가 없다고 보는 것이 상당하다.[91]

이는 약관에 정하여진 사항이라고 하더라도 '거래상 일반적이고 공통된 것'이어서 고객이 별도의 설명 없이도 충분히 예상할 수 있었던 사항이거나 이미 법령에 의하여 정하여진 것을 되풀이하거나 부연하는 정도에 불과한 사항이라면, 그러한

88) 대판 2019.5.30. 2016다176177; 보험계약자나 피보험자가 보험계약 당시에 보험자에게 고지할 의무를 지는 상법 제651조에서 정한 '중요한 사항'이란 보험자가 보험사고의 발생과 그로 인한 책임부담의 개연율을 측정하여 보험계약의 체결 여부 또는 보험료나 특별한 면책조항의 부가와 같은 보험계약의 내용을 결정하기 위한 표준이 되는 사항으로서 객관적으로 보험자가 그 사실을 안다면 그 계약을 체결하지 아니하든가 또는 적어도 동일한 조건으로는 계약을 체결하지 아니하리라고 생각되는 사항을 말한다. 대판 2014.3.13. 2013다91405·91412.

89) 대판 2014.9.4. 2013다66966.

90) 대판 2016.9.23. 2016다221023. 즉 화물운송주선업 등을 영위하는 甲 주식회사가 乙 보험회사와 체결한 적재물배상책임보험의 보통약관에서 '보상하는 손해'에 관하여 피보험자가 화주로부터 수탁받은 시점으로부터 수하인에게 인도하기까지의 운송 과정(차량운송 및 화물운송 부수업무) 동안에 발생한 보험사고로 수탁화물에 대한 법률상의 배상책임을 부담함으로써 입은 손해를 보상한다고 규정한 사안에서, 위 약관조항은 명시·설명의무의 대상이 되는 보험계약의 '중요한 내용'이라고 할 수 없다고 한다.

91) 대판 2018.6.19. 2018다201610.

사항에 대하여서까지 사업자에게 설명의무가 있다고 할 수는 없다.[92] 위와 같이 사업자가 고객에게 약관의 내용을 따로 설명할 필요가 없는 특별한 사정이 있다는 점은 이를 주장하는 사업자가 증명하여야 한다.[93]

약관에 정하여진 사항이 '이미 법령에 의하여 정하여진 것을 되풀이하거나 부연하는 정도에 불과한지'는 약관과 법령의 규정 내용, 법령의 형식 및 목적과 취지, 해당 약관이 고객에게 미치는 영향 등 여러 가지 사정을 종합적으로 고려하여 판단하여야 한다. 여기에서 말하는 '법령'은 일반적인 의미에서의 법령, 즉 법률과 그 밖의 법규명령으로서의 대통령령, 총리령, 부령 등을 의미하고, 이와 달리 상급행정기관이 하급행정기관에 대하여 업무처리나 법령의 해석·적용에 관한 기준을 정하여 발하는 이른바 행정규칙은 일반적으로 행정조직 내부에서만 효력을 가질 뿐 대외적인 구속력을 갖는 것이 아니므로 이에 해당하지 않는다. 다만 행정규칙이라 하더라도, 법령의 규정이 특정 행정기관에 법령 내용의 구체적 사항을 정할 수 있는 권한을 부여함으로써 법령 내용을 보충하는 기능을 가지고, 그 내용이 해당 법령의 위임한계를 벗어나지 않아 법령과 결합하여 대외적 구속력이 있는 법규명령으로서의 효력을 가지는 등의 특별한 사정이 인정된다면, 달리 볼 수 있다.

그러나 대외적 구속력이 인정되지 않는 행정규칙으로서의 고시는, 약관이 포함된 계약의 일방 당사자인 고객에게 당연히 법률효과가 미친다고 할 수 없을 뿐만 아니라 고객이 별도의 설명 없이 내용을 예상할 수 있었다고 보기도 어려우므로, 약관 조항에서 고시의 내용을 되풀이하거나 부연하고 있다는 이유만으로 사업자의 설명의무가 면제된다고 할 수 없다.[94]

2) 명시·설명의무 위반의 효과 사업자가 약관규제법에 위반하여 약관을 고객에게 명시, 설명하지 않고 계약을 체결한 때에는 그 약관을 계약의 내용으로 주장할 수 없다(제3조 제4항).[95] 따라서 약관의 내용이 계약으로 편입되지 않은 법률효과가 발생하는 것이 아니라, 사업자가 해당 약관을 계약의 내용으로 주장할 수 없는 것이므로 고객이 이를 계약의 내용으로 받아들일 경우에는 계약의 내용이 될 수 있다는 것을 의미한다. 사업자의 설명의무를 면제하는 사유로서 '거래상 일반적이

92) 대판 2018.10.25. 2014다232784.
93) 대판 2018.6.19. 2018다201610.
94) 대판 2019.5.30. 2016다176177.
95) 대판 2019.1.17. 2016다277200; 대판 2015.11.17. 2014다81542.

고 공통된 것'이라는 요건은 해당 약관 조항이 거래계에서 일반적으로 통용되고 있는지의 측면에서, '고객이 별도의 설명 없이도 충분히 예상할 수 있는 사항'인지는 소송당사자인 특정 고객에 따라 개별적으로 예측가능성이 있었는지의 측면에서 각 판단되어야 한다.

(3) 개별약정의 우선

고객이 약관을 계약에 편입시키는 것을 거부할 때에는 그 전부를 거부할 수도 있지만 대개의 경우 일부의 조항만을 거부하게 된다. 그리고 이때에 당사자들은 약관의 해당조항을 삭제하거나 수정할 수도 있지만, 약관의 조항과 다른 내용의 개별약정을 체결할 수도 있다. 이 때 약관과 개별약정이 충돌할 우려가 있는데 대법원은 초기에는 계약서가 처분문서임을 내세워 그 약관의 문언과 다른 당사자의 의사를 인정하기를 거부하였으나(대판 1982.7.27. 81다카1117), 나중에는 이른바 예문해석이라는 방법을 통하여 약관의 문언과 다른 개별약정의 존재를 간접적으로 인정해 오다가,[96] 최근에 와서는 개별약정은 약관에 우선한다는 개별약정우선의 원칙을 명시적으로 선언하고 있으며,[97] 약관규제법은 이 원칙을 명시적으로 선언하고 있다(동법 제4조).

약관에 의한 계약을 체결하는 경우에도 그 상대방과 사이에 특정 조항에 관하여 개별적인 교섭(또는 흥정)을 거침으로써 상대방이 자신의 이익을 조정할 기회를 가졌다면, 그 특정 조항은 「약관규제법」의 규율대상이 아닌 개별약정이 된다고 보아야 한다. 이때 개별적인 교섭이 있었다고 하기 위해서는 비록 그 교섭의 결과가 반드시 특정 조항의 내용을 변경하는 형태로 나타나야 하는 것은 아니라 하더라도, 적어도 계약의 상대방이 그 특정 조항을 미리 마련한 당사자와 사이에 거의 대등한 지위에서 당해 특정 조항에 대하여 충분한 검토와 고려를 한 뒤 영향력을 행사함으로써 그 내용을 변경할 가능성이 있어야 한다.[98]

---

96) 대판 1984.6.12. 83다카2159

97) 대판 1985.11.26. 84다카2543; 대판 2017.9.26. 2015다245145.

98) 대판 2008.7.10. 2008다16950; 대판 2017.12.5. 2017다252987·252994에서 대법원은 상생협약 동의서의 작성 경위나 내용에 비추어, '이 사건 상생협약에서 합의된 사항 이외에는 피고를 상대로 일체의 소송이나 이의를 제기하지 않는다'는 이 사건 부제소합의조항을 원고 3이 피고(유제품주식회사)로부터 상생지원금을 지급받기로 하면서 구입강제와 관련하여 다투지 않거나 손해배상금 등 더 이상의 금전 지급을 구하는 소를 제기하지 않겠다는 '부제소합의'라고 판단하고, 이 부제소합의조항은 약관법에 의해 규율되는 약관으로서 약관법상 무효라는 원

5. 약관의 해석을 통한 해석통제

약관은 계약의 초안에 불과하지만 당사자의 합의에 의하여 그것이 계약의 내용에 편입되면 계약의 내용을 구성하게 된다. 즉 사업자가 명시·설명의무의 요건을 충족하게 되면 약관을 계약의 내용으로 주장할 수 있게 된다. 따라서 계약의 내용에 편입된 약관은 '법률의 해석문제'가 아니라 '법률행위의 해석원칙'에 따라 해석된다. 당사자 사이에 계약의 해석을 둘러싸고 이견이 있어 당사자의 의사 해석이 문제 되는 경우에는 계약의 내용, 계약이 체결된 동기와 경위, 계약으로 달성하려는 목적, 당사자의 진정한 의사 등을 종합적으로 고찰하여 논리와 경험칙에 따라 합리적으로 해석하여야 한다.[99]

그러나 약관은 당사자들이 합의한 것이 아니라 사업자가 일방적으로 작성한 것이기 때문에 약관의 해석에 관하여는 일반 법률행위의 해석과는 다른 몇 가지의 특수성이 인정된다. 약관규제법은 고객의 보호를 위하여 약관의 해석에 관한 규정들을 두고 있다. 판례는 약관의 해석에 대하여 적용순서와 기준을 제시하고 있다. 즉 신의성실의 원칙에 따라 당해 약관의 목적과 취지를 고려하여 공정하고 합리적으로 해석하되, 개개 계약 당사자가 기도한 목적이나 의사를 참작함이 없이 평균적 고객의 이해가능성을 기준으로 객관적·획일적으로 해석하여야 하며, 위와 같은 해석을 거친 후에도 약관 조항이 객관적으로 다의적으로 해석되고 그 각각의 해석이 합리성이 있는 등 당해 약관의 뜻이 명백하지 아니한 경우에는 고객에게 유리하게 해석하여야 하나, 당해 약관의 목적과 취지를 고려하여 공정하고 합리적으로, 그리고 평균적 고객의 이해가능성을 기준으로 객관적이고 획일적으로 해석한 결과 그 약관 조항이 일의적으로 해석된다면 그 약관 조항을 고객에게 유리하게 제한 해석할 여지가 없다고 한다.[100]

(1) 공정한 해석의 원칙

약관은 신의성실의 원칙에 따라 공정하게 해석되어야 한다(제5조 제1항 전문). 따라서 신용카드의 분실, 도난에 관하여, 거래약관상 비록 카드의 분실, 도난으로 인한 모든 책임이 카드회원에게 귀속된다고 약정되어 있다고 하더라도 회원이 분실,

---

고 3의 주장에 대해 개별적 우선 약정의 원칙을 들어 배척한 원심의 판결을 인용하였다.

99) 대판 2017.9.26. 2015다245145.

100) 대판 2010.9.9. 2007다5120.

도난 등의 사실을 은행에 통지하고 소정 양식에 따라 지체 없이 그 내용을 서면신고 하였음에도 불구하고 은행이 가맹점에 대한 통지를 게을리 하였거나 가맹점이 분실, 도난카드의 확인과 서명의 대조 등을 게을리하여 거래 성립되었을 경우에까지 그 책임을 회원에게 물을 수는 없으며(대판 1986.3.11. 85다카1490), 카드의 도난, 분실 등으로 인한 모든 책임이 회원에게 귀속되고, 회원의 고의 또는 중대한 과실이 없는 때에 한하여 발행회사의 통지서가 가맹점에 도착된 날의 다음날로부터 회원에게 그 책임이 귀속시키지 않기로 규정되어 있다 하더라도 그와 같이 정형화된 약관은 신의성실의 원칙에 따라서 합리적으로 해석되어야 할 것인바(회원의 카드의 도난, 분실을 서면으로 신고하였으나 카드발행회사가 통지서를 가맹점에 보내지 아니하는 한 언제까지든지 회원이 그 책임을 져야 하는 규정이라고 해석되지 아니한다), 위 규정중 발행회사의 통지서가 가맹점에 도착된 날이라고 함은 발행회사가 회원으로부터 도난, 분실 등의 신고를 받고 지체 없이 가맹점에 대한 통지절차를 밟아 그 통지서가 가맹점에 도착된 날 또는 도착되어야 할 날을 의미한다고 보는 것이 신의성실의 원칙에 비추어 정당한 해석이라고 할 것이다(대판 1987.4.14. 85다카2273)(필자주: 그러나 이 문제는 신용카드업법 제12조가 신용카드회원이 신용카드업자에게 신용카드의 도난, 분실의 통지를 한 때에는 통지 후 그 신용카드의 사용액에 대하여는 신용카드업자가 책임을 지도록 함으로써 입법적으로 해결되었다).

(2) 객관적 해석의 원칙(통일적 해석의 원칙)

약관은 고객에 따라 다르게 해석되어서는 안 되고 통일적으로 해석되어야 한다(제5조 제1항 후문). 이러한 해석을 하기 위해서는 계약당사자가 개개인의 구체적 사정보다는 그 거래에 전형적으로 관여하는 집단의 총체적인 이해관계를 고려하여야 한다.[101] 판례도 개별 계약 당사자가 의도한 목적이나 의사를 참작하지 않고 평균적 고객의 이해가능성을 기준으로 객관적·획일적으로 해석하여야 한다고 한다.[102]

(3) 불명확성의 원칙(작성자불이익 내지 고객 유리 해석의 원칙)

약관이란 사업자에 의해 일방적으로 사전에 작성된 계약조건이기 때문에 사업자에게 유리하게 작성되는 것이 보통이므로 약관의 뜻이 명백하지 아니한 경우에는 고객에게 유리하게 해석되어야 한다(제5조 제2항).

101) 손지열, 약관에 관한 판례의 동향, 「민사판례연구」 제10권, 1988, 422면.
102) 대판 2018.10.25. 2014다232784; 대판 2019.10.31. 2016다258063.

따라서 보험약관을 해석할 때에 개개 계약 당사자가 기도한 목적이나 의사를 참작하지 않고 평균적 고객의 이해가능성을 기준으로 보험단체 전체의 이해관계를 고려하여 객관적·획일적으로 해석하여야 한다. 위와 같은 해석을 거친 후에도 약관 조항이 객관적으로 다의적으로 해석되고 그 각각의 해석이 합리성이 있는 등 해당 약관의 뜻이 명백하지 아니한 경우에는 고객에게 유리하게, 약관작성자에게 불리하게 해석하여야 한다.[103] 그리고 이러한 법리는 회사가 작성한 회칙이 약관으로서 회원과 회사 사이의 계약 내용을 이루는 경우에도 마찬가지로 적용된다.[104]

그러나 약관의 목적과 취지를 고려하여 공정하고 합리적으로, 그리고 평균적 고객의 이해가능성을 기준으로 객관적이고 획일적으로 해석한 결과 약관 조항이 일의적으로 해석된다면 약관 조항을 고객에게 유리하게 해석할 여지가 없다.[105]

또한 '약관의 해석에 관하여 사업자의 해석에 따르기로 한다'라고 정한 조항은 해석에 관한 다툼에 있어서 신의성실의 원칙과 객관적 해석의 원칙을 배제하고 사업자의 자의에 의한 해석을 우선하게 함으로써 사업자의 이익만을 관철시킬 우려가 있으므로 부당하다. 이러한 해석방법은 약관규제법 제5조 제2항의 해석원칙에 반하므로, 이 약관조항은 약관규제법 제6조 제1항에 규정하고 있는 신의성실의 원칙에 반하여 공정을 잃은 약관에 해당되어 무효이다(의결 제88-7호 1988.11.7.).

(4) 축소해석의 원칙(제한해석의 원칙)

법에 의하여 권리·의무를 제한하는 조항은 엄격하게 해석하여야 한다. 한편 면책약관에 있어서 그 내용이 불명확한 때에는 작성자불이익의 원칙에 따라 고객에게 유리하게 해석하게 되며, 그밖에 면책약관은 불공정한 약관의 내용통제에 의하여 직접적인 규제를 받게 되므로 약관규제법상의 별개의 해석원칙이 되지는 않는다.

약관의 해석에 관하여 판례는 '효력유지적 축소해석'이라는 독특한 법리를 발전

103) 대판 2005.10.28. 2005다35226; 대판 2010.9.9. 2007다5120; 대판 2019.1.17. 2016다277200. 동 판결에서 "甲 주식회사와 乙 보험회사가 임원배상책임보험계약을 체결하면서 영문과 번역문으로 '피보험회사의 임원이 그 자격 내에서 수행한 업무에 따른 부당행위로 인하여 보험기간 중 그들을 상대로 최초 제기된 청구[claim(클레임)]에 대하여 회사가 해당 임원에게 보상함으로써 발생한 손해를 보상한다'는 내용의 약관 조항을 두었는데, 위 조항에서 말하는 클레임에 민사상 손해배상청구를 당한 경우뿐만 아니라 형사상 기소를 당한 경우도 포함되는지 문제 된 사안에서, 위 '클레임'에는 임원이 직무상 수행한 업무에 따른 부당행위로 형사상 기소를 당한 경우도 포함된다"고 판시하였다.

104) 대판 2017.12.13. 2015다33441.

105) 대판 2018.10.25. 2014다232784.

시켜왔다. 즉 「자동차보험약관 제10조 제1항 6호는 책임보험조항에서 피고가 보상하지 않는 손해의 하나로 '자동차의 운전자가 무면허운전을 하였을 때에 생긴 사고로 인한 손해'를 들고 있는 바, 위 무면허운전면책조항을 문언 그대로 해석한다면 무면허자인 소외인이 무단운전 중에 일으킨 사고로 인하여 원고가 그 배상책임을 부담함으로써 입은 손해는 위 무면허운전면책조항에 해당되어 피고의 보상책임이 면제된다고 볼 수밖에 없을 것」이라고 하면서 이 무면허조항은 무면허운전의 주체가 누구이든 묻지 않으나 다만 무면허운전이 보험계약자나 피보험자 등의 명시적 또는 묵시적 승인하에 이루어진 경우에 한하여 면책을 정한 규정이라고 해석하여야 하며, 이와 같이 해석하는 한도 내에서 그 효력을 유지할 수 있다고 보아야 한다고 한다.[106]

이는 약관규제법 제6조 제1항의 적용으로 인한 약관조항 전체가 무효로 되는 것을 피하고 계약의 해석문제로 바라 본 것이다. 이와 같이 하나의 약관조항을 수정된 범위 내에서 유효한 조항으로 유지시키는 수정해석은 약관의 무효를 비껴나가는 변칙적 방법인데, 그 후에도 판례는 여러 사건에서 불공정한 약관을 무효로 선언하는 약관의 내용통제를 적극적으로 시도하였다.[107] 약관의 무효를 선언하는 판결들은 거래계에 큰 충격을 던졌고 잘못된 거래관행을 바꾸는 데에 직접적인 영향력을 미쳤다.[108]

약관의 무효가 되는 경우 계약내용에 대하여 대법원은 불공정한 약관조항의 무효로 인한 공백의 보충에 있어서 계약법의 원칙을 존중함으로써 문제를 해결하였다.

6. 약관의 공정성(약관의 유효성)

(1) 서설

약관규제법 제2장의 제목은 '불공정약관조항'으로 되어 있고 일정한 경우에 약관의 효력을 부인하고 있다. 그 규정방식을 보면 제6조에서는 약관조항의 무효에 관한 일반원칙을 규정하고, 제7조 내지 제14조에서는 무효가 되는 약관조항을 개

106) 대판(전) 1991.12.24. 90다카23899.

107) 대판 1994.5.10. 93다30082; 대판 1994.10.25. 94다18140; 대판 1996.2.27. 95다42393; 대판 1998.4.24. 97다56969.

108) 이은영, 앞의 책, 11면.

별적으로 열거하고 있다. 다시 개별금지조항은 절대적 무효조항과 상대적 무효조항으로 나누어 볼 수 있다. 제7조 1호, 제9조 제1호 및 제13조는 절대적 무효조항이며 그 밖의 규정들은 '상당한 이유 없이' 또는 '부당하게' 등의 표현으로서 상대적 무효조항이다. 이와 같이 약관규제법은 일반조항을 통한 규제방법과 무효조항을 구체적으로 열거하는 규제방법을 병용하고 있다.

그러나 독일의 경우 1993년 EU 불공정조항지침의 등장에 따라 2002년 민법개정을 통해 「보통거래약관법」을 민법전으로 편입하였다. 독일민법 제2편 제2장에 편입된 약관에 관한 규정인 제307조에서 '내용통제'란 제목 하에 일반조항을 두고,[109] 제308조에서 평가가능성이 있는 금지조항인 상대적 무효조항을 8개항으로 나누어 열거하고, 제309조에서 평가가능성이 없는 금지조항인 절대적 무효조항을 13개항으로 나누어 매우 구체적으로 규정하고 있다.

(2) 일반원칙(동법 제6조)

1) 신의성실의 원칙　　약관규제법은 약관의 공정성을 심사하는 기준으로 신의성실의 원칙을 제시하고 있는데, 신의성실의 원칙에 반하여 공정을 잃은 약관조항은 무효이다(제6조 제1항). 이처럼 신의성실의 원칙은 약관의 해석원칙(제5조)으로 작용할 뿐만 아니라 나아가 약관의 효력 유무를 판단하는 기준으로도 규정하고 있다.

약관조항이 고객에게 부당하게 불리한 조항으로서 '신의성실의 원칙에 반하여 공정을 잃은 약관조항'이라는 이유로 무효라고 하기 위해서는, 약관 작성자가 거래상 지위를 남용하여 계약 상대방의 정당한 이익과 합리적인 기대에 반하여 형평에 어긋나는 약관조항을 작성·사용함으로써 건전한 거래질서를 훼손하는 등 '고객에게 부당하게 불이익'을 주었다는 점이 인정되어야 한다.[110] 그리고 이와 같이 약관조항의 무효 사유에 해당하는 '고객에게 부당하게 불리한 조항'인지는 약관조항에 의하여 고객에게 생길 수 있는 불이익의 내용과 불이익 발생의 개연성, 당사자들 사이의 거래과정에 미치는 영향, 관계 법령의 규정 등 모든 사정을 종합하여 판단하여야 한다.[111]

---

109) 제1항에서 「약관조항이 신의성실의 요청에 반하여 약관사용자의 계약상대방을 부당하게 불리하게 하는 경우에는, 이는 효력이 없다. 부당한 불리함은 그 조항이 명확하지 아니하고 이해될 수 없는 것이라는 사정에 기하여도 인정될 수 있다」고 하여 일반조항을 두고 있다.

110) 대판 2017.4.28. 2017다207338.

신의성실의 개념은 주관적이 아니라 객관적으로 판단되어야 하지만 신의성실의 개념은 매우 추상적인 것으로 실질적으로 약관의 내용통제 수단이 되기 위해서 구체화될 필요가 있다. 이에 약관규제법은 제6조 제2항에서 그 구체화를 시도하고 있다.

다만 이 원칙을 구체적인 사례에 적용함에는 고객(소비자)의 정당한 이익은 물론이고 사업자의 정당한 이익도 고려해야 할 것이므로 양자 사이의 정당한 이익을 균형 있게 판단해야 한다. 판례도 「종합통장 자동대출 방식의 대출에 대한 신용보증관계의 성립에 신용보증서 발급일로부터 60일 이내 최초 건별 대출의 실행을 요구하는 신용보증기금의 약관조항이 고객에 대하여 부당하게 불리한 것으로 신의성실의 원칙에 반하여 공정을 잃은 조항에 해당한다」[112]고 하거나, 「경쟁입찰에서 단순 최저가 낙찰제에 의한 낙찰자격방식에 따른 시설공사 도급계약에 있어서는 현저한 저가입찰을 억제하여 덤핑에 의한 부실공사를 방지하고 계약의 이행을 담보할 필요성이 매우 강한 점에 비추어, 예정가격의 100분의 85 미만에 낙찰 받은 자는 예정가격과 낙찰금액의 차액을 차액보증금으로서 현금으로 납부하게 하고 채무불이행의 경우 차액보증금을 발주자에게 귀속시키기로 하는 약관조항은 허용될 수 있으며 이러한 약관조항이 약관의 규제에 관한 법률 제6조, 제8조에 저촉된다고 보기는 어렵다.」[113]고 하여 부정하기도 한다.

그런데 이와 같은 일반조항을 둘 경우에는, 그것을 심사하는 기관의 재량의 폭이 넓어져서 거래당사자의 예견가능성이 침해될 우려가 있으며, 또 구체적인 약관조항을 심사함에는 약관규제법의 개별규정들을 자세히 살펴보지도 않고 바로 일반조항을 근거로 하여 약관을 통제하려고 하는 이른바 '일반조항으로의 도피현상'이 생길 우려도 있다.[114] 그러나 현실적으로 우리나라와 같이 아직 약관규제의 역사가 짧아서 약관의 규제기준이 구체화되어 있지 않은 나라에서는 거래관계의 변화에 따라 새롭게 나타나고 있는 불공정한 약관을 적절히 규제하기 위해서 이러한 일반조항을 두는 것은 불가피한 현상이라고 할 수 있다.

여기에서 문제가 되는 것은 약관규제법 제6조 내지 제16조의 무효조항에 해당

111) 대판 2017.4.13. 2016다274904.

112) 대판 2010.10.28. 2008다83196.

113) 대판 2002.4.23. 2000다56976.

114) 공정거래위원회의 심결의 상당부분은 제6조를 근거로 하여 유·무효를 판단하고 있다.

하는 약관의 내용을 사업자가 고객에게 설명하고 고객이 이를 이해하여 그것을 개별적으로 약정한 경우에 개별약정의 유효성 문제이다. 개별약정이 강행규정이나 선량한 풍속 기타 사회질서위반인 경우에 무효가 되지만, 약관은 강행규정이나 선량한 풍속 기타 사회질서에 반하지 않더라도 신의성실의 원칙에 반하여 공정을 잃은 경우에도 무효이다.

그렇다면 개별약정이 신의성실의 원칙에 반하여 공정을 잃은 경우에도 선량한 풍속 기타 사회질서에 반하지 않는 경우에는 유효인가? 이는 유효로 보아야 할 것이다. 그러나 사업자가 어떠한 약관이 불공정한 약관에 해당되어 무효로 되는 것을 회피하기 위하여 실제로는 약관임에도 불구하고 고객과 개별적으로 약정한 것과 같은 외관을 갖춘 때에는, 그 개별약정이 있다고 하여 무효인 약관조항이 유효로 되는 것은 아니다.[115]

대법원 판례는 원래 고객이 부담할 성질이 아닌 것을 채무부담의 개별약정 및 그 무효인 약관을 준수하겠다는 개별약정 등을 통하여 고객에게 부담하게 하는 것은 현저히 불공정한 법률행위로서 무효라고 판시[116]하고 있다.

2) 불공정성의 추정　약관규제법은 공정성을 잃은 조항에 대해 좀 더 구체적으로 제시하고 있다. 즉 약관의 조항 중에서 ① 고객에 대하여 부당하게 불리한 조항, ② 고객이 계약의 거래형태 등 제반사정에 비추어 예상하기 어려운 조항(기습조항 내지 의외조항), ③ 계약의 목적을 달성할 수 없을 정도로 계약에 따르는 본질적 권리를 제한하는 조항은 공정을 잃은 것으로 추정된다고 규정하고 있다(제6조 제2항).[117]

여기에서 고객에게 부당하게 불공정한지의 여부는 구체적인 계약당사자를 기준으로 판단할 것이 아니라 특정한 거래에 임하는 평균적인 고객집단의 전형적인 이익을 기준으로 판단해야 한다. 단순히 그러한 조항이 거래계에서 널리 통용되고 있다는 사실만으로 그 조항이 신의성실의 원칙에 반하지 않는다고 단정할 수는 없으며, 제반사정을 참작하여 종합적으로 판단하지 않으면 안 된다.

따라서 「택배회사의 위탁영업소계약에서 운송수수료율을 택배회사측이 일방

115) 양명조, 약관의 규제에 관한 법률: 현상과 문제, 민사판례연구 12권(90.4), 450-451.

116) 대판 1988.4.12. 88다2

117) 사업자의 귀책사유로 교습을 받지 못한 경우에도 수강료를 반환하지 아니하도록 정한 자동차운전학원 이용약관조항은 약관규제법 제6조 2항 1호에 해당되어 무효이다(의결 제93-2호 1993.2.17).

적으로 변경할 수 있도록 규정한 경우 이는 상당한 이유 없이 급부의 내용을 사업자가 일방적으로 결정하거나 변경할 수 있도록 권한을 부여한 조항으로 고객에게 부당하게 불리한 조항에 해당한다[118]」고 한다.

다음으로 고객이 계약의 거래형태 등 관련된 모든 사정에 비추어 예상하기 어려운 조항, 즉 기습조항 내지 의외조항은 공정성을 잃은 것으로 추정된다.[119] 예컨대 고객에게 새로운 급부의무를 부과하는 조항, 계약의 쌍무적 성격을 배제하는 조항, 전형계약의 외형을 갖추었으나 내용에서 변칙조항 등이 의외조항에 해당한다. 따라서 본인회원이 카드를 발급받았음에 편승하여 본인 회원의 신용을 빌려 카드를 발급받는 가족회원이 본인 회원의 카드대금에 대하여도 연대하여 책임을 지도록 규정하였던 구 신용카드회원규약상의 약관조항은 가족회원에 대하여 부당하게 불리하거나 거래형태 등 제반 사정에 비추어 예상하기 어려워 공정을 잃은 약관 조항으로 무효라고 본다.[120] 의외조항 내지 기습조항의 통제와 관련하여 독일민법과 약관규제법 사이에 가장 큰 차이는 독일민법 제305조의c 제1항은 기습조항에 대해서 이를 약관의 '편입통제'에서 다루고 있는 반면에 약관규제법에서는 기습조항과 관련하여 이를 제6조 제2항 제2호에서 약관의 '불공정성 통제'에서 다루고 있다는 점이다.[121]

3) 불공정성 기준으로서 투명성원칙 독일민법은 약관 내용통제 조항인 제307조 제1항 2문에 상대방에게 부당하게 불리하게 하는 것으로서, 그 조항이 명확하지 아니하고 이해될 수 없는 것이라는 사정에 기하여도 약관조항이 효력이 없음을 인정할 수 있다고 규정하고 있다. 독일 연방대법원에서 약관의 내용통제로서 확립한 이른바 '투명성원칙'을 민법전에 약관규정 편입시 규정화 한 것이다. 약관규제법은 약관의 작성시 고객이 약관의 내용을 쉽게 알 수 있도록 한글로 작성하고, 표준화·체계화된 용어를 사용하며, 약관의 중요한 내용에 대해서는 부호, 색채, 굵고 큰 문자 등으로 명확하게 표시하여 알아보기 쉽게 작성하도록 하고 있는데(제3

118) 대판 2008.2.14. 2005다47106·47113·47120.

119) EU의 불공정조항지침 제4조 제1항이나 DCFR은 불공정성 여부 판단에 고려할 요소로 "계약의 목적, 계약체결 당시의 지배적인 사정, 계약의 다른 조항들 및 그 계약이 의존하는 다른 계약들의 내용을 제시하고 있다, 「유럽민사법의 공통기준안 총칙·계약편」, 법무부, 2012, 55면

120) 수원지판 1997.6.18., 96가단88842.

121) 이를 지적하는 견해로 이병준, 의외조항 내지 기습조항의 법률적 취급, 민사법학 제73호, 2015, 254면.

조 제1항), 이는 편입통제에 관한 내용이다.

이에 반해서 투명성원칙은 내용통제에 관한 것으로서 그 본질은 약관을 명확하게 이해될 수 있도록 작성하여 고객에게 약관내용에 대한 충분한 정보를 제공할 수 있도록 한다는 것에 기초하고 있다.[122] 약관작성에 있어서 투명성 원칙을 통해서 담보되는 약관의 명확성과 이해가능성은 약관 그 자체를 통하여서 고객에게 자신의 이해관계와 관련한 충분한 정보가 제공된다는 것을 의미한다.[123]

약관규제법 제3조 제1항에서 사업자는 고객이 약관의 내용을 쉽게 알 수 있도록 한글로 작성하고, 표준화, 체계화된 용어를 사용하며, 약관의 중요한 내용을 부호, 색채, 굵고 큰 문자 등으로 명확하게 명시하여 알아보기 쉽게 약관을 작성하여야 한아고 규정하고, 제3조 제3항에서는 약관작성자에게 중요한 내용의 설명의무를 부과하고 있다. 약관의 투명성 원칙과 관련하여 고객에 대해서 단순히 약관을 통해서 일정한 정보를 제공하는 것을 넘어서서 약관작성자가 약관의 중요한 내용에 대해서 이를 '고객이 이해할 수 있도록' 적극적인 조치를 취해야 할 의무를 인정한 것이다.[124]

이처럼 약관의 명시·교부의무 및 설명의무를 부과한 것은, 약관은 약관작성자가 자신의 이익을 위해서 일방적으로 작성하게 되므로 이러한 약관작성자에게 고객의 약관의 내용에 대한 인식과 관련하여 약관작성에 일정한 의무를 부과함으로써 약관의 공정성을 확보하겠다는 약관의 투명성 원칙이 구체화된 것으로 볼 수 있다. 또한 약관규제법의 기습조항 내지 의외조항 규정도 기습적 약관조항을 통해서 발생하는 권리, 의무가 고객이 약관을 통해서 예상하거나 고려할 것으로 생각되기 어려운 내용이 있다면, 이는 고객에게 충분한 정보가 전달되지 않았을 뿐만 아니라 계약의 공정성이 침해된다고 볼 수 있을 것이다.[125]

투명성의 원칙을 관철하는 것이 계약자유의 원칙을 과도하게 침해하는 것이 아니냐는 우려가 있을 수 있지만 오늘날 소비자계약에서 계약공정의 원칙은 중요한 원칙으로 자리 잡았으며 약관규제법의 제정취지를 고려한다면 향후 약관규제

122) 투명성원칙에 대한 논문으로는, 김화, 약관에 있어서 투명성 원칙에 대한 고찰-독일법상의 논의와 우리 약관규제법에 있어서의 함의-, 비교사법 26(3), 2019.8, 101면 이하 참조.

123) 김화, 위의 논문, 108-109면.

124) 약관의 명시·설명의무가 고객에게 약관의 내용에 대한 인식가능성을 확보하여 주는데 있다는 점을 밝힌 판결로는, 대판 2005.10.7. 2005다28809 참조.

125) 김화, 위의 논문, 116-119면.

법 개정시 약관의 투명성원칙을 포괄적인 내용으로 적극적으로 규정하는 방안도 고려할 만하다.

(3) 개별금지 원칙

약관규제법은 제7조부터 제14조까지 불공정한 약관의 개별금지를 규정하고 있다. 다만 그 약관이 국제적으로 통용되는 약관이나 그 밖에 특별한 사정이 있는 약관으로서 대통령령으로 정하는 경우에는 제7조부터 제14조까지의 규정을 적용하는 것을 조항별·업종별로 제한할 수 있다(제15조).

1) 면책조항의 금지(동법 제7조)

약관규제법은 계약 당사자의 책임에 대하여 다음과 같은 내용을 정하고 있을 때 무효로 하고 있다. 즉 1. 사업자, 이행보조자 또는 피용자의 고의 또는 중대한 과실로 인한 법률상의 책임을 배제하는 조항, 2. 상당한 이유 없이 사업자의 손해배상범위를 제한하거나 사업자가 부담하여야 할 위험을 고객에게 이전시키는 조항, 3. 상당한 이유 없이 사업자의 담보책임을 배제 또는 제한하거나 그 담보책임에 따르는 고객의 권리행사요건을 가중하는 조항 또는 4. 상당한 이유 없이 계약목적물에 관하여 견본이 제시되거나 품질·성능 등에 관한 표시가 있는 경우 그 보장된 내용에 대한 책임을 배제 또는 제한하는 조항에 해당하는 내용을 정하고 있는 조항은 이를 무효로 한다고 규정하고 있다(제7조).

법률상 규정된 사업자의 책임을 배제, 제한하는 이러한 면책조항은 약관에 의한 폐해가 가장 두드러지게 나타나는 부분으로 제1호는 언제나 무효가 되는 절대적 무효조항이고 제2호와 제3호는 '상당한 이유 없이'라는 평가개념을 도입한 상대적 무효조항이다. 예컨대, 신용카드 회원약관에서 비밀번호가 회원으로부터 타인에게 유출되어 발생하는 모든 책임은 회원에게 귀속되고, 카드 비밀번호 유출로 인한 부정사용의 경우에는 부정사용대금에 대하여 보상에서 제외된다고 규정하고 있는 경우 위 약관규정을 회원에게 '고의나 과실'이 없는 경우에도 신용카드 부정사용으로 인한 손해를 회원이 부담하여야 한다고 해석하는 것은 약관규제법 제7조 제2호에서 규정하는 상당한 이유 없이 사업자가 부담하여야 할 위험을 고객에게 이전시키는 조항에 해당하여 무효이다.[126]

126) 대판 2009.10.15. 2009다31970.

2호인 상당한 이유 없이 사업자의 손해배상범위를 제한하거나 사업자가 부담하여야 할 위험을 고객에게 이전시키는 조항에 해당하는 사례로는, 건설기계 판매대리계약 중 대리상에 불과한 판매 회사에게 미회수 매매대금에 관한 무조건의 이행담보책임을 지우는 조항[127], 승객의 사상에 대한 운송인의 손해배상액을 1인당 일정액으로 제한하는 조항, 도로연수 시 손해배상책임을 고객에게 전가시키는 조항은 교통법규 위반의 경우에 교습자의 부주의 및 과실유무를 고려함이 없이 그 책임을 무조건 수강자에게 전가시키고 있으므로 면책조항의 금지에 해당되어 무효라고 보아야 한다. 또한 프로야구경기장 약관에 '운동장에서 연습 혹은 경기장 파울볼, 기타에 의해 부상을 당할 때에도 주최측은 현장의 진료치료만 책임을 지고 그 뒤의 책임은 지지 않는다'고 하여 사업자의 고의·과실 여부 및 운동장 시설의 하자 여부를 불문하고 손해배상을 현장의 긴급치료에만 한정하고 있는 조항은 고객에게 부당하게 불리할 우려가 있는 조항으로 약관규제법 제7조 2호에 해당되어 무효이다.[128]

또한 고객에 대하여 부당하게 불리한 약관이거나 주차장 관리자가 고의 또는 중대한 과실로 선량한 관리자의 주의의무를 다하지 않음으로써 발생한 손해에 대한 배상까지도 정당한 이유 없이 배제하는 약관(대판 2006.4.14. 2003다41746)은 무효가 된다. 자동차종합보험 약관의 무면허면책약관에 대해서는, 무면허운전의 주체가 누구이든 제한 없이 적용되는 것이나, 무면허운전에 대한 보험계약자나 피보험자의 지배 또는 관리 가능성이 없는 경우까지 적용된다고 보는 경우에는 그 규정은 신의성실의 원칙에 반하여 공정을 잃은 조항으로서 약관의규제에관한법률 제6조 제1항, 제2항, 제7조 제2호, 제3호의 각 규정에 비추어 무효라고 볼 수밖에 없으나, 다만 무면허운전이 보험계약자나 피보험자의 명시적 또는 묵시적 승인하에 이루어진 경우에 한하여 보험자의 면책을 정한 규정이라고 해석하는 한도 내에서는 유효하다.[129]

대판 2002.4.12. 98다57099 판결에서 한국전력공사의 전기공급규정 제51조 제3호, 제49조 제1항 3호는 한국전력공사의 전기설비에 고장이 발생하거나 발생할 우려가 있는 때 한국전력공사는 전기의 공급을 중지하거나 그 사용을 제한할 수 있고, 이 경우 한국전력공사는 수용가가 받는 손해에 대하여 배상책임을 지지 않는

127) 대판 2003.4.22. 2000다55775·55782.

128) 의결 제89-9호 1988.10.11.

129) 대판 1998.3.24. 96다38391.

다고 규정하고 있는 바, 이는 '면책약관의 성질'을 가지는 것으로서 한국전력공사의 고의 또는 중대한 과실로 인한 경우까지 적용된다고 보는 경우에는 무효이나, 그 외의 경우에 한하여 한국전력공사의 면책을 정한 규정이라고 해석하는 한도에서는 유효하다고 보았다.

(4) 과도한 손해배상액의 예정 금지(동법 제8조)

약관규제법은 고객에 대하여 과중한 지연손해금 등의 손해배상의무를 부담시키는 약관조항은 이를 무효로 한다고 규정하고 있다(제8조). 계약당사자들은 거래상 발생할지 모르는 법률상의 분쟁을 예방하기 위하여 미리 채무불이행 등으로 인한 손해배상액을 정하여 두는 것이 가능한데, 이를 손해배상액의 예정이라고 한다(민법 제398조 제1항). 이러한 손해배상액의 예정 약정이 있는 경우에 채권자는 채무불이행이 있었다는 사실만 입증하면 실제 손해의 발생 여부나 그 손해가 어느 정도인지를 증명하지 아니하고도 예정된 배상액의 지급을 청구할 수 있다는 점이다. 약관규제법 제8조는 이러한 손해배상액이 과다한 경우에 배상액의 예정을 무효로 하고 있다. 따라서 약관에서 매매계약 해제시 매도인을 위한 손해배상액의 예정조항은 있는 반면 매수인을 위한 손해배상액의 예정조항이 없다는 이유만으로 그 약관조항은 약관규제법에 위배되어 무효라고 할 수 없다.[130)]

이때에 무효로 되는 부분은 적정한 금액을 초과하는 부분에 한하지 않고, 그러한 약관조항 자체이기 때문에 마치 그러한 예정이 없었던 것과 같이 되고 그 결과 일반적인 손해배상의 원칙에 따라서 배상액이 결정되게 된다. 손해배상액의 예정에는 채무불이행에 따른 지연손해의 배상, 전보배상, 위약금 및 불법행위에 기한 손해배상금, 기타 어떠한 명목의 손해배상금이라도 고객이 부담하는 것은 모두 포함된다. 특히 계약금과 보증금에 관한 사례가 많이 나타나고 있다.

예컨대 단순 최저가 낙찰방식에 의한 건설공사도급계약에서 예정가격의 100분의 85 미만에 낙찰 받은 자는 예정가격과 낙찰금액의 차액을 차액보증금으로서 현금으로 납부하게 하고, 만약 차액보증금을 현금에 갈음하여 건설공제조합 등이 발행하는 보증서로 납부하고자 하는 경우에는 그 차액의 2배를 납부하게 하고 수급인의 채무불이행의 경우 계약보증금과 차액보증금을 발주자에게 귀속시키기로 하는 약관조항은 무효이고(대판 2000.12.8. 99다53483), 부동산임대업자가 미리 부동문자로

130) 대판 2000.9.22. 99다53759·53766.

인쇄한 임대차계약서를 제시하여 계약을 체결한 경우, 그 계약서에 기재된 임대차계약 종료일로부터 인도 또는 복구된 날까지의 통상 차임 및 관리비와 임대차보증금에 대한 월 1%의 비율에 의한 이자의 합산액의 2배를 배상액으로 정하고 있는 '임대차목적물의 명도 또는 원상복구 지연에 따른 배상금' 조항은 개별적인 교섭을 거침으로써 상대방이 자신의 이익을 조정할 기회를 가졌다고 할 수 없어 약관에 해당하고, 또한 고객인 임차인에 대하여 부당하게 과중한 손해배상의무를 부담시키는 조항으로서 동법 제8조에 의하여 무효(대판 2008.7.10. 2008다16950)라고 한다.

또한 임차인의 월차임 연체에 대하여 월 5%의 연체료를 부담시킨 계약조항 및 임차인의 월차임 연체 등을 이유로 계약을 해지한 경우 임차인에게 임대차보증금의 10%를 위약금으로 지급하도록 한 계약조항이 임차인에게 부당하게 불리한 조항으로 공정을 잃은 것으로 추정되어 신의성실의 원칙에 반하거나 부당하게 과중한 지연손해금 등의 손해배상의무를 부담시키는 약관조항으로서 약관규제법 제6조, 제8조에 의하여 무효이고, 약관규제법에 의해 약관조항이 무효인 경우에 그것이 유효함을 전제로 민법 제398조 제2항을 적용하여 적당한 한도로 손해배상예정액을 감액하거나, 과중한 손해배상의무를 부담시키는 부분을 감액한 나머지 부분만으로는 그 효력을 유지시킬 수 없다고 한다(대판 2009.8.20. 2009다20475·20482).

다만 지체상금 산정대상에서 계약금을 제외하기로 하는 계약조항은 고객에 대하여 '불리한' 조항이라고는 할 수 있을지언정 '부당하게 불리한' 조항이라고는 할 수 없다고 하여 무효로 인정하지 않았다(대판 1999.9.22. 97다37852).

(5) 계약의 해제권·해지권 배제의 금지(동법 제9조)

법률에 따른 고객의 해제권 또는 해지권을 배제하거나 그 행사를 제한하는 조항(동조 1호), 사업자에게 법률에서 규정하고 있지 않은 해제권·해지권을 부여하거나 법률의 규정에 의한 해제권·해지권의 행사요건을 완화하여 고객에게 부당하게 불이익을 줄 우려가 있는 조항(동조 2호·3호),[131] 계약의 해제 또는 해지로 인한 원상회복의무를 상당한 이유 없이 고객에게 과중하게 부담시키거나 고객의 원상회복 청구권을 부당하게 포기하도록 하는 조항(동조 4호), 계약의 해제 또는 해지로 인한 사업자의 원상회복의무나 손해배상의무를 부당하게 경감하는 조항(동조 5호),

131) 예컨대 하도급계약에서 부도나 가압류 등의 일정한 사실의 발생만으로 이행 최고 없이 하도급계약을 해지할 수 있도록 한 조항이 이에 해당한다. 대판 2017.9.21. 2013다58668.

계속적인 채권관계의 발생을 목적으로 하는 계약에서 그 존속기간을 부당하게 단기 또는 장기로 하거나 묵시적인 기간의 연장 또는 갱신이 가능하도록 정하여 고객에게 부당하게 불이익을 줄 우려가 있는 조항(동조 6호) 중 어느 하나에 해당되는 내용을 정하고 있는 조항은 무효로 한다[132].

(6) 채무의 이행과 관련한 약관조항(동법 제10조)

사업자의 채무이행과 관련하여 정하고 있는 약관의 내용 중 ① 상당한 이유 없이 급부의 내용을 사업자가 일방적으로 결정하거나 변경할 수 있도록 권한을 부여하는 조항(동조 1호), ② 상당한 이유 없이 사업자가 이행하여야 할 급부를 일방적으로 중지할 수 있게 하거나 제3자로 하여금 대행할 수 있게 하는 조항(동조 2호)은 무효이다.

따라서 상가분양계약의 약관조항에서 분양대상 상가의 위치 등의 변경가능성을 규정하고 있더라도 그것만으로는 상가분양 사업자가 설계변경 등으로 점포의 위치나 구조 등을 변경하는 경우에 분양계약 내용보다 고객에게 예상할 수 없을 정도로 현저히 불리하게 변경할 수는 없다.[133]

다만 다중 이용자 온라인 롤플레잉 게임인 '리니지(Lineage) I' 인터넷 게임 이용자가 자동사냥 프로그램 등 금지된 소프트웨어를 사용하여 3개 이상의 보유 계정에 대하여 영구이용중지 조치를 당한 경우 그 이용자가 보유한 모든 계정에 관하여 이용계약을 해지할 수 있도록 한 위 게임 약관 및 운영정책의 조항은 급부의 일방적 중지에 해당하지 않아 무효라고 볼 수 없다.[134]

(7) 고객의 권익보호(동법 제11조)

약관규제법 제11조는 고객의 권익에 관한 사항 중 일정한 내용과 관련된 경우에는 무효로 한다. 즉 ① 법률에 따른 고객의 항변권, 상계권 등의 권리를 상당한 이유 없이 배제 또는 제한하는 조항(동조 1호), ② 고객에게 주어진 기한의 이익을 상당한 이유 없이 박탈하는 조항(동조 2호), ③ 고객이 제3자와 계약을 체결하는 것을 부당하게 제한하는 조항(동조 3호), ④ 사업자가 업무상 알게 된 고객의 비밀을 정당한 이유 없이 누설하는 것을 허용하는 조항(동조 4호)은 무효이다.

---

132) 대판 2008.12.24. 2008다75393.

133) 대판 2009.11.26. 2009다58692.

134) 대판 2010.10.28. 2010다9153.

따라서 창고업자의 유치권 행사를 상당한 이유 없이 배제하는 약관 조항은 무효이다.[135] 하지만 주택공급계약서에서 예상 건축공정에 따라 계약금 납부일 이후 입주예정일 이후 입주예정일까지 사이의 기간에 대하여 3개월 또는 4개월 단위로 6회에 나누어 정기의 중도금 지급기일을 지정한 조항은, 이러한 약관조항이 사업주체측의 신용불안이나 재산상태의 악화, 건축공정의 부당한 지연 등 사정으로 인하여 사업주체의 주택공급계약상의 의무이행이 곤란할 현저한 사유가 발생하였음에도 불구하고 주택을 공급받고자 하는 자들에 대하여 당초 약정된 중도금의 이행의무가 선이행의무라는 이유만으로 민법 제536조 제2항 등 계약법의 일반원칙에 따른 주택을 공급받고자 하는 자들의 이행거절이나 지체책임면책 등에 관한 일체의 항변권 등을 모두 배제시킨 채 그 이행을 일방적으로 강요하는 것이라고 해석되지 아니하는 한, 그 자체로 신의성실의 원칙에 비추어 공정을 잃은 것이라거나 고객에 대하여 부당하게 불리한 것이라거나 또는 법률의 규정에 의한 고객의 항변권, 상계권 등의 권리를 상당한 이유 없이 배제 또는 제한하거나 고객에게 부여된 기한의 이익을 상당한 이유 없이 박탈하는 것이라고 판단되지 아니하므로 무효라고 볼 수 없다.[136]

(8) 의사표시의 의제(동법 제12조)

의사표시에 관하여 그의 존부나 도달의 부당한 의제·방식과 요건의 부당한 제한·사용자에게 부당히 유리한 기한의 설정 등의 내용의 약관조항은 무효이다. 즉 일정한 작위(作爲) 또는 부작위(不作爲)가 있을 경우 고객의 의사표시가 표명되거나 표명되지 아니한 것으로 보는 조항. 다만, 고객에게 상당한 기한 내에 의사표시를 하지 아니하면 의사표시가 표명되거나 표명되지 아니한 것으로 본다는 뜻을 명확하게 따로 고지한 경우이거나 부득이한 사유로 그러한 고지를 할 수 없는 경우에는 그러하지 아니하다(동조 제1호). 고객의 의사표시의 형식이나 요건에 대하여 부당하게 엄격한 제한을 두는 조항(제2호), 고객의 이익에 중대한 영향을 미치는 사업자의 의사표시가 상당한 이유 없이 고객에게 도달된 것으로 보는 조항(제3호), 고객의 이익에 중대한 영향을 미치는 사업자의 의사표시 기한을 부당하게 길게 정하거나 불확정하게 정하는 조항(제4호)이 이에 해당한다.

---

135) 대판 2009.12.10. 2009다61803·61810.

136) 대판 2002.11.26. 2000다52042.

은행의 여신 채무자가 주소변경신고를 해태한 경우 은행이 그 신고 된 최종주소로 발송한 서류의 도달을 간주하는 은행여신거래기본약관 조항의 효력에 대하여 대법원은, 은행이 채무자의 변경된 주소 등 소재를 알았거나 혹은 보통일반인의 주의만 하였더라면 그 변경된 주소 등 소재를 알 수 있었음에도 불구하고 이를 게을리 한 과실이 있어 알지 못한 경우에도 이 사건 약관을 문언 그대로 해석·적용한다면 이는 고객의 이익에 중대한 영향을 미치는 사업자의 의사표시가 상당한 이유 없이 고객에게 도달된 것으로 보는 것이 되므로 무효라 할 것이고, 따라서 위 약관조항은 위와 같은 무효의 경우를 제외하고 은행이 과실 없이 채무자의 변경된 주소 등 소재를 알지 못하는 경우에 한하여 적용되는 것이라고 해석하고 있다.137)

(9) 고객의 대리인에게 책임 가중하는 내용의 약관조항(동법 제13조)

고객의 대리인에 의하여 계약이 체결된 경우에, 고객이 그 의무를 이행하지 않으면 대리인에게 그 의무의 전부 또는 일부를 이행할 책임을 지우는 내용의 약관조항은 무효이다. 여기서 '대리인'이라 함은 단순히 본인을 위하여 계약체결을 대리하는 민법상 및 상법상의 대리인을 뜻한다. 따라서 축산물유통사업단의 입찰안내서 수입조건 제12조 에프(F)항 소정의 국내대리점은 단순히 계약체결의 대리인이 아니라 계약이행자로서의 지위도 겸하고 있으므로 동조에서 말하는 대리인에 해당하지 않는다.138)

외국회사의 국내대리점으로서 계약을 체결한 자에게 그 외국회사와 동일한 내용의 손해배상책임을 지우는 약관조항은 무효이다.139)

(10) 제소와 관련된 통제(동법 제14조)

불리한 소제기의 금지조항 또는 재판관할의 합의조항이나 상당한 이유 없이 고객에게 입증책임을 부담시키는 약관은 무효로 한다. 예컨대, 고객에게 대하여 부당하게 불리한 재판관할의 합의조항(대결 1998.6.29. 98마863), 일체의 소송절차에 있어서의 신청을 배제시키는 의미의 부제소특약의 약관조항(대판 1994.12.9. 93다43873), 손해배상액의 예정과 관련하여 '이에 대하여 乙은 하등의 이의를 제기하지 못한다'

137) 대판 2007.9.21. 2006다26021.

138) 대판 1999.3.9. 98두17494.

139) 서울지법 남부지원 1995.9.28. 95가합1218.

고 규정하고 있는 약관(의결 제88-7호, 1988.11.7.) 등은 동법 제14조에 해당되어 무효이다.

(11) 일부무효의 특칙(동법 제16조)

약관에 의한 계약체결 시 약관의 전부나 일부가 무효인 경우에는, 그 계약의 효력은 이른바 일부무효의 법리에 따라 처리되어야 한다(민법 제137조). 그러나 약관법은 이에 대한 특칙을 두어 약관의 전부 또는 일부의 조항이 사업자의 명시·설명의무의 불이행으로 계약의 내용이 되지 못하거나(제3조) 불공정한 약관으로서 무효로 되는 경우(제6조 내지 제14조)에는 계약은 나머지 부분만으로 유효하게 존속하게 된다. 그러나 유효한 부분만으로는 계약의 목적달성이 불가능하거나 일방당사자에게 부당하게 불리한 때에는 당해 계약은 무효로 한다(제16조).[140]

그리고 나머지 부분만으로 보험계약이 유효하게 존속하는 경우에 계약의 내용은 나머지 부분의 약관에 대한 해석을 통하여 확정되어야 하고, 만일 계약자가 확정된 계약의 내용과 다른 내용을 계약의 내용으로 주장하려면 사업자와 사이에 다른 내용을 보험계약의 내용으로 하기로 하는 합의가 있었다는 사실을 증명하여야 한다.[141]

따라서 무효인 약관조항에 의거하여 계약이 체결되었다면 그 후 상대방이 계약의 이행을 지체하는 과정에서 약관작성자로부터 채무의 이행을 독촉 받고 종전 약관에 따른 계약내용의 이행 및 약정내용을 재차 확인하는 취지의 각서를 작성하여 교부하였다고 하더라도, 무효인 약관의 조항이 유효한 것으로 되거나 각서의 내용을 새로운 개별약정으로 보아 약관의 유·무효와 상관없이 각서에 따라 채무의 이행 및 원상회복의 범위 등이 정하여진다고 할 수 없다(대판 2000.1.18. 98다18506).

7. 불공정한 약관의 규제

(1) 불공정약관조항의 사용금지

사업자는 약관규제법의 제6조부터 제14조까지 규정에 위반하는 불공정한 약관조항을 계약의 내용으로 해서는 안 된다(제17조). 만약 사업자가 동법에 위반하는

---

140) 대판 2015.11.17. 2014다81542.

141) 대판 2015.11.17. 2014다81542.

불공정한 약관을 계약의 내용으로 하는 경우에는 약관규제법 제17조의2 각 호에 해당하는 경우에는 공정거래위원회가 그 사업자에게 당해 약관조항의 삭제, 수정 등 시정에 필요한 조치를 명할 수 있고(제17조의2 제1항), 사업자가 전술한 요건을 갖추지 않은 일반 사업자인 경우에는 공정거래위원회가 건전한 거래질서의 확립을 위하여 사업자에게 당해 약관조항의 삭제·수정, 시정명령을 받은 사실의 공표, 그 밖에 약관을 시정하기 위하여 필요한 조치를 권고할 수 있다(제17조의2 제2항). 그리고 공정거래위원회가 시정에 필요한 조치를 명하거나 권고함에 있어서 필요한 때에는 당해 사업자와 동종 사업을 영위하는 다른 사업자에게 같은 내용의 불공정약관조항을 사용하지 말 것을 권고할 수 있다(제17조의2 제3항).

약관조항과 관련하여 법률상의 이익이 있는 자, 소비자기본법에 의하여 등록된 소비자단체, 한국소비자원 및 사업자단체는 이 법의 위반여부에 관한 심사를 공정거래위원회에 청구할 수 있다(제19조).

(2) 공정거래위원회의 심사

공정거래위원회의 심사는 서면심리를 원칙으로 하지만, 필요한 경우에는 청구인과 피청구인을 소환하여 구두심리를 병행할 수 있다. 약관이 관청의 인가를 받았거나 받아야 할 것인 때에는 심의에 앞서 그 관청에게 의견의 제출을 요구할 수 있다(제22조 제3항).

(3) 불공정약관조항의 공개

공정거래위원회는 약관규제법에 위반된다고 심의, 의결한 약관조항의 목록을 인터넷 홈페이지에 공개하여야 한다(제23조).

제4절 소비자의 청약철회권

1. 의의 및 구별개념

(1) 의의

현행 민법 제527조에는 「계약의 청약은 이를 철회하지 못한다」라고 규정함으로써 청약자가 청약을 철회함으로써 상대방이 불이익을 받지 않도록 청약의 구속력에 대하여 규정하고 있다. 한편 근대민법은 계약자유의 원칙과 형식적 평등만을 강조함으로써 실질적으로 불평등한 관계에 있는 당사자 간 계약에 대하여 효과적으로 규율하지 못하였다. 특히 소비자와 기업 간의 체결된 이른바 '소비자계약'의 경우에 그 불평등은 심화되었다.

즉, 현대소비사회에 있어서 계약 당사자인 사업자와 소비자의 지위의 불균형으로 인한 정보력의 차이가 일반적이고, 사업자는 소비자의 진정한 의사표시를 유도하기보다 민법상의 착오와 사기에 해당하지는 않지만 비합리적인 청약 또는 승낙의 의사표시를 유도하여 형식적으로 완전한 계약을 체결하는 거래행위가 보편화되었다.[142] 이러한 불평등한 당사자 간에 계약에 대하여 실질적 평등을 구현하기 위하여 세계 각국에서는 소비자를 보호하기 위하여 청약철회제도를 도입하였고, 우리나라의 경우도 소비자와 관련된 여러 법에서 청약철회권을 도입하게 규정하게 되었다.

소비자의 철회권제도는 할부거래, 방문판매 등의 신용거래를 중심으로 발달하였는데, 일단 성립한 계약에 대하여 계약의 일방 당사자인 매수인에게 사후적으로 그 의사표시를 철회할 수 있는 권리를 부여하고 있다는 점과, 소비자가 일정한 기간 내에는 아무런 제한 없이 이를 철회할 수 있고, 또 매수인이 이를 철회하더라도 아무런 불이익을 받지 않고 마치 계약을 체결하지 않았던 것과 같은 상태로 돌아갈 수 있다는 점에 그 특색이 있다.[143]

계약존수의 원칙이라는 계약법의 대원칙을 고수한다면 이 제도는 존재할 수 없으며, 거래의 안전과 확실성을 저해하지만, 신용을 통하여 상품을 구입할 경우 소비자는 충동구매를 할 우려가 있고, 판매자의 적극적이고 능수능란한 판매기술, 소비자의 거주공간에서의 거래에 대한 심리적 압박감, 비대면거래에 의한 상품정보의 부족과 충분한 상품 선택시간 결여 등의 이유로 소비자가 굴복하거나 유혹에 빠져 계약을 체결하는 경향이 나타난다. 이러한 경우 소비자에게 냉정하게 재고할 기간을 보장하여 본의 아닌 계약의 구속에서 벗어나는 수단을 보장하기 위하여 소비자의 철회권을 인정한 것이다. 이와 같이 함으로써 판매업자와 소비자의 균형을 이룰 수 있고 소비자 자신이 냉정한 상태에서 진정 계약을 체결할 의사가 있는지

142) 김도년, 청약철회권의 입법형태의 일고찰, 2010.4., 소비자문제연구 제39호, 57면.
143) 권오승, 소비자보호법 제5판, 법문사, 2005, 187면.

여부를 숙려하게 하여 적극적으로 소비자를 보호하고 자각수단을 부여하는 것이 이 제도의 목적이다.[144]

이에 대해서 청약철회권의 기능을 '의사형성·결정의 자유의 보호' 및 '법률행위의 처분자유 보호'를 수행하는 것으로 보는 견해가 있다.[145] 즉 철회기간을 통하여 소비자에게 재고의 기회가 부여되는 것은 체결된 계약의 경제적 의미와 개별적인 계약내용이 복잡하기 때문인데, 이 기간 동안에 소비자에게 계약체결로 인한 경제적·법률적 의미를 재고하고, 계약의 유불리한 점을 차분하게 생각할 수 있는 기회를 부여해 준다는 것, 철회권의 행사로 인하여 의사표시의 구속력이 소멸하므로 의사표시를 통하여 제한되었던 당사자의 행위의 자유가 다시 복구되어 새로운 처분가능성을 만들어 준다고 한다. 그러나 청약철회권 제도는 의사형성 및 결정의 자유에 초점을 맞추기 보다는 사업자에 비하여 소비자의 특성인 정보력, 교섭력, 경제력의 열위가 구체적 거래상황에서 불리하게 작용하기 때문에 특별히 소비자 보호의 관점에서 계약법상의 일반원칙의 예외를 인정하고자 함이 그 취지라고 보아야 한다.

청약철회권은 청약 또는 계약체결 후 의사표시에 하자가 없어도 일정기간 이내에 청약자 쪽에서 무조건 청약을 철회하거나 계약을 해제 내지 해지할 수 있는 권리를 말한다. 독일민법의 경우에는 소비자특별법에서 개별적으로 규율하던 청약철회권을 민법전에 편입시켜서 규율하고 있고, 우리나라는 개별 특별법에서 규율하고 있어서 민법전으로 편입시킬지 여부에 대한 논의가 이루어지고 있다.

오늘날 청약철회권은 소비자계약에서 소비자에게 일반적으로 인정되는 중요한 권리로 인식되고 있으며, 사업자의 부당한 권유에 대한 시정 내지 소비자의 성급한 판단에 대한 치유의 역할을 하고 있다.

(2) 법적 성격

청약철회권은 계약체결 후 일정기간 내에는 청약 또는 계약을 철회하여도 소비자가 불이익을 받지 아니하는 것으로, 특수판매방식이 적용되는 일정한 거래에서 소비자 일방에게 인정되는 '법정 권리'이며, 청약의 의사표시뿐 아니라 유효하

---

144) 이에 대하여 민법 제527조의 계약의 청약의 구속력에 대한 예외로 설명하는 것이 더욱 간명하고 타당하다는 견해도 있다. 박상용·엄기섭, 경제법원론, 박영사, 2004, 667면.

145) 이병준, 현대 시민사회와 소비자계약법, 집문당, 2013, 388-391면.

게 성립한 계약을 소비자의 단독행위인 일방적 의사표시에 의해 해소시킬 수 있는 일종의 형성권이다.

(3) 구별개념

1) 민법상 철회권 민법상 철회권이라 함은 아직 법률효과를 발생하고 있지 않은 법률행위나 의사표시의 효력을 장차 발생하지 않도록 막는 권리이며, 대표적으로 행위무능력자의 상대방의 철회권(민법 제16조)과 무권대리인의 상대방의 철회권이 있다(민법 제134조). 이러한 민법상의 철회권과 소비자법상의 청약철회권과의 관계는 청약철회권의 성질을 어떻게 보느냐에 따라 구별된다. 즉, 청약철회권을 법정해제권의 일종으로 보는 견해[146]에 의하면 양자는 다르나, 이를 부정하는 견해에 의하면 청약철회권은 민법상 철회권의 일종이 된다.

소비자법에서의 청약철회권은 계약이 성립하기 전 뿐만 아니라 이미 유효하게 성립한 계약을 해소시키는 매수인의 단독행위라는 점에서 민법상 철회권과 본질적인 차이를 갖는다. 민법상 철회권은 모든 법률행위에 적용되지만, 청약철회권은 계약, 특히 법률에 의하여 특수한 거래에 한정된다는 점에서 차이가 있다.

민법상의 철회권과 같이 아직 효력이 발생하지 않은 법률행위의 효력을 장래에 향하여 소멸시킨다는 점에서 양자는 동일하다고 할 수 있다. 다만, 청약철회권은 계약이 성립하였더라도 소급하여 계약의 효력을 소급하여 소멸시킨다는 점에서 민법상의 철회권과 차이가 있다. 또한 민법상 철회권은 모든 법률행위에 적용되지만, 청약철회권은 계약에 한정된다는 점에서 차이가 있다. 따라서 청약철회권은 철회권의 일종이라 할 수 있다.[147]

2) 취소권 법률행위의 취소란 유효하게 성립한 법률행위의 효력을 후에 특정인(취소권자)의 의사표시에 의해 행위시로 소급하여 무효로 하는 것을 말한다(민법 제141조 본문). 취소권은 권리자의 일방적 의사표시만으로 법률관계를 해소하고, 그 대상이 법률행위의 효력이 유동적 유효라는 점에서 동일하고, 취소권은 법률의 규정이 있는 경우에만 인정되지만(민법 제5조 2항, 제10조 1항, 제13조 4항, 제109조 1항, 제110조1항), 청약철회권은 법률의 규정뿐만 아니라 당사자간 약정에 의하여 발생할

146) 오병철, 전자거래의 민사법적 규율방안, 정보사회에 대비한 일반법연구(Ⅱ), 정보통신정책연구원, 1998.2., 74면.

147) 고형석, 소비자보호법, 세창출판사, 2008, 220면.

수 있다는 점, 취소권은 모든 법률행위에 적용되지만, 청약철회권은 계약에 한정된다는 점, 취소권을 행사한 경우에 소급효가 인정되지만, 청약철회권을 행사한 경우에는 계약의 효력이 발생하지 않았다면 소급효가 인정되지 않는다는 점, 반환범위에서 취소의 경우에는 부당이득의 반환법리(제741조 이하)가 적용되지만 청약철회권의 경우에는 원상회복의무를 부담한다는 점, 청약철회권을 행사한 경우에 소비자는 손해배상책임을 부담하지 않지만 착오를 이유로 취소권을 행사한 경우에는 신뢰이익의 범주 내에서 손해배상책임을 부담한다는 점, 권리행사기간에서 취소권은 법률행위를 한 날로부터 10년 또는 추인할 수 있는 날로부터 3년 내에 행사하여야 하지만(민법 제146조), 청약철회권의 경우에는 당사자간 약정기간 또는 7일·14일·30일 또는 3개월 내에 행사하여야 한다는 점에서 차이가 난다.[148)]

3) 해제권　해제권이라 함은 유효하게 성립한 계약을 당사자간에 해제권을 유보하였거나 채무자에게 채무불이행이 있을 경우 해제권자(법정해제의 경우 채권자)가 일방적으로 계약의 효력을 소급적으로 소멸시킬 수 있는 권리를 말한다. 해제권은 권리자의 일방적 의사표시로 계약관계를 소멸시키는 형성권이라는 점, 모든 법률행위가 아닌 계약관계에서만 인정된다는 점, 발생근거에서 약정 또는 법정사유가 인정된다는 점에서 청약철회권과 동일하다.

그러나 양자의 차이점을 보면, 첫째, 청약철회권의 발생원인은 법률의 규정이나 약정에 의한 것이나, 해제권은 법률의 규정(민법 제544조·제546조)이나 약정 또는 신의칙상에서 발생한다.[149)] 둘째, 철회권은 취소권과 동일하게 확적정인 효력이 발생하지 않은 법률행위를 소멸케 하지만, 해제권은 일단 유효하게 성립하여 효력을 발생한 계약을 소멸케 한다는 점에서 차이가 있다. 셋째, 청약철회권을 행사한 경우에 소비자는 원상회복의무만을 부담하며, 손해배상책임을 지지 않는다. 반면에 해제권을 행사한 경우에 당사자는 원상회복의무를 부담하며, 약정해제의 경우에는

148) 고형석, 앞의 책, 221면.

149) 신의칙상의 계약해제권에 대해서 민법에 개별적으로 인정하는 규정은 존재하지만 일반적으로 인정하는 규정은 없다. 판례는 계약해제권을 인정하는 경우의 요건으로, ① 계약 당시와는 다른 현저한 사정의 변경이 생길 것 ② 현저한 사정이 당사자가 예상하지 않았고 또한 예상할 수 없을 것 ③ 사정의 변경이 당사자에게 책임이 없는 사유로 생겼을 것 ④ 구속의 부당성, 즉 원래의 계약내용대로 계약의 일방에게 강요하는 경우 너무 가혹할 것 등의 요건을 적시하고 있지만 실제 해제권은 인정하지 않고 있다(대판 2007.3.29. 2004다31302). 다만 계속적 보증의 경우에는 신의칙에 의한 해지를 인정하였다(대판 2000.3.10. 99다61750; 대판 2002.5.31. 2002다1673).

인정되지 않지만 법정해제의 경우 별도로 손해배상의무도 부담하게 된다(민법 제551조). 넷째, 발생요건에 있어서도 청약철회권의 경우에는 제한이 없지만, 해제권의 경우에는 당사자간에 해제권의 유보가 있거나 채무불이행 요건을 충족하여야 한다. 다섯째, 권리행사기간에 있어서 해제권은 민법에서 하자담보책임을 제외하고 구체적인 규정을 두고 있지 않으나, 청약철회권은 비교적 단기인 7일(할부거래법 제8조 1항, 전자상거래소비자보호법 제17조 1항), 14일(방문판매법 제8조 1항 1호), 30일 또는 3개월(방문판매법 제8조 3항, 전자상거래소비자보호법 제17조 3항)로 규정을 두고 있다.

2. 청약철회권 행사 전 계약의 효력[150)]

입법자는 철회권 행사 전의 의사표시 내지 법률행위에 대하여 다양한 법률효과를 인정할 수 있다. 즉 철회권 행사 전 계약의 효력을 어떻게 인정할 것인가는 입법정책의 문제이다. 그 중에는 의사표시 통지 후 도달 전에 의사표시의 효력이 발생하지 않는 불성립모델도 있다(민법 제111조 제1항 참조). 그러나 철회권이 있다면 대부분의 경우 의사표시 내지 의사표시를 구성요소로 하는 법률행위는 성립하였으나, 아직 확정적 효력을 갖고 있지 않는 경우이다. 즉 철회권 행사 기간 내에 철회권을 행사하면 확정적 무효로 됨에 반하여 철회권 행사 없이 행사기간이 도과하게 되면 확정적 유효로 된다. 그러나 철회기간 내에 아직 철회 여부를 결정하지 않은 상태에서 의사표시 내지 법률행위는 유동적 상태에 놓이게 된다. 즉 무효인데 유효로 될 수 있거나, 아니면 유효인데 무효로 될 수 있는 상태이다. 전자가 '유동적 무효'이고 후자가 '유동적 유효'이다.[151)]

청약철회권의 행사기간 내 계약의 효력에 대하여 학설은 크게 유동적 무효설과 유동적 유효설로 나누어지고 있다.[152)] 결국 이 문제는 소비자계약은 이미 성립하였으나 아직 숙려기간이 도과하지 않은 경우에 소비자계약의 효력에 관한 문제이다.

유동적 무효설의 입장에서는 청약철회권이 인정되는 계약은 소비자에게 부여

150) 철회권 행사 전의 효력에 대한 상세는, 이병준, 현대 시민사회와 소비자계약법, 집문당, 2013, 392면-401면.

151) 이병준, 앞의 책, 393면.

152) 아예 법률행위가 완성되지 않아서 성립하지 않는다고 보는 견해도 있다. 최기원, 상법총칙·상행위, 제3신정판, 1997, 310면; Gernhuber, WM 1998, 1798ff.

된 숙려기간이 경과하여야 비로소 계약의 효력이 발생하기 때문에 행사기간 전까지는 유동적 무효상태에 있다고 한다. 유동적 무효는 유효사유(청약철회권 행사기간 내 청약철회권의 미행사)가 발생하기 전까지 무효이며, 이 기간이 경과한 후에 비로소 계약성립 당시로 소급하여 유효가 된다고 주장한다.[153)]

반면에 유동적 유효설[154)]에 따르면 청약철회권은 일반적인 해제권의 내용이 수정된 일종의 특수한 법정해제권이므로 철회기간 동안에도 계약은 유효하다고 한다. 다만 청약철회권을 행사하면 소급하여 무효가 된다는 것이다. 유동적 유효설에서 의사표시는 처음부터 효력을 발생한다. 그에 따라 계약당사자는 서로 이행을 청구할 수 있으며, 이행된 것은 법률상 원인이 있는 것으로 부당이득이 되지 않는다. 그러나 철회권을 유효하게 행사하면 자신의 의사표시의 구속으로부터 벗어남에 반하여, 철회권 행사 없이 철회기간이 도과하면 법률행위는 확정적으로 유효하게 된다.

유동적 무효설에 의하면, 사업자가 청약철회권의 행사기간 내에 소비자에게 대금을 청구하거나 수령하는 것 또는 소비자가 사업자에게 재화 등의 인도를 청구하거나 인도를 받은 것은 모두 법률상 원인 없이 청구 또는 수령한 것이다. 따라서 상대방의 청구에 대하여 타방은 이를 거절할 수 있으며, 수령한 경우에는 이를 부당이득으로서 반환하여야 한다.

하지만 전자상거래소비자보호법·방문판매법·할부거래법 등에서는 청약철회권의 기산점을 계약서를 송부 받은 날로부터 정하고 있으며, 청약을 한 날로부터 7일 이내 또는 선불식매매의 경우 대금수령일로부터 3영업일 이내에 재화 등의 인도에 필요한 조치를 취하도록 규정하고 있다. 따라서 사업자가 대금을 수령하거나 소비자가 재화 등을 수령한 것은 채무의 급부를 수령한 것이므로 모두 적법한 것이다. 그러므로 청약철회권행사기간 내의 소비자계약은 유효이며, 청약철회권의 행사로 인하여 비로소 소멸하기 때문에 '유동적 무효'가 아니라 '유동적 유효'라 할 수 있다. 다만 위에서 설명한 바와 같이 청약철회권은 법정해제권의 일종이 아니기 때문에 이러한 점에서 위의 유동적 유효설과는 다르다.[155)]

---

153) 윤주희, 전자거래의 적정화에 관한 법제연구, 한국법제연구원, 2001, 102-103면; 전삼현, 소비자보호법상 철회권, 사회과학연구 제14집, 숭실대학교, 1996, 57면.

154) 이승우, 전자거래 관련법상 철회의 법적 지위에 대한 고찰, 전자거래의 사법상의 문제점, 한국법제연구원, 2001.9., 67면; 하경효, 소비자보호법의 통합수용, 독일채권법의 현대화, 법문사, 2003, 144면.

양설의 구별실익은 무엇일까. 유동적 무효설에 따른다면 당사자는 숙려기간 동안에 상호 상대방의 이행청구를 할 수 없게 되므로 소비자는 사업자에게 상품이나 용역에 대한 이행청구권을 행사할 수 없게 되는 문제가 발생한다.

생각건대 유동적 무효설에 따른다면, 유동적 무효상태에서는 물권적 효력은 물론 채권적 효력도 발생하지 않으므로, 각 당사자는 상대방에 대하여 이행청구를 할 수 없게 된다.[156] 그러나 할부거래법이나 전자상거래소비자법 등에서는 청약철회권의 행사기간의 기산점을 계약서를 송부 받은 날 또는 재화를 수령한 날로 정하고 있고 사업자가 대금을 수령하거나 소비자가 재화 등을 수령한 것은 채무의 이행을 수령한 것으로서 적법한 것으로 보아야 한다. 따라서 유동적 유효설이 현재의 법제 하에서는 타당하다고 할 것이다.[157]

3. 외국의 청약철회권의 입법 형태

(1) 일본[158]

1) 서설

일본에서는 청약철회권에 대하여 소비자계약법, 특정 상거래에관한법률(이하 '특상법'이라 한다), 할부판매법 등 민사특별법에서 규정하고 있다. 그 중에서 특상법에서 이를 상세하고 있는데 특상법은 1976년 제정된 '방문판매등에관한법률'을 토대로 제정되었다. 특상법은 방문판매, 통신판매, 연쇄판매거래,[159] 전화권유판

155) 권오승, 앞의 책, 187면; 고형석, 앞의 책, 224면.

156) 대판 1995.1.4. 93다25875.

157) 고형석, 특수거래에 있어서 소비자의 청약철회권에 관한 연구, 민사법학 29호, 2005.9, 332면; 김대규, 소비자철회권의 통일적 규율방안에 관한 소고, 중앙법학 제6집 제3호, 2004, 334면; 이병준, 앞의 책, 396면.

158) 김도년, 앞의 논문, 58면 이하 참조.

159) '연쇄판매업'이란 물품(시설을 이용하거나 용역을 제공받을 권리를 포함한다)의 판매(그 알선을 포함한다) 또는 유상으로 하는 용역의 제공(그 알선을 포함한다) 사업으로서 판매의 목적물인 물품의 재판매(판매의 상대방이 상품을 매수하여 판매하는 것을 말한다), 수탁판매. 또는 알선을 하는 자 또는 같은 종류의 용역의 제공(또는 그 용역과 동일한 종류의 용역을 제공하는 것을 말한다) 또는 그 용역 제공의 알선을 하는 자를 특정이익(그 상품의 재판매, 위탁판매 또는 판매알선을 하는 다른 자 또는 같은 종류의 용역 제공 또는 그 용역 제공의 알선을 하는 다른 자가 제공하는 거래료 그 밖에 경제산업성령에서 정하는 요건에 해당하는이익의 전부 또는 일부를 말한다)을 수수하는 것으로 유인하고 그 자와 특정부담(그 상품의 구입 또는 용역 대가의 지불 또는 거래료의 제공을 말한다)을 수반하는 상품의 판매 또는 그

매, 특정계속적역무(서비스)제공, 업무제공판매 등을 규율하고 있다.

2) 특정상거래법상의 청약철회권

가) 특정상거래법상 청약철회권의 규율 배경 방문판매 및 전화권유판매 등의 특수한 상거래에서는 판매업자의 공격적인 권유방법에 의하여 소비자가 불리한 상황에서 계약을 체결하기 때문에, 계약의사가 불확정적인 상황에서 계약을 체결할 수밖에 없게 되고, 연쇄판매거래와 업무제공유인판매거래 및 특정계속적 역무제공은 계약내용이 복잡하고 유혹적이기 때문에 소비자가 정확한 내용을 파악하지 못하고 계약을 체결하기 쉽다.[160] 따라서 위와 같은 상황에서 소비자를 민법보다 좀 더 쉽게 구제하기 위해서 청약철회권을 규정하게 된 것이다.

나) 특정상거래법상 청약철회의 규율방식 특정상거래법에서는 각 거래형태별로 거래 상대방이 일방적으로 계약을 해소할 수 있는 권리를 인정하고 있지만, 그 권리는 거래형태별로 상이하다. 철회권의 대상이 되는 거래형태는 방문판매, 전화권유판매, 통신판매, 연쇄판매거래, 특정계속적 용역제공, 업무제공유인판매거래 등의 6가지이다. 먼저, 방문판매·전화권유판매·통신판매 및 방문구입의 경우에는 청약의 철회 또는 계약의 해제를 규정하고 있다(동법 제9조, 제15조의 3, 제24조 및 제58조의14). 반면에 연쇄판매거래, 특정계속적 용역제공계약 및 업무제공유인판매거래에서는 해제권을 규정하고 있다. 이러한 계약해소에 관한 권리를 규정하고 있는 규정들은 모두 편면적 강행규정에 해당하지만, 통신판매에 관한 규정만 임의규정에 해당한다. 따라서 통신판매에서 사업자가 청약철회등을 부정한 경우에 소비자는 청약철회등을 할 수 없다(특정상거래법 제15조의2).

3) 특정상거래법상 청약철회권의 행사요건과 방식

한편 특상법상 청약철회권이 적용되기 위해서는 특상법상의 거래유형일 뿐만 아니라, 특상법상 규정하고 있는 상품과 서비스이어야 한다. 이에 대하여 특상법상 정령(우리나라의 시행령)에서는 상품과 서비스 그리고 지정권리라고 규정하고 있고, 지정권리란 시설을 이용하거나 서비스의 제공을 받을 수 있는 권리 중에서, 국민의 일상생활에 관계있는 거래에 있어서 판매되는 것으로 정령에서 정하고 있는 것

알선 또는 같은 종류의 용역 제공 또는 그 용역 제공의 알선에 관한 거래를 하는 것을 말한다(특상법 제33조).

160) 김도년, 앞의 논문, 59면.

을 말한다. 한편 개별적인 상품이나 서비스에 특상법을 적용하는 것이 타당하지 않은 경우, 예를 들어 다른 법률에 의해서 소비자피해를 일으키는 부당한 권유와 판매행위에 대처가 가능한 경우나 상품의 성질상 청약철회권의 행사가 적합하지 않은 경우 위 법의 적용이 배제된다.

철회기간은 방문판매, 전화권유판매, 특정계속적서비스제공은 법정의 계약서면 교부일로부터 8일간이다.[161] 통신판매의 경우 상품의 인도 또는 지정권리의 이전시점부터 8일간이다. 연쇄판매거래와 용역제공유인판매거래는 20일간이다(동법 제40조). 만약 계약서면의 교부가 없는 경우나, 서면의 기재가 불비한 경우 및 허위의 기재가 있는 경우는 법정서면을 교부한 경우가 아닌 것이기 때문에 청약철회권 기간이 진행하지 않고, 언제까지나 청약철회권을 행사할 수 있다.

한편 사업자가 부실한 고지 및 강박행위에 의한 청약철회권의 행사를 방해한 경우에는, 계약해제가 가능하다고 기재한 서면을 새로 교부하거나 또는 청약철회권이 가능하다고 소비자에게 설명할 의무를 부과한 날로부터 8일간 또는 20일 이내에 청약철회권의 행사가 가능하다. 그 외 방문판매에 한하여 소비자가 통상필요의 양을 현저하게 넘는 상품(또는 지정권리)를 구입하는 계약을 체결한 경우 계약체결 후 1년간은 청약철회권 또는 계약해지를 할 수 있다(특상법 제9조의 2).

청약철회권은 철회이유를 요건으로 하지 않지만, 서면에 의해서 통지할 것을 정하고 있다. 그 효력은 청약철회권에 관한 서면을 발송한 시점에 발생한다(동법 제9조 제2항)고 하여 발신주의를 택하고 있다.

4) 특상법상 청약철회권의 행사 효과[162]

청약철회의 효과로는 계약은 소급적으로 무효가 되어 원칙적으로 부당이득반환의 법리가 적용된다. 따라서 사업자는 소비자로부터 받은 반대급부를 반환하고, 소비자는 사업자에 대하여 받은 물건을 현상 그대로 인도할 의무가 있다. 만일 사업자가 서비스를 제공하고 금전을 수령한 때에는 청약철회한 소비자에 대하여 이를 신속히 반환해야 한다(특상법 제9조 6항). 그렇지만 소비자가 서비스제공사업자

161) 특정상거래법에서는 8일 이내에 서면으로 청약을 철회하거나 계약을 해제할 수 있다고 규정하고 있다(동법 제9조, 제24조). 계약이 체결되기 전에는 청약의 철회로, 계약이 체결된 후에는 계약의 해제로 그 시기에 따라 구분하여 해석하고 있다. 大村敦志, 消費者法, 有斐閣, 2007, 84面.

162) 김도년, 앞의 논문, 61면 이하 참조.

또는 지정권리의 판매업자와 맺은 서비스제공계약 또는 지정권리의 매매계약에 따라서 제공받은 서비스 또는 당해 권리행사에 의해 시설의 이용 및 서비스 등이 제공된 경우에, 사업자는 관계된 서비스의 대가 그 밖의 금전 또는 당해 권리행사에 의해 얻어진 이익에 상당하는 금전의 지불을 소비자에게 청구할 수 없다(특상법 제9조 5항).

소비자가 청약철회권을 행사한 경우에는 상품의 인도 및 권리의 이전이 이미 이루어진 경우, 그 반환에 필요한 비용은 모두 판매업자가 부담한다(특상법 제9조 4항). 다만 통신판매의 경우에는 소비자가 부담하는데, 광고 등에서 특약이 있는 경우에는 특약에 의한다(특상법 제15조2 2항). 그리고 서비스제공계약 또는 당해 지정권리에 관계된 서비스의 제공에 동반하여 소비자의 토지 또는 건물 그 밖의 공작물의 현재의 상태가 변경된 때에는, 소비자는 청약철회권 행사로써 당해 서비스제공사업자 또는 당해 지정권리의 판매업자에게 그 원상회복에 필요한 조치를 무상으로 강구하도록 청구할 수 있다(특정상거래법 제9조 7항).

5) 소결

일본은 하나의 특정상거래법률에서 청약철회권에 관하여 특정상거래 6가지 거래유형을 모두 포괄하여 규정하고 있다는 점에서 장점이 있다. 청약철회권을 행사한 경우 반환비용을 사업자에게 부담시킴으로써 반환을 용이하게 할 뿐만 아니라 소비자의 사용이익에 대하여도 사업자가 소비자에게 청구하지 못하도록 규정함으로써 소비자의 권리를 강화하였다.

(2) 독일

1) 서설

독일민법에서 소비자의 철회권은 상대적으로 최근에 나타난 법적 권리이다. 연혁적으로 1976년 유럽연합지침을 독일 국내법상의 관련 소비자보호법률에 반영하기 시작하면서부터라 볼 수 있다[163]. 그 후 2000년 제정된 독일 「통신판매법」에는 「유럽연합통신판매지침97/7EG」 제6조에 따른 소비자철회권을 규정함과 동시에, 새로운 소비자철회권과 난맥상을 보이던 소비자사법상의 기존 철회권을 아우르는 일반조항이 민법에 신설되었다. 2002년 「채권법현대화법률」에 의한 채

163) 김대규, 유럽사법재판소의 '하이닝어'판정과 소비자철회권에 관한 독일민법의 개정, 비교사법 10권 2호, 256면 참조.

권법이 개정될 때에도 새로운 민법 체계에 맞추어 소비자철회권 관련조항들이 다듬어진 바 있다.[164] 이처럼 독일의 소비자계약은 특수한 거래행위를 규율하는 민사특별법 형태로 존재하다가 민법의 개정을 통해서 민법전으로 편입되었다.

독일민법은 개별적인 특수거래행위에서 공통적으로 문제되는 소비자계약에서의 철회권을 해제권에 관한 규정(제346조 내지 제354조) 바로 다음 채권편 제5절 제2관에 규정하고 있다. 특히 제355조에서 철회권(독일민법 제355조 제1항·제2항)[165]과 철회의 효과(즉 소비자가 한 의사표시의 구속력의 소멸, 제3항)와 행사방식 등을 규정하고 있는데, 철회권에 관한 일반적이고 통일된 조항을 마련하여 규율하였다는 특색이 있다. 또한 기존의 민사특별법에서 있던 독자적인 조항들을 제2관에서 방문판매(독일민법 제312조의b), 통신판매계약(독일민법 제312조c), 통신판매에서 정보제공의무(독일민법 제312조d), 방문판매 및 통신판매계약의 철회권(독일민법 제312조의g)[166], 전자거래의 사업자의 의무(독일민법 제312조i 및 j) 등으로 규정하고 있다.

기존의 독일 소비자보호법률들이 철회권 행사 전 계약의 효력을 유동적 무효로 보았던 것과 달리 현행 독일 민법은 철회권을 행사하기 전 계약을 유동적 유효로 구성하고 있다.

2) 청약철회권의 민법상 규정

가) 철회권의 규정[167] 독일 민법에서 철회권은 소비자계약의 총론적 부분에서 규정되어 있고, 계약의 해제와 동일한 제5절(Titel) 아래에서 단일한 체계로 구성하여 체계적으로 규정되어 있다. 또한 종전의 철회권 행사효과에 대해 해제의 효과 부분을 준용하는 내용을 삭제하고 철회권 부분에 규정된 내용만으로 독립적으로 해결할 수 있도록 규정을 완비하였다. 바꾸어 말하면, 민법전에 소비자계약에 대한 내용으로 통합하여 규정하였고, 계약의 종류에 따라 철회권

164) 김대규, 앞의 논문, 256면.

165) 제355조[소비자계약에서의 철회권] ① 법률에 의하여 소비자가 본조의 규정에 따르는 철회권을 가지는 경우에, 그가 계약체결을 위하여 행한 의사표시를 적기에 철회한 때에는, 그는 그 의사표시에 구속되지 아니한다. 철회에는 이유를 붙일 것을 요하지 아니하며, 철회는 2주 내에 사업자에 대하여 문면방식으로 또는 물건을 반송함으로써 표시되어야 한다; 기간을 준수함에는 적시의 발송으로 족하다. 양창수, 앞의 책, 191면.

166) 제312조의d [통신판매계약에서의 철회권 및 반환권] ① 통신판매에서 소비자는 제355조에 의한 철회권을 가진다. 물품의 인도에 관한 계약에서는 소비자는 철회권에 갈음하여 제356조에 의한 반환권을 가질 수 있다.

167) 김도년, 앞의 논문, 64면 이하 참조.

의 행사에 관련한 내용들을 세분화하여 규율하고 있다.[168)]

제355조에서 소비자계약에서의 철회권을 규정하고 있다.[169)] 즉 법률에 의하여 소비자에게 본조의 규정에 따라 철회권이 부여되는 경우에 그가 계약 체결을 내용으로 하는 그의 의사표시를 적기에 철회한 때에는 소비자와 사업자는 그 의사표시에 더 이상 구속되지 아니한다(제1항 제1문). 제355조는 소비자계약에서 철회권에 관한 일반규정의 성격을 지니고 있다. 더 나아가 방문판매와 통신판매에서의 철회권(제312조의g 및 제356조), 일시주거권계약, 장기의 휴가우대상품에 관한 계약, 중개계약 및 교환시스템계약에서의 철회권(제356조의a), 소비자소비대차계약에서의 철회권(제356조의b), 분할공급계약에서의 철회권(제356조의c), 무이자소비대차계약 및 무상의 자금융통원조에서의 소비자의 철회권(제356조의d), 소비자건축계약에서의 철회권(제356조의e)에 대하여 각각 규정하고 있다.

나) 적용범위　방문판매와 통신판매계약의 경우 원칙적으로 철회권을 갖지만 철회권의 발생이 인정되지 않는 경우가 있다(제312조의g 제2항). 즉 ① 미리 완성되지 아니한 것으로서 그 제조에 소비자의 개별적인 선택 또는 결정이 요청되거나 명백히 소비자의 개인적인 필요 충족을 위한 물품의 인도에 관한 계약, ② 조기에 변질될 수 있거나 보존기간이 조기에 경과하는 물품의 인도에 관한 계약, ③ 밀봉된 것으로서 건강 보호상 또는 위생상 이유로 반환이 적합하지 아니한 물품의 인도에 관한 계약으로서 밀봉이 인도 후에 풀린 경우, ④ 그 성상으로 말미암아 인도 후 다른 물품과 혼합된 물품의 인도에 관한 계약, ⑤ 계약 체결 시에 가격이 합의되었으나 빨라도 계약 체결 후 30일이 경과하여야 인도될 수 있고 그 실제의 가치

168) 독일민법상 철회권의 소개 문헌으로는, 이재호, 소비자법상 철회권 행사기간과 그 기산-독일과 한국의 비교를 중심으로-, 법학논고 제63집, 경북대학교 법학연구소, 2018.10, 205면 이하 참조.

169) 제355조 [소비자계약에서의 철회권] ① 법률에 의하여 소비자가 본조의 규정에 따르는 철회권을 가지는 경우에, 그가 계약체결을 위하여 행한 의사표시를 적기에 철회한 때에는, 그와 사업자는 그 의사표시에 구속되지 아니한다. 철회는 사업자에 대한 의사표시로 행하여진다. 그 표시로부터 소비자의 계약 철회의 결정이 명확하게 드러나야 한다. 철회에는 어떠한 이유를 붙일 수 없다. 기간 내에 철회 의사표시를 발신하면 충분하다. ② 철회기간은 14일이다. 그 기간은 달리 정하여지지 아니한 한 계약 체결 시로부터 개시한다. ③ 철회의 경우에는 수령된 급부가 지체 없이 반환되어야 한다. 법률에서 반환에 대하여 최장기간이 정하여진 경우에는 그 기간은 사업자에게는 철회의 의사표시가 도달한 때로부터, 소비자에게는 그 의사표시가 행하여진 때로부터 개시한다. 소비자가 물품을 적시에 발송함으로써 이 기간은 준수된다. 사업자는 철회에서 물품 반송의 위험을 부담한다.

가 사업자가 영향을 미칠 수 없는 시장의 변동에 달려 있는 알콜음료의 인도에 관한 계약, ⑥ 밀봉된 상태의 음향카세트, 비디오카세트 또는 컴퓨터소프트웨어의 인도에 관한 계약으로서 밀봉이 인도 후에 풀린 경우, ⑦ 신문 잡지 또는 화보잡지의 인도에 관한 계약으로서 예약구독계약을 제외한 것, ⑧ 가격이 사업자가 영향을 미칠 수 없는 금융시장의 변동에 달려있는 것으로서 철회기간 안에 실행될 수 있는 물품의 인도 또는 금융서비스를 포함하여 용역, 특히 주식, 자본투자법 제1조 제4항에서 정하는 공개투자자산에의 지분 또는 기타의 유통가능한 유가증권, 외국환, 금융파생상품이나 금융시장증권과 관련한 용역의 제공에 관한 계약, ⑨ 계약에서 특정한 날짜 또는 이행기간이 정해져 있는 경우, 주거용 이외의 숙박시설분야, 상품의 운송, 자동차 렌탈 서비스, 식품과 음료의 배달 또는 레저활동과 관련된 서비스를 제공하기로 한 계약, ⑩ 상품이나 용역이 사업자에 의해 개인적으로 경매에 참가하거나 참가할 가능성이 주어진 소비자에게 제공된 경우이거나 성공적인 입찰자가 상품과 용역을 구입할 의무가 있는 경우 판매방식의 일환으로 체결된 계약(공경매), ⑪ 소비자가 구체적으로 긴급한 수리나 유지보수를 위한 목적으로 사업자의 방문을 요청하는 경우; 다만 그러한 방문의 경우에 제공되는, 소비자가 구체적으로 요구하지 않은 추가적 서비스, 유지보수의 이행시 혹은 수선을 할 때 교체부품으로서 제공되는, 절대적으로 필요하지 않은 재화에 대해서는 적용되지 않는다. ⑫ 소비자가 계약의 의사표시를 전화로 하거나 혹은 계약영업장소 외 계약이 아닌 베팅서비스와 복권서비스의 제공계약, ⑬ 공증된 계약.

다) 청약철회권의 요건과 행사기간[170] 독일 민법 제355조에서 철회권을 규정하고 있다. 그런데 이와 같은 철회권에 관한 규정은 독자적인 발생요건을 규정하고 있는 것이 아니라, 법률의 규정에 의하여 소비자 계약유형(방문판매 및 통신판매-제312조의b, 일시거주계약-제481조, 소비자소비대차계약과 할부거래- 제495조 제1항, 분할공급계약-510조)으로서 그 성립이 인정되는 경우에만 적용된다.

철회의 의사는 사업자에 대한 표시로 행하여져야 하고, 그 표시로부터 소비자의 계약철회의 결단이 명백하게 드러나야 한다. 철회에는 어떠한 이유가 요구되지 않는다. 다시 말하면 철회권을 행사하는 경우, 그 철회사유를 제시할 필요가 없다는 의미이다. 기간의 준수와 관련하여서는 적시에 발송하면 된다(제355조). 일시주

170) 김도년, 앞의 논문, 65면 이하 참조.

거권계약, 장기의 휴가우대상품에 관한 계약, 중개계약 및 교환시스템계약에서의 철회는 문면방식으로 표시되어야 한다(제356조의a 제1항).

철회권은 소비자가 계약의 효력에 대하여 진지하게 고려할 수 있는 가능성이 존재한다는 인식이 있을 때 그 목적이 달성되는 것으로, 사업자는 소비자에 대하여 철회권 행사와 관련한 일정한 정보를 제공할 의무를 부담한다. 철회기간이 기산되기 위해서는 서면으로 철회권에 관한 존재에 대하여 명확하게 통지되어야 하고 이 통지는 사용하고 있는 통신수단에 의해서 적법하게 이루어져야 한다. 철회의 의사표시로 인정되는 문서방식은 서면을 비롯하여 전자우편, 팩스 등의 전자문서방식(제126조의 b)도 포함한다. 그러나 전화를 하거나 음성사서함의 녹음 등과 같은 구두의 표시는 철회로 인정되지 않는다.[171]

통지의 내용에는 다른 요건이 없어도 철회권이 존재한다는 사실, 철회권의 행사대상인 자의 이름과 주소, 14일의 행사기간과 기간개시 시점, 철회의 의사표시가 문서로 이루어지거나 물건의 반송을 통하여 이루어질 수 있다는 사실, 발송만으로 철회기간을 지킬 수 있다는 사실 등을 기재하여야 한다.

철회권의 행사기간은 14일이다. 그 기간은 달리 정하여지지 아니하는 한 계약체결 시로부터 개시한다(제355조). 이러한 기간은 계약 당사자의 합의로 연장될 수 있다.[172] 그 기간을 연장하더라도 소비자에게 불리하지 않기 때문이다. 독일 민법 제355조에 의하여 모든 소비자계약에 대하여 우리나라와 달리 철회기간이 14일로 통일되어 있다. 그런데 이와 같은 철회권에 관한 존재의 통지는 계약체결 이전에 이루어져야 소비자에게 14일의 철회기간이 적용된다. 철회의 의사표시는 철회기간 내에 발송만 하면 되므로 도달지연위험은 사업자가 부담하는 반면(제355조 제3항), 철회의 의사표시는 상대방 있는 의사표시로서 상대방에게 도달해야 효력이 발생하므로 도달위험은 소비자가 부담한다.[173]

철회의 기간엄수를 위하여 제355조 제5항에서는 철회의 의사가 담긴 서면 또는 다른 형태의 영구적 저장매체에 표현된 철회의 의사를 송부한 날짜가 기준이 된다.

---

171) 김도년, 앞의 논문, 65면.

172) Christian Grüneberg, § 355 BGB Palandt Kommentar 2015, Rn. 9; 그에 관한 판례로 "BGH NJW-PR" 2009, S. 709. Rn. 17. 또한 독일에서의 철회권 규정(제355조)도 역시 편면적 강행규정성(halbzwingender Natur)을 가지는 것으로 본다. Jörn Fritsche, Münchener Kommentar zum BGB § 355, 7. Auflage 2016, Rn. 5.

173) 하경효, 소비자보호법의 통합수용, 독일 채권법의 현대화, 2003, 145쪽.

사업자측에서 본다면 해당 의사가 도달된 순간부터 철회권 행사의 효과가 유효하게 된다는 것은 이와 모순되지 않는 것으로 해석 한다.[174]

독일 민법은 장기의 철회권 행사기간을 인정하고 있는데, 제356조 제3항 제2문, 제356조a 제3항 그리고 제356조c 제2항에 의한 12개월 14일로 철회권 행사기간을 제한하는 내용은 기존의 연방대법원을 통해 인정되었던 무기한의 철회권 행사기간을 허용한 것에 비하여 소비자의 권리를 일정하게 제한하는 효과를 가지게 되었다.

라) 철회권 행사기간의 기산　　철회권 행사를 위한 기간시점은 각각 계약의 체결, 소비자계약 유형에 따른 규정에 좇은 정보의 제공, 소비자의 계약문서 또는 물건의 수령 등과 밀접하게 관련되어 있다. 소비재매매에서는 소비자 또는 그에 의하여 지정된 제3자로서 화물운송인이 아닌 사람이 물품을 수취한 때, 소비자가 하나의 주문에서 여러 물품을 주문하여 물품이 분할되어 인도되는 경우에는 최종의 물품을 수취한 때, 물품이 여러 번의 부분발송으로 또는 여러 개로 나뉘어 인도되는 경우에는 최종의 부분발송품 또는 최종 물품을 수취한 때, 확정된 기간 동안 물품을 정기적으로 인도하는 경우에는 최초의 물품을 수취한 때이다(제356조 제2항 1호).

또한 물, 가스 또는 전기를 그 한정된 양 또는 일정한 수량에 제한되지 아니하고 공급하는 것, 원격난방을 공급하는 것 또는 유체적 자료저장장치에 있는 것이 아닌 디지털자료를 공급하는 것을 내용으로 하는 계약에서는 계약 체결과 동시에(동조 2항 2호)이다. 또한 계약 이후에 소비자에게 사업자가 철회권에 관한 관련 규정(민법시행법17) Art. 246조b 제1조 제2항 또는 제2조 제1항) 이 요구하는 바에 따라 소비자에게 정보를 제공하기 전에는 개시하지 아니한다. 이처럼 행사기간의 기산시점과 관련하여 사업자가 소비자에게 제공하여야 할 필수적인 정보를 제공하는 것(제356조의a 제3항)과 철회권에 관한 정보의 고지(제356조의c)-즉 철회권에 관한 정보를 제공하지 않은 경우 그 정보가 추완될 때까지- 등이 권리의 행사기간의 기산 시점과 연결하고 있는 점이 특색이다. 철회기간의 개시가 다투어지는 때에는 사업자가 입증책임을 진다(제361조 제3항).

마) 청약철회권의 효과[175]　　독일 민법은 청약철회의 효과에 대하여 제355조 제3항에서 일반적으로 규정하고, 소비자계약의 유형에 따라 각각 개별적으로 규정

174) Fritsche, Jörn, Münchener Kommentar zum BGB § 355, 7. Auflage 2016, Rn. 48.

175) 김도년, 앞의 논문 66면 이하 참조.

하고 있다. 종전에는 독일 민법상 철회권의 효력은 법정해제권에 관한 규정을 준용하도록 하고 그에 대한 일부예외 규정을 통하여 규율하였으나 이제 해제와 청약철회의 효과를 독립 분리하여 규정하고 있다.

제355조 제3항에 의하면, 철회가 되면 수령된 급부는 지체 없이 반환되어야 하고, 법률에서 반환에 대하여 최장기간이 정하여진 경우 그 기간은 사업자에게는 철회의 의사효시가 도달한 때로부터, 소비자에게는 그 의사표시가 행하여진 때로부터 개시한다. 그 기간은 소비자가 물품을 적시에 발송함으로써 준수되고, 사업자가 철회에서 물품 반송의 위험을 부담하게 된다.

먼저 방문판매와 통신판매에서는, 반환지급에서 사업자는 소비자가 지급을 위하여 사용한 것과 같은 지급수단을 사용하여야 한다. 다만 명시적으로 다른 약정이 있고 또한 소비자에게 이로 인하여 비용이 들지 않는 경우에는 적용되지 아니한다(제357조 제3항). 사업자는 그가 물품을 반환받는 때 또는 소비자가 자신이 물품을 송부하였음을 증명하는 때까지 반환지급을 거절할 수 있다. 다만 사업자가 물품을 가지러 갈 것을 제안한 경우에는 그러하지 아니한다(제4항). 소비자는 사업자가 물품을 가지러 올 것을 제안한 경우에는 수령한 물품을 반송할 의무를 지지 아니한다(제5항). 소비자는 일정한 경우, 즉 사업자가 소비자에게 그 의무에 관하여 고지한 경우에는 물품 반송의 직접 비용을 부담한다. 영업장소 밖에서 체결된 계약에서 물품이 계약 체결시에 소비자의 주거로 공급되었던 경우에 물품이 우편으로 반송될 수 없는 성질의 것인 때에는 사업자는 물품을 자신의 비용으로 가지고 와야 할 의무를 진다(제6항).

사업자는 소비자가 지급하였을 수 있는 공급비용도 반환하여야 한다. 다만 소비자가 사업자가 제안한, 보다 유리한 표준적 공급방식과는 다른 방식을 선택함으로써 소비자에게 추가적인 비용이 든 경우에는 그럴 필요가 없다(제357조 제2항). 소비자는 일정한 경우 물품의 가치 감손에 대한 가액배상을 하여야 한다(제7항). 소비자는 서비스의 제공에 관한 계약, 또는 물·가스나 전기를 그 한정된 양 또는 일정한 수량에 제한되지 아니하고 공급하는 것, 원격난방을 공급하는 것을 내용으로 하는 계약을 철회한 경우에는 소비자는 철회시까지 행한 급부에 대하여 가액배상을 하여야 한다(제8항). 그러나 소비자가 유체적 자료보관 장치가 아닌 것에 있는 디지털자료에 관한 계약을 체결한 경우에는 가액배상을 하지 않아도 된다(제9항).

분할공급계약의 철회에서 소비자는 원물반환의무가 있으나 반환비용은 사업자가 부담하는 것으로 규정하고 있다. 분할공급계약에서 소비자는 받은 물건의 반송의 직접 비용을 부담한다(제357조의c)

소비자가 원물의 반환이 불가능한 경우에는 원칙적으로 가액반환을 해야 하지만, 수령한 목적물을 용도에 좇은 사용에 의하여 훼손된 경우에는 가액반환의무가 없는 것이 원칙이다(독일민법 제346조 제2항 1문 제3호). 그러나 사업자가 늦어도 계약체결 시까지 소비자에게 문면방식으로(in Textform) 이 법률효과와 이를 피할 수 있는 가능성에 대하여 지적받은 때에는, 소비자가 목적물을 용도에 좇은 사용을 하더라도 가액상환을 해야 한다. 이러한 가액배상은 소비자건축계약에서 철회시까지 행하여진 급부가 그 성질상 원상대로 변환될 수 없는 경우에도 소비자가 사업자에게 부담한다(제357조의d). 위의 경우 가액상환액은 약정된 보수가 기초가 되고, 약정된 보수가 과도하게 높은 경우에는 가액상환액은 행하여진 급부의 시장가격을 기초로 하여 산정되어야 한다. 금융서비스계약은 철회 시 받은 급부를 늦어도 30일 후에 반환하여야 한다는 특칙을 두고 있다(제357조의a).

소비자가 청약철회권을 행사한 경우, 사업자와 소비자는 각각 사용이익을 반환해야 한다(제346조 제1항). 소비자는 원물반환의무가 있으나 반환비용은 사업자가 부담하여야 한다.

마) 철회권행사로 인한 결합계약의 효력 소비자계약과 다른 계약이 결합되어 체결된 경우, 예컨대 물건을 사는 매매계약을 체결하면서 소비자가 매매대금을 금전소비대차계약을 체결하여 마련한 경우, 소비자가 소비자계약을 철회한 경우에 그와 연관되어 체결된 금전소비대차계약도 철회의 효과가 미쳐야 소비자보호에 만전을 기할 수 있게 된다. 이를 위하여 독일민법은 소비자가 물품의 인도 또는 용역서비스에 관한 계약을 소비자가 유효하게 철회한 경우에 이 계약과 결합하여 체결된 금전소비대차계약도 철회된 것으로 보아 소비자는 이 계약에 더 이상 구속되지 않는다(제358조 제1항). 또한 소비자계약에 결합되어 체결된 금전소비대차계약을 철회한 경우에 소비자계약도 철회한 것으로 본다(제358조 제2항 1문). 한편 소비자가 물품인도나 용역서비스제공에 관한 계약상의 항변권이 있는 경우에는 결합된 금전소비대차계약에 따른 차용금의 반환을 거절할 수 있는 항변권을 갖는다(제359조 제1항). 그러나 소비대차계약을 통해 융통된 자금의 액수가 200유로 이하이거나, 자금조달수단을 취득하기 위한 자금을 공여할 목적으로 체결된 소비대차계약에는 위의 반환거절권은 인정되지 않는다(제359조 제2항).

바) 철회권의 소멸 철회권은 요건을 충족하여 발생하더라도 철회기간이 도과하면 소멸하게 된다. 따라서 철회권의 소멸은 철회기간의 개시와 밀접한 관련이 있다. 철회기간의 기산에 대해서는 앞에서 이미 설명하였다. 일반적으로 물품의 인도의 경우에는 그 기간은 물건의 수취, 즉 물건이 수령자에게 도달하기 전에는 개시되지 아니한다(제356조 제2항 1호 a). 소비자가 그의 철회권에 대하여 적법하게 고지를 받지 못한 경우, 또한 금융서비스에 대한 통신판매계약에 있어서는 사업자가 제312조의c 제2항 제1호에 의한 통지의무를 제대로 이행하지 못한 경우에도 철회권은 소멸하지 아니한다(독일민법 제355조 제3항). 다만 사업자와 이익과 관련하여 영업장소 밖에서 체결된 계약 및 통신판매계약에서의 철회권은 늦어도 제356조 제2항 또는 제355조 제2항 제2문에서 정하여진 시기로부터 12개월 14일 후에는 소멸한다는 규정을 두고 있다(제356조 제3항 2문). 결과적으로 독일민법 제355조 제3항 1문의 규정은 물품의 인도 및 금융서비스 이외의 급부의 이행에 관한 계약에만 적용된다.

4. 우리나라의 청약철회권

(1) 청약철회권 규정

소비자계약에서 소비자의 가장 중요한 권리 중의 하나가 청약철회권이다. 사업자가 판매를 증진시키기 위하여 종전의 판매방식을 벗어나 새로운 판매방식을 도입하면서 소비자보호를 위하여 비록 민법상으로는 '청약의 구속력'을 인정하고 있지만 이러한 특수한 거래영역에서는 예외로서 청약의 철회권을 인정할 실익이 있게 되었다. 우리나라에서는 청약철회권에 대하여 민법에서는 인정하지 않고, 소비자보호가 요구되는 소비자거래 특별법에서 각각 개별적으로 규정하고 있다. 인정되는 거래로는 할부거래(할부거래법), 방문판매, 전화권유판매, 다단계판매 및 후원방문판매(방문판매법), 전자상거래, 통신판매(전자상거래등 소비자보호에 관한 법률), 금융소비자거래(금융소비자보호법) 등이다. 그 밖에 콘텐츠산업진흥법에서도 이용자에게 전자상거래소비자보호법의 청약철회 규정을 준용하여 청약철회권을 인정하고 있다.

(2) 청약철회권 발생요건과 배제사유

1) 청약철회권의 발생요건

청약철회권을 인정하는 이유는 소비자로 하여금 별도의 제한 없이 사업자의 채무불이행의 경우뿐만 아니라 소비자의 단순 구매의사 변경의 경우에도 계약의 구속력으로부터 벗어나게 하는데 있다. 따라서 원칙적으로 청약철회권의 발생요건에 대하여는 제한이 없다. 할부거래가 대표적이다. 할부계약은 후불식할부계약와 선불식할부계약으로 나눌 수 있고, 또한 직접할부계약과 간접할부계약을 나뉘어진다(할부계약의 상세는 후술). 한편 할부거래법은 후불식할부계약의 경우 직접할부계약 및 간접할부계약에 대하여 모두 규율하고 있으나 선불식할부계약의 경우 직접할부계약만을 규율대상으로 삼고 있다. 청약철회권의 발생요건과 관련하여 다른 특수거래에서 일정한 경우에 발생요건을 부가하는 경우가 있다.

먼저 할부거래에 대하여 소비자는 아무런 제한 없이 청약철회권을 행사할 수 있다. 즉, 소비자의 개인적인 구매의사 변경뿐만 아니라 사업자의 의무위반에 대하여도 청약철회권을 행사할 수 있다. 또한 청약철회권이 부정되는 경우에는 사용한 경우이거나 소비한 경우이기 때문에 아직 사용하기 전이나 소비하지 전이라면 당해 거래에 대하여도 청약철회권을 행사할 수 있다(동법 제8조 2항 2호의 반대해석). 이와 같이 소비자가 합리적으로 구매의사를 결정하지 않고 행한 충동적인 청약에 대하여도 청약철회권을 인정하고자 요건에 어떠한 제한을 가하지 않았다. 할부거래법에서는 전자상거래소비자보호법과 달리 소비자의 구매의사변경과 사업자의 책임 있는 사유에 의한 청약철회권에 대하여 별도로 요건과 효과를 구분하지 않고 동일하게 규율하고 있다.

방문판매 또는 전화권유판매로 인하여 재화 등을 구입한 경우에 청약철회권의 발생요건은 소비자의 개인적 구매의사변경에 따른 청약철회권과 사업자의 의무위반에 따른 청약철회권으로 구분된다. 전자의 발생요건은 제한이 없으므로 소비자의 단순한 구매의사의 변경을 비롯하여 사업자의 단순한 의무위반의 경우에도 청약철회권은 발생한다. 후자의 발생요건은 인도된 재화 등의 내용이 표시·광고의 내용과 다르거나 계약내용과 다르게 이행된 경우이며, 소비자의 개인적 구매의사변경에 따른 청약철회권의 발생이 배제되는 경우에도 동 발생요건을 충족한 경우에는 청약철회권이 발생한다(방문판매법 제8조 제3항).

다단계판매에서 청약철회권의 주체는 소비자와 다단계판매원으로 구분되며, 발생요건도 각 주체에 따라 구별된다. 먼저 소비자의 청약철회권 발생요건은 방문판매와 동일하다(방문판매법 제17조 제1항 본문). 다만 소비자가 다단계판매원과 재화 등의 구매에 관한 계약을 체결한 경우 그 소비자는 다단계판매원에 대하여 우선적으로 청약철회 등을 하고, 다단계판매원의 소재 불명 등으로 다단계판매원에 대하여 청약철회 등을 하는 것이 어려운 경우에만 그 재화 등을 공급한 다단계판매업자에 대하여 청약철회 등을 할 수 있다(동법 제17조 제1항).

다단계판매원의 청약철회권 발생요건은 할부거래법과 동일하게 단일의 발생요건형태를 취하고 있다. 따라서 다단계판매업자의 채무불이행뿐만 아니라 다단계판매원의 단순한 구매의사변경에도 청약철회권이 발생한다. 다단계판매원은 계약을 체결한 날부터 3개월 이내에 서면으로 그 계약에 관한 청약철회등을 할 수 있다(동법 제17조 제2항).

통신판매와 전자상거래로 인하여 재화 등을 구입한 경우에 청약철회권의 발생요건은 소비자의 개인적 구매의사변경에 따른 경우와 사업자의 의무위반의 경우로 구분되며, 구체적인 발생요건은 방문판매법상 방문판매와 동일하다(전자상거래소비자법 제17조).

콘텐츠산업진흥법에서도 제27조에서 이용자에게 청약철회권을 인정하고 있는데, 전자상거래소비자보호법의 청약철회에 관한 규정을 준용하도록 하고 있다(제27조 제2항). 동법에서는 소비자 또는 이용자라는 용어 대신에 이용자라는 용어를 사용하고 있다.[176] 따라서 소비자 이외의 자인 이용자에게도 청약철회권 행사를 확장하고 있다. 이 점에서 다른 거래와 차이점을 보이고 있다. 특히 동법에서는 청약철회적용제한 사실을 표시하도록 하고 있다. 즉, 전자상거래소비자보호법 제17조 제2항(같은 항 각 호 외의 부분 단서 제외)에 따라 청약철회 및 계약의 해제가 불가능한 콘텐츠의 경우에는 콘텐츠제작자는 그 사실을 콘텐츠 또는 그 포장에 표시하거나 시용(試用)상품을 제공하거나 콘텐츠의 한시적 또는 일부 이용이 가능하도록 하는 방법으로 청약철회 및 계약의 해제의 권리행사가 방해받지 아니하도록 조치하여야 한다. 다만, 그 조치를 하지 아니한 경우에는 이용자의 청약철회 및 계약의 해제는 제한되지 아니한다(제27조 제1항).

2) 소비자보호를 위한 특별법의 적용이 부정되는 경우

특수한 거래를 통하여 재화 등의 매매계약을 체결하였더라도 소비자보호를 위

---

176) 종전 온라인디지털콘텐츠산업발전법에서는 소비자와 이용자라는 용어를 혼용하였으나 청약철회권의 행사의 주체에 대한 혼란을 제거하고자 이용자로 통일하였다. 소관부서도 공정거래위원회가 아니고 문화체육관광부이다. 이에 대한 종전의 비판적 견해로는, 고형석, 디지털콘텐츠거래에 있어서 소비자의 청약철회권에 관한 연구, 서강법학 제12권 1호, 333면 이하.

한 특별법의 적용이 부정되는 경우에 청약철회권은 인정되지 않는다. 매수인이 상행위를 목적으로 구입하는 경우와 목적물의 특수성으로 인하여 배제되는 경우로 구분할 수 있다.[177)]

가) 상행위를 목적으로 구입하는 경우 사업자가 상행위를 위하여 재화등의 공급을 받는 거래를 한 경우에 개별 소비자보호법의 적용이 배제되므로 특수한 거래방법으로 재화 등을 구입하였다고 하더라도 청약철회권을 행사할 수 없다(할부거래법 제3조 1호 본문·방문판매법 제3조 1호·전자상거래소비자법 제3조 제1항). 다만, 사업자라 하더라도 실질적으로 소비자와 동일하게 최종소비를 목적으로 재화 등을 구입한 경우에는 청약철회권이 배제되지 않는다(할부거래법 제3조 1호 단서·방문판매법 제3조 1호 단서·전자상거래소비자법 제3조 제1항 단서).

나) 목적물이 특수성을 띠는 경우 목적물의 특수성으로 인하여 법의 적용대상에서 배제되는 경우가 있다. 첫째, 할부거래법의 적용이 배제되는 목적물에 해당하는 것으로는 농산물·수산물·축산물·임산물·광산물로서 한국표준산업분류표상의 제조업에 의하여 생산되지 아니한 것, 전문의약품, 보험, 증권과 어음 및 부동산에 관한 할부거래이다(할부거래법 시행령 제4조). 둘째, 방문판매법의 적용이 배제되는 것으로 보험사업자와의 보험계약 체결을 위한 거래 및 방문판매원을 두지 아니하는 방문판매업자가 가공되지 아니한 농·수·축·임 또는 방문판매자가 직접 생산한 재화 등을 방문판매하는 경우이다(동법 제3조, 동법 시행령 제5조). 셋째, 전자상거래소비자법의 적용이 배제되는 것으로는 투자매매업자·투자중개업자에 의한 증권의 거래, 금융기관에 의한 금융상품의 거래 및 일상 생활용품, 음식료 등의 인접지역에의 판매를 위한 거래가 있다(동법 제3조 제4항).

3) 개별법상 배제사유

가) 할부거래법의 적용배제

할부거래법의 적용대상이 되지 않는 거래로는 대금지급방식에 따른 제한으로 일시불 거래 또는 대금지급을 할부로 하였지만, 할부거래법에서 규정하는 할부거래가 아닌 경우이다. 이미 앞에서 언급하였듯이 목적물에 따른 제한으로 부동산은 제한되며, 성질상 동법의 적용을 부정하는 목적물에 대하여는 배제된다.

---

177) 고형석, 앞의 논문, 336-337면.

할부거래법의 적용대상인 할부거래일지라도 목적물의 성질 또는 계약체결의 형태에 비추어 철회를 인정하는 것이 부적당한 경우와 소비자의 귀책사유에 의한 경우로 구분된다. 즉 소비자의 책임 있는 사유로 인하여 재화 등이 멸실 또는 훼손된 경우에 청약철회권을 행사할 수 없다(동법 제8조 2항 1호). 또한 사용에 의하여 그 가치가 현저히 감소될 우려가 있는 재화 등을 사용한 경우(제8조 2항 2호),[178] 시간이 지남으로써 다시 판매하기 어려울 정도로 재화등의 가치가 현저히 낮아진 경우(제8조 2항 3호), 복제할 수 있는 재화 등의 포장을 훼손한 경우(제8조 2항 4호), 그 밖에 거래안전을 위하여 '대통령령'으로 정하는 경우로서 할부가격이 10만 원 이하인 할부계약과 여신전문금융업법에 의한 신용카드를 사용하여 할부거래를 하는 경우에 할부가격이 20만 원 이하인 할부계약(제8조 2항 5호·동법 시행령 제6조 2항)), 설치에 전문인력 및 부속자재 등이 요구되는 재화를 설치하는 경우(동법 시행령 제6조 1항 6호)에 대하여도 청약철회권을 행사할 수 없다.

할부거래업자는 청약을 철회할 수 없는 재화 등에 대하여는 그 사실을 재화 등의 포장이나 그 밖에 소비자가 쉽게 알 수 있는 곳에 분명하게 표시하거나 시용(試用) 상품을 제공하는 등의 방법으로 소비자가 청약을 철회하는 것이 방해받지 아니하도록 조치하여야 한다(동법 제8조 제6항).

위의 재화 등에 대한 할부거래를 체결하고 사용하거나 설치한 경우에는 청약철회권을 행사할 수 없지만, 아직 사용하지 않거나 설치하지 않은 경우에는 청약철회권을 행사할 수 있다. 이러한 청약철회권의 배제규정 중 동산 등의 가격을 기준으로 한 청약철회권배제규정은 현금을 사용하는 소비자와 신용카드를 사용하는 소비자를 차별하는 규정으로서 동산 등의 대금을 신용카드로 지급하는 소비자를 보호하기 위하여 양자의 차별은 폐지되어야 하며, 소액의 신용카드 사용자를 보호하기 위하여 청약철회권이 배제되는 거래를 양자 모두 동일한 액수로 해야 한다는 주장[179]도 있지만, 현금거래에 비하여 신용카드거래에서는 신용카드 가맹점의 수수료 등의 비용이 발생하기 때문에 차별을 한 것으로 합리적 차별이라고 할 수 있다.

---

178) 선박법에 따른 선박, 항공법에 따른 항공기, 철도법 및 도시철도법에 따른 궤도를 운행하는 차량, 건설기계관리법에 따른 건설기계, 자동차관리법에 따른 자동차가 이에 속한다(동법 시행령 제6조 1항).

179) 고형석, 앞의 책, 225면.

나) 방문판매법의 적용배제

방문판매와 전화권유판매로 인하여 재화 등을 구입한 경우, 재화 등의 내용을 확인하기 위하여 포장 등을 훼손한 경우를 제외하고 소비자의 귀책사유로 재화 등이 멸실 또는 훼손된 경우, 방문판매자 등이 청약철회 등이 불가능한 사실을 재화 등의 포장 기타 소비자가 쉽게 알 수 있는 곳에 명기하거나 시용상품을 제공하는 등의 방법으로 재화 등의 사용이나 일부 소비 등에 의하여 청약철회 등의 권리행사가 방해받지 아니하도록 조치하였음에도 불구하고 소비자의 재화 등의 사용 또는 일부 소비에 의하여 가치가 현저히 감소한 경우, 시간이 지남으로써 다시 판매하기 어려울 정도로 재화 등의 가치가 현저히 낮아진 경우, 복제할 수 있는 재화 등의 포장을 훼손한 경우, 소비자의 주문에 의하여 개별적으로 생산되는 재화 등으로서 청약철회 등을 인정하는 경우 방문판매자 등에게 회복할 수 없는 중대한 피해가 예상되는 경우로서 사전에 당해 거래에 대하여 별도로 그 사실을 고지하고 소비자의 서면에 의한 동의를 얻은 경우에 청약철회권은 발생하지 않는다(방문판매법 제8조 제2항; 동 시행령 제25조).

다단계판매에서 청약철회권의 주체는 소비자와 다단계판매원으로 구분되고 발생요건도 각 주체에 따라 구별된다. 다만 동법시행령 제25조에서 방문판매와 유사한 사유를 들어 다단계판매원 및 후원방문판매원의 청약철회를 할 수 없도록 배제하고 있다.

다) 전자상거래소비자법의 적용배제

통신판매 또는 전자상거래로 인하여 재화등을 구입한 경우에, 소비자에게 책임있는 사유로 재화등이 멸실되거나 훼손된 경우(제17조 제2항 1호),[180] 소비자의 사용 또는 일부 소비로 재화등의 가치가 현저히 감소한 경우(2호), 시간이 지나 다시 판매가 곤란할 정도로 재화 등의 가치가 현저히 감소한 경우(3호) 또는 복제가 가능한 재화 등의 포장을 훼손한 경우(4호), 용역 또는 디지털콘텐츠의 제공이 개시된 경우(5호), 그 밖에 거래안전을 위하여 소비자의 주문에 따라 개별적으로 생산되는 재화등 또는 이와 유사한 재화등에 대하여 법 제13조 제2항 제5호에 따른 청약철회등을 인정하는 경우 통신판매업자에게 회복할 수 없는 중대한 피해가 예상되는

180) 다만, 재화등의 내용을 확인하기 위하여 포장 등을 훼손한 경우는 청약철회권이 배제되지 않는다.

경우로서 사전에 해당 거래에 대하여 별도로 그 사실을 고지하고 소비자의 서면에 의한 동의를 받은 경우를 말한다(6호). 소비자의 개인적 구매의사변경에 따른 청약철회권을 배제하기 위하여는, 사업자가 청약철회 등이 불가능한 사실을 재화 등의 포장 기타 소비자가 쉽게 알 수 있는 곳에 명확하게 표시하거나 시험 사용상품을 제공한 경우에 한정되므로 이점에서 방문판매법과 차이가 있다(동법 제17조 제6항 본문).

라) 적용배제사유의 타당성 검토

① 적용배제사유의 비통일성 개별 소비자 특별법에서는 보험을 제외하고는 법의 적용배제사유에 대하여 각기 다르게 규정하고 있다. 이는 거래형태가 상이하기 때문에 일률적으로 법의 적용배제대상을 정한다는 것이 비합리적일 수 있기 때문으로 보인다. 그러나 이는 거래당사자인 소비자와 사업자 모두에게 당해 거래가 개별 소비자특별법의 적용대상이 되는지 여부를 판단함에 있어 혼란을 야기한다. 따라서 현행 소비자특별법에서 적용을 배제하고 있는 사유에 대하여 통일화할 필요가 있다.[181]

② 할부거래법의 포괄적 위임문제 할부거래법에서는 다른 법과 달리 적용배제사유를 시행령에 위임하고 있다. 규율의 다양성 때문에 위임의 필요성은 있다고 보이나 그 기준과 범위가 불명확하여 포괄위임금지라는 위헌적 요소를 가지고 있다.[182]

③ 보험계약의 적용배제의 타당성 개별 소비자보호법에서는 보험계약을 적용대상에서 배제하고 있다. 그러나 다른 투기성 있는 금융상품들과 비교하였을 때 적용배제가 타당한지 의문이다. 일반적으로 보험계약의 복잡성과 계약체결이 단시간에 이루어진다는 점을 고려하였을 때 보험계약의 경우에도 청약철회권을 인정하는 것이 개별 소비자보호법의 입법취지에 부합할 것이다.[183]

한편 현행 보험법상 청약철회에 관한 직접적인 규정은 두고 있지 않다. 다만 보험업감독업무시행세칙은 청약철회에 대한 규정을 두고 있다. 즉 제5-11조 제1항의 규정에서 상품설명서에 보험가입자의 권리·의무에 관한 사항으로 청약철회제도와 함께 계약취소에 관한 사항 등을 포함시키고 있다.[184] 또한 표준사업방법서는 보험계약청약서에 청약철회 청구안내 및 청약철회신청서에 관한 사항을 필수

181) 고형석, 소비자계약에 있어서 청약철회권의 적정화에 관한 연구, 74면.
182) 고형석, 위의 논문, 75면.
183) 고형석, 위의 논문, 76면.
184) http://www.law.go.kr/admRulInfoPWah.do?admRulSeq=2000000082328.

기재사항으로 하도록 하고 있고, 보험회사는 계약자의 청약철회 신청을 접수한 때에는 지체없이 이미 납입 받은 보험료를 반환하도록 하고 있다.

④ 적용배제규정의 추상성·불명확성　전자상거래소비자보호법에서는 일상생활용품 및 음식료 등의 인접지역에의 판매를 위한 거래의 경우 법 적용을 배제하고 있다. 일상생활용품, 음식료, 인접지역이라는 매우 추상적인 용어를 사용하여 어떠한 재화가 이에 포함되는지 아니면 이에 포함되지 않은가를 쉽게 인식하기 어렵다. 결국 해석에 의하여 적용배제 유무를 판단할 수밖에 없다.

(3) 청약철회권의 행사방법 및 행사기간

1) 청약철회권의 행사방법

청약철회권의 행사방법으로서 일정한 방식을 요하는 경우와 그렇지 않은 경우로 나눌 수 있다. 할부거래법상 청약철회권과 다단계판매원의 청약철회권은 일정한 방식을 요하는데 '서면(전자문서 포함)'으로 행사하여야 한다. 즉, '직접할부계약'의 경우 소비자는 청약을 철회하려면 위 기간 내에 '할부거래업자'에게 청약을 철회하는 의사표시가 적힌 서면을 발송하여야 한다(제8조 제3항·제24조 제2항). 자유로운 방식에 의하여 당해 할부거래에 대한 청약을 철회한다는 의사표시를 기재한 서면으로 청약철회권을 행사할 수 있다.

또한 '간접할부계약'에서처럼 대금지급에 있어 신용제공자가 있는 경우에 소비자는 위의 청약철회권 행사 기간 내에 '신용제공자'에게 서면으로 청약철회권의 행사사실을 발송하여야 한다. 소비자가 기간 내에 서면을 발송하지 않은 경우 신용제공자의 지급청구를 거절할 수 없다(제9조 제1항). 다만 신용제공자가 청약철회행사 가능기간 내에 미리 할부거래업자에게 대금을 지급하거나 할부거래업자로부터 할부금 청구의 정지 또는 취소를 요청받은 경우 소비자는 대금지급을 거절할 수 있다(할부거래법 제9조 제2항). 다단계판매원은 계약을 체결한 날부터 3개월 이내에 서면(전자문서 포함)으로 청약철회 할 수 있다(방문판매법 제17조 제2항). 청약철회권의 행사방법에 법률에 특별한 제한이 없는 경우로는 방문판매·전화권유판매·전자상거래·통신판매에서의 청약철회가 이에 해당하며, 청약철회권자는 종이문서·전자문서로도 할 수 있고 구두 등의 방식으로 행사할 수도 있다.[185)]

185) 방문판매 등의 경우에 청약철회권의 행사방법으로 할부거래와 동일하게 서면으로 행사해야 한다는 견해도 있지만 언급한 바와 같이 방문판매법과 전자상거래소비자법에서는 청약철회

할부거래법에서는 청약철회권의 행사를 서면으로 하도록 규정하고 있으나, 이의 규정이 강행규정인가가 문제이다. 동 규정이 강행규정일 경우 소비자가 구두로 청약철회권을 행사한 경우에는 청약철회권의 행사로 인정되지 않게 된다. 청약철회권의 행사를 서면으로 하지 않고 구두로 하더라도 일단 청약철회권의 행사는 한 것으로 보아야 한다. 청약철회권의 행사를 서면으로 하게 한 것은 단지 입증의 용이를 위한 것이므로 만약 청약철회권 행사를 하였는지가 다투어지는 경우에는 소비자측에서 청약철회의 사실을 입증하여야 할 것이다.

2) 청약철회권의 행사기간

우리 소비자계약법에서는 청약철회기간에 대하여 통일적으로 규정하지 않고 7일(후불식할부계약·통신판매·전자상거래)과 14일(선불식할부계약·방문판매·전화권유판매·다단계판매·후원방문판매)로 이원적으로 규율하고 있다.

가) 후불식 할부계약　후불식할부계약은 계약서를 받은 날로부터 7일내에 행사하여야 한다. 다만 계약서를 받은 날보다 재화 등의 공급이 늦게 이루어진 경우에는 재화등을 공급받은 날로부터 7일이다(제8조 제1항 1호). 또한 계약서를 받지 아니하거나 할부거래업자의 주소가 계약서에 적혀 있지 않은 경우 또는 주소가 변경된 경우에는 그 주소를 안 날 또는 알 수 있었던 날 등 청약을 철회할 수 있는 날로부터 7일 이내에 행사하여야 한다(2호). 계약서에 청약의 철회에 관한 사항이 적혀 있지 아니한 경우 청약을 철회할 수 있음을 안 날 또는 알 수 있었던 날로부터 7일(3호), 할부거래업자가 청약의 철회를 방해한 경우에는 방해행위가 종료된 날로부터 7일 이내에 행사하여야 한다(4호). 다만 거래당사자가 그 보다 긴 기간을 약정한 경우에는 그 기간 내에 청약을 철회할 수 있다.

나) 선불식 할부계약　선불식할부거래의 경우 계약서를 받은 날로부터 14일 이내에 청약을 철회할 수 있다. 주소를 알 수 없는 경우, 청약철회에 관한 사항이 계약서에 적히지 않은 경우, 청약철회를 방해받은 경우 등은 위에서 살핀 후불식 할부거래와 마찬가지로 주소를 알거나 알 수 있었던 날로부터, 청약철회 할 수 있음을 알거나 알 수 있었던 날로부터, 청약철회의 방해행위가 종료된 날로부터 각

권의 행사방법에 제한을 두고 있지 않다. 서면 행사를 주장하는 견해가 근거로 들고 있는 방문판매법 제8조 제4항과 전자상거래소비자법 제17조 제4항은 소비자가 서면으로 청약철회권을 행사한 경우의 효력발생시기에 관한 규정으로 보아야 한다. 고형석, 앞의 논문, 각주 34)

각 14일이내에 청약을 철회할 수 있다(제24조 제1항 1호-4호). 다만 선불식 할부거래의 경우 계약서를 받지 아니한 경우에는 계약일로부터 3개월 내에 청약을 철회할 수 있다(5호).

다) 방문판매, 전화권유판매 또는 다단계판매를 통하여 재화를 구입한 소비자의 청약철회권의 행사기간은 발생요건에 따라 차이가 있다. 먼저 소비자의 단순구매의사변경 등에 따른 청약철회권은 계약서를 교부받은 날로부터 14일 이내에 행사할 수 있다. 다만, 계약서를 교부 받은 때보다 재화등의 공급이 늦게 이루어진 경우에는 재화등을 공급받거나 공급이 개시된 날부터 14일 이내에 행사할 수 있으며, 계약서를 교부받지 않은 경우, 방문판매자등의 주소등이 기재되니 아니한 계약서를 교부받은 경우 또는 방문판매자등의 주소 변경 등의 사유로 상기의 기간 이내에 청약철회를 할 수 없는 경우에는 그 주소를 안 날 또는 알 수 있었던 날부터 14일 이내에 행사할 수 있다(방문판매법 제8조 제1항, 제17조 제1항).

사업자의 의무위반에 따른 청약철회권은 당해 재화 등을 공급 받은 날부터 3월 이내, 그 사실을 안 날 또는 알 수 있었던 날부터 30일 이내에 행사할 수 있다 (방문판매법 제8조 제3항). 다단계판매원은 계약을 체결한 날부터 3개월 이내에 서면으로 행사할 수 있다(방문판매법 제17조 제2호).

라) 통신판매 및 전자상거래　통신판매업자와 재화 등의 구매에 관한 계약을 체결한 소비자는 계약내용에 관한 서면을 교부 받은 날부터 7일 이내에, 그 서면을 교부받은 때보다 재화 등의 공급이 늦게 이루어진 경우에는 재화 등의 공급을 받거나 공급이 개시된 날부터 7일 이내에, 계약내용에 관한 서면을 교부 받지 아니한 경우, 통신판매업자의 주소 등이 기재되지 아니한 서면을 교부 받은 경우 또는 통신판매업자의 주소 변경 등의 사유로 기간이내에 청약철회 등을 할 수 없는 경우에는 그 주소를 안 날 또는 알 수 있었던 날부터 7일 이내에 당해 계약에 관한 철회 내지 해제를 할 수 있다. 그러나 재화 등의 내용이 표시, 광고내용과 다르거나 계약내용과 다르게 이행된 경우에는 당해 재화 등을 공급받은 날부터 3월 이내, 그 사실을 안 날 또는 알 수 있었던 날부터 30일 이내에 청약철회를 할 수 있다(제17조 제1항).

마) 금융소비자거래　금융판매업자등과 보장성 상품, 투자성 상품, 대출성 상품 또는 금융상품자문에 관한 계약의 청약을 한 일반금융소비자는 청약을 철회

할 수 있다(금융소비자보호법 제46조). 보장성 상품인 경우 보험증권을 받은 날부터 15일과 청약을 한 날부터 30일 중 먼저 도래하는 기간, 투자성 상품과 금융상품자문은 계약서류를 제공한 날 또는 계약서류의 제공이 필요 없는 경우에는 계약체결일로부터 7일 이내, 대출상품의 경우 계약서류를 제공받은 날 또는 계약체결일로부터 14일 내에 청약을 철회할 수 있다. 거래 당사자 사이에 긴 기간으로 약정한 경우에는 그 기간 내에 청약을 철회할 수 있다.

(4) 청약철회의 효과

소비자거래에서 소비자가 청약을 철회하면 아직 계약의 체결에 이르지 않은 경우에는 아무란 효력이 발생하지 아니하며 계약이 성립하였다면 해제와 같이 계약은 소급하여 효력이 없게 되고 당사자는 원상회복의무를 지게 된다. 금융소비자거래에서는 보장성 상품의 경우 청약이 철회된 당시 이미 보험금의 지급사유가 발생한 경우에는 청약철회의 효력은 발생하지 않는다(금융소비자보호법 제46조 제5항 본문). 다만, 일반금융소비자가 보험금의 지급사유가 발생했음을 알면서 청약을 철회한 경우에는 굳이 소비자보호의 필요성이 없으므로 청약철회의 효과가 발생하도록 하고 있다(동조 제5항 단서).

1) 청약철회의 효과 발생시점

원칙적으로 청약철회의 효과에 대해서 발신주의를 취하고 있다. 할부거래에서 청약철회는 서면을 발송한 날에 효력이 발생한다(할부거래법 제8조 제4항·제24조 제3항)고 하여 '서면주의'와 '발신주의'를 취하고 있다.

방문판매에서 청약의 철회방법은 서면주의를 취하고 있지 않으나, 소비자가 청약철회등을 서면으로 하는 경우 청약철회 등의 의사표시한 서면을 '발송'한 날 그 효력이 발생한다(방문판매법 제8조 제4항). 발신주의를 택하고 있으나 서면주의는 아니므로 청약의 철회는 구두 또는 전화로도 가능하다.

전자상거래에서 청약철회를 서면으로 하는 경우에는 그 의사표시가 기재된 서면을 발송한 날에 그 효력이 발생한다(전자상거래소비자법 제17조 제4항). 금융소비자거래에서 보장성 상품, 투자성 상품, 금융상품자문의 경우 서면을 발송한 때, 대출상상품의 경우 일반금융소비자가 서면등을 발송하고, 이미 공급받은 금전·재화등(이미 제공된 용역은 제외하며, 일정한 시설을 이용하거나 용역을 제공받을 수 있는 권리를 포함한다)과 앞의 금전과 관련하여 대통령령으로 정하는 이자, 해당 계약과 관련하여 금융상품판매업자등이 제3자에게 이미 제급한 수수료 등을 대통령령으로 정하는 비용을 반환할 때 그 효력이 발생한다(제46조 제2항).

2) 원상회복의무

청약철회권을 행사하면 사업자와 소비자 사이에는 원상회복의무가 발생한다. 급부가 행해지지 않은 경우에는 반환의무가 없지만 급부가 이루어진 경우에는 받은 급부를 상대방에게 반환하여야 한다.

가) 할부거래　할부거래에서 청약철회권을 행사하는 경우 그 효력은 서면을 발송한 날에 발생하는데, 원상회복의무가 발생한다. 소비자는 청약을 철회한 경우 이미 공급받은 재화등을 반환하여야 하고, 할부거래업자는 이미 지급받은 계약금 및 할부금을 재화를 반환받은 날 또는 용역을 제공한 경우에는 청약을 철회하는 서면을 수령한 날로부터 3영업일내에 환급하여야 한다. 만약 이 기간내에 환급하지 아니한 경우 지연이자와 함께 환급하여야 한다(제10조 제2항). 한편 할부거래업자가 이미 용역을 제공한 경우 이미 제공된 용역과 동일한 용역의 반환을 청구할 수 없다(제10조 제3항). 반환에 따른 비용은 사업자가 부담한다. 만약 재화 등의 반환비용을 소비자에게 전가하는 특약이 존재하여도 이는 소비자에게 불리한 내용이므로 무효이다(동법 제6조 제4항, 제43조).

간접할부거래의 경우 할부거래업자는 신용제공자에게 재화등에 대한 할부금의 청구를 중지 또는 취소하도록 요청하여야 하며, 할부거래업자가 이미 대금을 지급받은 경우 지체 없이 신용제공자에게 환급하여야 한다(제10조 제4항). 신용제공자는 할부거래업자로부터 할부금 청구를 중지 또는 취소하도록 요청받은 경우 지체없이 필요한 조치를 취하여야 하며, 소비자가 이미 지불한 할부금은 지체없이 이를 환급하여야 한다. 신용제공자도 환급을 지연한 경우 지연이자를 부담하여야 한다(제10조 제5항).

신용제공자는 청약철회에 대한 분쟁이 발생한 경우 소비자를 약정기한내에 채무를 변제하지 아니한 자로 처리하는 등 소비자에게 불이익을 주는 행위를 해서는 아니된다(제10조 제8항).

할부거래업자는 소비자가 청약을 철회한 경우 이미 재화 등이 사용되었거나 일부 소비된 경우 그 재화등을 사용하거나 일부 소비하여 소비자가 얻은 이익 또는 그 재화등의 공급에 든 비용에 상당하는 금액으로서 대통령령이 정하는 범위의 금액을 초과하여 소비자에게 청구할 수 없다(제10조 제9항). 또한 할부거래업자는 청약철회한 경우 공급받은 재화 등의 반환에 필요한 비용을 부담한다.

나) 방문판매·전자상거래 방문판매법 및 전자상거래소비자보호법상 청약철회의 효과는 기본적으로 할부거래법과 동일하다. 즉, 효과발생시점 및 재화의 반환에 따른 비용부담자는 동일하다. 따라서 소비자는 청약철회등을 한 경우에는 이미 공급받은 재화등을 반환하여야 하고, 방문판매자등은 재화등을 반환받은 날부터 3영업일 이내에 이미 지급받은 재화등의 대금을 환급하여야 한다(방문판매법 제9조 제2항). 소비자의 재화 등의 반환이 선이행의무이다. 이 경우 방문판매자등이 소비자에게 재화등의 대금의 환급을 지연하면 그 지연기간에 따라 연 100분의 40 이내의 범위에서 「은행법」에 따른 은행이 적용하는 연체금리 등 경제 사정을 고려하여 대통령령으로 정하는 이율을 곱하여 산정한 지연이자(이하 "지연배상금"이라 한다)를 지급하여야 한다(제9조 제1항·제2항).

방문판매자등은 재화등의 대금을 환급할 때 소비자가 신용카드등으로 재화등의 대금을 지급한 경우에는 지체 없이 그 신용카드등의 대금 결제수단을 제공한 사업자로 하여금 재화등의 대금 청구를 정지하거나 취소하도록 요청하여야 한다. 다만, 방문판매자등이 결제업자로부터 그 재화등의 대금을 이미 지급받은 경우에는 지체 없이 이를 결제업자에게 환급하고 그 사실을 소비자에게 알려야 하고(제9조 제3항), 방문판매자등으로부터 재화등의 대금을 환급받은 결제업자는 지체 없이 소비자에게 이를 환급하거나 환급에 필요한 조치를 하여야 한다(제9조 제4항).

방문판매자등 중 환급을 지연하여 소비자로 하여금 대금을 결제하게 한 방문판매자등은 그 지연기간에 대한 지연배상금을 소비자에게 지급하여야 한다(제9조 제5항). 소비자는 방문판매자등이 정당한 사유 없이 결제업자에게 대금을 환급하지 아니하는 경우에는 환급받을 금액에 대하여 결제업자에게 그 방문판매자등에 대한 다른 채무와 상계(相計)할 것을 요청할 수 있다. 이 경우 결제업자는 대통령령으로 정하는 바에 따라 그 방문판매자등에 대한 다른 채무와 상계할 수 있다(제9조 제6항). 소비자는 결제업자가 소비자의 상계를 정당한 사유 없이 게을리 한 경우 결제업자에 대하여 대금 결제를 거부할 수 있다. 이 경우 방문판매자등과 결제업자는 그 결제의 거부를 이유로 해당 소비자를 약정한 날짜 이내에 채무를 변제하지 아니한 자로 처리하는 등 소비자에게 불이익을 주는 행위를 하여서는 아니 된다(제9조 제7항).

방문판매자등은 이미 재화등이 사용되거나 일부 소비된 경우에는 그 재화등을 사용하거나 일부 소비하여 소비자가 얻은 이익 또는 그 재화등의 공급에 든 비용에 상당하는 금액으로서 대통령령으로 정하는 범위의 금액을 지급할 것을 소비자에게 청구할 수 있다(제9조 제8항). 방문판매자등, 재화등의 대금을 지급받은 자 또는 소비자와 방문판매등에 관한 계약을 체결한 자가 동일인이 아닌 경우 각자는 청약철회등에 따른 재화등의 대금 환급과 관련한 의무의 이행에 있어 연대하여 책임을 진다(제9조 제10항).

다) 다단계판매 다단계판매의 상대방은 청약철회등을 한 경우에는 이미 공급받은 재화 등을 반환하여야 한다(제18조 제1항). 다단계판매자는 재화 등을 반환받은 날부터 3영업일 이내에 이미 지급받은 재화등의 대금을 환급하여야 한다. 다만, 다단계판매업자가 다단계판매원에게 재화 등의 대금을 환급할 때에는 대통령령으로 정하는 범위의 비용을 공제할 수 있으며, 다단계판매자가 상대방에게 재화등의 대금 환급을 지연하였을 때에는 그 지연기간에 대한 지연배상금을 지급하여야 한다(제18조 제2항). 결제업자에 대한 통보, 다른 채무와 상계 등은 위에서 살펴본 방문판매의 경우와 같다(제18조 제3항-제9항).

라) 금융소비자거래 청약이 철회된 경우 금융상품판매업자등이 받은 금전·재화등을 반환할 때 보장성 상품의 경우 청약의 철회를 접수한 날부터 3영업일 이내에 이미 받은 금전·재화등을 반환하고, 금전·재화등의 반환이 늦어진 기간에 대하여는 대통령령으로 정하는 바에 따라 계산한 금액을 더하여 지급하여야 한다(금융소비자보호법 제46조 제3항 1호). 투자성 상품, 금융상품자분의 경우 업자등은 위의 보장성 상품과 같으나 다만 대통령령으로 정하는 금액 이내인 경우에는 반환하지 아니할 수 있다(2호). 대출성 상품의 경우 업자등은 일반금융소비자로부터 금전·재화등, 이자 및 수수료를 반환받은 날부터 3영업일 이내에 일반금융소비자에게 대통령령으로 정하는 바에 따라 해당 대출과 관련하여 일반금융소비자로부터 받은 수수료를 포함하여 이미 받은 금전·재화등을 반환하고, 금전·재화등의 반환이 늦어진 기간에 대해서는 대통령령으로 정하는 바에 따라 계산한 금액을 더하여 지급하여야 한다(3호).

3) 비용부담 등 손해배상청구 금지

청약철회권은 소비자보호를 위한 민법상의 원칙에 대한 예외를 인정한 것이다.

따라서 사업자는 소비자의 청약철회권 행사를 부정하거나 청약철회권의 행사를 이유로 소비자에게 위약금 또는 손해배상을 청구할 수 없으며(할부거래법 제10조 제10항·금융소비자보호법 제46조 제4항), 이를 특약으로 정하였다고 하여도 소비자에게 불리한 내용이므로 효력이 없다(할부거래법 제43조·금융소비자보호법 제46조 제6항).

방문판매와 다단계판매에서 청약철회등의 경우 공급받은 재화등의 반환에 필요한 비용은 방문판매자등이 부담하며, 방문판매자등은 소비자에게 청약철회등을 이유로 위약금 또는 손해배상을 청구할 수 없다(방문판매법 제9조 제9항·제18조 제8항).

통신판매에서 소비자는 이미 공급받은 재화 등을 반환하여야 하고, 통신판매업자는 재화 등을 반환 받은 날부터 3영업일 이내에 이미 지급 받은 재화 등의 대금을 환급하여야 한다. 대금의 환급을 지연한 때에는 그 지연기간에 대하여 연 20%로의 지연이자를 지급하여야 한다(제18조 제1항, 제2항, 동법시행령 제21조의 2).

신용카드로 대금을 결제한 경우 사업자는 신용제공자에 대하여 재화 등의 대금의 청구를 정지 또는 취소하도록 요청하여야한다. 다만 사업자가 이미 대금을 지급받은 때에는 지체 없이 이를 결제업자에게 환급하고 그 사실을 소비자에게 통지하여야한다. 만일 사업자가 대금을 환급하지 아니한 경우 소비자는 신용제공자가 환급받을 금액에 대하여 사업자에 대한 다른 채무와 상계할 것을 요청할 수 있으며, 신용제공자는 사업자의 다른 채무와 상계할 수 있다(제18조 제3항, 제6항).

한편 이미 재화 등이 일부 사용 또는 소비된 경우에는 통신판매업자는 그 재화 등의 사용 또는 일부 소비에 의하여 소비자가 얻은 이익 또는 그 재화 등의 공급에 소요된 비용에 상당하는 금액으로서 대통령령이 정하는 범위의 금액의 지급을 소비자에게 청구할 수 있다(제18조 제8항).

조건 없는 청약철회의 경우에는 공급받은 재화 등의 반환에 필요한 비용은 소비자가 이를 부담하며 통신판매업자는 소비자에게 청약철회를 이유로 위약금 또는 손해배상을 청구할 수 없고, 계약위반에 따른 청약철회의 경우에는 통신판매업자가 그 비용을 부담한다(제18조 제9항, 제10항).

4) 입증책임의 문제

원칙적으로 특별법에서는 사업자에게 증명책임을 부과한다. 즉 할부거래업자는 계약서의 발급사실과 그 시기, 재화등의 공급사실과 그 시기 및 청약철회의 제한사유에 관하여 다툼이 있는 경우 입증책임을 부담한다(할부거래법 제8조 제5항). 통신판매에서 청약철회를 적용함에 있어서 재화 등의 훼손에 대하여 소비자의 책임이 있는지의 여부, 재화 등의 구매에 관한 계약이 체결된 사실 및 그 시기, 재화 등의 공급사실 및 그 시기, 공급서의 송부 사실 및 그 시기 등에 관하여 다툼이 있는 경우에는 통신판매업자가 이를 입증하여야 한다(전자상거래소비자법 제17조 제5항).

(5) 개별 소비자보호법상의 청약철회권의 행사기간 및 행사효과 검토

1) 행사기간

첫째, 행사기간이 독일과 달리 통일적으로 규율되지 않고 각각 개별법에 따라 다른 행사기간을 규정하고 있다. 즉 후불식할부거래와 전자상거래소비자보호법상 통신판매 등은 7일, 할부거래법상 선불식할부거래와 방문판매, 전화권유판매, 다단계판매는 14일로 규정되어 있다. 일응 거래형태가 서로 달라서 규율한 것으로 볼 수 있으나, 사업자와 소비자에게 혼란을 주지 않기 위해서라도 단일하게 14일로 규율할 필요가 있을 것이다.

둘째, 다단계판매원의 경우 계약을 '체결한 날'로부터 3개월로 규정되어 있는데(방문판매법 제17조 제2항), 소비자보호법의 최근 추세는 물품이나 물건을 받은 때로부터 기산하고 있고, 다단계판매원의 경우 다단계판매자와의 관계를 고려해보면 소비자로 취급할 수 있기 때문에 다단계판매원의 경우에도 물건을 받은 날로부터 기산할 필요가 있다 할 것이다.[186)]

셋째, 사업자가 계약서를 교부하지 않은 경우 등에서는 소비자의 청약철회권을 연장하고자 이에 대한 특칙을 두고 있다. 할부거래의 경우 사업자의 영업장소에서 계약이 체결되기 때문에 소비자가 계약서를 교부받지 않거나, 주소 등이 기재되지 않은 경우에 소비자는 계약체결당시 이미 사업자의 주소를 알고 있거나 알 수 있으므로 계약체결시점이 청약철회권의 기산점이 된다. 또한 방문판매, 다단계판매 및 전자상거래에서도 방문판매원 등이 명함을 교부한 경우, 인터넷 쇼핑몰의 화면에 주소 또는 전자우편주소가 기재된 경우 소비자는 주소를 알 수 있었기 때문에 계약체결시점이 청약철회권의 기산점으로 인정될 수 있다. 따라서 위 특칙이 오히려 철회권 행사기간을 단축하는 효과를 발생할 수 있으므로 개별 소비자보호법상 필수기재사항이 모두 기재된 계약서가 교부된 시점을 기산점으로 정하여야 할 것이다.[187)]

---

186) 고형석, 소비자계약에 있어서 청약철회권의 적정화에 관한 연구, 소비자문제연구, 제38호, 2010.10, 84면 참조.

2) 행사효과에 대한 검토

첫째, 간접할부계약에서 소비자가 청약을 철회하는 경우에는 할부거래업자 뿐만 아니라 신용제공자에게도 직접할부계약과 동일한 기간 내에 신용제공자에게 청약철회의 의사표시가 적힌 서면을 발송하여야 하는데, 그렇지 않은 경우에는 소비자로서는 신용제공자에 대해서는 대금결제를 거절할 수 없고, 대금결제가 이루어진 경우 할부거래업자에게 대금반환을 청구하여야 한다. 이러한 경우 소비자로서는 할부거래업자 또는 신용제공자 한 쪽에만 청약철회의 의사표시를 하면 족하고, 그에 따른 문제는 할부거래업자와 신용제공자 사이에서 처리하도록 하는 것이 소비자측에서는 간명하고 소비자보호에 적합하다 할 것이다.

둘째, 방문판매법 등에서 소비자가 청약철회권을 행사한 경우 신용제공자에 대한 통지의무는 사업자에게 부과하고 있다. 만일 사업자가 신용제공자에게 이의 사실을 통지하지 않거나 통지후 대금을 환급하지 않을 경우 소비자는 신용제공자의 대금결제요청에 대하여 먼저 사업자에 대한 다른 채무와 상계를 요청할 수 있으며, 정당한 사유없이 상계하지 않은 경우에 한하여 대금결제요청을 거부할 수 있다. 그러나 신용제공자가 정당한 이유로 인하여 상계를 하지 않은 경우 소비자는 신용제공자에게 대금을 지급하여야 하고, 사업자에게 반환청구를 하여야 한다. 이러한 경우 사업자의 사기 등에 의한 위험을 소비자에게 전가시키는 효과가 발생하므로 할부거래법과 마찬가지로 소비자가 신용제공자에게 통지할 수 있도록 하여야 한다.[188]

셋째, 할부거래법의 경우 사업자 또는 신용제공자가 소비자에게 환급을 지연하는 경우 소비자에게 지급하여야 할 금액은 소비자로부터 받은 금액과 지연배상금을 합산한 금액이다(법 제10조 제2항·제7항). 그러나 방문판매법과 전자상거래소비자보호법에는 사업자에게만 지연배상금지급의무를 규정하고 있으므로 신용제공자에 대한 지연배상의무를 추가하여야 한다.[189]

3) 소비자의 단순구매의사변경에 따른 청약철회권의 제한

가) 개별 소비자특별법상 청약철회권의 제한

① 후불식할부거래의 청약철회의 제한 소비자에게 책임있는 사유로 재화 등이 멸실되거나 훼손한 경우, 사용 또는 소비에 의하여 그 가치가 현저히 낮아질

187) 고형석, 소비자보호법상 청약철회권에 관한 연구, 선진상사법률연구 제48호, 2009, 146면.
188) 고형석, 소비자계약에 있어서 청약철회권의 적정화에 관한 연구, 89-90면 참조.
189) 고형석, 위의 논문, 90면 참조.

우려가 있는 것으로 대통령령으로 정하는 재화 등을 사용 또는 소비한 경우, 시간이 지남으로써 다시 판매하기 어려울 정도로 재화 등의 가치가 현저히 낮아진 경우, 복제할 수 있는 재화등의 포장을 훼손한 경우 등의 경우에는 청약철회가 제한된다(할부거래법 제8조 2항 본문).

다만 위의 경우에도 재화등이 멸실되거나 훼손한 경우를 제외하고 할부거래업자가 청약철회를 승낙하거나 청약철회가 제한된다는 사실을 소비자가 쉽게 알 수 있는 곳에 분명히 표시하거나 시용 상품을 제공하는 등의 방법으로 소비자가 청약을 철회하는 것이 방해받지 않도록 조치하지 않은 경우에는 청약을 철회할 수 있다(할부거래법 제8조 2항 단서).

② 방문판매법상 청약철회의 제한　소비자에게 책임있는 사유로 재화등이 멸실되거나 훼손한 경우, 사용 또는 소비에 의하여 그 가치가 현저히 낮아진 경우, 시간이 지남으로써 다시 판매하기 어려울 정도로 재화등의 가치가 현저히 낮아진 경우, 복제할 수 있는 재화등의 포장을 훼손한 경우 등의 경우에는 청약철회가 제한된다(방문판매법 제8조 제2항). 소비자의 주문에 의하여 개별적으로 생산되는 재화등에 대하여 청약의 철회 및 계약의 해제를 인정하는 경우 방문판매자 등에게 회복할 수 없는 중대한 피해가 예상되는 경우로서 사전에 당해 거래에 대하여 별도로 그 사실을 고지하고 소비자의 서면에 의한 동의를 얻은 경우에도 철회권의 행사가 제한된다(동법 제8조 제2항 제5호, 시행령 제11조).

다만 위의 경우에도 재화등이 멸실되거나 훼손한 경우를 제외하고 방문판매자등이 청약철회를 승낙하거나 청약철회가 제한된다는 사실을 소비자가 쉽게 알 수 있는 곳에 분명히 표시하거나 시용 상품을 제공하는 등의 방법으로 소비자가 청약을 철회하는 것이 방해받지 않도록 조치하지 않은 경우에는 청약을 철회할 수 있다(동법 제8조 제2항, 제5항).

나) 소비자의 단순구매의사변경에 따른 청약철회의 제한사유

앞서 살펴본 법외에도 다른 법률에서 소비자의 단순구매의사변경에 따른 청약철회권의 부정되는 경우로 첫째, 재화 등의 내용을 확인하기 위하여 포장 등을 훼손한 경우를 제외하고 소비자에게 책임 있는 사유로 재화 등이 멸실되거나 훼손된 경우, 둘째, 사용 또는 소비에 의하여 그 가치가 현저히 낮아질 우려가 있는 재화등을 사용 또는 소비한 경우, 셋째, 시간이 지남으로써 다시 판매하기 어려울 정도로 재화등의 가치가 현저히 낮아진 경우, 넷째, 복제할 수 있는 재화 등의 포장을 훼손한 경우, 다섯째, 그 밖에 거래의 안전을 위하여 대통령령으로 정하는 경우가 있다.

소비자의 단순구매의사변경에 따른 청약철회권을 부정하고 있는 개별 사유는 할부거래법상 가격제한을 제외하고 청약철회권의 행사에 따라 반환된 재화의 가치 및 구매목적의 달성 여부를 전제로 정하고 있다. 즉, 재화의 멸실 또는 훼손, 재화의 가치감소는 사업자가 추후 반환된 재화를 재판매할 수 없기 때문에 청약철회를 부정하고 있다. 또한 복제가 가능한 재화의 포장을 훼손한 경우는 소비자가 구입 후 재화의 내용을 복제한 후 이를 반환할 수 있다면 소비자는 구매목적을 달성하였음에도 불구하고 대금을 환불받는 결과가 발생하기 때문이다[190].

생각건대, 청약철회권은 사업자와 소비자사이에 발생하는 비대등성을 극복하기 위한 것으로서 현대 민법의 약자보호와 그 궤를 같이 한다. 청약철회는 소비자로 하여금 물품구매나 용역의 이용에 있어서 소비자로 하여금 심사숙고를 하게 함으로써 합리적인 소비를 조장하고, 사업자의 기망이나 비대면적 거래에서 발생할 수 있는 착오 구매에 대하여 소비자를 효과적으로 구제할 수 있는 제도라는 점에 이견이 없다.

한편 독일의 경우에는 민법의 대대적인 개편을 통하여 소비자와 사업자의 개념 및 개별 소비자보호법상의 여러 거래형태를 새로 편입시켜서 효율적인 규율을 시도하고 있고, 일본의 경우에는 특상법에 6가지 거래형태를 규율하면서 통일적인 규제를 하고자 하였다.

반면 우리 민법의 경우에는 가족법상의 개정 외에 변화하는 사회현상에 따른 다양한 거래관계에 대하여 개별 특별법을 제정하여 대처하고 있다. 그러나 위와 같은 입법태도는 유사한 거래형태에 대하여 통일적으로 규율하지 못한 난점이 있고, 이로 인해 소비자와 사업자의 혼란을 초래할 수 있다. 따라서 할부거래가 활성화된 지도 수 십년이 지났고, 전자상거래의 경우도 일반거래에서 차지하는 비중이 상당하다. 또한 다단계판매나 방문판매 등도 일반 거래현실에 지속적으로 이루어지는 것을 볼 때 청약철회에 대한 통일적인 규정이 시급히 요청된다 할 것이다.

---

190) 고형석, 앞의 논문, 78면.

제5절 소비자의 항변권

1. 의의

항변권이라 함은 청구권의 행사에 대하여 자신의 급부를 거절할 수 있는 권리를 말한다. 이는 타인의 청구권 자체를 소멸시키는 권리가 아니라 그 작용을 일시적 또는 영구적으로 저지할 수 있는 권리이다. 소비자는 사업자의 대금지급청구에 대하여 일정한 사유가 있는 경우에 항변권의 행사를 통하여 이를 거절할 수 있으며, 항변권의 행사로 인하여 대금을 지급하지 않았다고 하더라도 이행지체가 되지 않는다(이른바 당연효). 항변권의 행사 여부는 전적으로 권리자에게 맡겨져 있으며, 따라서 원칙적으로 권리자에 의하여 행사되어야 하며, 소송에서 권리자의 원용이 없으면 법관이 직권으로 고려할 수 없다.

이러한 소비자의 항변권에는 실체법상 항변권과 소송법상 항변권으로 분류할 수 있고, 전자에는 다시 민법상의 항변권과 소비자계약법상의 항변권으로 구분된다. 민법상 항변권으로는 일시적 항변권으로서 동시이행의 항변권(제536조 제1항), 불안의 항변권(제536조 제2항), 보증인의 최고·검색의 항변권(제427조)이 있고, 영구적 항변권으로는 상속인의 한정승인(제1028조)이 있다. 소송법상 항변으로서는 무효나 취소, 해제항변 등이다.

소비자계약법에서도 항변권은 소비자의 권리보호를 위하여 중요한 작용을 한다. 특히 소비자거래는 오프라인에서 뿐만 아니라 사업자와 온라인 등 가상공간에서 이루어지기 때문에 일정한 사유가 있는 경우 소비자 자신의 급부인 대금지급거절권을 인정하여야 할 필요성이 더 크다고 할 수 있다. 또한 계속적으로 자신의 대금지급의무를 분할하여 지급하는 할부거래에서 그 의의가 있다. 따라서 할부거래법에서 항변권 규정을 두고 있으며, 항변권은 사업자의 대금지급청구권의 효력을 저지시킬 수 있는 것을 내용으로 한다. 따라서 민법상 항변권 중 동시이행의 항변권과 유사한 점이 있다.

약관규제법에서는 법률에 따른 고객의 항변권, 상계권 등의 권리를 상당한 이유 없이 배제하거나 제한하는 조항에 대해서는 무효라고 하여 소비자의 항변권을 보장하고 있다(동법 제11조 1호). 다만 판례는, 「사업주체가 당초 주택을 공급받고자 하는 자들과 주택공급계약을 체결함에 있어서 약관에 해당하는 주택공급계약서에서 예상 건축공정에 따라 계약금 납부일 이후 입주예정일까지 사이의 기간에 대하여 3개월 또는 4개월 단위로 6회에 나누어 정기의 중도금 지급기일을 지정하고 이를 계약의 내용으로 삼은 것은 거래통념상 합당하다고 여겨지고, 이러한 약관조항이 사업주체측의 신용불안이나 재산상태의 악화, 건축공정의 부당한 지연 등 사정으로 인하여 사업주체의 주택공급계약상의 의무이행이 곤란할 현저한 사유가 발생하였음에도 불구하고 주택을 공급받고자 하는 자들에 대하여 당초 약정된 중도금의 이행의무가 선이행의무라는 이유만으로 민법 제536조 제2항 등 계약법의 일반원칙에 따른 주택을 공급받고자 하는 자들의 이행거절이나 지체책임면책 등에 관한 일체의 항변권 등을 모두 배제시킨 채 그 이행을 일방적으로 강요하는 것이라고 해석되지 아니하는 한 그 자체로 신의성실의 원칙에 비추어 공정을 잃은 것이라거나 고객에 대하여 부당하게 불리한 것이라거나 또는 법률의 규정에 의한 고객의 항변권, 상계권 등의 권리를 상당한 이유 없이 배제 또는 제한하거나 고객에게 부여된 기한의 이익을 상당한 이유 없이 박탈하는 것이라고 판단되지 아니하므로, 이러한 주택공급계약서의 중도금 납부기일에 관한 조항이 약관의규제에관한법률 제11조 제2호, 제6조 제1항, 제2항 제1호, 제2호 등에 해당하여 무효라고 볼 수 없다」[191]고 한다.

2. 발생요건

할부거래법상 항변권이 인정되는 경우로는 할부계약이 불성립·무효인 경우(동법 제16조 제1항 1호), 취소·해제 또는 해지된 경우(2호), 재화 등의 전부 또는 일부가 재화 등의 공급시기까지 소비자에게 공급되지 아니한 경우(3호), 할부거래업자가 하자담보책임을 이행하지 아니한 경우(4호), 그 밖에 할부거래업자의 채무불이행으로 인하여 할부계약의 목적을 달성할 수 없는 경우(5호), 다른 법률에 따라 정당하게 청약을 철회한 경우(6호)에 소비자에게 할부금의 지급을 거절할 수 있게 하였다. 개정된 할부거래법에서는 요건 중 불성립과 해지 등이 추가되어 종전보다 항변권이 인정되는 범위를 확장하였다. 할부거래법에서의 항변권은 광의의 항변권이라 할 수 있다.

또한 신용제공자를 통하여 할부금을 제공하는 간접할부계약인 경우 위의 어느

191) 대판 2002.11.26. 2000다52042.

하나의 사항에 해당하는 사유가 있으면 할부가격이 대통령령으로 정한 금액(20만원) 이상인 경우에만 신용제공자에게 할부금의 지급을 거절하는 의사를 통지한 후 할부금의 지급을 거절할 수 있다(제16조 제2항). 소비자가 신용제공자에게 할부금의 지급을 거절할 수 있는 금액은 할부금의 지급을 거절한 당시에 소비자가 신용제공자에게 지급하지 아니한 나머지 할부금으로 한다(제16조 제3항).

판례는 할부거래에 관한 법률 제12조 제2항에서 매수인의 신용제공자에 대한 할부금의 지급거절권을 인정한 취지에 대하여, 「할부거래에서 할부금융약정이 물품매매계약의 자금조달에 기여하고 두 계약이 경제적으로 일체를 이루는 경우에 그 물품매매계약이 해제되어 더 이상 매매대금채무가 존재하지 아니하는데도 할부거래의 일방 당사자인 매수인에게 그 할부금의 지급을 강제하는 것이 형평의 이념에 반하므로, 매수인으로 하여금 매도인에 대한 항변사유를 들어 신용제공자에 대하여 할부금의 지급을 거절할 수 있는 권능을 부여한 것이라고 볼 것이다」[192]고 한다.

3. 서면에 의한 행사와 효력발생시기

소비자는 항변권의 행사를 구두나 서면으로 할 수 있으나, 서면으로 하는 경우 그 효력은 서면을 발송한 날에 발생한다(동법 제16조 제4항).

소비자가 서면으로 위와 같은 항변권을 행사한 경우에 할부거래업자 또는 신용제공자는 이를 수령한 경우 지체 없이 그 항변권의 행사가 위에서 열거한 사유에 해당하는지를 확인하고, 이에 해당하지 아니하는 경우 소비자의 항변을 수령한 날부터 할부거래업자는 5영업일, 신용제공자는 7영업일 이내에 서면으로 소비자의 항변을 수용할 수 없다는 의사와 항변권의 행사가 동법상 항변권이 인정되는 사유에 해당하지 아니한다는 사실을 소비자에게 서면으로 통지하여야 한다(동법 제16조 제5항). 만일 할부거래업자 또는 신용제공자가 이러한 통지를 하지 아니한 경우에는 소비자의 할부금 지급 거절의사를 수용한 것으로 본다(동법 제16조 제6항).

192) 대판 2006.7.28. 2004다54633.

제6절 사업자의 정보제공의무

1. 계약환경의 변화와 정보제공의무 인정의 필요성

근대민법에서 계약법은 계약의 양 당사자가 합리적 이성인으로서 대등하다는 전제하에 기초되었기 때문에, 계약에 의한 법률관계의 형성은, 법의 제한이 없는 한 평등한 권리를 갖는 당사자에 의하여 완전히 각자의 자유에 맡겨지며, 법도 그러한 자유의 결과를 될 수 있는 대로 승인한다는 계약자유의 원칙을 근간으로 하고 있다. 따라서 근대민법은 대등한 당사자 간인 개인 대 개인의 관계를 규율하는 법이라고 할 수 있다.

근대에서 현대로 오면서 산업화의 진전과 자본의 축적은 대량생산, 대량유통, 대량소비시대를 야기하였고, 종전에 생산자이면서 소비자였던 개인은 이제 생산자의 위치를 빼앗기고 대개의 경우 소비자의 위치만 차지하게 되었다.[193] 이처럼 사인간의 대등한 거래보다는 사업자와 소비자 사이에 상품과 용역을 대량적이고 규격화하여 판매하는 행위가 증가하고, 사업자와 소비자 사이의 특수한 판매행위(예컨대 방문판매, 할부판매, 다단계판매, 통신판매) 내지 전자거래와 같은 거래수단의 변화는 종전의 계약법을 적용하는 것이 소비자에게 불리하게 작용하게 되었다. 이러한 특수거래행위는 이제 프랜차이징·리스·컨설팅·전화권유판매·사업권유거래 및 M-Commerce까지 그 영역이 확대되어 가고 있다.[194]

한편으로는, 지식의 축적과 정보화의 진전은 전문가의 시대를 열었고 여러 영역에서 전문가와 비전문가 사이에 정보의 양과 질에서 점점 더 많은 격차가 발생하고 있으며, 이로 인하여 전문가는 정보의 제공을 상품화하여 고도의 전문적 서비스를 제공하고 의뢰인은 전적으로 이에 의존하는 관계가 증가하고 있다. 이러한 당사자간에 정보량의 격차가 나타나는 소비자계약[195]과 전문가와의 비전문가간의

193) 오늘날 가상공간에서는 개인들도 UCC(User Created Contents 혹은 UGC(User Generated Contents)라 불리는 개인이 제작한 콘텐츠를 U-튜브에 올리거나 개인의 블로그나 홈페이지에 정보나 동영상, 사진화일 등을 게재함으로써 정보나 콘텐츠의 생산자로서 역할을 하기도 한다.

194) 졸고, 소비자계약의 유형과 법적 규제, 법학논총 제27집 제1호, 전남대학교 법률행정연구소, 2007.6., 2면.

195) 소비자계약의 특징 중의 하나가 사업자와 소비자의 비대등성 또는 비대칭성이라고 할 수 있다. 이는 양자가 정보와 기술조작, 조직력과 시장지배력 등에 있어서 사업자는 우월한 지위에 있고 소비자는 열등한 지위에 놓여 있는 것을 말한다. 권오승, 소비자보호법 제5판, 법문사, 2005, 9면; 竹內昭夫, 消費者保護法, 現代經濟構造と法(現代法學全集 52), 16면 이하;

거래에서 사업자측이나 전문가측에게 정보제공의무를 부과하여야 하는가가 쟁점으로 등장하게 된다.[196)]

그런데 계약법에서 사적자치의 원칙은 특히 계약당사자의 주체성·자율성의 강조로 나타나게 되고, 이는 계약교섭단계에서 계약내용을 포함한 계약 전반에 걸쳐 자기책임하에 스스로 계약에 관한 여러 사실들을 조사하여 충분한 정보를 가진 뒤에 계약을 체결하도록 하고, 상대방이 그 내용을 알리지 않았다고 하더라고 정보위험에 대해서는 자기책임의 문제로서 법률상 문제가 되지 않지만,[197)] 계약체결과정 중에 계약체결과 계약이행을 위해서 중요한 사정들을 상대방에게 알려야 할 의무가 존재하기도 한다.[198)]

그러나 위의 소비자계약이거나 일방당사자가 전문가인 경우에는 양당사자의 정보량의 격차로 인하여 대등한 지위에 있는 것이 아니라 계약체결의 상당부분을 사업자나 전문가에게 의존하고 있다고 할 수 있다. 특히 소비자계약에서는 소비자는 사업자가 상품이나 용역에 대한 표시, 설명, 광고 등을 통하여 제공하는 정보를 기초로 하여 상품의 품질이나 가격을 판단할 수밖에 없다.[199)] 특히 기술혁신의 속

大村敦志, 消費者··消費者契約の特性-中間報告(2), NBL 476號, 1991, 44면. 이러한 소비자의 '약자론'에 대하여, 앞으로의 소비자보호는 공평·정의에 의한 약자론이 후퇴하고 자기책임주의로의 전환을 예견하는 견해(소재선, 소비자계약법의 과제와 전망, 비교사법 5권 2호, 1998, 201면)도 있으나, 본질적으로 양자간에 격차가 존재하기 때문에, 자기책임주의로의 전환은 한계가 있기 마련이다.

196) 소비자계약에서 정보제공의무에 관한 문헌으로는, 졸고, 소비자계약에서 정보제공의무, 법학논총 제29권 제1호, 전남대학교 법학연구소, 2009.6.; 이재호, 소비자 계약상 정보제공의무에 관한 연구-DCFR과 독일민법과의 비교를 중심으로, 민사법의 이론과 실무 제21권 제4호, 민사법이론과 실무학회, 2018.12., 277면 이하; 김도년, 소비자거래에서 사업자의 정보제공의무와 개선방향, 월간 소비자정책동향 49, 2013.11.; 최현태, 소비자계약상 정보제공의무에 대한 일고찰, 한양법학 제44권, 2013.11.

197) 최상호, 계약상의 정보제공의무에 관한 연구 - 사기와 착오법리의 적용관계를 중심으로 -, 경북대학교 법학연구소, Vol. 9., 1993, 63면.

198) 계약당사자는 고지·설명의무의 일환으로서 계약의 성립과 실현에 관하여 중요한 의미를 가지는 사정을 상대방에게 알려야 할 의무를 부담하지만, 고지·설명의무는 계약체결과 연결될 수 있는 모든 위험(Risiko)이나 결과를 알려 주어야 한다는 넓은 의미는 아니라고 한다. 김형배, 채권각론(계약법) 신정판, 2001. 박영사, 128면.

199) 권오승, 앞의 책, 9면. 소비자정보의 유형은 가격, 품질, 시장, 상품, 상품대안정보 등 매우 다양하여 표시, 광고, 약관, 설명서, 기업 홈페이지 등을 통해 제공되고 있다. 최근 기업에서 가장 많이 활용하는 방법인 웹사이트의 경우 정보생산과 유통에 낮은 비용이 소요된다는 점과 정보흐름의 쌍방향성이라는 인터넷매체의 특성으로 기업과 소비자사이의 정보 격차를 해소하고 시장지위의 동등성 회복의 새로운 정보교류 방법이 되고 있다.

도가 대단히 빠른 현대에 사는 소비자들에게 새로 개발된 상품이나 복잡한 생산공정을 거쳐서 생산된 상품이나 용역 등에 대하여 스스로 그 품질이나 가격을 결정하는 능력을 기대하기는 더더욱 어려운 일이다.

따라서 전문가와 비전문가간의 계약과 소비자계약의 경우, 전문가와 사업자에게 정보제공의무를 인정하자는 것이 오늘날의 추세이며, 특히 소비자계약에서 정보량에서 열위에 있는 소비자의 합리적 선택에 도움을 줄 수 있는 실질적 정보를 제공해야 할 필요성이 있는 것이다. 정보에서 대등하지 않은 당사자간에 전문가에게 가중된 설명의무와 정보제공의무를 인정하는 것이 일반적 견해이며,[200] 입법적 태도이다. 따라서 향후에는 정보량이 풍부한 대기업 등 사업자 내지 전문가와 정보량에서 현저하게 열위인 비전문가 내지 소비자 사이의 거래에서는 후자의 이익을 보호하기 위한 방향으로 법해석이 이루어져야 한다.[201]

2. 정보제공의무의 의의와 법적 성격

(1) 의의

계약교섭의 단계에 들어선 당사자는 서로 상대방의 신뢰에 반하지 않도록 하여야 하고, 만약 일방 당사자의 과실로 말미암아 계약교섭이 부당하게 파기되었거나, 계약체결 도중에 목적이 불능한 계약을 체결할 때에 그 불능을 알았거나 알 수 있었을 자는 계약이 성립하거나 계약이 불성립으로 확정되었더라도 채권관계를 폭넓게 인정하여 불법행위책임뿐만 아니라 계약책임을 지우는 것이 오늘날의 입법[202]과 학설[203]의 태도이고, 판례[204]는 불법행위책임을 인정하는 경향에 있다.

200) 이병준, 전자상거래소비자보호법상의 정보제공의무와 명확성의 원칙, 정보화정책 제11권 3호, 2004년 가을, 30면.

201) 최상호, 앞의 책, 64면.

202) 독일 민법 제241조 2항은 당사자에 대하여 채권관계로부터 상대방의 권리와 법익, 이익에 관한 배려의무가 발생할 수 있음을 규정하고 있고, 제311조는 약정채권관계 및 약정유사채권관계라는 제목 하에 제2항에서 제241조 2항에 따른 배려의무가 계약교섭(Vertragsanbahnung, 1호)이나 당사자의 일방이 발생 가능한 법률행위적 관계를 고려하여 상대방에게 자신의 권리, 법익과 이익에 영향을 미칠 수 있는 가능성을 부여하거나 또는 이를 위탁하는 계약교섭의 준비(2호) 및 이와 유사한 거래적 접촉에서도 성립한다고 규정하고 있다. 우리 민법은 제535조에서 원시적 불능을 목적으로 한 계약을 체결한 경우에 과실 있는 자에게 손해배상책임을 지우고 있을 뿐, 계약체결상의 과실책임에 관한 일반규정은 두고 있지 않다.

203) 곽윤직, 채권각론, 박영사, 2003, 55면 이하; 김형배, 채권각론(계약법), 박영사, 125면. 우리 민법에서 불법행위법에 의하여 포섭되기 때문에 계약책임에의 포섭에 부정하는 견해로는 이

독일에서는 계약당사자들간의 정보의 불균형을 조정하고 고객을 돕기 위하여 계약준비단계에서의 다양한 의무[205]에 의해 기업이 고객에게 정보를 제공하도록 하며, 계약준비단계에서 고객이 전적으로 경험이 없거나 정보에 어두운 것을 이용한다든지 무지 및 고객의 단순성을 이용하여 거래의 중요한 부분을 밝히지 않은 채 방치하거나 진실에 반하여 또는 불완전하게 정보를 전달한 경우에 고객을 보호하려고 한다.[206]

계약 전의 정보제공의무(Obligation précontractuelle de renseignements)는 근대 초기의 개인주의 법사상으로서 채권자와 채무자를 상호 대립하는 관계로 보는 전통적인 계약관으로부터 전환되어서, 계약관계를 채권자와 채무자가 공동의 이익을 추구하는 협력관계로 이해하는 근대계약법의 특징인 계약당사자 사이의 협력의무로부터 파생된 것[207]으로 보기도 하는데, 비교법적으로 프랑스에서 일찍부터 논의된 것으로 보인다.

정보란 영어의 'information'을 번역한 것인데 서양에서도 1940년대 이전의 문헌에서는 거의 나타나지 않는 용어였으며, 우리나라에서는 1960년대에야 본격적으로 사용되기 시작하였다. 정보는 information, renseignement와 conseil로 분류할 수 있다. information, renseignement[208]은 평가를 가하지 않은 사실에 관한 정보를 의미하며, conseil은 사실에 평가를 가하여 행동이나 의사결정의 방향을 좌우할 수 있는 요소를 포함하는 정보이다.[209] 이를 실제 계약을 체결하기까지의 심리상태에 비추

은영, 채권각론, 박영사, 1995; 양창수, 계약체결상의 과실, 고시계, 1986.1., 52면 이하.

204) 대판 2003.4.11. 2001다53059와 대판 2004.5.28. 2002다32301은 계약교섭의 부당한 파기에 대하여 불법행위책임을 인정하고 있다.

205) 설명의무(Hinweispflicht), 자문의무(Beratungspflicht), 교시의무(Belehrungspflicht), 안내의무(Auskunfuspflicht), 고지의무(Anzeigepflicht), 공개의무(Offenbarungspflicht), 조회의무(Erkundigungspflicht), 통지의무(Mitteleilungspflicht), 해명의무(Aufklärungspflicht) 등이 이에 속한다. 최상호, 앞의 책 각주 6) 참조.

206) 이종복, 계약준비단계와 민법-계약전 행태에 관한 민법상의 규범화의 추세, 사법관계와 자율, 이종복교수논문집, 1993, 193면.

207) Y. Picod, Le devoir de loyauté dans l'exécution du contract, LGDL, 1989, n°85; BGHZ 11, 80; MünchenKomm-Emmerich, vor § 275 RdNr. 250ff.

208) information, renseignement을 혼용하고 있으나, information은 입법상의 용어로서 l'obligation d'information은 법률에 의하여 부과되는 의무(un devoir imposé la loi)이고, renseignement는 판례상의 용어로서 l'obligation de renseignement은 판례를 통하여 명시된 의무(un devoir découvert par la jurisprudence)라는 지적도 있다. Muriel Fabre-Magana, De l'obligaion d'information dans les contrats, L.G.D.J., 1992, n°9. 이상욱, 앞의 논문, 각주 13) 재인용.

209) 이에 대해서는 이상욱, 앞의 논문, 100면 이하 참조.

어 과정을 본다면, ① 먼저 어떤 물건이나 용역을 구입하고 싶다는 욕구가 발생하고, ② 그 욕구를 충족시키기 위한 하나 또는 복수의 계약을 계획하고, ③ 그 가운데 어느 계약이 자신의 욕구를 가장 만족시킬 수 있는가를 평가하여 계약을 체결하게 된다고 할 수 있다.

이와 같은 3단계를 거치면서 필요한 정보란 ②단계에서 필요한 정보는 information, renseignement이고, ③단계에서 필요한 정보는 conseil인 것이다. 즉 의무의 대상에 따라 구별되는 것으로서 정보제공의무의 대상인 정보란 평가를 포함하지 않는 사실에 관한 정보이다. 정보제공의무는 가장 일반적으로 가장 낮은 단계에 있는 의무라고 한다.[210)]

따라서 정보제공의무란 계약을 체결하는 당사자간에 정보량의 격차가 있는 거래관계에서 보다 많은 정보를 가지고 있는 일방당사자가 상대방에게 모든 정보를 충분히 알고 나서 계약체결을 위한 의사결정을 할 수 있도록 계약체결의 의사결정을 좌우할 수 있는 중요한 사항에 대하여 일정한 정보를 제공하는 의무를 말한다.[211)] 또한 정보제공의무는 계약체결단계에 있는 당사자에게 단순한 사실을 객관적으로 지적하거나 또는 설명하는 의무이고, 그 사실을 아는 것이 용이하였다거나 또는 목적물의 성질로부터 당연히 알 수 있는 것과 같은 사실에 대하여는 정보제공의무는 존재하지 않는다.

계약체결 전에 존재하는 일반적인 의무로서 정보제공의무는 계약을 체결하려고 하는 자가 계약체결에 필요한 제반사정을 잘 알고 난 후에 계약체결 여부의 의사결정을 할 수 있도록 하는 것과 같이 이 자에 대하여 필요한 정보를 제공하는 의무 즉 계약체결단계에 있는 당사자에게 일정한 사항을 명시할 의무이며, 정보제공을 통하여 적절한 계약교섭관계를 보장하려는 관념이다.

정보제공의무의 개념지표는 첫째, 계약당사자간에 정보량의 격차가 있을 것, 둘째, 계약당사자의 일방이 계약에 필요한 정보를 알고 있거나 알 수 있을 것, 셋째, 정보량에서 우위에 있는 일방당사자가 상대방의 계약체결의 의사결정에 필요하고 중요한 사정에 대하여 정보를 알려야 할 것[212)], 넷째, 위의 의무는 신의칙상

210) 이상욱, 앞의 논문, 100면.

211) 이상욱, 위의 논문, 98면 이하; 최상호, 앞의 논문, 66면.

212) 프랑스판례는 이러한 경우에 전문가에게 결과채무로서의 확인의무를 부과시키면서 이 확인의무를 이행했다는 반증을 용이하게 인정하지 않고 있다고 한다(Y. Boyer, L'obligation de renseignements dans la formation du contrat, th. Aix, 1977, n° 257) 최상호, 앞의 논문 각주

인정되는 법적 의무라는 점이다.

이러한 정보제공의무는 처음에는 소비자거래에서 사업자와 같은 전문가에게만 적용되었지만, 현재에는 비전문가에 대하여도 적용되고 있으며, 당사자의 판단능력이 낮다든가 혹은 고령 등으로 인하여 정보량의 격차가 생겨 있는 경우에도 그 적용이 인정되고 있다.

(2) 고지의무·설명의무와의 관계

고지의무란 계약당사자의 일방이 타방에 대하여 계약과 관련한 사항에 대하여 알릴 의무를 말한다. 민법상에서는 증여자가 그 물건이나 권리에 하자나 흠결을 알고도 수증자에게 고지 않는 경우에, 담보책임을 지도록 하고 있으며(제559조 제1항 단서), 진료계약에서 환자는 자기의 질병·증세·병력·알레르기 체질·거부반응 등 당해 진료에 필요한 사항을 숨김없이 사실대로 의사에게 알려야 한다.[213] 고지의무가 가장 문제되는 것은 보험계약에서일 것이다. 대표적 소비자계약인 보험계약의 체결시 소비자측인 보험계약자 또는 피보험자가 사업자인 보험자에 대하여 계약 전 중요한 사실을 고지하지 않거나 중요한 사항에 대하여 부실(不實)한 고지를 하여서는 안 될 의무를 부담하는데(상법 제651조), 통지의무라고도 한다.[214] 법률이 이와 같이 독자의 고지의무를 두게 된 것은 보험제도의 특수한 기술적 구조에 근거하는 것이라고 할 수 있다.

매매계약에서 매수인이 매도인에게 매매목적물이 계약적합성을 갖추지 못한 경우 고지할 의무가 있는 것인가에 대하여 생각할 수 있는데, CISG 제39조 제1항은 '매수인이 발견했거나 발견해야 하는 계약의 비적합성에 대하여 상당한 시간 내에 특정하면서 고지하지 않은 경우에는 상품의 하자에 대한 권리를 상실한다'고 하며, 네덜란드 민법의 매매규정 또한 매수인에게 동일한 고지의무를 부과하고 있다.[215] 유럽소비자매매지침에서는 각 회원국들에게 선택가능성을 주면서, 소비자의 이익

---

20) 참조.

213) 이은영, 채권각론, 박영사, 1995, 708면.

214) 이와 같은 의무는 권리에 대립하는 의무는 아니나, 만약에 위반하였을 때에는 보험자는 일정한 요건 하에서 그것에 따라서 보험금을 취득할 수 없는 불이익을 입게 된다. 보험계약자의 통지의무나 보험료지급의무와 같이 계약체결로 인하여 생긴 의무가 아니고 이른바 간접의무에 속하는 것으로서 보험자는 이를 강요할 수 없으며, 이에 위반하였다 하더라도 손해배상을 청구하지 못한다.

215) Dutch sales law, Article 7:23 BW

을 위하여 소비자가 계약비적합성을 발견한 후 2월 이내에 매도인에게 고지할 의무를 부과하도록 하고 있다.[216)]

이처럼 정보제공의무가 정보우위자인 전문가나 사업자에게 부과되는 의무라면, 고지의무는 소비자측에서 자기의 권리를 보장받기 위해서는 사전에 혹은 계약성립 후 일정기간 안에 전문가가 사업자에게 일정한 사항을 알려야 할 의무로서, 이 또한 계약관계에서 발생하는 것이 아니라 법정의무라고 보아야 할 것이다.

설명의무란 전문가인 의사에게 주어진 의무로서 가장 많이 다루어지는데, 계약체결과정이나 계약성립 후 전문가나 사업자가 계약체결 전 혹은 계약성립 후 비전문가나 소비자에게 계약의 중요한 내용이나 사항 등에 대하여 설명해 주어야 하는 소비자의 자기결정권을 위하여 인정되는 의무이다. 약관의 규제에 관한 법률 제3조 제3항에서는 사업자는 고객에게 계약체결에 있어서 약관에 정하여져 있는 중요한 내용을 고객이 이해할 수 있도록 설명해주도록 하고 있으며, 자본시장과 금융투자업에 관한 법률 제47조가 금융투자업자가 일반투자자에게 금융투자상품의 내용, 투자에 따르는 위험, 그 밖에 대통령령으로 정하는 사항을 일반 투자자가 이해할 수 있도록 설명할 의무를 부과하고 있다.

정보제공의무가 계약 성립 전에 계약의 의사를 결정할 수 있는 중요한 사항을 제공할 의무라면, 설명의무는 계약성립시 계약의 내용에 대하여 중요한 사항을 설명해야 할 의무 혹은 계약성립 후 자기결정권을 위한 중요한 사항의 설명의무라는 점에서 양자가 차이가 있다. 그러나 양자가 항상 이와 같이 명백하게 구분될 수 없고 중복되는 경우가 많다.[217)] 의사의 설명의무의 법적 근거에 대하여는 자기결정권에서 구하기도 하고, 계약상의 의무, 직무상의 의무에서 찾기도 하는데 계약상의 부수의무로 보아야 할 것이다. 실무에서 간혹 위의 고지의무위반과 약관설명의무위반이 공존할 때 그 효력과 관련하여 다투어지기도 하는데, 이는 그 대상이 중첩이 되는 부분이 존재할 때 발생하게 된다.[218)]

(3) 경고의무·조언의무와의 관계

1) 경고의무 경고의무는 이행의 목적물이 위험성을 내포하고 있는 경우에

216) Article 5 paragraph 2 CSD

217) 정보제공의무를 설명의무, 고지의무, 통지의무, 조언의무와 동의어로 이해하는 견해도 있다. 위계찬, 계약체결과정에서의 설명의무의 근거, 원광법학 제23권 2호, 각주 5) 참조.

218) 대판 1995.8.11. 94다52492.

그 위험에 대하여 경고하여야 할 의무를 말한다. 경고의무는 계약당사자에게 인정되는 것이라기보다는 위험성을 내포하는 물건의 제작과 유통에 관여한 자에게 인정되는 의무로서 제조물책임법 제2조 2호 다목에서 '표시상의 결함'에서 규정하고 있다. 예를 들면 위험한 물건을 생산한 자는 그 사용방법에 관한 정보를 제공하는 것만으로는 부족하고, 발생할 수 있는 위험에 관하여 경고할 의무가 있는 것이다.

2) 조언의무 　조언의무는 전문가로서의 의견을 개진하여 표의자의 의사결정 방향에 영향을 줄 목적으로 이행되는 의무이다. 조언의무가 계약의 급부내용일 경우도 있으나 일정한 거래의 전문적 우월성에 기하여 조언계약과 상관없이 조언의무가 발생하게 된다.[219]

(4) 정보제공의무의 법적 성격

계약교섭이 시작되면 당사자는 상호간에 상대방의 신뢰에 반하지 않도록 하여야 하며, 상대방의 권리나 법익 혹은 이익에 대하여 침해하지 않을 의무를 부담하게 된다. 소비자계약에서 사업자와 같이 소비자에 비하여 어떤 거래에 관하여 지식 정보수집능력을 가지는 당사자에 대하여 정보제공의무가 인정된다고 할 때 이러한 의무를 어떻게 이론구성할 것인가가 문제된다. 정보제공의무는 계약체결단계에서 주관적으로는 상대방의 의사결정에 중요한 사실과 객관적으로는 목적인 행위와 내부적 관련이 있는 중요한 사실의 제공을 내용으로 하는 의무이다.

사업자의 정보제공의무의 법적 성격을 논하기 전에 간단하게 채무구조론과 관련된 지금까지의 논의를 개관해보면, 계약이 성립하면 당사자는 채권·채무관계 속에 편입되며 채무자는 채권자에게 일정한 행위를 하여야 할 의무, 즉 계약의 유형을 결정짓는 급부의무를 부담하게 된다. 뿐만 아니라 채무자는 신의칙상 인정되는 급부의무에 수반하는 다양한 부수의무를 부담하며, 일부 학자들은 계약교섭시부터 계약종료 후까지 계약의 일방은 타방에 대하여 생명, 신체, 재산상의 법익이 침해

---

219) 프랑스법원에서도 공증인, 변호사, 의사 등 일정한 전문인들에게는 조언계약과 관계없이 조언의무의 존재를 인정해왔는데 변호사와 공증인에게 가장 엄격히 적용하고 있으며, 그 밖에 상인도 필요한 경우에는, 고객이 선택한 제품 대신 적합한 대체물건을 추천해야 하며 때에 따라서는 고객이 부적합한 물건을 구매하는 것을 만류해야 하는 의무도 있다고 한다. 이는 상인은 고객에게 조언할 수 있기 위해, 고객이 정확하게 필요로 하는 것을 알아야 하기 때문이라는 점을 든다. Civ.Ire, 5 déc. 1995, Bull. civ., I.453; Civ.Ire, 7 avril 1998, Bull. civ., I.150; 남궁술, 앞의 논문 327면 각주 83) 참조.

당하지 않도록 배려해야 하는 계약법상의 보호의무를 인정하기도 한다.[220)]

먼저 어떠한 이익을 보호하는 의무인가라는 기능의 관점에서, 급부이익보호와 급부이익 이외의 계약체결 전에 이미 가지고 있었던 현상이익 내지 완전성이익보호로 크게 분류할 수 있다. 부수의무는 급부의무의 발생·이행·소멸과정에서 급부이익 및 가치의 실현·보호를 위한 의무로서 인정된다. 이른바 보호의무란 계약 당사자 사이에서 간접적으로 급부이익을 유지하는 기능을 가지는, 채권자와 채무자 사이에서 상호 상대방의 생명·신체·소유권 기타 재산적 이익(현상이익 내지 완전성이익)을 침해하지 않도록 배려해야 할 신의칙상의 부수적 의무이다.

오늘날에는 부수의무의 시간적 범위를 확대하여 채권·채무가 성립하기 이전단계에서부터 신의칙상 당사자가 부담하는 것으로 보며, 이에는 보호의무·배려의무·경계의무·충실의무·설명의무·통지의무·정보제공의무 등과 같은 여러 가지 행위의무가 발생한다고 한다. 특히 보호의무를 부수의무와 구분하여 인정하는 견해에서는 상대방의 생명, 신체, 재산 등에 손해를 주어서는 안된다고 하는 일반적인 주의의무가 계약교섭에 들어감으로써 부담하게 된다고 한다.[221)] 이는 구체적인 급부의무와 견련관계를 가지는 부수의무를 인정하는 시간적 범위가 확대되어가는 추세라는 것을 말해주고 있다.[222)]

그렇다면 소비자계약에서 정보제공의무의 법적 성격을 어떻게 규명하여야 할 것인가. 여기에서의 정보제공의무는 양방당사자에게 요구되는 의무가 아니라 사업자에게 요구되는 의무라는데 특징이 있다. 일반적으로 정보제공의무는 계약당사자간에서 정보량의 격차를 시정하기 위하여 신의성실의 원칙, 계약정의의 실현이라는 이상으로부터 합의의 형성단계에 있어서 양당사자에게 인정되는 의무로서, 이 개념의 등장은 계약당사자의 의무를 확장하는 경향과 관련하여 계약자유의 원칙

220) 기본적 채무(급부의무)와 기본채무 이외의 용태의무로 분류하는 견해(곽윤직, 채권총론(신정수정판), 1999, 86면)와 급부의무와 부수의무로 나누어지며, 급부의무는 다시 주된 급부의무와 종된 급부의무로 나누고 주된 급부의무는 다시 1차적 급부의무와 2차적 급부의무로 나뉘어진다는 견해(김상용, 채권총론, 1996, 27면 이하), 급부의무, 부수적 주의의무, 보호의무로 분류한 다음, 급부의무를 주된 급부의무와 종된 급부의무로 나누는 견해(김형배, 채권총론(제2판), 1998, 32면 이하)가 있다.

221) 판례도 보호의무를 인정하고 있다. 고용계약이나 노무도급계약상의 사용자(대판 1999.2.23. 97다12082. 대판 2002.11.26. 2000다7301), 기획여행계약에서의 여행업자(대판 1998.11.24. 98다25061), 숙박업자(대판 1997.10.10. 96다47302) 등에서 인정하고 있다.

222) 우리 민법 제2조의 신의성실의 개념은 원래 계약의 이행에 관하여 요구되는 개념이다.

을 수정하는 기능을 가지고 있다. 계약자유의 원칙이라는 미명하에 경제적 강자에 의한 경제적 약자의 착취, 정보적 강자에 의한 정보적 약자의 지배를 계약의 유용성과 정의적합성에 의하여 제한하려는 것이다.

원래 정보제공의무의 법적 성격에 대해서는 일률적으로 말할 수 없다. 왜냐하면 이는 보호이익을 기준으로 한 의무의 분류·체계의 문제가 아니라, 채무자가 하여야 할 행위에 착안한 의무의 분류이어서 어떠한 이익이 침해되었는가 하는 것은 문제되지 않기 때문이다. 따라서 정보제공의무위반에 의하여 급부이익이 침해되는 경우도 있고, 또한 현상이익 내지 완전성이익이 침해되는 경우도 있을 수 있다. 하지만 정보제공이 계약상 급부의무로 되지 않는 계약에서는 정보제공의무는 신의칙상의 부수의무 내지 거래상의 주의의무로 보아야 할 것이고, 계약성립 이전의 단계에서부터 인정되어야 할 것이다. 보호의무와 마찬가지로 정보제공의무도 계약상의 채무로 이론구성이 가능하지만, 정보제공의무가 급부의무이거나 계약성립단계에서의 의무가 아닌 계약 성립 이전 단계에서는 계약책임이 아니라 불법행위책임으로 이론구성하여야 할 것이고, 민법의 계약체결상의 과실책임이론이나 착오나 사기이론에 의하여 책임을 물을 수 있다고 할 것이다. 정보제공의무의 법적 성격 문제는 필연적으로 입증책임문제와 연계되는 중요한 문제이다.

3. 비교법적 고찰

2002년의 현대화법개정과 이후의 민법전 개정을 통하여 계약교섭단계에 대한 규정과 소비자계약에서 정보제공의무를 명시적으로 규정하고 있는 독일과는 달리, 우리 민법은 여전히 근대민법의 입법자들의 의사에 따라 평등한 관계에서 자율적으로 이해가 조정되는 계약당사자들간의 합의계약모델에서 출발하고 있다. 무엇보다도 계약체결에서 자유·평등한 계약당사자들의 청약과 승낙의 합치과정에만 관심을 쏟고 있고, 정보량에서 불리한 위치에 놓여있는 소비자의 보호에는 무관심한 바, 이것은 소비자보호에 관한 특별법의 영역에서 다루어지고 있다. 이하에서는 간략하게 정보제공의무에 대한 비교법적 고찰을 하고자 한다.

(1) 프랑스

1) 정보제공의무에 대한 논의 전개

계약전의 정보제공의무(l'obligation de d'information)에 대하여는 프랑스가 판례에 의하여 비교적 선도적으로 도입하고 학계에서 이론적으로 발전시켜 입법까지 연결되었다고 한다.[223] 프랑스에서는 1945년 미셸드쥐글라(Michel de Juglat)에 의해 처음으로 이론적으로 제기되었고, 전문직업인과 소비자간의 계약상 불평등관계가 고조되면서 프랑스 법원이 1960년대부터 주로 '합의의 하자'에 관한 법리해석을 통해 「계약 전 정보제공의무」를 인정하기 시작하였으며, 이 과정에서 소비자보호를 위한 여러 특별법이 제정되었고, 「계약 전 정보제공의무」는 하나의 실정법규범으로서 자리잡게 된다.[224]

계약체결단계에서 당사자에게 일정한 사항에 대한 명시의무를 부과한다는 점에서 계약전의 정보제공의무는 영미법상의 「최고 신의의 계약(contract uberrimae fidei)」 개념과 유사하다고 할 수 있다. 예컨대 보험계약이나 토지매매계약, 주식인수계약이나 특별한 신뢰관계가 요구되는 계약(변호사와 의뢰인, 본인과 대리인, 수탁자와 수익자) 및 가족협정 등과 같은 일정한 유형의 계약에서는 최고의 신뢰(the utmost good faith)로서 계약체결 여부를 결정하는데 영향을 미치는 모든 사정을 고지하여야 할 의무(duty of disclose)를 부담하는 것을 말한다.

계약상 정보제공의무가 판례에 의해 계약 내용의 일부로서 인정되기 시작한 것은 1970년대 매매계약과 관련한 사안이었는데, 즉, 「상인은 판매상품의 사용법과 주의사항을 매수인에게 알려야 한다. 그렇지 않은 경우, 상인은 관련 정보의 결핍 또는 불충분으로 인하여 매수인에게 발생한 손해를 배상하여야 한다」라고 하는 판결을 통하여 인정하기 시작하였으며, 서비스제공계약, 진료계약, 변론계약, 수리계약, 건축계약 등 수많은 판결이 '계약상 정보제공의무'를 인정하고 있다. 프랑스 민법 제1602조 제2항은 매도인에게 자신의 의무내용을 명백하게 설명하도록 하는 계약상 정보제공의무를 부과하고 있고, 제2항은 '불분명하거나 애매한 모든 약정은 매도인에게 불리하게 해석한다'고 하여, 우리 약관규제법 제5조와 같은 취지의 규정을 두고 있다. 판례는 심지어 매매계약의 당사자가 아닌 물건의 제작자에게까지 「계약상 정보제공의무」를 인정하여 책임을 인정하기도 하였다.[225] 이 경우 정보제

---

223) 프랑스의 정보제공의무에 대한 국내 소개문헌으로는 이상욱, 프랑스에서의 계약상 정보제공의무, 영남법학 제1권 제1호, 1994.1., 95면 이하;최상호, 계약상의 정보제공의무에 관한 연구-사기와 착오법리의 적용관계를 중심으로-, 법학논고, 제9집, 1993, 63면.; 남궁술, 법규범의 발전과 판례: 프랑스에 있어서의 '안전배려의무'와 '정보제공의무'의 발전에 있어서의 판례의 역할을 중심으로, 민사법학 제28호, 2005.6., 305면 이하.

224) 남궁술, 위의 논문, 323면.

공의무의 제공에 대한 입증책임을 프랑스민법 제1315조 2항[226]에 근거하여 정보제공의무자에게 부담시키고 있다.

프랑스의 판례는 다양한 형식으로 여러 계약에 '계약상 정보제공의무'를 인정하고 있다. 즉 소비자 또는 일반 비전문인이 정보나 기술면에서 불평등관계에 놓일 수밖에 없는 모든 계약에 「계약상 정보제공의무」를 인정하고 있다고 볼 수 있다. 그리고 이렇게 광범위하게 정보제공의무를 인정하는 실익은 바로 입증책임의 문제 때문이라고 볼 수 있다.[227] 정보제공의무의 법적 근거에 대하여는 일반적으로, '신의성실의 원칙(la bonne foi)'과 프랑스민법 제1134조 3항 "합의는 신의에 따라 성실히 이행되어야 한다"라는 규정에서 찾고, 이는 계약전이라 할지라도 당사자에게 인정될 수 있는 것이라고 한다.[228]

「계약 전 정보제공의무」의 인정근거로서 판례는 프랑스민법 제1116조[229]의 사기(le dol)조항을 근거로 하여 침묵으로 감춰진 사실을 상대방이 알았더라면, 계약을 체결하지 않았을 것이 분명한 경우 사기에 해당하게 되는데, 이에 근거하여 「계약 전 정보제공의무」 위반을 규제하기 위해서는, 소비자는 사업자의 침묵이 의도적이었으며, 또 이 침묵이 당사자의 합의를 이루는데 결정적 역할을 하였다는 입증책임을 부담하게 된다.

2) 정보제공의무의 법제화

가) 소비법전상의 정보제공의무

프랑스는 소비자보호를 위한 개별입법들을 묶어 1993년 소비법전으로 단일화하였는데, 일반 민법규정의 해석에 근거한 「계약 전 정보제공의무」 위반에 대한

225) 이러한 판결에 대하여 최종매수인과 계약관계에 있지 않은 제작자의 책임을 계약책임으로 인정하는데 대하여 '계약책임과 불법행위책임의 전통적 구별로부터 벗어나는 사업자책임을 인정해야 하는가'라는 질문과 함께 비판적인 견해를 제시하기도 하였다. J. Calais-Auloy & F. Steinmetz, Droit de la consommation, Dalloz, 2003, n°53.

226) 프랑스민법 제1315조 제1항은 채무의 이행을 청구하는 자는 채무의 존재를 증명하여야 한다고 규정하고 다시 제2항은 이에 대응하여 자신의 면책을 주장하는 자는 변제 또는 그의 채무를 소멸시킨 사실을 증명하여야 한다고 규정하고 있는데, 제2항에서 정보제공의무의 입증책임의 근거를 정보제공의무자에게 찾고 있다.

227) 남궁술, 앞의 논문 328-329면.

228) 이상욱, 앞의 논문 117-119면.

229) 프랑스민법 제1116조는 「사기는 당사자 일방이 행한 기망행위가 없었더라면 다른 일방이 계약을 체결하지는 않았을 것이 분명한 경우에 합의의 무효원인이 된다. 사기는 추정되지 않으면 증명되어야 한다.」고 규정되어 있다.

법원의 규제의 한계성 때문에 특별법의 제정을 통하여 해결을 시도하였고, 현재 이들 특별법들은 모두 1993년의 소비자보호법전에 통합되어 소비자에 대한 정보제공의무는 앞부분인 제1편 제1장에 규정되어 있다. 먼저 제L111-1조는 일반적 정보제공의무에 대하여 규정하고 있다. 즉, 계약 전 정보제공에 관한 일반적 의무로서 사업자에게 읽기 쉽고 이해할 수 있는 방법으로 사용되는 전달 매체를 고려하여 물품이나 용역의 주요 특징과 가격, 물품의 인도하거나 용역을 실행하기로 약정한 날짜 또는 기한, 사업자의 신원, 주소, 전화번호, 이메일 및 활동에 관한 정보, 보증 관련 정보, 디지털콘텐츠의 기능에 대한 정보, 사업자 간 거래 관련 정보, 보증의 존속 및 보증 실행 방법과 그 밖의 계약 조건에 관한 정보, 소비 중개인 이용 가능성 등의 정보제공의무를 사업자에게 부과하고 있다.

L111-4조는 물품을 제조 또는 수입하는 사업자는 물품사용에 필수적인 부품을 시장에서 구할 수 있는 기간 또는 날짜에 대한 정보를 판매사업자에게 전달해야 하는데, 이는 계약 체결 전에 읽을 수 있는 형태로 소비자에게 전달되어야 하며 물품의 구입 시 서면으로 제공되어야 한다고 규정하고 있다. 그리고 정보제공의무 이행에 대한 증명책임은 사업자가 부담한다(L111-5조). 아레테(arrêté)[230]로 정보제공의 방식을 정한 L.113-3조, 동산매매 시 정보제공의무를 규정한 L.114-1조, 사업자가 소비자에게 계약갱신 여부에 대한 서면정보제공의무를 규정한 L.136-1조와 같이 프랑스 소비자법전에는 일반적 정보제공의무 외에도 여러 군데에 걸쳐 개별적으로 정보제공의무를 규정하고 있다. 특히 통신을 통한 거래에서 인정되는 정보제공의무와 관련해서 소비자법전 L.121-18, L.121-19조에서 언급하고 있고, 방문판매의 경우 L.121-23조가 규정하고 있다.

그리고 이들 각 조문에서 정보제공의무의 성립과 함께 계약의 무효, 해약, 이자채권의 박탈, 철회기간의 연장 등과 같은 위반의 효과에 대해서도 규정하고 있다. 소비법전에서 규정하고 있는 정보제공의무의 위반으로 인하여 사업자와 소비자 간에 분쟁이 있을 경우 사업자가 면책증명을 해야 한다. 정보제공의무를 누가 부담하는지와 관련해서도 소비법전은 규정하고 있는 데, 계약의 갱신에 관한 정보제공의무 부담자는 사업자, 물품의 가격에 관한 정보제공의무 부담자는 판매자, 물품의 인도기한에 관한 정보제공의무 부담자는 사업자임을 소비자법전 L.136-1조,

230) 프랑스에서 일종의 행정명령(법령)으로 한 명 혹은 여러 장관 또는 다른 행정기관의 일반 또는 개별 범위에 대한 집행가능한 결정을 말한다.

L.113-3조, L.114-1조에서 각각 규정하고 있다.

나) 프랑스 민법상의 정보제공의무

2016년 프랑스는 민법을 개정하면서 민법에 모든 계약에 일반적·포괄적으로 적용되는 계약교섭단계에서부터 인정되는 정보제공의무를 규정하였다.[231] 즉 제3권의 제3편 채권의 연원에 속한 계약이란 표제의 제1부속편의 제2장 '계약의 체결'에서 계약 전 단계에 대해 규율하고 있는데, 모든 계약에 적용되는 정보제공의무도 그 중의 하나이다. 프랑스민법에서 정보제공의무 규정의 특징은 사업자에게 부과되는 의무로서가 아니라 계약 당사자 중 정보력의 우위에 있는 자가 열위에 있는 자에게 부담하는 의무로 규정하였다는 점이다. 민법에 모든 사인에게 적용되는 일반원칙으로 규율하였지만 이 규정으로 말미암아 소비자보호를 위한 사업자의 정보제공의무가 입법적으로 해결되었다.

즉 상대방의 의사표시에 있어 결정적인 중요성을 가진 정보를 아는 당사자 일방은, 상대방이 정당하게 그 정보를 알지 못하거나 그 계약상대방을 신뢰하는 한, 상대방에게 이를 알려야 한다(제1112-1조 제1항). 사적 자치에 반하는 정보제공의무의 역기능을 고려하여 '정보의 중요성'을 기준으로 성립을 제한한 것이다. 여기서 결정적인 중요성이란 계약의 내용 또는 당사자의 자격과 직접적이고 중요한 관련이 있는 정보를 말하는데(제3항), 다만 이 정보제공의무는 급부가치의 평가에는 미치지 않는다(제2항). 정보제공의무의 존재사실에 대한 증명책임은 어떤 정보가 그에게 제공되어야 했음을 주장하는 자에게 있고, 이 경우 상대방은 그것을 제공하였음을 증명하여야 한다(제4항). 동조항은 강행규정으로서 당사자는 이 의무를 제한하거나 배제할 수 없고(제5항), 정보제공의무를 위반한 경우 불법행위에 의한 손해배상책임 외에 착오나 사기에 의한 계약의 무효까지 인정될 수 있다(제6항).

(2) 독일

1) 정보제공의무의 규정과 내용

독일민법전(BGB)의 개정은 외부적 환경의 변화를 수용하면서 이루어졌는데, 특히 소비자보호와 관련하여 더욱 그러하였다. 독일채권법현대화에 관한 법률

231) 프랑스 민법개정에서 정보제공의무에 대해서는, 황성일, 계약체결상의 정보제공의무에 관한 연구, 성균관대 박사학위논문, 2018, 100면 이하 참조..

(Gesetz zur Modernisierung des Schuldrechts)에 의하여 주로 소비자보호를 목적으로 하는 개별 특별법들의 주요 내용이 독일민법전의 채권편에 흡수통합되었다. 약관규제법(AGBG), 소비자신용법(VerbrKrG), 방문판매법(HausstürWG), 통신판매법(FernAbsG) 등 특별법들은 소비자 보호를 목적으로 주로 계약 내용의 투명성 보장을 내용으로 하는 다양한 형태의 정보제공과 그 책임을 규정하고 있었는데 이들 특별법들이 민법전으로 통합 흡수되었다.

소비자권리지침의 국내법 전환의 과정에서 해당 지침의 내용이 민법내로 수용되면서 채권편 제3장 제2관 제312조 이하에서 소비자계약에서의 원칙과 특수한 거래형태란 제목 하에 소비자계약에서 적용될 일반원칙과 소비자계약의 유형을 규정하고 있다.[232] 이전의 독일민법에 비하여 가장 두드러지게 개정된 내용은 정보제공에 관한 것이다. 독일에서 정보제공의무와 설명의무는 별개의 개념이 아니라 동의어로 이해하고 있는데, 독일에서는 일찍부터 정보제공의무를 '계약체결상의 과실책임'의 한 유형으로서 판례에 의하여 법형성된 점이 특징이다.

소비자계약으로서 사업자의 유상 급부를 목적으로 하는 것에는 제2관의 제1항과 제2항의 규정들이 적용된다(제312조). 즉, 독일민법 제312조는 소비자계약에 적용될 수 있는 일반규정이다. 동조항의 적용범위는 유상의 급부를 목적으로 하는 계약으로, 영업 공간 외에서 체결된 계약이나 통신판매계약을 통하여 체결되지 않은 계약으로 하고 있다.

독일민법 제312조a 제2항은 사업자는 민법시행법 제246조(소비자계약에서 정보제공의무)가 정하는 바에 따라 소비자에게 정보를 제공하여야 한다고 규정하고 있다. 해당 시행법의 규정에 따르면 물건과 서비스의 본질적인 특징, 사업자의 신원, 전체의 대금과 추가적인 비용, 급부비용 및 그에 관한 조건들, 계약의 기간 및 그 취소, 연장의 기간, 디지털 콘텐츠의 기능성 및 디지털 콘텐츠와 소프트웨어 및 하드웨어 간의 상호호환성 등에 관한 정보를 제공하고 또한 소비자의 철회권에 대해서도 알려야 한다(독일민법 시행법 제246조 제3항). 동조 제2항에 따라 일상적 생활의 거래(Geschäft des tägliches Lebens)이고 계약체결과 동시에 이루어지는 거래에는 해당내용이 적용되지 아니한다. 또한 영업 공간이외에서 체결된 계약과 통신판매계약에

232) 독일민법상의 정보제공의무의 상세는, 김중길, 사업자의 정보제공의무에 관한 비교법적 검토 -유럽공동매매법(안)과 개정 독일 민법을 중심으로-, 민사법이론과 실무 제18권 제3호, 2015.8; 이재호, 소비자계약상 정보제공의무에 관한 연구-DCFR과 독일법과의 비교를 중심으로-, 민사법의 이론과 실무 제21권 제4호, 2018, 277면 이하 참조.

서 관한 정보제공의무를 제공하는 독일민법 시행법 제246a조에 따라 제공된 사업자의 정보제공은, 계약당사자가 명시적으로 다르게 합의하지 않는 한, 계약의 내용이 된다(독일민법 제312d조 제1항).

또한 물건에 대한 법정 하자담보책임(gesetzliches Mängelhaftungsrecht für Waren)의 발생에 대하여 소비자에게 정보를 제공 하여야 함을 규정하고 있다(독일 민법시행법 제246조 제1항 제5호). 이 권리는 철회권의 행사기간이 종료한 이후에도 추가적인 담보권이 보장된다는 것을 내용으로 하고, 사업자는 동 규정의 담보책임이 철회권을 대체하는 효과를 가지지 않음을 소비자에게 서면으로 알려야 한다. 또한 법률에 따른 의무적인 정보제공과 다른 내용으로 합의하는 것은 허용되지 아니 한다.

또 다른 정보제공의무 규정은 제312조의d에서 영업장소 밖에서 체결된 계약 및 통신판매계약에서 사업자는 민법시행법 제246조의a에 좇아 소비자에게 정보를 제공하여야 한다고 하고 있다. 민법시행법 제246조a에 규정된 정보제공의무의 내용으로는 물건과 서비스의 본질적인 특성(1호), 상호, 주소 등 사업자의 신원정보(2호), 제2호에 따른 정보 외에 소비자가 연락할 수 있는 사업자의 주소(3호), 전체대금 및 추가비용(4호), 정기 여행계약에서의 전체대금(5호), 대금의 지급 및 급부의 조건과 시기(7호), 물건 등에 대한 법적인 하자담보책임의 발생(8호), 서비스 및 보증의 발생과 그 조건(9호), 계약의 존속기간 등(11호), 소비자와 계약으로 합의한 의무의 최소기간(12호), 보증금 또는 재정보증의 제공 등(13호), 디지털 콘텐츠의 기능과 디지털 콘텐츠와 하드웨어 소프트웨어와의 상호호환성(14호, 15호)과 사업자가 준수해야 하는 분쟁조정 시스템에 관한 내용(16호) 등이다.

금융서비스에 대한 영업장소 이외의 계약과 통신판매계약의 정보제공 범위는 민법시행법 제246b조에서 규정하고 있다(제312d조 제2항). 독일의 16가지 정보제공의 내용은 EU의 소비자권리지침과 비교할 때 내용적으로 상당히 유사하다. 법정 하자담보책임의 내용은 이전의 EU의 입법내용에서 볼 수 없던 것으로 독일의 소비자보호 수준이 EU의 그것보다 높은 수준으로 설계되어 있다고 볼 수 있다.[233] 정보제공의무의 여부에 대한 증명책임은 사업자가 부담한다.

이러한 내용과 함께 계약의 유형에 따른 추가적인 정보에 관한 사항을 통신판매계약에 대한 것은 독일민법 시행법 제246a조 §3에서, 영업공간 외에서 체결된 계약에 대하여는 독일민법 제312f조에서, 전자적 거래에서 정보제공의무에 관한 내

233) 이재호, 앞의 논문, 295면.

용은 독일민법 제312j조 제1항 2호, 독일민법 시행법 제246c조에서 규정하고 있다. 제312i조는 독일민법시행법 제246c조에 정한 정보를 명료하고 이해될 수 있도록 전달하여야 하고, 고객의 주문이 도달하였음을 지체 없이 전자적 방식으로 확인하여야 하고 계약을 체결할 당시에 계약내용(거래약관 포함)을 불러내고 재현 가능한 방식으로 기억(저장)장치에 저장할 가능성을 제공하여야 한다(동조 제1항 2호·3호·4호).

독일민법 제651조 a의 제3항은 여행계약에서 여행주최자(Reiseveranstalter)는 여행안내책자에 법규명령에서 정한 사항을 포함하도록 정보제공의무를 규정하고 있는데, '여행주최자의 정보제공에 관한 법규명령' 제1조와 제2조가 '독일민법에 따른 정보제공의무와 증명의무에 관한 법규명령 제4조와 제5조에 규정되게 되었다. 이들 규정은 여행설명서 등에 계약 내용을 명확히 기술하도록 규정함으로써 계약 내용의 투명성을 보장하기 위한 것이다.

제492조는 특히 급부 비교를 용이하게 함으로써 경쟁을 촉진하고 서면방식과 정보제공을 통해 소비자를 보호하고자 한다. 제1항은 소비자소비대차계약의 서면방식성과 소비자인 차주가 서명할 계약의 의사표시에 계약 내용에 관한 세밀하고 상세한 사항을 기재할 것을 규정하고 있다(제3문 각호). 이는 소비자소비대차계약의 체결을 위하여 수여한 대리권에도 적용된다(제4항). 제494조는 금융기관 등이 이러한 의무를 위반하여 서면방식을 결여한 경우 소비자소비대차계약 및 그 계약을 체결하기 위한 대리권은 무효가 된다. 제492조 제1항 제1문은 구 소비자신용법(VerbrKrG) 제4조로부터 독일민법에 통합된 규정으로서 소비자인 차주가 과대한 청구를 받을 수 있는 재정적인 의무부담을 깊이 생각하지 않고 소비대차채무를 지게 되는 것을 경고하여 경솔로부터 그를 보호하는 것이다.[234] 또한 소비대차중개계약에 관하여 제655조의 b는 서면주의와 함께 정보제공의무를 전제로 하고 있다. 나아가 상세한 기재사항을 요구하는 제3문은 계약 내용의 투명성을 확보하기 위한 것이다.

구 소비자신용법 제5조를 통합한 독일 민법제493조는 일정한 당좌대월여신계약에서 제492조의 적용을 배제하면서 제2문에서 차주의 대차금 이용 전에 ① 대차금의 최고한도, ② 통지시점에 적용되는 연이율, ③ 이율변경의 조건, ④ 계약종료의 조건 등을 알려주고 대차금 이용 후에는 이율변경의 조건과 계약종료의 조건 등의 정보에 대한 서면에 의한 고지를 규정하고 있다. 제495조는 소비자소비대차

234) 박인환, 계약체결과정에서의 정보제공의무 - 독일에서의 논의를 계기로 하여, 서울대학교 박사학위논문, 2004, 18면.

계약에서 독일민법 제355조에 따른 차주의 철회권을 규정하고 있다.

독일민법 제312조 c는 통신판매에서 사업자가 소비자에게 정보를 제공하여야 할 사항을 민법시행법(EGBGB) 제240조에 근거한 법규명령에 결부시켜 명시적으로 규정하고 있다. 제1항은 계약 체결 전 정보제공의무로서 원격통신수단에 적절한 방식으로 명확하고 이해하기 쉽게 이행하도록 하고 있으며, 제2항은 계약 이행 단계의 정보제공의무로서 늦어도 계약의 완전 이행 또는 물품의 인도시까지 서면의 방식에 의해 행하도록 하고 있다. 그러나 계약체결에서의 결정의 자유보호라는 관점에서는 계약체결 전 의사결정에 관하여는 제1항의 정보제공의무만이 문제된다. 이러한 정보제공의무는 소비자의 급부 내용에 대한 전형적인 정보결핍을 철회권과 정보제공의무라는 고전적 소비자보호수단을 통해서 규범적으로 보충하기 위한 것으로 평가된다.[235)]

또한 독일민법 제355조 제2항은 법률의 규정에 의해 소비자가 철회권을 갖게 된 경우에 소비자의 철회권의 행사기간은 상대방의 철회권에 관한 명확한 고지가 서면방식으로 행해진 때에 개시되는데, 이는 소비자계약에서 소비자의 철회권에 관하여 서면으로 이행될 것을 요구하는 매우 단순한 형태의 정보제공의무이다. 정보제공의무와 관련하여 독일민법에 새로이 추가된 조문은 제434조 제1항 제3문인데 '매도인이나 제조자 또는 그의 보조자가 한 물건의 성상에 관한 공개적 언명, 특히 광고나 상품표시에서 한 언명에 기하여 매수인이 기대할 수 있는 성질도 제2문 제2호의 성상에 포함된다'고 하여 광고나 상품표시에서 한 언명을 물건의 하자 판단의 기준이 되는 성상으로 보고 있다.

독일의 특별법상 정보제공의무에 관련된 규정으로는 독일공정거래법(Gesetz gegen den unlauteren Wettbewerb) 제13조 a는 허위의 오인을 야기하는 것으로 광고의 대상이 되는 인적 범위에서 계약체결에 중요한 광고표시에 대하여 구매자의 철회권을 규정하고 있다. 또한 증권거래소법(BörsG) 제30조 제3항 2호는 공중에게 발행자와 유가증권에 관한 올바른 판단을 가능하게 하는 정보제공으로서 투자설명의무를 부과한다. 그 외에도 보험계약상의 고지의무[236)] 등이 있다.

---

235) Bamberger-Roth/Schmidt-Räntsch § 312c Rdn. 3.

236) 보험계약법(VVG) 제16조 제1항 본문은 보험계약 체결시 위험의 인수에 있어서 중요한, 보험계약자가 알고 있는 모든 사정에 관하여 보험자에 대한 보험계약자의 포괄적인 고지의무(설명의무)를 규정하고 있다.

독일민법은 계약체결과 관련된 정보용태에 대한 책임을 포섭할 수 있는 다양한 규정들을 가지게 되었고, 정보제공에 관한 특별법 규정들은 특별한 주관적 요건과 이례적인 정보상의 이익 상태 내지 특별히 남용에 대해 취약한 오표시에 대한 책임으로 제한된다. 따라서 독일법상 계약당사자의 과실에 의한 기망에 대해서는 규율이 존재하지 않는다. 이에 대하여 판례는 정보제공의무위반으로 인한 책임을 종종 묵시적으로 체결된 독자적인 조언계약에서 이끌어내기도 한다. 이러한 묵시적으로 체결된 조언계약에 기한 법리구성은 설명의무의 근거제시의 부담을 회피하면서도 계약상 의무위반의 책임을 정보제공의무자에게 귀속시킬 수 있다는 점에서 판례가 선호하는 방법이다.[237)]

2) 정보제공의무 위반의 효과

독일민법은 소비자계약에서 정보제공의무를 규정함과 동시에 정보제공의무를 위반한 경우의 제재수단도 마련하고 있다. 구체적으로 살펴보면 소비자에게 요건에 알맞은 정보를 제공하지 않은 경우 정보의 제공 한도에서 소비자로부터 대가를 청구할 수 있도록 하였다. 즉 사업자는 화물운임, 배달요금 또는 발송비 및 기타의 비용에 관하여 민법시행법 제246조 제1항 3호의 요건에 맞게 소비자에게 정보를 제공한 한도에서 소비자로부터 이들 비용을 청구할 있다(제312조의a 제2항 2문·제312조의e). 동법의 개정으로 이러한 내용도 의무적인 정보제공의 범위로 포섭이 되었고, 소비자에게 제공되지 아니한 경우 계약의 내용이 되지 않아 그 비용이 청구될 수 없게 된 것이다.

동법 제357조 제6항, 제7항과 제8항에 따라 사업자가 철회권 행사에 따른 비용에 관한 정보 등을 적절하게 제공하지 않았다면, 소비자에게 물건반환 비용이나 물건사용에 따른 비용을 청구할 수 없다. 즉, 사업자가 정보제공의무를 이행하지 않은 경우, 물품 반송의 비용을 부담하거나(동조 제6항의 반대해석), 물건 가치하락에 따른 손해배상이나 철회권 행사시기까지 제공된 급부비용을 청구할 수 없다(동조 제7항·제8항). 이 규정들은 철회권 행사에 따른 효력의 문제를 소비자 계약상의 정보제공과 연계하여 판단하고 있고, 단순한 계약상의 정보제공에만 그치는 것이 아니라 이를 일정한 권리행사에 따른 효과와 결부시켜 그 의무이행을 담보하려 하고 있다.

---

237) 박인환, 앞의 논문, 139면.

철회권에 관하여 정확한 정보가 제공되지 않은 경우, 철회권의 행사기간이 기산되지 아니하고, 그 기간은 12개월 14일 이후에 만료된다(제356조 제3항). 동규정은 정보제공의무를 철회권 행사의 기산문제와 결부시켜 계약의 당사자를 보호하는 효과를 실현하게 된다.[238]

물론 정보제공의무가 계약의 내용이나 구성부분이 되는 경우에는 계약책임을 지울 수 있고, 독일민법 제123조 제1항에 의한 사기에 의한 의사표시와 사전적 오도에 의한 독일민법 제823조 제1항 불법행위 규정과 제826조의 보호법규위반에 의한 불법행위성립에 의해 규율될 수도 있다. 또한 제438조 제3항은 매도인이 '하자를 알면서 밝히지 아니한 경우'에는 각각 서로 다른 단기의 소멸시효를 규정하고 있는 제1항 제1호, 제2호 및 제2항의 적용을 배제하여 일반소멸시효를 적용하며, 매수인의 악의에 관하여 제442조에서는 '매도인이 하자를 알면서 밝히지 아니한 경우' 이를 물건의 성상에 대한 보증을 인수한 때와 마찬가지로 매수인이 악의라 하더라도 그 하자로 인한 권리를 행사할 수 있다고 규정하고 있다. 또한 하자담보책임의 배제약정에 관한 제444조에서는 '매도인이 하자를 알면서 밝히지 아니한 경우'에는 물건의 성상에 대한 보장을 인수한 경우와 마찬가지로 그는 하자로 인한 매수인의 권리를 배제 또는 제한하는 내용의 약정을 원용할 수 없다고 규정하고 있다.

(3) 미국

일반적으로 영미법 국가에서는 계약체결 이전 단계에서의 정보제공의무를 인정하는데 대하여 부정적이다. 다만 영미에서의 정보제공의무는 「최고 신의의 계약(contracts uberrimae fidei)」과 궤를 같이하는데, 보험계약이나 토지매매계약, 주식인수계약이나 특별한 신뢰관계가 요구되는 계약[239] 및 가족협정 등과 같은 유형의 계약에서 최고의 신의로서 계약체결여부를 결정하는데 영향을 미치는 모든 사정을 고지하여야 할 의무(duty of disclosure)를 부담하는 것을 말한다.

미국에서는 정보제공에 관한 법률로는 금융, 신용, 신용, 품질보증에 관한 연방법에 의하여 규율되며, common law[240] 상의 사기와 과실부실표시, 비양심성,[241] 신

---

238) 이재호, "소비자법상 철회권 행사기간과 그 기산 - 독일과 한국의 비교를 중심으로-", 법학논고 제63집, 경북대학교 법학연구원, 2018.10., 219면.

239) 예컨대 변호사와 의뢰인, 본인과 대리인, 수탁자와 수익자 등의 관계에서 특히 요구된다.

240) 영국에서는 계약체결과정에서 계약당사자에게 정보를 제공할 의무를 부과하는 것에 대하여 초기에 입법은 주저하였는데, 이러한 태도는 상업적으로 가치 있는 정보의 발견에 대한 동기

인의무이론에 의하고 그 밖에 불공정한 거래방법, 허위광고에 관한 연방법이 있고, 정보제공의무위반의 효과에 대해서는 계약의 해제 및 손해배상청구권 등이 인정되고 있다.

먼저 정보제공에 관하여는 사기의 요건을 완화한 부실표시의 이론, 강박의 요건을 완화한 부당위압의 이론이 있고, 더 나아가 계약체결과정에서 사기 및 착오 등에는 해당되지 않지만, 비양심적인 사정이 있거나, 계약조항이 불공정한 경우에 계약의 효력을 부정하는 「비양심성」이론이 판례상 인정되고 있다. 또한 모든 주에서 불공정하면서 기망적인 행위에 대하여 소비자를 보호하는 법률이 제정되었다.

사기, 부실표시에 대하여 살펴보면, 고전적으로 사기(fraud)는 허위의 사실을 표시한 의도적인 기망행위이다. 따라서 허위의 사실을 표시한다고 하는 적극적인 행위를 요하고, 동시에 허위의 사실을 표시함으로서 상대를 기망할 의도를 요한다. 이에 대해서 요건이 완화된 「부실표시」에 의한 계약의 취소가 인정되고 있다. 그 요건은 사실과 부합하지 않은 표시가 행해질 것, 그 표시행위가 사기적인 것이거나 중요한 것일 것, 당사자가 그 표시를 신뢰하여 계약체결의 의사표시를 할 것, 그의 신뢰가 정당한 것일 것이다. 기망의 의도를 요하지 않는다는 점에서 사기와 차이점이 있다. 이 때문에 부실표시자가 기망할 의도가 없다 할지라도, 그 표시를 진실한 것으로 신뢰하고 중대성의 요건을 충족하는 경우에는 부실표시는 성립한다. 또한 중대하지는 않더라도 사기적인 즉 허위인 것에 대하여 악의나 중대한 과실이 있는 경우에는 부실표시가 성립한다.

중대성에 대하여는 객관·주관 두 가지의 기준이 있다.[242] 즉, 중대성은 합리적인 계약당사자라면 그러한 부실표시가 없다면 계약을 체결하지 않았으리라고 인정되는 경우를 말한다(객관적 통상인 기준). 그러나 개별적인 당해 계약당사자에 의해서, 그와 같은 부실의 표시가 행해지면 계약을 체결하지 않았으리라고 인정되는 경우에 중대성이 인정된다(주관적 당사자 기준).

부여의 필요성에 의하여 정당화되었다. Hugh Collins, The Law of Contract, Butterworths, 1997, p.313.

241) 비양심성(unconscionability)의 개념은 common law,와 equity law 양자에 뿌리를 두고 있지만, 우선적으로 equity law에서 발전되었다. 특히 비양심성이론의 적용은 mortgage, trusts, 손해배상(penalty)에서 많이 적용되었다. John D. Calamari/Joseph M. Perillo, The Law of Contracts, West Group, § 9.38, p.366.

242) 설명의무의 상대방으로 되는 소비자는 평균적 소비자와 당해 구체적 소비자로 구분되는 기준과 같다고 할 수 있다.

부실표시는 사실에 대한 것이고, 의견이나 예측에 관한 것은 아니다.[243] 그러나 이 두 가지 사이의 구분은 실제로 용이하지 않고 이 원칙에는 몇몇 예외가 인정된다. 즉, 신뢰관계가 있는 경우, 당해 계약의 목적물에 대해서 특별한 기능 및 판단력을 일방 당사자가 가지고 있는 경우, 혹은 상대방이 어떠한 이유로 부실표시로서 기망하는 상태인 경우에는 의견에 대한 신뢰도 또한 부실표시로서 보호된다. 따라서 사업자와 소비자 사이의 계약에서는 사업자가 표명한 의견에 대해서도 부실표시가 인정될 가능성이 높다.

일부에 대하여 알리지 않는 경우 및 전혀 표명하지 않는 침묵 및 알리지 않는 경우가 부실의 표시로 되는가가 문제되는 경우가 있다. 침묵이나 '알리지 않음'도 또한 당사자에게 신뢰관계가 형성되어 '알림'이 당연히 기대되는 경우 및 상대방이 오해하는 것이 타방 당사자에게 용이하게 판단되는 경우 혹은 일단 언명을 하고 그것이 후에 허위인 것을 알게 된 경우에는 부실표시행위에 해당하는 것으로 된다.

강박에 대해서는 상대방에게 위협을 가하여 계약을 체결한 경우에는 강박을 이유로 취소할 수 있다. 강박의 요건은 위협이 존재할 것(threat), 부당한 위협이 있을 것(improper threat), 그의 위협의 결과 계약체결의 의사표시가 행해졌을 것(inducement by threat)」, 위협의 정도가 상대방이 계약체결의 의사표시를 하지 않으면 안 될 정도로 충분히 중대할 것(sufficiently grave threat)이다. 원래 강박은 당사자 및 가족의 생명·신체에 대한 협박의 경우에 한정되었지만, 점차 완화되어 재산에 대한 협박을 포함하게 되었고, 경제적 이익에 대한 경제적 위협(economic duress)의 유형을 인정하게 되었다. 부당성도 또한 처음에는 위법한 경우 및 불법행위가 성립하는 경우에 한정되었지만, 현재는 합법적인 행위(예컨대 고소를 하는 행위나 담보권의 실행)인 경우에도 부당성이 인정되고 있다. 예컨대, 계약상 인정되는 해제권을 행사하여도 그것이 별도의 이익을 얻기 위해 행사되는 경우에는 부당한 협박으로 된다.

부당위압의 법리는 체결과정에서 행하는 것이 부당하여도 그것이 '중대한 부당한 위압'을 구성하지 않는 경우에는 강박이 되지 않는다. 부당한 설득의 결과 불공정한 거래가 되는 경우에, 예컨대 강박에 해당하지 않아도 거래의 피해자를 구제하였는데, 이것이 형평법상의 제도로서 전개되었다. 부당외압은 부당한 설득에 대해 약자이면서 능력이 떨어지기 때문에 영향을 받는 자를 그와 같은 설득을 행하

243) Keeton, Fraud; Misrepresentation of Opinion, 21 Minn. L. Rev. 643, 1937; John D. Calamari/Joseph M. Perillo, supra, §9.17 The representation: Facts Versus Opinion, p.330.

는 특별한 지위에 있는 자의 영향으로부터 보호하고자 하는 것을 목적으로 한다. 그 요건은 당사자간의 특별관계와 강자의 약자에 대한 부당한 설득에 의한 계약체결이고, 그 요건을 충족한 경우에는 계약은 취소할 수 있게 된다.

설득 또한 체결과정에서 나타나는데 어떠한 것이 부당한 설득인가가 핵심이다. 결국 불공정한 설득과 공정한 계약체결의 문제로 된다. 그러나 어떠한 것이 공정한 것인가는 사정에 따라 결국 자유롭고 충분한 능력에 기한 의사결정 및 판단에 대한 중대한 침해가 있는가가 중요하다. 고려요소로서는 독립한 제3자의 조언을 받을 기회가 있었는가, 충분히 고려하기 위한 시간이 충분한가, 약자의 상황이 어떠한가를 들 수 있다. 이러한 고려요소의 하나가 존재한다면 거래결과의 불균형이 존재한다고 할 수 있다. 따라서 여기에서도 내용의 공정이 판단요소의 하나가 되고, 부당외압의 판단은 체결과정과 내용의 종합판단의 성격을 띠게 된다.

4. 우리나라에서의 정보제공의무

(1) 법 률

우리 민법에서는 직접적으로는 정보량의 격차가 있는 계약당사자들간에 열위에 있는 일방당사자를 배려하는 일반적인 규정은 두고 있지 않다.[244] 입법자는 계약성립의 문제와 계약성립 이후의 법적 효과 문제에 대해서 주로 초점을 맞추고 있다. 다만 2015년에 채권자가 보증계약을 체결할 때 보증계약의 체결 여부 또는 그 내용에 영향을 미칠 수 있는 주채무자의 채무관련 신용정보를 보유하고 있거나 알고 있는 경우에는 보증인에게 그 정보를 알려주어야 하는 정보제공의무를 부과하는 규정을 신설하였다(제436조의 2).

오늘날 계약관계에 있는 당사자에게 급부의무 이외에 신의칙상 인정되는 부수의무 이외에 보호의무 내지 충실의무, 설명의무 등이 학설에 의하여 폭넓게 지지되고 있지만, 대등한 당사자들간의 합의에 의한 계약을 상정하고 있는 민법에서는 계약당사자간에 정보제공의무를 여전히 적극적으로 인정하고 있지는 않다.

계약체결상의 고지·설명의무와 관련하여 당사자들은 계약의 성립과 실현에 관

244) 사업자와 소비자간의 계약에 관한 입법례 중의 하나인 일본 소비자계약법에서는 설명의무에 관한 규정으로 제3조에 정보제공노력의무를 규정하고 있고, 제4조 2항에 불이익사실의 불고지에 대한 규정을 두고 있다.

하여 중요한 의미를 가지는 사실을 상대방에게 알려야 할 의무를 부담하지만, 이와 같은 고지·설명의무는 계약체결과 연관될 수 있는 모든 위험(Risiko)이나 결과를 알려주어야 하는 의미는 아니라고 본다.[245] 정보제공의무는 사업자와 소비자간의 소비자계약과 전문가와 비전문가 사이의 계약에서 그 의의를 갖는다고 할 수 있고 소비자계약을 규율하는 특별법에서 사업자에게 정보제공의무를 부과하고 있다.

1) 소비자기본법상 알권리 　소비자계약에서 사업자의 정보제공의무는 소비자의 알권리에서 출발한다. 헌법상의 기본권인 알권리는 국가기관에 대한 정보공개청구권의 문제[246]로 나타나게 되지만, '소비자의 권리로서 알권리'는 소비자기본법 제4조 2호에 그 근거를 두고 있다. 동조 2호는 소비자의 권리 중의 하나로서 소비자에게 「물품 등을 선택함에 있어서 필요한 지식 및 정보를 제공받을 권리」를 인정하고 있으며, 소비자기본법 제3장 제2절은 사업자의 책무를 규정하고 있는데, 제19조 제3항에서 「사업자는 소비자에게 물품 등에 대한 정보를 성실하고 정확하게 제공하여야 한다」고 하여 사업자에게 정보제공의무를 부과하고 있다.

2) 소비자계약 특별법상 정보제공의무 　소비자계약에 관한 특별법들로서는, 우선 「약관의 규제에 관한 법률」 제3조가 사업자에게 약관의 내용에 대한 명시의무와 약관의 중요한 내용에 대한 설명의무를 부과하고 있으며, 「방문판매등에 관한 법률」 제7조 및 제16조는 방문판매업자와 다단계판매업자에게 계약체결 전 정보제공의무를 부과하고 있다. 즉, 방문판매자등은 계약을 체결하기 전에 ① 방문판매업자등의 성명(법인인 경우에는 대표자의 성명을 말한다)·상호·주소·전화번호·전자우편주소(1호), ② 방문판매원등의 성명·주소·전화번호·전자우편주소(다만 방문판매업자등이 소비자와 직접 계약을 체결하는 경우는 제외한다)(2호), ③ 재화 등의 명칭·종류 및 내용(3호), ④ 재화 등의 가격과 그 지급방법 및 시기(4호), ⑤ 재화 등의 공급 방법 및 시기(5호), ⑥ 청약의 철회 및 계약의 해제의 기한·행사방법·효과에 관한 사항 및 청약철회 등의 권리 행사에 필요한 서식(6호), ⑦ 재화 등의 교환·반품·수리보증 및 그 대금 환불의 조건과 절차(7호), ⑧ 전자매체로 공급이 가능한 재화 등의 설

245) 김형배, 채권각론(계약법) 신정판, 박영사, 2001, 128면. 계약을 체결하려는 자는 계약과 관련된 시장조건, 중요한 법률규정, 기타의 부담 등에 관해서 스스로 정보를 알아야 하기 때문이다.

246) 물론 기본권의 제3자적(대사인적) 효력으로서 '기본권으로서 알권리'를 국가기관뿐만 아니라 정보면에서 우위적 지위에 있는 사업자와 열위적 지위에 있는 소비자간의 거래인 소비자계약에서 사업자에 대한 소비자의 권리로서 소비자에게 인정할 수도 있다.

치·전송 등과 관련하여 요구되는 기술적 사항(8호), ⑨ 소비자피해보상·재화 등에 대한 불만 및 소비자와 사업자 사이의 분쟁처리에 관한 사항(9호), ⑩ 거래에 관한 약관(10호)와 그밖에 소비자의 구매 여부 판단에 영향을 주는 거래조건 또는 소비자의 피해구제에 필요한 사항으로서 대통령이 정하는 사항(11호)에 대하여 알리고 설명하도록 하고 있다.

「할부거래법」 제3조는 목적물의 종류 및 내용, 현금가격, 할부가격, 각 할부금의 금액·지붊회수 및 시기와 할부수수료율의 실제 연간요율에 대해서 표시하고 매수인에게 고지할 의무를 부과하고 있으며, 제4조에서는 할부거래의 내용과 조건을 기재한 서면에 의하도록 하고 있다.

「전자상거래등 소비자보호에 관한 법률」(이하 전자상거래소비자법이라 칭함)은 전자상거래와 통신판매 양자를 규율하고 있는데, 계약체결을 전후하여 신원 및 거래조건 등에 관한 광범위한 정보를 제공하도록 하고 있다. 즉 동법 제10조는 사이버몰의 운영자는 소비자가 사업자의 신원 등에 대하여 쉽게 알 수 있도록 ① 상호 및 대표자 성명, ② 영업소 소재지 주소, ③ 전화번호·전자우편주소, ④ 사업자등록번호, ⑤ 사이버몰의 이용약관, ⑥ 소비자보호를 위하여 필요한 사항으로 대통령령이 정하는 사항에 대하여 표시하도록 규정하고 있고, 제13조에서도 통신판매업자[247]에게 판매자의 신원 및 거래조건에 대하여 정보를 제공하도록 하고 있다. 이러한 신원에 관한 정보제공의무는 전자상거래 및 통신판매가 갖고 있는 비대면 거래의 특성상 소비자가 계약체결 상대방에 관한 충분한 정보를 갖게 함으로서 전자거래의 안전성 및 신뢰성을 확보하고자 하는 것이다. 특히 제2항 9호는 약관에 의한 정보제공을 하도록 규정하고 있다.[248]

금융소비자보호법 제19조는 정보제공의무의 일환으로 금융상품판매업자에게 설명의무를 부과하고 있다. 즉, 금융상품판매업자등은 일반금융소비자에게 계약체결을 권유하는 경우 및 금융소비자가 설명을 요청하는 경우에는 상품에 따른 중요한 사항(금융소비자가 특정사항에 대한 설명만을 원하는 경우 해당 사항으로 한정한다)을 일반금융소비자가 이해할 수 있도록 설명하여야 한다(제19조 제1항). 보장성상품, 투자

247) 통신판매업자의 정보제공의무를 경제법적인 의무와 사법상의 의무가 결합되어 있는 것으로 보기도 한다. Härting, Fernabsatzgesetz, Rdn. 13 f. zu § 2; Lütcke, Fernabsatzrecht, Rn. 4 zu § 312 c.

248) 전자상거래소비자보호법상의 정보제공의무에 대하여는 이병준, 전자상거래소비자보호법상의 정보제공의무와 명확성의 원칙, 정보화정책 제11권 제3호, 2004년 가을, 30면 이하.

성상품, 예금성 상품, 대출성 상품, 연계·제휴서비스 등에 적용되며, 설명서 제공의무를 법정화하였다(동조 제2항).[249]

각 상품에 따른 중요한 사항으로는, 보장성 상품의 경우 상품의 내용, 보험료(공제료 포함), 보험금 지급제한 사유 및 지급절차, 위험보장의 범위, 그 밖에 위험보장기간 등 보장성상품에 관한 사항으로 대통령령으로 정하는 사항이다. 투자성 상품의 경우 상품의 내용, 투자에 따른 위험, 대통령령으로 정하는 투자성 상품의 경우 금융상품직접판매업자가 정하는 위험등급, 그 밖에 금융소비자가 부담해야 하는 수수료 등 투자성 상품에 관한 중요한 사항이다. 예금성 상품의 경우 상품이 내용, 그 밖에 이자율, 수익률 등 중요한 사항, 대출성 상품의 경우 금리 및 변동 여부, 중도상환수수료 부과 여부·기간 및 수수료율 등 상품의 내용,[250] 상환방법에 따른 상환금액·이자율·시기, 저당권 등 담보권 설정에 관한 사항, 담보권 실행사유 및 담보권 실행에 따른 담보목적물의 소유권 상실 등 권리변동에 관한 사항, 대출원리금, 수수료 등 금융소비자가 대출계약을 체결하는 경우 부담하여야 하는 금액의 총액, 그 밖에 대출계약의 해지에 관한 사항 등 대출성 상품에 관한 중요한 사항이다.

3) 그 밖의 법률 규정 「공인중개사의 업무 및 부동산의 거래신고에 관한 법률」 제25조는 중개대상물에 대한 설명의무를, 「가맹사업거래의 공정화에 관한 법률」 제7조는 프랜차이즈계약체결시 정보공개서의 제공의무를 규정하고 있다.[251] 또한 「여신전문금융업법」 제18조는 거래조건의 주지의무라는 제목 하에 신용카드업자는 신용카드회원에게 ① 신용카드업자가 정하는 이자율·할인율·연체율 등 각종 요율 ② 신용카드·직불카드 이용금액의 결제방법 ③ 신용카드회원 등에 대한 책임 등에 대하여 알릴 것을 규정하고 있다.

상법 제638조의 3 제1항은 “보험자는 보험계약을 체결할 때에 보험계약자에게

249) 대법원은 고객보호의무의 일환으로 금융회사는 상품의 특성, 위험도의 수준, 고객의 경험 및 능력 등을 종합적으로 고려하여 금융상품의 특성과주요 내용 및 거래에 수반하는 위험을 고객이 이해할 수 있도록 명확히 설명할 의무가 있다고 하고 있다. 대판 2010.11.11. 2010다55699; 공사채형 투자신탁의 경우 투자권유자의 고객에 대한 설명의무의 내용에 대한 판례로는, 대판 2003.7.11. 2001다11802.

250) 금융소비자보호법에서 수수료사항이 법상 설염의무대상으로 명시되어 있으나 갈수록 수수료체계가 복잡해지는 경향이 있음을 고려할 때 수수료항목을 별도로 표시하고, 수수료체계 및 선취·후취의 구별과 그 의미 및 계약이전수수료, 해지시 추징세금까지 설명하게 하는 것이 바람직하다. 안수현, 앞의 발표문, 9면.

251) 동법은 소비자계약을 규율하는 법률은 아니지만 정보격차가 있는 가맹본부와 가맹희망자 사이에서 가맹사업자에게 정보제공의무를 부과하고 있다는 데 의의가 있다.

보험약관을 교부하고 그 약관의 중요한 내용을 알려주어야 한다"고 규정하여 보험자의 정보제공의무를 규정하고 있다.[252] 이와 약간 성질은 다르지만 제651조는 보험계약당시에 보험계약자 또는 피보험자가 고의 또는 중대한 과실로 인하여 중요한 사항을 고지하지 아니하거나 부실의 고지를 한 때에는 보험자에게 계약해지권을 주고 있는데, 앞에서 언급되어온 소비자보호와는 무관하지만 소비자에게도 일정한 계약의 내용이 사업자의 이익과 밀접한 관련을 맺는 경우에는 고지의무를 부과하고 있다.

「보험업법」 제95조의2 제3항은 보험회사는 보험계약의 체결 시부터 보험금 지급 시까지의 주요과정을 대통령령으로 정하는 바에 따라 일반보험계약자에게 설명하여야 하고, 제4항은 일반보험계약자가 보험금 지급을 요청한 경우에는 대통령령으로 정하는 바에 따라 보험금의 지급절차 및 지급내역 등을 설명하여야 하며, 보험금을 감액하여 지급하거나 지급하지 아니하는 경우에는 그 사유를 설명하여야 한다고 규정하고 있다. 또한 제97조는 보험계약의 체결 또는 모집에 종사하는 자는 보험계약자 또는 피보험자에 대하여 사실과 다르게 알리거나 보험계약의 계약조항의 일부에 대하여 비교한 사항을 알리거나 보험계약의 계약조항 중 중요한 사항을 알리지 아니하는 행위를 하지 못한다고 규정하고 있다.

「자본시장과 금융투자업에 관한 법률」 제47조는 금융투자업자에게 일반투자자를 상대로 투자권유를 하는 경우에는 금융투자상품의 내용, 투자에 따르는 위험, 그 밖에 대통령령으로 정하는 사항을 일반투자자가 이해할 수 있도록 설명하여야 한다(제1항). 또한 위의 설명을 함에 있어서 투자자의 합리적인 투자판단 또는 해당 금융투자상품의 가치에 중대한 영향을 미칠 수 있는 사항(중요사항)을 거짓 또는 왜곡(불확실한 사항에 대하여 단정적 판단을 제공하거나 확실하다고 오인하게 할 소지가 있는 내용을 알리는 행위를 말한다)하여 설명하거나 중요사항을 누락하여서는 아니 된다고 규정하고 있다(제3항).

(2) 학 설

학설은 사업자의 정보의무위반의 경우 사기에 의한 의사표시가 성립하기 위해서는 사기자의 고의, 위법한 기망행위, 기망행위에 의한 표의자의 착오, 착오에 기

252) 보험자의 정보제공의무에 대하여는 유주선, 보험자의 정보제공의무 -독일과 한국의 비교법적인 관점에서-, 보험학회보, 제79집, 08-04, 93면 이하.

한 의사표시가 있어야 한다고 한다. 또한 상대방을 착오에 빠트리려는 고의와 착오에 기하여 의사표시를 하게 하려는 고의의 이단의 고의가 필요하다고 한다. 학설은 더 나아가 침묵도 경우에 따라서는 기망행위가 될 수 있다고 한다. 즉 표의자의 부지를 이용하여 침묵에 의하여 착오에 빠지게 한다든가, 또는 표의자가 이미 착오에 빠져 있는 정도를 침묵에 의하여 더욱 심하게 하는 것은 기망행위가 될 수 있다고 하거나, 신의성실의 원칙 또는 거래관념에 비추어 어떠한 상황을 고지할 법률상의 의무가 있음에도 불구하고 이를 고지하지 않음으로써 표의자에게 실제와 다른 관념을 야기하거나 강화하거나 유지하게 하는 침묵도 기망행위에 포함된다고 한다.[253] 이 때 고지의무의 존부는 당해 거래행위의 성질 등을 고려하여 신중하게 결정하여야 하는 바, 조합계약이나 고용계약과 같이 특별한 신뢰관계를 요하는 것은 고지의무가 광범위하지만, 일시적 계약인 매매는 고지의무가 특별한 비난가능성이 있는 때에만 존재한다 할 것이다.[254]

(3) 판 례

우리나라 판례는 어떤 사실을 고지하지 않았다는 것이 기망행위가 되지 않는다고 하는 판례도 있으나,[255] 대체로 부작위에 의한 기망행위를 인정하고 있다. 즉 부동산 거래에서 거래 상대방이 일정한 사정에 관한 고지를 받았더라면 그 거래를 하지 않았을 것이 경험칙상 명백한 경우에는 신의성실의 원칙상 사전에 상대방에게 그와 같은 사정을 고지할 의무가 있으며, 그와 같은 고지의무의 대상이 되는 것은 직접적인 법령의 규정뿐 아니라 널리 계약상, 관습상 또는 조리상의 일반원칙에 의하여도 인정될 수 있고,[256] 상대방에게 과실이 있는 경우에도 고지의무가 면해지는 것은 아니라고 한다.[257]

253) 김상용, 민법총칙, 1993, 567면; 이영준, 민법총칙, 1987, 408면.

254) 최상호, 앞의 논문, 70면.

255) 환매권 양도체결당시 국가가 목적부동산을 원소유자에게 환매하기로 결정하여 환매절차 상신중에 있었다는 사실을 양수인이 알고 있었다 하더라도 양수인이 그 사실을 양도인이 환매권자에게 고지하여 주었어야만 할 의무는 없다 할 것이므로 이를 고지하지 않았다 하여 기망행위가 있었다고 볼 수 없다고 한다. 대판 1984.4.10. 81다239.

256) 대판 2006.10.12. 2004다48515; 대판 2007.6.1. 2005다5812·5829·5836

257) 대판 2007.6.1. 2005다5812·5829·5836에서 일단 고지의무의 대상이 되는 사실이라고 판단되는 경우 이미 알고 있는 자에 대하여는 고지할 의무가 별도로 인정될 여지가 없지만, 상대방에게 스스로 확인할 의무가 인정되거나 거래관행상 상대방이 당연히 알고 있을 것으로 예상되는 예외적인 경우가 아닌 한, 실제 그 대상이 되는 사실을 알지 못하였던 상대방에 대하여는

정보제공의무에 관한 구체적인 판례를 보면, 매매목적인 공장대지 842평 중 234평이 계약 당시 이미 도시계획선에 걸려 도로부지로 편입되어 있는 경우에 매수인이 그 사실을 알면서도 그 공장이 꼭 필요해서 이를 매수하였다는 등 특별한 사유가 있거나 계약조항에 그에 관한 대목이 끼어 있거나 적의가격조절(適宜價格調節)이 되었다는 등 특단의 사정이 없으면 계약당시 매도인이 매수인에게 그 사실을 고지하였다고는 인정하기 어려울 것이라고 하여 매도인의 기망행위를 인정하고 있다.[258] 또한 토지의 매매계약서에 매수인의 매수목적 즉 건물건축의 목적으로 매수한다는 내용이 표시되지 않았다고 하여도 매수인인 피고인이 그러한 매수인의 매수목적을 알면서 건축이 가능한 것처럼 가장하여 이를 오신한 매수인과 사이에 매매계약이 성립된 것이라면 위와 같은 피고인의 행위는 사기죄의 구성요건인 기망행위에 해당하는 것이고 매매계약상 매수목적이 표시되지 않았다고 하여 기망행위가 아니라고 볼 수는 없다고 하여 기망행위를 인정하였다.[259]

또한 건설산업기본법에 따라 설립된 공제조합이 그 조합원과의 보증위탁계약에 따라 조합원이 도급받은 공사 등의 계약이행과 관련하여 부담하는 계약보증금의 납부에 관한 의무이행을 보증하기 위하여 계약보증서를 발급하는 방법으로 그 도급인과 보증계약을 체결하는 경우, 공제조합은 그 조합원이 도급계약에 따른 채무를 이행하지 아니함으로 말미암아 도급인에게 부담하게 될 채무를 보증하는 것이므로, 선급금의 액수와 그 지급방법 및 선급금이 정하여진 용도로 실제 사용될 것인지 여부 등은 보증사고에 해당하는 수급인의 채무불이행 여부를 판정하는 기준이 되는 계약상 중요한 사항으로서 조합원 등이 이를 거짓으로 고지할 경우 공제조합에 대하여 기망행위를 인정하였다.[260]

정보제공의무로서 설명의무에 대한 판례가 최근에 금융거래에서 주로 나타난다. 금융투자업자가 일반투자자를 상대로 투자권유를 하는 경우에는 자본시장법에 의거 금융투자상품의 내용, 투자에 따르는 위험, 그 밖에 대통령령으로 정하는 사항을 일반투자자가 이해할 수 있도록 설명하여야 하고, 투자자의 합리적인 투자판

비록 알 수 있었음에도 알지 못한 과실이 있다 하더라도 그 점을 들어 추후 책임을 일부 제한할 여지가 있음은 별론으로 하고 고지할 의무 자체를 면하게 된다고 할 수는 없다고 하여 아파트분양사업자에게 고지의무위반에 따른 손해배상책임을 인정하고 있다.

258) 대판 1971.5.24. 70다2878.

259) 대판 1985.4.9. 85도167

260) 대판 2002.11.26. 2002다34727

단 또는 해당 금융투자상품의 가치에 중대한 영향을 미칠 수 있는 중요사항을 거짓 또는 왜곡하여 설명하거나 중요사항을 누락하여서는 아니 된다 이 경우 금융투자업자가 투자자에게 어느 정도의 설명을 하여야 하는지는 해당 금융투자상품의 특성 및 위험도의 수준, 투자자의 투자경험 및 능력 등을 종합적으로 고려하여 판단하여야 한다.[261]

증권회사나 투자신탁회사의 임직원은 고객에게 금융상품에 대해 권유할 때에는 그 투자에 따르는 위험을 포함하여 당해 금융상품의 특성과 주요내용을 명확히 설명할 의무가 있고, 특히 투자에 따르는 위험과 관련하여 투자권유자는 채권시장의 시가 변동에 의한 위험, 발행주체의 신용 위험, 그리고 만약 외국채권을 신탁재산에 편입하는 때에는 환시세의 변동에 의한 위험이 존재하고 이로 인하여 원본손실의 가능성이 있다는 사실 등을 설명하여야 할 것이나, 고객에게 어느 정도의 설명을 하여야 하는지는 투자 대상인 상품의 특성 및 위험도의 수준, 고객의 투자경험 및 능력 등을 종합적으로 고려하여 판단하여야 한다고 한다.[262]

또한 설명의무는 의사의 설명의무와 관련한 판례가 있고, 약관규제법 제3조의 설명의무에 관한 판례가 있다. 우선 의사와 환자의 법률관계를 판례는 계약관계로 구성하기보다는 의사의 주의의무위반의 경우에 불법행위에 의하여 손해배상청구권을 인정하는 편이다. 의료계약의 법적 성질에 대하여 학설은 위임계약에 준하는 무명계약으로 보는 것이 다수설이지만, 용역제공형[263]으로서 의료계약은 의료공급자인 의사측과 의료소비자인 환자측 사이의 일종의 소비자계약으로 볼 수 있다. 이 경우 의사측의 사전 설명의무에 대해서는 판례는 인정하고 있는데, 즉, "의사는 반드시 병을 완치시켜야 할 의무를 부담하는 것은 아니라 할지라도 최선의 주의로써 병을 치료하기 위한 충분한 조치를 다할 의무가 있고, 환자에 대한 수술은 물론, 치료를 위한 의약품의 투여도 신체에 대한 침습을 포함하는 것이므로, 의사는 긴급한 경우 기타의 특별한 사정이 없는 한, 그 침습에 대한 승낙을 얻기 위한 전제

---

261) 대판 2018.7.20. 2016다35352; 대판 2010.11.11. 2008다52369.

262) 대판 2003.7.11. 2001다11802에서는 이러한 설명의무위반을 과실로 보아 불법행위책임에 따른 손해배상책임을 인정하고 있다.

263) 용역제공형 소비자계약으로서는 의료계약 이외에도 변호사와의 수임계약, 경비용역계약 등을 들 수 있고, 특히 변호사는 의뢰인이 말한 사실관계에 맞추어 그와 관련된 모든 법률관계를 설명해주어야 할 설명의무가 있으며, 의뢰인이 사건위임의 결정을 하는데 필요한 정보를 제공해주어야 할 의무가 있다.

로서 환자에 대하여 질환의 증상, 치료방법 및 내용, 그 필요성, 예후 및 예상되는 생명, 신체에 대한 위험성과 부작용 등, 환자의 의사결정을 위하여 중요한 사항에 관하여 사전에 설명함으로써 환자로 하여금 수술이나 투약에 응할 것인가의 여부를 스스로 결정할 기회를 가지도록 할 의무가 있고, 이러한 설명을 아니한 채 승낙 없이 침습한 경우에는, 설령 의사에게 치료상의 과실이 없는 경우에도 환자의 승낙권을 침해하는 위법한 행위가 된다"고 하고 있다.[264]

의사의 설명의무의 법적 근거에 대하여 환자의 자기결정권 등 여러 견해가 있지만, 환자의 진료채무라는 급부의무와 병존적으로 존재하는 독립적 부수의무[265]로 볼 수 있으며, 판례는 의사의 설명의무를 계약상의 요소로 보기보다는 불법행위의 한 구성요건인 과실요건의 범주의 하나로 보면서[266] 의료기술상의 과실과는 별개의 주의의무로 보는 것[267]이 주류이다.

매매계약과 관련하여 설명의무를 주의의무로 보는 판례가 있는데, 대추나무 재배농민이 농약을 혼용살포한 결과 약해로 수확이 감소했다는 이유로 농약판매상을 상대로 손해배상을 청구한 사안에서, 현재까지 대추나무용 농약에 관하여는 농약관리법의 규정에 따라 고시된 농약이 전혀 없고, 또 대추나무에 그 농약을 혼용살포할 수 있는지의 여부 및 그에 따른 약해 유무 등에 관하여 뚜렷한 기준이 없다 하더라도, 원고를 비롯한 대추나무 재배농민들이 종래 농약판매업자인 피고와 상의하여 사과나 배 등의 일반과수에 고시된 농약을 선택하여 대추나무에 혼용살포하여 왔다면, 피고로서는 원고에게 농약을 판매할 때에 그 농약의 성능, 사용방법 등에 관하여 정확한 설명을 하여 줄 주의의무가 있고, 그 성능 등에 관하여 알지 못하면서 함부로 그 사용에 관한 지시나 권유를 하여서는 안될 주의의무가 있다고 하여 설명의무를 주의의무의 한 내용으로 파악하고 있다.[268]

---

264) 대판 1995.2.10. 93다52402도 의사가 환자에게 수술 등 인체에 위험을 가하는 행위를 함에 있어 그에 대한 승낙을 얻기 위한 전제로서 환자 본인 또는 그 가족에게 그 질병의 증상, 치료방법의 내용 및 필요성, 발생이 예상되는 위험 등에 관하여 당시의 의료수준에 비추어 상당하다고 생각되는 사항을 설명하여 그 환자가 필요성이나 위험성을 충분히 비교하여 그 의료행위를 받을 것인가의 여부를 선택할 수 있도록 하여야 할 의무가 있다고 하여 의사의 설명의무를 인정하고 있다.

265) 대판 1987.4.28. 86다카1136.

266) 대판 1994.11.25. 94다35671.

267) 대판 1987.4.28. 86다카1136.

268) 대판 1995.3.28. 93다62645.

그 밖에 정보제공의무와 관련된 판례는 대부분 법령상 인정되는 설명의무나 고지의무, 정보제공의무 위반과 관련되어 있다. 주로 약관규제법상 제6조의 약관의 명시·설명의무, 상법 제638조의 3 제1항의 보험자의 정보제공의무 등과 관련된 판례이다.

5. 정보제공의무의 판단기준과 위반의 효과

(1) 정보제공의무의 판단기준

1) 서언

앞에서 살펴보았듯이 약관규제법, 금융소비자보호법, 할부거래법, 전자상거래 등 소비자보호법 등과 같은 소비자계약법에서 설명의무 내지 정보제공의무의 근거규정을 가지고 있고 더 나아가 구체적인 정보제공의무의 내용에 대하여 규정하고 있는 경우에는 그에 따라 정보제공의무의 내용과 위반책임을 묻게 될 것이다. 그러나 위와 같은 소비자계약법으로 규율되지 않는 새로운 형태의 소비자계약이 등장하고 있고, 또한 전문가시대의 도래와 함께 전문가와 비전문가 사이의 법률관계에서 발생하는 분쟁도 증가일로에 있다. 과연 이러한 법률관계의 경우에 정보제공의무가 존재하는지의 여부와 정보제공의무가 인정된다면 어떠한 기준으로 어떠한 내용으로 될 것인지가 모색되어야 한다.[269)]

먼저 계약체결단계에서의 정보제공의무에 대해 살펴보면, 정보제공과 관련하여서는 두 가지 측면에서 고려할 수 있다. 하나는 계약당사자의 잘못된 정보에 관한 상대방보호의 문제이며, 다른 하나는 계약결정과 관련한 정보제공을 하지 않는 경우이다. 전자는 적극적인 정보제공의무위반의 문제이며 후자는 소극적인 정보의무위반의 문제이다. 적극적으로 잘못된 정보의 제공의 경우 정보제공의무위반으로 평가[270)]하는데 어려움이 없는데 반해, 정보제공의무의 부작위를 위법한 의무위반으로 평가하기 위한 정보제공의무의 확정은 그 예외적 성격과 법률의 명시적 규정

269) 정보제공의무의 정당화근거에 대해서 당사자간의 정보량의 격차에서 찾는 견해가 주류를 이루지만, 사회전체의 거래비용이라는 측면에서 정보우위자가 그 비용을 부담하여야 한다는 견해, 정보접근의 평등성에서 구하는 견해, 사업자의 전문성에서 구하는 견해 등이 있다. 이에 대한 상세한 설명에 대해서는 박정기, 계약체결과정에 있어서의 정보제공의무, 토지법학 18호, 2002.12, 71면 이하 참조.

270) Soergel/Wiedermann, Vor § 275 Rdn. 153.

이 없으므로 독일민법학에서도 매우 어려운 문제로 인식되고 있다.[271] 따라서 언제 어떠한 조건하에서 계약체결의 일방 당사자가 상대방에 대하여 정보제공의무를 부담하는가를 해명하는 것은 정보제공의무에서 가장 중요한 문제이다.[272]

2) 정보제공의무의 존재를 인정하기 위한 요건

정보제공의무가 존재하기 위해서는 먼저 계약당사자의 일방이 계약에 필요한 정보를 알고 있거나 알 수 있어야 한다. 이 때 당사자의 일방이 그 분야의 전문가인 경우에는 악의로 추정되어 그 정보를 알고 있었던 것으로 인정할 수 있을 것이다. 그러나 정보를 알고 있는 것만이 아니라 그 정보가 상대방의 의사결정에 결정적인 역할을 하는 것을 알고 있거나 또는 알 수 있어야 한다.

정보제공의무가 존재하기 위한 실질적 요건으로서 계약당사자간에 심한 정보량의 격차가 있을 것과 계약의 중요한 요소에 관하여 일방 당사자가 그 사실을 알고 있을 것, 다음으로 상대방은 그 사실을 알지 못하며 그 무지가 정당할 것 등을 기본적 요건으로 한다.[273] 따라서 보험계약에서 거래상 일반적이고 공통적인 것이어서 보험계약자가 설명 없이도 충분히 예상할 수 있는 것은 보험자의 설명의무의 대상이 되지 않는다고 한다.[274]

가) 계약당사자간 정보량 격차의 존재 계약당사자간에 심한 정보량의 격차가 있어야 하는데 이는 정보량의 기본적인 불균형을 의미한다. 전통적인 계약이론에 의하면 계약의 내용이나 효력에 관하여는 표의자 자신이 조사하여야 하며, 그 조사를 태만히 하였기 때문에 불리한 계약을 체결한 경우에는 그 위험은 자신이 감당하는 것이었다. 그러나 현대에 들어와 당사자간에 정보량의 격차가 인정되는

271) 박인환, 계약체결과정에 있어서의 정보제공의무, 서울대학교 박사학위논문, 2004, 57면.

272) 현재 독일의 설명의무의 요건을 구체화를 위한 노력은 사례들 특히 의무발생적 사실들의 성질을 기준으로 하는 추상적 징표에 의해 체계화하거나 법률관계의 종류에 따라 설명의무 사례를 정리함으로써 행해진다. 전자에 관해서는 Soergel/Wiedermann Vor § 275 Rdn. 155ff; Soergle/Teichmann, § 242 Rdn. 139ff; MünchKomm/Roth, § 242 Rdn. 269ff; MünchKomm-Emmerich, § 275 Rdn. 81ff. 후자에 관해서는 Soergel/Wiedermann Vor § 275 Rdn. 265ff; Soergle/Teichmann, § 242 Rdn. 143ff; MünchKomm/Roth, § 242 Rdn. 316ff; MünchKomm-Emmerich, § 275 Rdn.95ff; Staudinger/Löwisch, Vor § 275 Rdn. 81ff.

273) 이상욱, 앞의 논문, 각주 92) 참조. 정보제공의무의 근거와 체계적 위치와 관련하여 실질적 근거로서 정보량의 격차를 들고 법적 근거로서 계약전의 신의성실을 들기도 한다. 최상호, 앞의 논문, 67-68면.

274) 대판 2008.8.21, 2007다57527.

여러 계약들이 등장하게 되는데 대표적인 경우가 소비자계약이고 정보제공의무는 사업자에게 요구되는 의무이다.

이러한 의무를 부과하여야만 양자 사이에 힘의 균형이 회복되며, 이것이 곧 성실한 계약교섭의 전제가 된다. 그러므로 정보제공의무의 유무를 판단하는 데는 당사자의 위치에 부가하여 정보의 격차 정도나 계약 내용의 복잡성 등을 구체적으로 고려하여야 한다. 정보화가 진전되고 사업자의 전문성이 높아질수록 계약 당사자 사이의 정보량의 격차는 증대하고 있으며, 이에 따라 전문가 내지 생산자·판매자 등에게 정보제공의무를 부과해야 할 범위도 점차 증대하고 있다. 그러나 정보제공의무를 부과하는 것은 아니며, 비전문가인 비당사자가 그 정보를 모르는 것이 정당한 경우에 한하여 인정되어야 한다.

우리 소비자기본법의 해석에서 사업자에는 자연인과 법인 양자를 포함하는 것으로 해석해야 할 것이고, 물품의 제조자와 수입업자·판매업자 및 용역제공자가 사업자에 해당하는데, 대부분의 경우에는 기업이 사업자가 될 것이다. 또한 정보제공의무는 전문가에게 요구되는 의무이다. 넓은 의미에서 진료계약과 변호사수임계약도 의료공급자와 의료소비자, 법률서비스공급자와 법률서비스소비자로 보면 소비자계약으로 보게 되어서 앞의 경우에 포섭될 수도 있겠지만, 현재 소비자계약법에 의하여 규율되지 않기 때문에 이러한 전문가와 비전문가간의 계약에서 전문가에게 요구되는 의무이다.

나) 계약의 중요한 요소에 대한 당사자 일방의 인식 내지 인식가능성 계약의 중요한 요소에 관하여 당사자 일방이 그 정보를 알고 있거나 알 수 있을 것을 요한다. 계약의 중요한 요소[275] 내지 사정에 관하여 고려되어야 할 것으로 독일에서 논의되는 것[276]으로는 ① 계약의 유효성에 대한 위험, ② 계약목적에 대한 위험, ③ 계약이행에 대한 위험, ④ 계약위험, ⑤ 신용위험, ⑥ 비용증가위험, ⑦ 등가성에

275) 판례는 약관에서 설명의무의 대상이 되는 '중요한 내용'이라 함은 사회통념에 비추어 고객이 계약체결의 여부나 대가를 결정하는 데 직접적인 영향을 미칠 수 있는 사항을 말하고, 약관 조항 중에서 무엇이 중요한 내용에 해당하는지에 관하여는 일률적으로 말할 수 없으며, 구체적인 사건에서 개별적 사항을 고려하여 판단하여야 한다고 한다. 대판 2008.12.16. 2007마1328 결정; 대판 2007.8.23. 2005다59475,59482,59499

276) 독일의 논의에 대한 자세한 것은 박인환, 박사학위논문, 58-65면 참조. 정보제공의무의 판단기준으로서 '중요한 요소' 이외에 정보제공의 기대가능성에 대한 이익형량요소를 꼽고, ① 정보제공의무자의 정보와 정보필요에 대한 인식 ② 당사자간 (신뢰)관계의 강도 ③ 당사자의 인적 특성을 들고 있다.

대한 위험, ⑧ 사용가능성에 대한 위험이다.

계약의 유효성에 대한 위험이란 모든 계약 당사자는 상대방에게 자신이 알고 있는 계약의 유효성에 대한 우려를 알려주어야 한다. 이것은 특히 방식을 필요로 하는 거래에서 중요하다. 서면의 작성, 관청의 허가, 증명의 취득의 필요성에 대하여 정보를 제공하여야 한다. 이러한 의무위반시 관청의 허가 거부 때문에 계약이 무효가 되는 경우 계약체결상의 과실책임의 문제가 된다.

계약목적에 대한 위험이란 모든 당사자는 자신에게 가능하고 기대가능한 한도에서 상대방의 계약목적을 좌절시킬 수 있거나 계약 이행시 상대방에게 특별한 위험을 발생시킬 수 있는 사정들에 대하여 설명할 의무를 진다. 계약체결 교섭시에 계약목적이 좌절될 것이 확실하거나 그러할 개연성이 있고 따라서 상대방의 계약체결에 중요한 사정들에 대하여, 계약상대방에게 설명할 의무가 존재한다.

계약이행에 대한 위험이란 모든 계약의 교섭당사자가 상대방에게 예정되어 있는 계약의 이행 또는 적기의 이행을 방해할 개연성이 있는 장애에 대하여 지적할 의무를 지는 것을 말한다. 특히 근로계약의 당사자들은 매우 엄격한 요구를 받는다. 또한 원칙적으로 계약위험은 계약당사자가 스스로 부담하지만, 계약의 특성과 구조에 결부된 위험이 전형적으로 거래 경험이 적은 교섭당사자에게 파악될 수 없거나 파악이 곤란한 경우, 계약에 결부된 법적 위험에 대하여 설명할 의무가 존재하게 된다. 신용위험과 관련하여 원칙적으로 상대방에게 자신의 재산상태를 설명할 의무는 존재하지 않지만, 예외적으로 계약 상대방에게 보호가치 있는 이익이 있는 경우에는 실제의 재산상태를 알려줄 의무를 부담하게 된다.

비용증가위험이란 교섭 상대방의 반대급부 자체 또는 계약의 이행을 위해 필요한 지출과 비용에 대하여 증가할 우려가 있는 경우 알려주어야 할 의무이다. 따라서 계약당사자의 계산의 기초가 되는 사실들, 예컨대, 지출, 비용, 건축기술적 장애 등에 관한 정확한 진술에 실패한 경우 책임이 인정될 수 있다. 등가성에 대한 위험은 계약 그 자체는 적법하게 이행되었지만 경제적 관점에서 반대급부가 일방 계약당사자에게 자신의 급부에 대한 충분한 등가성을 갖추지 못한 경우로서 매도인이 가격산정시 매수인에게 특별히 유리한 조건으로 행해진 것처럼 사실에 반해서 위장하거나 계약목적물의 거래가치에 불리한 영향을 미치는 사정에 대하여 진술을 하지 않을 때 발생한다.

사용가능성에 대한 위험은 계약목적물 자체에는 하자가 없지만 채권자에게 사용가능성이 없거나 제한되는 경우이다. 이러한 위험도 원칙적으로 채권자 자신이 지지만 계약의 일방당사자가 전문가로서 특별한 지식을 가지고 있고 교섭 상대방이 거기에 의존하지 않을 수 없는 경우에 책임이 발생한다.[277)]

또한 정보제공자로 상정되는 당사자는 그 정보를 알고 있어야 한다. 소비자계약에서 사업자와 전문가에게 이 악의는 추정되어 그 정보를 알고 있었던 것으로 인정되는 경우가 많다고 할 것이다. 그러나 정보를 알고 있는 것만이 아니라 그 정보가 상대방의 의사결정에 결정적인 역할을 하는 것을 알고 있거나 또는 알 수 있어야 한다. 따라서 악의에 대한 입증책임은 사업자나 전문가에게 있다고 보아야 한다.[278)]

다) 상대방의 의사결정에 결정적 역할을 할 것 계약에 있어서 정보제공의무가 인정되기 위해서는 그 정보가 상대방의 의사결정에 중요한 역할을 하여야 한다. 계약당사자의 일방은 그 정보가 상대방의 의사결정에 결정적인 역할을 하는 것을 알고 있거나 또는 알 수 있어야 한다. 소비자계약관련 법률들에서 이러한 정보들을 명시하여 정보제공의무를 부과하기도 하는데, 법률에 명시적인 규정이 없는 경우에는 상대편(소비자 또는 비전문가)의 입장과 통상인을 기준으로 하여 당해 정보가 의사결정에 결정적인 역할을 하게 되는지의 여부가 판단되어야 한다.

라) 정보에 대한 상대방의 무지와 그 무지의 정당성 계약의 상대방은 그 정보에 대하여 알지 못하며 그 무지가 정당할 것을 요한다. 원칙적으로 계약의 내용이나 효과 등에 대하여는 자신이 스스로 조사하여야 하고 그 불이익 내지 위험에 대하여는 자신이 부담하여야 하지만, 위의 요건들을 충족한 경우, 상대방에게 조사의무가 없을 것, 즉 상대방의 부지가 정당할 것이 정보제공의무의 성립요건이 된다. 대체로 다음과 같은 경우에는 일방 당사자의 무지가 정당한 것으로 인정된다.

① 스스로 조사할 의무를 이행할 수 없는 경우 먼저 객관적인 측면에서 매매, 임대차, 소비대차와 같은 계약에서는 대부분 당사자 중 정보제공의무를 부담하게 될 자가 목적물을 소지하고 있기 때문에 그 목적물의 법적·사실적 상태를 조사할 수 없는 경우를 들 수 있다. 주관적인 측면에서는 정보제공을 받게 될 자의 개인적인 능력 때문에 조사가 불가능한 경우를 들 수 있다. 프랑스의 판례는 사기의

277) Soergel/Wiedemann, Vor § 275 Rdn. 171.

278) 특히 매도인이 전문적인 전문가인 경우에는 확인의무를 부과하는 프랑스 판결도 있다. Cass. civ. 3e, 3février 1981, D1984, 457, note. J. Ghestin.

성립 여부를 판단할 때, 상대방의 판단능력이 낮다거나 고령인 점을 고려하고 있으며, 착오에 관하여는 착오자의 'faute'[279] 유무를 판단하는데 착오자의 연령이나 직업, 경험 등을 고려하고 있다. 이 경우 정보를 조사하는 것이 불가능한 경우란 절대적으로 불가능할 필요는 없고, 정보를 아는데 중대한 어려움이 있는 정도면 족하다.[280]

② 상대방에 대한 신뢰가 정당할 것 계약의 성질상 신뢰가 정당하다고 인정되는 경우란 위임계약, 고용계약, 조합계약 등 계약당사자간의 특별한 신뢰관계를 전제로 하는 계약 등을 들 수 있다. 특히 전문가가 일반인과 계약하면서 그 계약의 내용이나 목적물에 대한 일정한 내용을 알려 줄 의무를 부담하게 되는 경우이다. 그러한 전문가로서는 의사, 변호사, 공증인, 건축사, 은행가, 증권업자, 보험업자, 공인회계사, 전문적인 기계의 매도인이나 임대인, 부동산중개업자, 운송업자, 자동차수리업자, 수의사 등을 들 수 있다.

이 경우에 전문가에게 정보제공의무가 부과되는 것은 계약의 내용이나 목적물이 전문적이기 때문에 정보제공의무를 부과함으로써 당사자간의 힘의 균형을 회복하는 것이 성실한 계약교섭의 전제가 되기 때문이다. 따라서 정보제공의무의 유무를 판단하는 데는 당사자의 지위에 부가하여 정보의 격차 정도나 계약 내용의 복잡성 등을 구체적으로 고려하여야 한다.

③ 허위 또는 부정확한 정보가 제공된 경우 정보제공의무는 침묵에 의한 사기와 밀접하게 결부되어 논의되고 있으나, 동시에 정확한 정보를 제공할 의무를 포함하는 개념이다. 따라서 정보제공의무를 위반하게 되는 태양으로서는 정보제공의 부작위뿐만 아니라 작위에 의한 허위 또는 부정확한 정보를 제공한 경우도 포함한다. 허위 또는 부정확한 정보가 제공된 경우에는 그 정보제공으로 말미암아 상대방은 내심적으로 정보를 조사하려던 필요성이 소멸하게 된다고 하여 그에 대한 상대방의 신뢰를 정당하다고 보는 것이다. 그 결과 상대방이 스스로 조사할 의무를 다하지 않았다는 항변은 허용되지 않는다. 허위정보가 제공된 경우에는 상대방도 전문가이고 일반적으로 정보에 관해 조사할 의무가 있는 경우라 하더라도 상대방의 조사의무는 요구되지 않는다.

279) 프랑스 특유의 개념이며 과책 정도로 이해되는 용어이다.
280) 이상욱, 앞의 논문, 각주 101) 참조.

3) 정보제공의무의 범위와 강도

계약단계 내지 계약성립 후의 정보제공의무의 범위와 강도는 계약유형과 계약내용에 의해 판단되거나, 각 계약의 특수성 - 계약유형, 교섭의 기간과 강도. 교섭당사자의 인식상태와 기능범위 등- 에 따라 결정된다. 급부 자체가 정보제공인 계약유형에서는 정보제공의무는 급부의무가 되겠지만, 컨설팅계약이나 변호사수임계약, 진료계약, 중개계약, 여행계약과 같은 계약유형에서도 정보제공의무 내지 설명의무는 단순한 부수의무 이상의 채무로 볼 수 있다. 구체적으로는 설명, 정보제공, 조언, 지시, 고지, 경고의무로 나타나게 되고 특히 소비자계약에서는 약관에 의하여 많은 정보가 제공되게 된다. 또한 매매와 같은 일시적 계약에서는 사전정보제공의무가 문제되고,[281] 계속적 계약에서는 사전정보제공의무 뿐만 아니라 계약체결 이후의 정보제공의무가 중요하게 된다. 또한 계약종료 이후에도 급부한 물건이나 용역에 대한 추가적인 정보제공의무가 발생하기도 한다. 특히 소비자계약에서는 계약의 이행 이후라도 공급한 제품이나 용역의 결함에 의한 소비자의 생명, 신체, 재산의 완전성이익이 침해될 가능성이 있는 경우에 사업자는 경고의무, 고지의무, 설명의무를 갖는다고 보아야 한다. 소비자법으로서 의미를 갖는 제조물책임법 제4조 제2항은 제조자에게 제조물을 공급한 후에 당해 제조물에 결함이 존재한다는 사실을 알았거나 알 수 있었음에도 그 결함에 의한 손해의 발생을 방지하기 위한 적절한 조치를 하지 아니한 때에는 책임을 지우고 있다.

(2) 정보제공의무 위반의 효과

1) 개관

정보제공의무위반의 경우에 의무위반 당사자에게 어떠한 법적 책임을 물을 수 있는가는 일률적으로 논하기에는 어려움이 있다. 그러나 우선 고려할 수 있는 것이 정보제공의무위반으로 인하여 계약의 목적을 달성하기 어렵게 되거나 계약을 유지하는 것이 계약의 일방당사자 특히 소비자계약에서 소비자에게 부당하게 되는 경우에는 계약을 해소할 필요성이 제기된다. 만약 각 특별법상에서 계약의 해소나 하자담보책임, 손해배상, 그 밖의 과태료나 벌금 등에 대하여 규정하고 있는

281) 매매에서는 일반적인 정보제공의무의 기준이 적용되게 된다. 따라서 매수인이 계약체결을 결정할 때 중요한 의미를 갖는 사정을 알지 못하는 반면, 매도인이 그것을 알고 있고, 정보제공이 가능하고 기대할 수 있다면 매도인은 그러한 사실을 매수인에게 설명하여야 한다.

경우에는 특별법에서 정하고 있는 바에 따라 정보제공의 위반의 책임을 지우면 되지만 구체적으로 그러한 규정이 없는 경우에 문제가 된다.

정보의무위반의 문제를 민법상의 법리로서 프랑스나 독일, 영미에서처럼 착오(제109조)·사기·강박(제110조) 및 채무불이행(제390조), 불법행위책임(제750조) 및 계약체결상의 과실(제535조), 선량한 풍속 및 사회질서 위반(제103조)이나 불공정한 법률행위(제104조)에 의하여 규율이 가능하다.

어떤 의무위반으로 인한 책임의 법적 성질은 위반된 당해 의무의 성격, 특히 그 보호목적을 고려하여 파악되어야 한다. 따라서 정보제공을 내용으로 하는 계약이 인정되거나 당해 구체적 계약목적의 이행과 실현을 위한 부수적 급부의무로서 정보제공의무가 문제되는 경우에는 계약책임을 물을 수 있다. 그러나 계약체결과정에서의 정보제공의무의 고유의 문제성은 그러한 조언계약이 인정될 수 없거나 계약성립 이전단계의 정보제공이 문제됨으로써 쉽사리 계약책임이 수반되는 계약상의 부수의무로 파악할 수 없다는 데 있다. 이 경우에 계약체결상의 과실책임으로 보거나 불법행위책임으로 이론구성할 수밖에 없다.[282)]

그 이외에 민법상의 각종 전형계약의 정보제공의무관련 규정에 의한 규율이 가능하고, 소비자계약 관련 특별법상의 정보제공의무 관련 규정에 의하여도 그 책임이 발생하게 된다.

앞에서 살펴보았듯이 정보제공의무 및 설명의무의 규정을 가지고 있는 소비자계약에 관한 특별법들인「전자상거래 등에서의 소비자보호에 관한 법률」,「.등에 관한 법률」,「할부거래에 관한 법률」,「약관의 규제에 관한 법률」,「여신전문금융업법」,「금융소비자보호에 관한 법률」은 소비자계약에서 중요한 역할을 하지만 그 성격상 사법과 경제법적인 색채를 함께 띠고 있고, 위의 법률들은 정보제공의무위반의 경우에 벌칙 내지 과태료를 가하고 있다.[283)]

2) 계약의 해소

계약 성립 후 계약의 일방당사자인 사업자에 의한 정보제공의무위반의 경우에 계약을 유지하는 것이 소비자에게 너무 가혹하거나 계약의 공정성을 해치는 경우, 계약의 목적을 달성할 수 없는 경우에는 소비자로 하여금 계약관계로부터 벗어나게 할 필

282) 박인환, 앞의 논문, 306면.

283) 전자상거래소비자법 제43조, 약관규제법 제34조, 방문판매법 제16조에서 계약체결전의 정보제공의무를 규정하고 있지만 이의 위반시 벌칙규정이나 과태료 규정을 가지고 있지 않다.

요가 있다. 이 경우 소비자로서는 사업자에 의한 사기를 주장하여 취소하거나 중요부분의 착오에 의한 취소권을 행사할 수도 있고, 계약의 해제를 할 수도 있다.[284]

가) 사기법리의 적용 사업자에 의한 적극적인 잘못된 정보가 제공된 경우에는 적극적인 기망행위로서 굳이 정보제공의무위반의 문제로 보지 않더라도 제110조에 의한 사기에 의한 의사표시로 보아야 한다.[285] 다만 현대의 계약은 그 내용의 복잡성·전문성 등으로 인하여 비전문가인 일반소비자들은 계약에 관한 정보의 부족으로 상당히 불리한 입장에 놓이게 되므로 정보제공의무의 존재를 인정하고 이 의무의 불이행은 사기에 의한 의사표시에 해당한다고 보아야 한다. 즉 계약상대방에 대한 적극적인 잘못된 정보의 제공뿐만 아니라 계약상대방이 그 내용을 알았다면 계약을 체결하지 않았을 것이라는 사실을 그 상대방에게 숨기는 침묵에 대하여는 사기를 인정하는 방향으로 사기법리를 확장하여야 할 것이다.[286] 특히 소비자계약에서는 정보력에서 우월한 사업자로서는 신의칙상 정보제공의무를 부담하며 이 의무의 위반은 사기에 해당한다고 보아야 한다. 과실에 의한 정보제공의무위반의 경우에도 사기가 성립한다는 견해[287]에 대하여는 찬성할 수 없다. 오히려 특정상황에서 작위의무 있는 자의 부작위(침묵)에 의한 정보제공의무위반인 경우에 고의에 의한 사기와 동일시할 수 있다면 제110조의 사기에 해당한다고 보아야 한다.

다만 사기 법리를 적용한다 하더라도 소비자측에서 사업자의 이단의 고의, 즉 소비자를 착오에 빠트리게 하려는 고의와 착오에 의하여 의사표시를 하게 하려는 고의를 증명해야 하는 문제가 남기 때문에 실제로 구제되기까지 어려운 점이 존재한다.

나) 착오법리의 적용 우리나라에서는 표의자의 조사의무를 강조하는 입장에서 표의자에게 중대한 과실이 있는 경우에는 착오로서 취소할 수 없게 되어 있으나(민법 제109조 1항 단서), 정보제공의무를 도입하게 된다면 상대방의 정보제공의무와 표의자의 조사의무간에 형평을 고려한 새로운 해석론이 기대된다고 하겠다.[288] 정보제공의무와 착오와 관계에서 중요한 것은 상대방이 착오자의 착오상태

284) 독일에서는 판례와 학설은 정보제공의무위반에 대하여 보다 일반적인 구제수단으로 계약체결상 과실책임을 인정하면서, 그 효과로서 손해배상법상 원상회복으로서 계약해소청구권과 금전에 의한 차액보상청구권을 인정한다.

285) 최상호, 계약상의 정보제공의무위반에 관한 연구 -사기와 착오법리의 적용관계를 중심으로-, 경북대 법학연구소, vol. 9, 1993, 73면.

286) Cass. civ. 3°, 2 octobre 1974, Bull. civ. Ⅲ. n°330, p.251.

287) 최상호, 위의 논문, 74면.

를 이용하는 불성실한 행동을 한 경우에 이것이 착오로 인한 의사표시의 성립에 어떠한 영향을 미치는가 하는 문제이다.

착오로 인한 의사표시를 취소하기 위하여는 법률행위의 내용의 '중요부분'에 착오가 존재해야 한다. 또한 착오로 취소를 하려면 표의자에게 중대한 과실이 없어야 한다. 정보제공의무가 존재하고 정보제공의무위반으로 말미암아 착오에 의한 의사표시를 하는 경우에 표의자의 중과실을 필요로 하는가? 소비자계약에서 민법상의 원칙인 청약의 구속력을 배제하여 일정한 기간 내에 아무런 사유 없이 청약의 철회권을 인정하고 있기 때문에 소비자는 착오를 이유로 하여 취소를 하는 경우에는 중대한 과실은 결정적 요건은 아니라고 할 것이다.[289)]

정보량의 격차가 심한 소비자계약이나 전문가와 비전문가 사이의 계약에서는 사업자나 전문가에게 계약의 내용이나 목적물에 대한 일정한 내용을 알려준 신의칙상 정보제공의무를 인정해야 하며, 이 때 그들이 자신에게 부과된 의무를 해태하면 당연히 그에 대한 책임을 추궁해야 하며, 그 결과로 나타나는 것이 상대방의 정보제공의무위반으로 인하여 불이익을 당한 표의자에게 착오로 인한 취소를 인정하는 것이다. 이와 같이 착오가 성립하는가를 판단함에 있어서는 표의자의 상대방의 행위태양을 고려하여 그 상대방에게 불성실한 행위가 있는 경우에는 이것과 관련하여 표의자의 노력을 관찰하는 것이 바람직하며, 이 때에는 착오가 인정되기 쉬울 것이다.[290)]

주의하여야 할 것은, 전자상거래와 같이 온라인상에서 전자문서에 의하여 정형적으로 거래가 이루어지는 경우에는 표시된 대로 법률효과를 인정할 필요성때문에 착오법리를 적용할 가능성이 줄어든다는 점이다.

사기와 착오가 경합하는 경우에는 그 요건과 효과가 다르므로 주장자는 어느

---

288) 이상욱, 앞의 논문, 124면.

289) 동지, 최상호, 앞의 논문, 78면. 일본에서는 소비자계약을 염두에 두고 소비자의 인식과 객관적 사실의 불일치가 있으면 착오의 범위를 확장하여야 할 것이라는 견해(長尾治助, 消費者私法の原理, 1992, 105面), 표의자의 중과실에 착안하여 사업자에게 정보제공의무가 인정되는 경우에는 중과실을 인정하지 않음으로써 요건을 완화하려는 견해(森田宏樹, 合意の瑕疵の構造とその擴張理論(一), NBL 482號, 1991, 28面)가 주장되고 있다.

290) 효과의사에 이르게 되는 동기에 착오가 있는 경우를 상정할 수 있는데, 예로서 지하철역의 부지로 예정되어 있지 않는 토지를 예정되어 있는 것으로 오신하여 토지를 매매한 것을 들 수 있다. 정보제공의무위반으로 말미암아 동기의 착오를 유발하여 의사표시를 한 경우 동기의 착오의 문제로 볼 수 있다.

쪽이든 그 요건을 입증하여 취소할 수 있다고 하여야 할 것이다.

다) 계약해제권 정보제공의무위반의 경우에 계약해제권을 인정할 것인가. 일반적으로 계약상의 급부의무위반의 경우에 계약해제권이 발생하며 부수의무나 보호의무위반의 경우에는 계약해제권은 발생하지 않고 손해배상청구권만 발생한다고 한다. 따라서 정보제공의무가 급부의무로 평가되거나 급부의무에 영향을 주는 것으로 평가되는 경우, 그로 말미암아 계약 해제권(민법 제543조 이하)이 발생하게 된다. 이 경우 그 채무는 부수적인 것이 아니라 급부의 요소가 되어 해제권이 인정되는 것이다. 계약체결단계에서의 정보의무위반에 의하여 당사자의 신뢰관계가 파괴되어 계약관계의 계속을 더 이상 당사자에게 기대할 수 없다고 판단되는 경우에는 계약을 해제할 수 있다고 해석해야 할 것이다. 그렇지 않은 경우에는 계약의 해제권은 인정되지 않고 손해배상청구권이 발생할 뿐이다.[291]

금융소비자보호법에서는 금융상품판매업자등이 설명의무를 위반하여 계약을 체결한 경우에는 위법계약으로 보아 5년 이내의 대통령령으로 정하는 기간 내에 서면 등으로 해당계약의 해지를 요구할 수 있도록 하고 있는데(동법 제47조) 일종의 법정 해지이다.

3) 하자담보책임의 법리 적용

계약체결과정에서 정보제공의무가 계약의 목적인 물건의 성질에 관련된 경우, 정보제공의무위반을 이유로 민법 제580조(특정물매매)와 제581조(종류물매매)에 규정되어 있는 물건의 성질에 대한 하자담보책임의 문제가 발생한다. 매도인의 담보책임은 대가적인 계약관계를 조정하여 등가성을 유지하려는 데에 있다고 보는 것이 학설과 판례[292]의 입장이다. 하자담보책임에서 '하자'란 매매목적물이 통상 갖추어야 할 성상이나 성능이 결여된 것이라고 해석하고 있지만, 매매목적물이 계약적합성을 갖추지 못한 경우에도 하자가 존재한다고 할 것이다.

목적물의 하자에 관한 설명 내지 정보가 문제되는 경우 매도인이 무과실인 경우에도 피해자는 하자담보책임을 물을 수 있다.[293] 종류매매에서 특정이 있기 전에는

---

291) 박정기, 계약체결과정에 있어서의 정보제공의무, 토지법학 18호, 2002.12., 78면.

292) 대판 1992.12.22. 92다30580.

293) 독일의 판례의 다수의 학설에 따르면 계약 전 오도(誤導)가 독일민법 제434조의 의미에서의 매매 목적물의 성상 내지 성질에 관한 것인 경우, 계약 전 오도(誤導)를 이유로 하는 계약체결상의 과실에 기한 청구권은 원칙적으로 배제된다고 하여 하자담보책임 우위를 인정하고 있다. RGZ 161, 193, 195; BGHZ 88, 131, 134; BGHZ 114, 263, 266. 이에 대한 상세한 설명은

매도인이 하자 없는 물건을 인도할 의무를 부담하므로, 이 단계에서는 담보책임이 문제될 여지가 없고, 특정된 후에 그 물건에 하자가 있는 경우에 담보책임이 문제된다.

매수인이 하자에 대하여 선의이고 무과실이고 하자로 인하여 계약의 목적을 달성할 수 없을 때에는 담보책임으로서 계약해제권을 갖게 되며 그 밖의 경우에는 손해배상청구권을 행사할 수 있다. 또한 종류매매에서는 완전물 급부청구권도 행사할 수 있다. 다만 하자담보책임법리에 의하면 매수인인 소비자에게도 선의와 무과실을 요건으로서 요구하기 때문에 정보의 격차가 있는 소비자보호에는 미흡하다고 할 수 있다.

계약의 수정청구권으로서 대금감액청구권을 인정할 것인가. 하자담보책임에서 대금감액청구권을 인정하고 있지 않지만, 인정할 수 있다고 본다. 다만 하자담보책임에서는 6월의 단기제척기간의 제한이 따르게 된다. 하자담보책임과 착오의 법리 등이 경합하는 경우에는 통설은 하자담보책임에 의한 성립만을 인정하고 있다.

4) 손해배상

소비자계약과 같이 정보량의 격차가 있을 때 인정되는 정보제공의무 위반의 경우에 사업자에게 손해배상책임을 인정할 수 있다. 그 이론구성을 계약책임으로 하든 불법행위책임으로 하든 민법은 불법행위법으로 인한 손해배상청구권을 채무불이행에 손해배상 규정인 제393조와 제394조 등을 준용(제763조)하고 있기 때문에 손해배상책임을 인정하는 데에는 이론(異論)이 있을 수 없다. 금융소비자보호법 제44조 제2항은 중요한 사항에 대한 설명의무를 위반하여 금융소비자에게 손해를 발생시킨 경우 금융상품판매업자등에게 그 손해를 배상할 책임을 부과한다. 판례 또한 금융거래와 관련한 계약체결단계에서 사업자는 정보제공의무 또는 설명의무를 부담하게 되고, 이를 위반한 경우에 사업자는 고객에 대하여 불법행위에 의한 손해배상책임을 인정한다.[294]

정보제공위반책임을 계약책임으로 묻는 경우 정보제공의무의 존재와 정보제공의무위반사실에 대한 입증책임은 소비자 내지 고객에게 있으며, 사업자와 전문가측에서 그에 대한 과실 없음에 대한 증명책임을 부담하여야 하나, 불법행위책임으로 묻는 경우에는 소비자 내지 비전문가측에서 과실에 의한 정보제공의무위반, 법익의 침해, 정보제공의무위반과 손해의 발생 사이의 인과관계, 손해의 발생 등을

박인환, 앞의 박사학위논문, 256면 이하.

294) 대판 2006.5.11. 2003다51057

증명해야 한다. 다만 금융소비자보호법 제 44조 제2항은 설명의무위반에 의한 손해배상책임이 문제되는 경우 고의·과실에 대한 입증책임을 사업자인 금융상품판매업자에게 지우고 있다.

손해배상범위는 계약체결에서 결정의 자유 보호를 목적으로 하는 정보제공의무를 위반한 위법행위로 인하여 발생하는 손해로서 정보제공의무위반과 상당한 인과관계 있는 손해이다. 그러나 정보제공의무위반으로 인한 상당인과관계 있는 손해가 언제나 계약체결 자체의 불이익을 제거하는 것에 그치는 것은 아니다. 상대방의 의무위반행위가 없었더라면 부담하였을 가정적 반대급부와의 차이가 상당인과관계 있는 손해로 배상되어야 한다.

따라서 우리 법상 정보제공의무 위반으로 인한 손해배상은 일차적으로는 실질적 결과에 있어서 원상회복을 목표하는 금전손해배상이 인정되지만, 올바른 정보용태가 있었더라면 보다 유리한 계약을 체결하였으리라는 것이 상당성 있는 사태경과로 입증되거나 의무자에게 예견가능성이 있는 경우에는 그러한 가정적 계약을 기준으로 하는 손해가 각각 통상손해 및 특별손해로 배상될 수 있다.

정보제공의무위반으로 인한 확대손해에 대한 배상책임을 인정할 것인가. 정보제공의무가 물건의 성상 내지 성질과 관련하여 하자담보책임으로 묻거나, 정보제공의무가 계약의 중요한 요소로서 확대손해와 인과관계가 인정되는 경우에는 확대손해에 따른 배상책임을 인정할 수 있겠다. 다만 이 경우에는 정보제공의무위반과 확대손해에 대한 인과관계의 입증책임은 소비자 내지 고객측에서 부담하여야 할 것이다.

생각건대, 계약체결과정에서의 정보제공의무는 법률에 명문규정이 없고, 특히 적극적 작위의무로서 설명의무는 실정법적 근거규정을 필요로 한다. 민법의 신의성실에 관한 규정은 설명의무에 관한 법률의 형식적 근거규정은 될지 몰라도 그것만으로는 고전적 계약법이 기반으로 하는 자기결정의 원리에 반하는 정보제공의무에 대한 충분한 설명 논증으로서는 부족하다. 여전히 전통적인 계약유형에서는 협상과정에서 일방의 당사자의 다른 일방에 대한 보편적인 정보제공의무는 존재하지 않는다고 할 것이다.

정보제공의무가 요구되는 분야에 대해서 정보량의 격차가 있는 소비자계약과 '전문가와 비전문가 사이의 계약'에서 요구된다는 점에 대해서는 국내의 학자들에 의해서도 대개 수용되고 있는 것으로 보인다. 다만 계약 전 정보의무위반의 경우에 책임의 법적 구성에 대하여 '계약체결상의 과실책임', '사기·착오의 법리'에 의한 계약책임과 불법행위책임 중 어느 것으로 구성하느냐의 문제가 쟁점인데, 계약체결과정에서의 정보제공의무의 고유의 문제성은 그러한 조언계약이 인정될 수 없거나 계약성립 이전단계의 정보제공이 문제됨으로써 쉽사리 계약책임이 수반되는 계약상의 부수의무로 파악될 수 없다는 점에 있다.

이 점에서 계약체결과정에서의 정보제공의무는 계약체결의 결정의 자유라는 보다 일반적 법익보호를 목적으로 하는 것으로서, 다른 완전성이익의 보호를 목적으로 하는 계약상의 부수의무와 다르지 않고, 완전성이익보호를 목적으로 하는 계약상의 부수의무 위반에 대한 책임의 성질이 본래 불법행위책임인 것과 마찬가지로 정보제공의무위반에 대한 책임의 성격도 정보제공의무가 급부의무 내지 부수의무로 포섭되지 않는 한 정보제공의무는 계약교섭 당사자들의 일반적 주의의무라고 할 것이고 불법행위책임으로 문의해도 충분하다고 본다.[295]

계약책임에 문의하는 경우 정보제공의무의 존재와 정보제공의무위반사실에 대한 입증책임은 소비자 내지 고객에게 있으며, 사업자와 전문가측에서 그에 대한 과실없음에 대한 입증책임을 부담하여야 하나, 불법행위책임으로 문의하는 경우에는 소비자 내지 비전문가측에서 과실에 의한 정보제공의무위반, 법익의 침해, 정보제공의무위반과 손해의 발생 사이의 인과관계, 손해의 발생 등을 입증해야 한다.

사업자가 소비자 및 고객에 대하여 정보제공의무·설명의무를 부담하고, 그 의무를 위반한 경우에 사업자가 소비자 및 고객에게 손해배상책임을 부담한다는, 판례에 의해 형성된 논거를 체계화하는 것이 앞으로의 과제이다.[296] 향후 더욱 체계화하여야 하는 것으로는 첫째, 어떠한 거래에서 즉 어떠한 소비자·고객에 대해서 사업자가 정보제공의무·설명의무를 부담하는가라는 문제와 그 경우 부담하는 정보제공의무·설명의무의 내용과 준거틀이 더 구체적으로 정립되어야 하며, 둘째로 계약체결을 둘러싼 정보의 수집 및 정보의 분석에 실패한 자가 부담하는 법률행위법의 원칙적인 규율을 사업자와 소비자 또는 고객 사이의 계약에서 부분적으로 수정하기 위해 판례가 채용하였던 불법행위에 근거한 손해배상의 방법과 법률행위법 중에 부분적인 수정을 가한 규율을 받아들이는 것이 적절한 것인가를 더욱 더 심도 있게 연구되어야 할 것으로 보인다.

295) 동지. 박인환, 앞의 논문, 307면.

296) 山田誠一, 情報提供義務, ジュリスト No. 1126, 1998.1.1-15, 181面.

제7절 사업자의 소비자보호의무

1. 소비자보호의무의 의의

(1) 소비자보호의무의 개념

대량생산·대량소비시대에서 사업자와 소비자는 거래의 당사자로서 연결됨으로서 계약관계로 편입하게 된다. 계약당사자로서 사업자는 소비자계약상의 급부의무를 소비자에게 부담하게 된다. 오늘날 계약관계를 계약의 성립부터 계약의 종료까지로 보지 아니하고 계약의 교섭단계부터 계약의 종료 이후까지 시간적 범위를 확대하여 계약당사자에게 상대방을 배려할 의무를 부과하고 있는 것이 통설과 판례의 입장이다. 다만 이를 계약책임으로 구성할 것인가 아니면 불법행위책임으로 구성할 것인가 견해의 대립이 있을 뿐이다.

그러한 계약에서 계약의 일방 당사자의 전적인 지배하에 놓인 상대방에 대하여는 일방 당사자는 상대방의 생명, 신체, 재산상의 완전성 이익을 고려해야 할 의무를 지게 되는데, 이를 보호의무 또는 안전배려의무라고 부른다. 그러한 계약으로서 고용계약, 숙박계약, 여행계약 등이 있다. 따라서 사업자와 소비자의 법률관계처럼 정보량, 전문성, 경제력 등 양 당사자의 법적 지위가 대등하지 않거나 전적으로 당사자가 제공하는 정보나 급부를 신뢰하여 계약을 체결하는 경우라면 위와 같은 사업자의 소비자의 보호의무를 인정할 수 있다.

오늘날 사업자의 일반적 의무로서 정보제공의무나 설명의무는 대개의 소비자법에서 계약체결 전부터 인정하고 있는데, 이것도 일종의 소비자보호의무의 일환이라고 볼 수 있다. 금융상품거래에서 금융상품판매자의 금융투자자 보호의무라는 용어는 사용되지만 좀 더 포괄적인 소비자 보호의무라는 개념은 정립되어 있지 않다.

소비자보호의무란 사업자가 소비자와 관련하여 계약 및 계약외의 영역에서 소비자법에 의하여 사업자에게 부과된 의무로서 소비자의 생명 및 신체, 개인정보 및 재산상의 이익을 배려할 신의칙상의 의무라고 정의할 수 있다.

(2) 소비자보호의무의 법적 성질

사업자의 일반적 의무로서 소비자보호의무를 인정한다면 이의 법적 성질을 어떻게 이해할 수 있을까. 소비자계약관계가 있는 경우 소비자보호의무를 급부의무라고 보기는 어렵다. 만약 계약의 유형이 영화관에서의 영화관람을 위한 계약이나 스포츠시설을 이용하는 시설이용계약인 경우에는 신의칙상 보호의무를 인정하는 것은 보다 용이할 것이다. 그렇다고 모든 소비자계약에서 인정되는 신의칙상 부수의무라고 하기는 곤란하다. 그러나 계약관계가 없는 경우에는 문제가 된다. 하지만 소비자기본법을 위시하여 소비자계약관계가 있는 경우의 소비자특별법뿐만 아니라, 소비자계약관계가 없는 소비자를 보호하기 위하여 소비자불법행위법이라고 할 수 있는 제조물책임법, 개인정보보호법이 있고 소비자공법으로서 허위·과장광고를 통하여 소비자를 현혹하는 것을 금지하는 표시광고공정화법, 소비자의 생명과 신체의 안전성을 위한 식품위생법 등이 존재하고 있다.

이처럼 소비자보호를 목적으로 하는 모든 소비자법들은 해당 법률에 의거하여 소비자보호의무를 부담한다고 할 수 있다. 예컨대 금융소비자보호법 제44조 제1항은 「금융상품판매업자등이 고의 또는 과실로 이 법을 위반하여 금융소비자에게 손해를 발생시킨 경우에는 그 손해를 배상할 책임이 있다.」고 규정하고 있는데 이 법을 위반한다는 의미는 금융소비자보호법에서 사업자에게 요구하는 소비자보호의무를 위반하였다는 의미로 해석할 수 있다. 제조물책임법 제3조 제1항도 「제조업자는 제조물의 결함으로 생명·신체 또는 재산에 손해(그 제조물에 대하여만 발생한 손해는 제외한다)를 입은 자에게 그 손해를 배상하여야 한다.」고 규정하고 있는데, 계약관계가 없는 소비자에게 사업자의 소비자보호의무를 인정하고 있는 규정이라고 보아야 한다.

따라서 소비자보호의무는 계약관계가 없는 경우에도 인정할 수 있는, 소비자 관련법에서 사업자에게 요구되는 의무로서 포괄적 법정 의무라고 할 수 있다.

2. 소비자보호의무 규정

소비자보호의무를 위와 같이 정의한다면, 그 법적 근거를 어디에서 찾을 수 있을 것인가. 먼저 소비자기본법에서는 사업자의 소비자보호의무를 규정하고 있다. 즉 사업자는 물품등으로 인하여 소비자에게 생명·신체 또는 재산에 대한 위해가 발생하지 아니하도록 필요한 조치를 강구하여야 한다(제19조 제1항). 사업자는 물품등을 공급함에 있어서 소비자의 합리적인 선택이나 이익을 침해할 우려가 있는 거래조건이나 거래방법을 사용하여서는 아니 된다(동조 제2항). 나아가 사업자는 소비자에게 물품등에 대한 정보를 성실하고 정확하게 제공하여야 한다(제3항). 사업자는 소비자의 개인정보가 분실·도난·누출·변조 또는 훼손되지 아니하도록 그 개인정보를 성실하게 취급하여야 한다(제4항). 구체적으로 소비자보호의무의 위반에 대하여 사업자는 물품등의 하자로 인한 소비자의 불만이나 피해를 해결하거나 보상하여야 하며, 채무불이행 등으로 인한 소비자의 손해를 배상하여야 한다(제5항). 채무불이행 등으로 인한 소비자의 손해배상에 대한 사업자의 손해배상책임을 당연한데도 굳이 입법자가 규정한 것은 이 규정을 주의적 규정이라고 해석하기 보다는 사업자에게 인정되는 소비자보호의무를 상정한 입법이라고 볼 수 있다.

사업자는 소비자보호의무를 준수하기 위하여 국가가 정한 표시기준, 국가가 정한 광고기준의 준수와 국가가 지정·고시한 행위 금지, 국가가 정한 개인정보 보호기준 위반 금지 등이 요구된다(동조 제2항~제5항). 또한 대개의 소비자계약법들이 규정하고 있는 계약체결 전 정보제공의무 내지 설명의무 또한 소비자의 자기결정권을 보장하여 사적 자치의 전제를 충족하기 위한 소비자보호의무의 일종이라고 할 수 있다. 금융소비자보호법상의 6대 판매원칙인 적합성 원칙, 적정성 원칙, 설명의무(제19조), 불공정 영업행위 금지(제20조), 부당권유 금지(제21조), 허위·과장광고 금지(제22조)는 전형적인 소비자보호의무의 열거라고 할 수 있다.

소비자계약의 당사자가 아닌 경우에도 인정되는 소비자보호의무가 있다. 제조물책임법 제3조는 제조물의 결함으로 생명·신체 또는 재산에 손해를 입은 자에게 그 손해를 배상하도록 하고 있는데, 이 또한 소비자보호의무로서 제조물에 대하여 제조상·가공상의 주의의무(제2조 2호 가목), 합리적인 대체설계 채용의무(동조 2호 나목), 합리적인 설명·지시·경고의무(동조 2호 다목)를 사업자에게 부과하고 있는 의무이다. 개인정보보호법 제39조는 정보주체는 개인정보처리자가 이 법을 위반한 행위로 손해를 입으면 개인정보처리자에게 손해배상을 청구할 수 있다고 규정하고 있는데, 개인정보권자의 개인정보 보호의무를 위반하는 경우에 손해배상책임을 인정하고 있다. 표시광고공정화법 제10조는 「제3조 제1항의 규정에 위반하여 부당한 표시·광고행위를 함으로써 피해를 입은 자가 있는 경우에는 당해 피해자에 대하여 손해배상의 책임을 진다.」고 규정하여 사업자에게 부당한 표시광고 행위의 금지의무를 부과하고 있는데 이 또한 소비자 보호의무의 일종이다.

제 3 장
소비자계약의 현황과 유형

제3장 소비자계약의 현황과 유형

제1절 계약내용에 의한 분류

Ⅰ. 매매계약형

인간의 소비생활에서 매매만큼 중요한 거래는 없다. 현대인들은 자신이 필요로 하는 상품과 용역을 매매를 통하여 획득한다. 소비자로서 매수인은 매매를 통해서 대금을 지급하고 재산권을 이전 받음으로서 자신의 수요를 충족하게 되는데, 오늘날 소비자계약으로 볼 수 있는 다양한 매매형태가 존재한다. 매매계약은 민법의 전형계약 중 대표적인 유상·쌍무계약이며, 민법기초자가 매매계약의 규정을 다른 유상계약에 준용할 만큼(민법 제567조) 대표적인 계약이다.

오늘날 매매계약의 진화는 소비자에게 일정한 신용을 제공하여 수요의 확대를 꾀하는 할부판매, 점포를 차려 놓고 손님이 찾아오기를 기다리던 전통적인 판매방식에서 벗어나 적극적으로 가정이나 직장으로 소비자를 찾아가는 우편이나 전화·TV 등을 이용한 전화권유판매 및 통신판매, 더 나아가 인터넷을 전자적인 방식으로 의사를 교환하여 이루어지는 전자상거래, 여러 단계의 판매조직을 통하여 판매활동을 전개하는 다단계판매 등이 있다.[1)]

1. 할부매매

(1) 의의

매매계약이 체결되면 매수인은 매매대금의 지급의무를 부담하고, 통상 매도인

1) 이러한 특수매매에 대한 민법의 과제로서 매매형태의 특수성을 민법의 일반이론에 따라 객관적으로 파악하는 해석론과 소비자보호라는 관점에서 이로부터 제기되는 문제점들을 검토하는 접근방법이 있는데, 할부매매가 지니는 특수한 거래형식 자체에 대한 민법의 일반적 해석의 문제와 할부판매의 운용상의 실제에서 발생하는 소비자보호의 문제는 구별하여야 한다. 김형배, 채권각론(계약법), 박영사, 2001, 370면.

의 재산권이전의무와 매수인의 대금지급의무는 동시이행관계에 있기 때문에 매수인이 매매대금을 지불하지 않는 한, 매도인은 매매의 목적물을 인도하지 않아도 된다. 그러나 할부매매는 매수인이 매매의 목적물을 인도받은 후에 그 대금을 일정한 기간 동안 분할해서 지급하는 특수한 형태의 매매로서 신용매매이다(할부지급약관부매매).[2] 이러한 신용매매로서 할부매매는 소비자뿐만 아니라 생산자 내지 사업자도 이용하는 매매이다. 할부매매에 대하여 대금분할지급 매매, 분할지급약관부매매, 소유권유보부매매라고도 한다. 할부매매는 상품 내지 용역의 현금거래와는 달리 먼저 상품 내지 용역이 양도되어 일정기간 후부터 분할결제방식에 의해 그 대금이 지급되는 점에서 소비자신용의 역할도 하게 된다. 할부매매의 신용이 다른 일반의 신용과 다른 점은 할부매매의 신용은 일괄적 총액을 요구하는 것이 아니라 일부분씩 또는 계속적으로 이루어지는 분할지급의 방식을 취한다는 점이다.

매매대금을 계약금, 중도금, 잔금으로 나누어 지급하는 매매는 할부매매가 아니라, 매매대금의 분할지급일 뿐이다. 할부매매도 매도인이 그의 유리한 지위를 이용해서 매수인에게 현저하게 불합리한 특약조항(약관)을 적용할 가능성이 큰 소비자계약이다. 기업이 소비자로서가 아닌 생산자로서 제품생산을 위한 생산기계 등을 할부로 구입하는 경우에는 할부매매이지만 소비자계약이 아니다.

1) 할부매매의 특색은 '매수인이 대금을 일정기간 동안 분할 지급'한다는 데 있다. 우리나라에서는 '월부'가 보통이다. 다시 말하면 매매대금의 전부 또는 일부의 지급이 장래로 연기된다는 점이다.

2) 할부매매가격은 현금판매가격보다 고가인 것이 원칙이다. 그 차액을 수수료라고 하지만 그 실질은 이자라고 할 수 있다. 따라서 할부금이란 현금판매가격과 이자 내지 수수료를 합산한 것을 할부회수로 균등하게 나눈 금액을 말한다.

3) 할부금의 지급방법은 보통 계약에서 정해지나 매수인의 예금계좌로부터 매도인의 예금계좌에 자동적으로 입금시키는 계좌이체 방법이라는 방법을 많이 사용되어왔다. 현대에는 신용카드에 의한 할부판매(할부금융)가 일반화되어 있다. 이러한 변화로 인하여 할부매매의 법률관계가 매도인과 '소비자인 매수인'의 관계로부터 소비자와 제3자의 신용제공자의 관계로 전이되었다. 신용카드업자가 할부매

---

2) 일본 할부거래법은 할부거래법의 적용범위로서 할부매매의 종류를 통상의 할부매매(제2조 1항 1호), 론제휴판매(제2조 2항), 할부구입알선(제2조 3항 1호·2호), 선불식특정거래(제2조 5항)로 구분하여 규율하고 있다.

매에 개입하는 이른바 간접할부매매가 주류를 이루고 있다.

4) 이러한 할부매매는 매수인으로서는 매도인으로부터 신용을 얻고 있는 것이 된다. 할부매매의 가장 중요한 기능인데, 매도인은 대금채권의 확보가 중요한 관심사인 반면에 매수인은 자신의 지급능력보다 과다한 거래를 할 가능성이 있게 된다.

5) 할부매매의 목적물은 동산·부동산을 묻지 않고서 모두 될 수 있다. 문제는 용역(서비스)이 목적이 될 수 있느냐이다. 용역은 타인의 노무 내지 노동력을 제공받는 것이다. 원칙적으로 이러한 것은 노무의 이용을 목적으로 하는 계약 즉, 고용·도급·위임에 의하여 처리되어야 하나 오늘날은 용역에 대해서도(여행의 주선, 크리닝 내지 세탁, 경비용역, 의료서비스) 할부매매의 대상으로 생각하는 경향이 강해졌고, 이것을 대상으로 규율하는 법률이 등장하게 되었다. 바로 「여신전문금융업법」(1997년 법 5374호)과 「할부거래에 관한 법률」이다.

6) 할부매매의 특색은 목적물의 인도에서도 볼 수 있다. 대개의 경우는 매매계약의 성립과 동시에 대금의 완제 전에 목적물이 매수인에게 인도된다는 점이다. 할부거래법의 적용을 받는 할부매매에서는 통상 매수인에게 소유권이 이전되는 것으로 보아야 한다.

(2) 사회적 작용

할부매매에 의해 고가품을 일반서민이 살 수 있게 되는 구매력의 증대로 이어진다. 일종의 소비자신용이다. 구매력 증대(외상이면 소도 잡아먹는다는 속담을 상기하라)의 장점이 있는 반면 매수인의 충동구매가 있게 된다. 여기에서 경제적 약자인 매수인 내지 소비자를 보호하고, 합리적인 거래질서를 위해서 1991년에 「할부거래에 관한 법률」을 제정하여 본격적으로 할부판매를 규제하게 되었다. 그런데 이 법은 일정범위의 할부판매를 규제하고 있기 때문에 이 법의 적용을 받지 않는 경우는 '광의의 할부판매'의 법리가 적용되어야 할 것이다. 즉 동법은 소비자를 보호할 목적으로 제정된 것이며, 할부거래 일반을 규제하지는 않는다. 바꾸어 말하면 소비자신용을 위한 할부매매에 적용이 되는 것을 원칙으로 하며 생산자신용을 위한 할부매매에는 적용되지 않는다는 것이다. 그리하여 매수인의 상행위를 목적으로 하는 할부계약에는 동법은 적용되지 않는다(동법 제3조 1호).

(3) 매매목적물의 인도와 소유권유보부 매매

목적물이 매수인에게 인도된 경우에, 소유권이 언제 매수인에게 이전하는가? 목적물이 동산인 경우와 부동산인 경우를 나누어 보면, 목적물이 동산인 경우에는, 목적물이 인도되면 대금완제 전이라도 원칙적으로 매수인에게 소유권이 이전하는 것으로 보아야 할 것이나, 다만 당사자간에 대금의 완제가 있을 때까지 소유권을 매도인에게 보류한다는 특약을 하는 경우에는 그러하지 아니하다. 이를 「소유권유보부 매매」라고 한다. 소유권유보부 매매는 고가의 소비재이거나 생산자신용의 경우에 행해지는 할부매매이다.

이처럼 할부매매에서 매매목적물의 소유권을 할부기간 중에도 매수인에게 이전해 주는 경우와 매수인이 할부금을 모두 지급하기까지는 목적물의 소유권을 매도인이 보유하고 매수인은 목적물의 점유의 이전을 받아 그 목적물을 사용하는 경우도 있다.

전자의 할부매매에서는 매도인의 소유권이전의무는 선이행의무이며, 매수인의 할부금의 지급은 후이행의무이다. 후자의 할부매매에서는 매수인이 할부금 전부를 지급할 때까지 매도인이 그 매매목적물의 소유권을 유보하므로, 소유권유보부 매매의 법리가 그대로 적용된다. 이 경우에는 매도인의 목적물의 점유의 이전의무가 선이행의무이며, 매수인의 할부금의 지급은 후이행의무이다. 목적물의 소유권은 할부금의 완납을 정지조건으로 하여 매수인에게 이전된다. 그러나 할부매매의 목적물이 부동산인 때에는, 부동산물권변동에 관하여 형식주의를 취하는 우리 물권법제상 할부금의 완납 외에 소유권이전등기가 경료되어야 소유권이 매수인에게 이전된다(민법 제186조).

매수인이 매매대금을 완납할 때까지 매도인에게 매매목적물의 소유권을 유보한다는 특약이 없더라도, 매매대금이 완급 될 때까지는 매도인에게 소유권이 유보된다고 추정할 것이냐에 관하여, 일본의 할부판매법은 추정하는 것으로 규정하고 있다(동법 제7조). 그러나 우리 나라 할부거래법에서는 할부계약서에 목적물의 소유권유보의 특약에 관한 사항을 반드시 기재하도록 하고(동법 제6조 제1항 8호), 계약내용이 불확실할 때에는 매수인에게 불이익하게 해석해서는 안되기 때문에, 매도인에게 소유권유보의 추정은 인정되지 아니한 것으로 해석해야 한다.[3)]

3) 김상용, 채권각론, 법문사, 2003, 247면.

소유권유보부매매에 대해서는 통설과 판례가 인정하고 있으며, 이러한 소유권유보 특약의 성질에 관해서는 정지조건부소유권이전설과 양도담보설이 있는데, 전자는 소유권유보의 특약을 매수인의 매매대금의 완불을 정지조건으로 하는 소유권양도라고 보고, 매수인이 대금지급의무를 완전히 이행하면 별도의 의사표시 없이 목적물의 소유권은 즉시 매수인에게 이전된다고 한다. 또한 매매대금완불 전까지 매수인은 물권적 기대권을 취득하여 목적물에 대한 점유권과 이용권을 갖는 반면, 매도인은 소유권 중에서 처분권만 가진다고 한다(미등기부동산취득자에 대해서는 물권적 기대권을 부인한다). 따라서 목적물에 대한 처분권은 매도인에게 있으므로 매수인의 목적물에 대한 처분행위는 무효이다. 매도인의 처분행위는 매수인에 대하여는 계약상의 채무불이행이 될 뿐만 아니라 매수인의 조건부권리의 침해가 될 것이다. 또한 매수인의 채권자는 목적물에 대하여 강제집행을 하지 못하며, 매도인은 이의의 소를 제기할 수 있다. 그러나 매도인의 채권자는 목적물에 대하여 강제집행을 할 수 있으며, 매수인은 이 경우에 이의의 소를 제기하지 못한다.

이에 대하여 양도담보설에서는 매도인의 소유권유보는 단지 미지급대금의 확보를 위한 채권담보로서의 목적만을 지닐 뿐이므로, 소유권유보부 특약은 무효라고 한다. 다만 당사자간에는 비록 명시적인 약정이 없더라도 목적물의 시가와 이자를 내용으로 하는 미지급대금에 대한 준소비대차계약(제605조)이 체결된 것으로 보아야 하며, 목적물 위에 준소비대차의 목적이 된 미지급대금을 피담보채권으로 하는 '양도담보권'이 설정된 것으로 해석해야 한다고 한다. 여기서는 매수인이 목적물의 소유권자이며 처분권을 갖는 반면, 매도인은 목적물에 대한 양도담보권만을 갖는다고 한다. 따라서 매수인이 대금채무불이행을 하게 되면 매도인은 목적물로부터 우선변제를 받을 권리가 있고, 또한 청산(목적물가액에서 미불대금 및 이자를 뺀 금액을 매수인에게 반환하는 것)과 동시이행으로 목적물의 소유권을 이전해 줄 것을 요구할 권리(일종의 예약완결권)를 갖는다고 한다.[4)]

판례는 정지조건부 소유권이전설을 취하고 있다. 즉 「동산의 매매계약을 체결하면서, 매도인이 대금을 모두 지급받기 전에 목적물을 매수인에게 인도하지만 대금이 모두 지급될 때까지는 목적물의 소유권은 매도인에게 유보되며 대금이 모두 지급된 때에 그 소유권이 매수인에게 이전된다는 내용의 소위 소유권유보의 특약을 한 경우, 목적물의 소유권을 이전한다는 당사자 사이의 물권적 합의는 매매계

4) 이은영, 채권각론, 박영사, 2005, 357면.

약을 체결하고 목적물을 인도한 때 이미 성립하지만 대금이 모두 지급되는 것을 정지조건으로 하므로, 목적물이 매수인에게 인도되었다고 하더라도 특별한 사정이 없는 한 매도인은 대금이 모두 지급될 때까지 매수인뿐만 아니라 제3자에 대하여도 유보된 목적물의 소유권을 주장할 수 있고, 다만 대금이 모두 지급되었을 때에는 그 정지조건이 완성되어 별도의 의사표시 없이 목적물의 소유권이 매수인에게 이전된다」[5]고 한다.

한편 목적물이 부동산이면, 소유권이전에는 반드시 등기를 하여야 한다. 실제 거래계에서 토지나 부동산에 대해서 할부매매의 형식으로 행해지는 일은 드물다. 소유권의 이전에는 이전등기가 필요한 결과, 목적물을 인도하였더라도 대금의 완제 전에는 소유권을 취득하지 못하고 대금을 완제하였더라도 소유권유보부매매의 경우에는 매수인은 이전등기의 등기청구권을 가질 뿐이다. 완제전에 소유권이전등기를 해 주기로 약정하였다면 대금채권을 담보하기 위하여 소유권이전등기와 아울러 저당권을 설정하는 것이 보통이다. 이러한 점에서 매수인은 매우 불리한 지위에 놓이게 된다.

오늘날 소비자계약에서는 소유권유보부매매는 거의 이루어지지 않는다. 주로 할부매매에서 신용제공자가 중간에 개입하여 금융의 편의를 제공하기 때문에 재화 등은 생산자로부터 소비자에게 소유권과 함께 인도되고 대금의 결제는 소비자와 신용제공자 사이의 문제로 귀결된다. 다만 고가의 기업설비가 직접 생산자로부터 다른 사업자에게 인도되는 경우에는 소유권유보부 매매가 이루어지기도 하며, 이 경우에도 금융리스계약이 체결되는 경향이 있다.

(4) 할부매매의 종류

1) 후불식할부계약과 선불식 할부계약 　할부매매의 주요한 기능은 소비자가 판매자로부터 신용을 얻기 때문에 후불식이 원칙이다. 그러나 상조업과 같은 경우에는 선불식 할부계약도 행해진다. 할부거래법에서는 선불식 할부계약이란 계약의 명칭·형식이 어떠하든 소비자가 사업자로부터 재화 등의 대금을 2개월 이상의 기간에 걸쳐 2회 이상 나누어 지급함과 동시에 또는 지급한 후에 재화등의 공급을 받기로 하는 계약이라고 정의(동법 제2조 2호)하고 있으며, 주로 장례 또는 혼례를 위한 용역 및 이에 부수한 재화가 그 대상이다.

5) 대판 1996.6.28. 96다14807

2) 직접할부계약과 간접할부계약 할부계약은 사업자와 소비자간에 직접 계약이 체결되어 재화 등이 공급되는 직접 할부계약(동법 제2조 1호 가목)과 소비자가 신용제공자에게 재화 등의 대금을 2개월 이상의 기간에 걸쳐 3회 이상 나누어 지급하고, 재화 등의 대금을 완납하기 전에 사업자로부터 재화 등의 공급을 받기로 하는 간접할부계약이 있다. 여기서 신용제공자란 소비자·할부거래업자와의 약정에 따라 재화등의 대금에 충당하기 위하여 신용을 제공하는 자를 말한다(동법 제2조 6호). 오늘날에는 주로 신용카드회사가 개입하여 금융의 편의를 제공하기 때문에 간접할부계약이 많이 행해진다.

2. 방문판매

방문판매라 함은 재화 또는 용역의 판매를 업으로 하는 자인 사업자가 방문의 방법으로 그의 영업소·대리점·지점·출장소 등 명칭 여하를 불문하고 소유 또는 임차하거나 점용허가를 받은 장소에서 일정한 시설을 갖추고 3월 이상 계속적으로 영업하는 영업장소[6] 외에서 소비자에게 권유하여 계약의 청약을 받거나 계약을 체결하여 재화 등을 판매하는 것을 말한다(방문판매법 제2조 제1호). 또한 사업장 이외의 장소에서 권유 또는 소비자와 대면하여 재화 등에 관한 정보를 제공하고 소비자의 구매를 유도하는 방법으로 소비자를 유인하여 사업장에서 계약의 청약을 받거나 계약을 체결하는 경우도 방문판매의 일유형이다. 따라서 방문판매는 사업자가 고정된 사업장 이외의 장소에서 소비자의 청약을 유인하거나 계약을 체결하는 판매방식을 의미한다고 할 수 있다.

방문판매는 주로 출판물, 주방기구, 가전제품, 화장품, 보험, 학습지, 건강식품 등을 그 대상으로 한다. 방문판매에서의 문제점은 소비자가 판매업자나 판매원의 인적 사항을 알지 못하는 경우에 사후 서비스나 구제수단이 없다는 점, 방문판매 시에 소비자의 충동구매의 가능성, 계약해제 내지 해지의 곤란성, 방문판매로 인한 소비자의 심리적 압박감을 들 수가 있다.

방문판매도 방문의 방법으로 이루어지는 매매계약으로서 소비자계약이다. 방문판매에 대해서는 「방문판매법」에서 규율하고 있다.

---

6) 동법시행규칙 제2조에 의하면, 노점, 이동판매시설, 임시판매시설 등 상품의 판매 또는 용역의 제공이 반복적으로 이루어지는 장소를 영업장소라고 한다.

3. 전화권유판매

상품 등의 판매업자 및 서비스제공사업자가 소비자의 자택이나 근무지에 전화를 걸어서, 상품 등의 구입 빙 서비스제공의 계약체결을 권유하고, 그 권유에 의해서 우편 등으로 청약을 받아 계약을 체결하는 판매형태를 전화권유판매라고 한다. 방문판매법에서는 전화를 이용하여 소비자에게 권유하여 계약의 청약을 받거나 계약을 체결하는 등 총리령이 정하는 방법으로 재화 등을 판매하는 것(동법 제2조 3호)으로 정의하고 있다. 동법 시행규칙 제4조에 의하면 '총리령이 정하는 방법'이라 함은 전화를 사용하여 소비자의 응답을 유도하고 대화를 함으로써 청약을 받거나 계약을 체결하는 방법을 말한다.

전화로 소비자에게 권유하여 계약의 청약을 받거나 계약을 체결하는 방법으로 재화 등을 판매하는 전화권유판매의 경우 전기통신을 이용한다는 점에서 통신판매의 일유형으로 볼 수 있으나, 방문의 방법이 전화로서 이루어진다는 점과 판매원의 적극적 접근성이 방문판매와 유사하므로, 방문판매법에서 방문판매업에 준하여 규율하고 있다.

'전화를 이용한다'는 것은 전화에 의한 통화상태로 되는 것을 말하고, 통화에는 녹음음성 및 인공음성에 의한 것도 포함되는 것으로 해석한다. '권유'라는 것은 판매업자 등이 소비자의 계약체결의 의사형성에 영향을 주는 것을 말한다. 방문판매나 전화권유판매는 애초에는 구매의사가 없었으나 판매업자나 전화권유판매자의 권유에 의하여 구매의사가 형성되는 것으로 계약체결과정에서 과장되거나 기만적이거나 혹은 구매를 강요하는 경우도 생각할 수 있다.

4. 다단계판매 및 후원방문판매

다단계판매란 당해 판매업자가 공급하는 재화 등을 소비자들에게 판매하는 행위, 혹은 이러한 소비자들이 전부 또는 일부를 당해 특정인의 하위판매원으로 가입하도록 하여 그 하위판매원이 당해 특정인과 같은 활동을 하도록 하는 행위를 하면 일정한 이익을 얻을 수 있다고 권유하여, 판매원의 가입이 단계적(가입한 판매원의 단계가 3단계 이상인 경우를 말한다)으로 이루어진 다단계판매조직을 통하여 재화 등을 판매하는 것을 말한다. 다만 판매원의 단계가 2단계 이하라고 하더라도 사실상 3단계 이상으로 관리·운영되는 경우로서 대통령령으로 정하는 경우를 포함한다(방문판매법 제2조 제5호).

즉 다단계판매란 통상 제조업자 → 도매업자 → 소매업자 → 소비자와 같은 일반적인 유통경로를 거치지 않고 다단계판매업자가 판매하는 상품을 사용해 본 소비자가 다단계판매조직의 판매원이 되어 다른 소비자에게 판매 또는 권유를 하고, 다시 그 소비자가 판매원이 되어 다른 소비자에게 판매 또는 구매를 권유하는 과정이 순차적·단계적으로 이루어지는 판매형식이다. 다단계판매는 소비자가 판매원이 되고 판매원 가입이 순차적·단계적으로 확산되며 직접적인 대인판매, 연고판매에 의존하게 되는 특징이 있다.

다단계판매는, 첫째로 판매업자와 각각의 하위판매원으로 가입한 자로 구성되는 다단계판매조직으로서, 판매업자 또는 용역업자의 이행보조자의 지위에 있는 하위판매원이 실질적으로는 독립한 상인으로 다루어지며, 또한 여러 계층으로 나누어져 있다. 둘째로 이러한 다단계판매조직에 하위판매원으로 가입하려는 자 또는 이러한 조직 내에서 상위의 계층으로 승진하려는 자는, 가입금의 지급 또는 상품의 대량구입 등의 부담을 지며, 셋째로 하위판매원으로 가입하려는 자는 다단계판매업자로부터 일정한 이익을 받는다. 넷째로 다단계판매의 하위판매원은 무점포판매를 한다.[7)]

다단계판매의 경우에도 그 판매원이 가정이나 사무실을 방문하여 상품이나 용역을 판매하는 경우가 많으며, 이 때에는 다단계판매도 방문판매에 해당된다. 그런데 다단계판매의 경우에는 판매원에게 단순한 소매마진 이외에 조직 내에서 자기의 하위에 있는 판매원에 의하여 발생한 총매출액에 대한 일정한 비율의 마진(이른바 스폰서링 마진)이 주어진다는 점에서 통상의 방문판매와 다르다. 그런데 이러한 마진이 판매실적보다는 주로 판매원의 신규가입에 의존하고 있는 경우에는 이를 피라미드판매라고 하여 방문판매법에서는 금지하고 있다.[8)]

다단계판매와 관련하여 법적 분쟁이 많은 것은 철회권과 반품과 관련한 것이다. 먼저 '다단계판매원이 되고자 다단계판매업자로부터 재화 등을 최초로 구매하

7) 김상용, 앞의 책, 254면.

8) 다단계판매와 피라미드판매를 구별하는 표지로 3가지를 들기도 한다. 첫째, 회원 또는 판매원이 되기 위하여 어느 정도의 비용지불(현행 방문판매법상 부담을 지우는 행위 또는 의무를 부과하는 행위에 해당)을 요구하는가이다. 둘째, 재고의 청약철회가 가능한지 여부이다. 셋째, 회사의 상품이 일반 소비자에게 판매되는지 여부이다. 피라미드판매에서는 소비자에게의 판매보다는 회사의 이익이 대부분 상품을 구매하는 신규회원의 매출액에서 발생한다.

는 자'를 소비자의 범위에 포함시키고 있는데 이 경우 청약철회기간은 14일이 된다(방문판매법 제8조·제17조). 그런데 실질적으로 판매활동을 하지 않으면서 다단계판매원으로 등록한 판매원의 경우에는 소비자로 취급되어 청약철회기간을 판매원의 3개월[9]보다 짧은 14일로 제한을 받게 되어 불리하게 된다. 따라서 동조항의 해석과 관련하여 판매원과 소비자를 어떻게 해석하느냐에 따라 철회권의 행사기간이 다르게 된다. 동법 제2조 제12호는 소비자기본법과 같이 소비자를 '사업자가 제공하는 재화 등을 소비생활을 위하여 사용하거나 이용하는 자 또는 대통령령이 정하는 자'라고 규정하고 있는데, 판매과정에서 소비자가 판매자가 되는 다단계판매의 특성을 고려한다면 방문판매법상의 소비자개념의 재정립도 고려할만하다.

후원방문판매란 방문판매, 전화권유판매, 다단계판매의 요건에 해당하되, 대통령령으로 정하는 바에 따라 특정 판매원의 구매·판매 등의 실적이 그 직근 상위판매원 1인의 후원수당에만 영향을 미치는 후원수당 지급방식을 가진 경우를 말한다. 이 경우 방문판매 및 다단계판매에는 해당하지 아니하는 것으로 한다(방문판매법 제2조 7호). 여기서 후원수당이란 판매수당, 알선 수수료, 장려금, 후원금 등 그 명칭 및 지급형태와 상관없이 판매업자가 판매원 자신의 재화등의 거래실적이나 판매원의 수당에 영향을 미치는 다른 판매원들의 재화 등의 거래실적, 판매원의 수당에 영향을 미치는 다른 판매원들의 조직관리 및 교육훈련 실적, 그 밖에 위의 것 이외에 판매원들의 판매활동을 장려하거나 보상하기 위하여 지급되는 일체의 경제적 이익과 관련하여 소속판매원에게 지급하는 경제적 이익을 말한다. 다단계판매에 비해 소비자피해 가능성이 상대적으로 적은 후원수당 I단계 영업방식에 대하여, 일반적인 방문판매와 구분하여, 후원방문판매라고 하고 있다.

5. 통신판매

통신판매란 우편·전기통신, 그 밖의 '총리령'으로 정하는 방법에 따라 재화 또는 용역의 판매에 관한 정보를 제공하고 소비자의 청약에 의하여 재화 또는 용역을 판매하는 것을 말한다. 다만, 방문판매법상의 전화권유판매는 제외된다(전자상거래소비자보호법 제2조 2호).

---

9) 방문판매법 제17조 제2항은 '다단계판매원은 계약을 체결한 날부터 3월 이내에 서면으로 당해 계약에 관한 청약철회 등을 할 수 있다'고 하여 소비자보다 장기간의 철회권 행사기간을 규정하고 있다.

여기서 '총리령'이 정하는 방법이란 광고물·광고시설물·전단지·방송·신문 및 잡지 등을 이용하는 방법, 판매자와 직접 대면하지 아니하고 우편환·우편대체·지로 및 계좌이체 등을 이용하는 방법 등을 이용하여 소비자에게 재화 또는 용역에 관한 정보를 제공하거나 소비자의 청약에 의하여 재화 등을 판매하는 것을 말한다(동법 시행규칙 제2조).

즉 통신판매란 판매자가 판매에 관한 정보를 우편, 전기통신, 광고물, 광고시설물, 전단지, 방송, 신문, 잡지 등을 통하여 불특정 다수에게 제공하고(비대면 광고), 소비자가 우편환, 우편대체, 지로, 계좌이체 등 직접 판매자를 대면하지 않는 방법으로 청약(비대면 청약)토록 하여 재화 또는 용역을 판매하는 것을 말한다. 따라서 통신판매는 전자상거래와 달리 전자문서의 사용여부와 관계없이 반드시 비대면거래이어야 한다.

계약의 성립과정과 이행과정을 보면, 사업자에 의한 광고에 의하여 계약을 유도한 다음, 사업자로부터 청약의 유인이나 청약이 있고 이에 대하여 소비자가 청약이나 승낙을 하여 합의를 하여 계약이 성립하고, 당사자는 계약의 내용에 따른 계약을 이행하게 된다.

통신판매도 의사표시를 불가결의 요소로 하는 법률행위, 즉 계약에 해당하고 사업자와 소비자간의 소비자계약이다. 통신판매의 특징은 비대면거래라는 점에서 대면거래인 방문판매와는 다르고, 비대면광고와 비대면청약이라는 점에서 일응 비대면거래인 전자상거래와는 동일하나, 전자상거래는 거래할 때 그 전부 또는 일부가 전자문서에 의하여 처리되는 상거래를 말하기 때문에(전자문서 및 전자거래기본법 제2조 제5호) 계약체결 전 광고나 청약, 이행의 단계에서 일부가 전자문서에 의하면 전자상거래에 해당되어 시적 범위에서 통신판매가 더 비대면거래의 범위가 넓다. 따라서 양자는 일정 부분 그 개념에서 겹치기도 한다.

따라서 만일 오프라인으로 거래계약(비대면·대면 가능)을 체결하고 온라인으로 이행되는 경우(비대면) - 예를 들면, 광고와 청약은 오프라인으로 이루어지고 디지털 콘텐츠의 전송이나 전자적인 대금결제 등의 이행을 온라인으로 하는 경우- 이는 개념적으로 전자상거래에 해당 될 것이다.

그러나 통신판매는 우편·전기통신 등에 의한 광고를 보고 판매자와 직접 대면하지 아니하고 소비자가 청약하는 이른바, 광고 및 청약의 방법에 기초하여 정의되고 있으므로, 계약의 성립과정이 비대면으로 이루어지고 전자문서에 의한 거래가 개입하지 않는다는 점에서 전자거래와 차이가 있다.

통신판매의 예로서는, 인터넷 쇼핑, TV 홈쇼핑, 카탈로그에 의한 매매, 인터넷 어학원, 인터넷 게임 등을 들 수 있는데, 인터넷·전단지를 통한 백화점 광고나 인터넷 사이버몰 광고를 보고 사업자 상점을 방문하여 재화를 구매한다든가 대면계약체결 후 인터넷 강의 수강하는 것 등은 비대면광고와 비대면청약 양자를 충족해야하는 통신판매의 정의개념상 통신판매에 해당하지 않는다.

예컨대, 인터넷이나 모바일에 의한 거래는 전자상거래이면서 통신판매에 해당하나 전자결제나 교통카드 사용 등은 전자거래에는 해당하나 통신판매에는 해당하지 않고, TV 홈쇼핑이나 카탈로그 쇼핑은 통신판매에는 해당하나 전자상거래는 아니다. 스마트TV에 의하여 TV 광고를 보고 청약을 전자문서에 의하여 하게 된다면 전자상거래에 해당하게 된다.

전자상거래소비자법의 규정에 따르면 통신판매는 전기통신 방법에 따라 -정확히 표현하면 정보통신망[10]을 이용하여- 재화와 용역에 관한 정보를 제공하고 소비자의 청약에 의하여 이를 판매하는 통상의 전자상거래를 포함하는 개념이라고 할 수 있다. 따라서 전자상거래는 통신판매의 특수한 형태라고 할 수 있다.[11] 그렇다면 이 법률의 정의부분에서 통신판매는 전자상거래의 상위 개념으로 먼저 정의되어야 할 것이다.

매매계약형 소비자계약에서는 공통적인 소비자보호수단으로서 이미 전술하였듯이 매수인의 철회권(cooling off)과 반환권이 문제된다. 일반적으로 계약은 청약과 승낙이라는 두 개의 의사표시의 합치로 성립하게 되며, 계약이 일단 성립된 뒤에는 각 당사자는 자기의 의사표시를 철회할 수 없다. 그러나 할부매매나 방문판매, 다단계판매 등의 특수거래에서는 소비자가 충동적인 구매를 할 우려가 있기 때문에, 각국에서는 이러한 소비자를 보호하기 위하여 매수인에게 이른바 숙려기간 내지 냉각기간을 부여하여, 이 기간 내에 소비자가 소비자계약을 철회할 수 있도록 하고 있다.

이 철회권은 주로 할부매매나 방문판매 등과 같은 신용거래를 중심으로 발달하여 온 제도로서, 일단 성립한 계약에 대하여 계약의 일방 당사자인 매수인에게

10) 정보통신망(network)이라 함은 전기통신기본법 제2조 제7호의 규정에 의한 전기통신역무와 이를 이용하여 정보를 제공하거나 정보의 제공을 매개하는 것을 의미한다(정보통신망이용촉진 및 정보보호에 관한 법률 제2조 제1항 제1호).

11) 정완용, 「전자상거래법」(개정판), 법영사, 2005, 25-26면.

사후적으로 그 의사표시를 철회할 수 있는 권리를 부여하고 있다는 점과, 소비자가 일정한 기간 내에는 아무런 제한 없이 이를 철회할 수 있고, 또 매수인이 이를 철회하게 되면 아무런 불이익을 받지 않고 마치 계약을 체결하지 않았던 것과 같은 상태로 돌아갈 수 있다는 점에 그 특색이 있다. 따라서 이 제도는 계약이 성립되기 전에만 인정되는 민법상 청약의 철회와 다를 뿐만 아니라, 의사표시의 하자를 이유로 한 법률행위의 취소, 혹은 채무불이행 또는 사정변경 등을 이유로 한 법률행위의 취소, 혹은 채무불이행 또는 사정변경 등을 이유로 한 계약해제와 구별되는 특수한 제도이다.[12]

통신판매에 대한 규제는 전자상거래와 함께 전자상거래소비자보호법에서 규율하고 있는데, 양자는 거의 동일하게 취급되고 있다.

Ⅱ. 소비자 역무제공형

매매계약은 매도인이 매수인에게 매매의 목적이 된 권리를 이전하고 매수인은 대금을 지급하는 것(민법 제568조)을 내용으로 하는 재산권이전형 계약이다. 따라서 매매의 목적물은 물건과 권리이다. 원칙적으로 용역 자체는 매매계약의 대상이 아니다. 그러나 방문판매법과 할부거래법에서는 할부거래와 방문판매, 다단계판매, 통신판매의 적용대상으로서 재화 내지 상품과 용역 양자를 인정하고 있기 때문에 특별히 용역만 별도의 법적 규율을 받지 않는다. 또한 위의 법들은 용역에 일정한 시설을 이용하거나 용역의 제공을 받을 수 있는 권리를 포함하고 있어서 시설이용계약까지도 함께 규율하고자 하였다.

일반적으로 용역(service)이라 함은 물질적 재화의 생산 이외의 생산이나 소비에 필요한 노무(勞務)를 말한다. 타인을 위하여 하는 봉사활동을 뜻하나, 경제학에서도 토지·자본·노동이라는 각 생산요소나 정부 등이 재화(財)를 생산하거나 또는 직접 인간의 욕망을 충족시키고자 하는 봉사활동을 가리킨다.

민법의 전형계약 중 노무의 제공을 급부의 내용으로 하는 계약으로서 고용, 도급, 위임, 현상광고, 임치 등을 들 수 있는데, 고용계약은 순수하게 노무자가 제공하는 종속적인 노무 그 자체를 목적으로 한다는 점에서 다른 노무공급계약과 구별

12) 권오승, 「소비자보호법」(제5판), 187면.

되며, 따라서 사용자와 피용자와의 고용계약은 소비자계약성을 띠지 않는다. 도급계약은, 당사자의 일방이 어느 일을 완성할 것을 약정하고, 상대방이 그 일의 결과에 대하여 보수를 지급할 것을 약정함으로써 성립하는 계약(민법 제664조)으로서 계약당사자가 사업자와 소비자가 될 수 있는 소비자계약성을 가질 수 있다.

독일민법은 도급 및 이에 유사한 계약으로 여행계약(동법 제651조의 a 이하)을 규정하고 있고, 우리 민법에서도 여행계약을 신설(제674조의 2 이하)하였다. 소비자보호를 위한 규정으로는 여행개시전의 해제(제674조의 3)와 부득이한 사유로 인한 해지(제674조의 4), 여행주최자의 담보책임(제674조의 6), 담보책임 면책특약의 경우에도 일정한 경우에는 책임(제674조의 9)을 지게 하는 등의 규정을 두고 있다. 비록 민법에서 여행계약을 신설하였지만 여행업자와 소비자간에 약관에 의하여 계약내용이 정해지고 있고, 따라서 약관규제법의 규율을 받고 있는 소비자계약이다. 현상광고는 일정한 행위를 한 자에게 보수를 지급하겠다는 의사를 광고에 의하여 표시하는 행위로서 법적 성질에 대하여 다수설인 계약설과 소수설인 단독행위설[13]로 나뉘는데, 단독행위설에 의하면 현상광고는 계약이 아니므로 소비자계약성은 더더욱 문제되지 않는다. 계약설에 따른다 할지라도 현상광고계약은 소비자계약으로 보기 어렵다.

위임계약은 당사자의 한쪽(수임인)이 상대방에 대하여 '사무의 처리'를 위탁하고, 상대방(수임인)이 이를 승낙함으로써, 성립하는 계약으로서 타인의 노무를 이용하는 계약이다(민법 제680조). 오늘날에는 많은 경우에 수임인은 사무의 처리를 업으로 하는 사업자이고 위임인은 수임인의 노무를 이용하는 여러 유형의 소비자계약이 존재한다. 원칙적으로 민법상의 위임계약은 무상계약이지만, 사업자와 소비자 사이에 체결되는 위임계약은 유상계약이다. 실제 비전형계약으로서 위임계약에 준하는 여러 형태의 소비자계약이 존재한다. 의료서비스공급계약이라든가 변호사와의 수임계약, 경비용역계약 등도 여기에 해당한다. 민법개정안에 제시되어 있는 중개계약도 역무제공형 소비자계약이다.

그러나 위에서 언급한 계약에 대해서는 아직까지 소비자계약의 지위까지 획득했다고 보기 어렵다. 의료계약에 대해서는 계약법에 의해서보다는 불법행위법에 의하여 규율되고 있고, 변호사와의 수임계약에 대해서도 소비자계약에 의하여 규

13) 단독행위설은 지정행위를 완료한 자에게 보수를 지급한다는 불특정다수인에 대한 일방적 의사표시를 현상광고라고 한다. 곽윤직, 앞의 책, 267면; 김주수, 채권각론, 삼영사, 1992, 389면.

율하려는 시도는 보이지 않는다. 의료계약에 대해서는 수많은 학자들이 계약법적 구성을 하고 있지만, 소비자계약성에 주목하여 의료서비스라는 용역에 대한 환자의 소비자성에 대한 인식은 부족한 편이다. 위임계약에 준하여 소비자인 환자의 권리·의무와 의료기관 내지 의료인의 권리·의무를 추출해 내고 그 외에 의사의 설명의무를 부가하고 있다.

임치계약은, 당사자의 한 쪽(임치인)이 상대방에 대하여 금전이나 유가증권 기타의 물건의 보관을 위탁하고, 상대방(수치인)이 이를 승낙함으로써 성립하는 계약이다(민법 제693조). 임치는 타인의 물건 등을 보관한다는 한정된 특수한 노무를 목적으로 하는 계약이다.[14] 민법상의 임치계약도 원칙적으로 무상계약이지만 임치를 업으로 하는 사업자와 소비자 사이에 계약이 체결되면 소비자계약이 되고, 유상계약이 된다. 상법에서는 창고업을 규정하고 있는데(상법 제155조), 사업자가 영리를 목적으로 하는 임치계약의 일종이다.

역무제공형 소비자계약으로서 민법개정안에서 '중개계약'(개정안 제692조의 2 이하)을 전형계약으로 신설하고자 하는데, 이는 대표적인 소비자계약이다. 중개계약은 현재 사회적으로 널리 실행되고 있는 계약으로서, 계약체결을 매개하거나 계약체결의 기회를 제공한 자에 대하여 중개료를 지급하기로 하는 중개인과 의뢰인 사이의 계약을 말한다.[15] 알선이나 중개의 활동이라는 급부와 그에 대한 보수청구권의 발생이라는 반대급부가 상호 대가적 관계를 가지는 유상·쌍무계약이다.[16] 부동산중개계약과 관련한 판례는 대부분 중개인의 보수청구권의 유무와 보수의 액을 둘러싼 분쟁이 많다.

소비자보호를 위한 규정으로는 보수청구권의 감액 및 중개인의 신의칙 위반의 경우 보수청구권 상실규정(개정안 제692조의 4)을 두고 있다. 독일 민법은 중개계약 이외에도 사업자와 소비자간의 소비대차중개계약(독일민법 제655조의 a)을 규정하고 있다.

---

14) 곽윤직, 앞의 책, 282면; 김형배, 앞의 책, 695면.

15) 중개에 관한 사법상의 규정으로는 상법 제93조 이하 그리고 공법상의 규정으로는 부동산중개업법상의 규정을 들 수 있으나 각종 중개에 적용될 수 있는 일반원칙에 대한 규정은 없다. 법무부가 추진한 민법개정안에 포함되어 있었으나 입법으로까지 이어지지 않았다.

16) 독일민법 제652조는 중개인의 알선 또는 중개로 인하여 성립한 경우에만 중개료를 지급할 의무를 지도록 하여 위임유사의 계약이지만 원칙적으로 거래를 완성(계약의 성립)시킬 의무를 부과한다는 점에서 오히려 도급계약에 가까우며 결과채무라고 할 수 있다.

그 밖에 신종소비자계약으로 자문계약을 들 수 있다. 자문계약은 고객(client)과 컨설턴트(consultant) 사이에 체결되며 컨설턴트가 제공하는 일정한 정보나 자문 등에 대해 고객이 보수를 지급하기로 하는 계약이다.[17] 제공하는 급부는 어떠한 방법론을 제시하는 것이지 그에 필요한 하드웨어나 소프트웨어의 공급은 포함되지 않는다.[18] 다시 말하면, 고객인 의뢰인과 컨설턴트 사이에 고객을 위한 경영 혹은 기술적인 상담급부를 제공하는 유상·쌍무계약이다.[19] 컨설팅의 대상은 정부, 기업, 개인이 될 수 있으나 소비자계약성을 띠는 경우는 사업자로서 컨설턴트와 개인인 경우이다. 컨설팅 분야도 기업 경영 관련 사항인 경우에는 소비자계약이라고 보기 어려우나 건강상담, 법률상담, 직업상담, 결혼상담, 장애인에 대한 재활 상담 등 모든 분야의 전문가가 행하는 상담 자문 등이 포함된다고 본다.[20]

고객은 대개 충분한 정보나 기술이 없어 그 분야의 전문적 지식이나 기술을 가진 전문가에게 문제를 의뢰하고 컨설턴트는 적절한 해결책을 제시한다. 그러나 컨설턴트의 의무는 자문의 제공에 제한되어 있는 것이 보통이고 고객이 이러한 자문을 신뢰하여 실천에 옮겼으나 후에 불이익을 입은 경우에 고객의 손해에 대하여는 책임을 지지 않는 것이 보통이다. 즉 계획의 입안이나 아이디어의 제공은 컨설턴트가 하지만 그것의 실행에 대한 책임은 전적으로 고객이 부담하는 것이 컨설팅계약의 핵심적 요소이다.[21]

---

17) 오늘날 고도의 정보화사회에서 컨설팅 산업은 매우 중요한 분야가 되었으며 정보기술이나 마케팅, 고급인력확보(head hunting), 부동산 투자, 주식투자 등의 여러 분야에서 활발한 컨설팅이 이루어지고 있다. 김동훈, 신종계약의 입법방향, 민사법학, 2000, 207면.

18) 중요한 역무로는 조언역무가 되며 이는 전문적인 역무이며 독립적인 역무이며 일시적인 역무의 성격을 띠고 있다. 송오식, 컨설팅계약과 법적 문제, 비교사법 제11권 3호, 2004.9, 173-177면 이하.

19) Reineke-Hennecke, Die Unternehmensberatung-Profil-Nutzen-Prozeβ, 1982, S. 11; Hirzel, Management-Consulting im schweizerischen Recht-Der Unternehmens-beratungsvertrag, Diss., Zurich, 1984, S.2; Ibielski-Ksuster-Sebode, Handbuch der Unternehmensberatung, 1991, Nrn. 0500-0520 und 1000 ff.; Schulter, Management-und Consulting-Vertrage, 1987, S. 107: C.W.Meyer, in: Management Enzyklopadie, Bd.2, 2. Aufl., 1982, S. 489 ff.

20) Kuber, M., Management Consulting. International Labour Organization, 1980, 7면.

21) 김동훈, 앞의 논문, 207면.

Ⅲ. 소비자신용형

소비자신용(consumer credit)이란 금융기관, 제조업자, 판매업자가 최종소비자에게 소비생활에 필요한 자금을 대출해 주거나 판매대금의 지급유예를 통해서 신용을 제공해 주고 장래에 수수료나 이자를 덧붙여 이를 회수하는 방법을 의미하는데,[22] 생산자 신용[23]과 대비되는 개념이다. 전통적으로 소비자신용은 금전자체를 신용으로 제공하는 소비자금융(consumer finance) 또는 대부신용과 재화나 용역을 신용으로 제공하는 판매신용(sales on credit)으로 구분된다. 할부거래도 일종의 판매신용으로 볼 수 있다. 그 밖에 신용카드 할부매매와 같은 결합용소비자신용[24]도 존재한다.

판매를 수반하는 판매신용과 소비대차에 따르는 대부신용은 「신용」이라는 측면에서는 공통적 기초를 가지고 있으므로, 외국의 법제에서는 상이점에 유의하면서도 소비자신용법의 통일화를 시도하기도 한다.

독일민법에서는 제2편 제8장 제3절의 제목을 소비대차계약과 함께 사업자와 소비자 사이의 자금융통원조 및 분할공급계약이라는 부제를 달고, 제1관 소비대차계약에서 따로 소비자소비대차계약(제491조)[25]을 규정하고 있다.[26] 그리고 종전의 소비자신용법 제15조 내지 제17조에서 규율되었던 신용중개계약(Kreditvermittelungs-vertrag)은 개정법에서 "(금전)소비대차중개계약이라는 표제로 제655조의a 내지 제655조의e에서 중개계약의 일종으로 규율하고 있다. 이러한 소비자소비대차계약은 서명으로 체결할 것을 요청하고 있다(제492조). 제2관에서는 사업자와 소비자 사이의 자금융통원조라는 제목 하에 자금융통원조(제499조), 사업자와 소비자 사이의 금융리스계약(제500조), 할부거래(제501조)에 대하여 규정하고 있다.

---

22) 권오승, 앞의 책, 227면.

23) 금융기관이 기업에 대해 생산과정에서 투입되는 자금 또는 유통산업의 경영에 이용되는 자금을 대부하거나 그러한 자금의 사용을 목적으로 기업상호간에 어음을 발행하는 것을 말한다. 이를 기업신용이라고 한다. 권오승, 위의 책, 각주 14참조.

24) 신용카드 할부판매의 경우에는, 통상적으로 기본계약에 의해 부과되는 수수료는 소비자뿐만 아니라 판매자로부터도 징수되어 소비자신용료와 기업신용료의 성격을 겸비하고 있다.

25) 금전소비대차계약이 소비자금전소비대차계약이 되기 위해서는 ① 유상의 소비대차일 것 ② 대주가 사업자일 것 ③ 차주가 소비자일 것이라는 세 가지 요건이 충족되어야 한다(제491조 1항).

26) 이에 대해서는 하경효, 소비자보호법의 통합수용, 「독일채권법의 현대화」(김형배 외), 법문사, 2003, 150면 이하 참조.

우리나라에서는 1980년대에 들어와 신용경제화 현상이 두드러지게 나타났으며 소비자신용거래의 구조도 복잡화·다양화되었다. 특히 판매신용과 대부신용의 기능을 동시에 가지고 있는 신용카드에 의한 거래가 확산되면서 정착단계에 들어섰다. 오늘날 소비자신용거래는 여러 법분야에 걸쳐 널리 행하여지고 있다. 우리나라에서도 할부거래·신용카드거래·금융리스계약·팩터링금융·할부금융은 그 대표적인 예라고 할 수 있다. 이와 같은 신용거래의 실태와 관련하여 소비자보호라는 관점에서 공통적 문제로 제기되는 사항들은 신용가격(이자)의 적정성, 계약체결 전의 계약내용의 명시, 충동구매의 규제, 할부대부금의 연체로 인한 해제, 특히 3당사자 관계에서의 소비자의 항변권, 연체이자의 적정률보장, 연체금회수와 관련된 위법·부당행위의 방지 등이다.[27]

Ⅳ. 소비자 시설제공형

최근 근로시간의 단축과 스포츠, 레저에 대한 수요가 증가하면서 현대인들은 스포츠와 레저, 여행을 위하여 사업자가 제공하는 다양한 시설에 대한 이용을 늘리고 있는 추세이다. 시설제공형 계약에 대한 민법상의 전형계약으로는 임대차계약과 사용대차계약이 있다. 그러나 소비대차계약은 무상계약인 만큼 소비자계약이 성립할 수 없고, 임대차계약만이 소비자계약이 될 수 있다. 이 경우에도 임대인이 사업자인 경우이어야 한다. 임대차는 당사자의 한쪽(임대인)이 상대방에게 목적물(임대물)을 사용·수익하게 할 것을 약정하고, 상대방(임차인)이 이에 대하여 차임을 지급할 것을 약정함으로써, 성립하는 계약이다(민법 제618조).

현대사회에서 개인들은 수많은 다양한 시설들을 사업자와의 이용계약을 통해서 이용하고 있다. 대표적인 사례가 숙박계약, 스포츠시설이용계약이며, 인터넷 통신서비스이용계약,[28] 인터넷 정보제공계약[29] 등도 그 예이다. 스포츠시설이용계약

27) 김형배, 「채권각론(계약법)」, 박영사, 2001, 553면.

28) 인터넷 서비스이용계약은 서비스제공자가 이용자에게 정보통신망을 통하여 일반 공중 또는 일정한 인적 영역에 제공되는 온라인정보를 검색할 수 있는 권리를 일정 기간 허락하는 계약을 말한다. Mehrings, Vertragsrechtliche Aspekte der Nutzung von Online und CD ROM Datenbanken, NJW 1993, 3104.

29) 인터넷정보제공계약(Internet Databank Contract)은 정보제공자가 이용자에게 온라인정보를 제공·사용케 할 것을 약정하고, 이용자가 그 대가를 지급할 것을 약정함으로써 효력이 생긴다. 인터넷 정보제공계약은 대부분 공통된 서비스의 구성요소들로 이루어지는데, ① 네트워크에

도 단순히 시설만 이용하는 경우에는 임대차계약으로 볼 수 있으나, 노무도 제공되는 경우가 있기 때문에 혼합계약으로 보아야 할 경우도 있다. 인터넷 서비스이용계약도 고용계약적 성질과 임대차계약적 성질 등을 포함한 혼합계약 내지 무명계약으로 볼 수 있다.[30)]

소비자보호와 관련하여 할부거래법 제2조 1항, 방문판매법 제2조 1호, 전자상거래소비자보호법 제2조 2호에서는 할부계약, 방문판매계약, 통신판매계약 등의 매매계약형에서 일정한 시설 이용계약도 포함하여 규율하고 있다. 주택임대차계약의 경우에 주택임대업자와 일반인 사이의 거래는 소비자계약성을 띠게 되나 현재 주택임대차보호법에 의하여 규율되고 있다.

상법에서는 극장, 여관, 음식점, 그 밖의 공중이 이용하는 시설에 의한 거래를 영업으로 하는 자를 공중접객업자라고 하여(상법 제151조), 이들과 소비자 사이에 계약이 체결되는 경우 일종의 소비자시설제공형 계약이라고 할 수 있다. 시설대여에 관하여는 여신전문금융업법에서 규율하고 있다(동법 제28조).

V. 혼합형 계약

오늘날에는 근대의 민법기초자들이 예상하지 못하였던 다양한 거래가 행해지고 있다. 여전히 우리 민법은 15가지의 전형계약에 대해서만 규정하고 있을 뿐이고 상법에서도 대표적인 상행위로서 매매를 위시한 몇 종류의 거래에 대해서만 규정하고 있을 뿐이다. 계약자유의 원칙상 계약당사자들은 계약내용이 사회질서(민법 제103조)나 강행규정(민법 제105조)에 위반하지 않는 한 얼마든지 새로운 계약유형에 대하여 당사자들의 의사의 합치에 의하여 체결하고, 그에 따른 권리와 의무를 부담할 수 있다.

소비자계약의 유형도 다양한 소비자의 욕구에 따라 다양한 계약유형 등이 등장하고 있다. 여행계약의 경우에도 숙박계약과 운송계약과 관광안내의 역무가 혼합된 계약이며, 의료계약의 경우에도 의료시설과 의사의 역무 등이 혼합된 계약이다. 스포츠시설을 이용한 경우에도 단순한 스포츠시설을 이용하는 경우에는 시설

의 접속 허용, ② 올려놓기, ③ 내러받기, ④ 경로, ⑤ 컨텐츠제공이다.

30) 이를 임대차와 매매가 혼합된 유형조합계약(Typenkombinationsvertrag)으로 보기도 한다. 정진명, 가상연구법(Ⅰ), 법원사, 2003, 176면.

이용계약이라고 할 수 있지만, 스포츠시설뿐만 아니라 스포츠지도사로부터 지도를 받는 경우에는 혼합계약적 성격을 띠게 된다. 이러한 소비자계약의 경우에는 대개 사전에 사업자에 의하여 작성된 약관에 따라 규율되기 때문에 약관의 규제가 의미를 갖는다.

제2절 계약방법에 의한 분류

소비자계약을 계약 방법에 따라 온라인거래형과 오프라인 거래형으로 구분할 수 있다. 전자를 전통적인 거래형, 후자를 첨단 거래형으로 부를 수도 있겠다. 전통적인 계약방식은 양당사자가 대면하거나 전화나 우편에 의한 수단으로 계약체결에 이르고, 지급결제도 직접 혹은 우편환이나 계좌입금 방식에 의하여 이루어졌다. 그러나 컴퓨터와 통신의 만남은 커뮤니케이션의 세계를 만들어냈고, 종전의 대면형 내지 서면에 의한 계약에 의하고 지급결제도 전자결제 내지 전자화폐에 의한 결제로 이루어지는 등 비대면·전자적 방법에 의한 거래가 급속히 확산되고 있다.

Ⅰ. 실거래형(오프라인 거래형)

종전의 소비자계약은 주로 오프라인 거래에 의하여 체결되고 이행도 대개는 오프라인에서 이루어졌다. 전통적인 거래의 특징은 기업이 생산한 상품이 도매상과 소매상을 거쳐 소비자에게 이르는 다단계 계약의 형태를 띠고 거래대상지역도 일부지역에 한정될 수밖에 없었다. 마케팅 활동도 구매자인 소비자의 의사와 상관없이 사업자에 의한 일방적인 정보제공과 마케팅이 이루어지고 일정한 판매공간에서 판매가 이루어졌다. 또한 청약과 승낙의 의사표시도 전통적인 의사표시 수단에 의하여 이루어졌다는 점에 특색이 있다. 따라서 종전의 계약법이나 소비자계약을 규율하는 특별법은 전통적인 오프라인 거래를 상정하여 제정된 법률들이다. 예컨대 의사표시의 수단으로서 언어, 문자, 부호, 수타 등에 의하여 외부에 표시된다. 그리고 계약내용이 서면에 의하여 작정되는 경우가 대부분이다. 종래 대개의 소비자계약법은 이러한 오프라인 거래를 상정하고 제정된 법률들이다.

Ⅱ. 가상공간 거래형(온라인 거래형)

이제 전통적인 오프라인 거래뿐만 아니라 온라인거래에 의한 소비자계약이 기하급수적으로 증가하고 있다. 가상공간에서 이루어지는 거래의 방법도 초기에는 온라인을 통한 인터넷(E-Commerce)이 대세였으나 모바일기기의 등장에 따라 M-Commerce로 옮겨갔으나 오늘날에는 SNS의 등장으로 소셜커머스의 시장이 기하급수적으로 성장하고 있다. 이 전자거래의 경우에도 기업과 기업(B2B), 정부와 기업(G2B), 개인과 개인(P2P 또는 C2C), 기업과 소비자(B2C))간의 거래로 나눌 수 있는데, 이 중 B2C가 소비자계약에 해당한다.

온라인거래를 통칭하여 전자거래라고 하는데, 우리 법제에서는 거래의 일부나 전부가 전자문서에 의하여 행하여지는 거래를 전자거래라고 하여(전자문서 및 전자거래기본법 제2조 5호) 시적 범위를 넓혀 전자거래의 개념에 포함하고 있다. 따라서 거래과정에서 광고, 청약이나 승낙, 이행(전자결제나 온라인에 의한 콘텐츠의 제공이나 소프트웨어의 제공)이 전자문서로 이루어지는 경우에는 모두 전자거래에 해당하게 된다.

전자거래의 특징은 사업자와 소비자가 직접 가상공간에서 거래를 한다는 점이고, 그 외에 거래대상지역의 전세계화, 무제한의 영업시간, 소비자수요가 온라인으로 수시로 획득할 수 있다는 점, 마케팅 활동이 쌍방향으로 이루어지는 점 등을 들 수 있다. 온라인거래의 액수면에서는 기업과 기업간의 거래인 B2B가 절대적이지만 오늘날 기업과 소비자간의 거래인 B2C도 상당히 활성화되어 있다. 온라인소비자계약의 특징은 광고와 계약의 체결과 지급결제까지 전과정이 온라인에서 이루어질 수 있다는 점이며, 심지어 급부의 이행도 온라인으로 이루어질 수 있다는 점이다. 따라서 오프라인 거래에서 예상하지 못했던 새로운 문제들이 소비자보호의 문제로 등장하게 되었다.

전자거래에 대하여는 전자상거래 등 소비자보호에 관한 법률에서 통신판매와 함께 규율하고 있다. 온라인거래상의 소비자보호와 관련하여 문제되는 것으로는 사기방지를 위한 가상상점 및 상품에 대한 신뢰성의 확보, 개인정보의 보호, 청약의 철회 및 반품, 기존법률에 의한 전자거래에서의 분쟁발생시 적절한 대응방안의 모색, 국제전자거래에 있어서 소비자의 피해 및 분쟁의 효과적 처리 등을 들 수 있다. 온라인거래에서 소비자보호를 위한 법률로는 전자거래기본법, 전자서명법,

전자상거래등소비자보호에관한법률 등을 들 수 있다.

먼저 전자문서 및 전자거래기본법 제3장에서는 '전자거래의 안전성 확보 및 소비자보호'에 관하여 규정하고 있다. 정부에 대하여 전자거래이용자의 개인정보보호(동법 제12조), 영업비밀보호(제13조), 암호제품의 사용(제14조), 소비자보호를 위한 시책수립·시행의무(제15조)를 규정하고, 전자거래 사업자에 대하여 이용자의 영업비밀 누설금지의무 외에 정확한 정보제공, 청약의 철회절차 마련 등의 일반적인 준수사항(제17조), 전자거래사업자에 대한 인증(제18조) 등을 규정하고 있다.

전자거래에 있어서 소비자보호에 관한 중요한 법률로는 '전자상거래 등에서의 소비자보호에 관한 법률'을 들 수 있다. 동법의 특징은 전자상거래 뿐만 아니라 종전에 방문판매법에 있었던 통신판매를 규율하고 있다는 점이다. 동법에서는 소비자보호를 위하여 전자문서의 활용과 기록보존 문제(동법 제5조, 제6조), 조작실수의 방지(제7조), 개인정보 및 프라이버시 보호(제11조), 표시·광고의 적절한 정보제공(제13조), 청약의 확인, 청약의 철회(제14조·제17조), 손해배상청구금액의 제한(제19조), 선불식 통신판매의 결제대금예치제도(제24조 2항 내지 4항)[31], 구매권유광고시 '광고수신거부의사 등록'확인 의무화(제24조의 2) 규정 등을 두고 있다.

제3절 기타 방법에 의한 분류

Ⅰ. 민법상 전형계약인지의 여부

소비자계약은 법전의 편입 여부에 따라 민법상 전형계약과 비전형계약 등으로 구분할 수도 있다. 오늘날 경제의 변화에 따라 새로운 거래형태들이 나타나고종전의 민법 기초자들이 예상하지 못하였던 수많은 계약유형들이 등장하고 있고, 오히려 그러한 비전형 소비자계약유형이 더 많은 편이다. 거래계에서는 수많은 거래유

31) 2005년도에 신설된 규정으로서 선불식 통신판매의 거래안전을 위한 결제대금을 예치하는 제도(Escrow)이다. 즉 선불식 통신판매업자는 소비자가 원하는 경우에는 소비자가 재화 등을 공급받을 때까지 그 결제대금을 제3자에게 예치하도록 하고, 통신판매업자 본인이 소비자 피해보상보험계약 등을 체결하도록 하는 규정을 두고 있다. 단 신용카드거래, 배송이 필요 없는 거래, 10만원 이하의 범위 안에서 대통령령이 정하는 금액 이하인 소액거래 등에 대하여는 그 적용을 제외하도록 하고 있다.

형이 존재하지만 계약자유의 원칙에 따라 당사자들이 의욕한 법률효과가 계약당사자에게 귀속되는 결과 모든 계약을 유형화하여 전형화 할 필요는 없다. 실제 대개 소비자계약의 성질을 지닌 신종계약의 증가는 그러한 유형화 작업을 불가능하게 하기도 한다.

신종계약은 무명계약 내지 혼합계약으로서 민법의 전형계약에 속하지 않으며 특별법에서도 아직 규율되고 있지 않는 계약이라고 할 수 있다.[32] 매매계약의 경우에도 근대 민법의 기초자는 할부매매나 방문판매, 다단계판매, 통신판매 등에 대하여 알지 못하였다. 이러한 계약들은 대부분 민법전의 전형계약의 내용에 의해서가 아니라 사업자에 의하여 일방적으로 사전에 작성된 약관에 의하여 규율되고 있기 때문에 오늘날 '민법전의 공동화현상'이라고 불려지기도 한다. 소비자계약에 관한 특별법들은 민법전의 전형계약으로 소비자보호를 하는데 한계가 있는 경우 제정되고 있다. 그러한 특별법들에 대해서는 전술하였다.

Ⅱ. 계속적 계약·일시적 계약

소비자계약의 경우에 일회의 급부로서 그 목적을 달성할 수 있느냐의 여부에 따라 계속적 계약과 일시적 계약으로 구분할 수 있다. 일시적 소비자계약의 예로서는 소비자매매를 들 수 있고 계속적 소비자계약으로서는 소비자소비대차계약, 소비자시설제공계약, 소비자역무제공계약 등이 해당한다. 급부의 계속성이란 개념은 상대적이다. 예컨대 매매의 특수한 형태인 계속적 공급계약인 경우에는 계속적 계약관계로 보아야 할 것이다.

계속거래에 관해서는 방문판매법에서 규율하고 있다. 동법 제2조 10호에서는 계속거래란 1개월 이상에 걸쳐 계속적으로 또는 부정기적으로 재화등을 공급하는 계약으로서 중도에 해지할 경우 대금 환급의 제한 또는 위약금에 관한 약정이 있는 거래라고 규정하고 있고, 사업자에게 정보제공의무 등을 부과하고 있다(동법 제30조).

소비자계약이 계속적 계약의 특성을 갖는 경우에는 계약관계의 해소는 해지에 의해 종료가 되며, 사업자와 소비자 사이에는 일시적 계약관계에서와 같은 개별적 권리의무관계는 물론 복합적 권리의무관계, 즉 포괄적인 법적 지위를 갖는 경우가

32) 동지, 이은영, 채권각론, 박영사, 2007, 9면; 정진명, 혼합계약의 해석, 민사법학 16호, 1998, 444면.

많다. 예컨대 스포츠시설이용계약인 경우 사업자와 소비자는 여러 가지의 권리와 의무를 상호 갖게 된다. 또한 계속적 계약의 특성상 신의성실의 원칙이 적용될 여지가 더 크다.

제 4 장
소비자계약의 규율

제4장 소비자계약의 규율

제1절 소비자계약에 대한 통일적 규율의 필요성

1. 특별법에 의한 개별적 규율

현행법상 소비자계약 모두를 아우르는 통일적 법률을 가지고 있지 않기 때문에 소비자계약관계에서의 소비자보호를 위한 법적 규율방법으로는 기존의 법률체계에 의하여 규율할 수밖에 없다. 우선 소비자계약은 계약이기 때문에 일반적으로는 민법총칙의 법률행위나 계약법에 관한 규정의 적용을 받는다. 따라서 소비자에게 불리한 불공정한 내용의 소비자계약은 무효로 되거나, 취소할 수 있거나 담보책임이 발생하기도 한다.

민법규정의 적용을 통한 소비자보호는 주로 판례에 의하여 이루어지겠지만, 현재 소비자보호와 관련된 판례는 그다지 많지 않다. 이러한 현상은 소비자보호가 우리나라에서는 행정감독관청에 의한 행정규제에 의하여 사전에 규제되는 측면도 있겠지만, 계약자유의 원칙을 근간으로 하고 있는 우리 법체계상 법원의 입장에서 특별법에 의하여 특별히 제한되지 않는 한, 당사자들의 계약내용에 따라 당사자들에게 법적 지위를 부여할 수밖에 없기 때문이기도 하다.

소비자계약에 관해서는 소비자보호에 관한 기본법인 소비자기본법이 적용되지만, 동법에서 소비자계약과 관련된 규정은 찾아보기 힘들다. 소비자계약에 관한 법적 규율 입법례로서는 독일과 같이 민법전에의 편입, 일본과 같이 소비자계약법의 제정, 혹은 우리나라처럼 개개의 특별법으로 규율하는 방법이 있다. 아직까지 우리나라에서는 개개의 특별법에 의하여 규율되는 만큼 소비자계약에 관한 특별법이 민법이나 상법에 우선하여 적용된다.

즉 소비자계약은 사업자와 소비자간의 계약이면서 통상 약관에 의하여 체결되고, 따라서 약관에 의하여 체결된 경우에는 약관규제에 관한 법률의 적용을 받게 된다. 또한 소비자계약이 각각 할부판매나 방문판매, 다단계판매, 통신판매, 전화권유판매, 또는 전자상거래 등과 같은 특수한 형태의 계약에 해당되는 경우에는 할부거래에 관한 법률, 방문판매 등에 관한 법률, 전자거래법, '전자상거래등소비자보호에관한법률'의 적용을 받게 된다. 또한 신용카드거래와 관련하여서는 여신전문금업법이 적용된다. 이러한 특별법들은 민법이나 상법에 우선하여 적용되며, 강행규정들을 내포하고 있다.

2. 소비자계약법의 제정 또는 민법전 변용의 필요성

소비자사법 내지 소비자계약법 체계가 이론적으로 정비되지 않은 상태에서 소비자보호의 필요성이 대두됨에 따라 각각 상이한 소비자계약에 관한 특별법 규정을 그 때 그 때 제정하여 온 것이 사실이다. 이로 말미암아 경우에 따라서는 통일적인 규율을 하지 못하게 되는데, 대표적인 예가 청약철회의 기간 등에서 개별법마다 다른 기간을 규정을 하고 있는 것이다. 또한 통신판매를 방문판매법에서 떼어내어 '전자상거래소비자보호법'에서 전자상거래와 함께 통신판매를 규율하도록 하였는데, 한 때 어떠한 규정들이 전자상거래와 통신판매 양자에 적용되는지 모호한 경우도 있었다.

소비자법에 대한 소비자사법 내지 소비자계약법적 접근은 계약이 당사자의 자치(autonomy)에 근거한다는 점에서 주요한 장점이 있다. 이것으로부터 소비자는 사업자에 대하여 이것이 정보를 얻을 권리, 합의할 권리, 계약내용에 따라 급부를 청구할 권리, 계약내용대로 이행되지 않았을 경우 계약을 해소할 권리, 손해배상을 청구할 권리 등 소비자의 권리를 이끌어낼 수 있는 자연적인 근원지가 될 수 있기 때문이다.

그러나 다른 한편으로는 전통적인 계약법원리로는 소비자보호에 미흡함이 밝혀진 이상 특별법에 의하든 일반법으로서 소비자법을 제정하거나 민법전에의 편입 등 그 대책이 강구되어야 하는데, 입법론적으로는 일본식의 소비자계약법[1)]의 제정이나 독일식의 민법전에의 편입 등을 상정할 수 있다.

독일과 같이 소비자계약법의 민법에의 편입을 통하여 꾀한 주된 목적은 민사법의 투명성·조감성·통일성을 제고하고, 법규범을 개선하며, 민법전의 위상을 강화하고, 거래상의 부담을 완화하는 것이었다.[2)] 즉 채권법에 속하는 특별법의 범람

1) 그러나 일본 민법개정시안(이른바 카토안과 우치다안)에서 소비자계약법의 전부 또는 일부를 민법전에 편입할 것을 제안하는 학자도 있다. 서희석, 소비자사법의 일반화의 가능성, 앞의 책, 136면.

2) 이에 대한 상세는, 김진우, 소비자계약법의 민법전으로의 통합을 의한 변론, 소비자법과 민법,

은 동일한 개념의 상이한 사용과 해석을 야기하여 법적용자와 거래에 있어서 불투명성을 초래하게 되었고, 각각의 특별법의 소재가 점점 더 원자화됨으로써 채권법의 통일성을 저해하고 있으며, 또한 일상적 거래에 있어 민법전상의 계약법이 특별법에 의하여 배제되는 상황이 발생하고 있는바, 이와 같이 심화되고 있는 법의 분열을 방지하기 위하여 소비자계약법의 민법전으로의 통합이 필요하다는 것이었다.[3] 독일에서는 소비자계약법의 민법전에의 편입 후 큰 혼란 없이 적응기를 거쳐 독일사회에 수용되고 있는 것으로 평가되고 이제는 일반사법으로 관념되고 있다.

우리나라에서도 민법전으로의 통합에 대한 논의가 이미 시작되었는데 반대론의 입장에서는 첫째, 사적 자치 내지 계약에의 구속성의 원칙과의 부조화를 든다. 즉 일반계약법의 기본원칙인 계약에의 구속의 원칙을 공동화할 우려가 있다고 한다.[4] 둘째, 법질서의 조감성 저하를 든다. 일반계약과 소비자계약이 혼재함으로 인하여 오히려 이해하기 어렵게 될 수 있다고 한다. 이것은 소비자계약의 특수성 때문에 민법의 일반성과의 조화가 어려울 수 있다는 전제가 깔린 주장이다. 가령 소비자계약법상의 청약철회권은 우리 민법의 청약의 구속력에 관한 규정(제527조)과 정면으로 배치되기 때문에, 청약철회권이 민법전으로 편입되면 민법전이 단순화되기보다는 오히려 복잡화된다는 것이다.[5] 민법전과의 정합성을 문제삼는 것이다. 셋째, 시기상조론 또는 입법기술상의 난점, 넷째, 민법전의 내구성과의 관계 등을 꼽기도 한다.[6] 이는 소비자계약법을 민법전으로 통합할 경우 그 이후에 발생하게 되는 새로운 소비자거래유형을 용이하게 법전에 규율할 수 없다는 것이다. 만약 소비자계약을 민법전에 편입한다면 새롭게 변화하는 소비자거래 현실을 반영해야하고 그 경우 민법전의 개정이 수시로 요구되고 그로 말미암아 민법전의 내구성을 훼손한다는 것이다.

그렇다면 소비자사법 내지 소비자계약법의 규율을 어떻게 할 것인가. 독일과

세창출판사, 2010, 39면 이하; 이병준, 민법에서의 소비자의 지위와 소비자특별법의 민법전에의 통합, 민사법학 39-1호, 2007.12, 223면. 김진우 교수는 소비자계약법의 민법전으로의 통합이 유럽연합지침을 따른 것이 아니라 독일의 순수한 내부적 사정에 기한 것이라고 한다(위의 논문 43면 참조).

3) BT-Drucks. 14/6040, S.2, 79, 91, 92, 98; Schmidt-Räntsch(주 16), S.170. 김진우, 앞의 논문, 47-48 재인용.

4) 백경일, 소비자보호법의 민법전 내 편입문제에 관한 비판적 고찰-소비자사법론, 상황관련적 소비자보호관, 실질적 자치 개념 등의 모순성에 대하여-, 재산법연구 제26권 제2호, 2009, 271면 이하.

5) 백경일, 위의 논문, 296면.

6) 김진우, 위의 논문, 56-60면.

일본뿐만 아니라 네덜란드 등 다양한 입법례들이 나왔고 각국에서 이미 그러한 법체계를 운용하고 있기 때문에 우리의 입장에서는 우리의 실정에 가장 적합한 소비자사법체계를 구축해 나가야 할 것이다. 이는 단순한 입법의 문제가 아니라 소비자계약의 규율에 있어 행정과 사법까지 고려하여 결정하여야 할 문제이다. 현재 소비자보호는 전적으로 공정거래위원회 소관으로 되어 있어서 행정적 규제측면에서 소비자보호가 이루어지기 때문에 소비자보호가 신속성 면에서는 이점을 가지지만 지나친 행정규제로 인하여 기업의 경제활동을 위축시킬 가능성도 존재한다. 따라서 소비자보호를 위한 입법과정에서는 사회경제적 맥락과 소비자보호 규범의 역할과 기능까지도 고려하여야 할 것이다.[7)]

3. 민법전의 변용의 방향

그 동안 종래의 민법학은 계약이란 거시적인 사회현상에 관심을 두기보다는 사인 사이의 모든 법률관계를 추상화·개념화·체계화하는 데에 주력했다. 그 결과 사회 속에서의 계약의 기능을 파악하고 그를 바람직한 쪽으로 바로잡는 사회과학으로서의 과제는 외면한 채 구체적 거래에서 계약당사자 사이의 이해를 조정하는 미시적 접근의 기술 학문으로 스스로를 전락시켰다. 또한 계약의 문제를 법해석학 내무의 논리 적합성에 한정시켰다.[8)] 거래관계의 대량화, 국제화, 온라인화, 복잡화는 새로운 패러다임의 민법전과 계약법전을 요구하고 있다. 민법 및 계약법의 현대화 국제화의 기저에는 소비자보호가 깔려 있는 것은 부정하기 힘든 것이 사실이다.

사법에 대한 규율은 크게 두 가지이다. 통일적인 원리 및 체계를 세우고 되도록 일반원칙에 의거하여 규율하거나 개별·유형화하여 유형론적 접근을 하는 방법이다. 전자가 대륙법계인 프랑스민법과 독일민법전이 취한 태도이며, 후자는 로마법에 그 뿌리를 두면서 영미법이 취하고 있는 태도이다. 현대에 들어와 계약관계 뿐만 아니라 불법행위 영역 등 전 영역에서 통일적인 체계에 따라 규율하는 것이 더 이상 어렵게 되었고, 이에 따라 다시 '다른 것은 다르게 취급하여야 한다는 사고하에서 유형화하려는 시도가 나타나고 있다.

7) 아직까지는 사업자 및 기업을 '갑'으로, 소비자를 '을'로 보는 시각에서 소비자보호에 치중하였으나 현실적으로는 블랙컨슈머의 폐해도 등장하고 있고, 파워블로거에 의한 사업자 및 제품정보의 제공과 함께 소비자단체에 의한 단체소소의 길도 열려 있어서, 거래의 공정과 소비자보호라는 두 가지 측면에서 입법방향이 결정되어야 한다.

8) 졸고, 계약법, 전남대학교출판부, 2011, 23면 이하.

이는 소비자계약을 어떻게 규율할 것인가에 대하여 시사하는 바가 크다고 생각한다. 이제 각국의 민법전은 사인 사이의 법률관계만을 규율하는 고유 의미의 민법전 체계를 고집하지 않으려고 하고 있고, 새로운 유형의 거래와 현상에 대해 탄력적으로 대응하려는 추세를 보이고 있다.

따라서 앞으로 종전의 근대입법자가 예상하지 못했던 소비자계약의 유형은 갈수록 증가할 것으로 보이는데 민법전 계약편의 공동화 현상을 막기 위해서라도 이러한 새로운 소비자계약의 유형들이 민법전에 편입되어야 할 것이다.[9] 그렇지 않으면 소비자계약의 특성을 감안한 전 소비자계약에 적용할 수 있는 소비자계약법의 제정도 고려할만하다 하겠다. 다만 소비자계약법이 기업의 자유로운 경제활동과 소비자보호라는 양가치 중 어느 쪽에 포커스를 맞추어야 하는 문제[10]는 여전히 과제로 남게 된다.

제2절 소비자매매의 규율

Ⅰ. 할부매매

1. 할부거래법

할부매매에는 광의의 할부매매와 할부거래에 관한 법률을 적용받는 소비자계약으로서의 협의의 할부매매가 있다. 즉, 협의의 할부매매란 소비자계약에 해당하여 소비자보호를 위한 특별법인 「할부거래에 관한 법률」(이하 '할부거래법'이라 한다)의 적용을 받는 할부매매를 말한다. 할부거래는 18세기 산업혁명 이후 상품의 대량

9) 소비자계약법의 민법전에의 편입에 대한 논의로는, 이은영, 소비자계약법의 과제, 소비자와 민법(이은영 편), 세창출판사, 2010, 1면 이하; 이병준, 약관규제법의 민법편입, 앞의 책, 186면 이하; 남궁술, 여러 특별법으로 산재된 소비자법의 단일화 방안, 앞의 책, 94면 이하; 김성천, 할부거래법의 민법편입문제, 앞의 책, 227면 이하; 고형석 특수거래법의 민법편입문제, 260면 이하.

10) 일본에서도 제30회의 소비자보호회의 결정 및 경제심의회에서 규제완화 후의 새로운 경제사회 시스템의 기본원칙으로서 투명한 공정시장의 창설을 제언하고, 그 근거로서 ① 자기책임의 원칙 ② 다양한 선택과 충분한 정보개시 ③ 정부의 행정지도 등에 의한 개별사례의 재량적 처리로부터의 유인을 통한 시장규칙의 정비나 제도에 기초를 두는 감시기능의 강화 등에 그 역할의 중점을 옮기는 것을 요구하였다. 經濟審議會經濟展望部會·經濟主體役割部會同報告書(經濟企劃院), 平成 10年 6月.

생산과 대량소비가 가능하게 되면서 소비자의 부담을 덜어주고 구매력을 증대시키기 위한 수단으로 활용되기 시작하였는데, 소비자신용의 일종으로 소비자의 입장에서는 필요한 재화와 용역을 신용으로 구입할 수 있게 된다. 또한 금융제도의 발달로 제3의 신용제공자와의 결합으로 이제 생산자와 소비자간의 법률문제 뿐만 아니라 소비자와 신용제공자의 법률문제도 등장하게 되었다.

각국은 할부거래로 인한 소비자피해를 구제하기 위하여 관련 법규를 제정하여 운용하고 있는데, 이를 소비자신용의 문제로 인식하여 소비자신용법제를 마련하여 이에 대처하고 있으며, 공통적으로 소비자를 보호하기 위하여 사적자치를 제한하고 있다. 우리나라에서도 1991년 12월 31일 법률 제4480호로 할부거래에 관한 법률을 제정(전문 16개조와 부칙 3개조)하여 1992년 7월 1일부터 시행하고 있다.[11] 입법적으로도 규율하고 있다.

미국, 영국, 독일 및 프랑스 등은 할부거래를 포함한 소비자신용(consumer credit)에 관한 일반법을 두고 이를 규제하는 포괄적 규제주의를 취하고 있으며, 우리나라, 스위스 등은 소비자신용의 거래분야마다 특별법에 의해 할부거래를 규율하는 개별적 규제주의를 취하고 있다.[12]

할부거래법 제정 이후 우리나라에서는 대금이 완납한 이후에 재화 등을 공급하는 상조업이 등장함에 따라 이러한 선불식 할부거래는 본래 할부거래법의 적용대상이 아니었으나 상조업에서의 소비자피해를 예방하기 위하여 2010년 개정에서 선불식 할부거래를 그 적용대상에 포함시켰다.

(1) 할부거래법의 적용범위

동법은 1991년 12월 31일에 제정되어 1992년 7월 1일부터 시행되고 있다. 할부거래법에서는 계약의 명칭·형식 여하를 불문하고 재화 또는 용역(일정한 시설을 이용하거나 용역의 제공을 받을 권리를 포함한다)에 관한 할부계약 및 선불식 할부계약에 의한 거래에 적용된다(동법 제2조 제1호·제2호). 할부거래법에서 계약의 명칭이나 형식

11) 방문판매 등에 관한 법률(제4481호, 1991년 12월 31일 제정, 1992년 7월 1일 시행)과같이 제정·시행되고 있다.

12) 독일민법 제2편 채권편의 제8장 제3절에서 소비대차계약 ; 사업자와 소비자 사이의 자금융통원조 및 분할공급계약의 절 제2관에 사업자와 소비자 사이의 자금융통원조라는 제목 하에 할부거래를 규정하고 있다. 금융리스에 적용되는 모든 규정이 할부거래에도 그대로 적용된다(독일민법제499조, 제501조).

을 묻지 않는 것은 계약의 명칭·형식보다는 계약의 내용을 기준으로 그 적용 여부를 판단하는 것이다. 할부거래법은 후불식 할부계약으로서 직접할부계약, 간접할부계약과 선불식할부계약 모두를 규율하고 있다.

1) 직접할부계약

직접할부계약(매도인 신용제공형 할부계약)이란 할부거래업자가 자신의 부담으로 소비자에 대하여 신용을 제공하여 할부로 판매하는 계약을 말한다. 할부거래법은 직접할부계약에 대해 계약의 명칭이나 형식이 어떠하든 재화나 용역(일정한 시설을 이용하거나 용역을 제공받을 수 있는 권리를 포함한다)(이하 재화등이라 한다)에 관하여 소비자가 사업자에게 재화의 대금이나 용역의 대가를 2개월 이상의 기간에 걸쳐 3회 이상 나누어 지급하고, 재화등의 대금을 완납하기 전에 재화의 공급이나 용역의 제공을 받기로 하는 계약이다(동법 제2조 제1호 가목).

2) 간접할부계약

간접할부계약(제3자 신용제공형 할부계약)이란, 소비자가 신용제공자에게 재화 등의 대금을 2개월 이상의 기간에 걸쳐 3회 이상 나누어 지급하고, 재화 등의 대금을 완납하기 전에 사업자로부터 재화 등의 공급을 받기로 하는 할부계약(제2호 나목)이다. 할부거래법상 신용제공자란 소비자·할부거래업자와의 약정에 따라 재화등의 대금에 충당하기 위하여 신용을 제공하는 자를 말한다(제2조 6호). 간접할부계약은 제3자(신용제공자)가 소비자에게 금융을 제공하여 소비자의 구매기회를 제공한다는 점에서 특색이 있다.[13] 이 역할은 처음에는 금융기관이 담당하였고 현재는 주로 신용카드업자가 담당하고 있다.

간접할부계약의 대표적인 형태로는 신용제공자가 개입되어 있는 제3자관계로 보통 할부거래업자의 외상채권(미수금)의 전부를 제3자가 매입하는 내용(또는 조건)이 붙어있는 팩토링계약 또는 할부금융계약인 론(loan)제휴할부계약, 하부증표 또는 신용카드(백화점카드, 은행카드)를 발행하여 알부구입알선행위들을 통하여 신용을 제공하는 경우로서 주로 은행카드·백화점카드 등을 이용한 거래인 할부구입알선계약, 물품이나 용역을 구입할 때 매매대금을 신용판매회사가 보증하여 은행이나 보험회사로부터 매매대금을 차입하는 거래인 제휴론할부계약 등이 있다.

13) 이러한 점에 착안하여 직접할부계약을 단순할부계약, 간접할부계약을 금융할부계약이라고 칭하기도 한다. 이병준, 현대 시민사회와 소비자계약법, 집문당, 2013, 624-625면.

3) 선불식 할부계약

선불식할부계약이란 소비자가 사업자로부터 장례 또는 혼례를 위한 용역(제공시기가 확정된 경우는 제외한다) 및 이에 부수한 재화, ② ①에 준하는 소비자피해가 발생하는 재화등으로서 소비자의 피해를 방지하기 위하여 대통령령으로 정하는 재화등으 어느 하나에 해당하는 재화 등의 대금을 2개월 이상의 기간에 걸쳐 2회 이상 나누어 지급함과 동시에 또는 지급한 후에 재화 등의 공급을 받기로 하는 할부계약을 말한다(제2조 2호)에 적용된다. 선불식 할부계약은 분할된 기간동안 대금 납입후 목적물이나 급부를 제공받는 형태로 할부거래법은 모든 선불식 할부거래를 적용대상으로 하는 것은 아니다. 선불식할부계약은 주로 상조업에서 행해지고 있다. 선불식 할부거래법에서 계약의 명칭이나 형식을 묻지 않는 것은 계약의 명칭·형식보다는 계약의 내용을 기준으로 그 적용 여부를 판단한다는 것이며, 재화나 용역의 할부거래 및 선불식 할부거래를 적용대상으로 하는 이유는 소비시대의 거래에서 재화 및 용역에서 소비자보호가 가장 절실하기 때문이다. 할부거래법의 적용을 받는 '용역'에는 일반적으로 통용되는 의미의 용역 외에도 일정한 시설을 이용하거나 용역의 제공을 받을 권리도 포함된다. 따라서 스포츠시설이용권을 할부로 구입하거나 피부관리실을 정기적으로 다니면서 대금을 할부로 지급하는 경우에 할부거래법이 적용될 수 있다.

(2) 할부거래법의 적용제외

할부거래법은 계약의 명칭·형식이 어떠하든 재화나 용역에 관한 할부거래 및 선불식 할부거래에 적용되지만, ① 사업자가 상행위를 위하여 재화 등의 공급을 받는 거래(다만, 사업자가 사실상 소비자와 같은 지위에서 다른 소비자와 같은 거래조건으로 거래하는 경우는 적용한다), ② 성질상 할부거래법을 적용하는 것이 적합하지 아니한 것으로서 대통령령으로 정하는 재화 등의 거래 등에 해당하는 때에는 적용되지 않는다(동법 제3조).

대법원은 '사업자가 상행위를 위하여 재화 등의 공급을 받는 거래'를 하였는지의 여부에 대하여, 광고물 제작업을 운영하기 위하여 전사기를 매수하면서 그 매매대금을 지급하기 위해 할부금융업자와 할부금융약정을 체결한 사안에서, 대법원은 그 할부거래법상 '매수인이 상행위를 목적으로 할부계약을 체결하는 경우라 함은 매수인이 신용제공자의 여신으로 매수한 물건을 다른 소비자에게 판매할 목적으로 물건을 할부로 구입한 경우만을 의미하는 것이 아니라, 자신의 소비만을 목적으로 한 경우가 아닌 영리를 목적으로 할부계약을 체결하는 경우를 의미한다고 해석함이 타당하다고 하면서, 구할부거래법이 적용되지 않는다고 판시하였다.[14]

또한 할부거래에 해당하지 않은 경우, 예컨대 할부거래의 할부기간이 2개월 미만이거나 할부횟수가 3회 미만인 경우, 선불식 할부거래의 할부기간이 2개월 미만이거나 할부횟수가 2회 미만인 경우, 부동산 거래 등은 동법이 적용되지 않는다(제2조 1호·2호).

위의 ①에서 '사업자가 상행위를 위하여 재화 등의 공급을 받는 거래'라 함은 사업자가 신용제공자의 여신으로 매수한 물건을 다른 소비자에게 판매할 목적으로 물건을 할부로 구입한 경우만을 의미하는 것이 아니라, 자신의 소비만을 목적으로 한 경우가 아닌 영리를 목적으로 할부거래 및 선불식 할부거래를 하는 경우를 의미한다.[15] 따라서 그 목적이 소비만을 위한 경우에는 상인이라 할지라도 할부거래법이 적용된다.

위의 ②에서 '대통령령으로 정하는 재화 등의 거래'란 ㉠ 농산물·수산물·축산물·임산물·광산물로서 통계법 제22조에 따라 작성한 한국표준산업분류표상의 제조업에 의하여 생산되지 아니한 것, ㉡ 의약품(약사법 제2조 제4호), ㉢ 보험업법에 따른 보험, ㉣ 증권(자본시장과 금융투자업에 관한 법률 제4조) 및 어음(동법 제336조 제1항 1호), ㉤ 부동산 등의 어느 하나에 해당하는 재화 등의 거래를 말한다(동법 시행령 제4조). 이처럼 우리나라는 적용되지 않는 상품을 지정하는 제외상품제(negative system)를 채택하고 있다.

판례에 의하면, 할부거래법이 적용되는 간접할부거래에 해당하는지의 여부가 다투어진 사례에서 「할부거래에 관한 법률 제2조 제1호 나목 소정의 할부계약(간접할부계약)은 매도인, 매수인, 신용제공자라는 3당사자의 존재를 전제로 하여 매도인과 매수인 사이의 매매계약 이외에 신용제공자와 매도인 사이의 보증이나 채권양도 등의 약정과 신용제공자와 매수인 사이의 할부금의 지급 등에 관한 약정이라는 3면 계약에 의하여 이루어진 것을 말하고, 매도인과 신용제공자 사이에서는 아무런 계약관계 없이 매수인이 목적물의 대금을 신용제공자로부터 차용하여 목적물을 구입한 후 나중에 그 차용금을 분할하여 상환하는 방식은 분할변제의 특약이

14) 대판 2001.8.21. 2000다8397; 대판 2006.7.28. 2004다54633.

15) 대판 2006.7.28. 2004다54633; 대판 2001.8.21. 2000다8397.

있는 신용제공자와 매수인 사이의 순수한 소비대차계약으로서 위 법률이 적용되지 않는다」고 한다[16].

(3) 할부거래의 목적물

할부거래의 목적물은 재화와 용역이다. 일정한 시설을 이용하거나 용역을 제공받을 수 있는 권리도 포함한다. 종전에는 동산과 용역으로 되어 있었으나 동산 대신에 재화라는 용어로 바꾸어 규정하였다. 따라서 이 법은 토지나 주택과 같은 부동산의 할부계약에는 적용되지 않는다. 동산도 일정한 것은 제외하고 있다(농·수·축·임·광산물(제조업에 의하여 생산되지 않는 것), 의약품, 보험, 매수인의 주문에 의하여 개별적으로 제조되는 것(제2조 제1항, 할부거래에관한법률시행령 참조).

(4) 다른 법률과의 관계

할부거래 및 선불식 할부거래에서의 소비자보호와 관련하여 할부거래법과 다른 법률이 경합하여 적용되는 경우에는 할부거래법을 우선하여 적용하되, 다른 법률을 적용하는 것이 소비자에게 유리한 경우에는 그 법률을 적용한다(동법 제4조).

할부거래법의 적용을 받는 '용역'에는 일정한 시설을 이용하거나 용역의 제공을 받을 권리도 포함되므로, 스포츠센터이용권을 할부로 구입하거나 피부마사지실을 정기적으로 다니면서 대금을 할부로 지급하는 경우에는 할부거래법이 적용될 수 있다. 다만 이러한 거래는 방문판매법상 계속거래에 해당하므로 할부거래법과 방문판매법 중 어느 법률을 적용할 것인가가 문제될 수 있으며, 방문판매법도 방문판매·전화권유판매·다단계판매·계속거래 및 사업권유거래에서의 소비자보호와 관련하여 방문판매법과 다른 법률의 적용이 경합하는 경우에는 방문판매법을 우선 적용하되, 다른 법률을 적용하는 것이 소비자에게 유리한 경우에는 그 법을 적용하도록 규정하고 있다(방문판매법 제4조 제1항).

2. 할부거래의 법률관계

(1) 계약체결전의 정보제공의무(표시의무)

할부거래법은 신용구매에 따른 충동구매로 인한 소비자의 피해를 최소화하기

16) 대판 2008.7.10. 2006다57872.

위해 소비자가 당해 할부계약의 내용을 충분히 이해할 수 있도록 할부거래업자의 계약체결 전 할부계약내용 표시의무를 규정하고 있다. 즉 할부거래업자는 할부계약을 체결하기 전에 소비자가 할부계약의 내용을 이해할 수 있도록 총리령으로 정하는 바에 따른 사항을 표시하여야 한다(동법 제5조). 할부거래법이 이와 같이 할부거래업자에게 할부계약내용 표시의무를 규정한 이유는 계약의 내용을 소비자로 하여금 오해가 없도록 주지시켜 분쟁을 방지하고 계약의 공정화를 기하기 위한 것이다.

할부거래업자는 할부계약을 체결하기 전에 ① 재화 등의 종류 및 내용, ② 현금가격(할부계약에 의하지 아니하고 소비자가 재화 등의 공급을 받은 때에 할부거래업자에게 지급하여야 할 대금 전액), ③ 할부가격(소비자가 할부거래업자나 신용제공자에게 지급하여야 할 계약금과 할부금의 총합계액), ④ 각 할부금의 금액·지급횟수 및 지급시기, ⑤ 할부수수료의 실제연간요율, ⑥ 계약금(최초지급금·선수금 등 명칭이 무엇이든 할부계약을 체결할 때에 소비자가 할부거래업자에게 지급하는 금액), ⑦ 소비자가 학부금 지급의무를 이행하지 아니할 경우 소비자에게 청구하는 지연손해금 산정 시 적용하는 비율 등을 사무실에 게시하거나 서면에 제시하여야 한다(동법 제5조 및 시행규칙 제2조).

방문판매법과 달리 할부거래업자의 성명, 상호, 주소, 전화번호, 전자우편주소 등은 할부거래법상 표시사항이 아니며, 재화 등의 공급시기는 할부계약서의 기재사항(제6조 제1항)이지만, 표시의무 사항은 아니다.

(2) 서면계약 체결의무

할부계약은 서면(전자거래기본법에 따른 전자문서 포함)에 의하여야 하고(제6조 제1항), 그 계약서를 소비자에게 발급하여야 한다(제6조 제2항). 즉 할부거래업자는 할부계약을 체결할 때 ① 할부거래업자·소비자 및 신용제공자의 성명 및 주소, ② 재화 등의 종류·내용 및 재화 등의 공급시기, ③ 현금가격, ④ 할부가격, ⑤ 각 할부금의 금액·지급횟수·지급기간 및 지급시기, ⑥ 할부수수료의 실제연간요율[17] ⑦ 계약금, ⑧ 재화의 소유권 유보에 관한 사항, ⑨ 동법 제8조에 따른 청약철회의 기간·행사방법·효과에 관한 사항, ⑩ 동법 제11조 제1항에 따른 할부거래업자의 할부계약

17) 할부수수료는 금리·신용조사비·사무관리비 기타 명목 여하를 불문하고 할부거레에 관한 수수료로, 소비자가 할부거래업자나 신용제공자에게 지급하는 총액에서 현금가격을 제외한 것을 말한다. 할부수수료의 실제연간요율의 계산방법 및 최고한도는 이자제한법에서 정한 이자의 최고한도의 범위에서 대통령령으로 정하도록 하고 있는데, 현행 이자제한법시행령은 연 100분의 25를 최고한도로 규정하고 있다(동법 제7조 및 시행령 제5조 제2항).

의 해제에 관한 사항, ⑪ 동법 제12조 제1항에 따른 지연손해금 산정 시 적용하는 비율, ⑫ 동법 제13조에 따른 소비자의 기한의 이익 상실에 관한 사항, ⑬ 동법 제16조에 따른 소비자의 항변권과 행사방법에 관한 사항 등이 기재되고, 소비자의 철회권 및 항변권 행사를 위한 서식이 포함된 계약서를 소비자에게 교부하여야 한다(동법 제5조 제1항 각 호 및 동법 시행규칙 제3조 제1항 제3호).

다만, 여신전문금융업법에 따른 신용카드회원과 신용카드가맹점 간에 체결하는 간접할부계약의 경우에는 위 표시사항 중 할부가격, 각 할부금의 금액·지급횟수 및 지급시기, 계약금, 지연손해금의 산정 시 적용하는 비율 등을 표시하지 않을 수 있다(동법 제5조 본문 단서). 이는 할부가격이나 할부금에 관한 사항 등은 원칙적으로 신용카드회원인 각 소비자와 신용카드업자 사이에 체결된 신용카드이용계약에 따라 결정되는 것으로서 회원에 따라 상이하고 수시로 변경될 수 있으므로 신용카드거래의 편의성을 고려하여 표시사항에서 제외한 것이고, 계약금은 대부분의 신용카드거래에서는 해당되지 않으므로 제외한 것으로 볼 수 있다.

판례는 「할부계약의 주요 내용을 서면으로 하도록 한 취지는 할부거래에 있어서는 대금의 지급이 장기간에 걸쳐 계속되기 때문에 계약 내용이 복잡하고 소비자의 충동구매가 이루어지는 경우가 많은 현실을 감안하여, 매수인으로 하여금 할부계약의 내용을 이해할 수 있도록 함과 동시에 계약체결을 신중하게 하도록 함으로써 부당하게 불리한 특약으로부터 매수인을 보호하고, 분쟁을 사전에 예방하고자 한 데 있을 뿐이고, 그와 같은 서면 기재를 신용제공자에 대한 지급거절권의 행사요건으로 규정한 것은 아니다」[18]고 한다.

서면에 의하지 않은 경우에는 매도인은 과태료의 처벌을 받으나(동법 제53조 제4항2호 및 3호), 할부계약의 성립 자체가 부정되는 것은 아니어서 사법상의 효력에는 영향이 없으나,[19] 계약의 해석상 소비자에게 불이익이 돌아가지 않도록 하는 것으로 해석된다.

(3) 청약철회권

할부계약이 체결되었더라도 일정기간 내에는 매수인에게 철회권이 인정된다(제8조, 제9조). 이것을 영미에서는 cooling off period, 일본에서는 숙려기간이라고

---

18) 대판 2006.7.28. 2004다54633.

19) 곽윤직, 채권각론, 박영사, 2003, 166면; 김형배, 채권각론, 박영사, 2001, 376면.

한다. 매수인은 계약서를 교부받은 날 또는 목적물을 인도받은 날로부터, 각각 7일 이내에 서면으로 청약을 철회할 수 있다(동법 제8조 제1항). 다만 할부가격이 10만원 이하이거나 신용카드를 사용하여 한 거래로서 20만원 이하인 할부계약은 철회권 행사가 제한된다(동법 시행령 제6조 제2항 1호). 계약서의 교부사실 등에 대한 다툼이 있는 경우에는 매도인이 이를 입증하여야 한다(제5조 5항). 철회의 효력은 그 발송일에 발생한 것으로 본다(제5조 제3항).

매수인이 청약을 철회한 경우에는 매수인은 인도받은 동산이나 제공받은 용역을, 그리고 매도인은 지급 받은 할부금을 각각 상대방에게 반환하여야 한다(제10조). 목적물반환비용의 부담에 대해서는 목적물의 반환에 필요한 비용은 매도인이 이를 부담하며, 매도인은 매수인에게 위약금 또는 손해배상을 청구할 수 없다(제10조 제10항). 신용제공자가 있는 경우의 철회에 있어서는 매수인은 매도인뿐만 아니라 신용제공자에게도 철회기간 내에 철회의 의사표시를 서면으로 발송하여야 한다(제9조 제1항).

청약철회의 효과로서 소비자는 원상회복의무를 지게 된다. 즉 소비자는 이미 공급받은 재화 등을 반환하여야 하고(제10조 제1항), 할부거래업자는 재화를 공급한 경우에는 소비자로부터 재화를 받은 날로부터 3 영업일 이내, 그리고 용역을 제공한 경우에는 소비자로부터 청약을 철회하는 서면을 수령한 날로부터 3 영업일 이내에 이미 지급받은 계약금 및 할부금을 환급하여야 한다(동조 제2항). 청약철회에 대한 상세는 청약철회권에서 기술.

(4) 할부거래업자의 계약해제

1) 할부거래업자의 계약해제 규정

소비자가 할부금 지급의무를 지체하고 있는 때에는, 할부거래업자는 14일 이상의 기간[20]을 정하여 이행을 서면으로 최고하고, 그 최고기간 내에 이행하지 않으면, 할부계약을 해제할 수 있다(제11조 제1항). 이는 할부거래의 경우 대금의 지급이 장기간에 걸쳐서 이루어지는 경우가 많은데, 소비자가 부주의 등으로 인하여 할부금 지급의무를 이행하지 않을 경우에 사업자가 즉시 계약을 해제한다면 소비자가 지나치게 큰 손해를 입을 수 있으므로, 민법에서 '상당한 기간'을 정하여 최고하게

20) 일본의 할부판매법은 20일 이상, 영국의 소비자신용법(CCA)은 7일 이상, 스위스의 할부계약 및 선급계약에 대한 연방법은 14일 이상이다.

하는 것과 달리(민법 제544조) 충분한 기간을 정하여 소비자로 하여금 지급의무를 이행할 기회를 주도록 하는 것이다.

할부계약이 해제된 경우 원상회복의무가 있는데 동시이행관계이다. 따라서, 상대방이 원상회복할 때까지 자기의 의무이행을 거절할 수 있다(제11조 제2항). 특히 할부거래업자가 할부금 지급의무의 이행을 확보하기 위해 대금이 완납되기 전까지 거래의 목적물인 재화 등의 소유권을 자신에게 유보시키는 경우가 많은데(소유권유보부 매매), 이 경우에는 매매대금의 완납이 이루어져야 소유권이 소비자에게 이전되는 것이어서 일응 매매대금이 완납되기 전에는 할부거래업자에게 소유권이 귀속되지만, 소비자가 할부금 지급의무를 이행하지 않는다고 하더라도 즉시 그 목적물의 반환을 청구할 수 있는 것은 아니고, 할부계약을 해제하고서야 비로소 그 반환을 청구할 수 있다(동법 제11조 제3항).

위의 규정은 소비자의 계약위반 시에도 할부거래업자의 목적물의 자의적인 회수를 인정하지 아니하고 계약해제요건을 갖춘 경우에만 반환을 청구할 수 있도록 하여 소비자를 보호하고자 한 취지이다.

2) 계약의 해제로 인한 손해배상금액의 제한

할부거래업자가 소비자의 할부금지급의무 불이행으로 계약을 해제한 경우에 소비자에게 청구하는 손해배상액은 재화등의 반환 등 원상회복이 된 경우, 재화등의 반환 등 원상회복이 되지 아니한 경우와 재화등의 공급이 되기 전인 경우에 따라 다르다(제12조 제2항).

원상회복이 된 경우에는 통상적인 사용료와 계약체결 및 그 이행을 위하여 통상 필요한 비용의 합계액(단, 할부가격에서 재화등이 반환된 당시의 가액을 공제한 금액이 그 사용료와 비용의 합계액을 초과하는 경우에는 그 공제한 금액)과 지연손해금의 합계액을 초과하지 못한다(제12조 제2항 1호).

여기에서 '통상적인 사용'이란 목적물에 대한 개별적이고 현실적인 사용이 아니라 용법에 맞는 평균적인 사용을 말한다. 통상적인 사용료란 임대차에서의 통상적인 사용료이다. 또한 계약체결 및 그 이행을 위하여 통상 필요한 비용으로서는 계약체결에서의 서류작성비·인지세, 계약의 이행을 위하여 요하는 비용으로서는 대금추심의 비용, 최고의 비용 등이 이에 해당한다. 따라서 실제로 든 비용이 아니라 '통상 필요한 비용'이므로 업계의 평균비용이 표준이 되며, 당해 계약에서만 특별

히 많은 비용이 들었다고 해서 그 비용을 청구할 수는 없다 할 것이다.[21)]

재화등의 반환 등 원상회복이 되지 아니한 경우에는 할부가격에 상당한 금액(다만 용역이 제공된 경우에는 이미 제공된 용역의 대가 또는 그 용역에 의하여 얻어진 이익에 상당하는 금액)과 지연손해금의 합계액을 초과하지 못한다(제12조 제2항 2호). 재화등이 공급이 되기 전인 경우에는 계약체결 및 그 이행을 위하여 통상 필요한 금액과 지연손해금의 합계액을 초과하지 못한다(제12조 제2항 3호).

3) 신의성실의무

할부거래업자 또는 신용제공자는 손해배상을 청구하는 경우 소비자의 손해가 최소화되도록 신의에 따라 성실히 하여야 한다(제12조 제4항).

(5) 소비자의 기한의 이익포기 및 이익상실

소비자는 할부계약에 의하여 그가 가지는 기한의 이익을 포기하고 나머지 할부금을 한꺼번에 지급할 수 있다(제14조 제1항). 그러나 소비자가 기한의 이익을 잃게 되는 경우가 있는데, 소비자가 할부금을 다음 지급기일까지 연속하여 2회 이상 지급하지 아니하고 그 지급하지 아니한 금액이 할부가격의 100분의 10을 초과하는 경우 또는 국내에서 할부금 채무이행 보증이 어려운 경우로서 대통령령으로 정하는 경우 등의 어느 하나에 해당하는 경우에는 할부금의 지급에 대한 기한의 이익을 주장하지 못한다(제13조 제1항).

여기서 대통령령으로 정하는 경우란 ① 생업에 종사하기 위하여 외국에 이주하는 경우, ② 외국인과의 혼인 및 연고관계로 인하여 외국에 이주하는 경우 등의 어느 하나에 해당하는 경우를 말한다(동법시행령 제10조). 할부거래업자 또는 신용제공자가 제1항에 따라 소비자로부터 한꺼번에 지급받을 금액은 나머지 할부금에서 나머지 기간에 대한 할부수수료를 공제한 금액으로 한다. 이 경우 할부수수료는 일단위로 계산한다(동법 제13조 제2항). 따라서 할부거래업자는 이에 열거되지 아니한 사유로 소비자에게 기한이익을 상실시킬 수 없고, 만약 소비자에게 부여된 기한의 이익을 상당한 이유 없이 박탈하는 약관조항은 약관규제법 제11조를 위반한 것이므로 무효이다(약관규제법 제11조). 또한 할부거래업자와 소비자간의 할부계약의 내용 중 소비자의 기한의 이익 상실규정에 위반한 약정으로서 소비자에게 불리

21) 홍천룡, 할부거래법과 방문판매법에 관한 고찰, 현대민법의 과제와 전망, 남송 한봉희교수 화갑기념, 밀알, 1994, 1098-1099면.

한 것은 효력이 없다(할부거래법 제43조).

판례는 형성권적 기한이익 상실의 특약이 있는 할부매매에서 할부금 변제채무에 대한 소멸시효의 기산점과 관련하여, 「기한이익 상실의 특약은 그 내용에 의하여 일정한 사유가 발생하면 채권자의 청구와 관계 없이 당연히 기한의 이익이 상실되어 이행기가 도래하는 것으로 하는 것(정지조건부 기한이익 상실의 특약)과 일정한 사유가 발생한 후 채권자의 통지나 청구 등 채권자의 의사행위를 기다려 비로소 이행기가 도래하는 것으로 하는 것(형성권적 기한이익 상실의 특약)의 두 가지로 대별할 수 있고, 이른바 형성권적 기한이익 상실의 특약이 있는 경우에는 그 특약은 채권자의 이익을 위한 것으로서 기한이익의 상실 사유가 발생하였다고 하더라도 채권자가 나머지 전액을 일시에 청구할 것인가 또는 종래대로 할부변제를 청구할 것인가를 자유로이 선택할 수 있으므로, 이와 같은 기한이익 상실의 특약이 있는 할부채무에 있어서는 1회의 불이행이 있더라도 각 할부금에 대해 그 각 변제기의 도래 시마다 그 때부터 순차로 소멸시효가 진행하고 채권자가 특히 잔존 채무 전액의 변제를 구하는 취지의 의사를 표시한 경우에 한하여 전액에 대하여 그 때부터 소멸시효가 진행한다.」[22]고 하여 매도인인 채권자의 이익을 중시하는 판결을 하였다.

(6) 소비자의 항변권

소비자는 할부계약이 불성립·무효, 취소 또는 해제 또는 해지된 경우나 목적물의 전부 또는 일부가 할부계약서에 기재된 인도 시기까지 소비자에게 인도 또는 제공되지 않은 경우, 할부거래업자가 하자담보책임을 이행하지 않는 경우, 할부거래업자의 채무불이행으로 인하여 할부계약의 목적을 달성할 수 없는 경우, 다른 법률에 따라 정당하게 청약을 철회한 경우 등에는 매도인에게 할부금의 지급을 거절할 수 있다(제16조 제1항). 소비자는 간접할부계약인 경우에도 항변권을 원용할 수 있다. 즉, 제16조 제1항의 어느 하나에 해당하는 사유가 있으면 할부가격이 대통령령으로 정하는 금액(10만원, 신용카드 할부거래인 경우 20만원) 이상인 경우에만 신용제공자에게 할부금의 지급을 거절하는 의사를 통지한 후 할부금의 지급을 거절할 수 있다(동조 제2항). 소비자가 이에 따라 신용제공자에게 지급을 거절할 수 있는 금액은 할부금의 지급을 거절한 당시에 소비자가 신용제공자에게 지급하지 아니한 나머지 할부금으로 한다(동조 제3항). 소비자가 항변권의 행사를 서면으로 하는 경우 그 효력

---

22) 대판 1997.8.29. 97다12990.

은 서면을 발송한 날에 발생한다고 하여 발신주의를 채택하고 있다(동조 제4항).

매수인의 신용제공자에 대한 할부금의 지급거절권(항변권)을 인정한 취지에 대하여 독일에서는 판례상 오랜 논의를 거쳐 오다가, 결합계약(Verbundene Geschäft) 내지 제휴계약(Fianazierte Verträge)이라는 개념에 입각하여 항변권의 관철로서 인정하였고, 입법적으로 해결하였다. 이 제도를 통하여 매수인은 매도인에게 주장할 수 있는 항변사유로 신용제공자 또는 신용카드업자에게 대항할 수 있게 되었다.[23)]

우리나라 판례는, 먼저 구 할부거래법 제13조(현행 제16조)는 매수인의 항변권을 보호하기 위한 규정으로서, 「할부거래에서 할부금융약정이 물품매매계약의 자금조달에 기여하고 두 계약이 경제적으로 일체를 이루는 경우에 그 물품매매계약이 해제되어 더 이상 매매대금채무가 존재하지 아니하는데도 할부거래의 일방 당사자인 매수인에게 그 할부금의 지급을 강제하는 것이 형평의 이념에 반하므로, 매수인으로 하여금 매도인에 대한 항변사유를 들어 신용제공자에 대하여 할부금의 지급을 거절할 수 있는 권능을 부여한 것이라고 볼 것이다. 그러므로 이른바 간접할부계약에서 신용제공자가 물품매매계약상의 해제의 원인이 된 약정 내용을 알지 못하였다고 하더라도, 매수인은 매도인과 체결한 물품매매계약을 해제하면서 신용제공자에게도 구 할부거래에 관한 법률 제12조 제2항에 따라 지급거절의사를 통지한 후 그 할부금의 지급을 거절할 수 있다.」[24)]고 하여 직접할부계약 항변권 규정을 유추적용하여, 간접할부계약에서 신용제공자에 대해서도 매수인에게 항변권을 인정하였는데, 이제 입법적으로 해결이 되었다.

할부거래업자 또는 신용제공자는 소비자의 항변을 서면으로 수령한 경우 지체 없이 그 항변권의 행사가 그 행사요건(제16조 제1항)에 해당하는지를 확인하여야 하며, 그 행사요건에 해당하지 아니하는 경우 소비자의 항변을 수령한 날부터 할부거래업자는 5영업일(신용제공자는 7영업일)에 해당하는 영업일 이내에 서면으로 소비자의 항변을 수 없다는 의사와 항변권의 행사가 제1항 각 호의 어느 하나에 해당하지 아니한다는 사실을 소비자에게 서면으로 통지하여야 한다(제16조 제5항). 할부거래업자 또는 신용제공자는 소비자가 할부금의 지급을 거절한 경우 소비자와 분쟁이 발생하면 분쟁이 해결될 때까지 할부금 지급거절을 이유로 해당 소비자를 약정

23) 독일 구 소비자신용법상의 항변권 관철에 관하여는, 양창수, 서독 소비자신용법제의 개관, 법학, Vol. 29 No.3/4, pp.452면 이하 참조.

24) 대판 2006.7.28. 2004다54633.

한 기일 이내에 채무를 변제하지 아니한 자로 처리하는 등 소비자에게 불이익을 주는 행위를 하여서는 아니 된다(제16조 제7항). 소비자의 항변권규정을 위반한 약정으로서 소비자에게 불리한 것은 효력이 없다(제43조).

(7) 할부거래업자 등의 손해배상청구금액의 제한

할부거래업자 등에 의하여 손해배상액이 예정되어 있는 경우 과도한 손해배상을 예정하고 있는 경우 동법에서는 할부거래업자의 손해배상청구금액의 범위를 한정하여 소비자를 보호하고 있다.

할부거래업자 또는 신용제공자는 손해배상액의 예정, 위약금, 그 밖에 명칭·형식이 어떠하든 지연손해금(제12조 제1항)이나 계약을 해제한 경우 소비자에게 청구하는 손해배상액(제12조 제2항)을 초과하여 손해배상을 청구할 수 없다(제12조 제3항).[25)]

(8) 소비자에게 불리한 계약의 금지(편면적 강행규정)

할부거래법상 동법 제6조 내지 제13조 및 제15조, 제16조, 제23조부터 제26조까지는 모두 강행규정이며, 매수인을 이들 규정에서보다 불리하게 하는 약정은 무효이다(제43조). 이른바 편면적 강행규정이다. 동규정은 '매수인의 항변권'을 보호하기 위한 규정으로서 매수인에게 불리한 것은 매도인뿐만 아니라 신용제공자에 대한 관계에서도 효력을 인정할 수 없다.[26)]

(9) 전속관할

민사소송법상 관할법원은 피고의 주소지 법원이 되는 것이 원칙(민사소송법 제2조·제3조)이지만, 할부거래에 대하여 할부거래법은 할부거래 및 선불식 할부거래와 관련된 소는 제소 당시 소비자의 주소를, 주소가 없는 경우에는 거소를 관할하는 지방법원의 전속관할로 한다. 다만 제소 당시 소비자의 주소 및 거소가 분명하지 아니한 경우에는 민사소송법의 관련 규정을 준용한다(제44조).

---

25) 할부거래에서는 대부분 손해배상액을 예정하고 있을 뿐만 아니라 위약금의 특약도 공서양속에 반하지 않는 한은 유효하기 때문에 소비자가 구입한 상품의 반환은 물론 그 내용이 소비자에게 부당하게 과중한 손해배상액의 예정을 하더라도 이에 따를 수 밖에 없는 점을 고려한 규정이다. 최수영, 소비자법해설, fides, 2019, 405면 각주 79) 참조.

26) 대판 2006.7.28. 2004다54633.

(10) 사업자단체의 등록

할부거래 및 선불식 할부거래의 건전할 발전과 소비자의 신뢰도 제고, 그 밖에 공동이익의 증진을 목적으로 설립된 사업자단체는 대통령령으로 정하는 바에 따라 공정거래위원회에 등록할 수 있다(제45조 제1항). 이 때 등록의 교건, 방법 및 절차 등에 관하여 필요한 사항은 대통령령으로 정한다(제45조 제2항). 등록하려는 사업자단체는 대통령령으로 정하는 신청서에 ① 목적, ② 명칭, ③ 주된 사무소·지부의 주소 및 인터넷 홈페이지 주소, ④ 대표자의 성명·주민등록번호·주소·전화번호·전자우편주소, ⑤ 설립연월일, ⑥ 회원의 수(지부의 수를 포함한다), ⑦ 사업내용 등의 사항을 적어 공정거래위원회에 제출하여야 한다(동법시행령 제32조 제1항). 신청서에는 정관과 ① 인력·재정 상황 및 재원 확보방안, ② 주요 설비의 목록 및 성능 등에 관한 자료를 첨부하여야 한다(동법시행령 제32조 제2항).

3. 선불식 할부거래

상조업의 등장으로 종전에 알지 못하던 새로운 유형의 할부거래가 등장함에 따라 종전의 후불식 할부거래와 다른 선불식 할부거래의 규율에 대하여 논의를 거쳐 별도의 2010년에 특별법이 아닌 할부거래법에 편입하여 제3장 선불식 할부거래라는 제목 하에 제18조 이하에서 규정하고 있다. 또한 소비자보호를 위하여 공정거래위원회에서는 2012년에 선불식 할부거래에서의 소비자보호지침(〈2012.1.1., 예규 제126호〉을 마련하였다.

(1) 후불식 할부거래와의 차이

할부거래법에서는 선불식 할부계약에 대하여 "계약의 명칭·형식이 어떠하든 소비자가 사업자로부터 장례 또는 혼례를 위한 용역(제공시기가 확정된 경우는 제외한다) 및 이에 부수한 재화 또는 이에 준하는 소비자피해가 발생하는 재화등으로서 소비자의 피해를 방지하기 위하여 대통령령으로 정하는 재하 등의 대금을 2개월 이상의 기간에 걸쳐 '2회' 이상 나누어 지급함과 동시에 또는 지급함과 동시에 또는 지급한 후에 재화 등의 공급을 받기로 하는 계약(동법 제2조 제2호)"으로 정의하고 있는데, 후불식 할부계약과 비교하여 첫째, 대금분할의 횟수에서 후불식할부계약이 '3회'인 반면 선불식 할부계약은 2회 이상으로 규정하고 있는 점, 둘째, 후불식 할부계약은 대금의 완납 이전에 재화 등의 공급이 이루어지지만, 선불식 할부계약은 대금의 납부 후에 재화 등이 공급된다는 점에서 차이가 있다.

(2) 영업의 등록 및 정보의 공개

1) 영업의 등록

선불식 할부거래업자는 대통령령으로 정하는 바에 따라 ① 상호·주소·전화번호·전자우편주소(영업소 및 대리점을 포함한다)·대표자의 이름·주민등록번호·주소 등을 적은 신청서, ② 자본금이 15억 원 이상임을 증명하는 서류, ③ 소비자피해보상보험계약 등(동법 제27조)의 체결 증명 서류, ④ 그 밖에 선불식 할부거래업자의 신원을 확인하기 위하여 필요한 사항으로서 총리령으로 정하는 서류(회사의 영업일을 기재한 서류: 동법시행규칙 제4조 제3항) 등을 갖추어 특별시장·광역시장·특별자치시장·도지사 또는 특별자치도지사에게 등록하여야 한다(동법 제18조 제1항).

선불식 할부거래의 등록을 한 경우에는 시·도지사는 등록증을 지체 없이 교부하여야 한다. 등록신청을 받은 시·도지사는 그 신청이 등록요건에 적합한 경우에는 총리령으로 정하는 등록증을 발급하여야 한다(동법 제18조 제2항, 동법 시행령 제12조 제3항). 선불식 할부거래업을 등록하려는 자는 상법상 회사로서 자본금이 15억 원 이상이어야 한다(동법 제19조).

선불식 할부거래업자는 제1항에 따라 등록한 사항 중 같은 항 제1호부터 제3호까지의 사항이 변경된 경우에는 대통령령으로 정하는 바에 따라 시·도지사에게 신고하여야 한다(동법 제18조 제3항). 또한 선불식 할부거래업자는 휴업 또는 폐업을 하거나 휴업 후 영업을 다시 시작할 때에는 대통령령으로 정하는 바에 따라 시·도지사에게 신고하여야 한다. 이 경우 시·도지사는 폐업신고를 받은 때에는 그 등록을 말소하여야 한다. 다만, 폐업신고 전 등록취소 요건에 해당되는 경우에는 폐업 신고일에 등록이 취소된 것으로 본다(제18조 제4항).

2) 정보의 공개

공정거래위원회는 선불식 할부거래업자에 대한 등록한 사항(제18조 제1항) 및 신고한 사항(제18조 제3항) 또는 그 밖에 공정거래질서 및 소비자보호를 위하여 필요하다고 인정하여 총리령으로 정하는 사항 등을 대통령령으로 정하는 바에 따라 공개하여야 한다(제18조 제5항 본문). 다만, 선불식 할부거래업자의 경영·영업상 비밀에 관한 사항으로서 공개될 경우 선불식 할부거래업자의 정당한 이익을 현저히 해칠 우려가 있다고 인정되는 사항과 개인에 관한 사항으로서 사생활의 비밀 또는 자유를 침해할 우려가 있다고 인정되는 사항에 대하여는 공개하지 아니한다(제18조 5항 단서).

총리령으로 정하는 사항이란 ① 선불식 할부거래업자의 등록번호 및 등록일, ② 선불식 할부거래업자가 판매하는 재화 또는 용역의 판매품목, ③ 선불식 할부거래업자의 자산·부채 및 동법 제27조 제1항에 따른 선수금 내역 등의 어느 하나에 해당하는 사항을 말한다(동법 시행규칙 제7조). 공정거래위원회가 선불시 할부거래업자의 정보를 공개하는 경우 해당 선불식 할부거래업자에게 정보공개의 목적, 내용, 기간 및 방법 등을 정보공개일 15일 전까지 통지하여야 한다(동법시행령 제13조 제1항).

공정거래위원회는 공개를 위하여 필요한 경우에는 선불식 할부거래업자에게 관련 자료의 제출을 요구할 수 있다. 이 경우 선불식 할부거래업자는 정당한 사유가 없으면 관련 자료를 제출하여야 한다(제18조 6항). 공정거래위원회는 이에 따라 선불식 할부거래업자가 제출한 자료가 불명확한 경우 적당한 기간을 정하여 선불식 할부거래업자에게 필요한 내용의 변경 또는 보완을 요구할 수 있다(동법 시행령 제13조 제3항).

(3) 회계감사 보고서의 제출 및 공개

소비자보호를 위하여 선불식할부거래업자의 재정의 투명성 및 건전성 확보를 위하여 2015년에 신설된 것이 제18조의2 회계감사 보고서의 제출 및 공개 규정이다.

즉, 선불식 할부거래업자는 매 회계연도가 종료한 후 3개월 이내에 대통령령으로 정하는 절차 및 방법에 따라 「주식회사 등의 외부감사에 관한 법률」 제2조 제7호 및 제9조에 따른 감사인이 작성한 회계감사 보고서를 공정거래위원회에 제출하여야 한다(제1항). 선불식 할부거래업자는 이에 따라 회계감사보고서(주식회사의 외부감사에 관한 법률 제2조 제7호에 따른 감사인이 같은 법 제7조의 2에 따라 작성하는 감사보고서를 말한다)를 공정거래위원회에 문서(전자문서 포함)로 제출하여야 한다(동법시행령 제13조의2 제1항).

공정거래위원회와 선불식 할부거래업자는 제1항에 따른 회계감사 보고서를 대통령령으로 정하는 절차 및 방법에 따라 공시하여야 한다(동법 제18조의2 제2항). 공정거래위원회는 이에 따라 회계연도 말일부터 4개월 이내에 회계감사보고서를 인터넷 홈페이지에 게시하여야 하며(동법시행령 제13조의2 제2항), 선불식 할부거래업자는 제18조의2 제2항에 따라 회계연도가 종료한 후 3개월이 경과한 날부터 3년 동안 회계감사 보고서를 ① 선불식 할부거래업자 본점에 일반인이 열람할 수 있도록 갖추어 두는 방법, ② 선불식 할부거래업자의 인터넷 홈페이지에 일반인이 접근 가능하도록 게시하는 방법 등의 모든 방법으로 공시하여야 한다(동법시행령 제13조의2 제3항). 규정한 사항 외에 회계감사보고서의 제출 및 공시의 절차와 방법에 관하여 필요한 사항은 공정거래위원회가 정하여 고시한다(동법시행령 제13조의2 제4항).

(4) 결격사유 및 등록의 직권말소

1) 결격사유

선불식 할부거래업의 등록 시 ① 미성년자, 피한정후견인 또는 피성년후견인, 파산선고를 받고 복권되지 아니한 사람, 금고 이상의 실형을 받고 그 집행이 끝나거나(집행이 끝난 것으로 보는 경우를 포함한다) 집행이 면제된 날부터 5년이 지나지 아니한 사람, 동법을 위반하여 형의 집행유예를 선고받고 그 유예기간 중에 있는 사람, 동법을 위반하여 벌금형을 선고받고 3년이 지나지 아니한 사람에 해당하는 사람이 임원인 회사, ② 금고 이상의 실형을 선고 받고 그 집행이 끝나거나(집행이 끝난 것으로 보는 경우를 포함한다) 집행이 면제된 날부터 5년이 지나지 아니한 사람 또는 금고 이상의 형의 집행유예를 선고받고 그 유예기간 중에 있는 사람에 해당하는 사람이 지배주주인 회사, ③ 등록이 취소된 후 5년이 지나지 아니한 회사, ④ 동법 제40조에 따른 등록취소 당시 임원 또는 지배주주였던 사람이 임원 또는 지배주주인 회사인 경우에는 결격사유에 해당한다(제20조).

지배주주란 대통령령으로 정하는 특수관계인과 함께 소유하고 있는 주식 또는 출자액의 합계가 해당 법인의 발행주식총수 또는 출자총액의 100분의 30 이상인 경우로서 그 합계가 가장 많은 주주 또는 출자자 또는 해당 법인의 경영을 사실상 지배하는 자 등의 어느 하나에 해당하는 자를 말한다(동법 제2조 7호).

2) 등록의 직권 말소

등록한 선불식 할부거래업자가 파산선고를 받거나 관할 세무서에 폐업신고를 한 경우 또는 6개월을 초과하여 영업을 하지 아니하는 등 실질적으로 영업을 할 수 없다고 판단되는 경우에는 시·도지사는 그 등록을 직권으로 말소할 수 있다(제21조).

(5) 지위의 승계

후불식 할부매매와 달리 선불식 할부거래에서는 통상 할부거래의 목적물이 할부금의 지급 후에 이루어지는 관계로 소비자보호를 위하여 할부거래업자의 지위의 승계에 대한 규율을 하고 있다. 즉, 선불식 할부거래업자가 사업의 전부를 양도하거나 선불식 할부거래업자에 대하여 합병 또는 분할이 있는 경우 해당 사업의 전부를 양수한 회사, 합병 후 존속하는 회사, 합병에 의하여 설립된 회사 또는 분할에 의하여 해당 사업의 전부를 승계한 회사는 그 선불식 할부거래업자의 지위를 승계한다(제22조 제1항 본문). 다만, 지위를 승계하는 자가 제20조의 결격사유에 해당하는 경우에는 승계할 수 없다(동조 제1항 단서).

합병, 분할 또는 사업의 전부를 양도하는 선불식 할부거래업자는 대통령령으로 정하는 날부터 14일 이내에 총리령으로 정하는 방법에 따라 ① 합병하는 회사, 합병 후 존속하는 회사 및 합병에 의하여 설립된 회사, 분할하는 회사 및 분할에 의하여 해당 사업의 전부를 승계한 회사, 사업의 전부를 양도하는 회사 및 양수하는 회사 등의 어느 하나에 해당하는 회사의 상호, 주소 등 제18조 제5항에 따른 정보공개 사항, ② 합병, 분할 또는 사업의 전부 양도를 통하여 이전되는 선불식 할부계약의 회원수 및 선수금 규모, ③ 합병, 분할 또는 사업의 전부 양도의 내용 및 절차, ④ 그 밖에 소비자의 권리를 보호하기 위하여 필요한 사항으로서 총리령으로 정하는 사항 등을 공고하여야 한다(제22조 제2항). 또한 제18조에 따라 등록한 선불식 할부거래업자의 지위를 승계한 회사는 대통령령으로 정하는 바에 따라 그 사항을 증명하는 서류를 첨부하여 시·도지사에 신고하여야 한다(제22조 제3항).

(6) 선불식 할부계약의 이전

1) 이전계약의 공시

선불식 할부거래업자가 선불식 할부계약을 이전하는 경우에는 소비자보호를 위하여 인도업체와 인수업체간에 선불식 할부계약의 이전계약을 체결한 날부터 14일 이내에 총리령으로 정하는 방법에 따라 일정한 사항을 공고해야 하는데, 이러한 사항으로는 ① 이전하는 선불식 할부거래업자 및 선불식 할부계약을 이전받은 선불식 할부거래업자의 상호·주소 등 제18조 제5항에 따른 정보공개 사항, ② 이전하는 선불식 할부계약의 회원수 및 선수금 규모 ③ 이전계약의 내용 및 절차, ④ 그 밖의 소비자의 권리를 보호하기 위하여 필요한 사항으로서 총리령으로 정하는 사항을 공고하여야 한다(제22조2 제1항).

2) 소비자의 동의

이전하는 선불식 할부거래업자는 이전계약을 체결한 날부터 30일 이내에 선불식 할부계약을 체결한 소비자가 이전계약의 내용을 이해할 수 있도록 총리령으로 정하는 방법에 따라 제22조의2 제1항 각호의 사항과 소비자가 7일 이내에 이전계약에 부동의 의사표시가 없는 경우 이전계약에 동의한 것으로 본다는 내용 등의 사항을 설명하고, 설명한 날부터 7일 이내에 소비자로부터 이전계약에 대한 동의를 받아야 한다(제22조의2 제2항 본문). 다만, 해당 기간 내에 이전계약에 부동의 의사를 표시하지 아니한 소비자는 이전계약에 동의한 것으로 본다(본조 제2항 단서). 여기서 총리령으로 정하는 방법이란, 전화, 휴대전화, 소비자를 직접 방문하여 알리는 방법 등의 어느 하나에 해당하는 방법으로 소비자에게 알리는 것을 말한다(동법시행규칙 제8조의2 제2항).

이전하는 선불식 할부거래업자는 소비자로부터 제22조의2 제2항 본문에 따라 설명한 내용을 이해하고 동의하였다는 사실을 서명, 기명날인, 녹취 또는 그 밖에 대통령령으로 정하는 방법으로 확인받아야 한다. 다만, 제2항 단서에 해당하는 경우에는 연락시간, 연락방법, 연락횟수 등을 기재하는 등 총리령으로 정하는 방법에 따라 해당 소비자에게 제2항 본문에 따른 설명 등을 이행하였다는 사실을 확인할 수 있도록 하여야 한다(제22조의2 제3항). 이에 따라 선불식 할부계약을 이전하는 선불식 할부거래업자는 소비자에게 알리기 위하여 사용한 방법, 알린 날짜 및 시간, 위의 알린 횟수(이 경우 2일 이상의 기간 동안 2회 이상 알려야 한다), 소비자를 직접 방문하여 알린 경우 그 방문장소, 제22조의2 제2항에 따라 설명한 내용 등의 사항을 모두 기재한 서류를 보관하여야 한다(동법시행규칙 제8조의2 제3항).

3) 권리·의무의 승계 및 분배

이전하는 선불식 할부거래업자가 가진 선불식 할부계약에 관한 권리와 의무는 그 계약을 이전받은 선불식 할부거래업자가 승계한다. 이전계약에서 이전하기로 한 자산에 관하여도 또한 같다(제22조의2 제4항).

이전계약을 체결하는 경우 대통령령으로 정하는 선불식 할부계약과 관련된 자산은 이전하는 선불식 할부거래업자와 이전받은 선불식 할부거래업자에게 ① 이전하는 선불식 할부거래업자는 선불식 할부계약을 체결한 소비자가 납입한 총선수금에서 선불식 할부계약의 이전에 동의하지 아니하는 소비자가 납입한 선수금이 차지하는 비율로 배분한 금액, ② 이전받은 선불식 할부거래업자는 선불식 할부계약을 체결한 소비자가 납입한 총선수금에서 선불식 할부계약 이전에 동의하는 소비자가 납입한 선수금이 차지하는 비율로 배분한 금액 등의 기준에 따라 배분하여 귀속한다(제22조의2 제5항).

여기서 '대통령령으로 정하는 선불식 할부계약과 관련된 자산'이란 이전하는 선불식 할부거래업자의 선불식 할부계약과 관련된 모든 자산에서 선수금을 제외한 부채를 차감한 잔여재산을 말하며, 이 경우 이전하는 선불식 할부거래업자의 자산은 선불식 할부계약의 이전계약 체결시점에 주식회사의 외부감사에 관한 법률 제5조 제1항에 따른 회계처리기준에 따라 작성되는 재무제표(연결재무제표를 작성하여야 하는 회사의 경우에는 연결재무제표를 포함한다)에 자산으로 계상될 수 있는 것으로 한정한다(동법시행령 제14조의 제1항).

4) 자료의 보존

이전하는 선불식 할부거래업자와 이전받은 선불식 할부거래업자는 제3항에 따라 확인받은 자료를 소비자에게 설명하고 동의를 받도록 한 제2항 본문의 기간이 경과한 날(이하 "동의기간 경과일"이라 한다)부터 5년간 보존하여야 한다(제22조의2 제6항).

5) 신고

이전받은 선불식 할부거래업자는 동의기간 경과일부터 2개월 이내에 대통령령으로 정하는 방법에 따라 이전계약을 증명하는 서류를 첨부하여 시·도지사에게 신고하여야 한다(제22조의2 제7항).

(7) 선불식 할부거래에서 소비자 권익의 보호

1) 계약체결 전 정보제공의무와 계약서 발급의무

선불식 할부거래업자는 선불식 할부계약을 체결하기 전에 소비자가 계약의 내용을 이해할 수 있도록 ① 선불식 할부거래업자의 상호·주소·전화번호·전자우편주소·대표자의 이름, ② 재화등의 종류 및 내용, ③ 재화등의 가격과 그 지급의 방법 및 시기, ④ 재화 등을 공급하는 방법 및 시기, ⑤ 계약금, ⑥ 청약의 철회 및 계약 해제의 기한·행사방법·효과에 관한 사항 및 청약의 철회 및 계약 해제의 권리 행사에 필요한 서식으로서 총리령으로 정하는 것, ⑦ 재화등에 대한 불만 및 소비자와 사업자 사이의 분쟁 처리에 관한 사항 ⑧ 소비자피해보상에 관한 사항으로 제27조 제1항에 따른 소비자피해보상보험계약등의 계약기간, 소비자피해보상금 및 같은 조 제4항에 따른 지급의무자 등 대통령령으로 정하는 사항, ⑨ 선불식 할부계약을 체결한 날이 속하는 달의 전월 말일까지 선불식 할부거래업자가 받은 총선수금 중 제27조 제2항에 따라 보전하고 있는 총보전금액 비율 ⑩ 선불식 할부거래에 관한 약관, ⑪ 그 밖에 소비자의 구매 여부 판단에 영향을 주는 거래조건 또는 소비자의 피해구제에 필요한 사항으로서 대통령령으로 정하는 사항 등을 설명하여야 하고(동법 제23조), 계약을 체결할 경우에는 위의 사항을 적은 계약서를 소비자에게 발급하여야 한다(제23조 제2항). 선불식 할부거래업자는 선불식 할부계약을 체결할 경우에는 위의 ①~⑪의 사항을 적은 계약서를 소비자에게 발급하여야 한다(제23조 제3항).

2) 청약의 철회

선불식 할부거래의 경우에도 청약철회를 인정하고 있는데, 그 기간은 후불식 할부거래의 경우 7일로 하고 있지만 선불식 할부거래의 경우에는 14일로 규정하고 있다. 즉, ① 계약서를 받은 날로부터 14일 혹은 ② 선불식 할부거래업자의 주소 등이 적혀 있지 아니한 계약서를 받았거나 선불식 할부거래업자의 주소 변경 등의 사유로 계약서를 받은 날로부터 14일 이내에 청약을 철회할 수 없는 경우에는 그 주소를 안 날 또는 알 수 있었던 날 등 청약을 철회할 수 있는 날부터 14일이다(제24조 제1항 1호·2호). 또한 ③ 계약서에 청약의 철회에 관한 사항이 적혀 있지 아니한 경우에는 청약을 철회할 수 있음을 안 날 또는 알 수 있었던 날부터 14일(3호), ④ 선불식 할부거래업자가 청약의 철회를 방해한 경우에는 그 방해행위가 종료한 날로부터 1일(4호), ⑤ 계약서를 받지 아니한 경우에는 계약일부터 3개월(5호)이다.

소비자가 청약을 철회할 경우에는 청약철회기간 이내에 선불식 할부거래업자에게 청역철회의 의사표시가 적힌 '서면'을 발송하여야 하며(제24조 제2항), 청약의 철회는 서면을 발송한 날에 그 효력이 발생한다(제24조 제3항). 계약서의 발급사실과 그 시기 등에 대하여 다툼이 있는 경우에 입증책임은 할부거래업자에게 있다(제24조 제4항).

청약철회의 효과로서 청약을 철회한 경우 선불식 할부거래업자는 청약철회의 서면을 접수한 날로부터 3영업일 이내에 이미 지급받은 계약금 및 할부금을 환급하여야 한다. 이 경우 선불식 할부거래업자가 환급을 지연한 때에는 그 지연기간에 따라 지연배상금을 함께 환급하여야 한다(제24조 제5항). 선불식 할부거래업자는 그 휴업기간 또는 영업정지기간 중에도 청약의 철회나 계약의 해제업무를 계속하여야 한다(제32조).

선불식 할부거래업자와 소비자간의 선불식 할부계약의 내용중 소비자의 청약의 철회규정(제24조)을 위반한 약정으로서 소비자에게 불리한 것은 효력이 없다(제43조).

3) 소비자의 선불식 할부계약 해제

소비자가 선불식 할부식 할부계약에 의한 재화 등의 공급을 받지 못한 경우에는 그 계약을 해제할 수 있다(제25조 제1항). 선불식 할부계약의 경우 계약기간은 장기간이지만 계약상의 서비스의 제공은 일회적이고 단기간에 제공되므로 서비스의 제공이 이루어지기 이전에 계약을 해제할 수 있도록 함으로서 보호하고자 한 것이다. 계약이 해제된 경우 선불식 할부거래업자는 소비자에게 해제로 인한 손실을 초과하는 위약금을 청구하여서는 아니된다(제25조 제2항). 뿐만 아니라 소비자가 ① 휴업 또는 폐업신고를 한 때 ② 영업정지 처분을 받은 때 ③ 등록이 취소되거나 말소된 때 ④ 「은행법」에 따른 은행으로부터 당좌거래의 정지처분을 받은 때 ⑤ 파산 또는 화의 개시의 신청이 있는 때, ⑥ 소비자가 할부계약의 이전계약에 동의하지 아니한 때 등의 사유로 계약을 해제하는 경우에는 소비자에게 위약금을 청구하여서는 아니 된다(제25조 제3항).

선불식 할부거래업자는 선불식 할부계약이 으로 해제된 경우에는 해제된 날부터 3영업일 이내에 이미 지급받은 대금에서 위약금을 뺀 금액을 소비자에게 환급하여야 하고, 이 경우 선불식 할부거래업자가 환급을 지연한 때에는 그 지연기간에 따라 지연배상금을 함께 환급하여야 한다(제25조 제4항). 공정거래위원회는 총리령으로 정하는 바에 따라 위약금 및 대금의 환급에 관한 산정기준을 정하여 고시할 수 있다(제5항).

할부거래업자에게도 할부계약을 해제할 수 있도록 하고 있다. 즉, 선불식 할부거래업자도 소비자가 대금 지급의무를 이행하지 않는 경우, 14일 이상의 기간을 정하여 소비자에게 이행할 것을 서면으로 최고한 후 선불식 할부계약을 해제할 수 있다. 이 경우 선불식 할부거래업자는 그 계약을 해제하기 전에 14일 이상의 기간을 정하여 소비자에게 이행할 것을 서면으로 최고하여야 한다(제26조).

(8) 선수금의 보전을 위한 소비자피해보상보험계약 등

1) 소비자피해보상보험계약등의 체결

선불식 할부거래업자가 등록을 한 경우 소비자로부터 선불식 할부계약과 관련되는 재화 등의 대금으로서 미리 수령한 금액(선수금)을 보전하기 위하여 ① 소비자피해보상을 위한 보험계약, ② 소비자피해보상금의 지급을 확보하기 위한 은행과의 채무지급보증계약, ③ 소비자피해보상금의 지급을 확보하기 위한 대통령령으로 정하는 기관(이하 "예치기관"이라 한다)과의 예치계약, ④ 공제조합과의 공제계약을 체결하여야 한다(제27조 제1항).

누구든지 위의 예치금을 상계·압류(가압류 포함)하지 못하며, 선불식 할부거래업자는 대통령령으로 정하는 경우 외에는 예치금을 양도하거나 담보로 제공하여서는 아니 된다(제 27조 제3항). 여기서 "대통령령으로 정하는 경우"란 다른 선불식 할부거래업자에 대한 선불식 할부계약 당사자로서의 지위 양도, 영업의 양도 등의 어느 하나에 해당하는 경우를 말한다(동법시행령 제16조 제4항).

2) 보전금액의 산정

선불식 할부거래업자가 소비자피해보상보험계약 등에 따라 보전하여야 할 금액(제1항 각 호 중 둘 이상의 계약을 체결한 경우에는 각 계약에 따라 보전되는 금액을 합산한다) 및 그 산정기준은 선수금 합계액의 100분의 50을 초과하지 아니하는 범위에서 대통령령을 정한다(제27조 제2항). 선불식 할부거래업자가 소비자피해보상보험계약 등에 따라 보전하여야 할 금액은 다음 계산식에 따른 금액으로 하며, 이 경우 선불식 할부거래업자가 재화 등을 실제로 인도하지 아니한 경우에는 재화 등이 공급된 것으로 보지 아니한다(동법 시행령 제16조 제3항).

보전하여야 할 금액 = (선불식 할부거래업자가 소비자로부터 선불식 할부계약과 관련되는 재화 등의 대금으로서 미리 수령한 금액 — 선불식 할부거래업자가 소비자에게 공급한 재화 등의 가액) × 50/100 이다.

3) 소비자피해보상금의 지급

소비자피해보상보험계약에 따라 소비자피해보상금액을 지급할 의무가 있는 자는 다음과 같은 지급사유가 발생한 경우에는 지체 없이 이를 지급하여야 하며, 정당한 사유 없이 이를 지연한 경우에는 지연배상금을 지급하여야 한다. 즉, ① 선불식 할부거래업자가 폐업한 경우, ② 선불식 할부거래업자가 「은행법」에 따른 은행으로부터 당좌거래의 정지처분을 받은 경우, ③ 제21조에 따라 등록이 말소된 경우 및 제40조에 따라 등록이 취소된 경우, ④ 그 밖에 선불식 할부거래업자의 채무불이행 등으로 인한 소비자피해보상을 위하여 대통령령으로 정하는 경우 등이다(제27조 제4항).

예치기관은 지급사유가 발생한 경우에는 예치금을 인출하여 해당 선불식 할부거래업자와 선불식 할부계약을 체결한 소비자에게 우선하여 지급하여야 하며, 예치 및 예치금의 지급 등에 대한 구체적인 절차 및 방법에 대하여는 총리령으로 정한다(제27조 제5항). 선불식 할부거래업자는 소비자와 선불식 할부계약을 체결한 경우 계약체결일부터 7일 이내에 계약체결 사실 및 내용을 지급의무자에게 통지하여야 하고, 이에 따라 선불식 할부거래업자로부터 계약 사실 등을 통지 받은 지급의무자는 통지받은 날부터 30일 이내에 소비자에게 소비자피해보상 증서를 발급하여야 하며, 그 구체적인 절차·발급방법 및 내용 등에 대하여는 총리령으로 정한다(동조 제6항·제7항).

공정거래위원회는 소비자피해보상업무의 감독을 위하여 필요한 경우 지급의무자에게 선수금 보전과 관련된 자료의 제출을 요구할 수 있고, 지급의무자의 업무집행 등이 법령에 적합하지 아니한 경우 이의 시정을 명할 수 있고, 그 밖에 소비자의 피해구제 등과 관련하여 필요한 경우에는 적합한 조치를 요구할 수 있다(동조 제8항·제9항).

선불식 할부거래업자는 소비자피해보상보험계약등을 체결 또는 유지하는 경우 선수금 등의 자료를 제출함에 있어 거짓의 자료를 제출하여서는 아니 된다(제10항). 선불식 할부거래업자는 예치기관에 예치금을 입금하거나 예치금의 반환을 요청하는 경우에는 총리령으로 정하는 바에 따라 선수금의 증가 또는 감소를 증명하는 서류를 예치기관에 제출하여야 하며, 예치기관은 해당 서류를 확인한 후에 예치금을 반환하여야 한다(제12항). 그 밖에 소비자피해보상보험계약등의 운영에 관하여 필요한 사항은 대통령령으로 정한다(제11항).

(9) 공제조합

선불식 할부거래업자는 공제사업을 운영하기 위하여 공정거래위원회의 인가를 받아 공제조합을 설립할 수 있는데, 공제조합은 법인으로 하며 공제조합에 가입한 자는 공제사업의 수행에 필요한 출자금 등을 공제조합에 내야 한다(제28조). 공제조합을 설립하려는 경우에는 10인 이상의 발기인이 되어 정관을 작성하고 창립총회의 의결을 거쳐 공정거래위원회에 인가를 신청하여야 하며(동법 시행령 제18조 제1항), 공정거래위원회는 공제조합의 설립을 인가하였을 때에는 이를 공고하여야 한다(동법시행령 제18조 제2항).

공제조합의 설립인가 기준 및 절차, 운영 및 감독 등에 관하여 필요한 사항은 대통령령으로 정한다(제28조 제5항). 공제조합에 관하여 할부거래법에 규정된 것을 제외하고는 민법 중 사단법인에 관한 규정을 준용한다(제28조 제6항).

공제조합의 기본재산은 조합원의 출자금 등으로 조성하되 출자금은 200억 원 이상으로서 대통령령으로 정하는 규모(200억 원, 동법시행령 제17조) 이상이어야 한다. 공제조합의 사업은 ① 소비자피해보상을 위한 공제사업 및 소비자의 권익보호를 위한 공익사업, ② 소비자피해예방과 홍보를 위한 출판 및 교육사업, ③ 시장의 건전한 발전을 위한 자율정화사업, ④ 공정거래위원회로부터 위탁받은 사업 등인데, 할부거래법에 따른 공제조합의 사업에 대하여는 보험업법을 적용하지 아니한다(제29조 제2항). 공제조합의 감독기관은 공정거래위원회이다(제31조).

(10) 선불식 할부거래업자의 금지행위

선불식 할부거래업자는 ① 계약의 체결을 강요하거나 청약의 철회 또는 계약의 해제를 방해할 목적으로 상대방을 위협하는 행위, ② 거짓·과장된 사실을 알리거나 기만적 방법을 사용하여 상대방과의 거래를 유도하거나 청약의 철회 또는 계약의 해제를 방해하는 행위, ③ 청약의 철회 또는 계약의 해제를 방해할 목적으로 주소·전화번호 등을 변경하는 행위, ④ 분쟁이나 불만처리에 필요한 인력 또는 설비가 부족한 상태를 상당 기간 방치하여 상대방에게 피해를 주는 행위, ⑤ 상대방의 청약이 없음에도 재화등의 대금을 청구하는 행위, ⑥ 소비자가 계약을 체결할 의사가 없음을 밝혔음에도 전화, 팩스, 컴퓨터통신 등을 통하여 계약체결을 강요하는 행위, ⑦ 소비자피해보상보험계약등을 체결하지 아니하고 영업하는 행위, ⑧ 소비자피해 보상보험계약등을 체결하지 아니하였음에도 소비자피해보상보험계약등을 체결한 사실을 나타내는 표지나 이와 유사한 표지를 제작 또는 사용하는 행위, ⑨ 소비자피해보상보험계약등에 따라 보전하여야 할 금액을 보전하지 아니하고 영업하는 행위 ⑩ 본인의 허락을 받지 아니하거나 허락받은 범위를 넘어 소비자에 관한 정보를 이용(제3자에게 제공하는 경우를 포함한다)하는 행위. 다만, 재화등의 배송 등 소비자와의 계약이행에 불가피한 경우로서 대통령령으로 정하는 경우이거나 재화등의 거래에 따른 대금을 정산하기 위하여 필요한 경우와 도용을 방지하기 위하여 본인임을 확인할 때 필요한 경우로서 대통령령으로 정하는 경우, 다른 법률에 따라 불가피한 사유가 있는 경우에는 제외한다. ⑪ 소비자가 계약을 해제하였음에도 불구하고 정당한 사유 없이 이에 따른 조치를 지연하거나 거부하는 행위, ⑫ 청약의 철회 또는 계약의 해제와 관련하여 분쟁이 발생한 경우 대금을 지급받기 위하여 소비자에게 위계를 사용하거나 위력을 가하는 행위, ⑬ 자신이 공급하는 재화등을 소비자가 양도·양수하는 것을 상당한 이유 없이 제한하거나 양도·양수함에 있어 과다한 비용을 부과하는 행위, ⑭ 다른 사람에게 자기의 명의 또는 상호를 사용하여 선불식 할부거래업을 하게 하거나 선불식 할부거래업 등록증을 대여하는 행위 ⑮ 다단계판매방식으로 선불식 할부계약을 체결하거나 선불식 할부계약의 체결을 요구하는 행위, ⑯ 금전대차관계를 이용하여 선불식 할부계약의 체결을 요구하는 행위, ⑰ 소비자와 체결한 선불식 할부계약 중 일부에 대하여 이전계약을 체결하는 행위, ⑱ 이전계약을 체결한 선불 식 할부거래업자가 해당 이전계약에 대한 소비자의 동의를 받지 아니하고 소비자의 예금 등에서 금원을 인출하는 행위를 하여서는 아니 된다. 위의 금지사항 중 ⑨, ⑮, ⑯, ⑰, ⑱은 2015년에 신설된 금지사항이다.

(11) 공정거래위원회 등에 의한 규제

공정거래위원회, 시·도지사 또는 시장·군수·구청장은 선불식 할부거래업자가 동법에 위반되는 행위를 하거나 동법에 따른 의무를 이행하지 아니하는 경우 먼저 선불식 할부거래업자로 하여금 해당행위의 중지, 동법에 따른 의무의 이행, 그 밖에 소비자 피해예방 및 구제에 필요한 조치를 하도록 시정방안을 정하여 선불식 할부거래업자에게 이에 따를 것을 권고할 수 있으며, 이 경우 선불식 할부거래업자가 그 권고를 수락한 경우에는 시정조치가 내려진 것으로 본다는 뜻을 함께 통지하여야 한다(제38조 제1항).

시정권고를 받은 선불식 할부거래업자는 그 통지를 받은 날부터 10일 이내에 그 권고의 수락 여부를 시정권고를 한 행정청에 통지하여야 한다(제38조 제2항). 시정권고를 받은 선불식 할부거래업자가 이를 수락한 때에는 시정조치가 내려진 것으로 본다(제38조 제3항).

공정거래위원회는 선불식 할부거래업자가 일정한 사유를 위반한 경우 및 금지행위를 한 경우나 할부거래법에 따른 의무를 이행하지 아니한 경우 해당 선불식 할부거래업자에게 그 시정을 위한 조치를 명할 수 있다(제39조 제1항). 이러한 시정조치로서는, ① 해당 위반행위의 중지, ② 할부거래법에 규정된 의무의 이행, ③ 시정조치를 받은 사실의 공표, ④ 소비자피해 예방 및 구제에 필요한 조치, ⑤ 그 밖에 시정을 위하여 필요한 조치 등의 어느 하나에 해당하는 조치를 포함한다(제39조 제2항).

(12) 소비자피해분쟁조정의 요청

공정거래위원회, 시·도지사 또는 시장·군수·구청장은 이 법 위반행위와 관련하여 소비자의 피해구제신청이 있으면 제38조에 따른 시정권고 또는 제39조에 따른 시정조치를 하기 전에 선불식 할부거래에 관한 소비자보호 관련 업무를 수행하는 기관 또는 단체 등 대통령령으로 정하는 소비자피해분쟁조정기구에 그 조정을 의뢰할 수 있다. 이 경우 공정거래위원회, 시·도지사 또는 시장·군수·구청장은 조정안을 당사자가 수락하고 이행하는 경우에는 제39조에 따른 시정조치를 하지 아니한다는 뜻을 당사자에게 알려야 한다(제41조 제1항).

여기서 "선불식 할부거래에 관한 소비자보호 관련 업무를 수행하는 기관 또는 단체 등 대통령령으로 정하는 소비자피해분쟁조정기구"란 ① 한국소비자원(소비자기본법 제33조), ② 시·도지사가 설치한 소비자피해구제기구(소비자기본법 제16조 및 동법시행령 제7조), ③ 그 밖에 소비자보호 관련 법령에 따라 설치·운영되는 분쟁조정기구 등의 어느 하나에 해당하는 기구를 말한다(동법시행령 제28조). 소비자피해분쟁조정기구의 조정안에 대하여 당사자가 수락하고 이행한 경우에는 대통령령으로 정하는 바에 따라 제39조에 따른 시정조치를 하지 아니한다(제2항).

II. 방문판매·전화권유판매

1. 특수거래의 분화

전통적이고 전형적인 거래방식은 판매업자가 상점에서 상품을 진열하고, 고객을 맞이하여 상품을 판매하는 상점판매방식이었으나 현대에 들어와 사업자의 입장에서 새로운 판매방식을 통하여 판매량을 늘리고자 하였고, 이것은 새로운 판매 방식으로 연계되었다. 이러한 새로운 판매방식으로서는 방문판매, 통신판매, 전화권유판매, 다단계판매, 전자상거래 등을 들 수 있다. 이러한 특수거래에서는 방문판매처럼 자신에게 필요한 것인지에 대하여 충분히 판단할 수 없는 상태에서 계약을 체결할 수 있고, 더 나아가서 정보량의 격차를 이용한 사기·강압적인 방법에 의한 재화와 용역의 판매, 신용의 제공 등이 이루어지기도 한다.

방문판매는 사업자의 영업장소가 아닌 소비자 거주영역에서 거래가 이루어지는 만큼 일응 소비자에게 유리한 측면도 있지만 방문판매자에 의한 위압이나 충동구매가 가능하고 소비자의 프라이버시를 침해할 수 있으므로 대개의 국가에서 일정한 규제를 가하고 있다. 방문판매는 나라에 다라서 소비자신용법에서 규율하는 포괄적 규제방식(미국, 영국, 독일 등)을 취하거나 개별적 규제방식(우리나라, 일본)을 취하고 있다.

이하에서는 할부거래 이외의 특수거래 중 방문판매와 전화권유판매의 규율에 대하여 살펴보기로 한다.

2. 방문판매·전화권유판매의 규율

(1) 방문판매법에 의한 규율

방문판매와 전화권유판매를 규율하는 법률로 방문판매법이 있다. 방문판매법은 방문판매, 전화권유판매, 다단계판매, 후원방문판매, 계속거래 및 사업권유거래 등 6가지 판매방식에 의한 재화 또는 용역의 공정한 거래에 관한 사항을 규정함으로써 소비자의 권익을 보호하고 시장의 신뢰도를 높여 국민경제의 건전한 발전에 이바지함을 목적으로 하고 있다. 방문판매와 전화권유판매는 사업자의 영업장이 아닌 소비자의 영역에 사업자가 방문하거나 전화를 통하여 판매를 권유한다는 점에서 공통점이 있기 때문에 방문판매법에서 동일한 원리로 규율하고 있다.

1) 방문판매의 의의

방문판매란 재화 또는 용역(일정한 시설을 이용하거나 용역을 제공받을 수 있는 권리를 포함한다.)의 판매(위탁 및 중개를 포함한다)를 업(業)으로 하는 자가 방문을 하는 방법으로 그의 영업소, 대리점, 그 밖에 총리령으로 정하는 영업장소(이하 "사업장"이라 한다) 외의 장소에서 소비자에게 권유하여 계약의 청약을 받거나 계약을 체결(사업장 외의 장소에서 권유 등 총리령으로 정하는 방법으로 소비자를 유인하여 사업장에서 계약의 청약을 받거나 계약을 체결하는 경우를 포함한다)하여 재화 또는 용역(이하 "재화등"이라 한다)을 판매하는 것을 말한다(제2조 1호). 따라서 사업장 외의 장소에서 계약을 권유·유인하여 사업장 외의 장소에서 계약의 청약을 받거나 계약을 체결하는 경우와 사업장 외의 장소에서 계약을 권유·유인하여 사업장에서 계약의 청약을 받거나 계약을 체결하는 경우 모두 방문판매에 해당한다.

여기서 '총리령으로 정하는 영업장소'란 영업소, 대리점, 지점, 출장소 등 명칭에 관계없이 ① 소유 또는 임차하거나 점용허가를 받은 고정된 장소에서 3개월 이상 계속적으로 영업할 것(다만, 천재지변 등 불가피한 사유로 영업을 계속할 수 없는 기간은 산입하지 아니한다), ② 판매에 필요한 시설을 갖출 것, ③ 영업 중에는 소비자가 자유의사에 따라 출입할 수 있을 것, ④ 영업장소 내에서 소비자가 자유의사에 따라 재화 또는 용역을 선택할 수 있는 상태를 유지할 것 등의 요건을 모두 갖춘 장소를 말한다(동법시행규칙 제2조).

또한 총리령으로 정하는 방법이란 ① 사업장 외의 장소에서 권유 등의 방법으로 소비자를 유인하여 함께 사업장으로 이동하는 것, ② 주된 재화등의 판매목적을 숨기고 다른 재화등의 무료·염가공급 또는 소득기회 제공 등의 방법으로 유인하여 소비자가 사업장에 방문하게 하는 것, ③ 다른 소비자에 비하여 현저하게 유리한 조건으로 재화등을 판매·공급한다고 권유하여 소비자를 사업장에 방문하도록 하는 것 등의 어느 하나에 해당하는 방법을 말한다(동법시행규칙 제3조).

방문판매자란 방문판매를 업으로 하기 위하여 방문판매조직을 개설하거나 관리·운영하는 자(이하 "방문판매업자"라 한다)와 방문판매업자를 대신하여 방문판매업무를 수행하는 자(이하 "방문판매원"이라 한다)를 말한다(제2조 2호).

방문판매는 방문판매원의 성명·소속, 판매할 제품의 종류 등이 명시되지 않고 신분을 사칭하거나 매매 목적물에 대한 허위·과장된 설명으로 계약체결을 유인하는 경우가 많으며, 계약서를 작성하지 않거나 작성하더라도 해약규정이 없거나 소비자에게 불리한 규정을 두어 소비자의 피해를 유발시키는 경우가 많다. 또한 방문판매는 위탁판매의 형태를 취하는 경우가 많아 제조업자와 판매자가 다르거나 판매원과 수금원이 달라 구입당시의 설명사항이나 거래조건이 대금지급 당시에는 달라지는 경우가 많고 애프터서비스, 교환 및 불만처리가 잘 이루어지지 않는 경우가 많아 소비자보호에 미흡한 경우가 있어서 이에 대한 입법적 보완이 필요하다.[27)]

2) 전화권유판매의 의의

전화를 이용하여 소비자에게 권유를 하거나 전화회신을 유도하는 방법으로 재화등을 판매하는 것을 말한다(제2조 3호). 전화권유판매에는 '전화를 사용하여 소비자의 응답을 유도하고 대화를 함으로써 청약을 유인하여 어떤 장소에서 만나 청약을 받거나 계약을 체결하는 경우'까지 포함된다.[28] 따라서 계약을 함에 있어서 전화를 사용하여 청약을 유인하기만 하면 되고, 청약을 받거나 계약체결행위까지 전화를 사용하는 것을 요건으로 하지 않는다고 해석된다.

전화권유판매자란 전화권유판매를 업으로 하기 위하여 전화권유판매조직을 개설하거나 관리·운영하는 자(이하 "전화권유판매업자"라 한다)와 전화권유판매업자를 대신하여 전화권유판매업무를 수행하는 자(이하 "전화권유판매원"이라 한다)를 말한다(제2조 4호).

전화권유판매의 경우 그 판매원의 적극적 접근성이 방문판매와 유사하므로 전화권유판매판매업의 신고, 계약체결에 따른 계약서 교부의무, 청약철회 등에 관한 사항을 방문판매업에 준하여 규정하고 있다.

(2) 방문판매법의 적용범위

1) 적용범위의 원칙과 당사자의 제한 방문판매법은 방문판매 또는 전화권유판매로 재화 등을 구입하는 소비자를 보호하기 위하여 제정되었기 때문에 소비자계약이 그 적용대상이다(동법 제1조). 따라서 사업자(다단계판매원, 후원방문판매원 또는 사업권유거래의 상대방은 제외한다)가 상행위를 목적으로 방문판매 등을 통하여 재화 등을 구입한 경우에 동법은 적용되지 않는다(동법 제3조 1호). 다만, 사업자가 사실상 소비자와 같은 지위에서 다른 소비자와 같은 거래조건으로 거래하는 경우는 제외한다.

2) 목적물의 제한 보험업법에서 규정하고 있는 보험사업자와의 보험계약에는 적용되지 않는다(동법 제3조 2호). 또한 개인이 독립된 자격으로 공급하는 재화 등의 거래로서 대통령령으로 정하는 거래에도 적용되지 아니한다(제3조 3호). 여기서 대통령령이 정하는 거래라 함은 방문판매원을 두지 아니하는 방문판매업자가 ① 가공되지 아니한 농산물·수산물·축산물·임산물, ② 방문판매자가 직접 생산한 재화

27) 박상용·엄기섭, 경제법원론, 박영사, 2004, 693면.

28) 대판 2007.10.11. 2007도4697,

등을 방문판매하는 거래를 말한다(동법시행령 제5조).

3) 다른 법률에 별도의 규정이 있는 경우 방문판매법상의 계약서 교부의무에 관한 규정(동법 제7조, 제16조 및 제28조)은 다른 법률에 방문판매법의 규정과 다른 방법에 의한 계약서교부의무 등이 규정되어 있는 거래(예컨대, 할부거래법상의 계약서 교부의무, 할부거래법 제6조 제2항)에는 적용되지 아니하며(방문판매법 제4조 제2항), 방문판매법상의 계속거래에 관한 규정은 방문판매법에서 규정하고 있는 사항을 다른 법률에 따로 정하고 있는 경우에는 그 법률을 적용한다(제4조 제3항).[29]

3. 방문판매·전화권유판매의 법률관계

(1) 방문판매업자·전화권유판매업자의 신고의무

방문판매업자 또는 전화권유판매업자(이하 "방문판매업자등"이라 한다)는 상호, 주소, 전화번호, 전자우편주소(법인인 경우에는 대표자의 성명, 주민등록번호 및 주소를 포함한다), 그 밖에 대통령령으로 정하는 사항을 대통령령으로 정하는 바에 따라 공정거래위원회 또는 특별자치시장·특별자치도지사·시장·군수·구청장(자치구의 구청장을 말한다. 이하 같다)에게 신고하여야 한다(제5조 제1항 본문). 다만, ① 방문판매원 또는 전화권유판매원을 두지 아니하는 소규모 방문판매업자등 대통령령으로 정하는 방문판매업자등, ② 등록 다단계판매업자 ③ 등록 후원방문판매업자의 경우에는 신고의무가 없다(동조 제1항 단서). 위의 신고한 사항이 변경된 경우에는 대통령령으로 정하는 바에 따라 이를 신고하여야 한다(제2항). 또한 제1항에 따라 신고한 방문판매업자등은 휴업 또는 폐업을 하거나 휴업한 후 영업을 다시 시작할 때에는 대통령령으로 정하는 바에 따라 이를 신고하여야 한다(제3항).공정거래위원회는 제1항에 따라 방문판매업자등이 신고한 사항을 대통령령으로 정하는 바에 따라 공개할 수 있다(제4항).

(2) 방문판매원·전화권유판매원의 명부작성의무 등

방문판매업자등은 총리령으로 정하는 바에 따라 방문판매원등의 명부를 작성

29) 헬스장을 정기권으로 계약한 경우 계속거래에 해당하여 방문판매법 제4조 제3항에 의하여 '방문판매법'뿐만 아니라 '체육시설업법'도 적용된다. 그러나, 체육시설업법에서는 환불금지와 같이 소비자에게 불리한 내용이 포함된 약관이더라도 유효한 약관에 해당하기 때문에 행정처분도 어렵고, 소비자민원은 지속적으로 증가하고 있다.

하여야 한다(제6조 제1항). 방문판매원등 또는 후원방문판매원의 명부에는 방문판매원등 또는 후원방문판매원의 성명·생년월일·주소 및 전화번호(전자우편주소가 있는 경우 이를 포함한다)가 포함되어야 한다(동법시행규칙 제9조 제1항). 방문판매업자등은 소비자피해를 방지하거나 구제하기 위하여 소비자가 요청하면 언제든지 소비자로 하여금 방문판매원등의 신원을 확인할 수 있도록 하여야 한다(제6조 제2항).

방문판매자 또는 전화권유판매자(이하 "방문판매자등"이라 한다)가 재화등을 판매하려는 경우에는 소비자에게 미리 해당 방문 또는 전화가 판매를 권유하기 위한 것이라는 점과 방문판매자등의 성명 또는 명칭, 판매하는 재화등의 종류 및 내용을 밝혀야 한다(제6조 제3항).

(3) 계약체결 전의 정보제공의무 및 계약서 발급 교부의무

1) 계약체결 전의 정보제공의무　　먼저 방문판매업자등은 계약체결 전의 정보제공 및 계약체결에 따른 계약서 발급의무규정에 따라 소비자에게 설명하거나 표시한 거래조건을 신의에 좇아 성실하게 이행하여야 한다(제7조 제5항).

방문판매자 등은 재화 등의 판매에 관한 계약을 체결하기 전에 소비자가 계약의 내용을 이해할 수 있도록 ① 방문판매업자 등의 성명(법인인 경우에는 대표자의 성명), 상호, 주소, 전화번호 및 전자우편주소, ② 방문판매원 등의 성명, 주소, 전화번호 및 전자우편주소(다만 방문판매업자 등이 소비자와 직접 계약을 체결하는 경우는 제외), ③ 재화 등의 명칭, 종류 및 내용, ④ 재화 등의 가격과 그 지급의 방법 및 시기, ⑤ 재화 등을 공급하는 방법 및 시기, ⑥ 청약의 철회 및 계약의 해제의 기한·행사방법·효과에 관한 사항 및 청약철회 등의 권리행사에 필요한 서식으로서 총리령으로 정하는 것, ⑦ 재화 등의 교환·반품·수리보증 및 그 대금 환불의 조건과 절차, ⑧ 전자매체로 공급할 수 있는 재화 등의 설치·전송 등과 관련하여 요구되는 기술적 사항, ⑨ 소비자피해 보상, 재화 등에 대한 불만 및 ㅎ소비자와 사업자 사이의 분쟁 처리에 관한 사항, ⑩ 거래에 관한 사항, ⑪ 그 밖에 소비자의 구매 여부 판단에 영향을 주는 거래조건 또는 소비자피해 구제에 필요한 사항으로서 대통령령으로 정하는 사항이다(제7조 제1항).

제11호의 대통령령이 정하는 사항은 ① 재화 등의 가격 외에 소비자가 추가로 부담하여야 할 사항이 있는 경우 그 내용 및 금액, ② 판매일시·판매지역·판매수량·인도지역 등 판매조건과 관련하여 제한이 있는 경우 그 내용 등에 관한 사항을 말한다(동법시행령 제10조).

2) 계약서 발급의무 방문판매 등을 통하여 재화 등에 관한 계약을 체결한 경우에 소비자가 계약을 재차 확인할 수 있도록 함과 동시에 추후 분쟁해결에 관한 증거로서 활용할 수 있도록 방문판매자 등은 제7조 제1항의 사항을 적은 계약서를 소비자에게 발급하여야 한다(동법 제7조 제2항). 즉 계약서에는 계약체결을 위하여 방문판매자 등이 소비자에게 제공하여야 할 정보가 기재되어 있어야 하며, 계약체결 후 즉시 소비자에게 교부하여야 한다. 하지만 전화권유판매의 경우는 비대면거래의 특성상 계약서의 교부는 즉시 이루어질 수 없기 때문에 팩스나 전자문서로서 계약서를 송부할 수 있으나, 이를 위하여 소비자의 동의를 얻어야 한다(제7조 제4항 본문). 이 경우 팩스나 전자문서로 송부한 계약서의 내용이나 도달에 관하여 다툼이 있으면 전화권유판매자가 이를 증명하여야 한다(제7조 제4항 단서).

3) 미성년자와의 계약체결 방문판매자 등의 계약상대방이 미성년자인 경우에 방문판매자 등은 법정대리인의 동의를 얻어야 하며, 법정대리인의 동의를 얻지 못한 경우에 미성년자 또는 법정대리인이 계약을 취소할 수 있다는 내용을 소비자인 미성년자에게 고지하여야 한다(동법 제7조 제3항). 미성년자측에 취소권이 있음을 고지하는 주의적 규정으로 보아야 하며 미성년자 이외의 행위무능력자인 경우에는 취소권에 대한 고지의무는 없으며, 당연히 민법규정에 의하여 취소할 수 있게 된다.

4) 통화내용 보존의무 전화권유판매의 경우에는 전화권유판매업자는 통화내용 보존의무를 부담한다. 즉, 전화권유판매업자는 소비자의 동의를 받아 통화내용 중 계약에 관한 사항을 계약일부터 3개월 이상 보존하여야 하고, 소비자가 전화권유판매업자가 제1항에 따라 보존하는 통화내용에 대하여 방문·전화·팩스 또는 전자우편 등의 방법으로 열람을 요청하는 경우, 전화권유판매업자는 그 요청에 따라야 한다(제7조의2).

(4) 청약의 철회

1) 청약의 철회권의 행사기간과 행사방법 등 방문판매 또는 전화권유판매의 방법으로 재화 등의 구매에 관한 계약을 체결한 소비자는 ① 계약서를 교부(동법 제7조 제2항)받은 날부터 14일(다만, 그 계약서를 교부받은 때보다 재화 등의 공급이 늦게 이루어진 경우에는 재화 등을 공급받거나 공급이 개시된 날부터 14일), ② 계약서를 교부받

지 아니한 경우, 방문판매자 등의 주소 등이 기재되지 아니한 계약서를 교부받은 경우 또는 방문판매자 등의 주소 변경 등의 사유로 ①의 기간 이내에 청약철회 등을 할 수 없는 경우에는 그 주소를 안 날 또는 알 수 있었던 날부터 14일의 기간(거래 당사자 사이에 위의 기간보다 더 긴 기간으로 약정한 경우에는 그 기간) 이내에 당해 계약에 관한 청약철회 등을 할 수 있다(동법 제8조 제1항 1호·2호).

③ 계약서에 청약철회 등에 관한 사항이 적혀 있지 아니한 경우에는 청약철회 등을 할 수 있음을 안 날 또는 알 수 있었던 날부터 14일, ④ 방문판매업자 등이 청약철회 등을 방해한 경우에는 그 방해 행위가 종료한 날부터 14일 이내에 청약철회를 할 수 있다(동법 제8조 제1항 3호·4호).

다만, 소비자는 ① 소비자에게 책임 있는 사유로 재화 등이 멸실되거나 훼손된 경우(다만, 재화 등의 내용을 확인하기 위하여 포장 등을 훼손한 경우에는 제외한다), ② 소비자가 재화 등을 사용하거나 일부 소비하여 그 가치가 현저히 낮아진 경우, ③ 시간이 지남으로써 다시 판매하기 어려울 정도로 재화 등의 가치가 현저히 낮아진 경우, ④ 복제할 수 있는 재화 등의 포장을 훼손한 경우, ⑤ 그 밖에 거래의 안전을 위하여 대통령령으로 정하는 경우에는 청약철회를 할 수 없다.

소비자는 위의 사항에도 불구하고 재화 등의 내용이 표시·광고의 내용과 다르거나 계약 내용과 다르게 이행된 경우에는 그 재화 등을 공급받은 날부터 3개월 이내에, 그 사실을 안 날 또는 알 수 있었던 날부터 30일 이내에 청약철회 등을 할 수 있다.

청약철회의 방법에 대하여 할부거래법에서는 서면에 의하도록 하고 있으나, 방문판매법상 방문판매 또는 전화권유판매에 대한 청약철회는 소비자의 선택에 따라 구두(전화)나 서면으로 할 수 있으며 반드시 서면으로 해야 하는 것은 아니다.

2) 청약철회의 효과 　청약철회 등을 서면으로 하는 경우에는 청약철회 등의 의사표시가 기재된 서면을 발송한 날에 그 효력이 발생한다(제8조 제4항). 청약철회의 효과에 대해서는 방문판매법 제9조 제1항부터 제10항까지 규정되어 있다.

소비자가 청약철회를 한 경우에 당사자는 원상회복의무를 부담한다. 따라서 소비자는 이미 공급받은 재화 등을 반환하여야 하고, 방문판매업자 등은 재화 등을 반환받은 날부터 3영업일 이내에 이미 지급받은 재화 등의 대금을 환급하여야 한다. 민법상 계약해제의 경우 당사자의 원상회복의무는 동시이행관계에 있으나(민법 제549조), 방문판매법상 소비자가 청약을 철회한 경우에는 소비자가 공급받은 재화

등의 반환의무에 관하여 선이행의무를 진다는 점에 차이가 있다.

청약철회 등의 경우 공급받은 재화 등의 반환에 필요한 비용은 방문판매자 등이 부담하며, 방문판매자 등은 소비자에게 청약철회 등을 이유로 위약금 또는 손해배상을 청구할 수 없다(방문판매법 제9조 제9항). 청약철회를 하여 소비자가 공급받은 재화 등을 반환할 경우 방문판매자 등은 이미 재화등이 사용되거나 일부 소비된 경우에는 그 재화 등을 사용하거나 일부 소비하여 소비자가 얻은 이익 또는 그 재화 등의 공급에 든 비용에 상당하는 금액으로서 대통령령으로 정하는 범위의 금액을 지급할 것을 소비자에게 청구할 수 있다(제9조 제8항).

방문판매자 등은 청약철회에 따라 재화 등의 대금을 환급할 때 소비자가 「여신전문금융업법」 제2조 제3호에 따른 신용카드나 그 밖에 대통령령으로 정하는 결제수단으로 재화 등의 대금을 지급한 경우에는 지체 없이 그 신용카드등의 대금결제수단을 제공한 사업자로 하여금 재화 등의 대금 청구를 정지하거나 취소하도록 요청하여야 한다. 다만 방문판매업자 등이 결제업자로부터 그 재화 등의 대금을 이미 지급받은 경우에는 지체 없이 이를 결제업자에게 환급하고 그 사실을 소비자에게 알려야 한다(제9조 제3항).

위의 사항에 따라 방문판매업자로부터 재화 등의 대금을 환급받은 결제업자는 지체 없이 소비자에게 이를 환급하거나 환급에 필요한 조치를 하여야 한다(제9조 제4항).

(5) 손해배상청구금액의 제한

소비자에게 책임있는 사유로 인하여 재화 등의 판매에 관한 계약이 해제된 경우 방문판매자 등이 소비자에게 청구하는 손해배상액은 ① 공급받은 재화 등이 반환된 경우에는 반환된 재화 등의 통상 사용료액 또는 그 사용에 의하여 통상 얻어지는 이익에 상당하는 금액 및 반환된 재화 등의 판매가격에서 그 재화 등이 반환된 당시의 가액을 공제한 금액에 해당하는 금액 중 큰 금액, ② 공급받은 재화 등이 반환되지 아니한 경우에는 그 재화 등의 판매가격에 상당하는 금액에 미대금미납에 따른 지연배상금을 더한 금액을 초과할 수 없다(제10조 제1항). 공정거래위원회는 방문판매업자 등과 소비자간의 손해배상청구에 따른 분쟁의 원활한 해결을 위하여 필요한 경우에는 손해배상액의 산정기준을 정하여 고시할 수 있다(제10조 제2항).

(6) 방문판매자·전화권유판매자의 금지행위

방문판매자 등은 ① 재화 등의 판매에 관한 계약의 체결을 강요하거나 청약철회 등 또는 계약해지를 방해할 목적으로 소비자에게 위력을 가하는 행위, ② 거짓 또는 과장된 사실을 알리거나 기만적 방법을 사용하여 소비자를 유인 또는 거래하거나 청약철회 등 또는 계약의 해지를 방해하는 행위, ③ 방문판매원등이 되기 위한 조건 또는 방문판매원등의 자격을 유지하기 위한 조건으로서 방문판매원등 또는 방문판매원등이 되려는 자에게 가입비, 판매 보조 물품, 개인 할당 판매액, 교육비 등 그 명칭이나 형태와 상관없이 대통령령으로 정하는 수준을 초과한 비용 또는 그 밖의 금품을 징수하거나 재화 등을 구매하게 하는 등 의무를 지게 하는 행위, ④ 방문판매원등에게 다른 방문판매원등을 모집할 의무를 지게 하는 행위, ⑤ 청약철회등이나 계약 해지를 방해할 목적으로 주소·전화번호 등을 변경하는 행위, ⑥ 분쟁이나 불만 처리에 필요한 인력 또는 설비가 부족한 상태를 상당 기간 방치하여 소비자에게 피해를 주는 행위, ⑦ 소비자의 청약 없이 일방적으로 재화등을 공급하고 재화등의 대금을 청구하는 행위, ⑧ 소비자가 재화를 구매하거나 용역을 제공받을 의사가 없음을 밝혔음에도 불구하고 전화, 팩스, 컴퓨터통신 등을 통하여 재화를 구매하거나 용역을 제공받도록 강요하는 행위, ⑨ 본인의 허락을 받지 아니하거나 허락받은 범위를 넘어 소비자에 관한 정보를 이용(제3자에게 제공하는 경우를 포함한다)하는 행위를 하여서는 아니된다. 다만, 제9호 중 재화등의 배송 등 소비자와의 계약을 이행하기 위하여 불가피한 경우로서 대통령령으로 정하는 경우, 재화 등의 거래에 따른 대금을 정산하기 위하여 필요한 경우, 도용을 방지하기 위하여 본인임을 확인할 때 필요한 경우로서 대통령령으로 정하는 경우, 법률의 규정 또는 법률에 따라 필요한 불가피한 사유가 있는 경우에 해당하는 경우는 제외한다(제11조).

Ⅲ. 다단계판매 및 후원방문판매

1. 다단계판매의 의의

(1) 다단계판매의 생성과 특징

다단계판매는 대표적인 형태의 특수거래로, 우리나라는 1991년 방문판매법 제정 당시부터 다단계판매를 특수거래의 핵심 유형으로 규정하고 있다. 1980년대부터 우리나라에 성행하기 시작한 다단계판매는 상당수가 불법적인 형태로 운영되면서 소비자 피해를 야기하였고, 일반국민들에게 사행심을 유발시켰고 건전한 경쟁질서를 저해하는 등 많은 사회·경제적 문제를 야기하기도 하였다. 다단계판매의 특징은 시행자가 개별 소비자에게 적극적으로 접근하여 상품에 대한 정보를 제공하고 구매를 설득하는 비점포 판매방식으로 행해진다는 점이다. 대부분의 경우 중간단계 없이 시행자가 직접 판매하는 형식을 취한다.

방문판매나 전화권유판매가 시행자와 소비자 간에 직접거래가 이루어지는 반면, 다단계판매는 시행자와 소비자 간에 직접판매 이외에도 판매원이라고 불리는 상위 시행자와 하위 시행자간에 거래도 이루어지는 것이기 때문에 엄밀한 의미에서 볼 때 방문판매나 전화권유판매와는 그 본질이 다르다고 할 수 있다. 다만, 판매원이라고 불리는 시행자들의 대부분이 소규모의 거래만 하고, 이들 대부분이 다단계판매를 업으로 하지 않는 비상인이라는 점에서 소비자와 유사하다고 볼 수 있어 이를 직접거래의 한 유형으로 보아 방문판매법을 통해 규율하고 있다.

(2) 다단계판매의 개념

일반적으로 다단계판매란 제조업자에서 도매업자, 소매업자, 소비자 순으로 진행되는 일반적인 유통경로가 아니라 다단계판매업자의 상품을 판매하는 판매원이 특정인을 하위판매원으로 모집하는 과정이 3단계 이상 단계적으로 이루어지는 판매조직을 통해 상품을 판매하는 방식이다.[30] 다단계판매방식은 1930년대 미국에서 뉴트릴라이트라는 건강식품회사가 처음 도입하였으며, 최초로 이 시스템을 고안한 사람은 '마이팅거'라는 세일즈맨과 '윌리엄 켓셀베리'라는 심리학자라는 것이 통설이다.[31]

학설상의 개념에서는 ① 후원수당이라는 일정한 이익을 얻기 위하여 대인판매·연고판매의 방식으로 이루어지고, ② 다단계조직을 통하여 상품을 직접 판매하는 형식을 취하며, ③ 판매원의 가입이 순차적·단계적으로 이루어지는 방식이라는 점을 공통적으로 제시한다. 이러한 다단계판매는 판매업자와 각각의 하위판매원으

30) 공정거래위원회, "다단계판매에 대한 해설자료 고시", 고시 제2012-67; 다단계판매의 개념에 대해서는, 정진명, 다단계판매의 개념 및 판단기준에 대한 고찰"재산법연구 제27권 제2호, 2010; 심재한, "다단계판매의 법적 개념과 관련문제 연구", 「상사판례연구」 제22집 제1권, 2009.

31) 김준녕, 다단계마케팅, 21세기북스, 1995, 153면 .

로 가입한 자로 구성되는 다단계판매조직으로서, 판매업자 또는 하위판매원이 실질적으로는 독립한 상인으로 다루어지며, 이러한 다단계판매조직에 하위판매원으로 가입하려는 자 또는 이러한 조직 내에서 상위의 계층으로 승진하려는 자는 가입금의 지급 또는 상품의 대량구입 등의 부담을 지며, 하위판매원으로 가입하려는 자는 다단계판매업자로부터 일정한 이익을 받는다.

방문판매법상 다단계판매의 개념에 변화가 있었다. 즉 1991년에 제정된 방문판매법에 따르면 "다단계판매업자는 권유에 기인하여 순차적·단계적으로 조직에 가입한 자 중 그 상대방이 직접 권유한 가입자외의 가입자가 행한 상품의 판매 등에 의하여 발생하는 이익을 얻을 수 있다고 권유하여 상품을 판매하거나 용역을 제공하여서는 아니되고(제18조 제1항), 누구든지 직접 권유한 가입자외의 가입자가 납입한 금품에 의하여 발생하는 이익을 수 있다고 권유하여 그 조직에 가입하게 하여서는 아니된다(제18조 제2항)"고 규정하였다. 이에 따라 판매원은 자신이 가입시킨 하위판매원 이외의 자로부터는 어떠한 이익도 제공받을 수 없으며, 판매원이 제공받는 일정한 이익에는 판매수당 이외에 그 명칭이나 형태를 묻지 않고 지급되는 모든 경제적 이익이 포함되었다.[32)]

1995년 1월에 개정된 방문판매법(제2조 제7호)은 다단계판매조직을 "판매원의 가입이 2단계이상" 순차적·단계적으로 확산되는 판매조직으로 정의하였다. 이에 따라 다단계판매는, 첫째 판매원의 가입이 2단계 이상 순차적·단계적으로 이루어지는 판매방식으로 제한되었고, 둘째 판매원은 자신이 모집한 1단계 하위판매원의 판매실적에 따른 이익을 분배받을 수 있게 되었으며, 셋째 다단계판매업자는 다단계판매원에게 비용 기타 금품을 징구하는 등의 일정한 부담을 지게 하는 행위가 금지되었다.[33)] 특히 판매원의 가입이 2단계 이상 단계적으로 이루어지고, 하위판매원의 판매에 따른 후원수당을 얻기 위한 피라미드판매 방식으로 변질되는 계기가 되었다.[34)]

이후 1995년 12월 개정에서 다시 "판매원의 단계가 3단계 이상인 경우"로 정의하였고, 2012년 개정된 법률에서는 다단계 판매란 ① 판매업자에 속한 판매원이 특

32) 김성천, 「방문판매법상 다단계판매에 관한 고찰, 경제법연구, 2007, 117면.

33) 정진명, 「다단계판매의 개념 및 판단기준에 대한 고찰」, 재산법연구 27(2), 2010, 365면

34) 김성천, 앞의 「방문판매법상 다단계판매에 관한 고찰」, 118면; 정진명, 앞의 「다단계판매의 개념 및 판단기준에 대한 고찰」, 365면.

정인을 해당 판매원의 하위 판매원으로 가입하도록 권유하는 모집방식이 있고 ② 판매원의 가입이 3단계(다른 판매원의 권유를 통하지 아니하고 가입한 판매원을 1단계 판매원으로 한다.) 이상 단계적으로 이루어질 것. 다만, 판매원의 단계가 2단계 이하라고 하더라도 사실상 3단계 이상으로 관리·운영되는 경우로서 대통령령으로 정하는 경우를 포함한다. ③ 판매업자가 판매원에게 제9호 나목(판매원의 수당에 영향을 미치는 다른 판매원들의 재화등의 거래실적) 또는 다목(판매원의 수당에 영향을 미치는 다른 판매원들의 조직관리 및 교육훈련 실적)에 해당하는 후원수당을 지급하는 방식을 가지고 있을 것을 모두 충족하는 판매조직을 통해 재화등을 판매하는 것을 말한다(방문판매법 제2조 5호)고 규정하여, 종전의 다단계판매활동을 통하여 얻을 수 있는 '일정한 이익'이란 다단계판매에서 다단계판매원이 소비자에게 재화등을 판매하여 얻은 소매이익과 후원수당을 포함하였으나 소배이익요건이 삭제되어 현재에 이르고 있다.

현재 방문판매법에 의한 다단계판매의 개념은, ① 판매업자에게 속한 판매원이 특정인을 해당 판매원의 하위 판매원으로 가입하도록 권유하는 모집방식이 있을 것 ② ①에 따른 판매원의 가입이 3단계(다른 판매원의 권유를 통하지 아니하고 가입한 판매원을 1단계 판매원으로 한다) 이상 단계적으로 이루어질 것. 다만, 판매원의 단계가 2단계 이하라고 하더라도 사실상 3단계 이상으로 관리·운영되는 경우로서 대통령령으로 정하는 경우를 포함한다. ③ 판매업자가 판매원에게 제2조 9호 나목(판매원의 수당에 영향을 미치는 다른 판매원들의 재화 등의 거래실적) 또는 다목(판매원의 수당에 영향을 미치는 다른 판매원들의 조직관리 및 교육훈련 실적)에 해당하는 후원수당을 지급하는 방식을 가지고 있을 것 등의 요건을 모두 충족하는 판매조직을 통하여 재화등을 판매하는 것을 말한다(방문판매법 제2조 5호).

(3) 다단계판매의 개념 분석

다단계판매 개념의 요소는 모집방식, 단계적 가입, 후원수당지급에서 나타나는데 이에 대해 요소별로 검토해 보기로 한다.

1) 모집방식

판매업자에 속한 판매원이 특정인을 해당 판매원의 하위 판매원으로 가입하도록 권유하는 모집방식이 있을 것을 요한다. 다단계판매는 여러 층으로 구성된 판매조직이 단계적으로 발전해 가는 것을 의미하기 때문에 소비자가 판매원으로서 판매조직에 참가하여 자신의 밑으로 새로운 판매원을 증가시켜 판매조직을 발전

시켜 나가야 하기 때문이다.[35)]

2) 단계적 가입

판매원의 가입이 3단계이상 단계적으로 이루어져야 한다. 다만, 판매원의 단계가 2단계 이하라고 하더라도 사실상 3단계 이상으로 관리·운영되는 경우를 포함한다. 사실상 3단계 이상으로 관리·운영되는 경우는 대통령령으로 정하고 있는데 이에 따르면 ① 판매원에 대한 후원수당의 지급방법이 사실상 판매원의 단계가 3단계 이상인 경우와 같거나 유사한 경우 ② 다른 자로부터 판매 또는 조직 관리를 위탁받은 자가 자신의 하위판매원을 모집하여 관리·운영하는 경우로서 위탁한 자와 위탁받은 자의 하위판매조직을 하나의 판매조직으로 볼 때 사실상 3단계 이상인 판매조직이거나 이와 유사하게 관리·운영되는 경우를 의미한다.

3) 후원수당 지급

판매업자가 판매원에게 '판매원의 수당에 영향을 미치는 다른 판매원들의 재화 등의 거래실적'이나 '판매원의 수당에 영향을 미치는 다른 판매원들의 조직관리 및 교육훈련실적'에 따른 후원수당을 지급하는 방식을 가지고 있을 것을 요한다. 대법원[36)]은 "방문판매 등에 관한 법률 소정의 다단계판매원이 되기 위하여서는 소매이익과 후원수당을 모두 권유받아야 할 것인데, 만일 방문판매 등에 관한 법률 제2조 제7호소정의 후원수당 중에서 '자신의 재화 등의 판매실적에 따른 후원수당'만을 지급받을 수있고 하위판매원을 모집하여 후원활동을 하는 데 대한 후원수당이나 하위판매원들의 재화 등의 판매실적에 따른 후원수당을 지급받지 못한다면, 이러한 사람은 하위판매원을 가입시키더라도 그 판매에 의하여 이익을 얻는 것이 허용되지 않게 되는바 그러한 방식으로는 순차적·단계적으로 조직을 확장해가는 다단계판매가 성립할 수 없다 할 것이므로, 이러한 사람은 위 법 소정의 다단계판매원이라고 할 수 없다."고 판시하여 다단계판매가 성립하는데 있어서 후원수당이 필수적인 개념임을 확실히 하였다.

대법원은 다단계판매의 개념을 정의하지는 않았지만 그 구성요건에 대하여, 「구 방문판매등에관한법률(1995.1.5. 법률 제4896호로 전문 개정되기 전의 것) 제18조 제3항, 제1항, 제2항이 금지하고 있는 다단계 판매조직에 해당하기 위하여는 ① 방문판매

35) 한국소비자원 "방문판매 등에 관한 법률", 소비자상담, 피해구제 매뉴얼, 2013.

36) 대판 2007.1.25. 2006도7470.

업자와 그 판매업자의 권유를 받은 자(상대방) 간의 상품의 판매계약을 기초로 하여 그 상대방과 상대방의 권유에 기인하여 순차적, 단계적으로 그 조직의 구성원이 되는 자(가입자) 간, 그 상대방과 다른 상대방 간 또는 가입자 간에 순차적, 단계적 구조가 형성되는 조직이어야 하고, ② 그 조직의 운영 방식 또는 활동 내역이 상대방 또는 가입자가 직접 행한 상품의 판매나 다른 상대방 또는 가입자의 영업 활동 등에 대한 교육 및 지도와 관계없이 일정한 이익을 지급하는 조직이어야 하며, ③ 그 조직의 가입자 중 그 상대방이 직접 권유한 가입자 외의 가입자가 행한 상품의 판매 등에 의하여 발생하는 이익으로서 그 명칭 및 형태를 불문하고 가입자 중 상대방이 직접 권유한 가입자 외의 가입자가 행한 상품의 판매 실적 또는 가입자의 수에 연계되어 상대방에게 지급되는 경제적 이익을 얻을 수 있다고 권유하여 상품을 판매하기 위한 조직일 것 등 요건이 충족되어야 한다.」고 하였다.[37]

이후 2002년 방문판매법의 전문개정 이후에는, 「방문판매법 제2조 제5호가 규정하고 있는 '다단계'의 개념적 구성요소는 ① 판매원의 가입이 단계적으로 이루어져 가입한 판매원의 단계가 3단계 이상에 이른다는 점 및 ② 위와 같이 판매원을 단계적으로 가입하도록 권유하는 데 있어서 판매 및 가입유치 활동에 대한 경제적 이익(소매이익과 후원수당)의 부여가 유인(유인)으로 활용된다는 점의 두 가지로 정리될 수 있을 뿐, 후원수당의 지급이 당해 판매원의 직근 하위판매원의 판매실적 뿐만 아니라, 그 하위판매원의 판매실적에 의해서도 영향을 받을 것을 요건으로 하고 있지 않다"고 판시하였다.[38] 한편 헌법재판소는 "다단계판매는 도·소매의 일반적인 유통 경로를 거치지 아니하고 다단계판매업자가 판매하는 상품을 사용해 본 소비자가 다단계판매조직의 판매원이 되어 상품을 구입, 다른 소비자에게 판매하는 과정이 순차적·단계적으로 이루어지는 판매방식"이라고 하였다.[39]

또한 「위 구 방문판매법(2012년 개정 이전 방문판매법) 및 그 시행령의 규정 내용과 아울러, 위 법률이 제13조에서 다단계판매업자로 하여금 관할 관청에 등록하도록 하고 이에 위반한 경우 제51조에 따라 형사처벌을 받도록 규정하는 등 다단계판매 행위를 하였는지 여부를 형사처벌의 전제로 삼고 있으므로 그 관련 조항을 엄격하게 해석할 필요가 있음을 종합하여 보면, 위 법률에 정한 다단계판매에 해당하기

37) 대판 1996.4.12. 95도3092; 대판 1995.5.26. 94도1544.
38) 대판 2005.11.25. 2005도977.
39) 헌법재판소 1997.11.27. 선고 96헌바12 결정.

위해서는 해당 판매업자가 공급하는 재화 등을 구매한 구 방문판매법 제2조 제10호, 구 방문판매법 시행령 제4조에 정한 소비자의 전부 또는 일부가 특정 다단계판매원의 하위 다단계판매원으로 가입하여 특정 다단계판매원과 같은 활동을 하여야 하고, 그 다단계판매원은 소매이익과 후원수당을 모두 권유받아야 하며, 위 요건을 갖추지 아니한 경우에는 순차적·단계적으로 판매조직을 확장해 가더라도 구 방문판매법에서 정한 다단계판매에 해당한다고 할 수 없다」고 한다.[40]

그 동안 판례의 태도를 종합해 보면 다단계판매에 해당하기 위해서는, ① 판매원의 가입이 단계적으로 3단계 이상 단계적·누적적으로 이루어 질 것, ② 판매원을 가입하도록 권유하는 데 있어서 판매 및 가입유치 활동에 대한 경제적 이익(소매이익과 후원수당)의 부여가 유인(誘引)으로 활용될 것, ③ 구매한 소비자의 전부 또는 일부가 판매원으로 가입할 것 등의 요건을 모두 갖추어야 하였다.

그러나 2012년 개정으로 현행법상 다단계판매에 해당하기 위해서는 ① 판매원의 회원모집 활동이 있을 것, ② 판매원의 가입이 단계적으로 3단계 이상 단계적·누적적으로 이루어질 것, ③ 후원수당을 지급하는 방식을 가지고 있을 것, ④ 다단계판매조직을 통하여 판매할 것, ⑤ 특정 판매원의 구매·판매실적이 그 직근 상위판매원 1인의 후원수당에만 영향을 미치지 않을 것 등의 요건을 갖추어야 한다.

(4) 구별 개념

다단계판매는 첫째, 방문판매법상의 규정을 모두 준수하고 판매원의 불법행위가 없는 정상적인 다단계판매. 둘째, 방문판매법상의 규정은 모두 준수했지만 기업의 탈법행위나 판매원에 의해 불법행위가 일어나고 있는 비정상적 다단계판매. 셋째, 방문판매법상의 등록이나 금지규정을 어긴 불법다단계판매의 세 가지 종류로 구분할 수 있다. 이중 두 번째와 세 번째 유형은 소위 '피라미드 판매'라고 불리기도 한다.[41] '불법 피라미드판매'는 법령상 명확한 정의는 없지만 상품과는 관계없이 다단계식 확장방법을 이용하여 조직을 확대하는 사행적 금전배당조직을 '피라미드 시스템'이라고 하는데, '불법 피라미드판매'란 상품매매를 가장하여 이러한 사행적 특성을 그대로 응용하는 불법판매방식을 말한다. 따라서 불법 피라미드판매

---

40) 대판 2015.10.29. 2015도1925; 대판 2009.4.9. 2008두17424, 대판 2007.1.25. 2006도7470 참조.

41) 공병기, "X사를 통해 분속한 합법적 다단계판매의 문제점과소비자보호를 위한 개선방안, KHU 글로벌 기업법무 리뷰, 제8권 제2호, 2015.

는 정상적 유통에 역점을 두기보다는 조직의 확산에 따라 일확천금을 얻을 수 있다는 금전적 매력에 기반을 두고 운영되는 시스템이기 때문에, 상품의 판매는 이러한 판매조직을 합법화하기 위한 수단에 불과하다.

공정거래위원회의 고시[42]에 따르면 불법적 다단계판매조직이란 ① 다단계판매업등록증 및 등록번호가 없거나 불명확한 경우 ② 후원수당 산정·지급기준 등에 관한 자료를 공개하지 않는 경우 ③ 다단계판매원등록증, 다단계판매원수첩 등을 교부하지 않거나 부실한 것을 교부한 경우 ④ 판매가격이 160만원(부가가치세 포함)을 초과하는 고가상품을 판매한 경우 ⑤ 제품의 반품 및 환불규정이 명확하지않거나 사실상 지켜지지 않는다. ⑥ 후원수당비율이 지나치게 높아 판매원에 대한 재화등의 공급가격의 35%를 초과하는 경우 ⑦ 폭력, 강압 기타 반강제적, 위협적인 수단으로 가입을 유도하는 경우 ⑧ 가입비 명목으로 1만 원 이상을 요구하거나 또는 판매원 가입조건으로 5만 원 이상의 물건을 구입하게 하는 경우 ⑨ 판매원에게 3만 원 이상의 판매보조물품을 구매하도록 의무를 부과하는 경우 ⑩ 가입 시 고지한 후원수당의 지급기준과는 달리 별도의 판매할당금액을 충족하여야 판매원자격을 유지하고 후원수당을 지급 받을 수 있는 경우 ⑪ 사람을 가입시키는 행위만으로도 수입이 발생되는 경우 ⑫ 사업장의 주소, 전화번호 등을 고의로 자주 변경하는 경우 ⑬ 유사상품에 비하여 현저히 고가로 상품가격을 정하여 거래하거나 사실상 금전만을 거래하는 경우 ⑭ 판매원 또는 판매원이 되려는 사람에게 본인의 의사에 반하여 교육·합숙을 강요하는 경우 ⑮ 판매원을 모집하기 위한 것이라는 목적을 명확하게 밝히지 아니하고 취업·부업알선, 설명회, 교육회 등을 거짓 명목으로 내세워 유인하는 경우를 들 수 있다.

헌법재판소에서도 다단계판매 규제의 근거가 되는 피라미드 판매에 대한 개념을 정의한 바 있는데, "파라미드 판매조직도 판매방식 자체는 소비자가 판매원이 되고 판매원가입이 순차적·단계적으로 확산되는 점에서 건전한 다단계판매조직과 동일하지만 피라미드 판매조직은 일반적인 다단계판매와 달리 판매조직에 가입하기 위하여 일정한 금품을 납입하거나 고가의 상품을 인수하여야 하고, 그 납입한 금전이나 인수한 상품의 반환을 제한하며, 판매원의 수입은 주로 하위판매원을 모집하는 것 자체에서 발생하도록 하여 판매조직에 가입한 후 다른 판매원을 모집하기만 하면 자신의 판매활동과 무관하게 하위판매원의 활동에 의하여 막대한 이익

42) 공정거래위원회, "다단계판매에 대한 해설자료 고시", 제2015-15호

을 얻을 수 있다고 권유하여 조직을 확산하여 가는 형태로서 일단 조직에 가입한 자는 상품의 판매보다는 조직원의 모집에만 주력하게 되어 결국은 조직자체가 와해되어 최종 가입자인 소비자의 피해를 유발하게 되는 것이다"고 설시 하였다.[43] 즉, 헌법재판소에서도 합법적인 다단계판매와 소비자의 피해를 유발하는 불법 피라미드판매는 서로 다른 것임을 분명히 말하고 있다.

따라서 불법 피라미드판매는 구체적인 행위 양태는 다르지만, 실질적으로 상품의 판매이익보다는 조직 확대와 금전배당에 의한 이윤획득에 중점을 두고, 판매원들도 상품의 판매보다는 사람사냥(headhunting)에 의한 이윤추구에 목표를 두는 판매방식을 의미한다고 할 수 있다. 즉, 불법 피라미드판매는 다단계판매를 가장하기 위해 외형적으로는 상품에 대한 판매계약으로 조직이 구성되더라도 회사는 조직원에 대해 상품을 판매한다기보다는 상품을 판매할 권리를 파는 것이므로 상품매매라기보다는 조직원 가입과 상품판매를 위한 '권리의 매매'에 가깝다고 볼 수 있다.[44]

(5) 다단계판매의 법적 성격

다단계판매는 매매계약의 특수유형이다. 일반적인 매매는 매도인과 매수인 사이에 일회적인 거래로 당사자간에 매매목적이 되는 재산권의 이전과 대금의 지급으로 매매계약이 종료하게 되지만, 다단계판매에서는 매수인이 다시 판매조직원이 되는 경우에는 판매조직의 단계별로 판매실적에 따라 일정비율의 수수료를 지급받을 수 있고, 또 조직의 확대에 따라 판매조직원이 자동으로 상위단계로 승격되어 더욱 높은 수수료를 지급받을 수 있으므로, 다단계판매상의 구매자가 된다는 것은 판매목적물 본래의 효용가치 외에 다른 경제적 이익을 제공받는다는 점이다. 매도인이 자신의 매매행위로 인한 매매대금 이외에 다른 하위판매조직원의 매매행위에 대해서도 일정한 수익을 얻게 된다는 점에서 일반 매매와 차이가 있다.

2. 다단계판매자의 규제

다단계판매자에 대하여는 다단계판매업자와 다단계판매원에 대한 등록의무, 소비자에 대한 정보제공의무, 후원수당의 지급제한, 휴업기간 중 업무처리 의무, 다단계판매업자의 책임, 후원방문판매자의 의무 등 행정적 규제(동법 제13조-제29조

---

43) 헌재(전원재판부) 1997.11.27. 선고 96헌바12.

44) 이홍무, 방문판매에 관한 연구, 한국소비자보호원, 1988, 188면.

등)와 함께 소비자의 책임 있는 사유로 인하여 계약이 해제된 경우 손해배상청구액을 제한하는 민사적 규제(제19조), 일정한 행위의 금지(제23조) 규정을 두고 있고, 또한 다단계판매의 특성상 사행적 판매원 확장을 금지하는 조항을 별도로 두고 있다(제24조).

(1) 다단계판매업자 등의 등록의무

다단계판매업은 주로 연고자를 대상으로 무점포 판매방식으로 행해지므로 판매업자의 실태가 드러나지 않는 경우가 많고, 상품을 반환하려는 소비자가 판매업자의 소재 등을 알기 어려워 반환하지 못하고 피해를 보는 경우가 많이 있었다. 이를 방지하고자 법 제13조에 다단계판매업자의 등록의무를 규정하고, 제14조에 등록결격사유를 규정하고 있다.

즉 다단계판매업자는 대통령령으로 정하는 바에 따라 ① 상호·주소, 전화번호 및 전자우편주소(법인인 경우에는 대표자의 성명, 주민등록번호 및 주소를 포함한다) 등을 적은 신청서, ② 자본금이 3억 원 이상으로서 대통령령으로 정하는 규모 이상임을 증명하는 서류, ③ 제37조에 따른 소비자피해보상보험계약등의 체결 증명서류, ④ 후원수당의 산정 및 지급 기준에 관한 서류, ⑤ 재고관리, 후원수당 지급 등 판매의 방법에 관한 사항을 적은 서류, ⑥ 그 밖에 다단계판매자의 신원을 확인하기 위하여 필요한 사항으로서 총리령으로 정하는 서류를 갖추어 공정거래위원회 또는 특별시장·광역시장·특별자치시장·도지사·특별자치도지사에게 등록하여야 한다(제13조 제1항).

또한 다단계판매업자는 제13조 제1항에 따라 등록한 사항 중 같은 항 제1호부터 제4호까지의 사항이 변경된 경우에는 대통령령으로 정하는 바에 따라 신고하여야 하고(동조 제2항), 휴업 또는 폐업을 하거나 휴업 후 영업을 다시 시작할 때에는 대통령령으로 정하는 바에 따라 이를 신고하여야 하며, 폐업을 신고하면 제1항에 따른 등록은 그 효력을 잃는다. 다만, 폐업신고 전 등록취소 요건에 해당되는 경우에는 폐업신고일에 등록이 취소된 것으로 본다(동조 제3항).

공정거래위원회는 다단계판매업자에 대한 ① 제1항에 따라 등록한 사항, ② 그 밖에 공정거래위원회가 공정거래질서 확립 및 소비자보호를 위하여 필요하다고 인정하는 사항의 정보를 대통령령으로 정하는 바에 따라 공개하여야 한다. 다만, 다단계판매업자의 경영상·영업상 비밀에 관한 사항으로서 공개될 경우 다단계판매업자의 정당한 이익을 현저히 해칠 우려가 있다고 인정되는 정보 및 개인에 관한 사항으로서 공개될 경우 사생활의 비밀 또는 자유를 침해할 우려가 있다고 인정되는 정보의 경우에는 그러하지 아니하다(동조 제4항).

공정거래위원회는 제4항에 따른 정보 공개를 위하여 필요한 경우에는 다단계판매업자에게 관련 자료의 제출을 요구할 수 있다. 이 경우 다단계판매업자는 정당한 사유가 없으면 이에 따라야 한다.

(2) 다단계판매원의 등록 및 탈퇴

다단계판매조직에 다단계판매원으로 가입하려는 사람은 그 조직을 관리·운영하는 다단계판매업자에게 총리령으로 정하는 바에 따라 등록하여야 한다(제15조 제1항). 다만, ① 국가공무원, 지방공무원, 교육공무원 및 「사립학교법」에 따른 교원, ② 미성년자(다만, 제4호 또는 제5호에 해당하지 아니하는 법정대리인의 동의를 받은 경우는 제외한다), ③ 법인, ④ 다단계판매업자의 지배주주 또는 임직원, ⑤ 이 법을 위반하는 행위를 한 자로서 대통령령으로 정하는 자는 다단계판매원으로 등록할 수 없다(제15조 제2항).

다단계판매업자는 그가 관리·운영하는 다단계판매조직에 가입한 다단계판매원에게 총리령으로 정하는 바에 따라 다단계판매원 등록증을 발급하여야 한다(제3항). 다단계판매업자는 총리령으로 정하는 바에 따라 다단계판매원 등록부를 작성하고, 소비자피해의 방지 또는 구제를 위하여 소비자가 요청하는 경우에는 소비자로 하여금 등록된 다단계판매원의 신원을 확인할 수 있도록 하여야 한다(제4항).

다단계판매업자는 제1항에 따라 등록한 다단계판매원에게 ① 후원수당의 산정 및 지급 기준, ② 하위판매원의 모집 및 후원에 관한 사항, ③ 재화등의 반환 및 다단계판매원의 탈퇴에 관한 사항, ④ 다단계판매원이 지켜야 할 사항, ⑤ 그 밖에 총리령으로 정하는 사항을 확인할 수 있는 다단계판매원 수첩(전자기기로 된 것을 포함한다)을 발급하여야 한다(제5항).

(3) 다단계판매원에 대한 부담 제한

다단계판매업자는 다단계판매원이 되려는 사람 또는 다단계판매원에게 등록, 자격 유지 또는 유리한 후원수당 지급기준의 적용을 조건으로 과다한 재화등의 구입 등 대통령령으로 정하는 수준을 초과한 부담을 지게 하여서는 아니 된다(제22조

제1항). 대통령령으로 정하는 수준이란 연간 5만원을 말한다. 이 경우 다단계판매원 또는 후원방문판매원이 되려는 자, 다단계판매원·후원방문판매원 또는 그 하위판매원의 판매실적과 구매실적에 따라 후원수당의 지급기준을 달리하는 행위는 재화 등을 구매하도록 하는 부담으로 보지 아니한다(동법시행령 제29조).

(4) 다단계판매원의 탈퇴

다단계판매원은 언제든지 다단계판매업자에게 탈퇴 의사를 표시하고 탈퇴할 수 있으며, 다단계판매업자는 다단계판매원의 탈퇴에 조건을 붙여서는 아니 된다(제22조 제4항). 다단계판매업자는 탈퇴한 다단계판매원의 판매행위 등으로 소비자 피해가 발생하지 아니하도록 다단계판매원 수첩을 회수하는 등 필요한 조치를 하여야 한다(제22조 제5항).

3. 소비자에 대한 정보제공의무

다단계판매의 방법으로 재화 등의 판매에 관한 계약을 체결하는 경우에는 방문판매자와 같이 소비자에 대하여 정보제공의무를 부담하며 제7조가 준용된다. 즉 소비자에게 다단계판매업자 및 다단계판매원의 성명·상호·주소·전화번호·전자우편주소, 재화 등의 명칭·종류 및 내용과 가격, 그 지급의 방법 및 시기, 소비자피해보상·재화 등에 대한 불만 및 소비자와 사업자사이의 분쟁처리에 관한 사항 등 계약에 관한 중요 정보를 제공하고 계약서를 교부하여야 한다. 법 제7조에서 "방문판매자등"은 "다단계판매자"로, "방문판매업자등"은 "다단계판매업자"로, "방문판매원등"은 "다단계판매원"으로 본다.

4. 청약의 철회

(1) 소비자의 철회권

청약철회규정(제8조)은 다단계판매의 방법으로 재화 등의 구매에 관한 계약을 체결한 소비자가 청약철회 등을 하는 경우에 이를 준용하며, 이 경우 방문판매자 등은 다단계판매자로 본다(제17조 제1항 본문). 다만, 소비자가 다단계판매원과 재화 등의 구매에 관한 계약을 체결한 경우에는 다단계판매원에게 우선적으로 청약철회 등을 하고, 다단계판매원의 소재불명 등 대통령령이 정하는 사유로 인하여 다단계판매원에 대하여 청약철회 등을 하는 것이 곤란한 경우에 한하여 소비자는 단해 재화 등을 공급한 다단계판매업자에게 청약철회 등을 할 수 있다(제17조 제1항 단서).

위에서 대통령령이 정하는 사유라 함은 ① 다단계판매원의 주소·전화번호 또는 전자우편주소 등 연락처의 변경이나 불명 등의 사유로 청약철회 등을 할 수 없는 경우, ② 당해 다단계판매원에게 청약철회 등을 하더라도 대금환급 등의 효과를 기대하기 어려운 경우 등을 말한다(동법시행령 제22조).

(2) 다단계판매원의 철회권

다단계판매의 방법으로 재화등의 구매에 관한 계약을 체결한 다단계판매원은 계약을 체결한 날부터 3개월 이내에 서면으로 그 계약에 관한 청약철회등을 할 수 있다. 다만 ① 재고 보유에 관하여 다단계판매업자에게 거짓으로 보고하는 등의 방법으로 과다하게 재화등의 재고를 보유한 경우, ② 다시 판매하기 어려울 정도로 재화등을 훼손한 경우, ③ 그 밖에 대통령령으로 정하는 경우는 예외로 한다(제17조 제2항).

청약철회권을 행사하는 경우 원상회복의무가 발생하며, 이미 공급받은 재화 등을 반환하여야 하며, 다단계판매자는 재화 등을 반환받은 날부터 3영업일 이내에 이미 지급받은 재화 등의 대금을 환급하여야 한다(제18조). 다만, 다단계판매원에게 재화 등의 대금을 환급할 때에는 대통령령으로 정하는 범위의 비용을 공제할 수 있으며, 다단계판매자가 상대방에게 재화 등의 대금 환급을 지연하였을 때에는 그 지연기간에 대한 지연배상금을 지급하여야 한다(제18조 제2항 단서).

다만 다단계판매자는 재화 등의 일부가 이미 사용되거나 소비된 경우에는 그 재화 등을 사용하거나 일부 소비하여 상대방이 얻은 이익 또는 그 재화 등의 공급에 든 비용에 상당하는 금액의 지급을 그 상대방에게 청구할 수 있다(제18조 제7항).

신용카드 등으로 대금을 지급한 계약에 대하여 청약철회 등을 한 경우에는 다단계판매자는 지체 없이 그 결제업자에게 재화 등의 대금 청구를 정지하거나 취소할 것을 요청하여야 한다. 다만, 다단계판매자가 결제업자로부터 해당 재화등의 대금을 이미 지급받은 경우에는 지체 없이 이를 결제업자에게 환급하고 그 사실을 상대방에게 알려야 하며, 환급이 지연되어 상대방이 대금을 결제한 경우에는 결제한 날 이후의 지연기간에 대한 지연배상금을 상대방에게 지급하여야 한다(제18조 제3항).

제3항 단서에 따라 다단계판매자로부터 재화등의 대금을 환급받은 결제업자는 지체 없이 상대방에게 이를 환급하거나 환급에 필요한 조치를 하여야 하며, 다단계판매자가 정당한 사유 없이 결제업자에게 대금을 환급하지 아니하는 경우 상대방은 환급받을 금액에 대하여 결제업자에게 그 다단계판매자에 대한 다른 채무와 상계할 것을 요청할 수 있고, 결제업자는 대통령령으로 정하는 바에 따라 그 다단계판매자에 대한 다른 채무와 상계할 수 있다(제18조 제4항).

다단계판매자와 상대방으로부터 재화 등의 대금을 지급받은 자 또는 상대방과 다단계판매에 관한 계약을 체결한 자가 동일인이 아닌 경우 각자는 재화 등의 대금환급과 관련한 의무의 이행에 있어 연대하여 책임을 진다(제18조 제9항).

다단계판매자는 제17조에 따른 청약철회등에 따라 재화등의 대금을 환급한 경우 그 환급한 금액이 자신이 다단계판매원에게 공급한 금액을 초과할 때에는 그 차액을 다단계판매원에게 청구할 수 있다(제18조 제6항).

5. 후원수당의 지급제한

후원수당이란 판매수당, 알선 수수료, 장려금, 후원금 등 그 명칭 및 지급형태와 상관없이 판매업자가 판매원 자신의 재화등의 거래실적이나 판매원의 수당에 영향을 미치는 다른 판매원들의 재화 등의 거래실적, 판매원의 수당에 영향을 미치는 다른 판매원들의 조직관리 및 교육훈련 실적, 그 밖에 위의 것 이외에 판매원들의 판매활동을 장려하거나 보상하기 위하여 지급되는 일체의 경제적 이익과 관련하여 소속판매원에게 지급하는 경제적 이익을 말한다(제2조 9호).

(1) 후원수당의 지급기준

다단계판매업자는 다단계판매원에게 고지한 후원수당의 산정 및 지급 기준과 다르게 후원수당을 산정·지급하거나 그 밖의 부당한 방법으로 다단계판매원을 차별하여 대우하여서는 아니 된다(제20조 제1항). 다단계판매업자는 후원수당의 산정 및 지급 기준을 객관적이고 명확하게 정하여야 하며, 후원수당의 산정 및 지급 기준을 변경하려는 경우에는 대통령령으로 정한 절차에 따라야 한다(제2항).

다단계판매업자가 다단계판매원에게 후원수당으로 지급할 수 있는 총액은 다단계판매업자가 다단계판매원에게 공급한 재화등의 가격(부가가치세를 포함한다) 합계액(이하 이 조에서 "가격합계액"이라 한다)의 100분의 35에 해당하는 금액을 초과하여서는 아니 되며, 가격합계액 및 후원수당 등의 구체적인 산정 방법은 ① 가격합계액은 출고 또는 제공 시점을 기준으로 할 것, ② 후원수당 지급액은 그 후원수당의 지급 사유가 발생한 시점을 기준으로 할 것, ③ 가격합계액 및 후원수당은 1년을 단위로 산정할 것. 다만, 다단계판매 영업기간이 1년 미만인 경우에는 다단계판매업자의 실제 영업기간을 기준으로 한다. ④ 가격합계액을 산정할 때 위탁의 방법으로 재화등을 공급하는 경우에는 위탁을 받은 다단계판매업자가 다단계판매원에게 판매한 가격을 기준으로 하고, 중개의 방법으로 재화등을 공급하는 경우에는 다단계판매자가 중개를 의뢰한 사업자로부터 받은 수수료를 기준으로 한다(제3항).

다단계판매업자는 다단계판매원이 요구하는 경우 후원수당의 산정·지급 명세 등의 열람을 허용하여야 한다(제4항). 다단계판매업자는 일정 수의 하위판매원을 모집하거나 후원하는 것을 조건으로 하위판매원 또는 그 하위판매원의 판매 실적에 관계없이 후원수당을 차등하여 지급하여서는 아니 된다(제5항).

(2) 후원수당 관련 표시·광고 등

다단계판매업자는 다단계판매원이 되려는 사람 또는 다단계판매원에게 다단계판매원이 받게 될 후원수당이나 소매이익(다단계판매원이 재화등을 판매하여 얻는 이익을 말한다)에 관하여 거짓 또는 과장된 정보를 제공하여서는 아니 된다(제21조 제1항). 다단계판매업자는 다단계판매원이 되려는 사람 또는 다단계판매원에게 전체 다단계판매원에 대한 평균 후원수당 등 후원수당의 지급 현황에 관한 정보를 총리령으로 정하는 기준에 따라 고지하여야 한다(제2항). 다단계판매업자는 다단계조직의 운영 방식 또는 활동 내용에 관하여 거짓 또는 과장된 사실을 유포하여서는 아니 된다(제3항).

6. 다단계판매업자의 책임

다단계판매업자는 다단계판매원이 자신의 하위판매원을 모집하거나 다단계판매업자의 재화등을 소비자에게 판매할 때 제23조 또는 제24조를 위반하지 아니하도록 다단계판매원에게 해당 규정의 내용을 서면이나 전자우편으로 고지하여야 한다(제28조 제1항). 다단계판매업자가 제1항에 따른 고지의무를 게을리한 경우에 다단계판매원이 제23조 또는 제24조를 위반하여 다른 다단계판매원 또는 소비자에게 입힌 재산상 손해는 대통령령으로 정하는 바에 따라 다단계판매업자가 배상 책임을 진다. 이 경우 다단계판매업자는 다단계판매원에게 구상권을 행사할 수 있다(제2항).

7. 후원방문판매자의 의무

(1) 후원방문판매의 규제

1) 후원방문판매의 의의

후원방문판매란 방문판매 및 다단계판매의 요건에 해당하되, 대통령령으로 정하는 바에 따라 특정 판매원의 구매·판매 등의 실적이 그 직근 상위판매원 1인의 후원수당에만 영향을 미치는 후원수당 지급방식을 가진 경우를 말한다. 이 경우 제1호의 방문판매 및 제5호의 다단계판매에는 해당하지 아니하는 것으로 한다(제2조 7호).

후원방문판매자란 후원방문판매를 업으로 하기 위한 조직을 개설하거나 관리·운영하는 자(이하 "후원방문판매업자"라 한다)와 후원방문판매조직에 판매원으로 가입한 자(이하 "후원방문판매원"이라 한다)를 말한다(제2조 8호).

2) 후원수당

후원수당이란 판매수당, 알선 수수료, 장려금, 후원금 등 그 명칭 및 지급 형태와 상관없이 판매업자가 ① 판매원 자신의 재화등의 거래실적, ② 판매원의 수당에 영향을 미치는 다른 판매원들의 재화등의 거래실적, ③ 판매원의 수당에 영향을 미치는 다른 판매원들의 조직관리 및 교육훈련 실적, ④ 그 밖에 가목부터 다목까지의 규정 외에 판매원들의 판매활동을 장려하거나 보상하기 위하여 지급되는 일체의 경제적 이익 등의 사항과 관련하여 소속 판매원에게 지급하는 경제적 이익을 말한다(제2조 9호).

후원수당 중에서 '자신의 재화 등의 판매실적에 따른 후원수당'만을 지급받을 수 있고 하위판매원을 모집하여 후원활동을 하는 데 대한 후원수당이나 하위판매원들의 재화 등의 판매실적에 따른 후원수당을 지급받지 못하였다면 다단계판매원이라고 할 수 없다.[45] 왜냐하면, 그러한 사람은 하위판매원을 가입시키더라도 그 판매에 의하여 이익을 얻는 것이 허용되지 않는바, 그러한 방식으로는 순차적·단

45) 대판 2007.1.25. 2006도7470.

계적으로 조직을 확장해가는 다단계판매가 성립될 수 없기 때문이다.[46] 또한 후원수당 지급방식이 직근 하위판매원이 아닌 하위판매원의 판매실적에 영향을 받지 않는 것으로 정해져 있다고 하더라도 자신의 판매실적 외의 사유로 인한 후원수당을 받는다면 다단계판매에 해당한다.[47]

3) 후원방문판매의 규제

후원방문판매자는 후원방문판매원에게 판매원 자신의 직근 하위판매원이 아닌 다른 후원방문판매원의 구매·판매 등의 실적과 관련하여 후원수당을 지급하거나 이러한 지급을 약속하여 후원방문판매원을 모집하는 행위를 하여서는 아니 된다(제29조 제1항).

후원방문판매자에게 명부작성의무(제6조), 등록(제13조), 결격사유(제14조), 등록결격사유(제15조 제2항)는 준용하되, 자본금 3억원(제13조 제1항 2호)은 준용하지 아니한다(제3항). 제13조제1항제3호는 "제37조에 따른 소비자피해보상보험계약등의 체결 증명서류 또는 제29조제2항에 해당함을 증명하는 서류"로 본다. 제16조부터 제28조까지의 규정은 준용하되, 이 경우 제20조제3항 각 호 외의 부분 중 "100분의 35"는 "100분의 38"로 본다(제3항). 이 경우 "다단계판매"는 "후원방문판매"로, "방문판매자등"과 "다단계판매자"는 "후원방문판매자"로, "방문판매업자등"과 "다단계판매업자"는 "후원방문판매업자"로, "방문판매원등"과 "다단계판매원"은 "후원방문판매원"으로, "다단계판매조직"은 "후원방문판매조직"으로 본다.

4) 규제의 적용 제외

후원방문판매업자가 후원방문판매원에게 공급한 재화등의 100분의 70 이상을 수당 총액제한(제20조제3항), 소비자피해보상보험가입의무화(제37조)·취급제품가격제한(제9호)를 적용하지 아니한다(제2항).

(2) 손해배상액의 제한 및 금지행위

1) 손해배상액의 제한

소비자에게 책임이 있는 사유로 다단계판매자와의 재화등의 판매계약이 해제

---

46) 대판 2006.2.24. 2003도4966.

47) 대판 2005.11.25. 2005도977.

된 경우에는 손해배상액의 제한 규정인 제10조를 준용하여 소비자에게 청구하는 손해배상액은 제10조 각 호에서 정한 금액에 대금 미납에 따른 지연배상금을 더한 금액을 초과할 수 없다. 이 경우 "방문판매자등"은 "다단계판매자"로, "소비자"는 "상대방"으로 본다(제19조).

2) 다단계판매자의 금지행위

다단계판매자는 다음과 같은 금지행위를 하여서는 아니 된다(제23조).

즉 ① 재화등의 판매에 관한 계약의 체결을 강요하거나 청약철회등 또는 계약 해지를 방해할 목적으로 상대방을 위협하는 행위, ② 거짓 또는 과장된 사실을 알리거나 기만적 방법을 사용하여 상대방과의 거래를 유도하거나 청약철회등 또는 계약 해지를 방해하는 행위 또는 재화등의 가격·품질 등에 대하여 거짓 사실을 알리거나 실제보다도 현저히 우량하거나 유리한 것으로 오인시킬 수 있는 행위, ③ 청약철회 등이나 계약 해지를 방해할 목적으로 주소·전화번호 등을 변경하는 행위, ④ 분쟁이나 불만 처리에 필요한 인력 또는 설비가 부족한 상태를 상당 기간 방치하여 상대방에게 피해를 주는 행위, ⑤ 상대방의 청약이 없는데도 일방적으로 재화등을 공급하고 재화등의 대금을 청구하는 등 상대방에게 재화등을 강제로 판매하거나 하위판매원에게 재화등을 판매하는 행위, ⑥ 소비자가 재화를 구매하거나 용역을 제공받을 의사가 없음을 밝혔는데도 전화, 팩스, 컴퓨터통신 등을 통하여 재화를 구매하거나 용역을 제공받도록 강요하는 행위, ⑦ 다단계판매업자에게 고용되지 아니한 다단계판매원을 다단계판매업자에게 고용된 사람으로 오인하게 하거나 다단계판매원으로 등록하지 아니한 사람을 다단계판매원으로 활동하게 하는 행위, ⑧ 제37조에 따른 소비자피해보상보험계약등을 체결하지 아니하고 영업하는 행위, ⑨ 상대방에게 판매하는 개별 재화등의 가격을 대통령령으로 정하는 금액을 초과하도록 정하여 판매하는 행위, ⑩ 본인의 허락을 받지 아니하거나 허락받은 범위를 넘어 소비자에 관한 정보를 이용하는 행위. 다만, 다음 재화등의 배송 등 소비자와의 계약을 이행하기 위하여 불가피한 경우로서 대통령령으로 정하는 경우, 재화등의 거래에 따른 대금을 정산하기 위하여 필요한 경우, 도용을 방지하기 위하여 본인임을 확인할 때 필요한 경우로서 대통령령으로 정하는 경우, 법률의 규정 또는 법률에 따라 필요한 불가피한 사유가 있는 경우는 제외한다. ⑪ 다단계판매조직 및 다단계판매원의 지위를 양도·양수하는 행위. 다만, 다단계판매원의 지위를 상속하는 경우 또는 사업의 양도·양수·합병의 경우에는 그러하지 아니하다.

또한 다단계판매업자는 다단계판매원으로 하여금 제1항의 금지행위를 하도록 교사(교사)하거나 방조(방조)하여서는 아니 된다(제2항).

3) 사행적 판매원 확장 금지

누구든지 다단계판매조직 또는 이와 비슷하게 단계적으로 가입한 자로 구성된 조직을 이용하여 다음과 같은 행위를 하여서는 아니 된다(제24조 제1항). 즉, ① 재화 등의 거래 없이 금전거래를 하거나 재화 등의 거래를 가장하여 사실상 금전거래만을 하는 행위로서 판매원에게 재화 등을 그 취득가격이나 시장가격보다 10배 이상과 같이 현저히 높은 가격으로 판매하면서 후원수당을 지급하는 행위, 판매원과 재화등의 판매계약을 체결한 후 그에 상당하는 재화등을 정당한 사유 없이 공급하지 아니하면서 후원수당을 지급하는 행위, 그 밖에 판매업자의 재화등의 공급능력, 소비자에 대한 재화등의 공급실적, 판매업자와 소비자 사이의 재화등의 공급계약이나 판매계약, 후원수당의 지급조건 등에 비추어 그 거래의 실질이 사실상 금전거래인 행위에 해당하는 행위를 하여서는 아니 된다.

② 판매원 또는 판매원이 되려는 자에게 하위판매원 모집 자체에 대하여 경제적 이익을 지급하거나 정당한 사유 없이 후원수당 외의 경제적 이익을 지급하는 행위, ③ 제20조 제3항(제29조 제3항에 따라 준용되는 경우를 포함한다)에 위반되는 후원수당의 지급을 약속하여 판매원을 모집하거나 가입을 권유하는 행위, ④ 판매원 또는 판매원이 되려는 자에게 가입비, 판매 보조 물품, 개인 할당 판매액, 교육비 등 그 명칭이나 형태와 상관없이 10만 원 이하로서 대통령령으로 정하는 수준을 초과한 비용 또는 그 밖의 금품을 징수하는 등 의무를 부과하는 행위

⑤ 판매원에 대하여 상품권[그 명칭이나 형태와 상관없이 발행자가 일정한 금액이나 재화 등의 수량이 기재된 무기명증표를 발행하고 그 소지자가 발행자 또는 발행자가 지정하는 자에게 이를 제시 또는 교부하거나 그 밖의 방법으로 사용함으로써 그 증표에 기재된 내용에 따라 발행자등으로부터 재화등을 제공받을 수 있는 유가증권을 말한다]을 판매하는 행위로서 판매업자가 소비자에게 판매한 상품권을 다시 매입하거나 다른 자로 하여금 매입하도록 하는 행위, 발행자등의 재화등의 공급능력, 소비자에 대한 재화 등의 공급실적, 상품권의 발행규모 등에 비추어 그 실질이 재화 등의 거래를 위한 것으로 볼 수 없는 수준의 후원수당을 지급하는 행위의 어느 하나에 해당하는 행위.

⑥ 사회적인 관계 등을 이용하여 다른 사람에게 자신의 하위판매원으로 등록하도록 강요하거나 그 하위판매원에게 재화등을 구매하도록 강요하는 행위, ⑦ 판매원 또는 판매원이 되려는 사람에게 본인의 의사에 반하여 교육·합숙 등을 강요하는 행위, ⑧ 판매원을 모집하기 위한 것이라는 목적을 명확하게 밝히지 아니하고 취업·부업 알선, 설명회, 교육회 등을 거짓 명목으로 내세워 유인하는 행위

또한 다단계판매업자는 다단계판매원으로 하여금 위에 해당하는 금지행위를 하도록 교사하거나 방조하여서는 아니 된다(동조 제2항).

4) 침해정지 요청

다단계판매의 특성상 피해가 광범하게 급속히 확산될 수 있기 때문에 침해의 우려가 있는 경우 이를 사전에 신속히 차단할 필요가 있다. 방문판매법은 이에 대처하기 위하여 일정한 단체에 대하여 사전적인 침해정지의 요청을 공정거래위원회에 하도록 하고 있다.

즉 제23조의 금지행위 또는 제24조의 사행적 판매원 확장행위 등의 금지에 위반한 다단계판매자의 행위로 이익을 침해받거나 침해받을 우려가 있는 자 또는 대통령령으로 정하는 소비자단체 등은 그 행위가 현저한 손해를 주거나 줄 우려가 있는 경우에는 그 행위에 대하여 대통령령(동법시행령 제34조)으로 정하는 바에 따라 공정거래위원회에 침해의 정지에 필요한 조치를 요청할 수 있다(제25조).

침해정지 요청권자는 등록 소비자단체와 한국소비자원, 민법상 다단계판매 또는 후원방문판매와 관련한 소비자보호를 목적으로 설립한 비영리법인이며 공정거래위원회에 위와 같은 침해의 정지에 필요한 위법행위의 내용을 적시하고 피해의 내용과 침해의 정지에 필요한 조치의 내용을 적은 서면을 제출하여야 한다(동법시행령 제34조).

8. 특수판매업자의 입증책임

방문판매법상의 특수판매업자는 ① 재화 등의 훼손에 대한 소비자의 책임 유무, ② 계약이 체결된 사실 및 그 시기, ③ 재화 등의 공급 사실 및 그 시기, ④ 계약서의 발급 사실 및 그 시기, ⑤ 입증책임에 관한 별도의 약정이 없는 그 밖의 거래 사실에 관하여 계약 상대방과 다툼이 있는 경우에는 특수판매업자가 이를 증명하여야 한다. 이 경우 특수판매업자는 증명에 필요한 통화 내용 등에 대한 거래

기록을 대통령령으로 정하는 바에 따라 보관할 수 있다(제36조 제1항).

또한 계속거래업자는 제1항에 따른 증명에 필요한 통화내용 등 거래기록을 미리 보존할 수 있다. 이 경우 특수판매업자는 거래기록을 그 대상·범위·기간 및 열람방법 등에 관하여 대통령령으로 정하는 바에 따라 보존하여야 한다(제36조 제2항).

Ⅳ. 계속거래와 사업권유거래

1. 계속거래

(1) 계속거래의 의의와 특성

계속거래라 함은 1개월 이상에 걸쳐 계속적으로 또는 부정기적으로 재화 등을 공급하는 계약으로서 중도에 해지할 경우 대금환급의 제한 또는 위약금에 관한 약정이 있는 거래를 말한다(방문판매법 제2조 10호). 예컨대, 잡지 구독, 레저 또는 스포츠 시설과 같은 각종 시설의 이용, 피부미용실 이용권 판매, 운전교습소, 학습지의 일정기간 공급, 결혼정보의 제공 등 대부분의 회원제 거래가 계속거래의 형태라고 할 수 있다. 그 외에도 이동전화서비스계약, 정수기 및 비데 렌탈서비스계약, 인터넷게임서비스계약 등도 흔히 이용하는 계속거래이다.

계속거래 분야에서 현실적으로 많이 발생하는 소비자피해는 소비자의 계약해지를 거부하거나 과다한 위약금을 청구하는 행위 등이다. 계속거래에 관하여 방문판매법에서 규정하고 있는 사항을 다른 법률에서 따로 정하고 있는 경우(예컨대, 전기통신사업법 등)에는 그 법률을 적용한다(제4조 제3항). 계속거래에 대하여는 민법에서도 계속적 계약에 해당하는 것으로는 소비대차, 사용대차, 임대차, 고용, 여행계약, 위임, 임치, 조합, 종신정기금이 있다. 방문판매법에서는 소비자계약만을 다루고 있기 때문에 유상계약이면서 사업자로부터 소비자가 계속적으로 재화 등을 공급받기로 하는 거래만이 계속거래에 해당한다고 할 수 있다.

계속거래에서는 신의성실의 원칙이 더 요구되는데(방문판매법 제30조 제5항), 그 특성을 보면 첫째, 일반적으로 급부의 실현이 시간적 계속성을 가지는 결과 계약당사자 사이에 상호 밀접한 상태적 법률관계의 특징을 가지게 된다. 둘째 계속적 계약관계의 해소는 해지에 의해 종료된다. 계약관계의 해지의 원인으로서는 단순한 채무불이행이 아니고, 계약 당사자간에 계약을 존속시킬 수 없는 신뢰관계파괴라는 중대한 원인이 있어야 한다. 셋째, 당사자는 일시적 계약관계에서와 같은 개별적 권리의무관계는 물론, 복합적 권리의무관계, 즉 포괄적 법적 지위를 가지는 경우가 많다. 넷째, 계속거래에서는 채권·채무가 공동목적을 위하여 서로 협력하는 하나의 협동체에 포함되고 일시적 계약관계에 비하여 계약관계가 장기적이기 때문에 신의성실의 원칙이 적용될 가능성이 많다. 다섯째, 계속거래에서는 당사자 사이의 경제적 힘의 불균형 등으로 명령·복종의 지배관계가 이루어지기 쉽다. 그러므로 계속적 계약관계에서는 당사자 사이의 실질적인 평등을 위하여 계약자유의 원칙이 어느 정도 제한됨을 요한다.[48] 이에 대한 규제로서 특별법으로서 근로기준법, 주택임대차보호법, 이자제한법, 대부업법 등이 강행법으로서 존재한다.

계속거래에서는 1회의 급부가 아니라 계속적으로 재화 등이 공급되는 관계상 소비자의 입장에서는 재화 등의 공급에 대한 확실성이 주요한 관심의 대상이다. 현실적으로 많이 발생하는 소비자피해는 소비자의 계약해지를 거부하거나 해지시 과다한 위약금을 청구하는 행위 등이다.

(2) 계속거래의 규율

소비자계속거래에 관한 입법으로서는 「방문판매등에 관한 법률」이 있으며, 제4장에서 사업권유거래와 함께 규율하고 있다. 그 외에도 이자제한법과 대부업법 등이 있다. 계속거래에 관한 규율로는 사업자의 정보제공과 계약서 교부의무, 소비자의 계약의 해지, 거래기록의 열람과 사업자의 금지행위 등에 관한 규정 등을 두고 있으나, 계속거래의 성질상 소비자의 철회권에 관한 규정은 없다. 계속거래의 특성상 거래조건에 대한 신의성실의무를 부과하고 있다(동법 제30조 제5항). 계속거래에 관하여 방문판매법에서 규정하고 있는 사항을 다른 법률에서 따로 정하고 있는 경우(예컨대, 전기통신사업법 등)에는 그 법률을 적용한다(제4조 제3항).

(3) 계약체결 전 정보제공 및 계약서 교부의무 등

1) 계약체결 전 정보제공의무　　계속거래사업자는 대통령령으로 정하는 금액 및 기간 이상을 거래조건으로 하는 계속거래등에 관한 계약을 체결하는 경우에는 계약을 체결하기 전에 소비자가 계약 내용을 이해할 수 있도록 ① 계속거래업자등의 성명(법인인 경우에는 대표자의 성명을 말한다), 상호, 주소, 전화번호 및 전자우편주

48) 졸저, 계약법 제2판, 2013, 전남대학교출판부, 68면 이하.

소, ② 계속거래를 통하여 판매하는 재화등(계속거래와 관련하여 따로 구입할 필요가 있는 다른 재화등이 있는 경우에는 그 재화등을 포함한다)이나 사업권유거래를 통하여 판매하는 재화등의 명칭, 종류 및 내용, ③ 재화등의 대금(가입비, 설치비 등 명칭에 상관없이 재화등의 거래와 관련하여 지급하는 모든 금액을 포함한다. 이하 이 장에서 같다)과 그 지급 시기 및 방법, ④ 재화등의 거래방법과 거래 기간 및 시기, ⑤ 사업권유거래의 경우에는 제공되는 사업에 관한 거래조건으로 대통령령으로 정하는 사항, ⑥ 제31조에 따른 계약 해지와 그 행사방법·효과에 관한 사항 및 해지권의 행사에 필요한 서식, ⑦ 소비자피해 보상, 재화등에 대한 불만 및 소비자와 사업자 사이의 분쟁처리에 관한 사항, ⑧ 거래에 관한 약관, ⑨ 그 밖에 거래 여부 판단에 영향을 주는 거래조건 또는 소비자피해 구제에 필요한 사항으로서 대통령령으로 정하는 사항을 설명하여야 한다(방문판매법 제30조 제1항).

2) 계약서 발급의무 계속거래업자등은 재화등의 판매에 관한 계약을 체결할 때에는 위의 각 호의 사항을 적은 계약서를 소비자에게 발급하여야 한다(제2항).

3) 미성년자와의 계약체결 계속거래업자 등이 미성년자와 계속거래 등에 관한 계약을 체결하는 경우에는 법정대리인의 동의를 얻어야 하며, 이 경우 법정대리인의 동의를 얻지 못하는 경우에는 미성년자 본인 또는 법정대리인이 계약을 취소할 수 있다는 내용을 고지하여야 한다(동법 제7조 제3항, 제28조 제4항).

4) 신의칙에 의한 거래조건의 이행 계속거래의 특성상 계속거래업자 등은 소비자에게 표시 또는 고지한 거래조건을 신의에 좇아 성실하게 이행하여야 한다(동법 제30조 제5항).

5) 자동계약갱신의 사전 통지의무 계속거래를 업으로 하는 자는 소비자에게 용역을 공급하는 계약으로서 소비자의 별도 의사표시가 없는 한 자동으로 갱신되는 계약을 체결한 경우에는 그 계약 종료일의 50일 전부터 20일 전까지의 기간에 소비자에게 종료일이 다가오고 있음을 서면이나 전자우편으로 통지하여야 한다. 다만, 거래기간이 2개월 이내의 계약인 경우나 소비자가 재계약 체결 또는 계약갱신의 의사를 표시한 경우에는 그 통지를 생략할 수 있다(제30조 제3항).

(4) 계약의 해지

1) 소비자의 계약해지권 계속거래업자 등과 계속거래 등의 계약을 체결한 소

비자는 '언제든지' 계약기간 중 계약을 해지할 수 있다(동법 제31조 본문)[49] 다만, 다른 법률에 별도의 규정이 있거나 거래의 안전 등을 위하여 대통령령이 정하는 경우에는 그러하지 아니하다(동조 단서). 여기서 대통령령이 정하는 경우라 함은 소비자(사업권유거래의 상대방을 포함)의 주문에 의하여 개별적으로 생산되는 재화등에 대한 것으로서 계약 해지를 인정하면 계속거래업자에게 회복할 수 없는 중대한 피해가 예상되는 경우로서 사전에 해당 거래에 대하여 별도로 그 사실을 고지하고 소비자의 서면(전자문서를 포함) 동의를 받은 경우를 말한다(동법시행령 제40조).

2) 계약의 해지·해제의 효과와 위약금 등

가) 과다한 위약금청구·부당한 대금반환거부의 금지 계속거래업자 등은 자신의 책임이 없는 사유로 계속거래등의 계약이 해지 또는 해제된 경우 소비자에게 해지 또는 해제로 발생하는 손실을 현저하게 초과하는 위약금을 청구하여서는 아니 되고, 가입비나 그 밖에 명칭에 상관없이 실제 공급된 재화등의 대가를 초과하여 수령한 대금의 환급을 부당하게 거부하여서는 아니 된다(동법 제32조 제1항). 공정거래위원회는 제1항에 따른 위약금 청구와 제2항에 따른 대금 환급 또는 위약금 경감과 관련된 분쟁을 방지하기 위하여 필요한 경우 위약금 및 대금의 환급에 관한 산정기준을 정하여 고시할 수 있다(제4항).

나) 소비자의 재화반환과 대금환급·위약금경감 계속거래등의 계약이 해지 또는 해제된 경우 소비자는 반환할 수 있는 재화등을 계속거래업자등에게 반환할 수 있으며, 계속거래업자등은 대통령령으로 정하는 바에 따라 대금 환급 또는 위약금 경감 등의 조치를 하여야 한다(제2항). 동법 제32조제2항에 따라 소비자가 재화 등을 반환하는 경우 계속거래업자 등은 반환받은 재화등의 가치에 상당하는 금액을 계약의 해지 또는 해제에 따라 지급하여야 할 환급금에 더하거나 청구할 수 있는 위약금에서 빼야 한다(동법시행령 제41조 제1항).

계속거래업자 등은 위에 따라 환급금을 증액하거나 위약금을 감액하는 경우 재화등을 반환받은 날부터 3영업일 이내에 증액되거나 감액된 금액을 소비자에게 반환하거나, 재화등의 대금 등 소비자로부터 받을 금액이 있는 경우에는 증액되거나 감액된 금액을 빼고 청구하여야 한다. 계속거래업자등이 전단의 조치를 지연한 경우에는 총리령으로 정하는 지연기간에 대한 지연배상금을 지급하여야 한다(동법

49) 이를 중도해지권이라 한다.

시행령 제41조 제2항). 제1항에 따라 반환받은 재화등의 가치에 상당하는 금액을 산정할 때에는 재화등의 시장가격이나 감가상각 등을 고려하여야 한다(제3항).

다) 차액환급의무 계속거래업자등은 자신의 책임이 없는 사유로 계약이 해지 또는 해제된 경우 소비자로부터 받은 재화등의 대금(재화등이 반환된 경우 환급하여야 할 금액을 포함한다)이 이미 공급한 재화등의 대금에 위약금을 더한 금액보다 많으면 그 차액을 소비자에게 환급하여야 한다. 이 경우 환급이 지연되는 경우에는 총리령으로 정하는 지연기간에 대한 지연배상금을 함께 환급하여야 한다(제32조 제3항). 여기서 '총리령이 정하는 지연기간'이라 함은 3영업일 이상 지연된 경우의 그 지연일수를 말한다(동법시행규칙 제22조).

(5) 거래기록의 열람

계속거래업자등은 대통령령으로 정하는 바에 따라 재화등의 거래기록 등을 언제든지 소비자가 열람할 수 있게 하여야 한다(제33조). 계속거래업자등은 법 제33조에 따라 재화등의 거래기록 등을 방문·전화 또는 인터넷 등을 통하여 즉시 열람할 수 있도록 필요한 조치를 하여야 하고, 소비자가 우편 등의 방법으로 열람요청을 하는 경우 3영업일 이내에 관련 자료를 발송하여야 한다(동법시행령 제42조).

(6) 금지행위

계속거래업자등은 ① 계속거래등의 계약을 체결하게 하거나 계약의 해지 또는 해제를 방해하기 위하여 소비자를 위협하는 행위, ② 거짓 또는 과장된 사실을 알리거나 기만적 방법을 사용하여 소비자를 유인 또는 거래하거나 계약의 해지 또는 해제를 방해하는 행위, ③ 계속거래등에 필요한 재화등을 통상적인 거래가격보다 현저히 비싼 가격으로 구입하게 하는 행위, ④ 소비자가 계속거래등의 계약을 해지 또는 해제하였는데도 정당한 사유 없이 이에 따른 조치를 지연하거나 거부하는 행위, ⑤ 계약의 해지 또는 해제를 방해할 목적으로 주소·전화번호 등을 변경하는 행위, ⑥ 분쟁이나 불만 처리에 필요한 인력 또는 설비가 부족한 상태를 상당 기간 방치하여 소비자에게 피해를 주는 행위, ⑦ 소비자의 청약이 없는데도 일방적으로 재화등을 공급하고 재화등의 대금을 청구하는 행위, ⑧ 소비자가 재화를 구매하거나 용역을 제공받을 의사가 없음을 밝혔는데도 전화, 팩스, 전자우편 등을 통하여 재화를 구매하거나 용역을 제공받도록 강요하는 행위에 해당하는 행위를 하여서는 아니 된다(제34조 제1항).

(7) 입증책임

계속거래업자는 ① 재화 등의 훼손에 대한 소비자의 책임 유무, ② 계약이 체결된 사실 및 그 시기, ③ 재화 등의 공급 사실 및 그 시기, ④ 계약서의 발급 사실 및 그 시기, ⑤ 입증책임에 관한 별도의 약정이 없는 그 밖의 거래 사실에 관하여 계약 상대방과 다툼이 있는 경우에는 특수판매업자가 이를 증명하여야 한다. 이 경우 특수판매업자는 증명에 필요한 통화 내용 등에 대한 거래기록을 대통령령으로 정하는 바에 따라 보관할 수 있다(제36조 제1항).

또한 계속거래업자는 제1항에 따른 증명에 필요한 통화내용 등 거래기록을 미리 보존할 수 있다. 이 경우 특수판매업자는 거래기록을 그 대상·범위·기간 및 열람방법 등에 관하여 대통령령으로 정하는 바에 따라 보존하여야 한다(제36조 제2항).

2. 사업권유거래

사업권유거래란 사업자가 소득 기회를 알선·제공하는 방법으로 거래 상대방을 유인하여 금품을 수수하거나 재화등을 구입하게 하는 거래를 말한다(제2조 11호). 예컨대, 온라인쇼핑몰을 개설하여 주는 대신 컴퓨터를 판매하거나 번역 업무를 맡기면서 번역관련 서적이나 테이프 등을 판매하는 등의 거래, 커피자판기·팝콘자판기를 부업으로 운영하거나 소규모로 자판기 사업을 하도록 권유하여 판매하는 경우 등이 있다.

본래 컴퓨터·서적·자판기 등의 구매자는 소비자는 아니지만 대부분 영세상인, 부업희망자들로 거래 당사자이며 이들도 소비자에 준하여 보호할 필요성이 있기 때문에 방문판매업에 규정된 것이다. 즉, 소비자와 유사하게 정보력, 협상력 등의 측면에서 열악한 지위에 있는 영세상인, 소규모 자영업자, 아르바이트 개념의 부업희망자 등을 새로운 소득기회로 유인하는 기만적인 판매업자로부터 보호하자는 것이 규정의 취지이다.

V. 통신판매

1. 전자상거래소비자보호법에서 규율

(1) 전자상거래와 통신판매에의 적용

전통적인 거래의 방식은 계약당사자가 대면을 통하여 청약과 승낙이 이루어지고 계약의 이행도 대부분 현실공간에서 이루어졌다. 이러한 판매방식은 공간적 시간적 제약 하에 행해진다는 단점이 있지만 상대방의 신원확인이나 상품의 실물을 보고 구매가 이루어지기 때문에 그만큼 거래의 확실성은 담보가 되었다. 하지만 현대에 들어와 교통·통신의 발달로 인하여 사업자들은 새로운 판매방식을 도입하게 되었고, 그러한 것이 전자상거래이다.

전자상거래와 통신판매는 인터넷의 개방성, 비대면성, 즉시성, 상시성, 공간초월성 등의 특징을 가지고 있다. 이러한 특징을 이용하여 전자상거래사업자와 통신판매업자는 점포유지비·섭외비·광고비·보관비 등의 비용절감, 경영위험의 감소와 판매지역(시간적·공간적 사업영역)의 확대 등을 실현할 수 있는 장점이 있고, 소비자는 시장조사·거래처·재화 등의 선택에 소요되는 시간과 비용을 절감할 수 있게 되었다. 인터넷이나 전화, 모바일 등의 간편한 방법으로 원화는 재화를 구입할 수 있다는 장점이 있기 때문에 전자상거래와 통신판매는 그 활용이 급속도로 증가하고 있다.

앞에서 언급한 것처럼, 전통적인 대면거래에서는 소비자가 거래를 위한 준비단계에서 사업자의 신원, 사업장 소재지와 물적 시설, 거래물품의 내용과 거래조건 등을 확인하기가 상대적으로 수월하고, 그 과정에서 사업자에 대한 신용판단도 어느 정도 가능하다. 이러한 대면구조는 거래 이후의 소비자보호에 있어서도 소비자가 사업자에 대하여 신원을 파악하고 있고, 재화등의 내용에 대해서도 당사자간에 대면을 통하여 합의가 이루어진 만큼 그러한 면에서 어느 정도 유리하다.

그러나 통신판매와 전자상거래는 비대면거래의 특성상 사업자의 신원이나 사업장의 존재사실의 파악이 어려우며 가상공간에서 보여지는 상품을 보고 소비자가 선택하여 구매가 이루어지는 만큼 상품의 품질 등의 파악이 어려우며 거래 이후의 반품이나 AS 등에서 대면거래에 비하여 어려운 점이 있다. 더 나아가서거래외적으로 소비자의 개인정보의 무단 도용·유출로 인하여 소비자에게 피해를 줄 우려도 있다. 따라서 공정한 거래와 소비자보호 및 시장의 신뢰도 확보를 위하여 전자상거래와 통신판매를 규제할 필요성이 있다.

이에 전자상거래를 통한 사업자와 소비자간(B2C)의 거래와 종전의 방문판매법에서 규정되어 있던 통신판매가 전자상거래와 비대면거래라는 유사점을 가지고 있는 관계로 통신판매를 방문판매법에서 별도로 분리하여 「전자상거래 등에서의 소비자보호에 관한 법률」을 2002년에 제정하여 동법 내에서 전자상거래와 통신판매를 통일적으로 규율하게 되었다.

(2) 전자상거래소비자보호법의 적용제외

1) 사업자의 상행위

동법의 규정은 사업자(방문판매법 제2조 6호의 다단계판매원은 제외)가 상행위를 목적으로 구입하는 거래에는 적용하지 아니한다(제3조 제1항 본문). 다만, 사업자라 하더라도 사실상 소비자와 같은 지위에서 다른 소비자와 같은 거래조건으로 거래하는 경우에는 그러하지 아니하다(제3조 제1항 단서).

(2) 계약내용에 관한 서면 교부의무의 적용 제외

계약내용에 관한 서면(전자문서 포함)의 교부의무에 관한 규정은 ① 소비자가 이미 잘 알고 있는 약관 또는 정형화된 거래방법에 따라 수시로 거래하는 경우로서 총리령으로 정하는 거래와 ② 다른 법률(「민법」 및 「방문판매 등에 관한 법률」은 제외)에 이 법의 규정과 다른 방법으로 하는 계약서 교부의무 등이 규정되어 있는 거래 등에는 적용하지 아니한다(제3조 제2항 본문). 다만, ①의 경우에는 총리령으로 정하는 바에 따라 계약내용에 관한 서면의 내용이나 교부의 방법을 다르게 할 수 있다(제3조 제2항 단서). ①에서 총리령으로 정하는 거래란 유·무선 전화기 등으로 전화정보서비스를 이용하는 경우 등과 같이 법 제13조 제2항에 따른 계약내용에 관한 서면 교부가 곤란한 거래를 말하며(동법시행규칙 제4조 제1항), 이에 따른 거래의 경우에는 거래 전에 미리 재화 또는 용역의 제공자의 성명·연락처 및 재화등의 내용·이용요금 등을 밝히고, 거래 후에 거래대금 결제내용을 통보하여야 한다(동법시행규칙 제4조 제2항).

(3) 통신판매업자가 아닌 자 사이의 통신판매중개

통신판매업자가 아닌 자 사이의 통신판매중개를 하는 통신판매업자에 대하여는 제13조부터 제15조까지, 제17조부터 제19조까지의 규정을 적용하지 아니한다(제3조 제3항).

(4) 투자매매업자·투자중개업자의 증권거래 등

「자본시장과 금융투자업에 관한 법률」의 투자매매업자·투자중개업자가 하는 증권거래, 대통령령으로 정하는 금융회사 등이 하는 금융상품거래 및 일상 생활용품, 음식료 등을 인접지역에 판매하기 위한 거래에 대하여는 제12조부터 제15조까지, 제17조부터 제20조까지 및 제20조의2를 적용하지 아니한다. 여기서 대통령령으로 정하는 금융회사 등이 하는 금융상품거래란 ①「금융위원회의 설치 등에 관한 법률」 제38조 제1호부터 제8호까지의 기관, ②「대부업 등의 등록 및 금융이용자 보호에 관한 법률」 제3조에 따라 등록한 대부업자 또는 대부중개업자, ③ 다른 법령에 따라 설립된 금융회사 또는 중앙행정기관의 인가·허가 등을 받아 설립된 금융회사 등이 직접 취급하는 금융상품거래를 말한다(동법시행령 제3조)

(5) 다른 법률과의 관계

전자상거래 또는 통신판매에서의 소비자보호에 관하여 이 법과 다른 법률이 경합하는 경우에는 이 법을 우선 적용한다(제4조 본문). 다만, 다른 법률을 적용하는 것이 소비자에게 유리한 경우에는 그 법을 적용한다(제4조 단서).

2. 통신판매의 의의

통신판매란 우편·전기통신, 그 밖에 총리령으로 정하는 방법으로 재화 또는 용역(일정한 시설을 이용하거나 용역을 제공받을 수 있는 권리를 포함한다)의 판매에 관한 정보를 제공하고 소비자의 청약을 받아 재화 또는 용역을 판매하는 것을 말하며, 다만 방문판매법상의 전화권유판매는 제외된다(전자상거래소비자보호법 제2조 제2호). 여기서 총리령이 정하는 방법이란 광고물·광고시설물·전단지·방송·신문 및 잡지 등을 이용하는 방법, 판매자와 직접 대면하지 아니하고 우편환·우편대체·지로 및 계좌이체 등을 이용하는 방법 등을 이용하여 소비자에게 재화 또는 용역에 관한 정보를 제공하거나 소비자의 청약에 의하여 재화 등을 판매하는 것을 말한다(동법 시행규칙 제2조).

즉 통신판매란 판매자가 판매에 관한 정보를 우편, 전기통신, 광고물, 광고시설물, 전단지, 방송, 신문, 잡지 등을 통하여 불특정 다수에게 제공하고, 소비자가 우편환, 우편대체, 지로, 계좌이체 등 직접 판매자를 대면하지 않는 방법(비대면거래)으로 '청약'토록 하여 재화 또는 용역을 판매하는 것을 말한다. 전자상거래에서는 대면거래에서 계약을 체결하고 비대면의 방법으로 계약의 이행을 하는 경우도 포함한다. 그러나 통신판매는 전자상거래와 달리 '전자문서'의 사용여부와 관계없이 계약의 체결은 반드시 비대면거래이어야 한다. 비대면의 방법으로 계약이 성립하고 재화등을 판매하는지 여부가 통신판매에 해당하는지를 판단하는 기준이 된다. 통신판매에는 TV홈쇼핑, 카탈로그쇼핑, 인터넷쇼핑 등이 포함된다. 인터넷쇼핑몰의 경우에는 전자상거래인 동시에 통신판매에 해당된다.

전자상거래와 통신판매의 개념에 대한 또한 구별의 표지는 전자문서에 의한 거래인지에 있다. 또한 전자상거래에서는 청약이라는 표현을 사용하지 않는 반면, 통신판매에서는 중요한 의미를 가진다. 실제에 있어서는 전자상거래 사업자 대부분이 동시에 통신판매업자에 해당한다. 입법자는 양자를 비대면거래라는 점에 착안하여 전자상거래소비자법에서 규율하고 있다.

3. 통신판매와 통신판매중개

통신판매법에서는 통신판매업자와 통신판매업자의 책임을 달리 규율하기 때문에 사업자의 행위가 통신판매인지 아니면 통신판매중개인지의 여부에 따라 책임소재가 달라지게 된다. 이러한 문제는 특히 오픈마켓에서 재화 등의 구입이 이루어진 경우 오픈마켓운영자가 통신판매업자의 거래에 깊숙이 관여하는 경우 문제가 된다. 통신판매업자란 통신판매를 업으로 하는 자 또는 그와의 약정에 따라 통신판매업무를 수행하는 자를 말한다

전자상거래소비자법은 "통신판매중개"란 사이버몰(컴퓨터 등과 정보통신설비를 이용하여 재화등을 거래할 수 있도록 설정된 가상의 영업장을 말한다. 이하 같다)의 이용을 허락하거나 그 밖에 총리령으로 정하는 방법으로 거래 당사자 간의 통신판매를 알선하는 행위(제2조 4호)라고 정의하고 있다.

위에서 총리령으로 정하는 방법이란 자신의 명의로 통신판매를 위한 광고수단을 제공하거나 그 광고수단에 자신의 이름으로 표시하여 통신판매에 관한 정보의 제공이나 청약의 접수 등 통신판매의 일부를 수행하는 것을 말한다. 통신판매중개

자란 통신판매중개를 업으로 하는 자를 말한다(제20조 제2항). 통신판매중개자로서는, 경매업체나 오픈마켓의 운영사업자, 배달음식 주문 앱 운영사업자[50] 등을 들 수 있다. 즉 어떤 사업자가 인터넷 상에 사이버몰을 구축하고, 다른 사업자들이 그 사이버 몰에서 자기의 재화등에 대한 광고를 하고 소비자로부터 직접 청약을 받고 판매를 할 수 있도록 하는 경우, 사이버몰을 개설한 사람은 통신판매중개자로 볼 수 있고(예컨대, 옥션, G마켓, 11번가 등 온라인 마켓플레이스 등), 그 오픈마켓에서 재화등을 광고하고 판매하는 자는 통신판매업자(전자상거래사업자)로 볼 수 있다. 또한, 신용카드회사가 자신이 명의로 발행되는 우편물(인쇄된 상품 카탈로그 등)에 여행상품에 대한 판매의 정보를 제공하지만 그 상품의 청약의 접수 및 판매를 여행사가 하는 경우에는 신용카드사는 통신판매중개자이고, 여행사는 통신판매업자에 해당한다.

4. 통신판매업자와 통신판매중개자의 구별의 중요성

통신판매업자와 통신판매중개자의 구별의 실익은 사이버몰에서 소비자를 유인하는 광고나 표시행위에 대한 책임문제가 발생하는 경우, 예컨대 허위 또는 과장광고로 인하여 소비자가 피해를 입었다고 주장하는 경우 그에 책임을 누가 부담하는지 구분하는 것이 매우 중요하기 때문이다. 실제 어떠한 사업자가 통신판매업자인지 통신판매중개자인지 구별이 불분명한 경우에는 사업자 자신이 통신판매중개자로서 법적 책임을 고지하였는지 여부(제20조 제1항), 통신판매에 따른 매출이익이 직접 자신의 수익이 되는지 여부 등을 종합적으로 고려하여 판단하게 된다.[51] 통신판매중개자 책임임에 대해서는 별도로 제20조의 2에서 규율하고 있다.

5. 통신판매업자의 일반적 의무

전자상거래소비자법은 '통신판매와 전자상거래에 모두 적용되는 규정'에 대하여 제2장에서 「전자상거래 및 통신판매」라는 표제 하에 전자문서의 활용, 거래기

---

50) 배달음식 주문 애플리케이션 운영사업자는 사이버몰인 매달음식 주문 애플리케이션의 이용을 허락하거나 배달음식의 판매에 관한 정보의 제공 및 청약의 접수 등 통신판매를 알선하는 자로서 전자상거래소비자보호법 제2조 제4호에 의한 행위를 하는 통신판매중개업자이며, 법 제2조 제1호 및 제6호에 의한 전자상거래를 하는 사업자에 해당한다(공정거래위원회 의결(약) 제2016-83호, 2016.8.22; 의결(약) 제2016-84호, 2016.8.22; 의결(약) 제2016-88호, 2016.8.22.).

51) 박수영, 앞의 책, 641면.

록의 보존 등, 조작실수 등의 방지, 전자적 대금지급의 신뢰확보, 사업자의 정보제공, 통신판매업자의 신고, 청약확인 및 청약철회, 손해배상청구금액의 제한 등에 대하여 규정하고 있다.

(1) 전자문서의 활용에 의한 거래

통신판매가 전자문서의 활용에 의하여 이루어진 경우에는 전자상거래소비자법은 사업자에게 전자문서를 정당하게 활용할 의무를 부과하고 있다.

사업자가 소비자와 미리 전자문서로 거래할 것을 약정하여 지정한 주소(「전자문서 및 전자거래 기본법」 제2조 제2호의 정보처리시스템을 말한다)로 전자문서를 송신하지 아니한 경우에는 그 사업자는 해당 전자문서에 의한 권리를 주장할 수 없다. 다만, 긴급한 경우, 소비자도 이미 전자문서로 거래할 것을 예정하고 있는 경우, 소비자가 전자문서를 출력한 경우 등 대통령령으로 정하는 경우에는 그러하지 아니하다(제5조 제1항).

사업자는 전자서명을 한 전자문서를 사용하려면 대통령령으로 정하는 바에 따라 그 전자문서의 효력, 수령 절차 및 방법 등을 소비자에게 고지하여야 한다(제2항). 사업자는 전자문서를 사용할 때 소비자에게 특정한 전자서명 방법을 이용하도록 강요(특수한 표준 등을 이용함으로써 사실상 특정한 전자서명 방법의 이용이 강제되는 경우를 포함한다)하여서는 아니 되고, 소비자가 선택한 전자서명 방법의 사용을 부당하게 제한하여서는 아니 된다(제3항).

전자상거래를 하는 사업자는 소비자의 회원 가입, 계약의 청약, 소비자 관련 정보의 제공 등을 전자문서를 통하여 할 수 있도록 하는 경우에는 회원탈퇴, 청약의 철회, 계약의 해지·해제·변경, 정보의 제공 및 이용에 관한 동의의 철회 등도 전자문서를 통하여 할 수 있도록 하여야 한다(제4항). 전자상거래를 하는 사업자는 소비자가 재화등의 거래와 관련한 확인·증명을 전자문서로 제공하여 줄 것을 요청한 경우 이에 따라야 한다(제5항).

전자상거래를 하는 사업자가 전자문서로 제공하기 어려운 기술적 이유나 보안상 이유가 명백하여 이를 소비자에게 미리 고지한 경우에는 제4항과 제5항을 적용하지 아니한다(제6항). 전자상거래를 하는 사업자가 제4항과 제5항에 따른 의무를 이행할 때 해당 사이버몰의 구축 및 운영과 관련된 사업자들은 그 의무 이행에 필요한 조치를 하는 등 협력하여야 한다(제7항).

(2) 거래기록의 보존의무

사업자는 전자상거래 및 통신판매에서의 표시·광고, 계약내용 및 그 이행 등 거래에 관한 기록을 상당한 기간 보존하여야 한다. 이 경우 소비자가 쉽게 거래기록을 열람·보존할 수 있는 방법을 제공하여야 한다(제6조 제1항). 제1항에 따라 사업자가 보존하여야 할 거래기록 및 그와 관련된 개인정보(성명·주소·주민등록번호 등 거래의 주체를 식별할 수 있는 정보로 한정한다)는 소비자가 개인정보의 이용에 관한 동의를 철회하는 경우에도 「정보통신망 이용촉진 및 정보보호 등에 관한 법률」 등 대통령령으로 정하는 개인정보보호와 관련된 법률의 규정에도 불구하고 이를 보존할 수 있다(제2항). 제1항에 따라 사업자가 보존하는 거래기록의 대상·범위·기간 및 소비자에게 제공하는 열람·보존의 방법 등에 관하여 필요한 사항은 대통령령으로 정한다(제3항).

거래기록 열람과 관련하여 사업자가 조치하여야 할 사항은 ① 사이버몰을 통하여 거래가 이루어진 경우 거래당사자인 소비자에게 해당 사이버몰에서 거래기록을 열람·확인할 수 있도록 하여야 한다. ② 사이버몰 이외의 수단을 통해 거래가 이루어진 경우, 거래당사자인 소비자에게 전화, 모사전송, 인터넷 등을 통하여 쉽게 거래기록을 열람·확인할 수 있도록 하여야 한다. ③ 소비자가 사업자의 사업활동을 방해할 목적으로 동일한 거래기록의 열람을 계속, 반복적으로 요구하는 경우 위의 규정은 예외로 한다(소비자보호지침 Ⅱ.3).

(3) 조작실수방지의무

사업자는 전자상거래에서 소비자의 조작 실수 등으로 인한 의사표시의 착오 등으로 발생하는 피해를 예방할 수 있도록 거래 대금이 부과되는 시점이나 청약 전에 그 내용을 확인하거나 바로잡는 데에 필요한 절차를 마련하여야 한다(제7조).

(4) 개인정보보호의무

사업자는 전자상거래 또는 통신판매를 위하여 소비자에 관한 정보를 수집하거나 이용(제3자에게 제공하는 경우를 포함한다. 이하 같다)할 때는 「정보통신망 이용촉진 및 정보보호 등에 관한 법률」 등 관계 규정에 따라 이를 공정하게 수집하거나 이용하여야 한다(제11조 제1항). 또한 사업자는 재화등을 거래함에 있어서 소비자에 관한 정보가 도용되어 해당 소비자에게 재산상의 손해가 발생하였거나 발생할 우려가 있는 특별한 사유가 있는 경우에는 본인 확인이나 피해의 회복 등 대통령령으로 정하는 필요한 조치를 취하여야 한다(제11조 제2항).

5. 통신판매업자의 의무

(1) 신고의무

통신판매업자는 대통령령으로 정하는 바에 따라 ① 상호(법인인 경우에는 대표자의 성명 및 주민등록번호를 포함, 주소, 전화번호, ② 전자우편주소, 인터넷도메인 이름, 호스트서버의 소재지, ③ 그 밖에 사업자의 신원 확인을 위하여 필요한 사항으로서 대통령령으로 정하는 사항을 공정거래위원회 또는 특별자치시장·특별자치도지사·시장·군수·구청장에게 신고하여야 한다. 다만, 통신판매의 거래횟수, 거래규모 등이 공정거래위원회가 고시로 정하는 기준 이하인 경우 즉, ① 최근 6개월 동안 통신판매를 수단으로 하여 재화등을 판매한 횟수가 20회 미만인 경우, ② 최근 6개월 동안 통신판매를 수단으로 하여 재화 등을 판매한 금액의 합계가 1,200만원 미만인 경우[52]에는 그러하지 아니하다(제12조 제1항).

통신판매업자가 제1항에 따라 신고한 사항을 변경하려면 대통령령으로 정하는 바에 따라 신고하여야 한다(제2항).

제1항에 따라 신고한 통신판매업자는 그 영업을 휴업 또는 폐업하거나 휴업한 후 영업을 다시 시작할 때에는 대통령령으로 정하는 바에 따라 신고하여야 한다(제3항). 공정거래위원회는 제1항에 따라 신고한 통신판매업자의 정보를 대통령령으로 정하는 바에 따라 공개할 수 있다(제4항).

(2) 신원정보 등 제공의무

1) 표시·광고시 사업자 신원에 대한 정보제공의무

통신판매업자가 재화등의 거래에 관한 청약을 받을 목적으로 표시·광고를 할 때에는 그 표시·광고에 ① 상호 및 대표자 성명, ② 주소·전화번호·전자우편주소, ③ 제12조에 따라 공정거래위원회 또는 특별자치시장·특별자치도지사·시장·군수·구청장에게 한 신고의 신고번호와 그 신고를 받은 기관의 이름 등 신고를 확인할 수 있는 사항을 포함하여야 한다(제13조 제1항). 비대면거래의 특성상 소비자에게 사

52) 통신판매업 신고 면제기준에 대한 고시 2015.8.18. 고시 제2015-10호.

업자의 신원을 확인할 수 있도록 하기 위함이다.

2) 계약체결 전의 정보제공의무

통신판매업자는 소비자가 계약체결 전에 재화등에 대한 거래조건을 정확하게 이해하고 실수나 착오 없이 거래할 수 있도록 다음 각 호의 사항을 적절한 방법으로 표시·광고하거나 고지하여야 하며, 계약이 체결되면 계약자에게 ① 재화등의 공급자 및 판매자의 상호, 대표자의 성명·주소 및 전화번호 등, ② 재화등의 명칭·종류 및 내용, ③ 재화등의 정보에 관한 사항(이 경우 제품에 표시된 기재로 계약내용에 관한 서면에의 기재를 갈음할 수 있다), ④ 재화등의 가격(가격이 결정되어 있지 아니한 경우에는 가격을 결정하는 구체적인 방법)과 그 지급방법 및 지급시기, ⑤ 재화등의 공급방법 및 공급시기, ⑥ 청약의 철회 및 계약의 해제(이하 "청약철회등"이라 한다)의 기한·행사방법 및 효과에 관한 사항(청약철회등의 권리를 행사하는 데에 필요한 서식을 포함한다), ⑦ 재화등의 교환·반품·보증과 그 대금 환불 및 환불의 지연에 따른 배상금 지급의 조건·절차, ⑧ 전자매체로 공급할 수 있는 재화등의 전송·설치 등을 할 때 필요한 기술적 사항, ⑨ 소비자피해보상의 처리, 재화등에 대한 불만 처리 및 소비자와 사업자 사이의 분쟁 처리에 관한 사항, ⑩ 거래에 관한 약관(그 약관의 내용을 확인할 수 있는 방법을 포함한다), ⑪ 소비자가 구매의 안전을 위하여 원하는 경우에는 재화등을 공급받을 때까지 대통령령으로 정하는 제3자에게 그 재화등의 결제대금을 예치하는 것(이하 "결제대금예치"라 한다)의 이용을 선택할 수 있다는 사항 또는 통신판매업자의 제24조제1항에 따른 소비자피해보상보험계약등의 체결을 선택할 수 있다는 사항(제15조 제1항에 따른 선지급식 통신판매의 경우에만 해당하며, 제24조제3항에 각 호의 어느 하나에 해당하는 거래를 하는 경우는 제외한다), ⑫ 그 밖에 소비자의 구매 여부 판단에 영향을 주는 거래조건 또는 소비자피해의 구제에 필요한 사항으로서 대통령령으로 정하는 사항이 기재된 계약내용에 관한 서면을 재화등을 공급할 때까지 교부하여야 한다. 다만, 계약자의 권리를 침해하지 아니하는 범위에서 대통령령으로 정하는 사유가 있는 경우에는 계약자를 갈음하여 재화등을 공급받는 자에게 계약내용에 관한 서면을 교부할 수 있다(제13조 제2항).

3) 미성년자와의 계약체결시 고지의무

통신판매업자는 미성년자와 재화등의 거래에 관한 계약을 체결할 때에는 법정대리인이 그 계약에 동의하지 아니하면 미성년자 본인 또는 법정대리인이 그 계약을 취소할 수 있다는 내용을 미성년자에게 고지하여야 한다(제3항).

4) 공정거래위원회의 고시제정권

공정거래위원회는 제1항 및 제2항에 따른 통신판매업자의 상호 등에 관한 사항, 재화등의 정보에 관한 사항과 거래조건에 대한 표시·광고 및 고지의 내용과 방법을 정하여 고시할 수 있다. 이 경우 거래방법이나 재화등의 특성을 고려하여 그 표시·광고 및 고지의 내용과 방법을 다르게 정할 수 있다(제4항).

5) 신의성실 이행의무

통신판매업자에게는 모든 거래의 당사자에게 요구되는 신의성실의무를 부담한다. 즉, 사업자는 제2항에 따라 소비자에게 표시·광고하거나 고지한 거래조건을 신의를 지켜 성실하게 이행하여야 한다(제5항).

(3) 청약확인의무

통신판매는 비대면거래이기 때문에 청약자인 소비자로서는 자신의 청약이 상대편에 도달하여 인지하였는지에 대하여 관심을 갖게 마련이다. 이를 위하여 동법에서는 통신판매업자에게 청약확인의무를 부과하고 있다. 즉, 통신판매업자는 소비자로부터 재화등의 거래에 관한 청약을 받으면 청약 의사표시의 수신 확인 및 판매 가능 여부에 관한 정보를 소비자에게 신속하게 알려야 하며, 계약체결 전에 소비자가 청약내용을 확인하고, 정정하거나 취소할 수 있도록 적절한 절차를 갖추어야 한다(제14조).

(4) 재화 등의 공급의무

통신판매업자는 소비자가 청약을 한 날부터 7일 이내에 재화등의 공급에 필요한 조치를 하여야 하고, 소비자가 재화등을 공급받기 전에 미리 재화등의 대금을 전부 또는 일부 지급하는 통신판매(이하 "선지급식 통신판매"라 한다)의 경우에는 소비자가 그 대금을 전부 또는 일부 지급한 날부터 3영업일 이내에 재화등의 공급을 위하여 필요한 조치를 하여야 한다. 다만, 소비자와 통신판매업자 간에 재화등의 공급시기에 관하여 따로 약정한 것이 있는 경우에는 그러하지 아니하다(제15조 제1항).

통신판매업자는 청약을 받은 재화등을 공급하기 곤란하다는 것을 알았을 때에는 지체 없이 그 사유를 소비자에게 알려야 하고, 선지급식 통신판매의 경우에는 소비자가 그 대금의 전부 또는 일부를 지급한 날부터 3영업일 이내에 환급하거나 환급에 필요한 조치를 하여야 한다(제2항). 비록 통신판매업자가 청약을 받은 재화를 공급하기 곤란하여 환급하거나 환급에 필요한 조치를 취하였다 하더라도, 허위·과장 등의 방법을 사용하여 소비자를 유인한 행위에 대한 책임은 면할 수 없으며, 그러한 경우로서는 소비자로 하여금 자신의 사이트나 홈쇼핑, 카탈로그 등에 청약유인 목적으로 일부제품의 가격을 허위로 기재한 뒤, 동제품의 공급이 곤란하다는 이유를 들어 대금을 환급하는 경우이다(소비자보호지침 Ⅱ.7.나).

통신판매업자는 소비자가 재화등의 공급 절차 및 진행 상황을 확인할 수 있도록 적절한 조치를 하여야 한다. 이 경우 공정거래위원회는 그 조치에 필요한 사항을 정하여 고시할 수 있다(제3항). 제2항에 따라 선지급식 통신판매에서 재화등의 대금을 환급하거나 환급에 필요한 조치를 하여야 하는 경우에는 제18조제1항부터 제5항까지의 규정을 준용한다(제4항).

(5) 휴업기간 중 업무처리의무

통신판매업자는 휴업기간이나 영업정지기간에도 제17조제1항 및 제3항에 따른 청약철회등의 업무와 제18조제1항부터 제5항까지의 규정에 따른 청약철회등에 따른 대금 환급과 관련된 업무를 계속하여야 한다(제22조 제1항).

통신판매업자가 폐업신고를 하지 아니한 상태에서 파산선고를 받는 등 실질적으로 영업을 할 수 없는 것으로 판단되는 경우에는 제12조제1항에 따른 신고를 받은 공정거래위원회 또는 특별자치도지사·시장·군수·구청장은 직권으로 신고사항을 말소할 수 있다(제2항).

6. 통신판매보조사업자의 의무

통신판매보조사업자로는 전자결제업자, 배송사업자, 사이버몰운영자, 통신판매중개자 등을 들 수 있는데 통신판매중개자에 대하여는 별도로 다루도록 하고 여기에서는 전자결제업자, 배송사업자, 사이버몰운영자의 의무에 대해서만 언급하기로 한다.

(1) 전자결제업자 등의 의무

전자적 대금지급에 의하여 전자결제가 이루어지는 경우 '전자적 대금지급의 신뢰확보'가 중요하다. 제8조에서 규정하고 있다.

사업자가 전자적 수단에 의한 거래대금의 지급(이하 "전자적 대금지급"이라 한다)방법을 이용하는 경우 사업자와 전자결제수단 발행자, 전자결제서비스 제공자 등 전자적 대금지급 관련자(이하 "전자결제업자등"이라 한다)는 관련 정보의 보안 유지에 필요한 조치를 하여야 한다(제8조 제1항).

사업자와 전자결제업자등은 전자적 대금지급이 이루어지는 경우 소비자의 청약의사가 진정한 의사 표시에 의한 것인지를 확인하기 위하여 ① 재화등의 내용 및 종류, ② 재화등의 가격, ③ 용역의 제공기간 다음 각 호의 사항에 대하여 명확히 고지하고, 고지한 사항에 대한 소비자의 확인절차를 대통령령으로 정하는 바에 따라 마련하여야 한다(제2항).

사업자와 전자결제업자등은 전자적 대금지급이 이루어진 경우에는 전자문서의 송신 등 총리령으로 정하는 방법으로 소비자에게 그 사실을 알리고, 언제든지 소비자가 전자적 대금지급과 관련한 자료를 열람할 수 있게 하여야 한다(제3항).

사이버몰에서 사용되는 전자적 대금지급 방법으로서 재화등을 구입·이용하기 위하여 미리 대가를 지불하는 방식의 결제수단의 발행자는 총리령으로 정하는 바에 따라 그 결제수단의 신뢰도 확인과 관련된 사항, 사용상의 제한이나 그 밖의 주의 사항 등을 표시하거나 고지하여야 한다(제4항).

사업자와 소비자 사이에 전자적 대금지급과 관련하여 다툼이 있는 경우 전자결제업자등은 대금지급 관련 정보의 열람을 허용하는 등 대통령령으로 정하는 바에 따라 그 분쟁의 해결에 협조하여야 한다(제5항).

전자적 대금지급이 이루어진 경우(제8조 제3항), 사업자와 전자결제업자 등이 그 사실을 소비자에게 통지할 때에는 전자우편, 전화, SMS, 모사전송 등을 이용하여 즉시 통지하는 것을 원칙으로 하되, 대면하여 본인 여부를 확인한 경우와 소비자의 동의를 얻은 경우에는 통지를 생략할 수 있다(소비자보호지침 Ⅱ.5).

(2) 배송사업자 등의 협력의무

전자상거래나 통신판매에 따라 재화등을 배송(정보통신망을 통한 전송 포함)하는 사업자는 배송 사고나 배송 장애 등으로 분쟁이 발생하는 경우에는 대통령령으로 정하는 바에 따라 그 분쟁의 해결에 협조하여야 한다(제9조 제1항).

호스팅서비스(사업자가 전자상거래를 할 수 있도록 사이버몰 구축 및 서버 관리 등을 하여주는 서비스를 말한다)를 제공하는 자는 사업자와 호스팅서비스에 관한 이용계약을 체결하는 경우 사업자의 신원을 확인하기 위한 조치를 취하여야 한다(제2항).

사업자와 소비자 사이에 분쟁이 발생하는 경우 호스팅서비스를 제공하는 자는 ① 공정거래위원회, ② 특별시장·광역시장·특별자치시장·도지사·특별자치도지사 또는 시장·군수·구청장, ③ 수사기관, ④ 분쟁의 당사자인 소비자, ⑤ 그 밖에 분쟁해결을 위하여 필요하다고 인정되어 대통령령으로 정한 자의 요청에 따라 사업자의 신원정보 등 대통령령으로 정하는 자료를 제공함으로써 그 분쟁의 해결에 협조하여야 한다(제3항).

(3) 사이버몰 운영자의 표시의무

전자상거래를 하는 사이버몰의 운영자는 소비자가 사업자의 신원 등을 쉽게 알 수 있도록 ① 상호 및 대표자 성명, ② 영업소가 있는 곳의 주소(소비자의 불만을 처리할 수 있는 곳의 주소를 포함한다), ③ 전화번호·전자우편주소, ④ 사업자등록번호, ⑤ 사이버몰의 이용약관, ⑥ 그 밖에 소비자보호를 위하여 필요한 사항으로서 대통령령으로 정하는 사항을 총리령으로 정하는 바에 따라 표시하여야 한다(제10조 제1항).

제1항에 따른 사이버몰의 운영자는 그 사이버몰에서 이 법을 위반한 행위가 이루어지는 경우 운영자가 조치하여야 할 부분이 있으면 시정에 필요한 조치에 협력하여야 한다(제2항).

사이버몰 운영자의 표시방법으로는 제10조 제1항의 사항을 소비자가 알아보기 쉽도록 사이버몰의 초기 화면에 표시하여야 한다. 다만, 법 제10조 제1항 제5호의 사항은 소비자가 연결 화면을 통하여 볼 수 있도록 할 수 있다(동법 시행규칙 제1조).

전자상거래를 하는 사이버몰의 운영자는 제1항에 따라 표시한 사항의 진위 여부를 소비자가 쉽게 확인할 수 있도록 공정거래위원회가 법 제12조제4항 및 동법 시행령 제19조에 따라 정보를 공개하는 사업자정보 공개페이지를 사이버몰의 초기 화면에 연결하여야 한다(시행규칙 제2조).

전자상거래를 하는 사이버몰의 운영자로서 출력에 제한이 있는 휴대전화 등과 같은 기기를 이용하여 거래하는 사업자는 법 제10조 제1항 제1호부터 제6호까지의 사항이 사이버몰의 화면에 순차적으로 나타나도록 할 수 있다. 이 경우 대표자 성명, 사업자등록번호 및 사이버몰의 이용약관은 그 내용을 확인할 수 있는 방법을 화면에 나타나게 하는 것으로 대신할 수 있다(시행규책 제3조).

7. 통신판매중개자의 책임

(1) 통신판매중개자의 의의

전자상거래소비자보호법상 통신판매중개란 사이버몰(컴퓨터 등과 정보통신설비를 이용하여 재화등을 거래할 수 있도록 설정된 가상의 영업장을 말한다)의 이용을 허락하거나 그 밖에 총리령으로 정하는 방법으로 거래 당사자 간의 통신판매를 알선하는 행위를 말한다(전자상거래소비자보호법 제2조 4호). 여기서 총리령으로 정하는 방법이라 함은 자신의 명의로 통신판매를 위한 광고수단을 제공하거나 그 광고수단에 자신의 이름을 표시하여 통신판매에 관한 정보의 제공이나 청약의 접수 등 통신판매의 일부를 수행하는 것을 말한다(동법 시행규칙 제3조).

결국 전자상거래소비자보호법상 통신판매중개행위란 사이버몰의 이용 허락에 의하여 거래 당사자 간의 통신판매를 알선하는 행위 또는 자신의 명의로 통신판매를 위한 광고수단을 제공하거나 그 광고수단에 자신의 이름을 표시하여 통신판매에 관한 정보의 제공이나 청약의 접수 등 통신판매의 일부를 수행하는 방법으로 거래 당사자 간의 통신판매를 알선하는 행위를 말한다.

통신판매중개가 성립하기 위한 요건으로 ① 구매자와 중개자, 판매자와 중개자 간의 통신판매 중개계약의 존재, ② 중개자가 사이버상 중개시스템을 갖출 것, ③ 판매자와 구매자간 계약이 성립하여 유효하게 효력을 발생할 것을 들기도 한다.[53)]

(2) 통신판매중개자의 유형[54)]

통신판매중개자는 중개행위유형에 의하여 구분할 수 있고, 통신판매중개자가 통신판매업자인지에 따라서 구분할 수 있다. 전자는 다시 사이버몰의 이용 허락에 의한 거래당사자간 거래의 소극적 알선을 행하는 자, 정보제공형 알선자, 거래관여형 알선자로 나눌 수 있다.

53) 노종천, E-Commerce에서 통신판매중개자의 법적 지위와 책임, 민사법학 39-1호, 2007, 284-293면.

54) 통신판매중개자의 유형에 대해서는 오병철, 재산법연구, 제26권 제1호, 2009.6., 187~194면 참조.; 통신판매중개자에 대해서는 고형석, 한국에서 통신판매중개자의 법적 규율 - 오픈마켓에서의 소비자보호를 통한 전자상거래의 활성화를 중심으로-, 소비자법연구 제2권 제2호, 2016.9., 127-151면.

1) 사이버몰 이용허락에 의한 거래당사자간 거래의 소극적 알선 먼저 통신판매중개자는 "사이버몰의 이용을 허락하여 거래당사자간의 통신판매를 알선하는 자라고 할 수 있다. 여기서는 사이버몰의 이용허락에 중점을 두어 당사자들이 거래하도록 소극적으로 알선하는 유형을 말한다. 즉 자신이 사이버몰을 만들어 놓고 여기에서 통신판매업자들이 거래를 할 수 있도록 사이버몰의 이용허락을 해주는 유형이며, 오프라인으로 비유하면 시장을 만들어서 그 점포에 상인을 입점 시키는 형태와 매우 유사하다고 할 수 있다.[55] 현재 우리 실정에서 통신판매의 일부를 수행하지 아니하고 단순히 사이버몰만을 만들어 놓고 각각의 통신판매자가 고유하게 계약을 체결할 수 있도록 이용을 허락하는 영업모델은 거의 찾아볼 수 없다.

전자상거래를 하고자 하지만 전자상거래 사이트를 제작하고 운영할 기술적 능력이나 자금력이 갖추고 있지 않는 자도 손쉽게 전자상거래를 할 수 있도록, 미리 규격화해서 만들어둔 전자상거래 사이트 모델을 갖춰 놓고 다수의 사람들에게 제공하는 이른바 "쇼핑몰 솔루션 제공자"도 사이버몰 이용허락자와 외형상 크게 다르지 않기 때문에 전자상거래 솔루션 제공자도 통신판매중개자에 해당되는가는 논란의 여지가 있다.[56]

쇼핑몰 솔루션을 제공하는 자는 쇼핑몰 솔루션을 구성하는 소스코드 자체의 권리를 전자상거래업자에게 이전하는 것이 아니라. 쇼핑몰 솔루션 프로그램의 이용을 허락하는 것이지만 동법에서 이용을 허락하는 경우도 통신판매중개의 개념에 포섭할 수 있기 때문에 통신판매중개자인지가 문제된다. 동법의 정의는 "사이버몰의 이용을 허락"하여 통신판매를 알선하는 경우를 말하기 때문에 단순히 이용의 허락에 그치는 것이어서, 이 경우 이론적으로나 현실적으로 쇼핑몰 솔루션 제공자를 통신판매중개자라고 보기는 어렵다.

2) 정보제공형 알선자 통신판매 알선자를 다시 정보제공형 알선자, 거래관여형 알선자로 구분하기도 한다. 먼저 동법 제2조의 통신판매중개자 개념정의와 동법 시행규칙 제3조에 따르면, "자신의 명의로 통신판매를 위한 광고수단을 제공하

---

55) 이러한 비유(analogy)는 통신판매중개자가 통신판매자의 행위에 대해 여하한 책임도 부담하지 않는다는 논거로 종종 사용된다.

56) 상호, 운영자, 주소, 상품이미지 등만 공란으로 둔 상태로 쇼핑몰 사이트를 제작하여 쇼핑몰 운영자에게 그 쇼핑몰 사이트 프로그램을 제공하여 그가 원하는 대로 공란을 손쉽게 채워서 쇼핑몰 사이트를 완성시킬 수 있도록 제공하는 것을 말하며, 쉽게 비유하면 표준 건축 설계도를 가지고 상점의 외형만 지어서 상점을 넘겨주는 것과 유사하다.

거나 그러한 광고수단에 자신을 이름 표시하여 통신판매에 관한 정보의 제공으로 거래 당사자간의 통신판매를 알선하는 행위"를 하는 자도 통신판매중개자에 해당된다. 이러한 유형을 정보제공형 알선자라고 할 수 있다.[57)]

정보제공형 알선자로 '전자게시판 서비스제공자'를 들 수 있다. 전자게시판을 통하여 정보를 제공하는 자는 해당 게시판을 이용하여 통신판매 또는 통신판매중개가 이루어지는 경우 소비자피해가 발생하지 않도록 해야 한다(전자상거래소비자법 제9조의 2). 즉 통신판매업자자 통신판매중개업자로 하여금 전자상거래법에 따른 의무를 준수하도록 안내하고 권고해야 하며(동조 제1항 1호), 게시판 이용 통신판매업자등과 소비자 사이에 이 법과 관련하여 분쟁이 발생한 경우 소비자의 요청에 따라 제33조에 따른 소비자피해 분쟁조정기구에 소비자의 피해구제신청을 대행하는 장치를 마련하고 대통령령으로 정하는 바에 따라 운영하여야 한다(2호). 또한 그 밖에 필요한 사항으로서 대통령령으로 정하는 사항을 이행하여야 한다(3호).

전자게시판서비스 제공자는 게시판 이용 통신판매업자등에 대하여 제13조 제1항 제1호 및 제2호의 신원정보를 확인하기 위한 조치를 취하여야 한다(제9조의2 제2항). 또한 전자게시판서비스 제공자는 게시판 이용 통신판매업자등과 소비자 사이에 분쟁이 발생하는 경우, 제33조에 따른 소비자피해 분쟁조정기구, 공정거래위원회, 시·도지사 또는 시장·군수·구청장의 요청에 따라 제2항에 따른 신원 확인 조치를 통하여 얻은 게시판 이용 통신판매업자등의 신원정보를 제공하여 그 분쟁의 해결에 협조하여야 한다(제9조의 2 제3항).

정보제공형 알선자는 통신판매에 관한 광고나 정보를 자기의 명의로 제공하는 것에 그치므로 통신판매에 관한 계약체결과정에는 전혀 관여하지 아니한다. 정보제공형 알선자가 되기 위한 요건은 크게 3가지로 구성해 볼 수 있다. 첫째는 자기의 명의 또는 자신의 이름을 표시하여야 한다는 점이다. 그러므로 단순히 자신의 사이트에서 타인명의의 광고팝업창을 띄우거나 타인명의의 배너광고를 노출시켜서 광고나 정보제공을 하는 경우에는 전자상거래소비자법상 통신판매중개자가 되지 못한다.

둘째로 타인의 통신판매에 관한 광고수단이나 정보를 제공하여야 한다. 광고수

---

57) 전자상거래보호법상의 개념정의는 지나치게 모호하고 혼란스러울 뿐이다. 통신판매와 전자상거래의 용어법의 혼란부터 시작해서 통신판매와 통신판매중개의 개념정의, 각 규정의 주체의 명확성 등 실체법적 의미를 갖는 거의 모든 규정이 여전히 입법적으로 잘 정돈되지 않은 상태이다.

단이나 정보를 제공하는 수준을 넘는 행위는 통신판매의 계약체결 단계에 개입하는 것이 되고 그 경우에는 후술하는 거래관여형 알선자에 해당된다고 보아야 할 것이다.

셋째로 실질적으로 통신판매를 알선하여야 한다. 단순히 통신판매하는 물품에 대해 소비자의 입장에서 자신의 명의로 이용후기나 상품평을 게재하는 것은 통신판매를 알선하는 행위에 해당된다고 볼 수 없으므로 '통신판매중개자'라고 볼 수 없을 것이다. 그렇다면 현실생활에서 정보제공형 알선자라함은 검색엔진을 통해 상품나열식 정보제공을 하는 포털사이트,[58] 가격비교정보를 전문적으로 제공하는 가격비교사이트를 말한다고 할 수 있다. 이러한 정보제공형 알선자가 통신판매에 미치는 실질적인 영향은 오직 통신판매에 관한 정보를 제공해서 소비자가 통신판매를 하게 되는 동기를 부여하는 것에 그친다. 통신판매 계약체결을 위해서는 별도의 통신판매사이트로 이동을 하므로 소비자도 정보제공과는 별도로 계약체결이 완전히 별도의 주체에 의해 이루어지는 것이라는 점을 잘 인식하고 있고, 정보제공형 알선자가 통신판매의 계약체결이나 이행과정 어디에도 전혀 개입하지 않는다는 점도 명확하다.

3) 거래관여형 알선자　다음으로 거래관여형 알선자는 "자신의 이름을 표시하여 통신판매에 관한 청약의 접수 등 통신판매의 일부를 수행하는 것에 의하여 거래 당사자 간의 통신판매를 알선하는 행위"를 하는 자라고 할 수 있다. 자신의 이름을 표시하여 타인의 통신판매의 청약을 접수한다는 것은 의사표시의 수령상대방으로서의 지위가 인정되므로 법이론적으로 보면 타인의 통신판매 계약체결의 수동대리행위를 하는 것이라고 평가 할 수 있다. 이는 단순히 광고나 정보를 제공하는 것에 그치는 것이 아니라 계약체결과정에 관여하는 것이므로 통신판매 계약체결 과정의 참여자로서의 지위에 선다.

온라인에서 전형적인 예로서는 "G마켓"이나 "옥션" "11번가"와 같은 오픈마켓을 들 수 있다.[59] 오픈마켓의 사이트에 접속하여 그 사이트 내에서 개별적인 통신판매자의 물품을 선택하되 계약체결을 통일적으로 오픈마켓의 화면에서 하므로 소

58) 포털사이트가 정보제공형 알선자로서 뿐만 아니라 직접 통신판매업자로서 활동하는 경우도 있다. 근래에는 대개의 포털사이트는 정보제공형 알선자인 통신판매중개자로서 역할에 더 충실하고 있다.

59) 인터넷쇼핑몰은 시장유형에 따라서 '오픈마켓', '단독몰', '입점형 인터넷쇼핑몰(입점몰), '링크배너를 제공하는 몰' 등의 형태로 구분하기도 한다. 노종천, 앞의 논문, 293-294면.

비자의 입장에서 보면 오픈마켓을 상대로 계약을 체결한다는 인식을 갖게 한다. 또한 할인쿠폰의 발행, 마일리지 적립, 사이버머니의 이용 등 통신판매의 이행과정에서도 오픈마켓은 일정한 역할을 수행하므로, 소비자는 오픈마켓이 통신판매 주체이지만 상품의 보관이나 물류의 편의를 위해 배송만 타인에게 내부적으로 의뢰하는 형태와 구분하는 것이 용이하지 않다.

오픈마켓에서 상품을 판매하고자 하는 개인 및 사업자는 오픈마켓운영자의 홈페이지상의 '등록시 유의사항'을 확인하고 판매서비스 이용약관에 동의한 후, 일정한 판매자정보(이름, 주민등록번호, 사업자등록번호, 주소, 전화번호, 결제계좌번호 등)를 입력하면 회원으로 가입되고, 판매자는 오픈마켓운영자가 운영하는 판매자거래관리시스템 프로그램 등을 다운받아 이를 통하여 상품의 등록, 판매, 배송 등 판매와 관련된 일체의 업무를 수행하며 판매대금의 8-12%에 해당하는 금액을 공제한 금액을 오픈마켓운영자로부터 지급받는다.

오픈마켓 운영업체의 주수입원이 판매대금의 8-12%에 해당하는 중개수수료이며, 물품의 종류, 거래금액 등에 따라 차별적으로 부과된다. 오픈마켓은 중개수수료 이외에도 물품 등록시의 등록비, 광고효과가 있는 특정서비스 이용에 대한 부가서비스 이용료 등을 수취하고 있으며, 수수료 매출 이외에 광고를 통한 수입도 새로운 수익원으로 하고 있다. 결제에서는 소비자보호를 위하여 오픈마켓운영자의 프로그램에서 결제업자로 연결되는 방식을 취하고 있으며, 오픈마켓 운영자가 결제에 대한 매출전표를 구매자에게 발행하는 것이 일반적이다. 결국 오픈마켓은 단순히 판매자와 구매자간의 판매장소만을 제공하는데 그치지 않고, 거래단계 전반에 걸쳐서 관여한다.[60)]

이처럼 오픈마켓도 자신의 지배적인 명성이나 신용을 소비자에게 내세워 통신판매를 유도하고 소비자 역시 오픈마켓을 신뢰하고 통신판매하는 것이니 만큼 오픈마켓 역시 통신판매에 일정한 관여자로서 참여하는 것이라고 보아야 할 것이다. 이러한 점에서는 확연히 정보제공형 알선자와는 구별된다.

(3) 통신판매자와 통신판매중개자의 구별표지

위에서 살펴본 것처럼, 어떤 사업자가 인터넷 상에 사이버몰을 설치해 놓고, 다

---

60) 오픈마켓의 운영에 대해서는 박수영, 통신판매중개자의 지위·의무·책임-오픈마켓을 중심으로-, 2013년 한국소비자법학회 춘계학술대회 자료집, 2013.5., 67면 참조.

른 사업자들이 그 사이버 몰에서 자기의 재화 등에 대한 광고를 하고 소비자로부터 직접 청약을 받아 판매를 할 수 있도록 하는 경우, 사이버몰을 개설한 사람은 통신판매중개자로 볼 수 있고(예컨대 옥션, G마켓, 11번가 등 온라인 마켓플레이스 등), 그 사이버몰에서 재화 등을 광고하고 판매한 자는 통신판매사업자(전자상거래사업자)로 볼 수 있다.

그렇다면 양자를 어떠한 표지로 구분할 것인가. 통신판매를 업으로 하는 자와 '그와의 약정에 따라 통신판매 업무를 수행하는 자'를 통신판매업자로 하고 있는 전자상거래소비자법의 입법취지까지 고려하여 해석하는 것이 필요하다.

먼저 누가 판매계약의 당사자인가가의 결정문제로서 계약당사자의 확정과 관련된다. 계약당사자의 확정문제는 계약의 효력을 누구에게 귀속시키느냐의 문제인데 여기서는 실제 계약의 당사자성이 문제가 되는 것이 아니고, 계약의 내용과 밀접한 관련을 맺는 문제이기 때문에 명의가 누구인지 또는 사업자의 일방적 표시나 고지에 의해 결정될 문제가 아니라 실질적인 계약 내용이나 급부의 귀속관계를 가지고 검토하여야 한다.

특별법상의 소비자계약법에서는 매매라는 용어 대신에 판매라는 용어를 사용하고 있지만(방문판매·통신판매 등[61]), 민법상의 매매에 해당한다고 볼 수 있다. 매매의 대상은 재산권으로서 물건이나 권리 모두 가능하다. 따라서 재화나 용역에 대한 구입권의 매매도 가능하다.[62] 매매계약 당사자의 급부 내용은 재산권의 이전과 대금의 지급이다. 매수인은 재산권의 가치와 대가적 의미있는 금원을 매도인에게 전액 지급하게 된다. 통상 소셜커머스에서 50%의 가격으로 재화나 용역을 공급하는 구입권의 가격을 책정한다 할지라도 이를 보수나 수수료라고 보기보다는 매매목적물과 일시적 계약관계인 매매계약에서는 당사자간에 계약이 체결되고 급부가 이행되면 당사자들은 계약의 목적을 달성하게 되고 당사자간의 법률관계는 종료하게 된다. 이를 종국적 계약관계라고 부를 수도 있겠다.

매도인이 소유권이나 처분권을 가져야 하는가에 대해서는 부정하여야 할 것이

61) 판매를 포함하는 넓은 의미로 사용하고자 하는 경우에는 거래라는 표현을 사용한다. 예컨대 할부거래, 전자거래 등이다.

62) 권리의 양도와 권리의 매매의 차이점은 권리의 양도에서는 채무자, 즉 소셜커머스상 공급자에 대한 통지만 있으면 대항요건을 갖추게 되지만(민법 제450조 제1항), 권리의 매매인 경우에는 소셜커머스 사업자와 소비자간 재화나 용역의 권리 이전과 대금의 지급에 대한 당사자간의 합의가 있어야 한다는 점에서 차이가 있다.

다. 우리 민법은 타인의 권리의 매매의 유효성을 전제로 한 제569조의 규정을 두고 있을 뿐만 아니라,[63] 매도인에게 물건이나 권리에 대한 소유권자이거나 처분권자임을 요구하고 있지 않기 때문이다. 다만 매도인은 권리를 취득하여 매수인에게 이전하면 되고, 만약 재산권 이전의무를 위반하게 되면 담보책임 내지 채무불이행 법리에 의하여 책임을 부담하면 될 뿐이다. 판례도 수분양권의 매매에서 원칙적으로 매도인은 매수인으로 하여금 그 수분양권에 근거한 목적물의 소유권을 취득할 수 있도록 하여줄 의무가 있지만, 수분양권에 근거하여 목적물에 관한 소유권을 취득한 다음 매수인 앞으로 소유권이전등기를 마쳐 줄 의무까지는 없다고 하고 있다.[64]

이에 대해서 중개계약의 급부내용은 계약체결의 기회 소개 및 계약체결의 알선과 보수(알선료)의 지급이다. 통상 보수는 재화나 용역의 가치에 상당하지 않은 가액이다. 중개계약의 내용이 매매의 알선인 경우에 의뢰인들은 중개인과 위임 혹은 중개계약을 체결하고, 중개인은 양 당사자에게 소개 및 알선을 하게 된다. 따라서 의뢰인과 중개인 사이에 중개계약에 따라 급부(소개 및 알선)가 이루어져도 의뢰인은 중개인의 소개 및 알선에 따라 의뢰인의 목적달성을 위한 진정한(본래의) 혹은 제2차적 계약체결로 나아가야 한다. 이러한 제2차적 계약체결로는 재화의 매매일 수도 있고(매매계약), 시설물에 대한 사용일 수도 있고(임대차계약), 노무의 제공(고용계약), 일의 완성(도급계약), 사무의 처리(위임계약)일 수도 있고, 혼합계약(숙박계약·여행계약)일 수도 있고 무명계약(의료계약·컨설팅계약)일 수도 있다.

오픈마켓에서 구매자는 오픈마켓사업자에게 대금을 지급하지 않고 오픈마켓상의 판매자에게 대금을 지급하고, 다만 오픈마켓은 결제가 용이하게 이루어지도록 방법을 제공하는 역할을 하는데 전형적인 통신판매중개업자로 보아야 한다. 중개계약에서는 이처럼 제2차적인 계약에 따라 급부가 이행되어야 의뢰인의 진정한 계약목적은 달성되는 것이다.

요컨대, 양자의 결정적인 구분 표지는 계약당사자 사이의 종국적인 계약인 것인지 여부, 재화나 용역의 가치에 상당한 정도의 대금의 수수인지 여부 및 그에 대한 귀속 등에 따라 판단되어야 할 것이다.

---

63) 판례도 타인 권리의 매매의 유효성을 인정하고 있다. 대판 1966.4.6. 66다267.

64) 대판 2006.11.23. 2006다44401.

(4) 통신판매중개자의 책임의 종류

1) 표시광고 주체로서의 책임 통신판매중개자는 자신의 이름으로 된 오픈마켓의 영업활동을 위해 오픈마켓 그 자체에 관한 광고를 하게 된다. 이 경우 통신판매중개자는 개별적인 통신판매에 대한 광고를 하는 것이 아니라 오픈마켓 자체에 대한 광고를 하는 사업자로서 "표시·광고의 공정화에 관한 법률"의 적용을 받게 될 것이다. 표시광고법 제10조 1항에서는 "거짓·과장의 표시·광고", "기만적인 표시·광고", "부당하게 비교하는 표시·광고", "비방적인 표시·광고"등 부당한 표시·광고 행위를 함으로써 피해를 입는 자가 있는 경우에는 당해 피해자에 대하여 손해배상의 책임을 지도록 규정하고 있다. 동조 제2항에서는 이 책임을 무과실책임으로 명시하여 면책의 여지를 봉쇄하고 있다. 따라서 통신판매중개자는 오픈마켓 자체에 대한 광고에 대해서는 고의·과실이 없더라도 이와 같은 무과실 책임을 개별적인 통신판매와는 무관하게 부담한다.

대법원은 인터넷쇼핑몰(오픈마켓)에서 통신판매중개의뢰자의 허위광고에 대하여 「사이버몰 운영자가 입점업체의 광고행위에 대하여 입점업체와 공동으로 또는 입점업체와 독립하여 광고행위의 주체로서 행정적 책임을 지는지 여부는 사이버몰 운영자와 입점업체 사이의 거래약정의 내용, 사이버몰 운영자의 사이버몰 이용약관의 내용, 문제된 광고에 관하여 사이버몰 운영자와 입점업체가 수행한 역할과 관여 정도, 광고의 구체적 내용은 물론 광고행위의 주체에 대한 소비자의 오인가능성 등을 종합하여 구체적·개별적으로 판단하여야 하고, 사이버몰 운영자가 입점업체의 광고행위에 대하여 그 주체로서 표시·광고의 공정화에 관한 법률 제3조, 제7조 제1항에 의한 행정적 책임을 진다고 볼 수 없다」[65]고 한다. 이는 통신판매중개의뢰자인 입점업체의 오픈마켓에서의 표시·광고행위를 통하여 입점업체의 존재와 책임소재를 파악할 수 있고, 소비자에게 오인가능성이 없는 경우에는 그 표시·광고행위에 대한 책임은 통신판매업자가 부담하지만, 다만 오픈마켓운영자인 통신판매중개자가 표시·광고행위의 주체로서 오인할 가능성이 이쓴 경우에는 오픈마켓운영자에게 그 책임을 지울 수 있다는 것이다.

오프라인 광고에 대한 통신판매중개자의 책임[66]에 대한 의결로서, 피심인은 3

---

65) 대판 2005.12.22, 2003두8296; 이 사건 원심(서울고법 2003.7.8, 2002누16872)은 광고의 행위주체를 오픈마켓운영자로 보아 공정거래위원회가 내린 시정명령 및 법위반사실공표명령은 정당하다고 하였다.

차례에 걸쳐 무료신문 데일리포커스를 통해 "반값 특가 이벤트"라는 제하에 107개 상품에 대해 광고하며 이중 82개 상품에 대해 최근에 자신의 쇼핑몰에서 판매한 가격이 아닌 객관적 근거가 없는 비교 가격을 제시하는 방법으로 광고한 사실이 있다. 또한 자신의 인터넷 쇼핑몰 홈페이지를 통해 "오늘의 반값"등의 표현으로 자신의 쇼핑몰에서 특별히 저렴한 가격으로 판매하는 것처럼 광고하였다. 이에 대해 공정위는 '객관적 근거 없는 할인 전 가격을 광고하여 자신의 사이버몰에서 판매되는 해당 상품들의 할인율이 실제보다 더 큰 것처럼 소비자를 오인시킬 우려가 있는 부당한 광고행위를 하여서는 아니 된다'고 의결하였다.

2) 계약관여자로서의 책임 전자상거래소비자보호법 제20조의 2는 통신판매중개자는 통신판매와 관련하여 제20조 제1항의 고지를 하지 아니한 경우 통신판매중개의뢰자의 고의 또는 과실로 소비자에게 발생한 재산상의 손해에 대하여 중개를 의뢰한 자와 연대하여 배상할 책임을 지도록 규정하고 있다. 이 연대손해배상책임은 소비자보호를 위해 통신판매중개자가 부담하는 일종의 법정책임으로 성격을 규명하는 것이 다수의 학설[67]이지만, 소비자에 대한 통신판매중개의뢰자 정보제공의무위반에 따른 책임으로 보는 견해,[68] 상법상 중개인의 개입의무에 따른 책임으로 보는 견해, 계약당사자로서의 혼동의 우려에 따른 책임으로 보는 견해,[69] 외관주의에 따른 거래의 안전을 위한 책임으로 보는 견해[70] 등이 있으나, 좀 더 구체적으로는 일종의 법정책임이면서도 실질적으로 통신판매의 일부를 수행하는 "거래관여형 알선자"에게 거래관여와 그로 인한 수익에 따라 부담시키는 형평책임 내지는 보상책임의 일종이라고 보아야 할 것이다.

---

66) 공정위 2007.3.26, 2006서소2139 심결

67) 나지원, "통신판매중개에 있어서 소비자보호", 『인터넷법률』, 제29호, 2005. 114면 이하: 정완용, 앞의 책(추록), 24면.

68) 이병준, 민법상 전형계약으로서의 중개계약과 중개인의 책임, 법학연구 제42권 제1호, 부산대학교, 17면 이하.

69) 통신판매중개자가 통신판매의 청약을 접수하는 등 일부를 수행하는 경우는 통신판매중개자도 통신판매의 계약당사자로 이해될 수 있다. 특히 소비자의 입장에서는 통신판매중개자가 알선만 하는 것인지 아니면 계약당사자인지 혼동할 우려가 있다. 이것이 연대책임 규정의 하나의 근거가 된다는 것이다. 오병철, 통신판매업자의 불법행위에 대한 통신판매중개자(오픈마켓)의 책임-서울중앙지방법원 2008.11.20. 2006가합46488 판결을 중심으로 -, 재산법연구 제26권 제1호, 2009.6., 191면.

70) 박수영, 통신판매중개자의 지위·의무·책임-오픈마켓을 중심으로-, 2013년 한국소비자법학회 춘계학술대회 자료집, 2013.5., 75면.

이러한 연대손해배상책임의 발생에는 ① 통신판매중개의뢰자의 고의 또는 과실에 의한 행위로 인하여 소비자에게 재산상 손해가 발생할 것, ② 중개의뢰자의 책임에 대하여 통신판매중개자의 면책을 약정하지 않거나 고지하지 않았을 것 등이 요구된다고 한다.[71] 손해발생의 원인행위에 대해서는 불법행위까지도 포함하여야 한다는 견해[72]와 통신판매중개자에게 중개의뢰인의 불법행위책임까지 부과하는 것은 너무 지나치므로 통신판매중개자가 부담하는 책임은 중개의뢰자의 채무불이행 책임에 대하여만 연대채무를 부과한다고 제한적으로 해석하는 것이 타당하는 견해[73]가 있다.

생각건대, 동법 제20조의 제2는 손해발생의 원인에 대하여 고의 또는 과실과 재산상의 손해만을 들고 있기 때문에 계약상 뿐만 아니라 계약 이외의 손해에 대하여도 일응 연대책임을 부담한다고 해석된다. 동조의 취지는 소비자를 두텁게 보호하기 위한 취지이므로 일체의 통신판매중개의뢰자의 고의 또는 과실로 인한 소비자의 재산상의 손해에 대하여 통신판매중개자도 책임을 져야 할 것이고, 따라서 '연대하여'의 의미에 대해서는 부진정연대채무로 보아야 할 것이다.

3) 공동불법행위자로서의 책임　통신판매자가 상표권을 침해한 상품을 판매하거나 부정경쟁행위를 하는 경우에 통신판매중개자의 책임에 대해서도 문제가 된다. 통신판매자가 취급하는 상품이 상표권을 침해한 위조품이거나 부정경쟁행위에 해당되는 유사품인 경우는 일상생활에서 빈번하다. 통신판매자는 당연히 거래 주체로서 그에 따른 책임을 부담하는 것이 마땅하지만, 통신판매중개자는 오로지 이러한 상품을 소비자에게 판매할 수 있도록 단순히 알선하거나 혹은 거래의 일부를 수행하는 것이므로 거래주체로서의 책임을 완전히 부담시키기는 적절하지 않다. 즉 이러한 책임은 통신판매중개자 스스로의 광고행위로 인한 자기책임도 아니고, 통신판매자와 소비자 간의 거래에 있어서의 소비자보호를 위한 법정책임도 아니며, 통신판매자와 제3자 사이의 불법행위에 대해 오픈마켓의 운영이라는 행위기여에 대한 협의의 공동불법행위 내지는 방조에 의한 불법행위 책임에 관한 문제가 된다.

이 경우 공동불법행위자로 이론구성하기 위해서는 협의의 공동불법행위(민법

71) 고형석, 통신판매중개자의 책임에 관한 연구, 법학논고 제32집, 경북대학교 법학연구원, 2010, 130-131면.

72) 고형석, 앞의 논문, 130-131면.

73) 이충훈, 인터넷통신판매중개자의 법적 책임, 인터넷법률 제38호, 41면; 이병준, 민법상 전형계약으로서의 중개계약과 중개인의 책임, 법학연구 제42권 제1호, 부산대학교, 18면 이하.

제760조 제1항) 내지 방조에 의한 불법행위(민법 제760조 제3항)의 요건을 갖추어야 한다. 먼저 협의의 공동불법행위가 되기 위해서는 행위의 공동성이 있어야 한다. 이때 판매중개의뢰자는 과실 심지어 무과실이라 할지라도 객관적으로 통신판매업자의 불법행위와 행위공동성이 있다고 인정되는 경우에는 협의의 공동불법행위책임을 부담하게 된다. 또한 행위의 공동성이 인정되지 않는다 하더라도 과실에 의한 방조행위가 인정되는 경우 민법 제760조 3항에 의한 공동불법행위가 성립하고 양자는 연대하여 손해배상책임을 지게 된다.

(5) 전자상거래등소비자보호법의 책임 규정

이미 전술하였듯이 전자상거래소비자보호법은 제20조의 2에서 통신판매중개자 및 통신판매중개의뢰자의 책임을 구체적으로 규정하고 있다. 제20조의 2 제1항은 통신판매자는 제20조제1항의 고지[74]를 하지 아니한 경우 통신판매중개의뢰자의 고의 또는 과실로 소비자에게 발생한 재산상 손해에 대해 통신판매중개의뢰자와 연대하여 배상책임의무를, 제20조의2 제2항은 통신판매중개자가 제20조 제2항에 따라 소비자에게 정보 또는 정보열람방법을 제공하지 아니하거나 제공한 정보가 사실과 달라 소비자에게 손해가 발생한 경우 통신판매의뢰자와 '연대하여' 배상책임이 있음을 규정하고 있고, 다만 소비자에게 피해가 가지 아니하도록 상당한 주의를 기울인 경우에는 그러하지 아니한 예외규정(제2항)을, 제3항은 제20조 1항에 따른 고지에도 불구하고 통신판매중개자는 제12조부터 제15조 및 제17조와 제18조에 따른 통신판매업자의 책임을 면하지 못하는 것과 예외적으로 통신판매업자의 의뢰를 받아 통신판매를 중개하는 경우 통신판매중개의뢰자가 책임을 지는 것으로 약정하여 소비자에게 고지한 부분에 대하여는 통신판매중개의뢰자가 책임을 진다라고 규정하여 소비자를 보호하고 있다.

뿐만 아니라 제4항은 통신판매중개의뢰자(사업자의 경우에 한정)도 통신판매중개자의 고의 또는 과실로 소비자에게 발생한 재산상 손해에 대하여 통신판매중개자의 행위라는 이유로 면책되지 아니한다고 규정하며, 다만, 소비자에게 피해가 가지 아니하도록 상당한 주의를 기울인 경우에는 책임을 면할 수 있음을 인정하고 있다(제4항 단서).

74) 통신판매중개자가 자신이 통신판매의 당사자가 아니라는 사실을 소비자가 쉽게 알 수 있도록 총리령으로 정하는 방법으로 미리 고지하는 것.

더 나아가 2016년에 통 제20조의3의 규정에서 소비자보호 강화를 위하여 통신판매의 중요한 일부 업무를 수행하는 통신판매중개업자의 책임규정을 두었다. 즉, 통신판매에 관한 거래과정에서 통신판매중개업자가 청약의 접수를 받는 경우에 통신판매중개업자는 통신판매업자가 ① 제13조 제2항 제5호에 따른 정보의 제공, ② 제14조 제1항에 따른 청약의 확인, ③ 그 밖에 소비자피해를 방지하기 위하여 필요한 사항으로서 대통령령으로 정하는 사항을 이행하지 아니하는 경우에는 이를 대신하여 이행하여야 한다(1호). 통신판매중개업자가 재화등의 대금을 지급받는 경우에는 ① 제7조에 따른 조작 실수 등의 방지, ② 제8조에 따른 전자적 대금지급의 신뢰 확보, ③ 그 밖에 소비자피해를 방지하기 위하여 필요한 사항으로서 대통령령으로 정하는 사항을 이행하지 아니하는 경우에도 이를 대신하여 이행하여야 한다(2호). 이 경우 제7조 및 제8조의 "사업자"와 제13조 제2항 제5호 및 제14조 제1항의 '통신판매업자'는 '통신판매중개업자'로 본다.

제3절 전자소비자계약[75]

Ⅰ. 전자소비자계약의 의의와 법적 기초

1. 전자거래와 전자계약의 관계

전자소비자계약이라는 용어는 전자계약과 소비자계약이라는 용어의 합성어이다. 따라서 동개념을 이해하기 위해서는 전자계약이라는 개념과 소비자계약이라는 개념에 대한 이해가 필요하다.

전자계약이란 의사표시의 합치가 구두 또는 서면으로 이루어지는 것이 아니라 당사자간의 약정에 의하여 전자적인 형태의 의사표시의 합치로서 성립하는 것을 말한다. 즉 전자계약이란 매매계약이나 중개계약처럼 특정한 계약의 유형을 지칭하는 것이 아니라 계약체결의 형태의 하나를 말한다. 전자계약이라는 개념을 이렇게 정의한다면 전자거래라는 개념과 반드시 일치하는 것은 아니다.[76] 전자거래는

75) 전자소비자계약에 관한 부분은 졸고, 전자소비자계약, 민사법학 38호, 2007.9., 411-462면을 수정 가필한 것이다.

전자정보처리장치 혹은 정보통신망을 통하여 전자적 방식으로 이루어지는 거래를 전자거래라고 칭하며, 법령에서는 재화 또는 용역을 거래함에 있어서 그 전부 또는 일부가 전자문서에 의하여 처리되는 거래(전자문서 및 전자거래기본법 제2조 제5호)라고 정의하고 있다.

여기서 전자문서란 청약과 승낙의 의사표시만을 가리키는 것이고 전자적 이행의 목적물을 제외한다고 볼만한 근거가 없기 때문에 오프라인상에서 계약이 체결되고 전자적 형태로 그 채무의 이행과 결제가 이루어지는 경우 비록 전자계약의 형태로 체결되지는 않았다고 하더라도 전자거래에 해당하게 된다. 즉 전자거래는 전자계약보다 더 넓은 개념이라고 할 수 있다.

전자거래의 방법으로 상행위를 하는 것을 전자상거래라고 한다(전자상거래등 소비자보호에 관한 법률 제2조 제1호).[77] 전자거래는 거래주체에 따라 다양하게 나타난다. 기업과 기업(B2B) 또는 기업과 고객(B2C), 정부와 기업(G2B), 정부와 국민(G2C), 개인과 개인(C2C)간에 전자거래가 이루어질 수 있다. 전자거래란 거래가 전자정보를 통하여 이루어지는 것으로 크게 인터넷상의 비즈니스와 네트워크를 활용하여 행해지는 계약, 주문, 배달, 그리고 대금청구 및 지불에 이르는 모든 거래행위를 포함한다.[78] 전자거래는 주로 영리를 목적으로 하여 이루어지지만 반드시 상거래에 한하지 않고 공공부문에서의 거래나 순수한 사인간의 거래에서도 이루어질 수 있기 때문에 우리나라에서는 입법시 전자거래라는 용어를 채택하였다. 따라서 전자소비자계약은 전자거래 중 기업과 소비자간의 거래(B2C)에서 만 문제된다.

전자소비자계약(Electronic consumer contracts)이라는 용어는 우리나라에서는 사용되고 있지 않고 있는데, 심지어 소비자계약이라는 용어도 아직까지 친숙한 개념은 아니다.[79] 이 용어는 일본에서 2001년 6월 29일 공포되어 동년 12월 25일부터 시행

---

76) 송오식, 가상공간법, 전남대학교출판부, 2005, 85면 이하.

77) 사전적 의미에서 거래의 의미로는 '상인과 상인 또는 상인과 고객 사이에 돈을 대차하거나 물품을 매매하는 일'과 '서로 자기의 이익에 도움이 될 사물이나 행위를 교환하는 일'이라고 되어 있어 상거래의 의미도 포섭하고 있다. 국어사전, 민중서림, 2006.

78) 송오식, 가상공간법, 전남대학교출판부, 2005, 45면.

79) 우리나라에서 소비자계약이란 용어의 최초의 사용과 이에 대한 논문은 전효숙 판사로 보인다. 전효숙, "소비자계약에 관한 고찰", 「사법논집」 제12집(1981.12), 법원행정처, 181면 이하. 그 밖에 소비자계약 용어를 사용하여 연구된 문헌으로는 소재선, 소비자계약법의 과제와 전망, 비교사법 5권 2호(1998.12), 197면 이하가 있고, 일본에서 2000년 4월에 소비자계약법의 제정 이후에 일본의 소비자계약법의 소개와 더불어 소비자계약이란 용어가 일반적으로 사용되고 있다. 이후의 논문으로는, 정종휴, 일본의 소비자계약법에 관한 연구, 소비자문제연구 제24권,

된「전자소비자계약 및 전자승낙통지에 관한 민법의 특례에 관한 법률」(이하 전자소비자계약법이라고 한다)에서 사용하고 있다. 이하에서는 전자소비자계약의 개념에 대한 선이해를 돕기 위하여 전자계약과 소비자계약의 개념에 대하여 살펴보기로 한다.

2. 소비자계약과 전자계약의 의의

소비자계약에 대해서는 이미 기술하였으므로 이하에서는 전자계약의 의의에 대해서 알아보고 전자소비자계약의 개념에 대해서 살펴보기로 한다.

(1) 전자계약의 의의와 성립

1) 전자계약의 의의 전자계약이란 청약과 승낙이라는 의사표시의 합치가 당사자간의 약정에 의하여 전자적인 형태의 의사표시의 합치로서 성립하는 것을 말한다.[80] 전자거래가 재화나 용역을 거래함에 있어서 그 전부 또는 일부가 전자문서에 의하여 처리되는 거래(전자문서 및 전자거래기본법 제2조 제5호)를 의미한다면, 오프라인에서 계약을 체결하고 온라인상에서 계약의 이행이나 대금의 지급이 이루어지는 경우나 온라인에서 계약을 체결하고 오프라인상에서 이행이나 대금의 지급이 이루어지는 경우 모두 일부가 전자문서에 의해 처리된다면 전자거래에 해당된다. 하지만 전자계약은 자연적 의사표시 대신에 전자적 의사표시(전자문서)에 의하여 계약이 체결되는 것을 말하고, 계약의 이행이나 대금의 지급은 오프라인상에서도 행해질 수 있다는 점에서 양자의 차이가 있다.

한국소비자보호원, 2001; 배성호, 일본의 소비자계약법, 비교사법 제8권 1호(상)(통권 14호), 2001; 최지현, 전자계약의 법적 제문제 -소비자계약을 중심으로- 법률행정논총(제22집 제1호), 전남대학교 법률행정연구소, 2002; 현대호, 소비자계약관련입법의 체계화방안 연구, 한국법제연구원, 2003.11; 박동진·이병준, 외국의 약관 및 소비자계약 규제 동향 및 사례연구, 공정거래위원회, 2004.12; 황진자, 소비자계약의 적정화 방안 연구, 한국소비자보호원, 2005.12; 최진구, 일본의 소비자계약법에 관한 소고, 민사법학 제32호, 한국민사법학회, 2006.9. 등이 있다. 대개의 논문은 아직까지는 비교법적 입장에서 일본의 소비자계약법과 독일의 소비자계약의 민법에의 편입 등에 대해 고찰한 것으로 보인다.

80) 전자계약은 사업자와 소비자 사이의 계약뿐만 아니라 사업자와 사업자 사이의 전자계약이 가능하다. 독일민법 제312조의 e도 이러한 전자계약의 전제하에 계약체결 이전과 체약이행 이후의 광범위한 정보제공의무를 소비자(Verbraucher)가 아닌 고객(Kunden)을 효과적으로 보호하기 위한 내용으로서 고객이 사업자인 경우에도 그대로 적용된다는 점에서 방문판매나 통신판매에서의 사업자와 소비자 사이의 계약만을 적용대상으로 한 것과 구별된다. 하경효, 독일채권법의 현대화(김형배 외 5인 공저), 2003, 142면.

전자계약에서는 의사표시가 전자문서로 행해진다는 점이 주요한 특징인데, 전자문서는 종이문서와 달리 가시성·가독성이 없지만, 오늘날에는 전자문서의 문서성을 법률로 인정함으로서 이 문제를 해결하고 있다.[81)]

미국 UCC 제2편에서 종래부터 요구되어 온 서면 요건 즉 500달러 이상의 상품매매계약에는 서면 및 법적으로 구속되는 당사자의 서명이 필요하다는 요건을 대폭 수정하고 있다. 즉, 금액을 대폭 상향조정하여 5,000 달러 이상의 상품매매계약에 있어서 서면을 요구하고 그 서면요건은 전자문서에 의하여도 충족되는 것으로 규정하였다.[82)]

2) 계약의 성립　계약의 성립과 관련한 법적 쟁점으로는 청약의 유인 혹은 청약으로서 홈페이지의 문제와 의사표시의 효력 발생시기와 관련하여 격지자간의 계약의 성립시기이다.

첫 번째 쟁점을 먼저 살펴보면, 일반적으로 전자쇼핑몰의 홈페이지에는 배너를 통해서 상품을 광고하기도 하고 텍스트나 그래픽의 형태로 상품이나 급부를 제공할 수 있다. 이 경우 홈페이지를 통하여 상품이나 급부를 제공할 때, 그 제공이 이른바 '청약의 유인'인지 민법 제527조의 '청약'에 해당하는지 문제된다. 전통적인 거래에서도 청약과 청약의 유인의 구별이 문제되는데, 특히 사이버몰에서 이루어지는 거래에서 그 비대면적인 특성 때문에 종종 이와 관련한 어려운 문제가 발생한다. 인터넷 홈페이지에서 상품, 가격, 품질, 배송방법 등 계약의 조건을 제시하고 있는 경우가 보통인데, 이것을 청약으로 볼 것인지 아니면 청약의 유인으로 볼 것인지가 문제된다.

기본적으로 청약과 청약의 유인의 구별은 표의자의 승낙이 있으면 계약을 성립시키겠다는 확정적 의사표시가 있는지 여부를 기준으로 판단하나,[83)] 전자계약의 경우 「전자상거래등 소비자보호에 관한 법률」 제2조 제2호에서 '재화 또는 용역의

81) 즉 전자거래기본법 제4조 제1항은 "전자문서는 다른 법률에 특별한 규정이 있는 경우를 제외하고는 전자적 형태로 되어 있다는 이유로 문서로서의 효력이 부인되지 아니한다."고 하여 전자문서의 문서성을 인정하고 있다.

82) Section 2-201(a) of (Draft) Revision of Uniform Commercial Code Article 2(Sales), August, 2001: "A contract for the sale of goods for the price $ 5,000 or more is not enforceable by way of action or defence unless there is some record sufficient to indicate that a contract has been made between the parties and authenticated by the party against which enforcement is sought or by its authorized agent or broker.…"

83) 대판 2003.5.13. 2000다45273.

판매에 관한 정보(예컨대 상품 카탈로그, 가격표시, 음식메뉴)를 제공하고[84] 소비자의 청약을 받아'라고 규정하여 정보의 제공을 청약의 유인으로 전제하고 있는 것과 당사자 사이의 이해관계(가령 재고량, 상대방의 변제자력에 대한 위험)를 고려한다면 비록 확정조건의 제시가 있었다 하더라도 이를 청약의 유인으로 보는 것이 일반적이다.[85]

그러나 청약자의 다른 의사표시가 없는 한 자동화된 컴퓨터프로그램을 통하여 사람의 개입 없이 자동으로 계약의 성립과 이행이 이루어지도록 하였다면 이는 단순한 청약의 유인이라기보다는 구매자로부터 구입하겠다는 의사가 있는 경우 즉시 이에 구속되겠다는 의사가 있는 것으로 보아서 웹 사이트에서 단순한 거래조건의 제시에 그치는 것이 아니라 사이버몰에서 재화를 구입하겠다는 의사로서 아이콘을 선택한 다음 사이버몰의 운영자가 제시하는 양식에 따라 인적사항과 배송을 희망하는 주소지를 기재하고 즉시 결제를 요구하는 절차를 거치도록 되어 있는 경우에는 특별한 사정이 없는 한 웹 사이트의 게시는 이를 구속력 있는 청약이라고 볼 것이다.[86] 즉 청약의 유인인지 청약인지의 여부는 홈페이지의 객관적 표시가치, 즉 홈페이지의 종류나 게시하고 있는 상품의 종류에 따라서 결정된다고 할 수 있다.[87]

두 번째 쟁점인 의사표시의 효력의 발생시기와 관련하여, 전자계약의 체결이 대화자 사이의 거래인지 격지자 사이의 거래인지의 문제가 있다. 이는 우리 민법이 대화자간의 계약 성립시기에 관해서 특별한 규정을 두고 있지 않기 때문에 의사표시의 효력발생시기에 관한 원칙인 도달주의에 입각하여 승낙의 의사표시가 상대방에게 도달한 때 계약도 성립한다고 해석하면 되나, 격지자간의 거래인 경우에는 민법 제531조에 의하여 승낙의 통지를 발한 때 계약이 성립한다고 하고 있어 발신주의를 취하고 있기 때문이다.[88]

---

84) 학설에서도 홈페이지를 통하여 단지 상품을 광고할 뿐이고, 주문기능을 갖고 있지 아니한 경우에는 청약의 유인으로 보고, 주문기능을 가지고 있는 경우에는 명시적으로 상품게시가 청약으로서의 의미가 있다는 사실을 안내하지 않는 한 청약의 유인으로 보아야 한다고 한다. 배대헌, 정보사회로의 변혁과 민사법상 수용에 관한 연구, 민사법학 제20권, 2001, 282면; 김민중, 인터넷법학의 민사법적 과제와 체계, 인터넷법학 제2호, 법무부, 2003, 303면.

85) 사법연수원, 전자거래법연구(노태악 집필부분), 2012, 65면. 공정거래위원회가 제정한 전자상거래(인터넷 사이버몰) 표준약관 제10조 제2항에서는 계약의 성립시기를 정하면서 웹사이트의 게시를 청약의 유인으로 보는 전제하에서 회원의 청약에 대하여 사이버 몰의 승낙을 필요로 하는 것으로 규정하고 있다.

86) 사법연수원, 위의 책, 56면. 이와 관련해서는 서울지방법원 2002.5.30. 선고 2001가단324872.

87) 김민중, 앞의 논문, 302면.

88) 2001년 확정된 법무부의 민법개정안에 의하면, 민법 제531조를 개정하여 격지자간의 계약의

인터넷을 통하여 전자계약이 이루어지는 경우 이를 대화자간의 계약이라고 보면 승낙의 의사표시가 도달하였을 때 계약이 성립하고(도달주의), 격지자간의 계약이라고 본다면 승낙의 의사표시를 발신하였을 때 계약이 성립한다(발신주의). 물론 격지자간의 계약의 경우에도 승낙기간을 정한 경우(민법 제528조 제1항)와 그렇지 않은 경우(민법 제529조)로 나누어 발신주의에 다소 제한을 가하고 있다.

이에 관하여 원칙적으로 격지자간의 의사표시로 보아야 한다는 견해[89]와 전자거래에서는 비록 격지자라 하더라도 의사표시의 발송과 도달이 거의 동시적 또는 실시간으로 이루어지고 또한 발신자로서는 의사표시의 부도달을 용이하게 알 수 있기 때문에 대화자간으로 보아야 한다는 견해[90] 및 전자거래의 방법은 매우 다양하므로 일률적으로 대화자간의 거래나 격지자간의 거래라고 단정할 수 없고, 인터넷폰이나 화상회의의 경우에는 대화자간의 거래라고 볼 수 있고, 채팅의 경우에도 대화자간의 거래라고 보는 견해[91] 등이 있다.

생각건대 인터넷에서의 전자문서의 교환은 비록 물리적·거리적으로는 멀리 떨어져 있다 하더라도 오늘날 통신기술과 인터넷기술의 발달로 인하여 거의 실시간으로 이루어지고 있다. 따라서 전자메일과 같은 전자사서함을 사용하는 것처럼, 일정한 시간적 간격을 두고 이루어지는 의사표시 이외에는 인터넷상에서 이루어지는 거래는 대화자간의 거래라고 보아야 할 것이고 입법론적으로도 그렇게 함으로써 오늘날 민법 제528조와 제531조를 둘러싸고 나누어지는 첨예한 견해의 대립

성립시기에 관하여 발신주의를 버리고 도달주의를 채택하였다. 따라서 이에 대한 논의의 실익은 적어진다.

89) 표의자와 수령자의 컴퓨터가 물리적으로 분리되어 있으며, 발신과 도달이 동시에 일어나지 않고 발신과 도달이 전자사서함에 저장되는 경우도 있기 때문에 격지자간의 거래라고 한다. 지원림, 자동화된 의사표시, 저스티스 제31권 제3호, 1998, 53면; 한삼인·김상명, 전자상거래의 법리에 관한 연구, 비교사법 제11호, 1999.12., 722면; 이철송, 전자거래기본법의 개정방향, 인터넷법률 제5호, 2001.3, 법무부, 16면.

90) 배대헌, 정보사회로의 변혁과 민사법상 수용에 관한 연구, 민사법학 제20호, 2001, 한국민사법학회, 283면.

91) 김민중, 앞의 논문, 302면; 고형석, 전자상거래의 성립시기에 관한 연구-전자소비자계약을 중심으로-, 비교사법 13권 3호(통권 34호), 2006.9. 28면에서는 사업자가 사이버몰에 계약체결의 자동화 시스템을 갖추어 소비자의 청약에 대하여 즉각적인 승낙을 하는 경우와 소비자의 청약을 수령한 후 배송가능성 여부를 판단한 후 승낙을 하는 경우를 구분하여 전자는 대화자간의 계약으로 보고, 후자는 청약이 상당한 기간동안 유지되며, 청약의 유효기간으로 격지자간인지 대화자간인지 판단하고자 한다; 격지가 전자계약의 의사표시는 전자문서의 교환에 의하여 성립하기 때문에, 인터넷폰이나 화상회의는 전자문서 교환에 의한 계약이라고 볼 수 없으므로 전자계약의 범주에 속하지 않는다.

도 해결할 수 있을 것이다.[92)]

그렇다면 계약의 성립시기를 승낙의사가 도달한 시점으로 보는 경우, 어느 때 도달하였다고 볼 수 있는가?

먼저, 우리 민법은 의사표시의 효력발생기기에 대하여 도달주의를 취하고 있는 바(민법 제111조), 도달은 상대방의 지배권 내로 들어가 사회통념상 일반적으로 요지할 수 있는 상태가 생겼다고 인정되는 것을 말하므로,[93)] 이와 관련하여 전자적 방식에 의한 경우에는 어느 때에 도달되었는지 문제된다. 「전자문서 및 전자거래기본법」 제6조 제1항은 전자문서는 '작성자 또는 그 대리인이 해당 전자문서를 송신할 수 있는 정보처리시스템에 입력한 후 해당 전자문서를 수신할 수 있는 정보처리시스템으로 전송한 때 송신된 것으로 본다'고 규정하고 있으며, 다시 수신에 대해서는 수신자가 전자문서를 수신할 정보처리시스템을 지정한 경우에는 지정된 정보처리시스템에 입력된 때(단 전자문서가 지정된 정보처리시스템이 아닌 정보처리시스템에 입력된 경우에는 수신자가 이를 검색 또는 출력한 때)(제6조 제2항 1호), 동조 제2항 2호는 수신자가 전자문서를 수신할 정보처리시스템을 지정하지 아니한 경우에는 수신자가 관리하는 정보처리시스템에 입력된 때[94)]에 수신된 것으로 추정한다라고 함으로써 전자문서의 도달에 관한 추정규정을 두고 있다.[95)]따라서 전자문서의 도달을 부정하는 측에서 증명책임을 부담하게 된다. 수령자의 기계장치의 흠결로 인한 위험은 수령자가 부담하는 것이 아니라 의사표시자가 부담하여야 한다.[96)]

격지자간의 계약의 성립시기에 관해서는 도달주의 원칙과 계약법의 발신주의

---

92) 졸저, 가상공간법, 전남대학교출판부, 2005, 89면.

93) 곽윤직, 민법총칙, 박영사, 1994, 430면; 대판 1960.12.15., 4293 민상 455.

94) 의사표시의 도달에 관해 기술적인 도달과 법적 측면의 도달로 구분하여 기술적 측면에서는 입력 자료가 수령자의 자동화설비에 도달하면 도달이 있으나, 단순히 기술적으로 도달한 것만으로는 법적으로 도달하였다고 할 수 없다는 견해(김상용, 자동화된 의사표시와 시스템계약, 사법연구 제1집, 청헌법률문화재단, 청림출판, 1992, 54면)와 전자적 의사표시에 있어서도 그 의사표시가 수령자의 지배영역내로 들어오고, 수령자가 그 의사표시의 내용을 인지할 수 있을 때 비로소 도달하였다고 하는 요지주의 입장(Helmut Köhler, BGB Allgemeiner Teil, 22. Aufl. (1994), S.141)도 있다.

95) EU 전자상거래지침을 대폭 수용한 독일은 2002년 개정 민법 제312 e조 1항(4)에서 도달에 관한 의제규정을 두고 있다. 즉 당사자가 주문 및 수신확인 전자메일을 통상의 상황에서 불러올 수 있는 시점에 도달되었다고 보고 있다. Directive 2000/31/EC of 8 June on certain legal aspect of information society services, in particular electronic commerce, in the international Market 〈http://europa.eu.int/eur-lex/de/search/search-lif.html〉.

96) Helmut Köhler, a.a.O., S.140.

의 충돌 때문에 여러 가지 해석이 있는데, 공정거래위원회가 2003년 10월에 제정(2015.6.26. 개정)한 인터넷사이버몰이용 표준약관 제10조 제2항은 몰의 승낙이 제12조 제1항의 수신확인통지형태로 이용자에게 도달한 시점에 계약이 성립한 것으로 본다고 규정하고 있어 위 각 약관을 채택한 사이버몰에서의 계약은 위 약관에 따라 전자적 의사표시는 도달되었을 때 그 효력이 발생한다.

우리 민법과 같이 계약의 성립에 관하여 격지자간에 발신주의를 취하고 있는 일본에서는 2002년에 「전자소비자계약 및 전자승낙통지에 관한 민법의 특례의 관한 법률」을 제정하여 전자소비자계약의 성립시기를 도달주의로 규정하다였(동법 제4조)[97]. 아직 계약법적 측면에서 소비자계약이나 전자거래를 규율하고 있지 않기 때문에 발생하는 이러한 문제에 관해서는 일본과 같이 특례규정을 두거나 향후 민법의 개정과정에서 대화자간의 계약과 격지자간의 계약으로 구분하여 계약의 성립시기를 달리 정하고 있는 민법의 규정을 개정하여 양자 모두 동일하게 도달주의의 원칙을 취함으로써 해결해야 할 것이다.[98]

(2) 전자소비자계약의 의의

전자소비자계약은 이미 살펴보았듯이 전자계약과 소비자계약의 개념에서 도출해 낼 수 있는데, 소비자계약이 전자적 방식으로 사업자와 소비자 간에 체결되는 계약을 말한다. 전자적 방식에 의한 계약은 당사자에 따라서는 사업자간 전자상거래(B2B), 사업자와 정부간 전자상거래(B2G), 사업자와 소비자간 전자상거래(B2C), 개인간 전자거래(P2P 혹은 C2C)로 구분할 수 있으며, 위와 같은 다양한 전자계약 중 사업자가 가상공간에 개설한 사이버 몰에 소비자가 접속하여 자동화된 체결절차에 따라 상품과 용역에 대한 계약을 체결하는 것을 전자소비자계약이라고 한다.[99]

---

97) 동법 제4조는 '전자 승낙 통지에 관한 민법의 특례'란 제목 하에 「민법 제526조 제1항 및 제527조의 규정은, 격지자간의 계약에 있어 전자승낙 통지를 발한 경우에 관해서는 적용하지 않는다」고 하여 발신주의의 적용을 배제하고 있다.

98) 동지, 한웅길, 민법개정과 관련하여 격지자간의 계약성립시기에 대한 제언, 법이론과 실무 제3집, 1999, 영남민사법학회, 195-197면; 김재형, 전자거래에서의 계약의성립에 관한 규정의 개정방향, 인터넷법률 제9호, 2001.11., 법무부, 7-9면. 현재 민법개정안에서는 격지자간의 계약성립시기를 발신주의에서 도달주의로 하고 있다(민법개정안 제531조); 고형석, 전자상거래의 성립시기에 관한 연구-전자소비자계약을 중심으로-, 비교사법 13권 3호(통권 34호), 2006.9, 26면.

99) 고형석, 앞의 논문, 21면에서는 전자소비자계약의 대상을 매매계약에 한정하고 있으나, 앞에서 살펴본 것처럼 소비자계약의 대상이 될 수 있는 것은 매매계약 뿐만 아니라, 임대차계약, 임치계약, 위임계약, 소비대차계약에서도 가능하며, 그 외에도 여행계약, 중개계약과 소비자

일본에서는 이러한 형태의 전자상거래를 전자소비자계약이라 칭하고, 이 분야에서 문제되는 점을 해결하고자 2001년에 전자소비자계약 및 전자승낙통지에 관한 민법의 특례에 관한 법률을 제정하였다. 일본 전자소비자계약법에서는 소비자와 사업자 사이에서 전자적 방법에 의한 전자계산기의 영상면을 이용하여 체결된 계약으로서, 사업자 또는 그 위탁을 받은 자가 해당 영상면에 표시한 절차에 따라 소비자가 전자계산기를 이용하여 송신한 것에 의해 그 신청 또는 그 승낙의 의사표시를 행한 것을 말한다(동법 제2조 제1호)고 규정하고 있다.[100)]

우리나라에서는 전자소비자계약에 대한 직접적인 규정을 두고 있지 않고, 「전자상거래 등에서의 소비자보호에 관한 법률(이하 전소법이라 한다)」에서 전자상거래에서의 소비자보호에 관한 규정을 두고 있는데, 전자소비자계약이란 표현을 사용하고 있지 않지만 통신판매와 함께 전자소비자계약(전자상거래)에서 소비자보호를 위한 규정을 두고 있다. 즉, 동법 제2장은 전자상거래와 통신판매란 제목 하에, 제14조 제1항은 '통신판매업자는 소비자로부터 재화 등의 거래에 관한 청약을 받은 경우 청약의 의사표시의 수신 확인 및 판매 가능 여부에 관한 정보를 소비자에게 신속하게 통지하여야 한다'고 하고 있으며, 제17조는 '통신판매업자와 재화 등의 구매에 관한 계약을 체결한 소비자는 다음 각호의 기간 이내에 당해 계약에 관한 청약철회 등을 할 수 있다'고 규정되어 있다. 동조항들은 통신판매와 전자상거래에 모두 적용되며, 동조항에서의 청약 내지 청약의 철회 등의 표현은 전자소비자계약을 전제로 하고 있는 것이다.

3. 전자소비자계약의 법적 성질과 특성

(1) 전자소비자계약의 법적 성질

오늘날 근대 입법자가 예상하지 못한 다양한 형태의 소비자계약이 재화와 용

신용계약, 인터넷 서비스이용계약, 인터넷 정보제공계약도 가능하며 의료계약을 소비자계약으로 보는 경우 원격의료계약도 전자소비자계약으로 볼 수 있다.

전자소비자계약과 가장 밀접한 관련을 갖는 「전자상거래등에서의 소비자보호에 관한 법률」에서는 규율하고 있는 대상이 전자상거래와 통신판매인데 각각의 정의에 관해 제2조 제1호는 전자상거래를 전자거래의 방법으로 상행위를 하는 것을 말한다고 하고, 제2호에서 통신판매는 재화 또는 용역(일정한 시설을 이용하거나 용역의 제공을 받을 수 있는 권리를 포함)을 대상으로 하고 있어서 소비자보호를 위하여 거래객체를 넓게 규정하고 있다.

100) 동법에서의 전자계산기는 전자정보처리장치를 말한다.

역의 거래에서 등장하면서 민법전의 공동화현상을 초래하고 있다. 이러한 현상에 직면하여 민법학자들은 최근 활발하게 민법과 소비자법의 관계 규명에 진력하고 있다. 소비자계약은 일방이 사업자로서 상행위를 통하여 이윤을 추구하는 자와, 타방은 소비자로서 사업자가 제공하는 정보에 의존하여 재화나 용역의 소비를 위하여 구입하는 자 사이의 계약이다. 전자소비자계약이 그 내용과 방식에서 특수성을 인정한다 할지라도 여전히 '당사자의 합의'라는 당사자의 자치성에서 출발하는 만큼 계약법의 적용을 예상할 수 있다.

또한 전자소비자계약은 소비자계약에서 살펴본 것처럼 매매계약과 같은 전형계약처럼 어떤 특정한 내용을 가진 계약을 지칭하는 것이 아니고, 다양한 내용을 지닌 사업자와 소비자사이의 계약이다. 그렇다면 전자소비자계약은 어떠한 법적 성질을 지니는 것일까?[101]

전자소비자계약을 살펴보면, 그 체결과정은 다음과 같다. 먼저 사업자가 가상공간에 사이버 몰을 개설하여 재화 내지 용역에 관한 정보를 게시한다. 이후 소비자가 사이버 몰에 접속하여 사업자가 게시한 재화 내지 용역에 관한 정보를 보고 자신의 구매의사를 표시하면 사업자는 이의 승낙여부를 결정하여 소비자에게 전송하며, 승낙시 전자소비자계약은 체결된다. 이후 소비자는 재화나 용역의 대금을 지급할 의무를 부담하며, 사업자는 재화나 용역을 공급할 의무를 부담한다. 이의 절차는 자동화된 체결절차에 따라 전자문서의 교환으로 이루어지게 되고, 소비자는 재화나 용역에 대한 대가를 온라인상에서 인터넷뱅킹을 통한 송금이나 신용카드나 전자화폐 혹은 휴대폰결제를 할 수 있으며 오프라인상에서 입금을 할 수도 있다.

이상의 것을 종합하여 보면 전자소비자계약은 유상・쌍무・요식계약의 성질을 띠고 있는 것을 알 수 있다. 먼저 사업자의 재화나 용역의 제공에 대하여 소비자는 그에 대한 대가를 지급할 의무를 부담하므로 유상계약이고, 쌍무계약이다. 따라서 민법 제567조의 매매에 관한 규정의 유상계약에의 준용규정에 의하여 소비자는 사업자에게 담보책임 등을 추궁할 수 있다.[102]

101) 전자소비자계약의 법적 성질에 대해서는 고형석, 전자상거래의 성립시기에 관한 연구-전자소비자계약을 중심으로-, 비교사법 제13권 제3호(통권 34호), 2006.9., 21면 이하.

102) 김문환, 전자상거래법의 체계와 과제, 인터넷법연구 제2호, 2003, 한국인터넷법학회, 390-391면; 고영덕, 전자상거래의 법적 문제, 기업법연구 제7집, 2001, 한국기업법학회, 393면.

소비자의 대금지급의무와 사업자의 재화나 용역의 제공의무는 동시이행관계에 있지만, 통상 소비자는 전자소비자계약의 체결과정 또는 체결직후에 대금을 지급한다. 원칙적으로 우리 계약법은 계약방식의 자유를 인정하기 때문에 할부매매인 경우를 제외하고는 서면에 의할 것을 요하지 않는다. 그러나 전자소비자계약에서는 전자문서에 의한 의사의 합치를 요구하기 때문에 요식계약이라고 할 수 있다. 또한 할부매매의 서면성에 대하여 전자문서가 서면성을 충족하는지가 문제되는데, 입법적으로 해결하고 있음은 앞에서 살펴보았다.

전자소비자계약이 낙성계약인가에 대해서는 검토를 요한다.[103] 전자소비자계약의 체결이 소비자와 사업자의 의사의 합치만으로 성립하며, 별도의 재화의 인도 기타의 급부를 이전하지 않더라도 성립한다면 낙성계약에 해당한다. 그러나 종전에는 통상 소비자가 전자소비자계약의 체결과정이나 직후에 대금을 지급하여야 하였으므로, 낙성계약이라기보다는 요물계약적인 측면이 있었고, 대금의 지급 후 재화나 용역의 공급이 이루어지지 않는 경우에 소비자보호가 문제되었다.

이를 해결하기 위하여 2005년에 선불식 전자상거래나 통신판매의 경우 거래안전을 위해 결제대금 예치제도(Escrow)를 두고 있다. 즉 선불식 통신판매업자는 소비자가 원하는 경우에는 소비자가 재화 등을 공급받을 때까지 그 결제대금을 제3자에게 예치하도록 하고, 통신판매업자(전자상거래업자) 본인이 소비자 피해보상보험계약 등을 체결하도록 하는 규정을 두고 있다(제13조 제2항 10호). 단 신용카드거래, 배송이 필요 없는 거래, 10만원 이하의 범위 안에서 대통령령이 정하는 금액 이하인 소액거래 등에 대하여는 그 적용을 제외하도록 하고 있다.

(2) 전자소비자계약의 특성

전자소비자계약에서도 소비자계약의 특성을 대개는 갖는다. 즉, 사업자와 소비자의 비대칭성, 사업자와 다수당사자인 개인으로서의 소비자계약, 약관에 의한 계약, 변형계약 내지 비전형계약성의 특성을 갖게 된다. 이하에서는 전자소비자계약의 특성에 대하여 살펴본다.

---

103) 전자소비자계약의 체결이 소비자와 사업자의 의사의 합치로 성립하며, 별도로 재화의 인도 기타의 급부를 이전하지 않더라도 성립하므로 낙성계약으로 보는 견해(고형석, 앞의 논문, 22면)도 있으나, 많은 전자상거래에서는 계약의 체결과 동시에 대금의 지급이 이루어지는 경우가 많기 때문에 일률적으로 낙성계약이라고 말하기는 어렵다.

1) 사업자의 정보제공의무와 정보접근의 용이성 및 개방성　소비자계약의 당사자인 사업자와 소비자는 비대칭성을 갖는다. 즉 정보와 기술조작, 조직력과 시장지배력 등에 있어서 사업자는 우월한 지위에 있고 소비자는 열등한 지위에 놓여 있다.[104] 소비자가 계약을 체결하고 그 결과를 자기책임 하에 부담하기 위해서는 충분한 정보가 주어지고 자발적인 의사결정이 전제조건일 것이다. 그러나 현대의 소비자거래에 관한 정보가 고도화 전문화되어 있는 상태에서, 소비자는 사업자에 비하여 정보력에 있어서 열위에 있을 수밖에 없다. 일본의 소비자계약법은 제1조에서 동법의 목적을 '소비자와 사업자간의 정보의 질, 양 및 교섭력의 격차를 감안하여'라고 하여 소비자계약의 비대칭적인 특성을 동법에 담고 있다.

따라서 사업자의 정보제공의무는 소비자계약에서 핵심요소로 등장하였다.

이러한 소비자의 정보의 열위력과 정보의 편재는 전자소비자계약에서는 약간 다른 모습을 띠게 된다. 소비자는 정보의 바다인 인터넷에서 다양한 정보검색포털사이트와 검색툴을 통해서 구매하고자 하는 상품과 용역에 대한 정보를 당해 사업자로부터 얻을 뿐만 아니라, 다른 사업자와 구매경력이 있는 다른 소비자로부터 얻을 수 있다. 따라서 전자소비자계약에서는 정보의 공유와 편재가 혼재한다는 면에서 전통적인 거래방식의 소비자계약과 차별성을 갖는다.

2) 비대면성과 전자문서에 의한 계약의 성립　전자소비자계약은 소비자와 생산자가 가상공간에서 계약을 체결한다는 특징을 가지고 있다. 이러한 비대면성은 익명성의 문제와 연결되어 당사자가 실제 존재하는지가 중요한 문제로 등장한다. 이러한 문제는 전자인증제도와 전자서명제도 실시로 해결하고 있다.

전자소비자계약은 소비자와 사업자 사이에 청약과 승낙의 의사표시가 디지털화된 전자문서(전자적 의사표시)에 의해 이루어진다. 문서란 문자 또는 이를 대신한 부호에 의하여 일정한 사상, 관념을 표시한 물체를 말한다. 전통적인 의미에서의 문서는 가시성, 가독성, 영속성을 중요한 특성으로 한다. 이러한 문서의 특성으로 말미암아 음반이나 테이프의 기록들은 무형물로서 문서성을 인정받지 못하였다.

이에 반해 전자문서는 컴퓨터와 같은 특별한 매체가 없으면 눈으로 볼 수 없고,

---

104) 竹內昭夫, 消費者保護法, 現代經濟構造と法(現代法學全集 52), 16면 이하; 大村敦志, 消費者··消費者契約の特性-中間報告(2), NBL 476號(1991), 44면. 이러한 소비자의 '약자론'에 대하여, 앞으로의 소비자보호는 공평·정의에 의한 약자론이 후퇴하고 자기책임주의로의 전환을 예견하는 견해(소재선, 앞의 논문, 201면)도 있으나, 본질적으로 양자간에 격차가 존재하기 때문에, 자기책임주의로의 전환은 한계가 있기 마련이다.

읽어서 인식할 수 없을 뿐만 아니라 새로운 데이터에 의해 기존의 데이터가 수정·보완될 수 있다는 특성을 지니고 있다. 전통적인 의미에서의 문서는 정보저장 및 전달의 기능, 증명적 기능, 상징적 기능의 세 가지 기능을 가지고 있는데,[105] 이런 면에서 전자문서도 위 세 가지의 기능을 수행할 수 있으며 특별한 경우에는 몇 가지의 조건 속에서 문서의 기능을 할 수 있다.

소비자의 의사표시는 사업자와의 자유로운 의사교환에 따른 의사형성보다는 사업자가 쇼핑몰에 일방적으로 제시한 Web문서에 의해 이루어지는, 일정한 방식에 따른 계약이다. 여기서는 전자문서의 문서성과 진정성, 전자소비자계약의 성립시기와 관련된 전자문서의 송·수신시기 등이 문제된다.

전자문서의 문서성에 대해서는「전자문서 및 전자거래기본법」제4조, 전자문서의 송·수신기와 관련하여서는 제6조부터 제10조까지 규정하고 있으며 전술하였다. 전자문서의 진정성은 전자문서의 사용자를 거래 상대방이 확인하는 것이다. 전자적 방식의 가상공간은 비대면의 특성을 가지고 있기 때문에 서로에 대하여 직접 확인할 수 없다. 이에 따라 사업자와 소비자 사이에 서로에 대한 신뢰를 확보하기가 매우 어렵다. 따라서 사업자가 제공하는 정보에 접근하는 소비자들을 통제하기 위하여 각 소비자를 통제하기 위한 기법이 필요한데, 이러한 기능은 전자서명을 이용해서 담보된다. 일반적으로 사용자 인증의 경우 비대칭 암호화기법을 기반으로 인증기관이 발급하는 인증서에 의하게 된다. 이에 관해서는 전자서명법에 의해서 규율되고 있다. 위의 법은 당사자와 전자문서의 진정성 확보를 위한 전자서명이나 전자인증의 기술적 발달에 따른 '기술적 중립성'을 채택한 점이 특징이다.

3) 전자약관에 의한 계약　　약관이란 계약의 일방 당사자가 다수의 상대방과 계약을 체결하기 위하여 일정한 형식에 의하여 미리 마련해 놓은 계약의 내용이나 조건, 즉 계약의 초안을 가리키는데,[106] 이러한 요건이 충족되면 구체적인 형태, 명칭, 범위 등에 상관없이 약관으로 인정된다. 사업자는 다수의 소비자와 계약체결시 이러한 약관을 이용하여 간편하게 계약을 체결하게 된다.[107]

---

105) 김영갑·최성준, 정보사회에 대비한 상사법연구 서론, 정보화사회에 대비한 일반법연구(Ⅰ), 통신개발연구원, 1997.6., 150면.

106) 약관규제법 제2조 제1항 참조.

107) 이러한 약관은 은행거래(예금·대차계약), 보험계약(화재·손해·생명보험), 공급계약(전기·가스·수도공급 등), 운송계약(철도·버스·선박·항공운송 등), 이용계약(우편, 전신, 전화, 인터넷 등), 할부판매, 통신판매, 여행계약, 전자거래 등에서는 물론이고, 의료계약에서도 사용된다.

전자소비자계약에서도 통상 계약 체결 이전 약관이 제시되는데, 이를 전자약관이라고도 부른다. 전자약관은 계약의 일방 당사자(사업자)에 의하여 사전에 작성된 전자적 기록의 형태로 된 약관을 말한다.[108] 일반적인 약관이 서면의 형식으로 작성되어 제시됨에 비하여 전자약관은 전자적 기록의 출력방식에 의하여 제시되는 것이 특징이다. 전자약관은 사업자의 홈페이지 내에 게시되어 소비자가 모니터를 이용하여 이를 확인하는 것이 보통이고, 경우에 따라서는 사업자가 이를 고객에게 전자우편을 통하여 전달하고 고객은 이를 모니터나 프린터를 통하여 출력함으로써 확인할 수도 있다.

결국 전자약관은 그 성질과 내용면에서는 일반적인 약관과 동일한 실질을 지니는 것이고 다만 그것이 전자적 기록의 형태로 존재함으로 말미암아 그 명시 및 설명방법에 있어서 일반적인 약관과 달리 취급하여야 할 필요성이 있을 뿐이다. 처음 전자상거래가 행해지는 때에는 쇼핑몰 사업자에 의하여 일방적으로 약관이 게시되거나 고객이 사이버몰의 어느 곳에 약관이 소재하는지 발견하기가 어렵게 되어 있는 경우가 많았다. 실제로 약관이 존재하는 경우에도 마우스로 스크롤 해야만 그 다음의 약관 내용을 볼 수 있게 되어 있다. 쉽게 거래약관을 찾을 수 있어야만 당사자 간의 권리·의무관계가 약관을 통하여 명확히 해결 될 수 있을 것인데, 약관내용을 모른 채 고객들은 일단 계약을 체결하고, 그 후에 분쟁이 발생하면 비로소 약관 내용을 문제로 삼는 것이 일반적이다. 이것은 사업자의 약관교부 설명의무 위반의 문제로 연결된다.

현재 전자약관 조항 가운데는 개인정보 누출시 사업자 책임배제조항, 일방적인 계약 내용 결정 조항, 부당한 회원자격 정지 및 박탈조항, 청약철회권 행사 제한 및 환불일 지연조항, 고객이 주문한 상품·용역이 제공된 이후에 회사에 대하여 영수증 또는 세금계산서를 요구한 경우, 그 배송 및 제공비용을 고객의 부담으로 돌리는 조항 등 다수의 불공정 조항을 내포하고 있는 경우도 있다. 이러한 이유로 공정거래위원회에서는 전자거래 표준약관을 만들어 게시하고 있다.[109]

전자상거래 표준약관[110]에서는 사이버몰의 신뢰성을 높이기 위해 정보제공의

108) 졸저, 앞의 책, 221면.

109) http://www.ftc.go.kr. 이외에도 보험회사에서는 전자보험거래표준약관을 사용하고 있다. 이에 대한 자세한 소개는 고형석, 사이버몰의 약관과 소비자보호에 관한 연구-전자상거래표준약관을 중심으로-, 민사법학 제26호, 2004.9, 391면 이하.

110) 표준약관은 사업자 등이 거래분야에서 자율적으로 소비자를 보호하기 위한 방안이므로 표준

무를 부과하고 있는데, 약관의 내용과 상호, 대표자성명, 몰의 영업소 소재지 주소(소비자의 불만을 처리할 수 있는 곳의 주소를 포함), 전화번호·모사전송번호·전자우편번호, 사업자등록번호, 통신판매업 신고번호, 개인정보관리책임자 등을 게시하도록 하고 있다(표준약관 제3조 제1항). 몰이 약관을 개정할 경우에는 적용일자 및 개정사유를 명시하여 현행 약관과 함께 몰의 초기화면에 그 적용일자 7일 이전부터 적용일자 전일까지 공지하여야 한다(표준약관 제3조 제4항).

또한 '몰'이 제공하기로 한 이용자와 계약을 체결한 서비스의 내용을 재화의 품절 또는 기술적 사양의 변경 등의 사유로 변경할 경우에는 '몰'은 이로 인하여 이용자가 입은 손해를 배상하되, 고의 또는 과실을 요하도록 하고 있다(제4조 제3항).

구매신청과 관련하여 몰은 이용자가 구매신청을 함에 있어서 재화 등의 검색 및 선택(제1호), 성명, 주소, 전화번호, 전자우편주소(또는 이동전화번호) 등의 입력(제2호), 약관내용, 청약철회권이 제한되는 서비스, 배송료·설치비 등의 비용부담과 관련한 내용에 대한 확인(제3호), 약관에 동의하거나 제3호의 사항을 확인하거나 거부하는 표시(예, 마우스 클릭)(제4호), 재화 등의 구매신청 및 이에 관한 확인 또는 몰의 확인에 대한 동의(제5호), 결제방법의 선택(제6호) 등의 내용을 알기 쉽게 제공하도록 규정하고 있다(제9조).

지급방법에 대해서는 몰에서 구입한 재화 또는 용역에 대해서는 폰뱅킹, 인터넷뱅킹, 메일뱅킹 등의 각종 계좌이체, 선불카드, 직불카드, 신용카드 등의 카드결제, 온라인무통장입금, 전자화폐에 의한 결제, 수령시 대금지급, 마일리지 등 몰이 지급한 포인트에 의한 결제, 몰과 계약을 맺었거나 몰이 인정한 상품권에 의한 결제, 기타 전자적 지급방법에 의한 대금 지급 등 광범위한 지급 결제 방법을 제시하고 있다(제11조).

배송에 대해서는 이용자가 구매한 재화의 배송수단, 배송비용부담, 배송기간 등을 소비자보호를 위하여 명시토록 하고 '몰'이 약정 배송기간을 지키지 못하는 경우 배상책임 규정을 두고 있다(제13조 제2항). 동조 제1항에서는 이용자와 재화 등의 공급시기에 관하여 별도의 약정이 없는 이상, 이용자가 청약을 한 날로부터 7일 이내에 재화 등을 배송할 수 있도록 주문제작, 포장 등 기타의 필요한 조치를 취하도록 하고 있고, 다만, '몰'이 이미 재화 등의 대금의 전부 또는 일부를 받은 경우에

약관의 제정을 사업자 등이 자율적으로 할 수 있고, 표준약관의 내용이 약관규제법에 위반하는지 여부를 사업자 등은 공정거래위원회에 서면으로 심사를 청구할 수 있다.

는 대금의 전부 또는 일부를 받은 날부터 2영업일 이내에 조치를 취하도록 하고 있다. 뿐만 아니라 몰은 이용자가 재화 등의 공급절차 및 진행 사항을 확인할 수 있도록 적절한 조치를 하도록 규정하고 있다(제14조).[111]

재판권 및 준거법에 대해서는 몰과 이용자간에 발생한 전자상거래 분쟁에 관한 소송은 제소 당시의 이용자의 주소에 의하고, 주소가 없는 경우에는 거소를 관할하는 지방법원의 존속관할로 하며, 제소 당시 이용자의 주소 또는 거소가 분명하지 않거나 외국 거주자의 경우에는 민사소송법상의 관할법원에 제기하도록 규정하고 있다. 몰과 이용자간에 제기된 전자상거래 소송의 준거법에 대해서는 한국법으로 규정하고 있다(제24조).[112]

4) 특별법에 의한 규율 전자소비자계약을 계약으로 본다고 하더라도, 실제로 민법상의 계약법에 의해 규율되는 것은 별로 없다. 우선적으로 소비자보호에 관련된 개별 특별법이 적용되고, 사안에 대해 특별법을 적용할 수 없는 경우에 민법상의 계약법이 적용되게 된다. 민법상의 계약편에서도 매매, 소비대차, 임대차, 위임, 임치 등 극히 일부에 지나지 않는다. 전자소비자계약도 유상계약으로서 매매에 관한 규정이 준용되는데, 담보책임 정도에서 의의를 갖는다.

전자소비자계약에서는 청약의 철회가 인정되는 만큼 청약의 구속력을 인정하는 민법 제527조의 규정도 배제된다.[113] 또한 계약법에서 규정하고 있지 않지만, 원칙적으로 인정되고 있는 계약방식의 자유도 전자소비자계약에서는 전자문서에 의해 계약이 성립하기 때문에 서면주의를 요구하는 할부매매(할부거래법 제4조)처럼 예외적이다.

전자소비자계약은 이처럼 소비자계약이 전자거래로 이루어지는 경우 소비자계약에 관한 특별법과 전자거래에 관한 특별법에 의하여 규율되는 특징을 가진다.

5) 다양한 계약유형의 존재 전자소비자계약은 소비자와 사업자간에 전자적 방식을 통하여 계약을 체결하는 것을 일컫는 것으로, 민법의 전형계약처럼 특정의 계약유형에 한하지 않고 다양한 계약유형이 존재한다. 따라서 전자적으로 가능한

---

111) 사업자가 소비자에게 제공하여야 할 배송에 관한 정보 역시 소비자가 청약의 의사를 결정하는데 있어서 중요한 사항이기 때문에 계약체결 전에 제공하여할 사항으로서 제14조에 규정할 것이 아니라 제9조에 규정해야 한다는 견해가 있다. 고형석, 앞의 논문, 417면.

112) 소비자계약의 준거법에 대해서는 국제사법 제27조에서 규정하고 있다.

113) 전자상거래등 소비자보호에 관한 법률 제17조 제1항

소비자계약은 모두 전자소비자계약의 범주에 속할 수 있다. ① 방문판매나 전화권유판매와 같은 것을 제외한 전자매매, 할부매매, 다단계판매와 같은 매매계약형, ② 여행계약이나 의료계약과 같은 역무제공형,[114] ③ 금융기관, 제조업자, 판매업자가 최종소비자에게 소비생활에 필요한 자금을 대출해 주거나 판매대금의 지급유예를 통해서 신용을 제공해 주고 장래에 수수료나 이자를 덧붙여 이를 회수하는 소비자신용형,[115] ④ 스포츠시설 이용계약과 같은 시설제공형 ⑤ 소비자가 약정한 보험료를 지급하고 사업자가 재산 또는 생명이나 신체에 관하여 불확정한 사고가 생길 경우에 일정한 보험금액 기타의 급여를 지급할 것을 약정하는 보험계약형[116]으로 구분할 수 있다.

인터넷서비스이용계약과 같은 소비자계약의 유형은 민법의 전형계약에 포섭할 수 없는 무명계약이나 혼합계약적 성질을 띠고 있다. 가상공간에서 이루어지는 전자소비자계약은 앞으로도 다양한 형태를 띠고 등장할 것으로 보인다.

Ⅱ. 전자소비자계약의 법적 규율

1. 민법의 적용

전자소비자계약은 소비자계약이다. 따라서 소비자계약 전반에 관한 법률을 가지고 있지 않은 현행 법제 하에서 소비자를 보호하기 위하여 소비자계약을 법적으

114) 매매계약은 매도인이 매수인에게 매매의 목적이 된 권리를 이전하고 매수인은 대금을 지급하는 것(민법 제568조)을 내용으로 하는 재산권이전형 계약이다. 따라서 매매의 목적물은 물건과 권리이다. 원칙적으로 용역 자체는 매매계약의 대상이 아니다. 그러나 소비자계약을 다루는 방문판매법과 할부거래법에서는 할부거래와 방문판매, 다단계판매, 통신판매의 적용대상으로서 재화 내지 상품과 용역 양자를 인정하고 있기 때문에 특별히 용역만 별도의 법적 규율을 받지 않는다. 또한 위의 법들은 용역에 일정한 시설을 이용하거나 용역의 제공을 받을 수 있는 권리를 포함하고 있어서 시설이용계약까지도 함께 규율하고자 하였다. 송오식, 소비자계약의 유형과 법적 규제, 법학논총 제27집 제1호, 전남대학교 법률행정연구소, 2007.6., 285면.

115) 유럽계약법의 소비자신용입법지침은 광고, 계약전 및 계약상 정보제공의무와 신용의 기한전 변제에 관한 권리에 관한 규정을 담고 있다. 소비자신용에 관한 회원국들의 법률규정과 행정규정의 조화에 관한 1986년 12월 22일 87/102/EWG 입법지침(Abl. 1987 L 42/48)

116) 상법 제638조. 유럽계약법에서는 보험계약에 관한 두 개의 입법지침이 있다. 소비자보험의 영역에 대해서는 첫 번째부터 세 번째 손해보험입법지침(ABl. 1973 L 228/3, ABl 1988 L 172/1. ABl 1992 L 228/1)과 생명보험입법지침(ABl. 1979 L 63/1, ABl 1990 L 330/50, ABl 1992 L 360/1)이 있다.

로 규율하는 수단으로 우선 민법을 들 수 있다. 즉 전자소비자계약은 계약이기 때문에 일반적으로 민법의 총칙편이나 계약에 관한 규정의 적용을 받는다.

이에 따라 소비자에게 불리한 불공정한 내용의 소비자계약은 무효로 되거나(민법 제104조), 사기에 의한 의사표시를 한 경우 취소할 수 있다(민법 제110조). 착오로 인한 경우에는 취소할 수 있으나(민법 제109조), 전자계약의 특성상 표시주의의 입장에서 해석할 가능성이 높으므로,[117] 조작실수와 같은 명백한 경우가 아니면 착오로 인하여 취소할 가능성은 적다고 하겠다.[118] 무능력자와 행해진 전자소비자계약은 법정대리인의 동의를 받지 않은 경우 취소할 수 있다(민법 제5조・제10조・제13조).

전자소비자계약은 사업자와 소비자간의 유상계약이기 때문에 담보책임이 발생하기도 한다. 민법규정의 적용을 통한 소비자보호는 주로 판례에 의하여 이루어지겠지만, 현재 소비자보호와 관련된 판례는 그다지 많지 않다. 이러한 현상은 소비자보호가 우리나라에서는 행정감독관청에 의한 행정규제에 의하여 사전에 분쟁예방을 하기 때문인 것으로 보인다.

2. 소비자보호 관련 특별법의 우선 적용

소비자계약에 관해서는 소비자보호에 관한 기본법인 소비자기본법이 적용되지만, 동법에서 소비자계약과 관련된 규정은 찾아보기 힘들다. 이는 동법의 입법목적이 소비자계약측면에서 소비자보호를 염두에 둔 것이 아니라, 공법적 규제의 측면에서 소비자보호를 바라보았기 때문이다. 소비자계약에 관한 법적 규율 입법례로

117) 입력된 정보자료에 흠이 있는 경우에, 그 흠 있는 정보에 의한 의사표시의 취소여부에 대해서는 동기의 착오의 문제로 보아 외관책임의 법리에 따라 상대방에게 책임을 지우자는 견해(김상용, 자동화된 의사표시와 시스템계약, 사법연구 제1집, 청헌법률문화재단, 1992, 51면)와 취소의 일반원칙에 따라 법률행위의 내용의 중요부분의 착오와 표의자의 중대한 과실이 없을 것을 요건으로 하여 취소할 수 있다고 하는 견해(지원림, 컴퓨터와 관련된 민사법적 문제: 컴퓨터법의 정립을 위한 시론-컴퓨터계약과 EDI를 중심으로, 성곡논총 제26집 상권, 성곡학술문화재단, 1995, 1485-1486면) 등이 있는데, 신속한 거래가 요구되고 대량・정형적으로 이루어지는 사업자의 사기나 과대・허위광고에 의하여 왜곡되지 않는 한, 전자소비자계약에서는 표시주의에 입각하여 의사표시의 해석을 도모해야 할 것이다.

118) 전자소비자계약은 전자적 수단의 사용으로 인하여 전통적인 거래에 비하여 그 체결과정이나 내용에 관하여 착오가 생기기 쉬울뿐더러 또한 그 착오를 발견하기도 용이하지 않다. 전자거래기본법 제8조는 '수신한 전자문서(의사표시)의 독립성을 규정하면서, 상당한 주의를 하였더라면 동일한 전자문서가 반복되어 송신된 것임을 알 수 있었을 때에는 독립된 의사표시로 보지 아니한다'고 규정하고 있다.

서는 독일과 같이 민법전에의 편입, 일본과 같이 소비자계약법 내지 전자소비자계약법의 제정, 혹은 우리나라처럼 개개의 특별법으로 규율하는 방법이 있다. 아직까지 우리나라에서는 개개의 특별법에 의하여 규율되는 만큼 소비자계약에 관한 특별법이 민법이나 상법에 우선하여 적용된다.

즉 전자소비자계약은 소비자와 사업자간에 전자적 방식(전자문서)을 통하여 성립되는 계약이고 통상 전자약관에 의하여 체결되고, 따라서 전자약관에 의하여 체결된 경우에는 약관규제에 관한 법률의 적용을 받게 된다. 또한 전자소비자계약이 각각 할부판매나 다단계판매, 또는 전자상거래와 같은 특수한 형태의 계약에 해당하는 경우에는 할부거래에 관한 법률, 전자거래법, 전소법의 적용을 받게 된다.

현재 소비자금융에 대한 법적 규율로는 민법의 소비대차계약에 관한 규정[119]이 있고, 특별법으로는 이자제한법(2007.3.29. 제정, 2007.6.30. 시행),[120] 대부업의 등록 및 금융이용자보호에 관한 법률, 은행법, 할부거래에 관한 법률, 신용카드와 관련하여서는 여신전문금융업법, 보험에 관하여서는 보험업법, 2020년에 제정된 모든 금융상품에 적용되는 금융소비자보호법이 적용된다.[121] 이자제한법은 개인간의 금전대차나 미등록대부업체에게 적용되는데, 개인간의 금전대차는 소비자계약이 아니므로, 여기서는 미등록대부업체와 개인간의 계약만을 소비자계약으로 보아야 한다.

이러한 특별법들은 민법이나 상법에 우선하여 적용되며, 강행규정들을 내포하고 있다.

---

119) 독일민법에서는 제2편 제8장 제3절의 제목을 소비대차계약과 함께 사업자와 소비자 사이의 자금융통원조 및 분할공급계약이라는 부제를 달고, 제1관 소비대차계약에서 따로 소비자소비대차계약(제491조)을 규정하고 있다. 소비자금전소비대차계약이 되기 위해서는 ① 유상의 소비대차일 것 ② 대주가 사업자일 것 ③ 차주가 소비자일 것이라는 세 가지 요건이 충족되어야 한다(동조 제1항).

120) 구이자제한법(1962.1.15. 시행)은 I.M.F. 이후 1998.1.13.자로 폐지되었다가 이후 사채시장에서 초고리가 성행하고 불법적인 채권추심행위가 극성을 부리면서 「대부업의 등록 및 금융이용자 보호에 관한 법률」이 2002년 8월 26이 제정되어 동년 8월 27일부터 시행되었다. 그러나 동법은 등록된 대부업자에게만 적용이 되고, 등록되지 않은 대부업자와 일반 사인간에는 적용되지 않게 되어서 다시 이자제한법을 제정하게 된 것이다. 따라서 등록되지 않은 사업자와 사인간의 소비대차에서 소비자보호의 의의를 찾을 수 있다.

121) 소비자 신용거래의 실태와 관련하여 소비자보호라는 관점에서 공통적 문제로 제기되는 사항들은 신용가격(이자)의 적정성, 계약체결 전의 계약내용의 명시, 충동구매의 규제, 할부대부금의 연체로 인한 해제, 특히 3당사자관계에서의 소비자의 항변권, 연체이자의 적정률 보장, 연체금회수와 관련된 위법·부당행위의 방지 등이다. 김형배, 채권각론(계약법), 박영사, 2001, 553면.

3. 전자상거래소비자법에 의한 규율

전자상거래는 전자상거래소비자법에서 통신판매와 함께 규율하고 있다. 전자상거래소비자법 제2장은 전자상거래 및 통신판매라는 제목 하에 양자를 동일하게 규율하고 있다. 따라서 통신판매에서 소비자보호를 위한 권리 등이 동일하게 전자상거래에도 적용되게 된다. 통신판매 편에서 이미 다루었으므로 이하에서는 간단하게 설명한다. 다만 동법은 전자상거래와 통신판매를 구별하여 별도의 정의를 내리고 있고, 사업자의 금지행위를 규정하면서 통신판매업자와 구분되는 개념으로서 '전자상거래를 행하는 사업자'라는 용어를 사용하고 있다(동법 제21조 제1항). 양자를 구별하는 실익은 각각에 적용되는 규정들이 구별되는 점에 있다. 전자상거래소비자법상의 규정들은 그 조문의 문언만으로 판단할 때 그 적용대상을 달리 하는 세 가지 부류의 규정들이 있다. 첫째, 전자상거래만을 적용대상으로 정하고 있는 규정들이 있다(동법 제7조·제10조). 둘째, 전자상거래와 통신판매 모두를 적용대상으로 명시한 규정들이 있다(제6조·제8조·제9조·제11조·제21조·제23조 내지 제29조 등). 셋째, 전자상거래는 제외하고 통신판매만 그 적용대상으로 하는 규정들이 있다(제12조 내지 제20조, 제22조).

4. 전자상거래등 소비자보호에 관한 법률

전자소비자계약과 관련하여 가장 중요한 법으로는 2002년 3월에 제정되어 7월 1일부터 시행된 '전자상거래등 소비자보호에 관한 법률'을 들 수 있다. 동법은 전자소비자계약이란 용어를 사용하고 있지 않지만, 전자소비자계약을 규율하는 법이라고 할 수 있다. 그러나 동법은 전자상거래 뿐만 아니라 종전에 방문판매법에 있었던 통신판매를 함께 규정하고 있는데, 입법자의 의도는 양자가 비대면이라는 공통점을 가지고 있기 때문에 함께 규율한 것으로 보인다.[122)]

동법은 사업자가 상행위를 목적으로 구입하는 거래에 대하여는 적용되지 아니하고, 다만 사업자라 하더라도 사실상 소비자와 같은 지위에서 다른 소비자와 같

---

122) '전소법'은 여러 규정에서 전자상거래와 통신판매를 명백히 구분하고 있어서 동법이 순수하게 전자소비자계약만을 위한 법은 아니며, 규정에 있어서도 입법자는 양자를 구분하여 규율하고 있다. 예컨대, 통신판매업자에 관하여 통신판매를 업으로 하는 자 또는 그와의 약정에 따라 통신판매업무를 수행하는 자라고 용어 정의를 하고 있는 한편(동법 제2조 3호), 사업자의 금지행위를 규정하면서 통신판매업자와 구분되는 개념으로서 '전자상거래를 행하는 사업자'라는 용어를 사용하고 있다(동법 제21조 제1항).

은 거래조건으로 거래하는 경우에는 적용이 된다(제2조 5호 나목). 전소법의 소비자 보호에 관한 규정이 다른 법률의 규정과 경합하는 때에는 다른 법률의 규정을 적용하는 것이 소비자에게 유리한 경우를 제외하고는 전소법상의 규정이 우선하여 적용된다(동법 제4조).

(1) 전자상거래소비자법의 주요내용

1) 전자문서의 활용과 기록보전의 문제(제5조, 제6조) 전자문서의 효력을 전소법 제5조 제1항 본문에서는 소비자와 사업자 간에 사전에 전자문서로 약정하여 지정한 주소(전자문서 및 전자거래기본법 제2조 제2호의 정보처리시스템을 말한다)로 전자문서를 송신하지 아니한 경우 권리를 주장할 수 없도록 하고 있다.[123] 다만, 긴급성을 요하는 경우, 소비자도 이미 전자문서로 거래할 것을 예정하고 있는 경우, 소비자가 전자문서를 출력한 경우 등에는 권리를 주장할 수 없다(제5조 제1항 단서). 제2항에서는 당해 전자문서의 효력 및 수령에 필요한 절차와 방법 등에 관하여 소비자에게 고지하여야 하고, 제3항에서는 소비자에게 특정한 전자서명 방법의 이용을 강요하거나, 소비자가 선택한 전자서명 방법의 사용을 부당하게 제한하여서는 아니 된다고 규정하고 있다.

또한 전자상거래를 하는 사업자는 소비자의 회원 가입, 계약의 청약, 소비자 관련 정보의 제공 등을 전자문서를 통하여 할 수 있도록 하는 경우에는 회원탈퇴, 청약의 철회, 계약의 해지·해제·변경, 정보의 제공 및 이용에 관한 동의의 철회 등도 전자문서를 통하여 할 수 있도록 하여야 하고(제4항), 소비자가 재화등의 거래와 관련한 확인·증명을 전자문서로 제공하여 줄 것을 요청한 경우 이에 따라야 한다(제5항).

전자상거래를 하는 사업자가 전자문서로 제공하기 어려운 기술적 이유나 보안상 이유가 명백하여 이를 소비자에게 미리 고지한 경우에는 제4항과 제5항을 적용하지 아니한다(제6항).

제6조에서는 사업자에게 전자상거래에서의 표시광고, 계약 내용 및 그 이행 등 거래에 관한 기록을 상당한 기간 보존하여야 한다고 정하고, 이 경우 소비자가 쉽게 거래기록을 열람 보존할 수 있는 방법을 제공하도록 하고 있다.

2) 조작실수의 방지(제7조) 및 청약의 확인(제14조) 사업자는 전자상거래에서 소

123) 전자거래기본법 제4조에서도 전자문서의 효력에 대하여 규정하고 있다.

비자의 조작실수 등으로 인한 의사표시의 착오 등으로 발생하는 피해를 예방할 수 있도록 거래 대금이 부과되는 시점 또는 청약에 앞서 그 내용의 확인 및 정정에 필요한 절차를 마련하여야 한다(제7조)고 규정함으로써 소비자의 예상치 못한 실수로 클릭하는 것을 방지하고, 시스템이나 통신장애로 인해 발생할 수 있는 오류들을 줄일 수 있도록 하였다.

또한 제14조는 통신판매업자[124]는 소비자로부터 재화 등의 거래에 관한 청약을 받은 경우 청약의 의사표시의 수신 확인 및 판매 가능 여부에 관한 정보를 소비자에게 신속하게 통지하여야 한다. 또한 계약 체결 전에 소비자가 청약의 내용을 확인하고, 정정 또는 취소할 수 있도록 적절한 절차를 갖추어야 한다.

3) 개인정보 및 프라이버시 보호(제11조)[125] 사업자는 전자상거래를 위하여 소비자에 관한 정보를 수집 또는 이용(제3자에게 제공하는 경우를 포함한다)하고자 하는 경우에는 정보통신망이용촉진및정보보호등에관한법률 등 관련 규정에 따라 이를 공정하게 수집 또는 이용하여야 한다(제1항). 사업자는 재화 등을 거래함에 있어서 소비자에 관한 정보가 도용되어 당해 소비자가 재산상의 손해가 발생하였거나 발생할 우려가 있는 특별한 사유가 있는 경우에는 본인 확인이나 피해의 회복 등 대통령령이 정하는 필요한 조치를 취하여야 한다.

4) 사업자의 신원 및 거래조건에 대한 정보의 제공 사업자는 청약을 받을 목적으로 표시·광고를 행하는 경우에는 상호 및 대표자 성명, 주소·전화번호·전자우편주소 등이 포함되도록 해야 한다(제13조 제1항).

통신판매업자는 소비자가 계약체결 전에 재화 등에 대한 거래조건을 정확하게 이해하고 실수 또는 착오 없이 거래할 수 있도록 적절한 방법으로 표시·광고 또는 고지하고, 계약이 체결된 경우에는 계약자에게 계약내용에 관한 서면을 교부하여야 한다. 여기서의 통신판매업자에는 전자상거래의 사업자를 포함하며 서면은 전자문서를 포함한다고 해석하여야 한다. 공정거래위원회는 통신판매업자의 상호 등

124) 동법은 통신판매업자라고만 규정하고 있으나 전자상거래에서의 사업자도 여기에 해당한다고 해석해야 한다.

125) 전자거래시스템에서는 숍운영자, 몰관리자, 네트워크 서비스제공자, 통신사업자, 인증기관, 결제업자(카드사 또는 전자화폐발행·관리업자 등) 등 극히 다수의 관계자가 관여하기 때문에 개인정보의 노출기회가 그만큼 많고, 개인정보의 유용 및 악용 가능성도 크다. 우리나라 입법례로는 민간부문으로는 정보통신망 이용촉진 및 정보보호 등에 관한 법률, 전기통신사업법, 신용정보의 이용 및 보호에 관한 법률, 전자서명법, 전자거래기본법 등이 있다.

에 관한 사항 및 거래조건에 대한 표시·광고 및 고지의 방법을 정하여 고시할 수 있다(동조 제4항).[126]

5) 미성년자와의 계약체결시 고지 통신판매업자(사업자)는 미성년자와 재화 등의 거래에 관한 계약을 체결하고자 하는 경우에는 법정대리인이 그 계약에 대하여 동의를 하지 아니하면 미성년자 본인 또는 법정대리인이 그 계약을 취소할 수 있다는 내용을 미성년자에게 고지하여야 한다(제13조 제3항). 주의적 규정으로 볼 수 있다.

6) 재화의 공급 통신판매업자(사업자)는 소비자가 청약을 한 날부터 7일 이내에 재화 등의 공급에 필요한 조치를 하여야 한다(제15조). 통신판매업자가 이미 재화 등의 대금의 전부 또는 일부를 받은 경우에는 대금의 전부 또는 일부를 받은 날부터 3영업일 이내에 재화 등의 공급을 위하여 필요한 조치를 하여야 한다. 다만, 당사자간에 별도의 약정이 있는 경우에는 약정에 의한다.

7) 청약의 철회 및 효과 통신판매업자(사업자)와 재화 등의 구매에 관한 계약을 체결한 소비자는 당해 계약에 관한 청약의 철회[127] 등을 할 수 있다. 먼저, 계약내용에 관한 서면을 교부 받은 날부터 7일 이내 다만, 그 서면을 교부받은 때보다 재화 등의 공급이 늦게 이루어진 경우에는 재화 등의 공급을 받거나 공급이 개시된 날부터 7일 이내에 철회할 수 있다. 반면 계약내용에 관한 서면을 교부 받지 아니한 경우, 통신판매업자의 주소 등이 기재되지 아니한 서면을 교부 받은 경우 또는 통신판매업자의 주소 변경 등의 사유로 7일 이내에 청약 철회 등을 할 수 없는 경우에는 그 주소를 안 날 또는 알 수 있었던 날부터 7일 이내 철회할 수 있다(제17조 제1항).[128]

---

126) 2006년 4월 1일부터 소비자에게 사업자에 대한 신뢰도를 높이기 위하여 전자상거래시 결제대금예치나 소비자피해보상보험, 채무지급보증계약 등을 통해 사기성 거래로부터 소비자의 구매안전을 보장해 주는 구매안전 서비스 가입을 의무화 하였으나, 가입율이 저조하자 공정거래위원회는 고시를 통해 2007년 9월 1일부터 인터넷을 통해 제품을 판매하는 사이버쇼핑몰 사업자나 오픈마켓에 입점한 통신판매업자는 쇼핑몰의 초기화면과 소비자가 결제수단을 선택하는 화면에 관련 사실을 반드시 표시하도록 하였다. 2007.7.18일자 연합뉴스 보도자료.

127) 소비자가 철회하기 전까지는 소비자의 의사표시는 유효하므로 소비자는 사업자와 체결한 계약에 우선 구속된다. 따라서 철회권이 존재하는 경우에 그 계약은 유동적 유효(Schwebende Wirksamkeit)의 상태에 있게 된다.

128) 철회가능기간과 관련하여 방문판매와 전화권유판매·다단계판매의 경우 계약서를 교부받은 날로부터 14일내, 계약서를 교부 받은 때보다 재화 등의 공급이 늦게 이루어진 경우에는 재

다만, 소비자에게 책임 있는 사유로 재화 등이 멸실 또는 훼손된 경우나 소비자의 사용 또는 일부 소비에 의하여 재화 등의 가치가 현저히 감소한 경우 또는 시간이 지나 다시 판매하기 곤란할 정도로 재화 등의 가치가 현지가 감소한 경우, 복제가 가능한 재화 등의 포장을 훼손한 경우, 그 밖에 거래의 안전을 위하여 대통령령으로 정하는 경우에는 청약철회를 할 수 없다(제17조 제2항). 철회권 행사 이전에는 소비자가 체결한 계약이 유효하기 때문에 원칙적으로 계약당사자 쌍방 모두에게 계약상의 이행청구권이 인정된다.

그러나 사업자는 자신의 급부의무를 철회기간 종료 이후에 이행하는 것으로 약관에서 정할 수 있다. 또한 소비자도 철회여부를 숙고할 수 있는 철회기간 동안에는 사업자의 이행청구권에 대하여 이행을 거절할 수 있는지에 관하여는 학설이 대립하고 있다. 철회기간이 지나서 철회권이 소멸하면 소비자가 체결한 계약은 종국적으로 유효한 것이 된다.[129)]

만약 재화 등의 내용이 표시·광고 내용과 다르거나 계약내용과 다르게 이행된 경우에는 당해 재화 등을 공급받은 날부터 3월 이내, 그 사실을 안 날 또는 알 수 있었던 날부터 30일 이내에 청약철회 등을 할 수 있다. 이와 같은 청약 철회 등을 서면(전자문서)으로 하는 경우에는, 그 의사표시가 기재된 서면을 발송한 날에 그 효력이 발생하며, 재화 등의 훼손에 대하여 소비자의 책임이 있는지의 여부, 재화 등의 구매에 관한 계약이 체결된 사실 및 그 시기, 재화 등의 공급사실 및 그 시기 등에 관하여 다툼이 있는 경우에는 통신판매업자(사업자)가 이를 입증하여야 한다(동조 제5항).

청약철회의 효과로서는 소비자는 청약철회 등을 행한 경우에는 이미 공급 받은 재화 등을 반환하여야 하며(제18조 제1항), 사업자는 재화 등을 반환 받은 날부터 3영업일 이내에 이미 지급 받은 재화 등의 대금을 환급받아야 한다. 이 경우 사업자가 소비자에게 재화 등의 대금의 환급을 지연한 때에는 그 지연기간에 대하여 연 100분의 40 이내의 범위에서 「은행법」에 따른 은행이 적용하는 연체금리 등 경

화 등을 공급받거나 공급이 개시된 날로부터 14일내(방문판매법 제8조 제1항), 할부거래의 경우에는 7일(할부거래법 제5조 제1항 본문)로 소비자보호관련 법규가 각각 상이한 청약철회권의 행사기간을 두고 있다.

129) 인정하는 견해로는 하경효, 소비자보호법의 통합수용, 독일채권법의 현대화(김형배 외 5인공저), 2003, 145면; Erman/saenger, Rn.4 zu §355; Münchkomm/Ulmer, Rn. 32 zu §361a, 부정하는 견해로는 Palandt/Heinrichs, Rn. 4 zu §355.

제사정을 고려하여 대통령령으로 정하는 이율을 곱하여 산정한 지연이자를 지급하여야 한다(제18조 제2항). 또한 사업자는 신용카드 등을 결제수단으로 재화 등의 대금을 지급한 때에는 지체 없이 당해 결제수단을 제공한 사업자로 하여금 재화 등의 대금의 청구를 정지하거나 취소하도록 요청하여야 한다. 다만, 사업자가 결제업자로부터 해당 재화 등의 대금을 이미 지급 받은 때에는 지체 없이 이를 결제업자에게 환급하고, 그 사실을 소비자에게 통지하여야 한다. 그리고 사업자의 환급지연배상금과 소비자의 사업자에 대한 다른 채무와의 상계요청도 가능하다(동조 제3항-제6항).

사업자는 이미 재화 등이 일부 사용 또는 일부 소비된 경우에는 그 재화 등의 사용 또는 일부 소비에 의하여 소비자가 얻은 이익 또는 그 재화 등의 공급에 소요된 비용에 상당하는 금액으로서 대통령령이 정하는 범위의 금액의 지급을 소비자에게 청구할 수 있다(동조 제8항). 일반적인 청약철회 등의 경우 공급받은 재화 등의 반환에 필요한 비용은 소비자가 이를 부담하며, 사업자는 소비자에게 청약철회 등을 이유로 위약금 또는 손해배상을 청구할 수 없다(동조 제9항).

반면, 표시·광고 내용과 다른 경우 등의 철회의 경우 재화 등의 반환에 필요한 비용은 사업자가 이를 부담한다. 사업자, 재화 등의 대금을 지급받은 자 또는 소비자와 통신판매에 관한 계약을 체결한 자가 동일인이 아닌 경우에 각자는 재화 등의 대금 환급과 관련한 의무의 이행에 있어서 연대하여 책임을 진다(동조 제11항).

8) 결제권자에 대한 항변 소비자는 통신판매업자가 제18조 제3항 단서에도 불구하고 정당한 사유 없이 결제업자에게 대금을 환급하지 아니하는 경우에는 결제업자에게 그 통신판매업자에 대한 다른 채무와 통신판매업자로부터 환급받을 금액을 상계할 것을 요청할 수 있다. 이 경우 결제업자는 대통령령으로 정하는 바에 따라 그 통신판매업자에 대한 다른 채무와 상계할 수 있다(동조 제6항).

소비자는 결제업자가 제6항에 따른 상계를 정당한 사유 없이 게을리 한 경우에는 결제업자에 대하여 대금의 결제를 거부할 수 있다. 이 경우 통신판매업자와 결제업자는 그 결제 거부를 이유로 그 소비자를 약정한 기일까지 채무를 변제하지 아니한 자로 처리하는 등 소비자에게 불이익을 주는 행위를 하여서는 아니 된다(동조 제7항).

9) 손해배상청구금액의 제한 소비자에게 책임 있는 사유로 인하여 재화 등의

판매에 관한 계약이 해제된 경우 사업자가 소비자에게 청구하는 손해배상액은 공급받은 재화 등이 반환된 경우 반환된 재화 등의 통상 사용료액 또는 그 사용에 의하여 통상 얻어지는 이익에 상당하는 금액이나 반환된 재화 등의 판매가격에서 그 재화 등이 반환된 당시의 가액을 초과할 수 없다. 공급받은 재화 등이 반환되지 아니한 경우에는 그 재화 등의 판매가액에 상당하는 금액에 대금미납에 따른 지연배상금을 더한 금액을 초과할 수 없다(제19조).

위의 규정들(제17조-제19조)에 위반한 약정으로서 소비자에게 불리한 것은 그 효력이 없다(동법 제35조). 편면적 강행규정이다.

(2) 전자상거래소비자법의 문제점

전소법은 기존의 '방문판매 등에 관한 법률'에서 통신판매부분으로 전자상거래를 규율하여 오던 것에 비하여 소비자보호의 문제점을 여러 부분 입법적으로 보완하였다. 그러나 입법과정에서 오는 용어상의 문제점과 법조문상의 미비점들이 보이고 있다.

첫째, 동법 제2조 제1호에서는 전자상거래 정의규정을 두어 "전자상거래"란 전자거래의 방법으로 상행위를 하는 것이라고 하고, 제2호에서는 "통신판매"란 「우편·전기통신 그 밖에 총리령이 정하는 방법에 따라 재화 또는 용역(일정한 시설을 이용하거나 용역의 제공을 받을 수 있는 권리를 포함한다)의 판매에 관한 정보를 제공하고 소비자의 청약에 의하여 재화 또는 용역을 판매하는 것을 말한다」고 규정하고 있다. 이처럼 동법에서는 전자상거래와 통신판매 개념을 규정하고 동시에 '통신판매업자'의 개념에 대해서는 규정을 두고 있으나 '전자상거래업자'의 개념에 대해서는 규정을 두고 있지 않는데, 전자상거래업자의 개념도 규정하는 것이 바람직하다. 여전히 입법자는 통신판매업자의 개념 속에 전자상거래업자를 포함하는 것으로 보이나, 동법 제21조 제1항에서는 전자상거래를 하는 사업자라는 용어를 사용하고 있다. 앞에서 기술한 것처럼 양자의 관계를 보면 통신판매가 전자상거래를 완전히 포섭하는 개념은 아니다. 그렇다면 전자상거래업자를 어떻게 개념 정의 할 것인가. 전자상거래를 업으로 하는 자를 말하고, 전자상거래란 전자거래의 방법으로 상행위를 하는 것을 말하므로, 결국 전자상거래업자란 '전자거래의 방법으로 상행위를 하는 사업자'로 정의할 수 있을 것이다.

둘째, 동법 제2장에서는 전자상거래와 통신판매를 동시에 규율하고 있다. 양자는 동일한 소비자보호문제를 갖지만, 전자상거래환경에서는 질적인 수준에서의 차이가 존재한다고 할 수 있다. 통신판매는 우편, 광고문, 신문, 잡지 등을 이용하고,[130] 전자상거래는 인터넷을 이용한다는 점에서 양자는 차이가 있고, 이러한 차이는 상호 규율하여야 하는 내용에 있어서도 차이를 가져오므로 이들을 거래행위의 성질상 동일하게 취급할 수 있는가가 문제된다. 가장 중요한 차이는 전자상거래는 거래의 전부 또는 일부가 '전자문서'에 의하여 행해진다는 점이며, 계약의 체결부터 이행까지 일괄적으로 인터넷에서 행해진다는 점, 전자상거래는 대개 web 문서에 의하여 정보자동처리장치에 의하여 실시간으로 이루어지며, 쌍방향 통신이 가능하다는 점 등 양자는 여러 면에서 차이가 난다.[131]

셋째, 동법 제7조에서 사업자는 전자상거래에서 소비자의 조작실수 등으로 인한 의사표시의 착오 등으로 발생하는 피해를 예방할 수 있도록 거래 대금이 부과되는 시점 또는 청약에 앞서 그 내용의 확인 및 정정에 필요한 절차를 마련하여야 한다고 규정하고 있다. 이에 대하여 동법은 시정조치와 과징금 및 벌칙 등을 통한 행정적 형사적 규제만 예상하고 있다. 한편 UNCITRAL 전자계약 초안서에서는 자동화거래에 있어서 조작실수를 정정하는 시스템을 마련할 의무를 부과하고 있고 더불어 마련하지 않은 경우에 그러한 계약은 무효라고 규정하고 있다. 따라서 동법 제7조에서 조작실수 정정 시스템을 마련의무를 위반한 계약의 효력에 관해 규정하지 않은 것은 문제이고,[132] 이 경우 소비자보호를 위하여 취소 혹은 무효로 규정해야 할 것이다.

넷째, 사업자의 광고나 거래조건이 사기에 의한 의사표시까지는 이르지 않으나 소비자가 오인하거나 현혹된 경우, 소비자는 취소할 수 없고 유효하게 되어 이러한 경우 표시광고공정화법에 의하여 행정상의 단속이나 제재는 받게 되나 소비자

---

130) 물론 전기통신의 개념 속에 정보처리장치를 포함한다고 보면 양자는 일정한 영역에서 중복된다.

131) 구체적인 차이로서는 첫째, 개인정보호면에서이다. 통신판매에서보다 전자상거래에서는 거래의 수단으로 이용되는 컴퓨터와 컴퓨터네트워크의 특성상 개인정보의 수집방법에 있어서 인터넷 쿠키기술 등의 기술을 이용하여 손쉽게 수집이 가능하다는 점, 또한 정보처리과정에서도 이른바 Data-matching기법을 이용하여 각각의 단편적인 자료를 연계하여 종합적인 정보를 수집할 수 있다. 다음으로는 신뢰성 확보의 문제이다 통신판매에서는 거래상대방의 실체에 관한 신뢰성은 심각하지 않으나 전자상거래에서는 거래상대방에 대한 신뢰가 통신판매보다 훨씬 심각한 문제로 대두된다. 오병철, 전자상거래에 있어서의 소비자의 보호- OECD 소비자보호 Guideline과 우리법규와의 비교, 법학논총 제9집, 경상대학교, 2000, 44-45면.

132) 박정식, 앞의 논문, 49면.

는 보호받지 못하게 된다. 이 경우 일본 소비자계약법 제4조[133]처럼 이러한 경우에도 소비자에게 '취소권'을 인정할 실익이 있다 할 것이다.

Ⅲ. 소셜커머스와 소비자보호[134]

1. 서 언

(1) SNS와 결합한 새로운 영업방식의 소셜커머스의 등장

인류역사는 네트워크 확대의 역사라고 말할 수 있다. 인간은 사회적 동물로서 가장 작은 공동체인 가족과 같은 혈연공동체로부터 마을과 국가와 같은 지역공동체의 일원으로서, 이제는 가상공간에서 네티즌으로서, 정보의 공유와 확산을 통하여 상호간 거래에서 '최대의 이익'을 추구하여 왔다. 정보통신수단의 발달, 특히 컴퓨터기술과 인터넷기술의 발달은 정보의 수집, 공유, 확산을 보다 용이하게 하였고, 소셜미디어나 온라인미디어의 등장은 마케팅에서 종래 사업자에 의하여 일방적으로 홍보와 광고가 이루어지던 관행을 페이스북과 트위터, 인스터그램 등으로 대변되는 소비자 주도의 SNS를 통하여 신속하게 실시간 홍보와 광고를 하게 되었다.

예전부터 소비자들은 제품을 저렴하게 구입하는 방법으로 공동구매의 방법을 사용하여 왔지만, 한정된 공간과 인적 네트워크에 의존하여 왔다. 그러나 스마트폰의 보급으로 SNS 이용자가 증가하면서 2010년에 우리나라에도 소셜커머스[135]가

133) 일본 소비자계약법 제4조는 민법의 의사표시에 관한 규정의 특칙으로서 당사자의 일정한 행위로 말미암아 소비자가 '오인'하거나 또는 '困惑'하여 의사표시를 한 경우에 취소권을 인정하고 있는데, 이는 민법상의 사기, 강박에 의한 의사표시의 요건을 완화하여 사업자의 부당한 권유에 의해 체결한 계약에 의해 체결한 계약에 대해 소비자를 보호하려는 의도에서 입법된 것이다. 구체적으로 보면, 부실고지 또는 단정적 판단의 제공에 의한 오인 유형(동법 제4조 제1항), 불이익사실의 불고지에 의한 오인유형(동법 제4조 제2항), 불퇴거·감금에 의한 困惑유형(동법 제4조 제3항) 등이다.

134) 「소셜커머스와 소비자보호」 부분은, 졸고, 소셜커머스의 법률관계 : 공동구매형 소셜커머스에서 소비자보호를 중심으로, 재산법연구 28권 2호, 2011.8., 법문사, 201-234면을 수정 가필한 것이다.

135) 소셜커머스를 우리 말로 '사회적 상거래' 혹은 '사회 상거래'라고 번역할 수도 있다. 인간을 사회적 동물이라고 할 때의 '사회적(social)'이라는 개념에는 '공동체의 구성원으로서 다른 사람과 관계를 맺으며 살아가는'이라는 의미가 포함되어 있기 때문이다. electronic commerce를 전자상거래라고 번역하여 사용한다면 social commerce도 사회적 상거래라고 번역하여 사용하는 것이 가능하다.

새로운 영업방법으로 등장하여 그 거래량도 대폭 증가하게 되었다. 소셜커머스는 최소한의 비용으로 최대한의 효용을 얻고자 하는 소비자의 욕구와 단시간에 제품 및 용역에 대한 홍보와 광고를 통하여 매출의 극대화를 꾀하고자 하는 사업자간의 욕구가 맞아떨어지면서 새롭게 등장한 영업방식이다. 소셜커머스는 기존의 E-Commerce 혹은 M-Commerce의 일종이지만 SNS를 이용하는 새로운 영업방식이라는 점에서 종전의 전자상거래와 구별된다 하겠다.[136]

근래에는 소셜커머스의 적자가 누적되자 종전 소셜커머스 업체들은 변화를 선택하여 원래 의미의 소셜 커머스 형태에서 탈피하여 직매입 상품판매와 오픈마켓 등 전통적인 이커머스 기업으로 전환하고 있다.

(2) 소셜커머스의 법적 쟁점들

이렇게 급작스럽게 들이닥친 소셜커머스의 열풍에 따라 소비자보호와 관련한 다양한 법적 문제점이 등장하였으며, 이에 대한 법적 검토가 필요하게 되었다. 소셜커머스는 상품이나 용역을 제공하는 공급자와 소비자 사이에 소셜커머스 사업자가 관여한다는 점에서 직거래가 아닌 중개적 성격을 갖는 거래이다. 그리고 그러한 중개적 거래를 '영업'으로 하는 사업자에 의하여 거래가 이루어진다는 특징을 가지고 있다.

「전자상거래등에서의 소비자보호에 관한 법률(이하 전자상거래소비자법)」에서는 각각 전자상거래와 통신판매, 통신판매업자, 통신판매중개 등을 규정하고 있는데, 소셜커머스가 어느 개념에 포섭되는지 검토되어야 한다. 최근 공정거래위원회도 소비자보호를 위한 대책을 내놓으면서 소셜커머스업체를 통신판매중개자가 아닌 통신판매업자로 하는 지침을 내놓기도 하였는데,[137] 이는 소셜커머스를 어떻게 정의하느냐에 따라 소비자보호수준이 달라지기 때문이다.

---

136) 종전 소셜커머스 업체 빅3 중의 하나인 티몬도 오픈마켓 사업 형태로 전환했으며 위메프는 기존 최저가 전략에 더욱 집중하면서 경쟁력을 높였다. 매출 부분에선 쿠팡이 압도적이다. 2019년 기준 쿠팡은 국내 이커머스 업계 최대 규모인 7조 1531억 원의 매출을 달성했다. 쿠팡을 통한 거래액은 14조원에 달했는데 이는 위메프(6조4000억원), 티몬(4조원)보다 월등히 많았다.

137) 공정거래위원회는 소셜커머스 사업자의 법적 지위를 전자상거래소비자법상의 통신판매임을 확인하고 5개 소셜커머스 사업자의 전자상거래소비자법 위반행위에 대하여 시정명령을 하였다. 즉 청약철회권의 인정, 구매안전서비스의 이용, 과도한 손해배상책임의 제한 내용의 면책금지, 허위 기만의 광고행위의 금지 등을 골자로 한 내용이다.

공동구매형 소셜커머스에서는 대개 50% 정도의 대폭적인 할인쿠폰을 판매하기 때문에 소비자의 입장에서는 충동구매를 하게 될 염려가 많으며, 업체가 제공하는 정보와 지인의 정보에 의존하기 때문에 실제의 상품 및 제공되는 용역과 차이가 날 수 있다. 일반소비자와의 차별이나 판매의 회피 문제, 청약의 철회 문제, 불공정약관 및 면책약관의 문제 등이 존재하며, 과장광고나 허위광고의 문제,[138] 광고와 다른 상품이나 용역의 제공으로 인한 책임문제, 결제지급수단에서도 신용카드, 선불카드, 핸드폰결제, 전자화폐, 스마트폰 앱 등 다양하기 때문에 결제와 관련하여서도 이용자 보호의 문제가 있다. 또한 구매 후 소수에 의한 구매취소가 이루어지는 경우 일정수의 구매를 전체계약의 조건으로 하는 경우 전체 구매계약이 불성립하는 등의 법률문제 등도 있다. 뿐만 아니라 인터넷서비스제공자의 책임과 유사하게 소셜오픈마켓이나 연결몰로서의 기능만 하는 소셜커머스[139]에 대해서 오픈마켓 사업자나 연결몰이 오픈마켓 거래나 피연결몰에서 이루어지는 거래에 대한 책임문제 등도 생각할 수 있다.

또한 소셜커머스사업자는 홈페이지에 전자약관을 게시하여 일방적으로 이용자와의 계약조건을 정하고 있는데, 소셜커머스의 특성상 청약의 철회나 환불 또는 면책에 대하여 불공정한 내용의 약관을 내용으로 하고 있는 경우 약관의 효력과 관련하여 약관의 통제문제가 발생한다. 이 뿐만 아니라 소셜커머스사업자의 입장에서는 SNS를 통한 소비자의 개인정보를 무제한 수집, 가공할 수 있는데 이러한 개인정보의 수준은 과거의 어떠한 개인정보보다 광범위하고 내밀하다는 점에서 개인정보보호의 문제도 중요한 쟁점으로 볼 수 있다.

2. 소셜 커머스의 의의와 법적 성격

(1) 소셜커머스의 의의

1) 소셜커머스의 개념　　소셜커머스[140]란 소셜과 커머스가 합쳐진, 다시 말해서

138) 소셜쇼핑에서 판매되는 상품이 주로 오프라인 서비스 상품이다 보니 공산품처럼 규격화되어 있지 않아서 허위 기만 광고를 하는 경우 소비자들이 서비스 품질을 감지하는데 어려움이 있다. 김철환, 앞의 논문, 16면.

139) 소셜쇼핑업체 수가 많아지자 그 정보들을 한 데모아 제공하는 메타소셜쇼핑 사이트들도 등장하였는데, 그런 곳만 30~40개 이르는데, 쿠폰셔틀, 티켓초이스, 쿠폰챠트가 대표적인 예이다. 이러한 사이트에서는 구매가 이루어지지 않고 소셜 쇼핑업체의 사이트로 이동하여 구매하도록 하고 있다.

트위터, 인스터그램, 페이스북과 같은 SNS(Social Network Service)의 '소셜'과 상거래의 영어표현인 '커머스'의 합성어이다. 따라서 소셜커머스의 정의에 대해서는 사회구성원들의 상호의사소통과 사용자공헌(user contribution)을 지원하는 소셜미디어나 온라인미디어를 활용하여 온라인상에서 상품과 용역을 구매하거나 판매하는 일종의 전자상거래로 보는 것이 일반적이다.[141] 요컨대 SNS를 통한 새로운 영업방법에 의한 전자상거래를 말한다.[142]

소셜커머스와 소셜쇼핑의 개념을 구분하기도 하는데, 전자는 온라인상 판매자들의 공동네트워크가 중심개념이며, 소셜쇼핑은 온라인 구매자들의 공동 행위(공동구매행위)가 중심개념이라고 한다.[143] 실제 소셜커머스의 상품들은 지역의 알려지지 않은 서비스업체들이 홍보를 노리고 많이 제공하기 때문에 로컬커머스(Local Commerce)라고 불리기도 한다. 실제로 오프라인의 인적 네트워크를 통해서도 다양한 커머스가 행해지고 있고, 온라인의 카페, 블로그 등에서도 다양한 형태의 커머스가 일어나지만 소셜커머스는 소셜미디어 내지 온라인미디어를 통해 상거래가 직·간접적으로 일어나는 것으로 그 의미가 축소된다.

종전의 거래나 상거래에서는 사업자가 상품 및 용역에 대한 광고와 홍보를 하여 소비자들로 하여금 구매하게 하지만, 소셜커머스에서는 소셜커머스 사업자 뿐만 아니라 소비자 스스로 자발적으로 SNS를 통하여 자신의 소셜네트워크상의 지인에게 적극적으로 홍보하고, 사업자의 신뢰성보다는 지인의 신뢰에 기반을 두어서 또 다른 소비자들이 제품을 구매하도록 한다는 점에서 차이가 있다. 소셜커머스의 정의에서 중요한 표지는 SNS이다. 즉 진정한 의미의 소셜커머스가 되기 위해서는 판매의 상당부분이 실제로 소셜네트워크를 통한 추천과 공유에서 비롯되어

140) 소셜커머스는 David Biesel이 전자상거래에서 사용자에 의하여 작성된 홍보 내용을 지칭하는 개념으로 개발하였고, Steve Rubel은 여기에 '구매자들이 재화나 용역을 구매할 때 신뢰할 수 있는 개인들로부터 조언을 얻을 수 있는 상호 협력적 전자상거래 도구'라는 의미를 첨가하였는데, 2005년 11월에 야후가 처음 소개한 용어이다. 당시 야후는 장바구니(Pick List) 공유서비스인 shoppersphere를 선보였는데, 야후는 이것의 범주를 '소셜커머스'라고 이름 붙였다. 이때부터 소셜커머스는 상거래 플랫폼을 소비자들에게 '개방'하고, 소비자들 각자의 상거래 경험을 서로 '공유'시킨다는 '소비자 영역에서의 커머스 2.0' 을 의미하게 되었다.

141) http://en.wikipedia.org/wiki/Social_commerce. 2011.5.11. 방문

142) 소셜커머스가 이슈가 된 것은 미국의 그루폰의 흥행이 큰 역할을 하였다. 그루폰은 2008년 11월 미국 시카고 지역을 서비스 권역으로 창업을 하여 이후 전국으로 확대하였고, 이제 한국 등 세계 곳곳으로 영역을 확대하고 있다.

143) 김철환, 앞의 논문, 1면.

야 한다.[144)]

2) 소셜커머스의 유형　소셜커머스의 유형은 매우 다양하다. 소셜커머스의 정의를 SNS를 활용하여 상품과 용역을 구매하거나 판매하는 일종의 전자상거래라고 정의한다면, 그 유형도 기존 상거래의 종류만큼이나 다양해 질 수 있다는 것을 의미하게 된다. E-Commerce의 경우에도 독립쇼핑몰, 공동 구매사이트, 오픈마켓,[145)] 경매사이트, 소비자 직거래사이트, 회원제 쇼핑클럽, 디지털콘텐츠마켓, 이러닝 등 무수히 많은 서비스 모델이 있는데, 소셜커머스도 마찬가지로 다양한 형태의 영업방식이 존재가능하다.[146)] 즉 소셜커머스의 정의를 SNS를 활용하여 상품과 용역을 구매하거나 판매하는 일종의 전자상거래라고 정의한다면, 그 유형도 기존 상거래의 종류만큼이나 다양해 질 수 있다는 것을 의미하게 된다.

이커머스(E-Commerce)에는 SNS와 연동된 독립쇼핑몰, 소셜쇼핑, 소셜 오픈 마켓, 신종 프라이빗쇼핑클럽, 경매사이트, 소비자 직거래사이트, 회원제 쇼핑클럽, 디지털콘텐츠마켓, 이러닝(E-learning) 등 무수히 많은 서비스 모델이 있는데, 소셜커머스도 마찬가지로 다양한 형태의 영업방식이 존재가능하다. 다만 차이가 있다면 기존의 인터넷쇼핑몰과 같은 이커머스에 비해서 소셜커머스는 할인율에서 많은 차이가 나는 점이다.

소셜커머스의 유형에 대해서는 소셜링크형, 소셜웹형, 공동구매형, 오프라인 연동형으로 구분하기도 하고,[147)] 소셜미디어 연동형 소셜커머스, 공동구매형 소셜커머스, 직접판매형 소셜커머스, 프로모션형 소셜커머스의 유형으로 구분하기도 하는데,[148)] 후자는 전자의 소셜링크형과 소셜웹형 양자를 소셜미디어 연동형 소셜커머스에 포함시키고 프로모션형 소셜커머스를 구분하는 점에서 차이가 있다. 그

144) 국내 소셜커머스 1위 업체인 티켓몬스터의 SNS를 통한 사이트 유입율은 0.5가 안되는 미미한 수준에 머물고 있다. 김철환, 앞의 논문, 5면.

145) 일반적인 쇼핑몰 판매방식을 벗어나, 개인과 소규모 판매업체 등이 온라인상에서 자유롭게 상품을 거래하도록 하는 '중개'형 인터넷 쇼핑몰이다. G마켓, 옥션, 인터파크 등이 대표적 사이트로 이들은 시스템을 제공한 대가로 상품을 등록한 사용자에게서 수수료 수익을 얻는다. 오픈마켓은 인터넷 쇼핑몰에서의 중간 유통마진을 생략할 수 있어 기존보다 저렴한 가격으로 판매가 가능하다.

146) KT 올레샵과 같은 SNS와 연동된 독립쇼핑몰, 그루폰이나 티켓몬스터와 같은 소셜쇼핑, 다음 소셜쇼핑과 같은 소셜오픈마켓 등이 그 예이다.

147) 각주 7)의 위키피디아 사이트

148) 유윤수/윤상진, 소셜커머스, 무엇이고 어떻게 활용할 것인가, 더숲, 2011, 41면 이하.

러나 프로모션형 소셜커머스는 직접적인 구매를 목적으로 하는 것이 아니라 다양한 이벤트와 프로모션을 통하여 간접적으로 매출을 끌어올리는 것을 목적으로 하기 때문에 진정한 소셜커머스라고 보기 어렵다.

가) 소셜미디어 연동형 소셜커머스 가장 기본적인 형태의 소셜커머스로서 커머스 사이트에 소셜네트워크로 이동할 수 있는 형식의 링크를 게재하는 방식인 소셜 링크형과 커머스 사이트 안에서도 소셜네트워크 기능을 구현하는 방식인 소셜 웹형이 있다. 전자는 버튼을 클릭하면, 웹문서의 웹링크가 생성되어 해당 소셜네트워크 글쓰기에 자동으로 삽입되거나, 자신의 소셜네트워크에 웹문서가 그대로 복사되어 게시물로 생성되고, 후자는 커머스사이트에서 이루어지는 소비자의 구매, 평가, 리뷰 등의 활동이 소비자의 소셜네트워크에 자동으로 반영되어 친구들과 공유된다.[149] 소셜미디어 연동형 소셜커머스는 일반 쇼핑몰에서도 소셜미디어로 알릴 수 있는 공유버튼만 추가하면 되기 때문에 손쉽게 구현이 가능하다는 장점이 있다.

나) 공동구매형 소셜커머스 제품이나 서비스를 공동구매 형식으로 판매하는 형태의 커머스로서 공동구매사이트와 소셜네트워크가 결합한 것으로서, 보통 딜(deal)별로 정한 최소 구매수량이 달성되면 절반 수준의 할인 혜택을 받을 수 있도록 하여, 소비자들로 하여금 적극적으로 소셜네트워크를 통해 홍보하여 친구들을 공동구매에 참여하도록 하는 형태이다. 일반적으로 소셜커머스하면 떠올리는 형태가 공동구매형 소셜커머스이다. 초대한 친구가 회원 가입을 하거나 제품을 구매하면, 현금 또는 사은품이나 포인트를 적립해 주는 인센티브 프로그램을 운영하기도 한다. 공동구매형 소셜커머스는 소비자의 충동구매를 유발하게 하여 매출을 극대화 할 수 있지만, 청약의 철회 및 환불과 관련한 문제와 지역 업소와 소비자간에 분쟁이 발생할 우려가 높다. 공동구매형의 가장 큰 장점은 커머스가 실제 행해지기 때문에 다른 인터넷영업방식에 비해서 사업자는 수익창출의 속도가 빠르고, 진입장벽이 낮다는 장점이 있다.

다) 직접판매형 소셜커머스 직접판매형 소셜커머스는 소셜미디어 내에서 제품이나 용역을 직접 판매하는 유형을 말한다. 국내에서도 오래 전부터 옥션이나

149) 리바이스처럼 페이스북의 플러그인을 적용한 사이트나 게시물을 작성하면 자동으로 트위터로 배포되는 기능을 적용한 사이트들이 대표적인 사례이다.

G마켓 등의 오픈마켓을 통해 개인이나 중소기업들이 자신의 제품을 판매하고 있기는 하지만 소셜네트워크를 이용한다는 점에서 차이가 있다. 즉 직접판매형 소셜커머스는 신뢰를 바탕으로 소셜미디어상의 친구들에게 직접 판매하는 방식의 커머스이다. 페이스북에서는 농산물직거래와 같은 다양한 시도들이 행해지고, 트윗모아는 누구나 소셜커머스 상품 판매자가 될 수 있도록 소셜커머스 플랫폼을 제공하기도 한다. 직접판매형 소셜커머스야말로 진정한 소셜커머스라고 할 수 있다. 사업자뿐만이 아니고 누구나 커머스의 당사자가 될 수 있다는 점과 소셜커머스 사업자와 소비자간 직접거래가 이루어진다는 점에서 소셜미디어 연동형, 공동구매형과 차이가 나며, 전형적인 전자상거래이다.

이처럼 소셜커머스의 유형은 다양하게 구분할 수 있지만, 재화 또는 용역의 구매와 직접적으로 연관이 되며 소셜커머스 사업자가 관여하는 공동구매형에서 소비자보호문제가 주로 대두된다. 본고도 주로 공동구매형 소셜커머스를 염두에 두고 작성되었음을 밝혀둔다.

(2) 소셜커머스의 법적 성격

1) 일반론 소셜커머스가 이루어지려면 상품 및 용역공급업자와 소셜커머스 사업자간의 계약과 소셜커머스사업자와 소비자(이용자)간의 계약이 있어야 한다. 전자의 계약은 사업자와 사업자간의 계약이기 때문에 우선은 당사자간의 계약내용이 적용되고 계약 이외의 사항에 대해서는 상법 내지 민법상의 매매계약이 보충적으로 적용되게 된다.

문제는 후자인데, 소셜커머스사업자와 소비자간의 계약인 소셜커머스의 법적 성질이 무엇이냐에 따라 적용법규 및 규율원리도 달라지기 때문에 소셜커머스에 대한 법적 성격이 우선 규명되어야 한다. 소셜커머스는 유상·쌍무·요물·요식계약이다. 또한 민법상의 전형계약 중 매매입권을 판매한다 하더라도 구매자는 일정한 금액에 해당하는 부분의 대가를 지급하기 때문에 유상이면서 쌍무계약이라고 보아야 한다. 소셜커머스가 성립하려면 이용자는 구매계약시에 신용카드, 선불카드, 핸드폰결제, 전자화폐(이캐쉬) 등으로 결제를 하여야 하기 때문에 요물계약에 해당한다. 또한 전자문서를 통하여 계약이 성립하기 때문에 요식계약이다.

따라서 원칙적으로 소셜커머스의 사업자는 소비자(이용자)에게 담보책임을 지게되며, 소셜커머스의 쌍무계약성을 인정한다면 쌍무계약상의 견련성으로부터 나

오는 동시이행항변권, 위험부담 등의 규정도 적용된다. 또한 친구나 지인에게 쿠폰이나 티켓을 선물한 경우에는 '제3자를 위한 계약'이 성립하여 제3자를 위한 계약에 관한 규정도 적용되게 된다.

소셜커머스는 이용자가 티켓(또는 쿠폰)을 구매하여 결제하였더라도 바로 계약상의 권리의무가 발생하는 것이 아니라, 만약 사업자가 제시한 재화나 용역에 대한 공동구매상의 목표인원을 충족시키지 못한 경우에는 이용자는 상품이나 용역에 대한 권리를 취득하지 못하므로, 공동구매의 목표인원 충족이라는 조건이 붙은 조건부매매계약으로 볼 수 있다.

소셜커머스의 법적 성격을 매매로 보는 경우에 매매의 목적이 재화와 같은 유형적 물건인지 그렇지 않으면 용역이나 이용권과 같은 권리냐에 따라 구분할 필요가 있다. 소셜커머스업체가 재화를 판매하는 경우에는 자기의 명의로 타인의 계산으로 타인 소유의 재화를 판매해 주고 수수료를 얻는 형태를 취하고 있어서, 상법 제101조의 위탁매매에 해당한다고 볼 수도 있다.[150] 물건 중 부동산에 대해서는 위탁매매의 대상이 되지 못하고 동산만 해당되는데, 매도위탁의 경우 매도목적물은 매도위탁과 함께 위탁매매인에게 점유가 이전된다.

하지만 상법 제103조는 위탁물의 귀속과 관련하여 위탁매매인이 위탁자로부터 받은 물건 또는 유가증권이나 위탁매매로 인하여 취득한 물건, 유가증권 또는 채권은 위탁자의 위탁매매인 또는 위탁매매인의 채권자간의 관계에서는 이를 위탁자의 소유 또는 채권으로 본다고 하여, 동산 물권변동의 요건으로서 점유의 이전이 있을지라도 소유권에 대해서는 위탁자에게 귀속되는 것으로 보고 있다. 그런데 소셜커머스의 거래에서는 소셜커머스 사업자가 동산상품을 판매할지라도 동산상품이 공급업자로부터 소셜커머스 사업자에게 점유의 이전이 이루어지지 않기 때문에 실제 소셜커머스 사업자는 동산을 판매하는 것이 아니고 동산구매권을 판매하는 것으로 보아야 할 것이다.

민법은 제568조에서 매매의 목적을 권리로 명시하고 있을 뿐만 아니라 매매의 효과로서 매도인에게 재산권이전의무를 부과하고 있는 점을 감안하면, 소셜커머스 사업자가 판매하는 동산구입권이나 용역구입권, 이용권의 판매를 매매로 이론구성하는데 별 어려움이 없다고 본다.[151] 따라서 소셜커머스 사업자는 권리의 하자가

150) 동지 오병철, 소셜커머스의 전자상거래소비자보호법상 법적 성격 - 통신판매자인가? 통신판매중개자인가?-, 2011.5., 12면.

있는 경우에 민법 제580조 이하의 하자담보책임이 아니라 제570조 이하의 추탈담보책임을 부담하는 것으로 보아야 한다.

2) 전자상거래 소셜커머스가 전자상거래라는 것에 대해서는 의문의 여지가 없다. 전자상거래라 함은 전자상거래 소비자법상 전자거래의 방법으로 상행위를 하는 것을 말하고(동법 제2조 제1호), 전자거래란 재화나 용역을 거래함에 있어서 그 전부 또는 일부가 전자문서에 의하여 처리되는 거래를 말한다(전자거래기본법 제2조 5호). 소셜커머스는 구매단계에서 전자문서에 의한 매매계약의 체결과 결제도 가상공간에서 이루어지기 때문에 전자상거래이다. 따라서 종전의 온라인으로 이루어지는 전자상거래나 스마트폰 이전의 모바일기기를 통한 M-Commerce 등이 전통적인 전자상거래의 모습이라고 할 수 있다. 만약 소셜커머스를 소비자계약으로 본다면 전자상거래 중 B2C에 해당하게 된다.

소셜커머스가 전자상거래인 이상 거래의 객체가 '재화 또는 용역의 거래'인 이상 특정한 유형의 거래일 필요가 없다. 이를 통하여 달성하려는 법적 효과의 유형은 전혀 문제되지 않는다. 다양한 유형의 법률관계를 그 내용으로 할 수 있다. 따라서 매매와 같은 양도거래나, 임대차와 소비대차와 같은 대차거래, 위임, 도급과 같은 노무공급거래를 유형으로 할 수도 있다. 재화는 대개 '동산'에 머무르고 있으나 부동산의 경우에도 가능하다 할 것이다.

다만 종전의 전자상거래가 광고나 홍보 등을 통한 고객의 유치가 주로 사업자에 의하여 이루어졌다면, 소셜커머스는 광고와 홍보가 SNS를 통해 사용자간에 순식간에 이루어질 뿐만 아니라 사용자가 적극적으로 제품구입을 권유한다는 점에서 전자상거래의 새로운 영업방식이라고 할 수 있다.

법적인 측면에서는 소셜커머스는 전자계약이다. 의사표시의 합치가 구두 또는 서면으로 이루어지는 것이 아니라 당사자간의 약정에 의하여 전자적인 형태의 의사표시(전자문서)의 합치로서 성립한다.[152]

3) 소비자계약 다음으로 소셜커머스는 소비자계약인가가 문제된다. 소비자계

151) 용역상품의 판매나 이용권의 판매를 매매로 본다면 권리양도의 이론구성을 하여 채권양도의 대항요건으로서 양도의 통지의 논의까지 전개할 필요는 없다고 본다. 오병철, 앞의 논문, 12면 참조.

152) 전자계약이란 매매계약이나 중개계약처럼 특정한 계약의 유형을 지칭하는 것이 아니라 계약체결의 한 형태를 말한다. 전자계약이라는 개념을 이렇게 정의한다면 전자거래라는 개념과 반드시 일치하는 것은 아니다. 졸저, 가상공간법, 전남대학교출판부, 2005, 85면 이하.

약이란 넓은 의미로는 소비자와 사업자 사이에 체결된 모든 계약을 의미하고, 통상은 좁은 의미로, '상품'과 '상품처럼 거래되는 용역'을 그 대상으로 하는 소비자와 사업자의 계약을 말하기도 하지만, 오늘날에는 그 적용범위가 일반적인 거래에까지 넓혀지고 있다. 우리 입법은 소비자계약이라는 용어를 사용하고 있지 않지만 소셜커머스는 사업자로서의 소셜커머스사업자와 소비자간의 소비자계약으로 보아야 하고,[153] 또한 전자소비자계약[154]이라고 말할 수 있다.

3. 소셜커머스의 법적 규율

(1) 민법의 적용

소셜커머스는 민법상의 전형계약 중 매매계약에 해당한다. 계약의 당사자는 소셜커머스 사업자와 이용자이다. 계약이 성립하면 사업자는 상품이나 용역을 공급할 의무를 부담하는 것이 아니라 상품이나 용역을 구입할 수 있는 권리를 이전해 주어야 할 의무를 부담하고 이용자는 할인된 가격에 해당하는 대금의 지급을 하여야 할 의무를 부담하게 된다. 따라서 이용자의 궁극적인 목적이 상품의 취득이라 할지라도 사업자는 상품을 이전할 의무를 부담하는 것이 아니라 상품을 구입할 수 있는 권리를 이전해야 할 의무를 부담하게 된다. 따라서 법이론적으로는 소셜커머스의 목적물에 하자가 있는 경우에 '권리의 하자'로 보아야 하고 사업자는 민법 제580조 이하의 '하자담보책임'이 아닌 민법 제570조 이하의 담보책임을 지게 된다.

문제는 소셜사업자가 허위광고를 하는 경우라든가, 구입한 제품에 소셜사업자가 제공한 정보와 달리 하자가 있거나 서비스가 못 미치는 경우 소셜사업자에게 책임을 추궁할 수 있느냐이다. 일응 민법 제110조의 사기에 의한 의사표시로서 취소가 가능하다 할 것이다. 소셜사업자는 상품이나 용역을 구매할 수 있는 권리만 이전하면 채무의 이행을 한 것으로 보아야 하고, 만약 구매권(쿠폰)으로 제품의 취득이나 용역의 제공이 거부된 경우에는 소비자는 소셜사업자에게 담보책임의 추

153) 독일민법 제310조에서는 사업자와 소비자간의 계약을 소비자계약(Verbrauchervertrag)으로 칭하며, 제355조에서도 「소비자계약에서의 철회권」이라는 표제어로 소비자계약이라는 용어를 사용하고 있다. 일본에서는 넓은 의미에서의 소비자계약을 입법하여 규율하고 있고, 미국 통일상법전에서는 소비자계약을 상인인 매도인과 소비자인 매수인 사이의 판매계약의 경우로 한정하기도 하지만 오늘날에는 그 적용범위가 일반적인 거래에까지 넓혀지고 있다.

154) 전자소비자계약에 대해서는 졸고, 전자소비자계약, 민사법학 제38호, 2007.9., 411면 이하.

궁이 가능하지만, 제품의 하자나 서비스의 조악에 대해서까지 책임을 지울 수 있느냐가 문제되는데, 원칙적으로 제품 및 용역공급자에 대하여 책임추궁이 가능하다 할 것이고, 소셜사업자가 약관에 책임의 면제조항을 두는 경우에는 약관의 무효 내지 불공정성의 문제로 넘어가게 된다.

(2) 전자상거래소비자보호법의 적용

문제는 현재 특수한 형태의 매매유형으로 소비자를 보호하기 위하여 할부매매에 관해서는 「할부거래에 관한 법률」에서, 통신판매와 전자상거래에 관해서는 「전자상거래소비자보호법」에서, 방문판매와 다단계판매에 관해서는 「방문판매법」에서 규율하고 있는데, 소셜커머스가 어떠한 특별법의 적용을 받는가이다.

공동구매형 소셜커머스의 적용법규에 대한 검토는 전자상거래소비자보호법이 그 대상이 될 것이고, 전자상거래인지 또는 통신판매인지가 검토대상이다. 왜냐하면 동법은 전자상거래와 통신판매를 구별하여 규정하고 있고 적용법규도 달리하고 있다. 동법은 소비자를 보호하기 위하여 둔 핵심적인 규정들은 통신판매에는 적용하면서도 전자상거래에는 적용하지 않고 있다.[155)]

전자상거래소비자법은 전술하였듯이 전자상거래와 통신판매를 구별하여 별도의 정의를 내리고 있고, 사업자의 금지행위를 규정하면서 통신판매업자와 구분되는 개념으로서 '전자상거래를 행하는 사업자'라는 용어를 사용하고 있다(동법 제21조 제1항). 양자를 구별하는 실익은 각각에 적용되는 규정들이 구별되는 점에 있다. 전자상거래소비자법상의 규정들은 그 조문의 문언만으로 판단할 때 그 적용대상을 달리 하는 세 가지 부류의 규정들이 있다. 첫째, 전자상거래만을 적용대상으로 정하고 있는 규정들이 있다(동법 제7조·제10조). 둘째, 전자상거래와 통신판매 모두를 적용대상으로 명시한 규정들이 있다(제6조·제8조·제9조·제11조·제21조·제23조 내지 제29조 등). 셋째, 전자상거래는 제외하고 통신판매만 그 적용대상으로 하는 규정들이 있다(제12조 내지 제20조, 제22조).

양자의 개념에 대해서 살펴보기로 한다. 전자상거래라 함은 전자거래기본법 제2조 제5호에서 규정하고 있는 전자거래의 방법으로 상행위를 하는 것을 말한다(동

---

155) 대개의 전자상거래업자가 통신판매업자에 해당하기 때문에 실제 적용에 있어서는 소비자보호에 있어서 공백이 크다고 할 수 없지만 통신판매업자로 한정하고 있는 규정들을 다른 규정들과 같이 사업자라고 규정하는 것이 적절하다고 본다.

법 제2조 제1호). 전자거래의 정의가 재화나 용역을 거래함에 있어서 그 전부 또는 일부가 전자문서에 의하여 처리되는 거래임을 감안한다면 전자상거래는 「재화나 용역을 거래함에 있어서 그 전부 또는 일부가 전자문서에 의하여 처리되는 상행위」라고 정의할 수 있다.

「전자문서 및 전자거래기본법」은 전자문서란 '정보처리시스템에 의하여 전자적 형태로 작성되어, 송·수신 또는 저장된 정보'라고 정의하고 있다(동법 제2조 제1호).[156] 그리고 동법은 정보처리시스템이란 '정보처리능력을 가진 전자적 장치 또는 체계'라고 정의하고 있다(동법 제2조 제2호). 상행위에 대해서는 상법 제2편 상행위편에서 제46조에 기본적 상행위를 규정하고 제47조에서 보조적 상행위를 규정하고 있는데, 제46조에서는 각호에서 기본적 상행위가 되는 것들을 열거하고 있다. 따라서 전자상거래란 전자문서에 의하여 행해지는 상행위로서 기본적 상행위에 해당하는 상행위이거나 상인에 의하여 행해지는 행위로서 거래의 이행과정 중에 일부라도 전자문서에 의해 행해지면 전자상거래로 본다.

전자상거래가 '재화 또는 용역의 거래'인 이상 특정한 유형의 거래일 필요는 없다. 전자상거래는 이를 통하여 달성하려는 법적 효과의 유형은 문제되지 않는다. 전자거래는 재화나 용역에 관한 '거래'인 한 다양한 유형의 법률관계를 그 내용으로 할 수 있다. 따라서 전자거래는 매매와 교환과 같은 재산권의 이전을 내용으로 하는 거래나, 임대차와 소비대차와 같은 대차거래, 위임이나 도급 등과 같은 노무공급거래, 중개계약, 운송계약, 출판계약 같은 민법전과 상법전상의 전형계약유형뿐만 아니라, 시설이용계약이나 리스계약, 숙박계약과 같은 비전형계약도 당연히 포함된다.

이에 대하여 통신판매는 우편·전기통신·광고물·광고시설물·전단지·방송·신문 및 잡지 등을 이용하는 방법 및 판매자와 직접 대면하지 아니하고 우편환·우편대체·지로 및 계좌이체 등을 이용하는 방법으로 재화 또는 용역(일정한 시설을 이용하거나 용역의 제공을 받을 수 있는 권리를 포함한다)의 판매에 관한 정보를 제공하고 소비자의 '청약'에 의하여 '재화 또는 용역을 판매'하는 것을 말한다(동조 제2호, 동 시행규

156) 정보통신망이용촉진법(제2조 제5호)은 '전자문서라 함은 컴퓨터 등 정보처리능력을 가진 장치에 의하여 전자적인 형태로 작성되어 송·수신 또는 저장된 문서형식의 자료로서 표준화된 것을 말한다'고 규정함으로써, 기본적으로 전자거래기본법(제2조 제1호)상의 전자문서의 개념을 차용하고 있다. 다만 동법은 '표준화된' 전자문서만을 규율의 대상으로 한다는 점에서 이러한 요구가 없는 전자거래기본법상의 전자문서와 차이가 있다.

칙 제2조). 요컨대 통신판매란 광고물, 광고시설물, 전단지, 방송, 신문, 잡지 등 개인적 또는 공적인 '통신적 수단'이라는 비대면의 거래방법에 의하여 정보의 제공과 함께 '재화 또는 용역'을 판매하는 것이라고 볼 수 있다.

전자상거래와 통신판매의 양자의 개념에서 결정적 차이는 '거래'와 '판매'에 있다. 일응 거래는 판매를 포함하는 넓은 의미이고, 판매는 전형계약중의 하나인 매매로 해석될 수 있다. '판매'의 개념에 위탁 및 중개를 포함할 것인가. 원래 통신판매는 구방문판매법의 규율을 받다가, 통신판매와 전자상거래가 비대면거래라는 공통점을 가지고 있는 점에 착안하여 전자상거래소비자법에서 규율하게 되었다. 구방문판매법은 통신판매를 '상품 또는 용역'에 관하여 광고물 등의 매체를 이용하여 상품을 판매하거나 용역을 제공하는 것(구방문판매법 제2조 제6호)이라고 정의하였고, 현행 방문판매법은 방문판매를 「방문판매에 의한 재화 또는 용역(일정한 시설을 이용하거나 용역의 제공을 받을 수 있는 권리를 포함한다)의 판매(위탁이나 중개를 포함한다)」라고 정의하고 있다. 방문판매의 개념에서는 판매에 위탁 및 중개를 포함한다고 규정하고 있다.

통신판매에 관하여 전자상거래소비자법이 위탁이나 중개를 포함한다는 규정을 두지 않은 점이나 통신판매중개를 거래당사자간의 통신판매를 알선하는 행위라고 정의하여 통신판매와 구별하여 정의를 내리고 있는 것을 보면 통신판매에서의 판매는 매매를 지칭하는 것으로서 거래보다는 협의의 개념으로 보아야 할 것이다.[157] 또한 전자상거래소비자법은 용역에 일정한 시설을 이용하거나 용역의 제공을 받을 수 있는 권리를 포함한다고 하여, 용역의 개념을 확대하여 사용하고 있다.

전자상거래에서의 통신적 수단은 디지털 네트워크이며, 전자상거래는 여기에서 형성된 전자문서에 의한 상행위로서 판매를 포함하는 전형·비전형 계약을 아우르는 넓은 의미이다. 이에 반해서 통신판매는 계약유형으로서는 '판매'에 한정되며, 통신적 수단이 디지털 네트워크인 경우에는 전자상거래에 포섭되지만 전통적 방법인 우편이나 카탈로그에 의한 경우에는 전자상거래에 포섭되지 않는다. 이러한 의미에서 전자상거래를 통신판매의 특수한 형태로 보기도 한다.[158]

157) 이에 대해서 통신판매의 판매개념을 매매에 한정해서는 안되며, 방문판매와 달리 중개를 포함하고 있지 않더라도 통신판매의 판매의 개념을 확장하여 보고자 하는 견해가 있다. 남효순, 전자상거래등에서의 소비자보호에 관한 법률에 관한 몇 가지 쟁점 -전자상거래와 통신판매에 대한 적용법조의 차별, 전자상거래에서 청약과 승낙의 결정 및 이행하자로 인한 청약철회와 해제의 관계, 민법학의 현대적양상, 羅岩 서민교수정년기념논문집, 2006.5., 408면.

스마트폰의 보급으로 소비자는 실시간으로 인터넷 접속이 가능해져 정보를 검색하고 전자문서를 통한 재화와 용역의 구매가 가능하지만 소비자는 여전히 이러한 전자문서 이외의 방법(전화·우편 등)에 의한 전통적 통신수단에 의하여도 비대면적 구매가 가능한데, 이 점에서 통신판매는 거래의 수단이나 방법에서 전자상거래보다 더 넓은 개념이다.

위에서 살펴본 전자상거래와 통신판매의 정의와 연관하여 소셜커머스는 전자상거래소비자법상의 전자상거래와 통신판매의 양자에 해당한다고 볼 수 있다. 통신판매에서의 특징을 '소극적 정보제공'이 아닌 '적극적 정보제공'으로 보더라도 소셜커머스에서는 기존의 전자상거래와 달리 소셜커머스 사업자는 한정된 상품에 대해 상당히 상세한 정보를 제공하고 있다. 소셜커머스를 이용하는 업체들은 대개 알려지지 않은 소규모 업체들이어서 소비자들의 신뢰확보를 위한 상세한 정보제공이 이루어지고 있는 실정을 감안할 때 통신판매해당성에는 문제가 없다 할 것이다. 소셜커머스가 전자상거래와 통신판매 양자에 해당한다고 본다면, 전자상거래소비자법의 전자상거래와 통신판매를 규율하는 모든 법규의 적용대상이 된다 할 것이다.

(3) 약관규제법의 적용

소셜커머스도 통상 사업자가 회원으로 가입할 때 전자약관을 제시하거나, 사이트의 초기화면에 전자약관을 게시하는 방법에 의해 거래가 행해지게 된다. 전자상거래가 대두하기 시작한 초기처럼 소셜커머스업체가 한국에서 2010년도부터 등장하여 활동하였기 때문에 소셜커머스업체가 일방적으로 정한 계약조건이 약관인 불공정하여 소비자가 피해를 입은 사례가 늘고 있다. 특히 공동구매형에서는 대개 절반가격에 재화와 용역의 공급가격이 정해지고 제한된 시간에 판매가 이루어지기 때문에 정상적인 거래에 비해서 소비자에게 불리하게 약관이 작성될 가능성이 높다.

소셜커머스도 다른 인터넷몰과 마찬가지로 전자약관을 사용하는데, 전자약관이란 거래의 일방당사자(사업자)에 의하여 사전에 작성된 전자적 기록의 형태로 된 약관을 말한다. 전자약관은 전자적 기록의 출력방식에 의하여 제시되는 것이 특징이다.

---

158) 남효순, 앞의 논문, 404면 참조.

현재 소셜커머스사업자가 작성한 전자약관 중 문제되는 것으로는 청약철회권의 제한, 환불의 금지, 면책조항 등을 들 수 있는데, 약관규제법에 의한 편입통제, 해석통제, 불공정성 통제를 통하여 규제가 행해지게 된다. 소셜커머스 사업자에 대한 표준약관의 제정도 고려할 수 있다.

(4) 그 밖의 특별법

소셜커머스를 이용하는 재화 및 용역의 공급업자는 대개 소비자들에게 알려지지 않은 지역 중소업체인 경우가 많다. 소셜커머스의 구매 첫단계에서 소비자는 전적으로 소셜커머스 사업자가 제공하는 정보에 의존하게 된다. 소셜커머스의 상품은 유형의 공산품이라기보다는 무형의 용역상품이기 때문에 소비자로서는 서비스의 품질에 대해서는 구매하기 전까지는 평가가 곤란하다. 심지어 공급업자와 다른 사업자의 객장 모습이나 서비스 등에 관한 정보를 제공하기도 한다. 공급업자는 소셜커머스를 이용하여 홍보의 극대화를 노리고, 소셜커머스 사업자는 판매를 통하여 수익의 최대화를 노리기 때문에 허위 또는 과장된 표시·광고를 할 수 있게 된다. 부당한 표시·광고행위의 유형으로서는 위에 든 것 이외에도 기만적인 표시·광고, 부당하게 비교하는 표시·광고 등이 있다. 이러한 부당한 광고를 규제하는 법률로는 「표시광고의 공정화에 관한 법률」이 있다. 대금의 결제 시 신용카드를 이용하여 할부로 구입한다면 할부거래에 관한 법률과 여신전문금융업법이 적용된다.

향후 소셜커머스에서 가장 쟁점이 될 사항으로 개인정보보호를 들 수 있다. 소셜미디어와 소셜네트워크를 통하여 용이하게 개인정보의 수집과 가공이 가능하기 때문에 향후 가장 뜨거운 이슈가 될 수 있다. 이에 대해서는 「정보통신망이용촉진 및 정보보호의 법률」과 2011년 9월에 시행된 「개인정보보호법」이 적용되게 된다. 이에 대해서는 후에 상술하기로 한다.

4. 소셜커머스 사업자의 법적 지위

(1) 법적 지위의 구별실익 : 통신판매자 또는 통신판매중개자

1) 통신판매자와 통신판매중개자의 정의 소셜커머스 사업자와 관련하여 논의의 핵심은 소셜커머스 사업자가 통신판매자인지 아니면 통신판매중개자인지에 있다. 소셜커머스 사업자의 법적 지위를 어떻게 보느냐에 따라 전자상거래소비자법상

책임이 달라지기 때문이다. 즉, 소비자보호에서 중요사항은 청약의 철회(동법 제17조),[159] 일정한 경우 손해배상책임의 면제(제20조의2 제1항), 신고의무(제12조 제1항)[160] 등인데 청약의 철회와 신고의무는 통신판매업자에게 적용되는 규정이고, 통신판매중개업자인 경우에는 통신판매의 당사자가 아니라는 사실의 고지를 한 경우(제20조 제1항) 등 일정한 경우 손해배상책임이 면제된다.

전자상거래소비자법 제2조 3호와 4호에 각각 통신판매업자와 통신판매중개에 대한 정의를 하고 있는데, 전자에 대해서는「통신판매를 업으로 하는 자 또는 그와의 약정에 따라 통신판매업무를 수행하는 자를 말한다」고 규정하고, 후자에 대해서는「사이버몰(컴퓨터 등과 정보통신설비를 이용하여 재화 등을 거래할 수 있도록 설정된 가상의 영업장을 말한다. 이하 같다)의 이용을 허락하거나 그 밖의 총리령이 정하는 방법에 의하여 거래 당사자 간의 통신판매를 '알선'하는 행위를 말한다」고 규정하고 있다. 여기서 "총리령으로 정하는 방법"이란 자신의 명의로 통신판매를 위한 광고수단을 제공하거나 그 광고수단에 자신의 이름을 표시하여 통신판매에 관한 정보의 제공이나 청약의 접수 등 통신판매의 일부를 수행하는 것을 말한다(동법시행규칙 제3조).

소셜커머스의 등장으로 소셜커머스업자가 통신판매업자 혹은 통신판매중개자인지의 여부와 그에 대한 청약철회가 가능한지의 문제가 대두하였다. 2012년 2월에 전자상거래소비자법 제20조의 2를 신설하여 통신판매업자인 통신판매중개업 소셜커머스사업자인 경우에는 제20조 제1항의 고지를 한 경우에도 불구하고 통신판매업자의 책임을 부과함으로써 입법적으로 해결하였다(제20조의 2 제3항).

2) 통신판매중개자의 고지 및 정보제공 등　통신판매중개자는 자신이 통신판매의 당사자가 아니라는 사실을 소비자가 쉽게 알 수 있도록 총리령이 정하는 방법에 의하여 미리 고지하여야 한다(제20조 제1항). 여기서 총리령이 정하는 방법이란 통신판매중개자가 운영하는 사이버몰의 초기 화면에 알리는 한편, 다음과 같이

159) 전자상거래소비자보호법 제17조에서는 두 종류의 청약철회를 규정하고 있다. 하나는 의사변경에 의한 청약철회이고 다른 하나는 이행하자로 인한 청약철회이다. 실제 양자의 성립요건은 다르기 때문에 달리 규율하여야 한다고 한다. 남효순, 앞의 논문, 414면; 소셜커머스에서의 청약철회에 대한 상세는 고형석, 소셜커머스에 있어서 청약철회권에 관한 연구, 연세대 법학연구원 의료과학기술과 법센터, 소셜커머스의 소비자보호 학술대회 발표문, 2011.5.

160) 동법 제12조에 따라 대통령령이 정하는 신고의무가 면제되는 통신판매업자가 있는데, 판례는 대통령령이 정하는 통신판매업자에 관하여 '부가가치세법 제25조 제1항의 규정에 의한 간이과세자인 사업자'를 말한다고 한다. 대판 2010.1.28. 2009도12663.

알려야 한다. 즉, ① 통신판매중개자가 자신의 명의로 표시·광고를 하는 경우에는 그 표시·광고를 하는 매체의 첫 번째 면에 알릴 것, ② 통신판매중개자가 법 제13조 제2항에 따른 계약내용에 관한 서면을 교부하는 경우에는 그 서면에 알릴 것, ③ 통신판매중개자가 청약의 방법을 제공하는 경우에는 법 제14조에 따른 청약내용의 확인·정정·취소에 대한 절차에서 추가적으로 알릴 것을 요하고(동법시행규칙 제11조의2 제1항), 통신판매중개자가 위의 제1항 제2호 및 제3호의 사항을 알릴 때에는 그 글씨의 크기는 계약 당사자를 고지하는 글씨와 같거나 그보다 더 크게 하여야 한다(동법시행규칙 동조 제2항).

또한 통신판매중개를 업으로 하는 자는 통신판매중개를 의뢰한 자가 사업자인 경우에는 그 성명(사업자가 법인인 경우에는 그 명칭과 대표자의 성명)·주소·전화번호 등 대통령령으로 정하는 사항을 확인하여 청약이 이루어지기 전까지 소비자에게 제공하여야 하고, 통신판매중개의뢰자가 사업자가 아닌 경우에는 그 성명·전화번호 등 대통령령으로 정하는 사항을 확인하여 거래의 당사자들에게 상대방에 관한 정보를 열람할 수 있는 방법을 제공하여야 한다(동법 제20조 제2항).

3) 통신판매중개자의 책임 통신판매중개자의 책임[161]은 전자상거래소비자법 제20조의 2 제1항에서, 「통신판매중개자는 제20조 제1항의 고지하지 아니한 경우, 통신판매의 중개를 의뢰한 자의 고의 또는 과실로 소비자에게 발생한 재산상의 손해에 대하여 그 통신판매중개자는 중개를 의뢰한 자와 연대하여 배상할 책임을 진다」라고 규정하고 있다. 바꾸어 말하면 통신판매중개자는 자신이 통신판매의 당사자(통신판매업자)가 아니라는 사실을 미리 고지한 경우에는 손해배상책임을 지지 않는다고 하여 면책을 인정하고 있다.

또한 통신판매중개자는 소비자에게 정보 또는 정보를 열람할 수 있는 방법을 제공하지 아니하거나 제공한 정보가 사실과 달라 소비자에게 발생한 재산상 손해에 대하여 통신판매중개의뢰자와 연대하여 배상할 책임을 진다(제20조의 2 본문). 다만, 소비자에게 피해가 가지 아니하도록 상당한 주의를 기울인 경우에는 그러하지 아니하다(동조 단서)고 하여 통신판매중개자가 그의 귀책사유로 인하여 소비자에게 재산상 손해를 가한 경우에는 통신판매중개자라 할지라도 손해배상책임을 지우고 있다.

161) 이에 대한 상세는 고형석, 통신판매중개자의 책임에 관한 연구, 법학논고 제32집, 경북대학교 법학연구원, 2010.2., 119면 이하 참조.

뿐만 아니라, 통신판매중개의뢰자가 사업자인 경우에는 통신판매중개자의 고의 또는 과실로 소비자에게 발생한 재산상 손해에 대하여 통신판매중개자의 행위라는 이유로 면책되지 아니한다. 다만, 소비자에게 피해가 가지 아니하도록 상당한 주의를 기울인 경우에는 그러하지 아니하다(동조 제4항)는 규정을 두어 소비자를 두텁게 보호하고자 하였다.

4) 통신판매자인 통신판매중개자의 책임 통신판매업자인 통신판매중개자는 제20조 제2항에 의거 고지 및 정보제공의무가 있는데, 동법 제20조의 2 제3항에서는 「제20조 제1항의 규정에 의한 고지에도 불구하고 통신판매업자인 통신판매중개자는 제12조 내지 제15조까지, 제17조 및 제18조에 따른 통신판매업자의 책임을 면하지 못한다. 다만, 통신판매업자의 의뢰를 받아 통신판매의 중개를 함에 있어서 의뢰자가 책임을 지는 것으로 약정하여 소비자에게 고지한 부분에 대하여는 의뢰자가 책임을 진다」고 규정하여 통신판매중개자가 통신판매업자의 지위를 가지고 있는 경우에는 통신판매업자로서의 책임을 지는 것으로 하였다.

입법자는 통신판매업자에게는 소비자계약의 사업자로 보아 소비자계약상의 엄격한 책임을 부과하지만, 판매가 아닌 '알선'으로서 판매자와 소비자간의 매매를 단지 중개만 하는 경우에는 사업자에게 신뢰성 확보를 위한 신고 및 정보제공의무(시행령 제25조)를 부과하지만, 소비자에게 소비자계약에서 중요한 청약철회권을 인정하지 않고 있다.

이러한 쟁점과 관련하여 종전 소셜커머스 사업자들은 자신들을 통신판매중개자라고 주장하면서 이러한 법적 규제를 회피하고자 하였지만 전자상거래소비자법을 개정함으로써 이 문제는 해결되었다.

(2) 통신판매업자로서 소셜커머스사업자

통신판매와 통신판매중개업자의 구별에 대해서는 전자상거래소비자법, 전자상거래소비자법 시행규칙, 공정거래위원회의 전자상거래등에서의 소비자보호지침에서 각각 규정하고 있다. 법에서는 통신판매업자를 통신판매를 업으로 하는 자와 '그와의 약정에 따라 통신판매 업무를 수행하는 자' 로 정의하고 있고, 통신판매중개업자의 정의에 대해서는 따로 규정하지는 않았지만 제2조 4호(통신판매중개의 정의규정)에 따른다면 사이버몰의 이용을 허락하거나 거래 당사자간의 통신판매를 알선하는 행위를 업으로 하는 자라고 할 수 있겠다.[162]

동법 시행규칙 제2조에서는 법에서 위임한 사항에 대하여 보다 세부적으로 밝히고 있는데, 통신판매의 방법에 대하여 구체적인 통신판매의 방법을 열거하고 있고, 동 시행규칙 제3조에서는 통신판매중개의 방법에 대하여 '자신의 명의로 통신판매를 위한 광고수단을 제공하거나 그러한 광고수단에 자신의 이름을 표시하여 통신판매에 관한 정보의 제공이나 청약의 접수 등 통신판매의 일부를 수행하는 것'으로 규정하고 있다.

동법과 시행세칙의 개념정의에도 불구하고 개념정의를 통한 구분의 모호함이 존재하므로 공정거래위원회는 지침을 통하여 더욱 구체화하였는데, 소비자보호지침 Ⅱ. 일반사항 2.에서 통신판매, 통신판매업자, 통신판매중개자의 개념정의 및 책임의 범위를 예시를 들어서 상세히 설명하고 있다.[163]

전자상거래 소비자보호지침 Ⅱ. 2. 바에서는 양자의 판단기준을 제시하고 있다. 즉, 「어떠한 사업자가 통신판매업자인지 통신판매중개자인지 구별이 불분명한 경우에는 (ⅰ) 사업자가 자신은 통신판매중개자에 불과하며 통신판매에 따른 법적 책임은 제3의 의뢰인에게 있음을 소비자들이 알기 쉬운 방법으로 약정하거나 고지하였는지 여부, (ⅱ) 대금결제가 통신판매중개를 의뢰한 자와의 거래임을 소비자가 충분히 인식할 수 있도록 결제화면에서 표시하는 등 필요한 조치를 하였는지 여부, (iii) 통신판매에 따른 매출이익이 직접 자신의 수익이 되는지 아니면 단순히 중개수수료 수익만을 얻는 것인지 등의 회계처리 방법 등을 종합적으로 고려하여 판단한다」고 규정하고 있다.

그러나 소셜커머스는 계약당사자의 자유로운 의사의 교환에 따라 계약이 이루어지는 것이 아니라 사업자가 제공한 계약내용이나 계약조건에 따라 소비자가 청약을 하기 때문에 통신판매업자인지 통신판매중개업자인지의 여부가 지침의 (ⅰ)(ⅱ) 에서처럼 사업자 자신의 표시(예컨대 약관 등)나 고지에 의하여 일방적으로 결정되어서는 안 된다. 그나마 (iii)의 수익귀속의 내용은 어느 정도 양자를 구분하는

---

162) 통신판매중개의 경우에도 재화 등의 판매에 관한 정보를 제공하고, 거래의 상대방이 계약을 체결할 수 있도록 중개의뢰자에게 단순 연결하여 주는 소개형 통신판매중개와 거래관여형 통신판매중개로 구분할 수 있는데 문제되는 것은 거래관여형 통신판매 중개이다. 고형석, 앞의 논문, 147면 이하.

163) 예컨대 A신용카드회사의 카탈로그에 B여행사의 여행상품의 판매정보만 제공하고 청약의 접수 및 판매를 B여행사라 행하면 A카드사는 통신판매중개자이지만, A카드사가 청약을 비대면으로 접수하여 여행상품 판매업무를 수행하면 통신판매업자와의 약정에 따라 통신판매업무를 수행하는 자로서 통신판매업자에 해당한다고 한다.

표지로서 작용한다 할 것이나, 직접 자신의 수익이 되는지 아니면 단순히 중개 수수료 수익만을 얻는 것인지 외부에서 객관적으로 인식하기도 어려울 뿐만 아니라 그 한계도 모호해서 소셜커머스 사업자들에게 단순히 중개수수료만을 얻고 있다고 주장할 근거만 제공할 뿐이다.

그렇다면 어떠한 표지로 양자를 구분할 것인가.

통신판매를 업으로 하는 자와 '그와의 약정에 따라 통신판매 업무를 수행하는 자'를 통신판매업자로 하고 있는 전자상거래소비자법의 입법취지까지 고려하여 해석하는 것이 필요하다.

먼저 누가 판매계약의 당사자인가가의 결정문제로서 계약당사자의 확정과 관련된다. 계약당사자의 확정문제는 계약의 효력을 누구에게 귀속시키느냐의 문제인데 여기서는 실제 계약의 당사자성이 문제가 되는 것이 아니고, 계약의 내용과 밀접한 관련을 맺는 문제이기 때문에 명의가 누구인지 또는 사업자의 일방적 표시나 고지에 의해 결정될 문제가 아니라 실질적인 계약 내용이나 급부의 귀속관계를 가지고 검토하여야 한다.

특별법상의 소비자계약법에서는 매매라는 용어 대신에 판매라는 용어를 사용하고 있지만(방문판매·통신판매 등[164]), 민법상의 매매에 해당한다고 볼 수 있다. 매매의 대상은 재산권으로서 물건이나 권리 모두 가능하다. 따라서 재화나 용역에 대한 구입권의 매매도 가능하다.[165] 매매계약 당사자의 급부 내용은 재산권의 이전과 대금의 지급이다. 매수인은 재산권의 가치와 대가적 의미있는 금원을 매도인에게 전액 지급하게 된다. 통상 소셜커머스에서 50%의 가격으로 재화나 용역을 공급하는 구입권의 가격을 책정한다 할지라도 이를 보수나 수수료라고 보기보다는 매매목적물과 일시적 계약관계인 매매계약에서는 당사자간에 계약이 체결되고 급부가 이행되면 당사자들은 계약의 목적을 달성하게 되고 당사자간의 법률관계는 종료하게 된다. 이를 종국적 계약관계라고 부를 수도 있겠다.

매도인이 소유권이나 처분권을 가져야 하는가에 대해서는 부정하여야 할 것

---

164) 판매를 포함하는 넓은 의미로 사용하고자 하는 경우에는 거래라는 표현을 사용한다. 예컨대 할부거래, 전자거래 등이다.

165) 권리의 양도와 권리의 매매의 차이점은 권리의 양도에서는 채무자, 즉 소셜커머스상 공급자에 대한 통지만 있으면 대항요건을 갖추게 되지만(민법 제450조 제1항), 권리의 매매인 경우에는 소셜커머스 사업자와 소비자간 재화나 용역의 권리 이전과 대금의 지급에 대한 당사자간의 합의가 있어야 한다는 점에서 차이가 있다.

이다. 우리 민법은 타인의 권리의 매매의 유효성을 전제로 한 제569조의 규정을 두고 있을 뿐만 아니라,[166] 매도인에게 물건이나 권리에 대한 소유권자이거나 처분권자임을 요구하고 있지 않기 때문이다. 다만 매도인은 권리를 취득하여 매수인에게 이전하면 되고, 만약 재산권이전의무를 위반하게 되면 담보책임 내지 채무불이행 법리에 의하여 책임을 부담하면 될 뿐이다. 판례도 수분양권의 매매에서 원칙적으로 매도인은 매수인으로 하여금 그 수분양권에 근거한 목적물의 소유권을 취득할 수 있도록 하여줄 의무가 있지만, 수분양권에 근거하여 목적물에 관한 소유권을 취득한 다음 매수인 앞으로 소유권이전등기를 마쳐 줄 의무까지는 없다고 하고 있다.[167]

이에 대해서 중개계약의 급부내용은 계약체결의 기회 소개 및 계약체결의 알선과 보수(알선료)의 지급이다. 통상 보수는 재화나 용역의 가치에 상당하지 않은 가액이다. 중개계약의 내용이 매매의 알선인 경우에 의뢰인들은 중개인과 위임 혹은 중개계약을 체결하고, 중개인은 양 당사자에에게 소개 및 알선을 하게 된다. 따라서 의뢰인과 중개인 사이에 중개계약에 따라 급부(소개 및 알선)가 이루어져도 의뢰인은 중개인의 소개 및 알선에 따라 의뢰인의 목적달성을 위한 진정한(본래의) 혹은 제2차적 계약체결로 나아가야 한다. 이러한 제2차적 계약체결로는 재화의 매매일 수도 있고(매매계약), 시설물에 대한 사용일 수도 있고(임대차계약), 노무의 제공(고용계약), 일의 완성(도급계약), 사무의 처리(위임계약)일 수도 있고, 혼합계약(숙박계약·여행계약)일 수도 있고 무명계약(의료계약·컨설팅계약)일 수도 있다.

오픈마켓에서 구매자는 오픈마켓사업자에게 대금을 지급하지 않고 오픈마켓상의 판매자에게 대금을 지급하고, 다만 오픈마켓은 결제가 용이하게 이루어지도록 방법을 제공하는 역할을 하는데 전형적인 통신판매중개업자로 보아야 한다. 중개계약에서는 이처럼 제2차적인 계약에 따라 급부가 이행되어야 의뢰인의 진정한 계약목적은 달성되는 것이다.

요컨대, 양자의 결정적인 구분 표지는 계약당사자 사이의 종국적인 계약인 것인지 여부, 재화나 용역의 가치에 상당한 정도의 대금의 수수인지 여부 및 그에 대한 귀속 등에 따라 판단되어야 할 것이다.

---

166) 판례도 타인 권리의 매매의 유효성을 인정하고 있다. 대판 1966.4.6. 66다267.

167) 대판 2006.11.23. 2006다44401.

5. 개인정보보호의 문제

(1) SNS와 과도한 개인정보 노출

개인정보 침해는 대형화·지능화·다양화되고 있으며, 다양한 형태의 개인정보 침해사고가 발생하는 등 개인정보에 관한 사회적 경각심이 높아지고 있다.[168] 특히 소셜커머스는 SNS를 기반으로 행해지는데, 사업자와 소비자 모두에게 재화와 용역에 대한 정보의 공유 및 단시간 내 확산을 통하여 양자의 이익을 극대화하는 반면에, 다른 한편으로는 개인정보유출의 가능성을 증대시키는 야누스와 같은 측면이 있다. 소셜커머스에 관여하는 자를 보면 소셜커머스 사업자, 네트워크 서비스 제공자, 재화나 용역의 공급자, 통신사업자, 인증기관, 결제업자 등 다수의 관계자가 관여하기 때문에 개인정보의 노출기회가 그만큼 많게 된다.

이용자는 구매단계에서 성명, 주소, 전화번호, 이메일 정도를 입력하지만, 소셜커머스는 사업자들이 소비자들로 하여금 SNS로 참여하도록 함으로써 익명성이 보장되는 가상공간에서 익명의 가면을 벗도록 한다. SNS상에서 얼굴이 드러나고, 이름, 성별, 나이, 직업, 개인적인 관심사, 학벌, 결혼 여부 등 지극히 사적인 정보까지도 파악된다. SNS 이용자들도 자신의 신상정보를 기꺼이 공개하기 때문에 이러한 SNS상의 프로필만 봐도 그 사람의 외모, 성별, 직업, 나이, 관심사뿐만 아니라 인맥 정보들을 알 수 있게 된다. 서비스 이용자들은 실시간으로 다른 이용자들과 연결되어 있기 때문에, 정보의 공유와 확산이 순식간에 이루어지고 그만큼 정보의 수집과 가공이 유리한 측면이 있다.[169]

이제 페이스북이나 인스타그램, 트위터와 같은 소셜네트워크를 운영하는 회사는 소셜커머스를 통하여 획득된 정보를 결합하고 기존데이터베이스와 비교할 뿐만 아니라 용이하게 소비자의 행동을 추적하기도 하고, 개인의 신용등급도 파악하

168) 2019년에 한국인터넷 진흥원 개인정보침해 신고센터 접수자료에 의하면 총 한 해 동안 접수된 신고·상담 건수는 총 159,255건이고, 이는 전년도 2018년 164,497건에 비해 3.2% 감소하였다 2019년 개인정보 침해 신고·상담 접수 유형을 살펴보면 주민등록번호 등 타인 정보의 훼손·침해·도용이 134,000여건(약 84%)이고, 신용정보 관련 문의 등 정보통신망법 적용 대상 외 관련 건이 8,700여건(약 5.5%)으로 두 유형이 전체 89.5%를 차지하며 2018년과 마찬가지로 가장 많은 비중을 차지하였다.

169) LG전자 사건(서울고법 2008.11.25, 2008나25888)에서는 3,000명의 피해자가 발생하였는데 성명, 주민등록번호, 학력, 학점, 경력 등이 불특정다수에게 인터넷 열람이 가능하도록 방치하였다.

며 소비자의 내밀한 사적 정보까지도 축적한다. 소비자의 수입, 소비패턴, 거주지역, 교육수준, 종교, 취미활동뿐만 아니라 소셜네트워크상에서 가족관계, 친구관계, 혼인관계, 직장관계 등 민감하지 않은 정보에서부터 '민감한' 정보에 이르기까지 광범위하게 수집하여 가공이 가능하게 되었다.

더구나 스마트폰과 같은 이동전화는 전화기의 위치를 추적하는 위성항법장치(GPS)에 의하거나 와이파이와 같은 무선접속망을 통하여 소비자의 소재지까지 파악이 가능하게 되었다. 이제 소셜네트워크를 기반으로 한 소셜커머스의 활성화는 가공할만한 개인정보가 수집, 축적되어 개인이 원하지 않는 형태로 가공되어 활용되는 것을 의미하게 되었다. 법의 세계에서는 모든 것이 '시간의 경과'에 따라 일정한 자에게 이익이든 불이익이든 시효로 소멸하는 것을 인정하는데 반해, 소셜네트워크의 세계에서 한 번 입력된 개인정보나 활동들은 데이터가 삭제되지 않는 한 영원히 개인의 정보를 간직하고, 활용가능하게 한다.

또한 SNS의 특성상 트위터나 페이스북의 친구들에게 그들이 원하든 원하지 않든 광고성 정보를 보내는 일이 가능한데, SNS상의 친구들은 직접적인 친구뿐만 아니라 친구와 연결된 친구들도 있기 때문에 사업자가 직접 광고정보를 보내지 않더라도 SNS상에서 원하지 않은 광고정보를 접하는 경우가 많아지게 되었다.

이제 소비자들은 자신에 관하여 어떤 정보가 수집되고 있는지, 그리고 수집된 정보는 어떤 처리절차를 거쳐 어디에, 어떻게 사용되는지를 알기 어렵게 되었을 뿐만 아니라 스스로 자신의 개인정보를 적절히 통제할 수 없는 지경에 이르렀다.

(2) 개인정보 보호법규

개인정보의 보호에 관하여 우리나라는 공공기관과 민간부문을 구분하여 공공기관이 보유하고 있는 개인정보에 대하여는 '공공기관의 개인정보보호에 관한 법률'을 적용하였고, 민간부문의 개인정보 보호에 관한 포괄적·일반적 법률이 없는 가운데 개별 사안별로 입법이 진행되어 왔다. 개인정보관련 법률체계는 금융, 정보통신, 공공, 교육, 의료 등 주요 분야별로 나누어져 있다.[170] 즉, 개인의 금융정보를 보호하기 위한 「금융실거래 및 비밀보장에 관한 법률」, 개인의 신용정보를 보호하

170) 개인정보보호는 프라이버시와 밀접한 관련을 맺고 있는데, 전통적인 관념에서는 국가 내지 공공기관의 간섭에서 자유로울 권리를 의미하였다면 오늘날에는 개인의 자율권적 측면에서 접근하고 있다.

기 위한 「신용정보의 이용과 보호에 관한 법률」, 통신비밀은 「통신비밀보호법」, 「전기통신사업법」, 인증기관에 의한 개인정보보호에 관하여는 「전자서명법」, 개인의 의료정보에 대해서는 「의료법」등으로 산재되어 있다. 무엇보다도 날로 확장되어 가는 정보통신망상의 개인정보보호를 위해 제정된 「정보통신망이용촉진 및 정보보호 등에 관한 법률(이하 '정보통신망법'이라 한다)」이 민간부문에서 가장 비중있는 개인정보 보호법률이다.

정보통신망법을 제외하고 각각의 개별법에서는 개인정보호호 관련 조항이 제한적이거나 선언적인 규정에 그치고 있어, 개인정보에 관한 일반법인 「개인정보보호법」의 필요성이 대두되었고, 이에 2008년 개인정보보호법안이 발의되었고, 2011년 3월 29일 공포되어 9월 30일부터 시행되고 있다.[171] 2020년에는 이른바 데이터 3법인 개인정보보호법과 정보통신망법, 신용정보법 등이 개정되어 기업들이 익명처리되거나 가명처리된 개인정보의 활용을 할 수 있는 길을 열어주었다.

동법의 주요내용을 보면 적용대상을 공공·민간부문의 모든 개인정보처리자로 확대하고(제2조 5호), 전자적으로 처리되는 개인정보 외에 수기문서까지 개인정보의 보호범위에 포함시키고 있다. 개인정보의 처리에 있어 수집·이용·제공·파기 등 단계별로 보호기준을 강화하고 있으며(제15조-제22조), 개인정보의 분실·도난·유출·변조 및 훼손을 방지하기 위하여 기술적·관리적·물리적 보호조치를 취하도록 의무화하고 있다(제29조).

개인정보처리자가 개인정보 유출사실을 인지하였을 경우 지체 없이 해당 정보주체에게 관련사실을 통지하고, 일정 규모 이상의 개인정보가 유출된 때에는 전문기관에 신고하도록 하고 있다. 정보주체의 권리를 보장하기 위하여 정보를 받을 권리, 개인정보 처리 동의 여부 및 동의 범위 결정권, 정보주체에게 개인정보의 열람청구권(제35조), 정정·삭제 청구권(제36조), 처리정지 요구권(제37조) 등을 부여하고 있다. 또한 표준개인정보 보호지침을 제정하여 개인정보처리자에게 그 준수를 권장할 수 있도록 하였다(제12조).

개인정보보호법은 개인정보보호에 관한 일반법으로서 정보통신망법 등 다른

---

171) 동법의 시행으로 공공기관의 개인정보보호에 관한 법률은 폐지된다(부칙 제2조). 현재 동법 시행령에 대한 공청회 등이 열리고 있는데 동법 시행시기에 맞추어 향후 시행규칙, 관련 고시 및 지침 등을 통해서 동법 제정에 따른 금융권의 기술적·관리적·물리적 세부 조치사항 등이 구체화될 것으로 예상된다.

법률에 특별한 규정이 있는 경우를 제외하고는 동법이 적용된다(제6조).

소셜커머스가 전자상거래이면서 통신판매에 해당한다고 보는 경우 전자상거래소비자보호법상 규정하는 개인정보 관련규정이 적용된다. 즉 동법은 사업자에게 전자상거래 또는 통신판매를 위하여 소비자에 관한 정보를 수집 또는 이용(제3자에게 제공하는 경우를 포함한다)하고자 하는 경우에는 정보통신망법 등 관련규정에 따라 공정하게 수집 또는 이용하도록 하고 있고(전소법 제11조), 전자문서 및 전자거래기본법에서도 전자거래사업자는 개인정보를 수집·이용·제공 및 관리함에 있어서 정보통신망법 등 관련 규정을 준용하도록 하는 규정을 두고 있다(동법 제12조 제2항).

개인정보보호와 관련하여 정보통신망법과 동법 시행령, 동법 시행규칙 이외에도 방송통신위원회 고시(제2008-2호)로 개인정보보호지침이 제정되었으나 정보통신망법과 동법 시행령, 개인정보의 기술적·관리적 보호조치기준 고시(방송통신위원회 고시 제2009-21호)에 모두 반영되어서 특별히 새로운 사항이 없다는 지적에 따라 2011년 1월 5일 방송통신위원회 고시 제2011-3호에 따라 폐지되었다.

(3) 소셜커머스와 개인정보보호

소셜커머스 사업자는 전자상거래업자이면서 통신판매업자에 해당하기 때문에 전자상거래소비자법 제11조에 따라 정보통신망법에서 규정하는 개인정보보호에 관한 규정들을 준수해야 할 의무가 있다.

정보통신망법 제2조 제1항 제6호는 「개인정보란 생존하는 개인에 관한 정보로서 성명·주민등록번호 등에 의하여 특정한 개인을 알아볼 수 있는 부호·문자·음성·음향 및 영상 등의 정보(해당 정보만으로는 특정 개인을 알아볼 수 없어도 다른 정보와 쉽게 결합하여 알아볼 수 있는 경우에는 그 정보를 포함한다)를 말한다」고 규정하여 '특정한 개인 식별정보'를 개인정보의 표지로서 제시하고 있다.[172]

소셜커머스에서는 다른 정보와 쉽게 결합하여 특정한 개인을 식별할 수 있는 경우가 많아졌으며, 특히 SNS를 통하여 무차별적으로 수집될 수 있는 개인의 정보에 대해서는 개인정보의 유형을 구분하여 제한할 필요가 있다.[173] 개인정보보호법

172) 양재모, 전자거래상 개인정보보호에 대한 민사적 접근, 사이버커뮤니케이션학보 통권 제27권 제2호, 2010.6, 95면 이하.

173) 개인정보를 기본정보, 색인정보, 부가정보 및 민감한 정보의 형태로 구분하여 개인정보에는 개인의 성명과 생년월일, 주소 및 주민번호, 성별 등으로 직접 특정인의 동일성이 식별가능한 정보이고, 색인정보는 기본정보와 직접 결합되는 정보로서 색인정보의 사용방법에 따라

제23조도 민감한 정보로서 사상·신념, 노동조합·정당의 가입·탈퇴, 정치적 견해, 건강, 성생활 등에 관한 정보, 그 밖에 정보주체의 사생활을 현저히 침해할 우려가 있는 개인정보 등은 처리를 금하고 있다.

그 동안 인터넷 이용시 개인식별 및 신원확인과 성인인증 등을 위하여 주민등록번호를 관용적으로 요구하였고, 주민등록번호가 과도하게 사용되면서 유·노출 및 명의도용의 심각성이 제기되자 2008년 정보통신망법 제23조의 2에 정보통신서비스제공자등에게 일일이용자수가 일정 수 이상인 경우[174] 주민등록번호 외의 회원가입방법을 제공하도록 하였다.

또한 동법 제22조 제1항에서 개인에 관한 정보를 수집하는 경우에는 이용자에게 알리고 동의를 받도록 되어 있고, 제23조는 '사업자에게 사상, 신념, 과거의 병력(病歷) 등 개인의 권리·이익이나 사생활을 뚜렷하게 침해할 우려가 있는 개인정보를 수집하여서는 아니된다'라고 하여 개인정보의 수집을 제한하고 있다.

문제는 주민등록번호를 사용하지 않더라도 SNS를 사용하는 소셜커머스의 특성상 특정한 개인식별가능성이 상존한다는 점이다. 즉 소셜커머스의 특성상 소비자들이 자발적으로 개인의 정보를 노출시킬 뿐만 아니라 사업자는 손쉽게 개인정보를 수집할 수 있어서, 사업자의 입장에서는 개인정보 수집에 대한 소비자의 동의 추정 내지 묵시적 승인 등의 주장을 할 가능성이 높다. 특히 민감한 정보를 용이하게 수집할 수 있는 소셜커머스 사업자에 대한 개인정보 수집의 내용범위와 소비자의 동의에 대한 보다 상세한 개인정보보호 표준지침 등의 제정이 필요하다고 본다.

(4) 개인정보침해에 대한 구제

개인정보에 대한 개인의 권리는 자신의 정보가 타인에 의하여 수집되지 아니하도록 하는 소극적 의미의 정보통제권과 자기정보열람청구권, 자기정보의 정정·

특정인의 신원을 식별할 수 있는 정보로서 지문이나 홍채를 든다. 부가정보는 개인의 신용등급, 금융자산, 자산규모, 납세액, 신용카드번호, 은행계좌내역 등을 들고, 민감한 정보로는 사상 및 양심과 관련된 자료, 성적 취향이나 DNA정보, 정신질환이나 특이한 유전질환의 진료정보 등을 들고 있다. 정영화, 인터넷상 개인정보보호 및 분쟁해결에 관한 연구, 인터넷법연구 제1호, 한국인터넷법학회, 2002, 22면.

174) 정보통신망법 시행령 제9조의 2 제1항 3호에 의하면 '전자상거래 서비스(「전자상거래 등에서의 소비자보호에 관한 법률」 제2조 제1호 및 제2호에 따른 전자상거래 및 통신판매를 정보통신망을 이용하여 제공하는 서비스를 말한다)의 경우는 전년도 말 기준 직전 3개월간의 일일 평균 이용자수가 1만명 이상인 정보통신서비스 제공자'인 경우에 주민등록번호 외의 회원가입방법을 제공하도록 규정하고 있다.

보완청구권과 같은 적극적 의미의 정보통제권을 포함한다.[175]

개인정보 침해유형은 공공부문과 민간부문에서 차이가 있다. 공공부문의 경우 정보의 수집이 대부분 강제적으로 이루어지는 반면, 민간부문에서의 정보수집은 개인의 명시적·묵시적 동의하에 이루어지는 경우가 많기 때문이다. 민간부문에서의 침해유형으로는 개인정보의 부당한 유출 및 판매, 이용자의 동의 없는 수집, 고지 및 명시 범위를 벗어난 사용, 법정대리인의 동의 없는 아동의 개인정보 수집 등이 있다.[176]

개인정보침해에 대한 구제수단으로는 여러 가지가 있다. 행정적, 형사적, 민사적 구제수단으로 나누어진다. 개인정보보호 관련 법규 등은 대개 벌칙규정을 두고 있어 행정적, 형사적, 민사적 구제수단이 혼재되어 있다.

개인정보와 관련되어 분쟁이 있는 경우 당사자는 개인정보 분쟁조정위원회를 통하여 조정을 신청할 수 있다(개인정보보호법 제43조). 개인정보침해시 구제수단으로서 예방적 권리보호가 중요한데 개인정보보호법은 개인정보 피해구제제도를 개선하고자 집단분쟁조정제도(동법 제49조) 및 단체소송제도(제51조)를 도입하였다. 개인정보처리자가 분쟁조정위원회의 조정을 거부하거나 조정결과를 수락하지 아니한 경우, 동법에서 정한 요건에 해당하는 단체는 법원에 행위의 금지·중지를 구하는 단체소송을 제기할 수 있다.[177]

그러나 단체소송의 경우에도 일정한 단체에게만 소송상의 당사자능력을 인정하기 때문에 집단소송이나 개별적으로 소송을 제기할 수밖에 없다. 소비자 개인은 개인정보침해행위에 대하여 민사상 침해행위의 중지나 금지의 청구를 하거나,[178]

---

175) 한귀현, 개인정보법제의 동향과 개선방향, 공법학연구 제6권 제2호, 한국비교공법학회, 2005. 6, 85면.

176) 제3자에 의하여 해킹당하여 개인정보가 유출되는 경우에도 만약 적절한 보안유지장치를 마련하지 않았다면 개인정보침해로 볼 수 있다. 개인정보보호법 제29조는 개인정보처리자에게 개인정보가 분실·도난·유출·변조 또는 훼손되지 않도록 내부 관리계획 수립, 접속기록 보관 등 안정성 확보에 필요한 기술적·관리적 및 물리적 조치를 하도록 규정하고 있다.

177) 소비자기본법 제70조는 소비자단체에게 소비자권익침해행위의 금지·중지 소송을 인정하고 있지만, 보호법익을 소비자의 생명·신체 또는 재산에 대한 권익으로만 한정하고 있어서 개인정보침해의 경우 대부분 정신적 손해에 대한 피해를 구하는 소송이어서 단체소송을 하는데 한계가 있었다.

178) 대판 1996.4.12. 93다40614·40621에서 인격권에 기한 금지 및 중지청구권을 인정한 이래 대판 1997.10.24. 96다17851과 대판 2005.1.17.자 2003마1477 결정에서 인정하고 있으며 최근 대법원 2010.8.25.자 2008마1541 결정에서는 일반불법행위의 효과로서 금지 및 예방청구권을 인정하기도 하였다.

손해배상청구를 할 수도 있다.

민법상 손해배상청구권자인 개인정보주체인 소비자가 사업자의 귀책사유를 입증하여야 하나, 동법에서는 사업자가 자신의 귀책사유가 없음을 입증하지 못하는 한 손해배상책임을 인정하고 있어 입증책임을 전환하고 있다(정보통신망법 제32조). 또한 사업자가 개인정보처리 등을 타인에게 위촉한 경우, 수탁자의 행위로 인하여 피해가 발생한 경우에 사업자는 사용자책임을 부담하기 때문에 위탁받은 자의 귀책사유로 인한 손해에 대하여도 손해배상책임을 진다(동법 제25조 제5항, 민법 제756조 제1항).

개인정보유출사건에서의 손해는 재산적 손해와 정신적 손해가 포함되는데, 재산적 손해를 청구하기 위해서는 개인정보의 침해와 손해 사이의 인과관계를 입증해야 하는 문제가 있다. 대개는 개인정보침해를 이유로 한 손해배상에서는 대개 정신적 손해를 청구하게 될 것인데, GS 칼텍스 사건의 1심[179]이나 옥션 사건의 1심[180] 재판부는 손해배상의 요건으로서 (1) 개인정보가 사업자들의 지배영역을 떠나 외부로 노출됨으로서 원고들에게 정신적 손해가 발생하였다는 사정이 구체적으로 입증되어야 할 것 (2) 최소한 개인정보가 외부로 누출됨으로써 원고들의 개인정보가 불특정 다수에게 공개되어 이를 열람할 수 있는 상태일 것 (3) 원고들의 의사에 반하여 원고들의 개인정보가 수집·이용될 수 있는 상태에 이르러 원고들의 개인정보 자기결정권이 침해되었다거나 침해될 상당한 위험이 발생할 것을 들면서 이를 입증할 것이 요청된다고 하면서 원고들의 손해배상청구소송을 기각하였다.

옥션 소송이나 LG 칼텍스 소송에서 재판부는 사회경제적 파장을 우려하여 다른 불법행위 소송에 비하여 상당히 요건을 엄격하게 하고 그 입증의 정도도 높이고 있음을 알 수 있다. 소비자계약법에서도 소비자보호를 위한 다양한 보호수단을 두고 있고, 소비자불법행위법인 제조물책임법에서도 제조자의 귀책사유를 요건으로 하지 않고 있는 점 등을 고려할 때, 인격권의 한 요소로서 개인정보에 대한 침해시 요건과 입증책임의 정도를 완화할 때 정보사업자들의 자율적 규제[181]도 기대

179) 서울중앙지법 2010.9.16. 선고 2008가합90021

180) 서울중앙지법 2010.1.14, 2008가합31411; 이 이외에도 개인정보유출사건으로는 엔시소프트사건 서울중앙지법 2006나12182; LG 전자 사건 서울고법 2008.11.25, 2008나25888; 국민은행 사건 서울고법 2007.11.27, 2007나33059 등이 있다.

181) 미국이 개인정보보호와 관련하여 자율적 규제주의를 취하고 있는 것은 궁극적으로 법률에 의해서가 아니라 법원에 의해서 규율되는 것을 의미한다.

할 수 있다는 점에 비추어, 위험책임의 법리[182] 내지 엄격책임의 법리, 개연성의 법리 등을 고려할 필요가 있다고 본다.

생각건대, 인터넷의 진화와 함께 끊임없이 새로운 BM모델이 등장하고 있다. 소셜커머스도 그러한 모델중의 하나일 뿐이다. 소셜커머스는 전자상거래의 일종이지만 종전의 전자상거래나 통신판매와 달리 SNS를 통하여 소비자들에 의하여 정보가 공유되고 확산된다는 점에 특징이 있다. 이제 소셜미디어 환경 하에서 소비자들은 사업자가 작성한 일방적 정보에 의존하지 않고 SNS를 통하여 신뢰할 수 있는 지인들의 정보를 통하여 구매의사를 결정하게 되었다.

이제 거래가 판매자와 소비자들만의 청약과 승낙, 거기에 더한 판매자의 정보제공만에 의하여 이루어지지 않고, 이제 판매자는 자신들이 구축한 정보구축망뿐만 아니라 SNS를 통하여 시장을 조사하고 수요를 예측하며 개인맞춤형 상품도 공급할 수 있게 되었으며, 마찬가지로 소비자도 인터넷을 통한 검색과 웹 서핑을 하고 SNS를 통하여 신뢰할 수 있는 지인으로부터 구매의사결정의 정보를 획득하게 된다. 하지만 여전히 소비자들은 많은 부분에서 사업자가 제공한 정보에 의존하고 있는 것도 사실이다.

소셜커머스사업자는 전자상거래업자이면서 통신판매업자에 해당하기 때문에 전자상거래소비자법에서의 소비자보호책무를 부담하여야 한다. 통신판매업자와 통신판매중개업자 양자의 결정적인 구별 표지는 계약당사자 사이의 종국적인 계약인 것인지 여부, 재화나 용역의 가치에 상당한 정도의 대금의 수수인지 여부 및 그에 대한 귀속 등에 따라 판단되어야 할 것이다. 동법에서의 통신판매중개자가 아닌 통신판매업자로서 공정거래위원회나 지방자치단체장에게 신고를 하여야 하며, 소비자는 청약철회권을 행사할 수 있으며, 사업자가 약관으로 청약철회권의 제한이나 면책조항을 두는 경우, 약관규제법의 적용을 받기 때문에 그 내용이 불공정한 경우에는 무효라고 보아야 한다.

무차별적인 개인정보의 수집과 확산에 대하여 소셜커머스 사업자는 개인정보보호법과 정보통신망법상 개인정보보호의무의 주체로서 정보주체인 소비자의 개인정보를 침해하여서는 안되며, 실무에서도 개인정보보호에 대하여 다른 영역과 상응하거나 일관된 태도를 견지할 필요가 있다.

SNS의 등장이야말로 소비자가 국가에 의한 소비자보호의 객체에서 소비자보호

182) 위험책임의 법리 적용에 대해서는 양재모, 앞의 논문, 107면 이하.

의 주체로 변화하게 한 동인을 제공하게 되었다. 소셜미디어 내지 소셜네트워크를 통하여 이제 소비자간 소비생활의 합리적 판단정보를 공유하게 되었고, 정보와 지식의 축적은 이처럼 구체화된 인격을 가지고 있고, 신뢰할 수 있으며, 사회 관계망으로 검증해낼 수 있는 소셜 정보에서 비롯된 합리성은 이른바 '소셜 지성(social intelligence)'의 구축으로 이어져, 소비자주권의 실현을 앞당길 수 있는 기회를 맞이하였다고 볼 수도 있다.

Ⅳ. 전자소비자계약에서의 책임과 분쟁 처리

전자소비자계약에서의 분쟁은 전자거래에서의 분쟁과 달리 소비자와 사업자간의 분쟁으로 한정된다. 그러나 통상 전자거래에서의 분쟁은 공통적으로 사이버 숍의 점포개설자는 물론, 사이버 숍의 자료를 축적하여 일반으로부터의 접근을 가능하게 하는 포털사이트개설자, 사이버 숍을 집합시키거나 복합시킨 사이버몰의 개설자, 인터넷과의 접속서비스를 제공하는 회사나 전자화폐 발행자나 중개자와 같은 결제기관, 또는 거래상의 주체의 동일성이나 송신되는 전자데이터의 동일성 등을 인정하는 인증기관 등 다수의 당사자가 관계하고 있어 전자상거래에서 발생한 손실이 누구의 책임에 의해서 발생한 것인지 파악하기 어렵다고 하는 특색이 있다.

전자소비자계약 당사자 사이의 분쟁에 대해서는 전자약관이나 계약법원리나 혹은 전자상거래에 관한 특별법 내지 불법행위법에 따라 해결하면 되기 때문에 비교적 그 분쟁해결이 용이하다. 그러나 전자거래의 사회기반인 정보통신 네트워크는 대단히 복잡하고, 또한 기술적으로 수준 높은 것이기 때문에, 직접 거래당사자인 소비자와 사업자 쌍방에 책임이 없는 경우에도 손실이 생기는 경우도 있다. 그러나 일단 소비자 피해가 발생하면, 그 전파의 속도가 빠르고 그 피해는 짧은 기간에 광범위하게 파급될 우려가 있으며 그 손실은 클 가능성이 높다. 그러므로 이러한 전자상거래에서 예측되는 사고의 발생시 누가 위험을 부담하여야 하는가라는 문제에 관해 논의할 필요가 있다.

1. 전자소비자계약에서의 책임

전자소비자계약의 특성상 발생한 분쟁에 관해서 종래의 계약법이나 민사책임법리를 적용하면 그 손실부담이 공평·공정하다고 말할 수 없는 경우가 발생한다.[183] 다량의 정보가 폭주해서 시스템 전체가 다운되는 경우도 있고, 사업자 측의 면책을 넓게 인정한 약관이 존재하는 경우, 이러한 경우의 손실은 소비자에게 부담이 된다.

이에 대해서 '네트워크 책임론'이나 '시스템 책임론'이라고 불리는 법리[184]가 주장되기도 한다. 이 견해의 핵심은 컴퓨터전문기술을 가지지 않은 피해자로서 소비자가 그러한 전문기술을 가지고 있는 사업자에 대하여 사업자의 고의·과실을 입증해야 하는 책임을 지지 않아야 한다고 하고, 거래관여자는 누구라도 자기의 지위 및 관여의 정도에 따라 네트워크의 전체의 안전성을 유지할 의무와 전자거래의 안전성 확보에 대한 배려의무를 부담하여, 네트워크 사고가 발생한 경우에 그 주의의무 해태에 따른 과실행위를 추정하여야 하며, 거래관여자는 자신의 관여도에 상응하는 범위의 손해배상책임을 져야 한다고 한다.

생각건대 전자소비계약당사자의 급부의무 위반인 경우에는 계약위반으로서 계약책임을 부담지우면 되고, 그 외에 전자약관과 소비자보호에 관한 특별법에 의하여 규율될 것이다. 그러나 전자소비자계약에서는 계약이 실시간으로 이루어지는 것처럼 보이지만, 거기에는 많은 네트워크가 연결되어 있고, 기술적 요소들이 작용하게 된다. 일응 거래과정에 관여하고 있는 주체에게 각각의 관여의 정도나 전자상거래를 통해 향유하는 이익의 내용·정도에 따라 손실을 부담하도록 하는 것이 공평하다 할 것이나, 관여의 정도를 어떻게 인정하여 그에 상응하는 손해배상책임의 범위를 결정하느냐는 용이하지 않다. 이는 실무에서 판례의 축적에 의하여 결정되어야 할 것이다.

다른 방안으로는 소비자가 부담하게 될 지도 모르는 손해에 대해 소비자의 책임을 한정시킴으로써, 소비자가 입는 손실을 최소한으로 억제하는 틀을 마련하여 전자상거래에서 소비자의 불안을 제거한다면 궁극적으로는 사업자에게도 이익이 될 것이다. 다른 각도에서 전자상거래의 당사자에게 무거운 책임을 지우기보다는 적절한 보험제도[185]를 개발하여 손해배상책임을 분산시킴으로써 전자상거래를 활

183) 계약당사자가 대등하다는 전제가 유지될 수 없는 소비자계약에서는 계약자유의 보장이 계약이 공정성까지 담보하지 못한다는데 고민이 있는 것이다. Wermer Flume, Allgemeiner Teil des Bürgerlichen Rechts(Zweiter Band) -Das Rechtsgeschäft, Springer-Verlag, 1992, S.10.

184) 松本恒雄, 新版注釋民法, 有斐閣, 1996, 263面.

185) 우리나라는 전자상거래 업체들이 해커에 의해 피해를 보거나 고객들이 손해배상을 청구할 때 사용할 수 있는 '넷시큐어종합보험'과 일반소비자들을 대상으로 한 '네티즌안심보험 등이 있다.

성화시키는 방안도 생각할 수 있다.

2. 소비자 분쟁구제수단과 ODR(Online Dispute Resolution)

(1) 전자소비자계약 분쟁의 특수성

전자상거래는 소액 다수 거래라는 특수성에 의해 단기간에 광범위한 범위에서 일어날 가능성이 크고, 물리적 국경의 범위를 넘어서 국제적으로도 발생하게 된다. 또한 계약당사자간의 비대면 상황 하에서 계약이 체결되기 때문에 분쟁발생의위험이 상존한다. 소비자들은 불량품의 배송, 반품・환불・불이행, 사기거래 등으로 분쟁에 휘말린다. 전통적인 소송과 같은 분쟁해결방식은 오히려 전자상거래가 가지는 가장 큰 장점인 비용절감과 신속성을 지원하지 못하게 되는 결과를 낳는다.

또한 전자소비자계약의 당사자는 전통적인 계약 당사자와 달리 대면거래가 아닐뿐더러, 지역적으로 상당히 떨어져 있는 사업자에게 소비자가 책임을 추궁하는 것이 어렵게 된다. 당사자간에 분쟁이 발생할 경우, 국내거래이든 국제거래이든, 상품의 불도착 및 상품의 상위, 하자 등의 분쟁에 직면하게 되는 소비자로서는 최종적으로 의지할 수 있는 것은 재판제도이다. 재판제도는 분쟁해결수법으로서는 대단히 투명성이 높고 공정성이 유지되지만, 비용과 시간이 걸린다. 또한 소액거래의 경우 재판제도를 이용하기가 어렵다. 국제거래의 경우, 일반소비자로서는 상대방사업자가 해외에 소재하고 있다면 재판절차를 이용한다는 것도 어렵게 된다.

다만 소액 다수의 소비자피해가 발생한 경우 최근에 2006년 9월 27일에 개정되어 2008년 1월 1일부터 시행되게 될 소비자단체소송의 도입으로 소액 다수의 피해자도 구제받을 수 있는 방법이 열렸는데, 전자소비자계약의 피해소비자들은 이제 소비자단체의 홈페이지나 소비자피해관련 홈페이지를 통해서 용이하게 피해정보나 사업자의 위법행위 정보를 교환하여 소비자단체소송을 제기할 수 있을 것으로 보인다.

그러나 우리나라의 소비자단체소송의 한계점은 정부에 등록된 한국소비자연맹, YMCA 전국연맹, 한국여성단체협의회 등 10곳에 불과한 소비자단체만이 소비자단체소송을 제기할 수 있다는 점(동법 제70조 제1호),[186] 소송의 결과물이 피해소

186) 다만 공정거래위원회에 등록한 소비자단체의 경우 정회원이 1,000명 이상으로서 등록 후 3년이 경과하면 소비자단체소송을 할 수 있다(소비자기본법 제70조 제1호 나, 다).

비자에 대한 손해배상이 아니라 사업자에 대한 소비자권익침해행위의 금지·중지라는 점(동법 제70조 본문), 소비자단체소송의 원고는 변호사를 소송대리인으로 선임해야 한다는 점(동법 제72조)을 들 수 있겠다.

(2) ADR과 Online 대체적 분쟁해결(ODR)

私法의 분쟁해결방법에는 소송과 동일한 기능을 하는 여러 가지 것들이 존재하는데, 그것을 전체로 대체적 분쟁해결(Alternative Dispute Resolution, ADR)이라고 부른다. 이러한 대체적 분쟁해결방식은 분쟁의 당사자들에게 종전의 소송절차보다 더 신속하게 분쟁해결을 가능케 한다는 장점을 가지고 있다.

전자소비자계약은 가상공간에서 이루어지기 때문에 상이한 국가의 소비자와 사업자 사이의 거래가 얼마든지 가능하다. 그러나 법체계가 상이한 경우 당사자간에 분쟁이 발생한 경우 소비자쪽에서는 구제가 용이하지 않게 된다.

이러한 가상공간에서의 분쟁을 전면적 또는 부분적으로 온라인에서 해결해야 한다는 접근 방법으로서는 중재[187]와 온라인 대체적 분쟁해결(Online Alternative Dispute Resolution, ADR)의 형태로 나타난다.

OECD는 1999년 12월 이사회에서 채택한「OECD 전자상거래 소비자보호가이드라인」에서 전자거래에 관한 법정 외 분쟁 해결제도를 만들도록 회원국에게 권고했으며, WIPO(세계지적재산권기구)에서는 WIPO 분쟁조정센터를 통하여 지적재산권을 포함하는 도메인네임 분쟁의 처리를 위한 온라인시스템을 개발하여 99년 12월부터 서비스하고 있다.

우리나라에서도 소비자기본법에 제60조에 따라 한국소비자원에 소비자분쟁조정위원회가 설치되어 있으며, 동법 제68조 제1항에 따라 국가·지방자치단체 또는 소비자단체 사업자는 소비자의 피해가 다수의 소비자에게 같거나 비슷한 유형으

---

187) 국제분쟁을 해결하는 방법으로 소송 이외의 재판의 분쟁해결 수단이다. 거래분쟁시 재판외 분쟁해결 수단으로 그리고 국제거래상의 분쟁해결에도 널리 이용되고 있다. 국제상설 중재기관으로는 국제상업회의소(ICC), 미국중재협회(AAA), 일본의 국제상사중재협회 등이 있다. 중재는 당사자간의 중재합의에 기해 당사자가 선정한 중재인이 내린 중재 판정에 승복함으로써 분쟁을 해결하는 방법이다. 중재인은 중재법 제12조에 의해 국적에 관계없이 선정될 수 있으며, 반드시 법률가일 필요는 없고 분쟁된 업무영역에 능통한 전문가를 선정하여 해결을 도모할 수 있다. 그 절차가 공개되지도 않고 소송절차와 같이 엄격한 형식을 요하지도 않아서 유연하며 신속한 해결을 가능하게 한다. 중재판정은 중재법 제35조에 의해 당사자간에 있어서 법원의 확정판결과 동일한 효력을 갖는다. 홍기문 외, 인터넷 이용자의 법적 보호, 전남대학교출판부, 2002, 51면.

로 발생하는 경우(50인 이상)에는 대통통령이 정하는 사건에 관하여 조정위원회에 일괄적인 분쟁조정(집단분쟁조정)을 의뢰할 수 있도록 한 소비자집단분쟁조정제도가 2007년 3월에 도입되었다. 전자거래기본법 제32조에 따라 2000년4월4일 한국전자거래진흥원 내에 '전자거래분쟁조정위원회'를 설치하였다.[188] 2019년 전자문서·전자거래 분쟁조정 건수는 2만 845건으로 2018년(1만 8770건)보다 11% 늘어났다.[189] 각국은 기존의 전통적인 ADR 방식이 아닌 online ADR 쪽으로 관심을 가지고 있다. 이제 인터넷에서의 대체적 분쟁해결 규정들이 최근에 일반적이 되었고, 2004년 조사에 의하면 전세계에 115개의 ODR provider가 존재한다고 한다.[190]

그러나 온라인에서 해결하려는 접근방법에 대해서는 중재지의 결정상의 어려움, 분쟁해결과 관련된 비밀보장의 어려움, 결정 집행의 어려움 등의 법적인 문제점이 지적된다. 그러나 장차 제도의 독립성, 공평성 및 투명성이 보장되고 대립당사자주의, 절차적 효율성, 결정의 적법성과 당사자자치 및 대리인을 이용할 수 있는 권리 등이 보장되고, 암호화에 의하여 소송문서의 비밀을 보장하기 위한 방안이 강구되는 등의 기술적 제도적 보완이 이루어진다면 온라인상의 분쟁해결방법은 신속한 분쟁해결 수단으로서 매우 중요한 역할을 할 수 있을 것으로 보인다.

제4절 소비자신용계약

Ⅰ. 서 언

개인은 일상생활에서 필요한 소비를 위하여 타인으로부터 신용에 근거하여 금전 기타 대체물을 대차하여 소비하고 있는데, 과거와 달리 오늘날에는 전문화 된

188) 전자거래법의 명칭이 전자문서 및 전자거래법으로 변경됨에 따라 전자문서·전자거래분쟁조정위원회로 명칭이 변경되었다.

189) 의류·신발·컴퓨터·가전·잡화 등 생활용품 관련 분쟁이 전체 건수의 절반 이상인 68%를 차지했다. 이 중 분쟁 상담이 1만 9140건, 조정 신청이 1705건이었다. 조정 신청 유형별로는 사업자와 개인 간(B2C)의 분쟁 조정이 63.3%(1080건)로 가장 많았다. 개인 간(C2C) 조정 신청은 31.4%(535건)였다.

190) Gralf. Peter Calliess, Online Dispute Resolution: Consumer Redress in a Global Market Place, German Law Journal No. 8(1 August 2006), 각주 12) 참조.

금융기관을 이용하여 금전을 차용하는 것이 일반화되어 있다. 또한 상품이나 서비스의 거래에 이용되는 신용은 통상 사업자가 제공하거나 사업자가 중개하는 금융기관을 통하여 제공받는 거래방식(예컨대, 할부거래 또는 각종의 금융보조 등)이 널리 이용된다.

이와 같이 오늘날 소비자신용은 다양한 형태로 제공되고 있고 약관도 개입되고, 거래조건도 복잡·다단해져서 소비자가 사업자와의 거래조건이나 계약내용을 용이하게 이해하기가 어렵다. 특히 신용거래에서 소비자의 열악한 지위를 이용하여 폭리를 취하거나 채권추심의 부적절한 관행으로 말미암아 금융소비자 보호를 위한 신용기회의 공평성과 신용거래의 공정성 등을 확보하는 것이 중요한 문제로 인식되고 있다.

소비자신용(consumer credit)이란 금융기관, 제조업자, 판매업자가 최종소비자에게 소비생활에 필요한 자금을 대출해 주거나 판매대금의 지급유예를 통해서 신용을 제공해 주고 장래에 수수료나 이자를 덧붙여 이를 회수하는 방법을 의미하는데,[191] 생산자 신용[192]과 대비되는 개념이다. 전통적으로 소비자신용은 금전자체를 신용으로 제공하는 소비자금융(consumer finance) 또는 대부신용과 재화나 용역을 신용으로 제공하는 판매신용(sales on credit)으로 나눌 수 있으며, 후자는 다시 할부거래, 신용카드 및 금융리스로 세분화할 수 있다. 그 밖에 신용카드 할부매매와 같은 결합용소비자신용[193]도 존재한다.

이들 신용형태는 모두 타인의 신용을 이용한다는 점에서 공통되나, 법적인 형식에 있어서는 차이가 나타난다. 즉 소비자신용은 대부신용이라는 금전소비대차계약에서 상품이나 서비스와 결부된 판매신용으로 변화 내지는 발전되어 왔고 법적으로도 복잡·다양한 형식을 가지게 되었다. 여기서 소비자신용계약이란 신용제공자(사업자)와 소비자사이의 신용제공이나 알선을 하는 계약으로 정의할 수 있다.

소비가 미덕인 사회에서 끊임없는 수요창출을 꾀하고 영리의 목적으로 금융기관들은 소비자들에게 다양한 신용을 제공하지만, 금융소비자의 입장에서 적절한

191) 권오승, 앞의 책, 227면.

192) 금융기관이 기업에 대해 생산과정에서 투입되는 자금 또는 유통산업의 경영에 이용되는 자금을 대부하거나 그러한 자금의 사용을 목적으로 기업상호간에 어음을 발행하는 것을 말한다. 이를 기업신용이라고 한다. 권오승, 위의 책, 각주 14참조.

193) 신용카드 할부판매의 경우에는, 통상적으로 기본계약에 의해 부과되는 수수료는 소비자뿐만 아니라 판매자로부터도 징수되어 소비자신용료와 기업신용료의 성격을 겸비하고 있다.

규제책을 마련하는 것이 소비자보호뿐만 아니라 국민경제의 건전한 발전에도 도움이 된다고 할 것이다.

소비대차란 당자의 일방(대주)이 금전 기타 대체물의 소유권을 상대방(차주)에게 이전할 것을 약정하고, 상대방은 동종, 동질, 동량의 물건을 반환할 것을 약정함으로써 성립하는 계약이다.[194] 주로 금전이 그 목적물인데, 금전소비대차계약이 금전소비자소비대차계약이 되기 위해서는 유상의 소비대차일 것, 대주가 사업자일 것, 차주가 소비자일 것이라는 세 가지 요건이 충족되어야 한다. 특히, 대부업체 등 금전 대출을 업으로 하는 자와 일반 개인의 소비대차가 소비자계약으로서 소비자소비대차계약인지 여부가 문제된다.

판매신용인 할부거래에 대해서는 이미 다루었으므로 여기에서는 소비자소비대차 등 소비자신용계약 중심을 다루게 된다.

Ⅱ. 소비자소비대차 규율

1. 입법례

소비자신용에 관한 입법례로는 크게 대해결의 방식과 소해결의 방식이 있다. 대해결의 방식이란 포괄적인 소비자신용 규제법의 제정을 통해서 규율하는 입법을 말하며 소해결이란 통일입법이 아닌 단행법의 제정을 통해서 규율하는 입법방식을 말한다. 미국·영국·EU·독일 등 대부분의 입법례는 대해결의 방식을 채택하고 있다.

(1) 독일

먼저 독일은 과거 개별법에서 규율하던 방식을 버리고 1990년에 포괄적인 규율방식으로 소비자신용법(Verbraucherkreditgesetz)을 제정하였다. 동법은, 첫째 1980년 12월 22일의 '소비자신용에관한공동체가맹국의법규정과행정조정을위한EC이사회의지침'과 1990년 2월 22일의 'EC지침변경을위한이사회의지침'을 국내법으로 전환한 것이고, 둘째 신용이용자의 상태를 개선하기 위한 법정책적인 요구에 따랐으며, 특히 지연이자·복리의 제한·변제충당의 순서변경 및 신용중계에 관한 규정을 포

194) 김형배, 민법학강의 제7판, 신조사, 2008, 1,296면.

함시켰다. 셋째, 동법은 할부거래법의 조항도 포함하고 있는데, 할부거래법은 EC 지침의 국내법화에 따라 법체계의 명확성을 확보하기 위하여 폐지하고 대신에 일부조항을 이 법에 포함시켰다.

소비자신용법은 2001년 채권현대화법에 의하여 폐지되는 대신에 해당 조항을 민법 제488조 이하에서 소비대차계약에 편입하였는데, 제2편 제8장 제3절의 제목을 소비대차계약과 함께 사업자와 소비자 사이의 자금융통원조 및 분할공급계약이라는 부제를 달고, 제1관 소비대차계약에서 따로 소비자소비대차계약(제491조)[195]을 규정하고 있다.[196] 그리고 종전의 소비자신용법 제15조 내지 제17조에서 규율되었던 신용중개계약(Kreditvermittelungsvertrag)은 개정법에서 "(금전)소비대차중개계약이라는 표제로 제655조의a 내지 제655조의e에서 중개계약의 일종으로 규율하고 있다. 이러한 소비자소비대차계약은 서명으로 체결할 것을 요청하고 있다(제492조). 제2관에서는 사업자와 소비자 사이의 자금융통원조라는 제목 하에 자금융통원조(제499조), 사업자와 소비자 사이의 금융리스계약(제500조), 할부거래(제501조)에 대하여 규정하고 있다.

독일소비자소비대차계약 규정인 제492조 내지 제498조에서 소비자소비차주에 대한 보호는 크게 두 단계로 나누어 이루어진다. 먼저 계약체결 시와 그 이전에는 성급한 결정이나 재정적 부담에 대한 잘못된 판단으로부터의 보호이다. 이는 엄격한 서면방식의 요구와 대주에 대한 상세한 정보제공의무와 그 위반에 대한 강력한 제재로 나타나고 있다(독일민법 제492조, 제494조 참조).

(2) 일본

일본에서는 소비자 계약과 관련하여 2000년 4월에 제정되어 2001년 4월부터 시행하고 있는 소비자계약법과 금융상품판매등에관한법률이 있는데, 전자는 사업자와 소비자 사이의 계약 일반에 관하여 사기나 곤혹으로 인하여 성립된 계약의 취소, 소비자의 이익을 부당하게 침해하는 계약 조항의 무효를 내용으로 하는 민사특별규정이며, 후자는 금융서비스의 이용자보호를 목적으로 하며 넓게 금융상품에

---

195) 금전소비대차계약이 소비자금전소비대차계약이 되기 위해서는 ① 유상의 소비대차일 것 ② 대주가 사업자일 것 ③ 차주가 소비자일 것이라는 세 가지 요건이 충족되어야 한다(제491조 1항).

196) 이에 대해서는 하경효, 소비자보호법의 통합수용, 「독일채권법의 현대화」(김형배 외), 법문사, 2003, 150면 이하 참조.

대해서 금융상품판매업자의 고객에 대한 설명의무를 부과하고, 설명의무위반에 따라 발생한 손해배상책임을 민법의 특례로서 정하고 있다.

일본의 소비자계약법은 민법, 상법이라는 일반법에 대해 특별히 소비자계약에 대해 적용되는 민사특별법으로 보고 있으며, 다른 소비자계약을 규율하는 할부판매법 등은 개별사업법 등의 민사실체법규정과의 관계에서는 소비자계약에 대한 일반법의 지위에 있는 것으로 본다. 이전의 소비자거래를 규율했던 개별입법과 비교하여 볼 때 소비자계약법의 특징은 종전의 행정에 의한 소비자구제에서 민사원칙의 확립에 의한 사법을 중심으로 한 구제를 도모했다는 점이다.[197]

(3) 미국

미국에서의 소비자신용보호는 빈곤대책 문제 뿐만 아니라 인종문제 등과 연계되어 있어서 복잡한 형태를 가지고 있고 소비자문제의 중요성을 인식하면서 소비자보호입법의 격증을 가져왔는데, 소비자신용입법은 연방법과 주법뿐만 아니라 지방자치단체의 조례에까지 넓게 나타나고 있다. 즉 소비자신용에 관한 법규제는 전통적으로 주법의 영역에 해당되는데, 현재에도 주법이 담당하는 역할은 대단히 넓다. 예컨대, 각주는 이자제한법(usury laws), 소액대부법(small loans acts), 할부대부법(installment loan laws), 소매할부판매법(retail installment sales act)등 소비자신용에 관한 각종의 제정법을 마련하고 있다.

(4) 우리나라

현재 우리나라에서는 소비자신용이 하나의 통일입법에 의해 규율되지 않고 여러 단행법들에 의해 규율되고 있다. 민법에 소비대차계약에 관한 규정이 있고, 특별법으로는 이자제한법, 여신전문금융업법(신용카드업·시설대여업·할부금융업·신기술사업금융업에 관한 개별법을 통합한 법률), 상법, 은행법, 보험업법, 대부업의 등록 및 금융이용자보호에 관한 법률, 자본시장과 금융투자업에 관한 법률, 종합금융회사에 관한 법률, 은행법, 할부거래에 관한 법률, 약관규제법, 금융소비자보호법 등을 들 수 있다.

민법상 소비대차에 관하여 특별히 소비자보호를 위한 규정이 존재하지 않고 다만 제607조와 제608조의 대물변제의 예약의 경우에 차주에 불이익한 약정의 금

197) 배성호, 일본의 소비자계약법, 비교사법 8권 1호(2001), 한국비교사법학회, 581면 이하 참조.

지규정이나 민법의 일반이론인 선량한 풍속조항이나 불공정한 법률행위조항 정도에 의하여 보호될 뿐이었다. 이후 사채시장에서 초고리가 성행하고 불법적인 채권추심행위가 극성을 부리면서 「대부업의 등록 및 금융이용자보호에 관한 법률」이 2002년 8월 26일 제정되어 동년 8월 27일부터 시행되었다. 그러나 대부업법의 제정은 대부업법의 적용을 받지 않는 미등록대부업체에 대하여는 적용되지 않는 결과, 오히려 미등록대부업체를 이용하는 소비자에게는 폭리를 취하는 수단이 되었고, 이에 대한 반성으로 이자제한법이 2007.3.29. 부활되어 사금융에서 이자의 적정한 최고한도를 정함으로써 국민경제생활을 보호하기 위한 최소한의 사회적 안전장치를 마련하게 되었다.

이후 2020년에 제정되어 2021년 3월 25일에 시행되는,금융상품판매자와 소비자 사이에 거래가 이루어지는 경우에 금융상품 전문가가 아닌 일반 소비자를 보호하는 입법을 하였는데, 금융소비자보호법이 그것이다. 동법에서는 예금성 상품, 보장성 상품, 투자성 상품, 대출성 상품 모두에 대하여 동일사항 동일규제 원칙에 입각하여 규율하고 있는데, 소비자소비대차의 경우에도 상당부분 동법에 의하여 규율됨으로서 소비자보호에 진일보 하게 되었다.

2. 소비자소비대차의 법률관계

앞에서 기술하였듯이 우리나라에서 소비자소비대차에 관한 통일적인 입법은 이루어지고 있지 않다.[198] 따라서 특별법에 의하여 규율되고 있는데, 주된 특별법으로는 이자제한법과 대부업법 및 금융소비자보호법이다.

(1) 소비자소비대차 계약의 성립요건과 효과

1) 서면주의　소비자소비대차계약이 서면에 의하여야 하는가. 소비자소비차주의 입장에서는 계약체결시에는 아무래도 신용을 얻고자 하는 마음에서 성급한 결정을 할 가능성이 높다. 따라서 소비자소비차주를 보호하기 위해서는 성급한 결정이나 재정적 부담에 대한 잘못된 판단으로부터의 보호가 관건이다. 방법으로는 엄

198) 소비자소비대차의 입법과 관련하여 만약 민법에 소비자금융에 관한 규정을 신설한다면 일반용어대로 '소비자금융'이라는 표현을 사용할지 아니면 소비대차의 법개념에 충실하게 '소비자소비대차'라는 표현을 사용해야 할지 고민해야 하는 문제가 있으며 우리 민법에서는 그냥 소비자 소비대차에 관한 규정을 신설하는 것을 제안하는 견해로는 이은영, 금융소비자와 자본시장, 금융시장과 소비자보호(이은영편), 세창출판사, 2011, 31면 이하.

격한 서면방식의 요구와 대주에 대한 상세한 정보제공의무와 그 위반에 대한 강력한 제재일 것이다. 그러나 민법상 소비대차에 관하여 계약체결방식의 자유를 인정하여 서면을 요구하지 않는다.[199] 소비자소비대차계약에 관하여 사업자가 약관을 마련해 두고 계약에 이용할 경우에는 약관규제법에 따라 약관을 명시하고 설명할 의무가 생긴다(약관규제법 제3조).

다만 대부업법에서는 서면작성과 사업자에 대한 정보제공 및 계약서 교부의무를 부과하고 있다. 즉 대부업자가 그의 거래상대방과 대부계약을 체결하는 경우에는 거래상대방이 본인임을 확인하고 대부업자 및 거래상대방의 명칭 또는 성명 및 주소 또는 소재지(제6조 제1항 1호), 계약일자(2호), 대부금액(3호), 대부이자율(4호), 변제기간 및 변제방법(5호), 변제방법이 계좌이체 방식인 경우에는 변제를 받기 위한 대부업자 명의의 계좌번호(6호), 해당거래에 관한 모든 부대비용(7호), 손해배상액 또는 강제집행에 관한 약정이 있는 경우에는 그 내용(8호), 보증계약을 체결한 경우에는 그 내용(9호), 채무의 조기상환 조건(10호), 연체이자율(11호), 그 밖에 대부업자의 거래상대방을 보호하기 위하여 필요한 사항으로서 대통령령으로 정하는 사항(12호)의 사항이 적힌 대부계약서를 거래상대방에게 교부하여야 한다(제6조 제1항). 계약서를 교부하지 않은 경우 사법상의 효력까지 무효로 되는 것은 아니고 다만 동법 제21조에 의하여 과태료가 부과된다.

더 나아가서 대부업법에서는 중요사항에 대해서는 거래상대방이 자필로 기재하도록 하고 있는데, 그러한 사항으로서는 대부금액, 대부이자율, 변제기간, 대통령령으로 정하는 사항 등이다(제6조의 2 제1항). 또한 금전소비대차와 관련하여 보증계약을 체결하는 경우에도 보증인으로 하여금 보증기간, 피보증채무의 금액, 보증의 범위, 대통령령으로 정하는 사항에 대하여는 자필로 기재하도록 하고 있다(동조 제2항).

금융소비자보호법 제23조 제1항에 의하면 금융상품직접판매업자와 금융상품자문업자는 금융소비자와 금융상품 또는 금융상품자문에 관한 계약을 체결하는 경우 금융상품의 유형별로 대통령령으로 정하는 계약서류를 금융소비자에게 지체없이 제공하여야 한다. 다만, 계약내용 등이 금융소비자 보호를 해칠 우려가 없는 경우로서 대통령령으로 정하는 경우에는 계약서류를 제공하지 아니할 수 있도록

199) 입법론으로서는 민법의 소비대차계약에서 서면주의를 취하는 것이 소비차주 보호를 위한 방안이다.

하고 있다.

2) 해제권 내지 철회권 소비자소비대차의 경우에는 이자부소비대차가 행해지게 되므로 그 법적 성질은 유상·쌍무계약이다. 따라서 채무불이행이 있는 경우에 양 당사자는 해제권을 행사할 수 있다(제543조 이하). 민법에는 소비대주가 목적물을 차주에게 인도하기 전에 당사자 일방이 파산선고를 받은 때에는 소비대차는 그 효력을 잃는다(민법 제599조)고 하여 사정변경에 의한 계약의 실효를 규정하고 있을 뿐이다. 그 외에 재산권이전형인 매매와 달리 신용을 금전으로 얻고자 하는 소비자소비차주에게는 청약철회권을 인정할 실익이 별로 없기 때문에 청약철회권을 인정하는 규정은 없다.

다만 「금융소비자보호법」에서는 금융상품판매업자등과 대통령령으로 각각 정하는 대출성 상품 또는 금융상품자문에 관한 계약의 청약을 한 일반금융소비자는 동법 제23조 제1항 본분에 따라 계약서류를 제공받은 날 또는 동조 제1항 단서에 따른 경우 계약체결일(해당하는 날보다 계약에 따른 금전·재화·용역의 지급이 늦게 이루어진 경우에는 그 지급일)로부터 14일 내에 청약을 철회할 수 있다고 규정하여 금융소비자를 보호하고 있다.

위의 청약의 철회는 일반금융소비자가 청약의 철회의사를 표시하기 위하여 서면등을 발송하고, 다음 ① 이미 공급받은 금전·재화등, ② 이미 공급받은 금전과 관련하여 대통령령으로 정하는 이자, ③ 해당 계약과 관련하여 금융상품판매업자등이 제3자에게 이미 지급한 수수료 등 대통령령으로 정하는 비용(이미 제공된 용역은 제외하며, 일정한 시설을 이용하거나 용역을 제공받을 수 있는 권리를 포함한다)을 반환한 때 효력이 발생한다.

(2) 이자제한법과 소비자보호

1) 이자제한법의 적용범위 금전소비대차는 사인간에 행해질 수도 있고 상인간 혹은 사업자와 소비자 사이에서도 행해질 수 있다. 특히 사업자와 소비자간에 행해지는 소비대차를 소비자금융이라고 칭하기도 한다. 사인간에 행해지는 금전소비대차는 원칙적으로 민법 제598조 이하의 소비대차에 관한 규정이 적용되고, 그것이 특히 이자부 금전소비대차인 경우 민법의 특별법인 이자제한법이 적용된다. 특히 대부업법은 등록대부업체에게 적용됨으로써 미등록대부업체가 사인에게 금전소비대차를 하는 경우에는 동법이 적용되는 결과, 이자제한법은 소비자보호를 위

한 법으로 작용하게 된다.

이자제한법은 소비대차를 비금융업자와의 소비대차와 금융업자 및 대부업자와의 소비대차의 두 종류로 나누고 전자인 비금융업자와의 소비대차에만 적용되는 것이다. 실제 소비자소비대차에서 문제되는 것은 금융업자 또는 대부업자와 소비자 사이의 금전소비대차인데 우리 이자제한법상 적용범위를 제한함으로 말미암아 이자제한법의 기능을 약화시키고 있다. 입법론으로서는 이자제한법의 적용범위를 모든 소비자소비대차 -금융업자 및 대부업자로부터의 소비대도 포함하는-에 확대하는 것이 바람직하다.[200)]

어떻든 이자제한법의 적용범위는 소비자성을 요건으로 하지 않는다는 점이다. 즉 다른 법률에 따라 인가·허가·등록을 마친 금융업 및 대부업과 대부업의 등록 및 금융이용자보호에 관한 법률 제9조의 4에 따른 미등록대부업자에 대하여는 이 법을 적용하지 아니한다(동법 제7조)고 규정하고 있다. 대부업법 제9조의4는, 대부업자는 제3조에 따른 대부업의 등록 또는 제3조의 2에 따른 등록갱신을 하지 아니하고 사실상 대부업을 하는 자(이하 미등록대부업자)로부터 대부계약에 따른 채권을 양도받아 이를 추심하는 행위를 하여서는 아니되고(제1항), 대부업자는 대부업의 등록 또는 등록갱신을 하지 아니하고 사실상 대부중개업을 하는 자로부터 대부중개를 받은 거래상대방에게 대부하여서는 아니된다(제2항).

2) 이자제한법상 최고이자율　2007.3.29. 제정된 이자제한법은 금전소비대차에 관한 계약상의 최고이자율을 연 40%를 초과하지 아니하는 범위 안에서 대통령령으로 정하도록 하였고(동법 제2조 제1항), 다시 2014.1.14. 개정되어 현재 이자제한법은 최고이자율을 연 25%를 초과하지 아니하는 범위 안에서 대통령령으로 정하도록 하였고(동법 제2조 제1항), 대통령령에서 연 24%로 정하고 있다.

이자제한법은 소비차주를 보호하기 위하여 최고이자율은 약정한 때의 이자율로 하고(제2조 제2항), 계약상 이자로서 최고이자율을 초과하는 부분은 무효로 한다(제3항). 채무자가 최고이자율을 초과하는 이자를 임의로 지급한 경우에는 초과 지급된 이자 상당금액은 원본에 충당되고, 원본이 소멸한 때에는 그 반환을 청구할 수 있다(제4항). 최고이자율의 제한은 대차원금이 10만원 미만인 때에는 적용하지 아니한다(제5항).

---

200) 이은영, 앞의 논문, 33면.

선이자를 사전 공제한 경우에는 그 공제액이 채무자가 실제 수령한 금액을 원본으로 하여 제2조 제1항에서 정한 최고이자율에 따라 계산한 금액을 초과한 때에는 그 초과부분은 원본에 충당한 것으로 본다. 판례는 선이자를 공제한 금전소비대차약정도 일단 유효한 것으로 보고 있다.[201] 예컨대 1억 원의 차용액에 대하여 월 3푼의 이자율, 대차기간 1년으로 하고 선이자로 3백만 원을 공제하고 9천 7백만 원을 제공하고 1년 뒤에 원금 1억원과 이자 3천 3백만 원을 받기로 하였다면, 실제 수령한 금액을 원본으로 하기 때문에 9천 7백만 원에 최고이자율인 연 30%를 곱한 액수인 29,100,000 원이 이자가 되므로 1년 후 반환해야 할 원본과 이자는 126,100,000 원이 된다. 만약 매월 이자를 지급하기로 약정하여 3백만 원씩을 매월 지급하여 초과지급 한 이자부분이 있다면 원본에 충당하게 된다.

또한 예금, 할인금, 수수료, 공제금, 체당금, 그 밖의 명칭에도 불구하고 금전의 대차와 관련하여 채권자가 받은 것은 이를 이자로 보며(제4조 제1항), 채무자가 금전대차와 관련하여 금전지급의무를 부담하기로 약정하는 경우 발생의 원인 및 근거법령, 의무의 내용, 거래상 일반원칙 등에 비추어 그 의무가 원래 채권자가 부담하여야 할 성질인 때에는 이를 이자로 본다(동조 제2항). 또한 복리약정이 있다 하더라도 최과이자율을 초과하는 부분에 해당하는 금액에 대하여는 무효로 본다(제5조).

3) 배상액의 감액　법원은 금전을 목적으로 한 채무의 불이행에 관하여 예정한 배상액을 부당하다고 인정한 때에는 상당한 액까지 이를 감액할 수 있다. 이는 민법 제398조 제2항에서와 같이 손해배상액의 예정이 부당히 과다한 경우에는 법원이 적당히 감액할 수 있다는 규정과 궤를 같이한다.

(3) 대부업법과 소비자보호

대부업법은 소비자가 금융업자 및 대부업자로부터 금원을 차용한 경우에 적용된다. 대부업법은 소비자보호를 위하여 대부업자의 등록, 등록의 제한, 계약서 교부의무, 중요사항의 자필기재, 과잉대부의 금지, 이자율의 제한, 허위과장광고의 금지, 중개의 제한 등의 규정을 두고 있다.

1) 대부업자의 등록　대부업 또는 대부중개업을 하려는 자(여신전문금융기관은 제외한다)는 ① 명칭 또는 성명과 주소, ② 등록신청인이 법인인 경우에는 주주 또

201) 대판 2012.10.11. 2012다55198.

는 출자자(대통령령이 정하는 기준 이하의 주식 또는 출자지분을 소유하는 자는 제외한다)의 명칭 또는 성명, 주소와 그 지분율 및 임원의 성명과 주소, ③ 등록신청인이 영업소의 업무를 총괄하는 사용인을 두는 경우에는 업무총괄사용인의 성명과 주소, ④ 영업소의 명칭 및 소재지, ⑤ 경영하려는 대부업 등의 구체적 내용 및 방법 ⑥ 표시 또는 광고에 사용되는 전화번호(홈페이지가 있으면 그 주소를 포함한다), ⑦ 자기자본(법인이 아닌 경우에는 순자산액), ⑧ 배상책임을 위한 보증금, 보험 또는 공제 등의 사항을 적은 신청서를 제출하여 영업소별로 해당 영업소를 관할하는 특별시장·특별자치시장·광역시장·도지사 또는 특별자치도지사 등에게 등록하여야 한다(동법 제3조 제1항·제2항).

다만, 여신금융기관과 위탁계약 등을 맺고 대부중개업을 하는 자(그 대부중개업을 하는 자가 법인인 경우 그 법인과 직접 위탁계약 등을 맺고 대부를 받으려는 자를 모집하는 개인을 포함하며, 이하 “대출모집인”이라 한다)는 해당 위탁계약 범위에서는 그러하지 아니하다(제3조 제1항 단서).

제3조 제1항에도 불구하고 대부업등을 하려는 자(여신금융기관은 제외한다)로서 ① 둘 이상의 특별시·광역시·특별자치시·도·특별자치도(이하 “시·도”라 한다)에서 영업소를 설치하려는 자, ② 대부채권매입추심을 업으로 하려는 자, ③ 「독점규제 및 공정거래에 관한 법률」 제31조에 따라 지정된 상호출자제한기업집단에 속하는 자, ④ 최대주주가 여신금융기관인 자, ⑤ 법인으로서 자산규모 100억원을 초과하는 범위에서 대통령령으로 정하는 기준에 해당하는 자, ⑥ 그 밖에 제1호부터 제5호까지의 규정에 준하는 등 대통령령으로 정하는 자는 금융위원회에 등록하여야 한다. 다만, 대출모집인은 해당 위탁계약 범위에서는 그러하지 아니하다(제3조 제2항).

제3조 제1항에 따라 등록하려는 자와 동조 제2항에 따라 등록하려는 자의 등록요건에 대해서는 각각 제3조의5 제1항과 제2항에 규정하고 있다. 이를 위반하면 형사처벌토록 하고 있다(제19조).

2) 계약서 교부 및 설명의무　　대부업자가 대부계약을 체결할 때에는 거래상대방에게 대부업자 및 거래상대방이 본인임을 확인하고 ① 대부업자 및 거래상대방의 명칭 또는 성명 및 주소 또는 소재지, ② 계약일자, ③ 대부금액, ④ 대부이자율(이자율의 세부내역 및 연 이자율로 환산한 것 포함), ⑤ 변제기간 및 변제방법, ⑥ 변제방법이 계좌이체방식인 경우에는 변제를 받기 위한 대부업자 명의의 계좌번호, ⑦ 해당 거래에 필요한 모든 부대비용, ⑧ 손해배상액 또는 강제집행에 관한 약정이

있는 경우에는 그 내용, ⑨ 채무의 조기상환 조건, ⑩ 연체이자율, ⑪ 그 밖에 대부업자의 거래상대방을 보호하기 위하여 필요한 사항으로서 대통령령으로 정하는 사항 등이 기재된 계약서를 교부여야 하고(동법 제6조 제1항), 거래상대방에게 위의 사항을 모두 설명하여야 한다.

또한 대부계약과 관련하여 보증계약을 체결하는 경우에는 보증인에게도 일정한 사항이 기재된 보중계약서 및 대부계약서 사본을 교부하여야 하며, 또한 보증계약서에 기재된 사항들을 모두 설명하여야 한다(제6조 제3항·제4항). 대부계약 또는 그와 관련한 보증계약을 체결한 자는 대부업자에게 그 계약서와 계약서류와 관련된 증명서의 발급을 요구할 수 있고, 이 경우 대부업자는 정당한 사유 없이 이를 거부하여서는 아니 된다(제6항).

3) 과잉대부의 금지　대부업자는 대부계약을 체결하려는 경우에는 미리 거래상대방으로부터 그 소득·재산 및 부채상황에 관한 것으로서 대통령령으로 정하는 증명서류를 제출받아 그 거래상대방의 소득·재산 및 부채상황을 파악하여야 한다. 다만, 대부금액이 대통령령으로 정하는 금액 이하인 경우에는 그러하지 아니하다(제7조 제1항). 대부업자는 거래상대방의 소득·재산·부채상황·신용 및 변제계획 등을 고려하여 객관적인 변제능력을 초과하는 대부계약을 체결하여서는 아니 된다(제2항). 또한 대부업자는 제1항에 따른 서류를 거래상대방의 소득·재산 및 부채상황을 파악하기 위한 용도 외의 목적으로 사용하여서는 아니 된다(제3항).

4) 이자율 등의 제한　대부계약에서 이자율을 산정할 때 사례금, 할인금, 수수료, 공제금 기타 어떠한 명칭에도 불구하고 여신업자가 받은 것은 이자로 간주되고(동법 제8조 2항), 대부업자가 개인 또는 대통령령이 정하는 소규모법인에게 대부를 하는 경우 이자율은 연 100분의 27.9 이하의 범위 내에서 대통령령으로써 최고이율을 제한하고 있는데(동법 제8조 제1항), 최고이자율은 24%이다(동법 시행령 제5조 제2항). 또 최고이자율을 초과한 부분은 무효로 규정하고(제8조 제4항), 이자율을 초과하는 이자를 지급한 경우 그 초과 지급된 이자 상당금액은 원본에 충당되고, 원본에 충당되고 남은 금액이 있으면 그 반환을 청구할 수 있다(제8조 제5항). 이자제한법과 마찬가지로 대부업자가 선이자를 사전에 공제하는 경우에는 그 공제액을 제외하고 채무자가 실제로 받은 금액을 원본으로 하여 이자율을 산정한다(제8조 제6항).

여신금융기관은 연 100분의 27.9 이하의의 범위에서 대통령령으로 정하는 율을 초과하여 대부금에 대한 이자를 받을 수 없고, 이자율을 산정할 때에는 동법 제8조 제2항을 준용한다(제15조 제1항·제2항). 제한이자율은 대부업법과 동일하게 24%이다(동법시행령 제9조 제1항).

미등록대부업자가 대부를 하는 경우의 이자율은 이자제한법 제2조 제1항에 의한 이자율 및 동법 제8조 제2항부터 제6항까지의 규정을 준용한다(제11조 제1항). 따라서 미등록대부업자에게도 동일하게 연 24%의 이자율이 적용된다. 여신전문금융기관에 대해서는 대통령령으로 정하는 율을 초과하여 대부금에 대한 연체이자를 받을 수 없는데, 이를 위반한 경우 금융위원회는 여신전문금융기관에 대하여 그 시정을 명할 수 있다(동법 제15조 제3항). 또한 여신전문금융기관이 제1항 및 제3항에 따른 기준을 초과하여 이자 또는 연체이자를 받은 경우 그 이자계약의 효력에 관하여는 제8조 제4항부터 제6항까지의 규정을 준용한다(제15조 제4항).

5) 대부조건의 게시와 광고 대부업자는 등록증, 대부이자율, 이자계산방법, 변제방법, 연체이자율, 그 밖에 대통령령으로 정하는 중요 사항을 일반인이 알 수 있도록 영업소마다 게시하여야 한다(제9조 제1항). 대부업자가 대부조건 등에 관하여 표시 또는 광고(「표시·광고의 공정화에 관한 법률」에 따른 표시 또는 광고를 말한다)를 하는 경우에는 ① 명칭 또는 대표자 성명, ② 대부업 등록번호, ③ 대부이자율(연 이자율로 환산한 것을 포함한다) 및 연체이자율, ④ 이자 외에 추가비용이 있는 경우 그 내용, ⑤ 과도한 채무의 위험성을 알리는 경고문구 및 그 밖에 대부업자의 거래상대방을 보호하기 위하여 필요한 사항으로서 대통령령으로 정하는 사항을 포함하여야 한다(제9조 제2항).

대부중개업자의 경우에는 ① 명칭 또는 대표자 성명, ② 대부중개업 등록번호, ③ 중개를 통하여 대부를 받을 경우 그 대부이자율(연 이자율로 환산한 것을 포함한다) 및 연체이자율, ④ 이자 외에 추가비용이 있는 경우 그 내용, ⑤ 채무의 조기상환수수료율 등 조기상환조건, ⑥ 과도한 채무의 위험성 및 대부계약과 관련된 신용등급 또는 개인신용평점의 하락 가능성을 알리는 경고문구 및 그 밖에 대부중개업자의 거래상대방을 보호하기 위하여 필요한 사항으로서 대통령령으로 정하는 사항 등이다(제9조 제3항). 대부업자등은 광고를 하는 경우에도 일반인이 위의 사항을 쉽게 알 수 있도록 대통령령으로 정하는 방식에 따라 광고의 문안과 표기를 하여야 하며(제4항), 일정한 시간에는 방송을 이용한 광고가 금지되어 있다(제5항).

대부업법은 대부업자와 여신금융기관이 아니면 대부업에 관한 광고를 금지하고 있고(제9조의 2 제1항), 대부중개업자 또는 대출모집인이 아니면 대부중개업에 관한 광고를 하여서는 아니 된다(제2항).

또한 대부업자 등은 대부이자율, 대부 또는 대부중개를 받을 수 있는 거래상대방, 대부중개를 통하여 대부할 대부업자, 그 밖에 대부 또는 대부중개의 내용에 관하여 ① 사실과 다르게 광고하거나 사실을 지나치게 부풀리는 방법, ② 사실을 숨기거나 축소하는 방법, ③ 비교의 대상 및 기준을 명시하지 아니하거나, 객관적인 근거 없이 자기의 대부 또는 대부중개가 다른 대부업자등의 대부 또는 대부중개보다 유리하다고 주장하는 방법으로 광고하는 행위를 하여서는 아니 된다(제9조의 3 제1항).

뿐만 아니라, 대부 또는 대부중개를 받을 수 있는 것으로 오인하게 하거나 유인하여 ① 동법 또는 다른 법률을 위반하는 방법, ② 타인의 재산권을 침해하는 방법으로 광고하거나(동조 제2항), 그 밖에 대부업자등의 거래상대방을 보호하거나 불법 거래를 방지하기 위하여 필요한 경우로서 대통령령으로 정하는 광고 행위를 하여서는 아니 된다(동조 제3항).

이 외에도 대부업자는 등록이나 등록갱신을 하지 아니하고 사실상 대부업을 하는 자(미등록대부업자)로부터의 채권양수나 추심이 금지되며(제9조의4 제1항), 대부중개업의 등록 또는 제3조의2에 따른 등록갱신을 하지 아니하고 사실상 대부중개업을 하는 자로부터 대부중개를 받은 거래상대방에게 대부하여서는 아니 된다(제2항). 또한 대부업자 또는 여신전문금융기관은 등록한 대부업자, 여신금융기관 등 대통령령으로 정한 자가 아닌 자에게 대부계약에 따른 채권을 양도해서는 아니 된다(제3항).

6) 대부업 이용자 보호기준　일정규모 이상의 금융위원회 등록 대부업자는 법령준수, 이용자 보호 등을 위해 임직원이 그 직무를 수행할 때 따라야 할 기본적인 절차와 기준인 대부업이용자 '보호기준'을 마련하여야 하고(제9조의7 제1항), 준수여부 등을 조사·점검하는 일정한 자격을 갖춘 보호감시인을 이사회의 결의에 의하여 1명 이상 두도록 하였다(제2항).

7) 부당한 차별금지　대부업자는 대부계약을 체결하는 경우 정당한 사유 없이 성별·학력·장애·사회적 신분 등을 이유로 계약조건에 관하여 거래상대방을 부당

하게 차별해서는 아니 된다(제9조의8). 2020.3.25.에 본조가 신설되어 2021.3.25.부터 시행된다. 종전에 대부업자 등이 학력을 이유로 부당하게 차별한 사례 등이 보고되면서 부당한 차별금지조항을 두게 되었다. 다만 대부업자 등의 영업의 자유와 영업이익을 고려할 때 어디까지 합리적인 차별이고 어느 경우에 부당한 차별이 되는지에 대해서는 일률적으로 말할 수 없고, 향후 이에 대한 가이드라인이 설정되어야 할 것이다. 이 문제는 일반적인 금융소비자보호의 경우에도 동일하다.[202)]

8) 대부중개를 위탁한 대부업자 또는 여신금융기관의 배상책임　대부업자 또는 여신금융기관은 대부중개업자등이 그 위탁받은 대부중개를 하면서 대부업법을 위반하여 거래상대방에게 손해를 발생시킨 경우에 손해배상책임이 있다. 다만 사용자책임 유사의 중간책임을 인정하고 있다. 즉 대부업자 또는 여신금융기관이 대부중개업자등에게 대부중개를 위탁하면서 상당한 주의를 하였고 이들이 대부중개를 하면서 거래상대방에게 손해를 입히는 것을 막기 위하여 노력한 경우에는 책임을 지지 아니한다(제11조의3 제1항).

9) 대부업이용자에 대한 손해배상책임 보장　대부업자등은 대부업등을 하면서 고의 또는 과실로 인한 위법행위로 거래상대방에게 손해를 발생시킬 경우에는 그 손해를 배상할 책임이 있는데, 이러한 손해배상책임의 보장을 위하여 대부업법은 대부업자등에게 업무를 개시하기 전에 보증금을 예탁하거나 보험 또는 공제에 가입하도록 하고 있다(제11조의4).

10) 분쟁 조정절차　시·도지사에게 등록된 대부업자등과 거래상대방 간의 분쟁을 해결하기 위하여 해당 영업소를 관할하는 시·도지사 소속으로 분쟁조정위원회를 두는데(제18조 제1항), 제1차적으로 분쟁조정위원회에서 분쟁이 해결되지 아니하는 경우에는 소비자분쟁조정위원회에 분쟁 조정을 신청할 수 있고(제2항), 금융위원회에 등록된 대부업자등과 거래상대방 간의 분쟁 조정에 관해서는 금융소비자보호법 제33조부터 제43조까지의 규정이 준용된다(제4항).

(4) 금융소비자보호법과 소비자보호

금융소비자법 제2조 가목에서는 은행법에 의한 대출, 라목에서는 상호저축은

202) 향후 온라인으로 대출심사가 이루어지고 대출거래가 자동화된 의사표시에 의하여 이루어지는 경우, 프로그램 설계를 교묘하게 해 놓는다면 부당한 차별을 식별해 내는 것이 용이하지 않을 수 있다. 이에 대한 대비책으로 법률가들이설계단계에서부터 참여시킬 필요성이 있다.

행법에 의한 대출을 금융상품으로 정의하고 다시 제3조 2호는 대출성 상품을 은행법에 따른 대출과 상호저축은행법에 의한 대출, 여신전문금융업법에 따른 신용카드, 시설대여, 연불판매, 할부금융 및 이와 유사한 것으로서 대통령령으로 정하는 금융상품으로 규정하고 있다. 대출계약은 금융소비자에게 어음 할인·매출채권 매입(각각 금융소비자에게 금전의 상환을 청구할 수 있는 계약으로 한정한다)·대출·지급보증 또는 이와 유사한 것으로서 금전 또는 그 밖의 재산적 가치가 있는 것을 제공하고 장래에 금전등 또는 그에 따른 이자 등 대가를 받기로 하는 계약이다. 일종의 이자부 금전소비대차계약으로서 금전을 빌려 사용 후 원금과 이자를 상환하는 금융상품이다.

일반적으로 대출은 금융회사가 금융소비자와 금전소비대차계약을 체결하는 것을 의미하는데, 금융소비자보호법에서 규정하는 대출성 상품에 신용카드 및 할부금융과 같은 신용공여[203]도 포함하고 있다. 대출성상품은 예금성 상품을 다루는 자를 포함하여 대부업자,[204] 보험회사, 여신전문금융회사, 온라인투자연계금융업자, 금융투자업자, 단기금융회사, 자금중개회사 등이 대출성 상품 판매업자이다. 대출성 상품의 내용은 계약기간, 일반금융소비자가 적용받을 수 있는 이자율 및 산출기준, 중도상환수수료에 관한 사항, 일반금융소비자가 계약을 해지할 경우 받는 불이익, 신용점수에 미치는 영향, 연체이자율 및 그 밖에 원리금 잡부 연체에 따른 불이익, 계약의 연장 거부 등 금융상품 이용 관련 제한사항 등이다.

상세한 사항은 금융소비자계약편에서 다루게 된다.

III. 신용카드거래와 소비자보호

1. 서언

오늘날 신용카드는 소비와 지불수단 사이에 시간이 개재된 소비자신용 중 하나로 현대 소비문화의 상징물이라 할 수 있다.[205] 신용카드는 언제, 어디서나 현금

203) 신용공여는 일반적으로 여신(여신)이라고 하는데, 여신이란 거래상대방에게 금전채무를 부담시키는 행위를 의미한다.

204) 금융소비자에게 금전채무를 발생시킨다는 점에서 채권자의 자격에서 차이가 있을 뿐 법적 성상 대부와 대출은 동일하다.

205) 현재와 같은 개념의 신용카드는 1950년 뉴욕의 사업가 프랭크 맥나마라(Frank Mcnamara)가

없이도 물품 또는 용역을 구매할 수 있는 소비생활에 필요불가결한 보편적인 지급수단이 되었다.[206] 최근 국민의 소비의식과 소비행태의 변화로 말미암아 생활경제에서 신용카드가 차지하는 비중이 날로 높아지고 국민경제에 미치는 영향이 매우 큰 것으로 나타나고 있다.

〈신용카드 이용실적〉 [단위 : 조원]

연 도	2016	2017	2018	2019
이용실적	694	725.7	767.8	806.2

그러나 이러한 신용카드 이용의 상당한 양적 증가와 단기간에 걸친 신용카드업의 성장에도 불구하고 사회적 여건과 법제도적 마련이 미흡하여 신용카드와 관련한 소비자 문제가 끊임없이 발생하고 있다.[207]

신용카드거래도 대표적인 소비자신용의 한 예인데, 현재 신용카드에 관한 법으로는 1987년 제정된 신용카드업법을 대체하여 1997년에 제정된 여신전문금융업법[208]이 있는데 2005년에도 다단계판매를 통한 회원모집의 금지 등 소비자보호를 위한 개정이 있었다. 동법은 주로 신용카드업자의 감독을 목적으로 하는 것이고 소관부처도 금융위원회이어서 동법에 의한 소비자의 보호는 간접적인 효과에 그치고 있다.

2. 신용카드거래의 의의 및 법적 성질

(1) 신용카드와 신용카드거래의 의의

1) 신용카드의 의의 먼저 신용카드란 이를 제시함으로써 반복하여 신용카드가맹점에서 결제할 수 있는 증표로서 신용카드업자가 발행한 것(여신전문금융업법 제2조 3호)이며,[209] 원칙적으로 신용을 얻는 후불이지만 동법에서는 직불카드와 선

설립한 다이너스 클럽(Diner's Club)에 의해 발행되었다.

206) 최완진, "신용카드제도의 문제점과 정착방안", 「외법논집」, 제13집, 한국외국어대학교 법학연구소, 2002.12., 115면.

207) 황진자, "신용카드 약관의 적정화 방안 연구", 한국소비자보호원, 2006.10., 11-12면.

208) 여신전문금융업법에서는 신용카드업, 시설대여업, 할부금융업, 신기술사업금융업을 규율하고 있다.

209) 다만 금전채무의 상환이나 자본시장과 금융투자업에 관한 법률 제3조 제1항에 따른 금융투

불카드에 대해서도 정의하고 있다. 즉 직불카드란 직불카드회원과 신용카드가맹점 간에 전자적 또는 자기적(磁氣的) 방법으로 금융거래계좌에 이체하는 등의 방법으로 결제가 이루어질 수 있도록 신용카드업자가 발행한 증표(자금을 융통받을 수 있는 증표는 제외)를 말하며(제2조 6호), 선불카드란 신용카드업자가 대금을 미리 받고 이에 해당하는 금액을 기록(전자적 또는 자기적 방법에 따른 기록)하여 발행한 증표로서 선불카드소지자가 신용카드가맹점에 제시하여 그 카드에 기록된 금액의 범위에서 결제할 수 있게 한 증표를 말한다(8호).

근래 새로운 지불결제수단으로서 직불카드와 신용카드를 절충한 체크카드가 등장하여 이용자가 빠르게 증가하고 있다. 체크카드도 직불카드처럼 자신의 결제계좌의 잔액 범위 안에서만 사용할 수 있고, 전국의 모든 신용카드 가맹점에서 24시간 사용할 수 있고 전자상거래나 해외에서도 사용할 수 있도록 함으로써 직불카드의 이용불편을 해소하며, 신용카드의 현금서비스 및 할부 기능을 없앰으로써 신용불량자가 발생할 요소를 차단하는 장점이 있다. 체크카드의 경우 카드회원이 사용하는 즉시 예금계좌의 잔액 범위 내에서 카드이용대금이 결제되고 통상적으로 신용카드업자에 의한 신용제공이나 자금융통이 이루어지지 않는다는 점을 들어 체크카드는 여신전문금융업법상 직불카드에 해당한다고 본 판례가 있다.[210] 현금카드의 기능도 겸하고 일부 체크카드의 경우에는 신용도를 고려하여 신용한도(주로 50만 원)를 제공하기도 한다. 연회비는 기본적으로 없지만, 신용구매를 이용하는 경우에 받는 곳도 있다. 은행에 예금계좌를 가지고 있는 만 14세 이상 또는 만 18세 이상이면 누구나 발급받을 수 있다.

2) 신용카드거래의 의의와 법적 성질 신용카드거래라 함은 신용카드업자[211]와 신용카드 이용계약을 체결한 신용카드 회원이 당해 신용카드업자가 재화나 용역

자상품 등 대통령령으로 정하는 금융상품, 게임산업진흥에 관한 법률 제2조 제1호의 2에 따른 사행성 게임물의 이용대가 및 이용에 따른 금전의 지급, 그 밖에 사행행위 등 건전한 국민생활을 저해하고 선량한 풍속을 해치는 행위로 대통령령으로 정하는 사항의 이용 대가 및 이용에 따른 금전의 지급의 결제는 제외된다(동법 제2조 3호 단서).

210) 대판 2017.2.3. 2016다254924.

211) 2010년말 현재 국내 신용카드업자는 전업카드사(6개), 신용카드업 겸영은행(14개), 유통계 카드업자(5개)로 구성되어 있다. 전업카드사는 여신전문금융업법에 따라 금융위원회로부터 신용카드업 허가를 받은 여신전문금융회사로서 BC카드, 신한카드, 삼성카드, 현대카드, 롯데카드, 하나SK카드, 국민카드가 여기에 속한다. 이에 대한 상세는, 이준수, 우리나라 신용카드 영업행위 규제 현황과 과제, 금융시장과 소비자보호(이은영편), 세창출판사, 2011, 435-436면.

의 제공자인 경우에는 그 자로부터 신용으로 재화나 용역을 제공받고 추후 대금의 결제를 하거나, 또는 신용카드업자와 신용카드 이용계약을 체결한 신용카드 회원이 신용카드업자와 신용카드가맹점계약을 체결한 신용카드가맹점에서 이를 제시함으로써 반복하여 물품의 구입 또는 용역의 제공 대가 등을 체결하고, 추후 신용카드회사가 가맹점에서 소비자(신용카드회원)에 대한 대금채권을 양수하여 소비자에게 대금의 결제를 요청하는 것을 말한다. 전자는 양당사자가드거래이며 후자는 3당사자 카드거래이다. 신용카드거래는 계속적 계약이며 유상·쌍무계약이다. 신용카드업자의 상대방으로는 개인이나 법인이 될 수 있는데, 소비자보호의 대상은 법인회원이 아니라 개인회원이다. 계속적 계약인 관계로 계약해지 시의 문제가 있다.

신용카드는 관련 당사자의 수에 따라서 양당사자카드, 3당사자카드, 다당사자카드가 있는데, 양당사자카드는 가맹점 없이 카드발행인 자신이 제공자인 동시에 물품 또는 용역의 제공자인 경우로서, 이 카드는 이를 발행한 상점에서만 통용된다. 거래당사자는 카드발행인과 소비자이다(예 백화점 신용카드). 3당사자카드란 물품을 제공하지 않는 독립적인 기업이 카드를 발행하여 그의 가맹점에서만 통용되는 카드를 말한다. 이때에는 카드발행인과 소지인 사이의 회원규약, 카드발행인과 가맹점간의 가맹점규약, 카드소지인과 가맹점간의 매매계약 등 3면적인 법률관계가 성립한다. 소비자신용계약은 카드발행인과 카드소지인 사이에 있게 된다.

현재 소비자신용에 관한 통일적인 법률을 가지고 있지 아니하나, 소비자보호의 목적에서 소비자신용에 관한 문제를 포괄적으로 규율하는 소비자신용법의 제정이 필요하다.

(2) 카드거래 대금결제의 법적 성질

신용카드거래가 3당사간 카드거래인 경우 신용카드업자, 가맹점 및 신용카드 회원이란 3자가 있게 되는데, 신용카드업자가 대금결제일에 신용카드회원에게 대금을 청구할 권리를 갖게 되는 근거 및 가맹점이 회원에게 신용판매를 한 후에 신용카드업자에게 신용카드이용대금을 청구할 법적 근거가 무엇인지 문제된다. 이와 관련하여 대금결제의 법적 성질에 대하여 크게 채권양도설, 채무인수설(체당금지급설) 및 혼합설, 직접채무설, 지급지시설 등이 있다.[212)]

212) 카드거래 대금결제의 법적 성질에 대해서는 한상문, 신용카드법, 정법사, 1993, 112-114면; 강위두, 신용카드거래의 법구조, 법학연구 30(1), 부산대학교 법학연구소, 1988.8., 192-194면; 최

먼저 채권양도설은 카드가맹점이 카드회원에 대하여 재화 등의 판매 또는 용역제공의 대가로 취득한 대금채권을 카드회사가 양수하고, 카드회사는 이 양수한 대금채권을 카드회원으로부터 추심한다는 견해이다. 카드회사는 채권양수의 대가로 카드가맹점에게 대금을 지급한다는 것이다. 이 견해는 여신전문금융업법 제20조에서 신용카드거래에 의하여 생긴 채권은 이를 신용카드업자 외의 자에게 양도하여서는 아니 되며, 신용카드업자 외의 자는 이를 양수하여서는 아니 된다고 규정하고 있다는 점에 근거를 둔다. 원칙적으로 채권양도시에는 대항요건으로서 채권자의 채무자에의 통지나 채무자의 승낙을 요하는데(민법 제450조 제1항), 개개의 채권양도는 가맹점이 채권을 카드사에 양도함으로써 행하여지고, 회원은 카드사와의 신용카드이용약정에서 채권양도에 대한 사전적인 포괄적 승낙을 해두기 때문에 개개의 채권양도 때마다 대항요건을 따로 갖출 필요가 없다고 한다.[213]

물론 여기서 특정되지 아니한 채권에 대하여 사전에 포괄적 승낙이 유효한가에 대한 문제가 있으나, 민법 제450조 제1항은 채무자의 이중부담의 위험을 방지하여 채무자를 보호하기 위한 임의규정이므로 사전적 포괄적 승낙도 가능하고 대항요건이 필요 없다는 특약도 유효하다고 한다.[214]

면책적 채무인수설은 카드회원이 가맹점에 대하여 부담하는 채무를 신용카드업자가 면책적으로 채무를 인수하는 것으로 이론구성한다.[215] 따라서 가맹점은 직접 신용카드업자에 대하여 채권을 취득하게 되고, 신용카드업자는 채무인수자로서 그 대금을 가맹점에 지급한 후 회원에게 구상할 수 있으며, 또한 회원으로부터 채권의 회수가 불능한 때에는 신용카드업자가 그 위험을 부담하게 된다.

병존적 채무인수설은 카드회원이 가맹점에 대하여 부담하는 채무를 신용카드업자가 채무를 인수하지만 여전히 카드회원도 채무를 부담하게 된다고 한다. 다만 이 경우에는 특별한 사정이 없는 한 카드회원에게 대금을 직접 청구하지 않겠다는 특약이 체결된 것으로 본다. 그 외에도 카드회원이 직접 카드회사에게 채무를 부담한다는 직접채무설, 가맹점이 카드를 받고 물건을 팔 때 카드회원이 매출전표에 서명을 함으로써 카드이용대금을 가맹점에 지급하라는 지시를 카드회사에 하며,

---

금진, 신용카드 법리에 관한 한국과 중국간의 비교연구, 연세대학교 박사학위논문, 2005, 69-70면, 각주 151) 참조.

213) 곽윤직, 채권각론, 박영사, 2005, 162면 ;김형배, 채권각론, 박영사, 2001, 553면.

214) 곽윤직, 채권총론, 박영사, 2004, 217면.

215) 정찬형, 어음·수표법, 홍문사, 1998, 661면.

카드회사는 이 지급지시에 따라 가맹점에 지급을 한 뒤 카드회사에 위 지급금액의 상환을 청구하는 것이라는 지급지시설등이 있다.

다수의 견해는 가맹점은 카드회사와 카드회원 중 어느 일방에게든 임의로 지급청구를 할 수 있지만 가맹점규약에 의해 카드회사에게 1차적으로 지급을 청구할 수 있고, 일반적으로 카드회원에게는 먼저 청구를 하지 아니하는 것을 약관에 정하고 있음을 이유로 하여 병존적채무설의 입장이다.[216)]

판례는 「신용카드회원이 신용카드를 사용하여 가맹점으로부터 물품을 구입하거나 용역을 제공받고, 그 대금을 일단 신용카드발행인이 대신 변제한 다음 사후에 그 대금에 수수료 등을 가산한 금원을 신용카드회원으로부터 추심하는 일련의 법률관계는, 상품의 구매와 일정기간 내의 대금지급의무가 결합된 특수한 신용대부의 한 형태라고 할 것이고, 다만 신용카드발행인이 가맹점과 사이에서 가맹점규약에 의하여 신용카드이용대금을 지급하기로 한 약정부분은 일종의 병존적 채무인수로서의 법적 성격을 가지며, 다른 한편 신용카드소지인과 가맹점 사이의 구매계약의 효력은 원칙적으로 양 당사자 사이에 독립적으로 결정될 뿐 신용카드이용자의 신용카드발행인에 대한 권리의무에 의하여 영향을 받지 않는다고 할 것이다」[217)]라고 하여 병존적 채무인수설을 취한 사례가 있으며, 「신용카드의 거래는 신용카드회사로부터 카드를 발급받은 사람이 위 카드를 사용하여 카드가맹점으로부터 물품을 구입하면 그 카드를 소지하여 사용하는 사람이 카드회사로부터 카드를 발급받은 정당한 소지인인 한 카드회사가 그 대금을 가맹점에 결제하고, 카드회사는 카드사용자에 대하여 물품구입대금을 대출해 준 금전채권을 가지는 것」[218)]이라고 하여 직접대부설에 따른 경우[219)]도 있다.

---

216) 정동윤, 어음·수표법, 박영사, 1998, 695면. 최기원, 어음·수표법, 박영사, 1996.

217) 서울고등법원 2003.10.8. 선고 2003나12634 판결; 중첩적 채무인수라는 표현을 사용하기도 한다. 즉 신용카드거래의 법적 성질은 채권매매 또는 이와 유사한 유상행위라기보다는 카드회원이 카드회사에 신용카드 가맹점에 대한 채무를 인수하여 줄 것을 포괄적으로 의뢰하고 카드사가 카드가맹점에 대하여 신용카드회원의 채무를 중첩적으로 인수하며, 그 대신에 카드가맹점은 카드회원에 우선하여 카드회사에게 거래대금을 청구하기로 하는 계약으로 해석함이 상당하다고 한다. 서울지판 1999.5.19. 98가합4410.

218) 대판 1996.4.9. 95도2466.

219) 최문기, 신용카드거래와 소비자의 권리 보호, 경성법학 제10호, 경성대학교 법학연구소, 2001, 67면.

3. 신용카드거래의 법률관계

신용카드의 법률관계는 양당사자인 경우와 3당사자인 경우에 따라 법률관계가 달라진다. 양당사자인 경우의 법률관계는 일반적인 법리에 따라 비교적 그 관계가 간명하지만 3당사자의 관계는 회원계약과 가맹점계약, 매매계약관계가 있기 때문에 3당사자들의 각 법률관계로 성립한다.

(1) 규율 입법

우리나라는 신용카드거래의 법적 문제를 내용에 따라 개별적으로 규율하는 분산입법 방식을 취하고 있었다. 또한 그 내용이 대부분 행정규제에 주안점을 두고 있어 신용카드와 관련된 민사적 분쟁이 발생한 경우 소비자는 그에 해당하는 각각의 법을 찾아 해결을 시도해야 하는 문제점이 있었다.[220] 그 동안 신용카드 관련법제는 1987년에 「신용카드업법」이 제정 시행되었으나 1998년에 폐지되어 「여신전문금융업법」으로 흡수되었고, 그 밖에 「할부거래법」, 「방문판매 등에 관한 법률」, 「신용정보법」, 「약관규제법」, 「소비자기본법」, 「전자상거래 등 소비자보호법」 등 사법(私法)적 규제보다는 행정규제에 치중하고 있는 분산입법방식을 취하고 있어서 신용카드거래와 관련한 법률문제는 사안에 따라 각각의 해당법률에 따라 규율하고 있었다. 따라서 통일된 법의 흠결로 말미암아 분쟁이 발생하는 경우 소비자들은 해당되는 각각의 법률을 탐색하여 그 해결방안을 시도하여야 한다는 문제점이 있었다. 신용카드거래에서 금융소비자로서 개인회원을 보호하기 위한 표준약관의 제시가 여신전문금융협회에 의하여 제시되었고 2016년에 일부개정되어 대개의 신용카드회사가 표준약관을 채택하고 있다.

신용카드거래에서 계약의 주요내용에 대하여 여신전문금융업법 제50조의11에서 설명의무 규정을 두고 있었는데, 금융소비자보호법에서 설명의무규정을 두게 되면서 삭제될 예정이다. 여신전문금융법은 소비자법이라기 보다는 제1조 목적에서 밝힌 것처럼 국민의 금융편의를 도모하고 국민경제의 발전에 이바지함을 목적으로 하고 있으며, 소관부처도 소비자보호를 하는 공정거래위원회가 아니라 금융위원회이다. 재화와 용역을 신용카드거래로 구입하면서 할부로 하는 경우에는 간접할부계약으로서 할부거래법이 적용된다. 카드회사와 신용카드이용계약을 체결

220) 최병규, 신용카드약관상 카드분실과 법적 쟁점 -대법원 2009.10.15. 선고 2009다31970 판결의 평석을 중심으로-, 일감법학 제17호, 건국대학교 법학연구소, 2010, 333면.

할 때 약관이 존재한다면 약관규제법의 적용을 받게 된다.

2020년에 모든 금융상품을 아울러 금융소비자보호를 위한 동일기능 동일규제 법리 하에 금융소비자보호법이 제정되어 2021년부터 시행된다. 동법의 시행으로 신용카드거래에서 금융소비자는 좀 더 통일적이고 포괄적인, 사법적 요소가 가미된 법적 보호를 받게 되었다. 금융소비자보호법의 제정으로 이제 신용카드거래는 동법 제2조 1호 마목에서 금융상품으로 인정되고, 제3조 2호에서 대출성 상품의 유형으로 규율됨으로서 개인으로서 신용카드회원은 금융소비자로서 동법에 의하여 포괄적인 보호를 받게 되었다. 금융소비자보호법의 상세는 제5절 이하 참조.

(2) 신용카드업자와 회원(소비자)의 법률관계

1) 약관에 의한 회원계약　일반적으로 카드신용업자와 회원간에 카드회원계약을 체결할 때 약관이 제공된다. 카드회원약관은 카드회사와 카드회원간의 책임의 범위, 카드의 관리, 비밀번호, 카드의 이용한도, 대금결제, 카드의 이용, 할부구매, 회전결제(리볼빙), 기한의 이익상실, 카드의 도난·분실과 보상처리, 카드의 위조·변조에 대한 책임, 변경사항 등의 통지, 카드이용의 정지 및 탈회, 카드이용대금에 대한 이의신청 및 책임, 약관의 변경승인, 약관 위반한 경우에 책임 등이 정해져 있다.

회원계약의 법적 성질에 대해서는 카드회사가 카드회원을 위해 가맹점에 카드이용대금을 지급하고 그에 따른 보수(연회비, 이용대금, 수수료)를 받는 일종의 도급계약으로 보는 견해[221]도 있으나 「일의 완성」이라는 측면보다는 「사무의 처리」로 보아 유상위임으로 보아야 할 것이다. 회원계약에 의하여 카드회사는 신용카드를 카드회원에게 발급하고, 카드회원은 가맹점에서 신용카드를 제시하고 매출전표에 서명한 후 재화 또는 용역을 제공받을 수 있고 일정기일 후 사용금액을 카드회사에 결제하게 되는 과정을 거친다.

2) 발급시 서면주의와 거래조건의 주지의무　신용카드업자는 발급신청을 받아야만 신용카드나 직불카드를 발급할 수 있다. 다만 이미 발급한 신용카드나 직불카드를 갱신하거나 대체 발급하는 것에 대하여 대통령령으로 정하는 바에 따라 카드회원의 동의를 받은 경우에는 그러하지 아니하다(제14조 제1항). 신용카드업자는 다

221) 최금진, 앞의 논문, 42면.

단계판매나 인터넷을 통한 모집방법으로서 대통령령으로 정하는 모집 또는 그 밖에 대통령령으로 정하는 모집방법으로 신용카드 회원을 모집하여서는 아니 된다(제4항).

신용카드업자는 신용카드나 직불카드를 발급하는 경우 그 약관과 함께 신용카드회원이나 직불카드회원의 권익을 보호하기 위하여 필요한 사항으로서 대통령령으로 정하는 사항을 신청자에게 서면으로 내주어야 한다. 다만, 신청자가 동의하면 팩스나 전자문서로 보낼 수 있다(제14조 제5항).

신용카드업자는 ① 신용카드업자가 정하는 이자율·할인율·연체료율·가맹점수수료율 등 각종 요율(요율), ② 신용카드·직불카드 이용금액의 결제방법, ③ 제16조에 따른 신용카드회원등에 대한 책임, ④ 제17조와 제19조에 따른 신용카드가맹점에 대한 책임과 신용카드가맹점의 준수 사항, ⑤ 그 밖에 총리령으로 정하는 사항을 총리령으로 정하는 방법에 따라 신용카드회원등과 신용카드가맹점에 알려야 한다(동법 제18조).

3) 설명의무 여신전문금융회사등은 신용카드회원에게 여신전문금융상품에 관한 계약의 체결을 권유할 때 이자율 등 상품의 내용, 그 밖에 대통령령으로 정하는 중요사항을 이해할 수 있도록 설명하여야 한다(제50조의11 제1항). 뿐만 아니라 제1항에 따라 설명한 내용을 신용카드회원이 이해하였음을 서명, 기명날인, 녹취, 그 밖의 대통령령으로 정하는 방법으로 확인하여야 한다. 이 조항은 금융소비자보호법 제19조에서 설명의무를 일괄적으로 규정하게 되어 2021.3.에 삭제된다.

4) 항변권 신용카드거래에서 항변권이라 함은, 회원계약에 기초하여 이루어지는 재화 또는 용역공급계약에서 발생하는 사유를 가지고 카드회원(매수인)이 가맹점(매도인)에 대하여 주장할 수 있는 항변을 신용카드업자(신용제공자)에게 직접 주장(카드이용대금지급의 거절, 감액청구, 기지급대금에 대한 반환청구 등)할 수 있는 것을 말한다. 여기에서 말하는 항변권은 실체법상의 동시이행항변권(민법 제536조)이나 최고검색의 항변권과는 다른 개념으로서, 항변권이 부정되는 경우를 「항변권의 단절」이라고 한다.

이러한 항변권의 문제는 신용카드거래가 3면의 법률관계, 즉 회원계약, 가맹점계약, 매매계약으로 이루어지고 있다는 데에서 출발한다. 즉, 신용카드업자, 가맹점, 신용카드회원 신용카드회원이 가맹점에서 재화나 용역을 구입한 경우 직접

당사자인 신용카드회원과 가맹점 외에 신용카드업자가 존재한다는 특성(이 있기 때문에 신용카드회원이 가맹점과의 카드거래에서 가지는 항변권이 있다면 신용카드업자에게 항변해야할 실익이 있기 때문이다. 따라서 신용카드업자로부터 이용대금을 청구 받은 신용카드회원이 구입한 재화 등의 하자를 이유로 혹은 원인행위의 무효·취소의 사유로 신용카드이용대금의 지급을 거절할 수 있는가의 문제와 이용대금이 회원의 결제계좌에서 자동이체로 결제된 경우 무효·취소의 항변권을 이유로 매매대금의 전부 또는 일부의 반환을 요구하거나 손해배상을 청구할 경우에 그 청구의 상대방은 가맹점과 신용카드업자 중 누가 되는가의 문제이다.

종래 우리나라에서는 항변권의 법리적 해결을 위하여 카드거래관계의 법적 성질에 관한 이론을 원용하여 왔다. 즉 카드거래에서 카드회원이 가맹점에 대하여 부담하는 카드이용대금채무를 신용카드업자가 가맹점에게 지급하고, 신용카드업자는 이를 카드회원으로부터 구상하는 관계를 어떻게 파악할 것이냐를 항변권 문제에 접근하는 출발점으로 삼아, 그 중 병존적 채무인수설의 입장에서 구성하고 있음은 앞에서 살펴보았다. 채권양도설과 병존적 채무인수설은 각각 항변권 도출을 위한 법이론적 전개를 시도하고 있으나 회원의 항변권은 카드거래의 특수성에서 이끌어내야 한다.[222]

그렇다면 어떠한 경우에 항변권이 발생하는가?

첫째, 민법상 매도인의 하자담보책임이 발생하는 경우이다(민법 제580조 이하). 매도인에 대하여 계약해제권, 대금감액청구권, 완전물급부청구권 손해배상청구권, 하자보수청구권을 청구할 수 있는 사유가 있는 경우이다. 가맹점이 공급한 재화나 용역에 하자가 있거나, 가맹점이 하자담보책임을 이행하지 아니하였다는 항변(할부거래법 제16조 4호) 등이 있는 경우이다.

둘째, 채무불이행이 있는 경우이다. 즉 가맹점의 이행불능, 이행지체와 불완전이행이 있는 경우이다. 예컨대 가맹점이 약정한 시기까지 재화 또는 용역의 전부 또는 일부를 인도 또는 제공하지 아니하였다는 항변(할부거래법 제16조 제1항 3호·5호) 등이다.

셋째, 원인행위에 불성립 또는 무효의 사유가 있는 경우(할부거래법 제16조 1호)로서 계약에서 의사의 합치가 없었다거나, 반사회질서 법률행위(민법 제103조), 불공정

222) 신용카드거래의 본질에 착안하여 소비자보호라는 사회적·법정책적 관점에서 도출해야 한다는 견해로는, 김진우, 신용카드거래와 항변권, 소비자문제연구 17권, 한국소비자원, 1996.6., 96면.

한 법률행위(민법 제104조), 강행법규위반의 법률행위 항변 등이다.

넷째, 원인행위가 취소·해제 또는 해지된 경우(할부거래법 제16조 2호)로서 착오(민법제109조) 또는 사기·강박(민법 제110조)으로 인한 매매계약이었다는 항변 등이다.

다섯째, 법률 또는 신용카드약정에 위반한 경우이다. 예컨대 불량거래자로 통보된 자와 카드거래를 하였다든지 또는 분실·도난된 카드에 의한 거래라는 항변, 카드회원이 신용상실의 상태에 빠져 있음을 알면서도 거래를 하였다는 항변, 매출전표를 실제 매출액보다도 초과하여 작성하거나 카드를 자금융통의 수단으로 사용하였다는 항변 등이다.

위에서 살펴본 것처럼 신용카드로 할부거래를 한 경우에는 간접할부계약으로서 이에 대한 항변권에 대해서는 할부거래법에서 규정하고 있다(제16조). 항변권을 행사하기 위한 또 다른 요건으로 거래금액이 20만원 이상이 이어야 하고(할부거래법 제16조 제2항), 항변권의 행사를 서면으로 하는 경우 그 효력은 서면을 발송한 날에 발생한다(동법 제16조 제4항).

또한 회원이 재화 등의 구입이 신용카드를 사용하지 않았음에도 불구하고 신용카드업자로부터 결제요청을 받은 경우에 신용카드회원은 서면으로 신용카드의 이용금액에 대하여 이의를 제기할 수 있고, 이의를 제기할 경우 신용카드업자는 이에 대한 조사를 마칠 때까지 그 신용카드회원으로부터 그 금액을 받을 수 없다(제16조 제10항).

신용제공자를 보호하기 위하여 할부거래법에서는 소비자가 할부거래업자에게 간접할부계약에 관한 청약을 철회한 경우에는 7일 이내에 신용제공자(신용카드업자)에게 청약을 철회하는 의사표시가 적힌 서면을 발송하여야 하는데(제9조 제1항), 만약 소비자가 신용제공자에게 청약 철회의 서면을 발송하지 아니한 경우에는 신용제공자의 할부금지급청구를 거절할 수 없다. 다만 ① 신용제공자가 7일 이내에 할부거래업자에게 재화 등의 대금을 지급한 경우 ② 신용제공자가 할부거래업자로부터 할부금청구의 중지 또는 취소를 요청받은 경우에는 청약철회의 서면을 발송하지 않은 경우에도 신용제공자의 할부금지급청구를 거절할 수 없다.

5) 신용카드의 양도 등의 금지 신용카드는 양도·양수하거나 질권을 설정할 수 없다(여신전문금융업법 제15조). 따라서 회원이 신용카드를 양도하거나 담보로 제공하여 발생한 채무에 대하여 책임을 면치 못하며, 특히 양도 또는 담보로 제공된 신용카드를 이용하여 위·변조된 신용카드의 사용에 대하여는 고의 또는 중대한 과

실이 인정되기 때문에 회원은 그 전부 또는 일부의 책임을 부담할 수 있다(동법 제16조 제3항, 제5항, 제7항 등).

5) 신용카드 이용한도 제한　신용카드의 사용은 소비자신용으로서 최대한 편의를 제공하는 것이지만, 한편으로는 소비자의 자산상태에 비하여 과도한 소비를 부추길 가능성이 크다. 이에 대비하여 여신전문금융업법에서는 신용카드 등의 이용한도를 제한하는 규정을 두고 있다.

신용카드 등의 이용한도 제한 등에 관한 사항으로 금융위원회는 신용질서를 유지하고 소비자를 보호하기 위하여 신용카드업자가 지켜야 할 사항으로 ① 신용카드에 의한 현금융통의 최고한도, ② 직불신용카드의 1회 또는 1일 이용한도, ③ 선불신용카드의 총발행한도와 발행권면금액의 최고한도, ④ 제14조 제2항 2호에 따라 신용카드업자가 정하는 신용한도 산정에 관한 기준, ⑤ 신용카드 이용한도를 정할 때 지켜야 할 사항, ⑥ 신용카드업자가 ⑦ 가맹점 관리에 관한 사항 ⑧ 수수료율을 적용하기 위하여 회원을 분류할 때 지켜야 할 사항, ⑨ 수수료율을 적용하기 위하여 회원을 분류할 때 지켜야 할 사항, ⑩ 그 밖에 대통령령으로 정하는 사항 등에 대한 기준을 정하는 필요한 조치를 할 수 있다(동법 제24조).

6) 계약해지　신용카드거래는 계속적 계약인 관계로 신용카드 회원 혹은 신용카드사는 신용카드의 유효기간(거래기간)이 도래하기 전이라도 신용카드거래를 해지할 수 있다. 카드사는 회원이 서면, 전화, 인터넷 홈페이지 등을 통하여 카드사용의 해지 요청을 할 수 있도록 하여야 한다. 카드사는 회원의 요청에 따라 카드사용이 해지된 이후 해외 무승인매입이 발생한 경우 매출전표가 매입된 날로부터 3영업일 이내에 회원에게 서면, 전화, 휴대폰 문자메세지 서비스, 전자우편(E-MAIL) 등의 방법으로 해외 무승인매입에 따른 카드이용대금 청구예정 사실을 안내하여야 한다(표준약관 제7조의3 제2항).

카드사는 회원이 계약을 해지한 날부터 10영업일 이내에 일할 계산하여 산정된 연회비 반환금액을 반환하여야 한다. 다만, 부가서비스 제공 내역 확인에 시간이 소요되는 등의 불가피한 사유로 계약을 해지한 날부터 10영업일 이내에 연회비 반환금액을 반환하기 어려운 경우에는 계약을 해지한 날부터 3개월 이내에 반환할 수 있다(신용카드 개인회원 표준약관 제6조의2 제2항). 이 경우 카드사는 제2항에 따라 연회비 반환금액을 반환할 때에는 그 연회비 반환금액의 산정방식을 함께 해당 카드사와의 계약을 해지한 회원에게 알려야 한다(제3항). 또한, 카드사는 제2항 단서에 따른 사유로 계약을 해지한 날부터 10영업일 이내에 연회비 반환금액을 반환하기 어려운 경우에는 그 10영업일이 지나기 전에 반환지연 사유 및 반환 예정일을 계약을 해지한 자에게 알려야 한다(제4항). 카드이용계약이 해지된 경우에는 회원은 즉시 카드를 반납하고, 카드사는 그날까지의 채무 전액 변제를 요구할 수 있다(표준약관 제7조의3 제3항).

(3) 신용카드의 부정사용과 소비자보호[223)]

신용카드거래와 관련하여 소비자보호 문제는 여러 가지 유형으로 나타날 수 있다. 먼저, 신용카드를 분실하거나 도난당하여 제3자가 이를 부정사용한 경우에 이로 인한 손실부담의 주체가 누구인지가 문제된다. 이는 신용카드의 무단사용 내지 부정사용에 관한 문제이다. 둘째, 신용카드를 이용하여 구입한 물건에 하자가 있는 경우에 카드회원이 카드회사에 대하여 이 하자를 항변으로 주장할 수 있는가의 문제인데 앞에서 이미 다루었다. 셋째, 카드사가 카드회원에 대하여 실제의 이용대금보다 더 많은 금액을 청구하는 경우의 문제, 넷째, 카드회원이 신용카드를 이용하여 재화 또는 용역을 구입하려고 할 때 카드가맹점이 독자적으로 카드회사에 조회한 결과 사용한도액이 초과된 것으로 오인되어 신용구매를 거절당한 경우의 문제 등이 있다.[224)]

신용카드의 부정사용은 주체에 의한 분류와 행위유형에 의한 분류를 할 수 있다. 전자로는 제3자에 의한 분류, 회원 본인에 의한 부정사용, 가맹점에 의한 부정사용, 위의 3가지가 혼합된 부정사용으로 나눌 수 있다. 후자로는 도난·분실에 의한 부정사용과 위조·변조에 의한 부정사용, 신용카드의 도용에 의한 부정사용 등으로 나눌 수 있다.

1) 도난·분실된 신용카드의 부정사용　신용카드업자는 신용카드회원이나 직불카드회원으로부터 그 카드의 분실·도난 등의 통지를 받은 때부터 그 회원에 대하여 그 카드의 사용에 따른 책임을 진다(여신전문금융업법 제16조 제1항). 다만, 회원의 통지 전에 사용된 금액 중 분실·도난 등의 통지를 받은 날부터 60일 전까지의 기간

223) 신용카드 부정사용에 관한 문헌으로는, 윤지훈·김제완, 신용카드 부정사용 현황과 제도개선에 관한 연구, 안암법학 통권 제61호, 361-407면.

224) 김상찬·김상명, 신용카드거래의 사법적 검토, 법학연구 제35집, 한국법학회, 2009.8., 78-79면.

내에 제3자가 사용한 금액에 대하여 회원이 아닌 신용카드업자가 책임을 진다(제16조 제2항).[225)]

신용카드업자는 신용카드의 분실·도난 등에 대하여 그 책임의 전부 또는 일부를 신용카드회원이 지도록 할 수 있다는 취지의 계약을 체결한 경우에는 그 신용카드회원에 대하여 그 계약 내용에 따른 책임을 지도록 할 수 있다. 통상 이 경우 약관에서 책임부담조항을 두게 된다. 다만, 저항할 수 없는 폭력이나 자기 또는 친족의 생명·신체에 대한 위해(危害) 때문에 비밀번호를 누설한 경우 등 신용카드회원의 고의 또는 과실이 없는 경우에는 그러하지 아니하다(제3항). 이러한 책임부담의 계약은 반드시 서면에 의한 경우에만 효력이 있으며, 신용카드회원 등의 중대한 과실은 계약서에 기재된 것에 한한다(제7항). 이러한 회원의 고의 또는 중대한 과실은 고의 또는 중대한 과실에 의한 비밀번호의 누설 및 신용카드 또는 직불카드의 양도 또는 담보목적으로의 제공으로 한정된다(제9항, 동법시행령 제6조의 10).

대법원은 신용카드가 성명미상자로부터 절취되어 한 번의 오류 없이 현금서비스 등으로 현금이 인출된 사건에서, 신용카드 회원약관에서 비밀번호가 회원으로부터 타인에게 유출되어 발생하는 모든 책임은 회원에게 귀속되고, 카드 비밀번호 유출로 인한 부정사용의 경우에는 부정사용대금에 대하여 보상에서 제외된다고 규정하고 있는 경우, "위 약관 규정을 회원에게 고의나 과실이 없는 경우에도 신용카드 부정사용으로 인한 손해를 회원이 부담하여야 한다고 해석하는 것은 「약관의 규제에 관한 법률」 제7조 제2호에서 규정하는 상당한 이유 없이 사업자가 부담하여야 할 위험을 고객에게 이전시키는 조항에 해당하여 무효이다. 그리고 신용카드업자와 회원 사이의 거래약관인 위 회원약관 규정에 의할 때, 회원은 신용카드의 이용·관리 및 비밀번호의 관리에 '선량한 관리자의 주의의무'를 다할 의무가 있으므로, 신용카드를 분실·도난당하여 제3자가 신용카드를 부정사용한 경우에 신용카드 회원이 그 책임을 면하기 위해서는 회원에게 신용카드의 분실·도난 및 비밀번호의 누설에 있어 아무런 과실이 없는 경우라야 하고, 이 점에 대한 입증책임은 회원에게 있다"고 하여 결국 회원의 책임을 인정하였다.[226)]

---

225) 하급심 판결은 신용카드회원 탈회의 의사를 표시하였음에도 불구하고 신용카드 발급은행의 직원이 업무처리지침에 반하여 탈회처리를 하지 않은 경우, 이후 위 신용카드의 분실로 인하여 발생한 제3자의 신용카드 부정사용대금에 대하여 종전 신용카드회원은 대금지급의무를 부담하지 않는다고 한다. 울산지판 2005.10.19. 2005가합3393(확정).

226) 대판 2009.10.15. 2009다31970; 이에 대한 평석으로는, 최병규, 신용카드약관상 카드분실과 법

2) 위조·변조·도용 등에 의한 신용카드의 부정사용 신용카드업자는 신용카드회원등에 대하여 ① 위조되거나 변조된 신용카드 등의 사용, ② 해킹, 전산장애, 내부자정보유출 등 부정한 방법으로 얻은 신용카드 등의 정보를 이용한 신용카드 등의 사용, ③ 다른 사람의 명의를 도용하여 발급받은 신용카드등의 사용(신용카드회원등의 고의 또는 중대한 과실이 있는 경우는 제외한다)에 따른 신용카드등의 사용으로 생기는 책임을 진다(제5항).

제5항에도 불구하고 신용카드업자가 제5항 제1호 및 제2호에 따른 신용카드 등의 사용에 대하여 그 신용카드회원 등의 고의 또는 중대한 과실을 증명하면 그 책임의 전부 또는 일부를 신용카드회원 등이 지도록 할 수 있다는 취지의 계약을 서면으로 신용카드회원등과 체결한 경우에 그 신용카드회원 등이 그 계약내용에 따른 책임을 지도록 할 수 있다(제6항, 제7항). 일종의 입증책임의 전환규정이다.

3) 책임귀속의 근거 신용카드 부정사용에 대한 손해를 신용카드업자가 부담하도록 하는 이유는, 신용카드회사는 회원에 비하여 카드의 부정사용에 따른 손해의 발생 및 확대를 예방하거나 관리할 수 있는 지위에 있으며, 이러한 위험들은 여러 회원들에게 손해를 분담케 함으로써 분산시킬 수 있는 지위에 있기 때문이다. 또 다른 이유로는 보상책임설을 들 수 있다. 오늘날 무과실인 경우에도 기업에 대하여 책임을 지우는 중요한 사유로 '이익이 있는 곳에 손해도 돌아가야 한다'는 원리가 신용카드거래에서도 작동하는 것으로 보아야 한다. 신용카드회사는 신용카드사업을 통하여 카드회원으로부터 다양한 이익을 창출하여 얻고 있기 때문이다.

카드회사가 손해를 부담하는 방식은, 카드업자는 카드가 부정사용 되었을 경우라도 카드가맹점에는 대금을 지급하지만 카드회원에게는 구상하지 아니하는 형식을 취하고 있다. 이와 같은 신용카드업자부담주의에 의한 위험분산을 위하여 여신전문금융업법은 신용카드업자로 하여금 보험 또는 공제에 가입하거나 준비금을 적립하는 등의 조치를 취하도록 하고 있다(동법 제16조 제8항).

(4) 가맹점과 회원(소비자)의 관계

1) 계약당사자로서 권리·의무 주체 가맹점과 회원 사이에 재화 또는 용역에 대한 매매계약 내지 공급계약이나 이용계약이 체결된다. 따라서 양 당사자는 계약

적 쟁점 -대법원 2009.10.15. 선고 2009다31970 판결의 평석을 중심으로-, 일감법학 제17호, 건국대학교 법학연구소, 2010, 333면.

당사자로서 모든 권리와 의무를 부담하며 민법과 소비자계약법에 의하여 규율된다. 신용카드가맹점은 신용카드로 거래한다는 이유로 신용카드 결제를 거절하거나 신용카드회원을 불리하게 대우하지 못한다(제19조 제1항). 또한 가맹점수수료를 신용카드회원이 부담하게 하여서는 아니 된다(동조 제3항).

2) 카드가맹점의 주의의무 신용카드가맹점은 신용카드로 거래를 할 때마다 그 신용카드를 본인이 정당하게 사용하고 있는지를 확인하여야 한다(제19조 제2항). 즉 신용카드상의 서명(전자서명 포함)과 일치하는지의 여부를 확인하여야 한다.[227] 즉 도난·분실된 카드의 사용시 이러한 본인여부를 확인하지 않은 경우에 가맹점은 중대한 과실이 있는 것으로 인정되어 당해 거래로 발생하는 신용카드 사업자의 손해의 전부 또는 일부를 부담할 수 있다(제17조 제1항).[228]

3) 신용카드회원의 주의의무 신용카드회원에게도 일정한 주의의무가 있다. 즉 신용카드회원은 카드를 발급받는 즉시 카드서명란에 본인이 직접 서명하여야 하고, 본인 이외의 배우자, 가족 등 다른 사람이 카드를 이용하게 하여서는 아니 되며, 카드를 제3자에게 대여, 양도 또는 담보의 목적으로 이용할 수 없다(표준약관 제5조 제1항 및 제2항).

신용카드회원이 카드로 상품을 구매하거나 서비스를 제공받고자 할 때에는 가맹점에 카드를 제시하고 매출전표에 카드상의 서명과 동일한 서명을 하여야 하며, 상품구매 또는 서비스 이용 등을 위장한 현금융통 기타 부당한 행위를 하여서는 아니 된다(표준약관 제8조 제1항 및 제2항). 카드를 분실하거나 도난 당한 경우 신용카드회원은 즉시 카드사에 그 내용을 전화 또는 서면 등으로 신고하여야 한다(표준약관 제40조 제1항).

4) 신용카드를 통한 자금융통행위 금지 신용카드회원은 신용카드를 통한 자금융통행위가 금지되어 있다. 즉 물품의 판매 또는 용역의 제공 등을 가장하거나 실

---

227) 대법원은, 카드의 앞면에 회원의 성명 및 주민등록번호가 'jung nak young 5XXXXX-1XXXXXX' 라고 각인되어 있고, 주민등록번호 뒷부분의 첫 숫자가 1이면 남자를 의미하므로 가맹점이 카드의 앞면을 살펴보기만 하면 카드상의 회원이 남자임을 알 수 있어 위 여자가 이 사건 카드의 회원이 아님을 쉽게 판별 할 수 있는데도 원고회사 가맹점들의 직원들이 상품판매에만 급급하여 이 사건 카드의 이용자가 회원 본인인지를 제대로 확인하지 아니한 과실이 있다고 인정하여 신용카드회원의 책임을 감면하는 것이 정당하다고 판시하였다. 대판 1991.4.23. 90다15129.

228) 대판 1986.10.28. 85다카739.

제 매출금액을 넘겨 신용카드로 거래하거나 이를 대행하게 하는 행위는 금지되어 있다(제70조 제2항).

4. 신용카드거래 입법 향후 과제

우리나라의 신용카드 관련 법제는 분산입법 방식을 취하고 있으며 여신전문금융법에서처럼 그 법의 내용이 대부분 행정규제에 주안점을 두고 있어 신용카드와 관련된 민사적 분쟁이 발생한 경우 소비자는 그에 해당하는 각각의 법을 찾아 해결을 시도해야 하는 난점이 있다.[229] 여신전문금융업법 역시 신용카드 사용에 따른 분쟁관계의 해결보다는 신용카드업자의 업무를 규제하는 것에 편중되어 있다. 한편 소비자보호가 아닌 금융감독을 중심으로 하는 현행 법제로는 동일한 기능에 동일한 규제를 적용하는 것이 사실상 불가능하여 소비자보호에 공백이 발생할 수 있으며[230], 신용거래의 유형이 다양화되는 상황에서 개별법에 의한 분산적 규율로는 더 이상 소비자보호에 만전을 기할 수 없게 되었다.[231]

따라서 신용거래와 관련된 법률관계를 포괄적이고 종합적으로 규율할 수 있는 입법이 필요하다. 그리고 그와 같은 법률에는 카드보유자의 항변권 확보, 카드이용대금청구상 과오의 해결방법, 카드이용 부당거절시의 손해배상 책임과 같은 신용카드소비자 보호를 위한 규정뿐만 아니라,[232] 거래조건의 표시, 최고이자율의 제한, 철회권, 항변권, 이행지체에 따른 해제, 기한의 이익 상실, 부당한 채권추심의 금지, 소비자신용정보의 공정관리 등 소비자신용에 관한 전반적인 내용이 포함되어야 할 것이다.[233]

---

229) 최병규, 신용카드약관상 카드분실과 법적 쟁점 -대법원 2009.10.15. 선고 2009다31970 판결의 평석을 중심으로-, 일감법학 제17호, 건국대학교 법학연구소, 2010, 333면.

230) 윤민섭, 금융소비자보호관련 법제 정비방안 연구(I) -여신상품을 중심으로-, 정책연구보고서, 한국소비자원, 2014, 207면.

231) 이기종, 소비자신용 관련 법제의 개선방안 -통합 소비자신용법의 제정을 중심으로-, 홍익법학 제13권 제11호, 홍익대학교 법학연구소, 2012, 678면.

232) 김찬수, 앞의 논문, 198-199면.

233) 이기종, 위의 논문, 678면.

제5절 금융소비자계약

Ⅰ. 서

후기 자본주의사회에서 기업은 여러 가지 수단을 동원하여 자본을 유치하고자 한다. 이를 위하여 새로운 금융서비스가 등장하게 되고, 이는 자신이 소유하고 있는 제한된 자원으로 최대한 수익을 얻고자 하는 금융소비자의 욕구와 상호 작용하게 되면서, 금융소비자들은 예금, 대출, 보험, 증권, 신용카드 등의 금융상품거래를 하게 된다. 금융서비스는 경제적으로나 심리적으로 안도감을 주는 것 이외에도 신뢰를 바탕으로 한 사회적 자본[234]으로도 활용되고 있다.

그런데 20세기 말 이후 지속되고 있는 금융위기는 금융상품에 투자한 금융소비자의 피해를 속출시키고 있다. 이러한 점을 고려하면, 금융소비자보호는 금융산업의 지속적인 발전을 위하여 필수적으로 요구되는 금융정책이다. 금융산업의 진정한 발전은 산업규모의 양적 팽창에서 찾아질 것이 아니라 금융거래의 투명성과 안전성이라는 질적 측면이 함께 고려되어야 한다. 최근 금융산업의 규모가 빠르게 확대됨에 따라 변동성이 커지고 시장의 불안정성도 커지고 있는 실정이어서 더욱 금융소비자보호가 필요하게 되었다. 금융소비자계약이란 금융상품 판매업자와 금융소비자가 금융상품에 관해 체결하는 계약을 의미한다.

우리나라는 1980년대 말 이후 금융시장에서 전자화, 증권화, 세계화, 자율화, 규제완화의 특성을 보이면서 급속한 변화의 과정을 겪고 있다. 이러한 변화는 각 금융영역을 구성하는 금융기관이나 상품의 차이를 크게 완화시킴으로서 금융시장의 변화를 초래하였다. 그 변화로는 은행·증권·보험이라는 전통적 업종 구분이 불분명해지고 있다는 점이다. 동일한 기능을 가진 상품의 상호 판매와 파생상품의

234) 사회적 자본이라는 용어를 최초로 사용한 이는 1916년 리다 하니판(Lyda Hanifan)인데, 그는 미국 웨스트 버지니아주 농촌지역 담당 교육감으로서, 개인, 가족 및 이웃과의 상호협력의 중요성을 강조하여 사회적 자본이라는 용어를 사용하였다. 그 후 1980년대 들어서 프랑스의 사회학자 부르디와(Pierre Bourdieu)가 사회적 자본을 경제적 자본과 문화적 자본에 대응하는 개념으로 재조명하였는데, 그는 사회적 자본을 '상호이해와 협조의 제도적 관계를 증진시키기 위한 네트워크를 포함하는 사회적 자원의 총합'이라고 정의하였다. 금융시장과 사회적 자본의 역할에 대한 상세는, 박기령, 사회적자본과 자본시장법제 분석-사회적 자본의 법제화(Ⅰ), 한국법제연구원, 2012.

등장으로 인하여 구분이 흐려지고 있다. 또한 인구고령화 기관투자자의 역할 증대에 따른 금융시장의 수요 변화가 나타나고 있다. 즉 인구의 고령화는 이자소득을 비롯한 금융소득에 의존하는 인구의 비율을 높이게 된다. 이러한 금융시장의 변화에 금융소비자가 따라가지 못하면서 최근 금융소비자보호가 중요한 화두로 등장하였다.

Ⅱ. 금융소비자보호의 필요성 및 방향

1. 금융소비자 보호의 필요성

기존의 소비자에 대한 인식은 비록 사업자에 비하여 정보력, 경제력 등이 열위에 있지만 합리적 선택을 할 수 있는 정보만 제공되면 사업자와 소비자 간 정보의 격차가 해소될 것이라고 하면서 소비자주권을 강조하였다. 그러나 수많은 정보의 홍수 속에서 합리적인 소비자를 상정하거나 기대하는 것은 어렵고, 소비자들은 의사결정을 할 때 모든 사안을 종합하여 판단하지 않고 왜곡된 정보로 인해 제한적인 합리성에 근거하여 선택하고, 심지어 특정한 선입견으로 인한 편견을 가지고 선택하는 경향이 있다.[235)]

금융상품과 관련된 피해와 분쟁은 주로 금융사업자와 금융소비자 간의 지식격차, 정보의 비대칭성, 교섭력의 불균형 등으로 인하여 발생한다. 금융상품의 고도화라는 이름으로 진행되고 있는 금융상품의 복잡도 증가로 인하여 점차 금융소비자들이 금융상품 자체를 이해하고 투자할 수 있는 가능성이 줄어들고 있다. 금융상품의 고도화와 금융상품의 복잡화가 서로 연계되고, 이러한 상품의 복잡화에 따라 상품에 대한 전문성을 가지고 있는 자와 그렇지 않은 자 사이의 정보격차가 더욱 커지고, 정보기술의 발달로 금융업자의 정보분석 및 처리 능력이 갈수록 발달되는 반면, 투자자인 금융소비자 입장에선 정보의 총량은 증가하지만 이러한 정보를 처리할 능력이 없거나 정보의 홍수로 인하여 투자판단에 중요한 정보를 가려내는 것이 오히려 어려워지고 있다.

또한 금융산업 내에서의 경쟁 심화도 금융상품 복잡화의 한 요인이 되고 있는

235) 최승재, 금융시장에서의 금융소비자의 행동양태를 고려한 투자자보호규범의 설계에 대한 연구-소위 '행동경제학'적 관점을 반영하여, 증권법연구 제9권 제2호, 한국증권법학회, 2008.12., 241-245면 참조.

데, 각 금융기관들이 그 영역을 넓히면서 다양하고 융복합적인 금융상품이 등장하고 있다는 점이다. 예컨대, 은행이 증권회사나 보험회사의 기능을 하거나 그 반대의 현상이 나타나는 것이다. 이와 같이 융합환경에서 생존을 위한 기관 간 차별화를 달성하기 위하여 새로 출시되는 금융상품이 서로의 형식과 영역을 초월하고 있다.

결국 금융상품 관련 금융소비자계약의 빈번성, 금융상품 소비의 대중화, 금융상품의 복잡성과 이에 따른 금융소비자의 피해가 다수 발생하고, 기존 법체계에서의 금융소비자 구체의 어려움 등으로 인해 금융소비자 보호의 필요성이 대두되었다. 뿐만 아니라 금융소비자 보호 문제는 금융산업의 양적·질적 성장을 위해서도 반드시 요구된다.[236] 그러나 종전 우리나라의 금융소비자 관련 법제도는 원칙적으로 금융소비자가 합리적이라는데 전제하고 있다. 이처럼 금융소비자가 합리적이라고 전제한다면 상품에 대한 정보가 부족하거나 불완전한 상품의 판매가 이루어진 경우 정보제공의 강화는 금융소비자의 의사결정의 합리성을 담보하는데 기여할 수 있다.

2008년 금융위기 이후 우리나라도 펀드, 파생상품(KIKO, ELS 등), 저축은행 후순위채 등 금융투자상품 불완전판매로 인한 피해가 급증함에 따라 금융소비자 보호에 대한 관심이 증대되었고, 금융소비자 보호를 위한 다양한 정책적 수단이 강구되었다. 해외 주요 국가는 오래 전부터 금융소비자 보호를 위한 최우선적 감독 정책과제로 채택한 반면, 우리나라는 건전성 및 영업행위 감독과 금융소비자 보호를 금융감독원이라는 한 기관 내에서 행하다보니, 금융소비자 보호정책이 우선순위에서 밀렸다.

2011년에는 소비자금융의 피해자구제가 특히 심각한 사회문제로 떠올랐다. 수 개의 상호저축은행 및 저축은행 예금자들이 상호저축은행과 저축은행들의 불법대출로 말미암아 영업정지 및 도산으로 인해 예금채권을 회수하지 못할 위기에 처한 사건이었다. 그 밖에 주택담보대출을 과다하게 이용하거나 과도한 신용카드사용 등으로 상환불능의 상태에 빠진 대출자들이 속출하기도 하였다.[237]

한편 금융업의 겸영 추세 및 다양한 금융상품은 연계, 결합한 복합 금융상품이

236) 하영태, 금융소비자보호와 분쟁해결제도, 한양법학 제23권 제3집, 한양법학회, 9면 참조; 안수현, 금융소비자보호와 자본시장법의 과제, 기업법구 제22권 4호, 2008, 기업법학회, 73면 이하 참조.

237) 이은영, 민사법과 자본시장법의 금융소비자보호, 금융시장과 소비자보호, 세창출판사, 2011, 4면 이하.

등장함에 따라 자본시장법을 제정하고 적합성 원칙, 설명의무 등 금융소비자를 보호하는 방향으로 영업행위를 규제하였으나 금융투자상품의 불완전판매가 끊이지 않고, 동일한 금융상품에 대한 판매규제가 금융업별로 상이하거나 판매행위 규제를 적용받지 않는 금융상품이 발생하는 등 현행 금융업에 대한 규제체계가 금융소비자의 보호에 미흡한 실정이어서 금융소비자를 보호하기 위한 일반법의 제정 필요성이 대두되었다.[238)]

그러나 금융소비자보호의 강화가 단순히 약자의 보호라는 사회적 정의의 실현 수단으로서만 그 가치를 인정받는 것은 아니다. 오히려 보다 보편적인 인식은 금융소비자들을 보호함으로써 궁극적으로 금융시장과 금융상품에 대한 신뢰가 제고되고, 이는 결국 금융시자의 발전에 기여하게 된다는 것이다. 따라서 금융소비자 보호의 강화라는 변화를 단지 금융회사 경영에 수반되는 비용 요인으로만 파악하는 것은 문제가 있다. 금융선진국들은 이미 오래 전부터 금융소비자 보호 수준의 제고가 단지 약자로서의 금융소비자를 보호하는 것 뿐만 아니라 더 나아가 시장규율을 확립하고 시장에 대한 신뢰를 강화시킴으로써 궁극적으로는 금융시장 발전을 촉진할 것이라는 인식하에 관련된 정책적 노력을 하여 왔다.

2. 금융소비자 피해의 특성

금융소비자 피해는 다른 소비자거래와 다른 양상을 보이고 있다. 물론 금융소비자피해도 권역별로 차이를 보이고 있지만 피해의 특성을 몇 가지로 정리해 보면 사건의 복잡성과 전문성, 사건의 집단성, 사건의 국제성, 사건의 시스템관련성, 사건의 정보비대칭성 등을 들 수 있다.[239)]

첫째, 금융상품구조의 복잡성과 전문성은 파생금융상품의 발달로 금융상품이나 금융거래 자체가 날이 갈수록 복잡해지고 전문화되어 가기 때문에 나타나는 현상이다.[240)] 새로운 장내 및 장외 파생상품의 지속적인 증가를 통한 금융시장의 복

---

238) 주규준, 금융소비자보호제도의 입법동향, 법과기업연구 제2권 1호, 서강대학교 법학연구소, 2012.6., 157-158면.

239) 이와 관련하여 김주영, 금융소비자 피해의 사법적 구제에 관한 소고, BFL 58호, 서울대 금융법센터, 2013.3., 44-45면.

240) 서브프라임 모기지 사건에서 알 수 있는 점은 파생상품의 활용도의 증가와 금융공학을 통한 CDO(Collateralized Debt Obligation)와 같은 파생상품이 변형을 거치면서 계속 등장하면서 금융시장의 복잡도가 증가하여왔다는 점이다.

잡도 증가는 금융규제기관이 시장을 감시하고 규율하는 것을 점점 어렵게 하고 있다.[241] 또한 상품의 효과를 단기간에 예측하거나 파악하기 어려워 그로 인한 부작용으로 인한 비용을 상당 기간 경과 후 인지하게 되며, 수반되는 비용이 매우 크다. 이 때문에 사건을 해결하는데 전문가의 도움이 필요하고 소송에서 관련 사실을 입증하는 것이 그만큼 어렵게 된다.

둘째, 사건의 집단성이다. 대개의 금융소비자피해는 다른 소비자피해사건과 마찬가지로 불특정 다수의 피해를 야기한다는 데 특성이 있다. 이는 금융상품 자체가 불특정 다수를 상대로 판매되기 때문에 필연적으로 발생할 수밖에 없는 현상이다. 금융소비자의 금융회사에 대한 반복적이고 빈발하는 민원은 집단분쟁으로 이어질 가능성이 크다. 이와 관련하여 집단소송제도의 도입 주장이 나오게 된다.[242]

셋째, 사건의 국제성이다.[243] 이는 어느 특정 국가에서 발생한 금융소비자 관련 분쟁이 다른 나라에서도 유사한 형태로 발생하는 경향을 보인다는 점이다. 이는 금융거래기법이나 금융상품이 다국적 금융회사에 의해서 전 세계적으로 광범위하게 활용되기 때문이다. 서브프라임 모기지 관련한 부채담보부증권(CDO) 관련 분쟁은 미국에서 발생하였지만 홍콩에서는 미니본드 사건으로, 우리나라에서는 우리파워인컴펀드 사건으로 나타났다. 키코사건 역시 유사한 통화옵션상품들이 전 세계적으로 판매되었고 유사한 분쟁으로 나타났다.

넷째, 금융시스템 관련성이다. 금융소비자 피해는 그 발생도 금융시스템과 관련되어 있고 그 해결도 금융시스템에서 찾아야 한다. 특정한 금융업자의 과도한 이익추구나 실수만으로 일어나기 보다는 그 당시 금융거래 관련 정책의 우선순위, 금융거래시스템 등에 기인한 경우가 많다. 따라서 금융시스템을 이해하지 못하면 금융소비자피해의 실제 원인을 규명하지 못하게 된다. 또한 금융소비자피해 사건을 어떻게 해결할 것인지가 향후 금융시스템의 전개방향에 영향을 미치기도 한다. 따라서 금융소비자 피해사건의 해결에는 법적 고려 못지 않게 정치적, 정책적 고

---

241) 이러한 점을 그린스펀 미국 전 연방준비은행 의장은 파생상품에 대한 방임적인 대처가 오늘날의 금융위기의 실질적인 원인이라고 지적하였다.

242) 이와 관련 증권관련집단소송법이 2013년 제정되어 시행되고 있으나 소송허가 요건이 엄격하여 활성화되고 있지 않다. 이외에도 소비자기본법상의 집단분쟁조정제도의 활용도 있다. 소비자원 내에 있는 소비자분쟁조정위원회에 일괄적으로 분쟁조정을 할 수 있는 제도를 말한다.

243) 소비자보호에서 국제성은 오늘날 국경을 넘는 전자상거래의 활성화로 해외직구 등이 활발하게 이루어지면서 보편적인 문제라고 할 수 있다.

려가 많이 개입되는 경향이 있다.[244)]

다섯째, 다른 소비자계약에서처럼 정보의 비대칭성이 나타난다. 금융산업의 겸업화와 글로벌화가 진행되고 자본시장이 발달하면서 금융시장이 복잡해지고 다양해짐에 따라 금융소비자들이 상품에 내재된 위험과 보상수준을 이해하기 어려워지고 있다. 교섭력 불균형의 확대와 불완전판매가 증가하고 있다. 특히 금융소비자 피해에서는 금융소비자는 피해원인은 물론 자신이 피해를 당한 사실조차 모르는 등 정보비대칭성이 심각하다는 특징이 있다. 거의 모든 정보는 금융업자에게 집중되어 있고, 대개의 금융에서 비전문가인 소비자는 정보에서 소외되어 있고 정보의 수집에서도 한계가 있다. 특히 금융사업자의 정보제공의무의 강조와 소비자에 대한 금융교육이 소비자피해 예방에서 중요한 과제이다.

여섯째, 금융사업자의 소비자피해 회피가능성이다. 특히 금융상품 중 금융투자상품은 상품의 특성상 소비자의 위험부담과 자기책임 하에 금융거래가 이루어지기 때문에 소비재매매나 소비자소비대차 등과는 또 다른 특성이 있다. 뿐만 아니라 손해배상책임의 요건으로서 고의·과실에 대한 증명책임을 소비자에게 부과한다면 증명책임의 곤란으로 궁극적 소비자피해의 구제에 미흡하게 된다.

3. 금융소비자 보호 방향

(1) 금융소비자 보호 관련 법제도 현황

금융소비자 보호의 필요성과 의의는 이미 오래 전부터 세계적으로 인정되고 있고 각국은 제도적 정비를 해오고 있다. 다만 실행과 접근방법 면에서 국가마다 차이가 있다. 2021년부터 금융소비자보호법이 모든 금융상품을 아우르면서 규제하게 되었지만, 종전의 금융관련 법률들도 금융소비자보호를 위한 제도를 가지고 있었다. 즉 정보의 비대칭성 문제 해소를 위한 제도로는, 예금자보호법과 금융위원회의 설치 등에 관한 법률에서 예금자보호제도, 약관규제법과 독점규제법, 은행법, 신탁업법, 보험업법 등에서 약관제도, 표시·광고 공정화법, 주식회사의 외부감사에 관한 법률, 은행법, 신탁업법, 보험업법, 자본시장법에서 공시제도, 신용정보법에서 공정한 정보이용, 소비자기본법과 금융위원회법에서 분쟁조정제도, 소비자기본법에서 교육, 독점규제법과 금융산업의 구조개선에 관한 법률에서 시장구조 개선,

244) 김주영, 앞의 논문, 45면.

독점규제법과 금융위원회법에서 불공정거래 해소, 은행업법, 신탁업법, 보험업법 등에서 건전경영지도, 신용정보법에서 효율적 정보이용 등과 관련하여 규정을 두고 있었다.[245)]

그러나 금융상품의 복잡화·복합화 추세와 금융회사의 불완전 판매로 인한 분쟁이 적지 않다는 현실적인 이유 등으로 이러한 제도개선이 필요하다는데 공감대가 형성되었다.

(2) 금융소비자 보호 방향

일반적인 상품이나 서비스거래에서의 소비자보호와 달리 금융소비자거래에서의 특성을 고려한 금융소비자를 보호하기 위한 법적 접근은 다음과 같은 관점에서 행해진다.

첫째, 금융소비자거래시에 금융소비자는 이익을 최우선적으로 고려하기 때문에 불합리한 의사결정을 하였을 가능성이 상존한다. 소비자들은 위험을 정확히 인식하지 못하며, 금융기관이 주는 정보를 받아들일 때 최악의 상황보다는 최선의 상황을 기대하고 신중하지 못하게 계약체결을 결정하는 경향이 있다. 또한 소비자는 의사결정을 할 때 단기적인 관점을 가대하고 장기적인 고려를 하지 못하는 경우가 많다.

둘째, 금융상품의 내용은 투명하게 명시되어야 한다. 상품의 내용이 그 위험과 함께 정확히 표시되고 소비자에게 설명되어져야 한다. 금융상품의 투명성은 상품이 어떠한 내용이고, 어떠한 서비스가 제공되며, 가격이 적정한지에 관한 것뿐 아니라 실질적 가격이나 부담을 투명하게 알려주는 것을 의미하고, 해약을 할 때 얼마나 손실이 발생하는지 정확히 알려줄 것을 포함한다. 금융소비자는 제공된 정보를 통하여 상품의 위험도를 판단할 수 있고 스스로를 보호할 수 있게 된다. 상품이 비교되기 때문에 좋은 것과 나쁜 것을 구별할 수 있게 되고, 더 좋은 상품을 더 저렴하게 제공받을 수 있게 됨으로써 경쟁이 발생하여 거래를 더 많이 하게 된다.

셋째, 금융상품의 단순성이 확보되어야 한다. 여러 가지 사유로 금융상품은 복잡해지고 있다. 예컨대 컴퓨터와 금융경제학의 발전으로 인해 지리적 제약 등을 뛰어넘어 국경 등을 넘나들며 복잡해질 수 있고, 금융규제를 회피하기 위해 금융회사가 의도적으로 복잡성을 키울 수도 있다. 실시간으로 금융상품 가격 등이 연

245) 금감원, 금융소비자보호, 업무백서, 2010.

동됨에 따라 금융자산이 서로 얽히면서 복잡해질 수 있다. 또한 각국이 규제 샌드박스 등을 통해 금융혁신을 강조하면서 복잡성이 강화될 수도 있다. 이러한 복잡성을 극복하기 위해 금융상품은 소비자가 이해할 수 있게 단순해야 한다. 대개의 소비자는 금융상품의 사용검험이 부족하기 때문에 이해능력도 부족할 수밖에 없다. 금융시장의 상품구조가 지나치게 복잡하여 소비자의 의사결정을 왜곡하지 않도록 해야 한다.

넷째, 소비자를 위한 금융상품은 안전해야 한다. 투자상품이 고수익을 목표로 할수록 위험성이 커지는 것이 사실이지만, 안전성을 갖춘 상품을 판매해야 한다. 금융거래의 위험에는 거래 금융기관 또는 증권 발행기업의 파산 등으로 인한 채무불이행 위험과 금융상품의 시장가격 변동에 따른 가격하락 위험의 두 가지가 있다. 소비자를 겨냥한 금융상품에 관하여 투명성을 확보하도록 요구하는 것만으로는 부족하다. 구조적으로 지나치게 위험한 금융상품을 소비자에게 판매하지 못하도록 해야 한다.

다섯째, 금융상품의 당사자 구조가 복잡한 상황에서도 소비자에 대한 보장은 다면적으로 확보되어야 한다. 금융시장에는 공급자와 소비자 사이에 브로커, 서비스제공업체 등 여러 종류의 사람이 관여하고 있는데, 금융사고 발생시 거래 관여자 각자가 책임을 타인에게 전가하려고 하며 소비자는 확실한 안전보장책을 찾기 어려운 경우가 많기 때문이다.[246]

위와 같은 관점을 기초로 금융소비자 보호방안은 아래와 같이 설계 및 제공될 필요가 있다. 먼저 금융소비자 보호가 충실하게 이루어지기 위해서는 금융소비자거래의 사전과 사후에 모두 충실히 기능하여야 한다. 금융상품 판매 전과 계약체결시는 물론 이후 단계인 유지, 정산에 이르는 일련의 과정에서 모두 분쟁가능성이 존재하기 때문에 이러한 과정 전반적으로 충실한 보호장치가 제공될 필요가 있다.

일단 분쟁이 발생한 경우 금융소비자의 구제절차를 비롯한 집행을 통한 제재까지 활발하게 작동하여야 한다. 증권관련집단소송제가 도입되었으나 이를 금융소비자보호를 위해 전반적으로 도입할 필요가 있다. 이처럼 금융소비자의 소송제기를 활발하게 하기 위해서는 무엇보다 사법적으로 권리구제가 용이하여야 한다. 다른 선진국은 소비자보호를 위하여 정보공개를 기본축으로 하여 사법적 규제를 적

246) 이은영, 민사법과 자본시장법의 금융소비자보호, 금융시장과 소비자보호, 세창출판사, 2011, 9-11면 참조.

절하게 활용하거나, 소비자보호 정책의 최적화는 행정명령 또는 형사벌칙의 제재 수단을 사용하는 공법적 규제와 이를 위반하거나 피해가 발생하면 사법적 손해배상을 조합하여 사용하는데, 규제를 통한 사적 소송을 촉진시키는 시스템이 소비자보호 정책으로서 가장 우월하다고 본다.[247)]

계속되는 금융위기로 금융회사의 건전성이 문제되면서 금융상품의 복잡화와 더불어 금융소비자에게 책임을 이행하지 못하는 문제가 발생할 가능성이 커지고 있으나 우리나라의 경우 예금에서 예금자보호제도를 제외하고는 채무이행을 담보할 수 있는 제도가 마련되어 있지 않다. 또한 금융소비자의 금융상품에 대한 이해력을 높이기 위해서는 소비자교육이 필요하다. 분쟁의 사전 예방적 효과를 기대할 수 있다는 점에서 체계적인 교육기구와 교육시스템이 국가 차원에서 구비될 필요가 있다.[248)]

4. 금융소비자계약의 의의

(1) 소비자계약성

금융소비자계약이란 개념은 통상적으로 사용되지 않지만 금융소비자의 정의개념으로부터 이끌어 낼 수 있다. 이 용어는 엄격하게 이야기하면 법률용어라고 말하기는 어렵다. 소비자계약이란 광의로는 소비자와 사업자 사이에 체결된 모든 계약을 의미하고, 좁은 의미로, '상품'과 '상품처럼 거래되는 용역'을 그 대상으로 하는 소비자와 사업자의 계약이다. 금융소비자보호법에서 특별히 금융소비자계약에 대한 정의를 하고 있지 않지만, 금융소비자의 정의를 '금융상품에 관한 계약의 체결 또는 계약 체결의 권유를 하거나 청약을 받는 것에 관한 금융상품판매업자의 거래상대방 또는 금융상품자문업자의 자문업무의 상대방인 전문금융소비자 또는 일반금융소비자를 말한다'고 하고 있어서, 금융소비자계약이란 '금융상품판매업자와 전문금융소비자 또는 일반금융소비자간의 금융상품에 관한 계약'이라고 정의할 수 있다.

---

247) 김일중 외 2명, 규제와 사적 책임원리의 조합에 관한 법경제학적 분석-증권거래 분야를 중심으로, 비교사법, 한국비교사법학회, 2007, 102~104쪽; 이은영, 앞의 책, 293-294면.

248) 안수현, 금융소비자 보호에 관한 외국의 입법동향과 시사점 - 미국과 영국을 중심으로, 금융시장의 소비자보호, 세창출판사, 2011, 62-64면 참조.

(2) 금융소비자계약의 특징

금융소비자계약은 소비자계약의 일반적 특징을 가지고 있지만 그 대상이 '금융상품'이라는 점에서 특징을 가진다. 금융소비자계약의 특징을 보면, ① 계약의 대상인 금융상품의 물리적 부존재, ② 정보의 중요성, ③ 위험의 내재, ④ 판단 내지 예측의 곤란, ⑤ 계약당사자간 정보의 불균형, ⑥ 사업자의 기회주의적·강압적 행동 가능성 상존, ⑦ 위험의 특수성 등을 들 수 있다. 이러한 금융소비자계약의 특징으로 인하여 정보의 비대칭성과 교섭의 불균형을 초래하고, 금융소비자로 하여금 합리적 판단을 저해하고 자본시장에서 과도한 손해를 입게 되기도 한다.

정보의 중요성이나 계약당사자간 정보의 불균형, 사업자의 기회주의적·강압적 행동 가능성은 여타 다른 소비자계약에서도 나타나는 특징인 반면에 금융상품의 물리적 부존재, 위험의 내재, 판단 내지 예측의 곤란, 위험의 특수성 등은 금융소비자계약에 존재하는 특징이라고 할 수 있다.

(3) 금융소비자계약의 당사자로서 금융소비자

금융소비자계약에서는 자기책임의 원칙이 적용되는 일반 계약당사자가 아니고 '금융소비자'가 일방 당사자가 된다. 광의의 의미에서 금융소비자란 금융거래의 상대방으로서 금융업자와 금융상품을 거래하는 당사자를 가리킨다.

금융소비자보호법에서는 '금융소비자'란 금융상품에 관한 계약의 체결 또는 계약 체결의 권유를 하거나 청약을 받는 것에 관한 금융상품판매업자의 거래상대방 또는 금융상품자문업자의 자문업무의 상대방인 전문금융소비자 또는 일반금융소비자를 말한다(제2조 8호)고 하고 있다.

금융소비자계약이 다른 소비자계약과 다른 점은 계약의 일방 당사자인 소비자들을 보다 세분화하여 '전문 금융소비자(제2조 9호)'와 '일반 금융소비자(제2조 10호)'로 구분하고, 이중 후자인 일반 금융소비자에 초점을 맞추는 것이 통례라는 점이다. 즉, 일반금융소비자는, 전문성이나 소유 자산의 규모 등에 비추어 금융상품 거래에 있어 위험을 감수할 능력이 있는 전문 금융소비자와는 달리, 본질적으로 금융서비스 공급자에 비하여 능력과 정보 및 가용한 자원이나 협상력 등에 있어 열위에 있기 때문이다.

(4) 금융소비자계약의 대상

금융소비자계약의 대상인 금융상품은 예금 및 대출, 금융투자상품, 보험상품과 신용카드, 시설대여, 연불판매, 할부금융과 위의 상품과 유사한 것으로서 대통령으로 정하여진 금융상품이 해당한다. 금융소비자보호법에서는 금융상품의 유형을 예금성 상품, 대출성 상품, 투자성 상품, 보장성 상품의 네 가지로 규정하고 있다(제3조). 따라서 앞에서 소비자계약을 유형별로 분류한 것처럼 금융소비자계약도 금융상품의 유형에 따라서 분류가 가능하다. 예컨대 예금상품인 경우에는 금융소비자임치계약, 대출인 경우에는 금융소비자소비대차계약, 보험상품인 경우에는 금융소비자보험계약, 투자인 경우에는 금융소비자신탁계약 혹은 금융소비자투자일임계약으로 분류가 가능하다. 여기에서 금융소비자계약에 해당하는 금융상품계약만이 금융소비자 보호에 관한 법률의 적용 대상이 된다.

Ⅲ. 금융소비자보호에 관한 법률

1. 금융소비자보호법 제정과정과 개관

미국, 영국 및 일본 등 주요국은 금융업권별로 흩어져 있던 전담부서의 신설, 분쟁해결제도의 개선 등 금융소비자보호 체계를 정비해왔다. 미국은 2010년 10월 도드-프랭크 월가 개혁 및 소비자보호법(Dodd-Frank Wall Street Reform and Consumer Protection Act)을 제정하면서 소비자금융보호국(Consumer Financial Protection Bureau; CFPB)를 설립하였다. 영국은 금융감독청을 금융소비자보호를 담당하는 감독기관인 '금융행위감독원'과 금융기관의 건전성을 규제하는 기관인 '건전성감독원'으로 이원화하였다. 일본은 2009년 6월 금융상품거래 등의 일부를 개정하는 법률을 통해 금융분야에 ADR을 도입하였다.

우리나라도 자본시장법 등 개별법으로 금융거래를 규율하는 법은 존재하였다. 그러나 이러한 법들은 투자자보호에 미흡하였을 뿐 아니라 금융소비자보호에는 한참 부족하였다. 자본시장법의 한계로 그동안 지적되어 온 것은, 동법이 일반투자자와 전문투자자를 구별하고 일반투자자의 이익을 보호하기 위하여 여러 규정을 두었음에도 불구하고 기본적으로 금융기관을 위한 법이라는 점, 규율방법이 주로 투자업자에 대해 일정한 의무를 부과하는 방식으로 되어 있고, 투자자는 그 반사적 효가ㅗ로서 이익을 얻는 등의 법적 보호를 받는 데에 불과하다는 점, 전문투자자와 일반투자자를 구분하기는 하지만 과연 양자를 구분하여 규율하는 기본원칙이 무엇인지 불분명하다는 점, 투자업자에 대한 행정적 규제 위주로 되어 있고, 민사법적 규제는 아주 적다는 점, 금융투자상품의 판매 등에 관한 법률로서 그 밖의 소비자금융거래에는 적용되지 않는다는 적용범위의 한계를 가지고 있다는 점 등이다.[249)]

그러나 오랫동안 논의 끝에 2020.3.24.「금융소비자보호에 관한 법률」이 제정되었고, 2021.3.25.에 시행될 예정이다. 금융소비자보호법은 현재 개별 금융업법에 산재된 규제들을 동일기능·통일규제의 원칙하에 규율하는 금융통합법률의 성격을 지닌다. 그 동안 권역별 규제체계의 문제로 지적된 규제공백 및 규제차익을 방지하고, 금융소비의 전 과정 즉, 사전정보제공, 판매행위 규제, 사후구제 강화로 이어지는 포괄적이고 통합적인 금융소비자보호 체계를 구축하는 등 금융소비자 보호를 위한 기본법으로 제정되었다. 지금까지 은행, 보험 등 각 권역별 주된 금융상품 위주로 판매행위를 규제해왔다. 예컨대 보험업법은 보험상품에만 설명의무와 적합성원칙을 적용하였는데, 금융소비자보호법은 금융상품을 아래의 4가지 유형별로 분류하고 원칙적으로 동일한 유형의 상품에는 동일한 유형의 규제가 적용된다.[250)]

동법은 금융소비자의 개념을 정의하고, 금융상품을 예금성 상품, 대출성 상품, 투자성 상품, 보장성 상품으로 구분하고 있다. 그리고 금융상품에 관한 업을 금융상품판매업, 금융상품자문업으로 구분하였다. 그 외에 금융소비자의 기본적 권리, 금융소비자의 책무(제8조), 금융상품판매업자의 책무(제10조), 금융상품판매업자 등에게 적용되는 영업행위 일반원칙으로 영업행위 준수사항 해석의 기준, 신의성실의무, 차별금지의무, 금융상품판매업자 등의 임직원 등 관리책임을 규정하고 있다(제13조-제16조).

모든 금융상품에 관하여 6대 판매원칙을 적용하였다. 예금 및 대출, 금융투자상품, 보험상품, 신용카드 등 모든 금융상품에 관하여 6대 판매원칙, 즉 적합성 원칙 준수, 적정성 원칙 준수, 설명의무 준수, 불공정영업행위 금지, 부당권유행위 금지, 허위과장광고 금지위 원칙이 적용된다. 금융기관이 위와 같은 원칙을 위반하는 경우 대통령령으로 정하는 일정한 기간 내에 위법계약해지권을 행사하는 것을 인

249) 이은영, 앞의 책, 13-15면.

250) 따라서 보험회사가 실행하는 신용대출 등에도 설명의무 등의 규제가 적용된다.

정하였다(제47조).

그 밖에 설명의무의 대상인 중요한 사항을 금융상품의 종류별로 상세히 규정하고(제19조), 민법상 사용자책임을 일반화하여 금융상품계약체결등의 업무를 대리·중개한 금융상품판매대리·중개업자 등이 대리·중개 업무를 할 때 금융소비자에게 손해를 발생시킨 경우에 금융상품직접판매업자가 그 손해를 배상하도록 하였다(제45조). 일정한 기간 내의 청약철회권 인정과 이에 반하는 특약으로서 일반금융소비자에게 불리한 것의 무효(제46조), 금융상품판매업자 등이 적합성 원칙, 설명의무를 위반한 경우에 서면에 의한 계약의 해지(제47조), 분쟁조정제도(제41-42조) 등에 대하여 규정하고 있다.

금융소비자보호법은 자본시장법상 투자자 보호제도에 관하여 제기된 비판과 금융소비자 보호방향을 상당히 반영한 입법이다. 동법의 의의는 금융소비자 보호를 위한 일반법으로서 최초로 제정되었다는 점이다.[251]

2. 금융소비자와 금융판매업자의 개념

(1) 금융소비자의 개념과 기본적 권리

1) 금융소비자의 개념

금융소비자란 금융업자와 금융상품계약을 체결하는 등 금융거래를 하는 상대방으로서, 고객, 예금자와 투자자·보험계약자·대출채무자를 모두 포괄하는 개념으로 정의할 수 있다. 영국의 금융감독원(Financial Conduct Authority; FCA)의 영업원칙에 따른 영업행위규범(Conduct of Business Sourcebook; COBS)에서는 금융회사로부터 서비스를 받거나 받을 수 있는 대상을 고객(Client)이라고 하고 있으며(COBS 3), 금융서비스및시장법(Financial Services and Markets Act 2000)에서는 은행, 증권, 보험 등 PSA의 규제대상이 되는 업무를 수행하는 자가 제공하는 서비스를 현재 이용하고 있거나 과거에 이용했거나, 혹은 향후 이용할 계획 등이 있는 자를 총칭하는 용어로 소비자(consumer)라는 용어를 사용하고 있다. 일본의 금융상품의 판매 등에 관한 법률은 금융상품판매의 상대방을 고객이라고 정의하고 있다(금융상품판매법 제2조 제4항).

금융소비자보호법의 금융소비자개념에 따르면 금융소비자의 피해 역시 ① 은

251) 동법에 대한 시행령이 2020.10.28. 입법예고 되어 향후 의견청취절차를 거쳐 시행될 예정에 있다.

행이나 저축은행, 신용카드회사와의 거래에서 예금자 또는 대출채무자로서 입은 피해, ② 증권회사나 자산운용사 또는 투자자문사와의 거래와 관련하여 투자자로서 입은 피해, ③ 보험사와의 거래에서 보험계약자로서 입은 피해 등 대체로 세 가지로 구분할 수 있다. 금융소비자보호법의 금융소비자개념에는 최종 소비자로서 금융상품에 대한 위험을 다른 사람에게 전가할 수 없는 경우가 전제되어 있고, 금융상품에 대한 관련 지식이 금융상품의 제조자나 판매자인 금융회사에 비해 열등한 거래상대방으로서 사회적 보호가 필요한 대상이라는 것을 내포하고 있다.[252]

금융소비자보호법 제2조 8호부터 10호까지 '금융소비자'를 금융에 대한 정보격차를 고려하여 구분하여 정의하고 있다. 즉 '금융소비자'란 금융상품에 관한 계약의 체결 또는 계약 체결의 권유를 하거나 청약을 받는 것(이하 "금융상품계약체결등"이라 한다)에 관한 금융상품판매업자의 거래상대방 또는 금융상품자문업자의 자문업무의 상대방인 전문금융소비자 또는 일반금융소비자를 말한다고 규정한다. 금융상품계약당사자로서 금융상품판매업자로부터 금융상품에 관하여 거래에 관여하는 자는 그 보호정도와 무관하게 일단 금융소비자의 개념에 포섭시키고 있다.

금융소비자는 다시 전문금융소비자(제2조 9호 본문)와 소비자보호의 대상이 되는 일반금융소비자(10호 본문)로 구분된다. '전문금융소비자'란 금융상품에 관한 전문성 또는 소유자산규모 등에 비추어 금융상품 계약에 따른 '위험감수능력'이 있는 금융소비자로서 국가, 한국은행, 대통령령으로 정하는 금융회사, 자본시장과 금융투자업에 관한 법률」 제9조 제15항 제3호에 따른 주권상장법인(투자성 상품 중 대통령령으로 정하는 금융상품계약체결등을 할 때에는 전문금융소비자와 같은 대우를 받겠다는 의사를 금융상품판매업자등에게 서면으로 통지하는 경우만 해당한다), 그 밖에 금융상품의 유형별로 대통령령으로 정하는 자가 이에 해당한다.

이러한 이원화 방식은 보호대상자인 소비자를 일률적으로 정하는 것에 대한 비판으로 소비자의 범주 역시 세분화하여 일반소비자와 취약계층소비자로 구분하여 후자에 대해서는 보다 높은 수준의 보호를 부여하여야 한다는 주장과 유사하다고 볼 수 있다.[253] 다만 일반금융소비자는 원칙적으로 소비자보호 대상이 아니지만 정책적으로 동법에서 보호의 대상으로 인정하고 있다는 점에서 특색이 있다.

---

252) 노태석, 금융소비자 보호에 관한 법률안상의 판매행위 규제에 관한 검토, 소비자문제연구 제44권 1호, 2013.4., 107면.

253) 고형석, 금융소비자의 개념정의, 학술발표논문, 한국금융소비자학회, 2017.2., 13면.

동법에 의하여 금융소비자로서 보호되는 자는 일반금융소비자이다. 일반금융소비자란 전문금융소비자가 아닌 금융소비자를 말한다(제2조 10호). 일반 금융소비자는 원칙적으로 직업적 목적을 갖고 있지 않은 자연인 혹은 이에 상응하는 주체로서, 금융기관에 비하여 정보, 자원, 협상력에서 열위에 있는 관계로 불공정하거나 불건전한 거래, 불완전금융상품 거래에 노출될 수 있는 자를 지칭한다.

다만, 전문금융소비자 중 대통령령으로 정하는 자가 일반금융소비자와 같은 대우를 받겠다는 의사를 금융상품판매업자 또는 금융상품자문업자에게 서면으로 통지하는 경우 금융상품판매업자등은 정당한 사유가 있는 경우를 제외하고는 이에 동의하여야 하며, 금융상품판매업자등이 동의한 경우에는 해당 금융소비자는 일반금융소비자로 본다(제2조 9호 단서). 전문금융소비자의 일반금융소비자로의 전환을 허용하고 있다. 이와 같은 금융소비자 구분은 자본시장법[254)]과 보험업법[255)]상의 구분 기준을 준용한 것으로 한정된 규제자원을 일반금융소비자에게 집중할 수 있도록 함으로써 금융소비자 보호의 실효성을 제고하려는 취지로 볼 수 있다.[256)]

금융소비자법이 보호하고자 하는 금융소비자는 '일반금융소비자'와 '일반금융소비자와 같은 대우를 받겠다는 의사를 표시한 전문금융소비자'이다. 여기서 말하는 일반금융소비자란 금융업종을 기준으로 하면 은행업의 경우에는 예금자, 대출채무자, 보험업의 경우에는 보험계약자, 금융투자업의 경우에는 투자자 등으로 통칭하는 개념으로 보아야 한다. 이처럼 개별업법에서 이미 규정하고 있던 예금자, 투자자 등을 금융소비자법에서는 금융소비자로 총칭하는 이유는 금융소비자법이 시장리스크나 신용리스크에 노출된 금융이용자를 영업영역에 관계없이 보호하고자 하는 취지일 것이다.[257)]

일반금융소비자 중에서도 특정 소비자군에 대해서는 '취약금융소비자'로 별도

---

254) 자본시장법은 투자자를 일반투자자와 전문투자자로 구분하고 있는데, 비전문적 투자자를 일반투자자로 지칭하고(자본시장법 제9조 제5항, 제6항), 전문투자자 중 주권상장법인은 장외파생상품에 대해서는 일반투자자로 분류하고, 명시적인 의사가 있는 경우에는, 전문투자자로 본다. 그리고 일반투자자에게는 적합성원칙(자본시장법 제46조), 설명의무(제47조), 손해배상책임(제48조) 등의 투자권유원칙을 적용하여 보호의 정도에 차이를 두고 있다.

255) 보험업법의 경우에도 보험계약자를 일반보험계약자와 전문보험계약자로 분류하고 있다(보험업법 제2조 19호, 20호). 일반보험계약자에게는 설명의무(법 제96조의2), 적합성원칙(법95조의3) 등을 적용하고 있다.

256) 노태석, 앞의 논문, 107면.

257) 고형석, 위의 논문, 4면 이하.

로 구분하여 보호할 필요가 있다. 고령화사회가 되면서 고령자소비자보호가 중요해졌는데,[258] 금융소비자보호에서도 나이(고령)나 여타 신체적·정신적 상태로 인하여 필요 정보의 취득, 합리적 판단에 어려움이 있는 자들에 국한하여, 요건을 사전적으로 명확히 규정하여 그들의 금융소비자피해를 최소화할 필요가 있다.

2) 금융소비자의 기본적 권리

금융소비자보호법 제7조는 금융소비자의 기본적 권리를 규정하고 있다. 즉 ① 금융상품판매업자등의 위법한 영업행위로 인한 재산상 손해로부터 보호받을 권리, ② 금융상품을 선택하고 소비하는 과정에서 필요한 지식 및 정보를 제공받을 권리, ③ 금융소비생활에 영향을 주는 국가 및 지방자치단체의 정책에 대하여 의견을 반영시킬 권리, ④ 금융상품의 소비로 인하여 입은 피해에 대하여 신속·공정한 절차에 따라 적절한 보상을 받을 권리, ⑤ 합리적인 금융소비생활을 위하여 필요한 교육을 받을 권리, ⑥ 금융소비자 스스로의 권익을 증진하기 위하여 단체를 조직하고 이를 통하여 활동할 수 있는 권리 등이다.

금융소비자의 6대 기본적 권리는 소비자기본법상의 소비자의 8대 기본적 권리(제4조)와 유사하나, 금융판매과정에 직접적인 연관성이 부족한 2대 권리인 거래조건 등을 자유로이 선택할 권리, 안전하고 쾌적한 소비생활 환경에서 소비할 권리는 명시하고 있지 않다. 또한 금융소비자보호법 제7조 제1항은 금융소비자의 특성상 생명과 신체의 위해로부터 보호받을 권리는 들어 있지 않다. 소비자기본법이 소비자보호에 대한 기본법이기 때문에 금융소비자보호법에서 굳이 규정할 필요가 없다고 생각한다. 다만 금융소비자보호에서도 재차 확인하는 정도의 의미를 갖는다. 바꾸어 말하면 금융소비자법에서 명시하고 있지 않더라도 소비자기본법상 권리가 제한되는 것은 아니라는 점이다.

다만 금융소비자의 기본적 권리는 추상적인 권리로서 개별 규정으로 구체화되지 않으면 권리행사에서 제약을 받게 된다. 동법에 기본적 권리가 명시됨으로 인하여 사전적 보호장치들이 단지 판매시만이 아니라 구매전단계와 구매유지단계 및 구매 후의 보호방안을 고안하는데 있어 기본원칙으로서 기능하는데 의미가 있다.

258) 고령층에 금융거래환경으로는, 온라인 위주 가격혜택, 신용평가상 불이익, 정보력·협상력 부족 등을 꼽을 수 있다. 또한 저금리 장기화와 기대수명 증가 등으로 고령층이 고수익 상품에 대해 관심을 갖는 만큼, 불완전판매 위험도 증대하고 있다.

(2) 금융상품판매업자의 개념

금융소비자계약을 금융상품판매업자와 금융소비자간의 금융상품을 거래의 객체로 하는 계약이라고 정의한다면, 금융상품판매업자는 금융상품판매를 업으로 하는 자를 말한다. 금융소비자보호법은 금융회사에 대해 업종에 관계없이 금융상품을 판매하는 형태를 중심으로 유형화하고 있다. 즉 금융상품에 관여하는 자를 먼저 금융상품에 관한 업을 금융상품판매업, 금융상품자문업으로 크게 구분하였다(제2조 제2·4호). 그리고 다시 ① 금융상품직접판매업자, ② 금융상품판매대리·중개업자, ③ 금융상품자문업자 등 3가지로 구분하고 있다. 자문업의 경우 엄격한 의미에서 금융상품 판매채널은 아니지만, 판매과정에 관여하는 업무로서 행위의무를 부과할 필요가 있어서 금융소비자법에서 규율하고 있다.

금융회사등에 대하여 규정하고 있는데(제2조 제7호), 은행법상의 은행, 자본시장법상의 투자매매업자, 투자중개업자, 신탁업자, 종합금융회사, 투자자문업자, 투자일임업자, 투자권유대행인(자본시장법 제6조 제1항),[259] 보험업법상의 보험회사, 보험설계사, 보험대리점, 보험중개사, 상호저축은행법상의 상호저축은행, 여신전문금융업법상의 여신전문금융회사, 겸영여신업자, 모집인 등이다. 이 중 투자자문업자는 금융상품자문업자에만 해당되고 나머지 금융회사는 금융상품판매업자이다.

금융상품판매업등을 영위하려는 자는 금융상품직접판매업자, 금융상품판매대리·중개업자 또는 금융상품자문업자별로 제3조에 따른 예금성 상품, 대출성 상품, 투자성 상품 및 보장성 상품 중 취급할 상품의 범위를 정하여 금융위원회에 등록하여야 한다. 다만 예외적으로 일정한 경우에 해당하는 경우에는 등록을 하지 아니하고 금융상품판매업등을 영위할 수 있다(제12조).

1) 금융상품직접판매업자·금융상품판매대리·금융상품판매중개업자

즉 '금융상품판매업'이란 이익을 얻을 목적으로 계속적 또는 반복적인 방법으로 하는 행위로서 금융상품직접판매업이나 금융상품판매대리·중개업을 하는 것이라고 정의하고, 다시 '금융상품직접판매업'이란 자신이 직접 계약의 상대방으로서 금융상품에 관한 계약의 체결을 영업으로 하는 것 또는 「자본시장과 금융투자업에

259) 자본시장법은 금융투자업에 대하여 투자매매업·투자중개업·집합투자업·투자자문업·투자일임업·신탁업 등으로 기능별로 구분하고 있다. 금융투자업자는 금융투자업의 분류에 따라 투자매매업자·투자중개업자·집합투자업자·투자자문업자·투자일임업자·신탁업자 등으로 분류된다(자본시장법 제9조 제10항).

관한 법률」 제6조 제3항에 따른 투자중개업을 말한다(제2조 2호). '금융상품판매대리·중개업'이란 금융상품에 관한 계약의 체결을 대리하거나 중개하는 것을 영업으로 하는 것을 말한다.

시행령에서는 금융상품판매업에서 제외되는 것으로 담보부사채신탁법에 따른 신탁업, 자본시장법 제7조 제6항 각 호의 어느 하나에 해당하는 업, 저작권법에 따른 저작권신탁관리업, 그 밖에 해당 행위의 성격 및 금융소비자 보호의 필요성을 고려하여 금융상품판매업에서 제외할 필요가 있다고 금융위원회가 정하여 고시하는 업 등이 있다. 따라서 금융상품판매업자란 동법과 동시행령안에서 규정한 금융상품판매업에 해당하는 것을 업으로 하는 자를 말한다(제2조 3호).

2) 금융상품자문업자

이 밖에 동법은 금융상품자문업을 영위하는 자인 '금융상품자문업자'에 대해 규정하고 있다(제2조 5호). '금융상품자문업'이란 이익을 얻을 목적으로 계속적 또는 반복적인 방법으로 금융상품의 가치 또는 취득과 처분결정에 관한 자문에 응하는 것을 말한다. 다만, ① 불특정 다수인을 대상으로 발행되거나 송신되고, 불특정 다수인이 수시로 구입하거나 수신할 수 있는 간행물·출판물·통신물 또는 방송 등을 통하여 조언을 하는 것, ② 그 밖에 변호사, 변리사, 세무사가 해당 법률에 따라 자문업무를 수행하는 경우 등 해당 행위의 성격 및 금융소비자 보호의 필요성을 고려하여 금융상품자문업에서 제외할 필요가 있는 것으로서 대통령령으로 정하는 것은 제외한다.

독립금융상품자문업 도입과 관련하여 이전과 달리 금융상품판매업자로부터 독립적일 것을 요구하지 않고 이원화하여 선택적으로 할 수 있게 하고 있다. 금융소비자보호법에서는 금융상품자문업자에 대하여 자신이 ⅰ) 독립금융상품자문업자인지 여부, ⅱ) 금융상품판매업자로부터 자문과 관련한 재산상 이익을 제공받는 경우 그 재산상 이익의 종류 및 규모(단, 경미한 재산상 이익으로 대통령령으로 정하는 경우는 제외), ⅲ) 자문을 제공하는 금융상품의 범위, ⅳ) 자문업무의 제공절차, ⅴ) 그밖에 금융소비자 보호 또는 건전한 거래질서 유지를 위하여 대통령령으로 정하는 사항을 금융소비자에게 알리도록 하고 있다.

3. 금융소비자보호의 대상이 되는 금융상품

(1) 금융상품의 의미와 종류

금융상품의 개념을 일률적으로 정의하기는 어렵지만 일본의 경우 부분통합법률로 추진하였던 「투자서비스법」에서는 금융상품의 포괄적 정의를 '상환가능성을 가지고 보다 높은 경제적 효용을 기대해 위험을 부담하는 것'으로 폭넓게 규정하면서 투자자보호의 필요성이 인정되는 예금, 적금, 보험, 공제, 무진업[260] 등을 포함하는 것을 시도하였으나 보험업계의 반발과 무등록영업행위 제재에 대한 죄형법정주의 관점에서 문제가 있다는 일본 내각 법제국의 지적에 따라 최종적으로 「금융상품거래법」에서는 기존 방식인 열거주의 방식으로 금융상품을 정의하고, 금융상품거래법의 적용을 배제하는 보험과 예·적금에 대해서는 개별법(보험업법등)에 준용조항을 신설하여 소비자보호에 필요한 규정을 준용하도록 하였다.

금융상품의 범위를 정하는 방법은 열거주의와 포괄주의 및 절충형인 한정적 열거주의로 구분할 수 있다. 열거주의는 해당 금융상품을 그 형태에 따라 예금, 유가증권, 보험상품, 파생상품 등으로 구분하는 것이다. 포괄주의는 경제적 기능에 따라 개념적으로 정의하여 해당 금융상품을 구분하는 것으로써 경제적으로 동일 기능을 수행하는 모든 금융상품을 하나의 법률로 규제하고자 하는 것이다. 예컨대, 투자성을 기준으로 투자상품을 분류하는 경우 보험상품이든 예금상품이든 투자성이 있으면 모두 투자상품으로 규제하는 방식이다. 한정적 열거주의는 포괄주의와 열거주의를 혼합하여 경제적 기능에 따른 포괄적 정의를 한 후 그에 해당하는 금융상품을 예시적으로 열거함으로써 금융상품 분류의 확실성을 제고하는 방식이다.

기존 국내 금융법률들은 열거주의방식을 채택하고 있었고 이러한 열거주의는 전업주의와 실질적 감독주의하에서는 큰 문제가 되지 않았다. 그러나 금융겸업화와 규제완화가 진전됨에 따라 보험회사가 은행상품의 성격과 투자상품의 성격의 상품도 취급할 수 있고 투자회사의 파생상품개발이 활발해지면서 보험성격의 파생상품도 취급하게 되자 기능별 금융상품 정의 및 분류가 동일기능 동일규제를 위하여 필요하게 되었다. 이런 금융시장의 변화를 반영하여 자본시장통합법에서는

260) 여러 개인이나 법인이 코우 등의 조직에 가입하여, 일정한 금액을 정기적 또는 부정기적으로 코우측에 지불하고 그 이자액의 대소에 따른 경쟁이나 추첨등에 의하여 금액을 지급받는 것을 말한다. 오늘날의 상호신용금고와 비슷하다.

기능별 규제를 위하여 한정적 열거주의 방식으로 금융투자상품을 정의하고 분류하는 체계를 도입하였다.

우리나라 금융소비자보호법은 금융상품의 유형을 속성에 따라 기능별로 구분하여 예금성 상품, 대출성 상품, 투자성 상품, 보장성 상품 등으로 구분하고 열거주의를 채택하고 있다. 즉, 제2조 1호에서 금융상품을 나열하고 있는데, 이는 법적 명확성을 위한 것으로 보인다.[261] 어떠한 금융거래가 금융소비자보호법상 금융상품에 포함되는가에 따라 금융소비자보호법의 적용대상 즉 금융회사의 판매행위에 관련규정의 적용여부가 결정된다. 그러나 열거주의를 채택하고 있는 이상 규제의 사각지대를 완벽하게 예방하는 데는 한계가 있다고 본다.[262] 동법은 금융상품을 은행법상의 예금과 대출(가목), 자본시장법상의 금융투자상품(나목), 보험업법상의 보험상품(다목), 상호저축은행법상의 예금과 대출(라목), 여신전문금융업법상의 신용카드, 시설대여, 연불판매, 할부금융(마목), 그 밖의 위의 상품과 유사한 것으로 대통령령으로 정하고 있는 것(바목)으로 '일정한 자가 계약에 따라 금융소비자로부터 금전을 받고 장래에 금융소비자로부터 받은 금전 및 그에 따른 이자 등 대가를 지급하기로 하는 계약상의 금융상품을 들고 있다.

그러한 동법 제2조 1호 바목상의 일정한 자에 대해서는 시행령(안) 제2조 1호에서 나열하고 있는데, 자본시장법에 따른 종합금융회사와 합병한 기관(「예금자보호법」 제2조제1호 가목부터 사목까지의 부보금융회사를 말한다), 농협은행, 상호저축은행, 수협은행, 신용협동조합, 은행법에 따라 인가를 받아 설립된 은행, 증권금융회사, 종합금융회사, 중소기업은행, 한국산업은행 등이다.

시행령(안) 제2조 2호에서는 일정한 자가 금융소비자에 어음할인·매출채권 매입(각각 금융소비자에 금전의 상환을 청구할 수 있는 계약으로 한정한다)·대출·지급보증 또는 이와 유사한 것으로서 금전 또는 그 밖의 재산적 가치가 있는 것을 제공하고 장래에 금전등 또는 그에 따른 이자 등 대가를 받기로 하는 계약을 하는 자를 열거하고 있다. 즉 제1호 가목부터 차목까지의 자와 대부업법에 따라 금융위원회에 등록한 대부업자, 보험회사, 여신전문금융회 및 겸영여신업자, 온라인투자연계금융업자, 자본시장법에 따른 금융투자업자, 단기금융회사, 자금중개회사 등이다.

그 밖에 연계투자에 관한 계약, 신탁계약 및 투자일임계약, 신용협동조합법에

261) 윤민섭, 금융소비자보호에 관한 법률, 은행법연구 제13권 제1호, 2020.5., 5면.

262) 윤민섭, 앞의 논문, 5면.

따른 공제계약, 금융상품과 유사한 것으로서 금융위원회가 고시하는 계약에 의하여 취급되는 금융상품도 포함하고 있다(시행령안 제2조 3호-6호). 동법은 금융상품의 유형을 예금성 상품, 대출성 상품, 투자성 상품, 보장성 상품으로 구분하였다(제3조).

금융소비자법은 앞에서 살펴보았듯이 열거주의를 채택하고 있다. 대통령령에서 상세히 금융상품에 대해서 규정하고 있지만 모든 금융상품이 동법의 적용을 받는 것이 아니고 대통령령에서 개별 금융상품을 일일이 열거한 금융상품만 동법의 적용대상이 된다. 규제의 사각지대를 완벽하게 예방하는데 한계가 있다. 또한 금융상품의 분류에 있어서 유형별 특징을 중심으로 개념 정의를 하지 않고, 예시적 열거를 하고 있다. 법률을 통해서 각 금융상품이 무엇인지 정확한 개념 및 특성을 이해하기 어려운 문제점이 있다.

1) 예금성 상품

금융소비자법 제3조 1호는 예금성 상품을 은행법 및 상호저축은행법상 예금 및 이와 유사한 것으로 규정하고 있다. 예금계약이란 금융소비자로부터 금전을 받고 장래에 금융소비자로부터 받은 금전 및 그에 따른 이자 등 대가를 지급하기로 하는 계약이다(시행령 제2조 1호). 예금성 상품은 이자수익이 발생하는 금융상품으로서 원금보장이 되는 상품이다. 예금, 적금 등이 대표적이다. 예금계약은 금융회사를 수취인으로 하는 금전의 소비임치계약이다.[263] 요물계약이며 상사계약이면서 부합계약이다.

소비임치적 성격을 가지는 금융거래를 예금이라 하면, 우체국, 신용협동조합, 새마을금고 등과 같이 금융위원회 이외의 정부부처가 관할권을 가지고 있는 금융회사의 예금 또는 적금은 예금성 상품에 해당할 것이다. 따라서 양도성 예금증서 등과 같이 통장없이 증권의 형태로 발행되는 것도 소비임치적 성격을 가지고 있다면 예금에 해당한다.[264]

예금성 상품의 내용은 계약기간, 이자·수익의 지급시기 및 제급제한 사유, 이자율, 일반금융소비자가 제공받는 서비스별 수수료 등 부대비용, 일반금융소비자

263) 예금은 은행등 법률이 정하는 금융기관을 수치인으로 하는 금전의 소비임치 계약으로서 수치인은 임치물인 금전등을 보관하고 그 기간 중 이를 소비할 수 있고 임치인의 청구에 따라 동종 동액의 금전을 반환할 것을 약정함으로써 성립하는 것이므로 소비대차에 관한 민법의 규정이 준용되나 사실상 그 계약의 내용은 약관에 의하여 정하여질 따름이라 할 것이다(대판 1985.12.24. 85다카880.

264) 윤민섭, 앞의 논문, 6면.

가 계약을 해지할 경우 받는 불이익이다.

2) 대출성 상품

금융소비자법 제3조 2호는 대출성 상품을 은행법에 따른 대출과 상호저축은행법에 의한 대출, 여신전문금융업법에 따른 신용카드, 시설대여, 연불판매, 할부금융 및 이와 유사한 것으로서 대통령령으로 정하는 금융상품으로 규정하고 있다. 대출계약은 금융소비자에게 어음 할인·매출채권 매입(각각 금융소비자에게 금전의 상환을 청구할 수 있는 계약으로 한정한다)·대출·지급보증 또는 이와 유사한 것으로서 금전 또는 그 밖의 재산적 가치가 있는 것을 제공하고 장래에 금전등 또는 그에 따른 이자 등 대가를 받기로 하는 계약이다. 일종의 이자부 금전소비대차계약으로서 금전을 빌려 사용 후 원금과 이자를 상환하는 금융상품이다.

종래 대출과 관련하여 이를 규율하기 위한 법제도가 발전하여 왔다. 민법상 소비대차계약에서 대물반환예약에 관한 제607조와 제608조의 규정을 두었고, 특별법으로서 이자제한법과 대부업법, 여신전문금융업법 등이 그 예이다. 그러나 종종 약탈적 대출이 이루어져왔고, 그러한 약탈적 대출로는 변제능력을 초과한 대출, 차환반복,[265] 과잉수수료의 부과, 신용보험 등의 강제가입 등이 행해져 왔다.

일반적으로 대출은 금융회사가 금융소비자와 금전소비대차계약을 체결하는 것을 의미하는데, 금융소비자보호법에서 규정하는 대출성 상품에 신용카드 및 할부금융과 같은 신용공여[266]도 포함하고 있다. 대출성상품은 예금성 상품을 다루는 자를 포함하여 대부업자,[267] 보험회사, 여신전문금융회사, 온라인투자연계금융업자, 금융투자업자, 단기금융회사, 자금중개회사 등이 대출성 상품 판매업자이다. 대출성 상품의 내용은 계약기간, 일반금융소비자가 적용받을 수 있는 이자율 및 산출기준, 중도상환수수료에 관한 사항, 일반금융소비자가 계약을 해지할 경우 받는 불이익, 신용점수에 미치는 영향, 연체이자율 및 그 밖에 원리금 잡부 연체에 따른 불이익, 계약의 연장 거부 등 금융상품 이용 관련 제한사항 등이다.

---

265) 차환 반복(Loan flipping)이란 대출자가 다양한 방식으로 차입자에게 압력을 행사하여 반복적으로 새로운 대출로 갈아타게 하고 그 때마다 발생하는 대출수수료를 과다하게 부과하여 이익을 취하는 수법이다.

266) 신용공여는 일반적으로 여신(여신)이라고 하는데, 여신이란 거래상대방에게 금전채무를 부담시키는 행위를 의미한다.

267) 금융소비자에게 금전채무를 발생시킨다는 점에서 채권자의 자격에서 차이가 있을 뿐 법적 성상 대부와 대출은 동일하다.

3) 투자성 상품

가) 투자상 상품의 개념

투자성 상품이란 자본시장법에 따른 금융투자상품과 이와 유사한 것으로서 대통령령으로 정하는 금융상품을 말한다(제3조 3호). 투자성 상품은 신탁계약과 투자일임계약에서 비롯된다(시행령 제2조 제1항 4호). 즉 이익을 얻거나 손실을 회피할 목적으로 현재 또는 장래의 특정 시점에 금전, 그 밖의 재산적 가치가 있는 것을 지급할 것을 약정하여 금융소비자는 약정상의 권리를 취득하게 되며, 투자한 금전 등의 총액을 초과하게 될 위험이 있는 것(원금손실)을 말한다(자본시장법 제3조 제1항 본문). 금융투자상품 중 증권은 이익을 얻는 것이 주된 목적이고, 파생상품은 손실을 회피하는 목적도 중요하다. 예금, 대출 등의 금융상품도 이익을 얻거나 손실을 회피할 목적이 내포되지만 투자성이 결여된다는 점에서 투자성 상품이 될 수 없다.

또한 금융투자상품은 현재 또는 장래의 특정 시점에 금전, 그 밖의 재산적 가치가 있는 것을 지급하기로 약정하는 것을 요소로 하기 때문에, 무상배포되는 경품응모권과 같이 투자자의 금전등의 지급이 전혀 없는 경우에는 단순한 이익의 기대에 불과하고 추첨결과 무산되더라도 기대이익의 상실에 불과하여 투자자 보호의 필요성이 없고 따라서 금융투자상품에 해당하지 않는다. 또한 특정 시점을 요소로 하므로 지급기일이 확정되어 있거나 확정될 수 있어야 한다. '그 밖의 재산적 가치가 있는 것'은 파생상품거래와 관련하여 현물인도에 의한 결제도 포함시키기 위한 것이다. 따라서 '지급'은 현물인도도 포함하는 개념으로 보아야 한다.[268)]

투자성이란 '그 권리를 취득하기 위하여 지급하였거나 지급하여야 할 금전 등의 총액이 그 권리로부터 회수하였거나 회수할 수 있는 금전등의 총액을 초과하게 될 위험', 즉 원본손실위험을 의미한다. 따라서 원본보장형 예금이나 보장성 상품인 보험상품은 투자성 상품이 아니다. 투자성 기준에 의하여 금융투자상품과 비금융투자상품(예금 및 보험상품)의 구별기준이 명확하게 된다.[269)]

시행령에서 투자성 상품에 투자 일임 계약도 포함하고 있는데, 자본시장법 제6조 제8항은 '투자일임업'을 「투자자로부터 금융투자상품 등에 대한 투자판단의 전

---

268) 임재연, 자본시장법, 박영사, 2019, 28면 이하.

269) 미국 증권법은 전형적인 유형의 증권이 아닌 추상적 개념의 증권인 투자계약에 관하여 이익의 기대, 즉 이익을 얻기 위한 목적을 개념요소의 하나로 보고, 원본손실위험은 개념요소로 보지 않는다.

부 또는 일부를 일임받아 투자자별로 구분하여 그 투자자의 재산상태나 투자목적 등을 고려하여 금융투자상품등을 취득·처분, 그 밖의 방법으로 운용하는 것을 영업으로 하는 것」으로 규정하고 있다. 즉 투자일임계약은 금융투자상품을 대상으로 하는 자산관리서비스의 한 종류라고 할 수 있다. 투자 일임 계약의 본질은 민법상 위임계약으로 금융소비자가 개별 금융투자상품을 거래하는 것으로 금융소비자가 직접 계약체결하는 것을 전제로 하는 자문과는 다르고, 집합투자와 유사하다고 할 수 있고,[270] 그 자체로 투자성 있는 계약으로서 시행령에 포함시킨 것은 당연하다 할 것이다.

투자상품의 특징은 투자성에 있다. 예금성 상품은 비금융투자상품으로 분류되지만, 주식이나 파생상품처럼 원금손실의 위험이 있는 상품들은 투자성 상품으로 분류된다. 증권, 펀드, 신탁 등이 그 예이다. 투자성 상품도 원금 초과손실 가능성이 없는 증권과 원본초과손실 가능성이 있는 파생상품으로 분류되고 후자는 다시 장내파생상품과 장외파생상품으로 나뉘어진다(자본시장법 제3조 제2항).

나) 투자성 상품의 금융상품판매업자

금융투자상품은 주로 투자매매업과 투자중개업, 집합투자업, 투자자문업과 투자일임업, 신탁업에서 다루어진다. 투자매매업이란 '누구의 명의로 하든지 자기의 계산으로' 금융투자상품의 매도·매수, 증권의 발행·인수 또는 그 중개나 청약의 권유, 청약, 청약의 승낙을 영업으로 하는 것을 말한다(자본시장법 제6조 제2항). 자기의 계산으로 매매가 이루어진다는 점에서 투자중개업과 구별된다. 또한 기업이 자금조달을 목적으로 증권을 발행하는 경우에는 자본시장법이 규제대상으로 하는 투자매매업으로 보기 곤란하므로, 자본시장법도 자기가 증권을 발행하는 경우에는 투자매매업으로 보지 않는다(제7조 제1항).

이에 대하여 '투자중개업'이란 누구의 명의로 하든지 '타인의 계산으로' 금융투자상품의 매도·매수, 그 중개나 청약의 권유, 청약, 청약의 승낙 또는 증권의 발생·인수에 대한 청약의 권유, 청약, 청약의 승낙을 영업으로 하는 것을 말한다(제6조 제3항). 투자중개업은 법률효과의 귀속주체와 손익의 귀속주체가 다른 경우로서, 구 증권거래법상 증권회사의 위탁매매업, 매매의 중개업 또는 대리업, 매매거래에 관한 위탁의 중개·주선·대리업, 모집·매출의 주선업, 선물거래법상 선물회사의 선물거

270) 윤민섭, 앞의 논문, 8면; 박철영, 투자자문업 및 투지일임업에 관한 법적 규제의 현황과 과제, 증권법연구 제10권 1호, 한국증권법학회, 2009, 27면.

래업, 종금사의 중개업 등이 이에 해당된다(구 증권거래법 제2조 제8항). 한편 인터넷 시스템을 운영하면서 비상장증권의 매매를 중개하는 경우, 가격은 매도인과 매수인이 협의 결정하되 대금결제와 증권인도는 시스템운영자를 통하는 경우에도 시스템 운영자는 투자중개업자에 해당하고 따라서 금융투자업 인가를 받아야 한다.[271]

집합투자란 자본시장법상 2인 이상의 투자자로부터 모은 금전 등을 투자자로부터 일상적인 운용지시를 받지 아니하면서 재산적 가치가 있는 투자애상자산을 취득·처분, 그 밖의 방법으로 운용하고 그 결과를 투자자에게 배분하여 귀속시키는 것을 말한다. 이러한 집합투자를 영업으로 하는 것을 집합투자업이라고 한다(제6조 제4항).

투자자문업이란 금융투자상품, 그 밖에 대통령령으로 정하는 투자대상자산(통칭하여 '금융투자자산등')의 가치 또는 금융투자상품등에 대한 투자판단에 관한 자문에 응하는 것을 영업으로 하는 것을 말한다. 여기서 '투자판단'은 금융투자상품의 종류, 종목, 취득·처분의 방법·수량·가격·시기 등에 대한 판단을 말한다(제6조 제7항). 다만 불특정다수인은 대상으로 발행 또는 송신되고, 불특정 다수인이 수시로 구입 또는 수신할 수 있는 간행물·출판물·통신물 또는 방송 등을 통하여 조언을 하는 경우에는 투자자문업으로 보지 않는다(제7조 제3항).[272][273] 투자자문업자 외의 자가 이러한 조언을 일정한 대가를 받고 행하는 경우 신고만으로 영업을 할 수 있는 경우엔 유사투자자문업으로 분류된다(동시행령 제102조).

---

271) 임재연, 앞의 책, 82면.

272) 불특정의 개념에 해당하는지에 관하여는, 단순히 인원수만을 기준으로 판단할 것이 아니라, 상대방의 특정성을 중시하는지 여부에 따라 판단해야 한다. 즉 특정 시점 내지 특정한 상황에 놓인 개별 투자자를 상정하지 않은 채 불특정 다수인을 대상으로 일방적으로 이루어지는 투자에 관한 조언이다.

273) 「유사수신행위의 규제에 관한 법률」 제2조에 규정된 '불특정'이란 자금조달의 상대방의 특정성을 중시하지 아니한다는 의미로서 상대방의 개성 또는 특성이나 상호간의 관계 등을 묻지 아니한다는 뜻으로 이해하여야 한다. 또한 위 법률 제3조의 입법취지 등에 비추어 볼 때, 광고를 통하여 투자자를 모집하는 등 전혀 안면이 없는 사람들로부터 자금을 조달하는 경우뿐만 아니라 평소 알고 지내는 사람에게 직접 투자를 권유하여 자금을 조달하는 경우라도 자금조달을 계획할 당초부터 대상자가 특정되어 있는 것이 아니었다면 이는 불특정 다수인으로부터 자금을 조달하는 행위로서 유사수신행위에 해당한다고 봄이 타당하다(대판 2013.11.14. 2012도6674; 대판 2006.5.26. 2006도1614, 대판 2013.2.28. 2012도4640 등 참조). 그리고 이 경우 자금조달의 대상이 특정 직업군의 사람 등으로 제한되어 있더라도 달리 볼 것은 아니다. 위의 판례는 유사수신행위의 규제에 관한 법률위반 사건에 대한 판례이지만 자본시장법에도 동일한 법리가 적용될 것이다.

신탁업이란 자본시장법상 신탁(정확히는 신탁의 인수)을 영업으로 하는 것을 말한다(제6조 제9항). 신탁이란 신탁법상 신탁을 말한다(제9조 제24항). 즉, 신탁이란 신탁을 설정하는 자(위탁자)와 신탁을 인수하는 자(수탁자) 간의 신임관계에 기하여 위탁자가 수탁자에게 특정의 자산(영업이나 저작재산권의 일부를 포함)을 이전하거나 담보권의 설정 또는 그 밖의 처분을 하고 수탁자로 하여금 일정한 자(수익자)의 이익 또는 특정의 목적을 위하여 그 재산의 관리, 처분, 운용, 개발, 그 밖에 신탁 목적의 달성을 위하여 필요한 행위를 하게 하는 법률관계를 말한다(신탁법 제2조).

겸영금융투자업자란 은행법 제2조의 은행, 보험업법 제2조의 보험회사, 그 밖의 대통령령으로 정하는 금융기관 등으로 금융투자업을 겸영하는 자이다(제8조 제9항).

4) 보장성 상품

금융소비자보호법에서는 상법상 보험이 아닌 '보험업법'에 따른 보험상품 및 이와 유사한 것으로서 대통령령으로 정한 금융상품을 보장성 상품으로 규정하고 있다(제3조 4호). 이는 상호부조의 형태의 가지고 있는 공제의 성격상 공제사업자를 금융회사로 보기 어렵고, 공제가입자를 소비자로 보기 어렵다는 점이 고려된 것으로 보인다.

보장성 상품과 관련하여 문제되는 것이 공제이다. 우선 공제는 위험으로 인한 손실을 보장하는 상품이라는 점에서 보험과 동일하고, 계약적인 내용에서도 상법 제4편의 보험에 관한 규정이 그대로 적용된다(상법 제664조).[274] 이러한 점을 감안하여 시행령에서는 신용협동조합법에 따른 공제계약(시행령 제2조 제1항 5호, 신용협동조합법 제39조 제1항 3호·제78조 제1항 6호·제97조)의 경우 보장성 상품으로 다루고 있다. 그 외에도 금융위원회가 보장성상품으로 정하여 고시하는 계약도 여기에 포함된다(시행령 제2조 제1항 6호)

대법원은 1990년에 보험의 성격에 관해서 "보험사업의 범위는 그 사업의 명칭이나 법률적 구성형식에 구애됨이 없이 그의 실체 내지 경제적 성질을 실질적으로 고찰하여 해석하여야 할 것"으로 판결하였다.[275]

---

274) 상호부조의 형태를 가지고 있는 공제의 성격상 공제사업자를 금융회사로 보기 어렵고, 공제가입자를 소비자로 보기 어렵다는 문제점이 있다.

275) 대판 1990.6.26. 89도2537에서 「보험사업을 규제하는 보험업법의 정신에 비추어 볼 때 보험사업의 범위는 그 사업의 명칭이나 법률적 구성형식에 구애됨이 없이 그의 실체 내지 경제적 성질을 실질적으로 고찰하여 해석하여야 할 것인바, 피고인이 운영한 이 사건 상조사업은 실질적인 면에서 고찰할 때 동질적인 경제상의 위험에 놓여있는 다수의 회원이 사망이라는 우

(2) 자본시장법상의 금융투자상품

1) 금융투자상품의 개념과 개념표지

자본시장과 금융투자업에 관한 법률(이하 '자본시장법'이라 한다)은 금융투자상품을 '이익을 얻거나 손실을 회피할 목적으로 현재 또는 장래의 특정 시점에 금전, 그 밖의 재산적 가치가 있는 것을 지급하기로 약정함으로써 취득하는 권리로서, 그 권리를 취득하기 위하여 지급하였거나 지급하여야 할 금전등의 총액(판매수수료 등 대통령령으로 정하는 금액을 제외한다)이 그 권리로부터 회수하였거나 회수할 수 있는 금전등의 총액(해지수수료 등 대통령령으로 정하는 금액을 포함한다)을 초과하게 될 위험(이하 '투자성'이라고 한다)이 있는 것을 말한다'라고 규정한다(제3조 제1항 본문).

이러한 금융투자상품의 개념을 분설하면, 첫째, 금융투자상품에 해당하기 위해서는 이익을 얻거나 손실을 회피할 목적이 있어야 한다. 여기서 이익획득은 주로 증권과 관련이 있고, 손실회피는 주로 파생상품과 관련된다. '이익을 얻거나 손실을 회피할 목적'은 예금이나 보험상품의 경우에도 인정될 수 있다. 이들과의 구분은 투자성의 요소에 의존한다. 둘째, 금융투자상품에 해당하기 위해서는 금전 등의 이전에 관한 약정이 있어야 한다. 시기와 관련하여 '현재 또는 장래'라고 하여 장래 결제까지 포함한 것은 파생상품을 포함하기 위한 것이다. '특정시점'이라고 한 것은 금융투자상품계약의 만기가 확정되어 있거나 확정될 수 있어야 한다는 의미이다. 금전 외에 '그 밖의 재산적 가치가 있는 것'을 포함시킨 것은 파생상품 거래에서 금전에 의한 차액결제뿐만 아니라 현물인도에 의한 결제까지 포함시키기 위한 것이다.

셋째 자본시장법은 금융투자상품을 '약정함으로써 취득하는 권리'라고 하여 '권리'를 요소로 삼고 있다. 권리는 주로 금전과 같은 현금흐름을 취득할 권리인 것이 보통이지만 현물을 취득할 권리인 경우도 있다. 넷째, 지급(예정)금액이 회수(가능)금액을 초과할 위험인 투자성이 있어야 금융투자상품에 해당한다. 투자성은 두 가지 요인에 의하여 발생할 수 있는데, 하나는 대상 상품의 시장가격 하락으로 인한

연한 사고가 발생한 경우의 재산상의 수요를 충족시키기 위하여 가입회비, 상조비라는 명목으로 일정한 금액을 출연하고 사고가 발생할 때 상조부의금의 명목으로 일정한 금액을 지급한다는 점에서 그 사업명칭이나 출연 또는 지급금의 명칭에 불구하고 보험사업을 영위한 것이라고 하여야 할 것이므로 피고인이 허가없이 위 상조사업을 영위한 것은 보험업법위반행위에 해당한다고 할 것이다.」고 판시하였다.

손실발생 가능성으로 시장위험이 현실화되는 경우이다. 다른 하나는 파생결합증권과 같이 금융투자상품의 구조 자체에서 비롯되는 것으로서 설계에 따라서는 대상상품이 시장거래의 대상이 아닌 경우에도 기초자신의 변화로 인하여 손실이 발생할 수 있다. 즉, 시장위험과 무관하게 손실이 발생할 수 있는 경우를 말한다.[276)]

한편 자본시장법은 명시적으로 원화로 표시된 양도성 예금증서, 관리형 신탁의 수익권, 상법상의 주식매수선택권을 금융투자상품에서 제외하고 있다(제3조 제1항 단서 각호). 따라서 이러한 것들 외의 금융상품이 금융투자상품에 해당하는지는 앞서 언급한 금융투자상품의 네 가지 요소를 구체적으로 검토하여 판단되어야 한다. 대법원은 이에 관하여 '어떤 거래가 자본시장법의 규율을 받는 금융투자상품의 거래에 해당하는지 여부는 그 거래 구조가 기업에 자금을 조달하거나 경제활동에 수반하는 다양한 위험을 회피 또는 분산할 수 있는 순기능을 할 수 있는 것인지 아니면 그러한 순기능을 전혀 할 수 없고 오로지 투기 목적으로만 사용될 수밖에 없는 것인지, 그리고 거래의 내용과 목적 등에 비추어 볼 때 그 거래를 새로운 금융투자상품으로 발전·육성시킬 필요가 있는 것인지, 그 거래 참여자들을 투자자로서 보호할 필요는 있는 것인지, 특히 투기성이 강한 거래라면 투자자의 이익을 제대로 보호하고 건전한 거래질서를 유지할 수 있는 적절한 규제방법이 마련되어 있는지 등을 종합적으로 고려하여 신중하게 판단하여야 한다'라고 판시하고 있다.[277)]

2) 금융투자상품의 분류

금융투자상품은 증권과 파생상품으로 구분되는데, 세부적으로 증권은 채무증권, 지분증권, 수익증권, 투자계약증권, 파생결합증권, 증권예탁증권으로 구분되고, 파생상품은 장내파생상품과 장외파생상품으로 구분된다(자본시장법 제3조 제2항, 제4조 제2항). 증권은 내국인 또는 외국인이 발행한 금융투자상품으로서 투자자가 취득과 동시에 지급한 금전등 외에 어떠한 명목으로든지 추가로 지급의무를 부담하지 않는 것을 말한다(법 제4조 제1항).

여기서 증권과 파생상품을 구별하는 중요한 기준은 추가지불의무 존재 여부이다. 자본시장법은 '투자자가 취득과 공시에 지급한 금전등 외에 어떠한 명목으로든지 추가로 지급의무를 부담하지 아니하는 것'이라고 하여 추가지급의무의 부존재를 증권의 요건으로 규정하고 있다. 추가지급의무가 없다는 말은 이미 취득대가를

---

276) 전자는 유통성을 전제로 하나 후자는 그러하지 아니하다.

277) 대판 2015.9.10. 2012도9660.

전무 지급한 것을 전제로 하고 있다. 즉, 증권은 투자자가 투자한 원본이 손실의 최고한도인 투자대상만을 가리키는 것이고, 투자자가 원본 외에 추가로 지급할 의무가 생길 수 있는 투자대상은 파생상품에 해당한다. 증권과 파생상룸의 구분은 금융투자상품을 그 위험도에 따라 구분하여 규제상 취급을 달리한다는 발상에서 출발한 것이다. 자본시장법은 금융투자상품의 위험도의 순위를 장외파생상품, 파생결합증권, 장내파생상품, 파생결합증권 이외의 증권의 순서라는 인식을 전제로 한다. 이러한 위험에 대한 인식은 자본시장법상 금융투자어자의 진입규제와 영업행위규제에 반영되어 있다.

3) 자본시장법상 금융투자상품 투자자 보호

우리나라는 자본시장법 제정 당시 자본시장과 관련된 금융산업의 발전이 미흡하여 기업금융, 자산관리, 자기자본직접투자 등을 균형 있게 영위하는 외국의 투자은행과 달리 우리나라의 증권사는 위탁매매 위주의 영업에 한정되어 있었다. 또한 자본시장 관련 법률은 자본시장과 관련 금융산업의 발전을 뒷받침하지 못하고 있었다. 그 이유는 첫째, 증권사, 선물회사, 자산운용사, 신탁회사 등 금융회사별로 별도의 법률이 존재하고, 개별 법률마다 적용되는 규제가 상이하여 금융회사가 다르면 동일한 금융기능을 수행하여도 상이한 규제가 적용되므로 규제차익과 투자자 보호의 공백이 발생하였다. 둘째, 금융회사가 취급할 수 있는 유가증권과 파생상품의 종류가 법령에 제한적으로 열거되어 있어, 창의적인 신종 금융투자상품을 설계하거나 취급하는데 제약요인으로 작용하여 금융혁신이 곤란하였다.

셋째, 증권업, 선물업, 자산운용업, 신탁업 등 자본시장 관련 금융업 간 겸영이 엄격하게 제한되어 있어 다양한 금융투자서비스를 제공하는 외국의 투자은행에 비해 시너지 효과를 통한 경쟁력 제고에 한계가 있었다. 넷째, 선진화되고 체계적인 투자자 보호제도가 미흡하여 금융투자상품의 불완전판매와 불공정거래에 대한 적절한 대응이 어려워 자본시장에 대한 투자자의 신뢰 저하를 가져왔다.[278] 이러한 문제를 해결하기 위해 2007.8.3. 자본시장법이 제정되었고, 자본시장법 제정으로 증권거래법, 선물거래법, 간접투자자산운용업법, 신탁업법 등이 폐지되었다.

금융규제는 크게 진입규제, 건전성규제, 영업행위규제로 구분할 수 있는데, 금융소비자 보호를 위한 규제의 기본원칙은 금융사업자의 영업행위를 어떻게 규제

---

278) 이은영 편저, 소비자법, 박영사, 2013, 294-295면; 임재연, 자본시장법, 2020, 3면 이하.

할 것인가에 있다. 금융소비자보호를 위한 금융사업자 규제방법으로는 민사적, 형사적, 행정적 방법이 있는데, 다른 소비자보호 법률과 마찬가지로 주로 형사적, 행정적 방법인 공법적 규제를 중심으로 되어 있다.

4) 자본시장법상 투자자 보호를 위한 주요 규정

자본시장법은 금융투자업을 투자매매업, 투자중개업, 집합투자업, 투자자문업, 투자일임업, 신탁업으로 구별하고(제6조 제1항) 이들의 겸영을 허용하기 때문에(제12, 18조), 금융투자업자와 투자자 간 또는 투자자들 사이에 이해충돌이 발생할 가능성이 상존한다. 이에 자본시장법은 제44조에서 이해상충의 관리라는 표제 하에 다음과 같이 규정하고 있다. 금융투자업자는 금융투자업의 영위와 관련하여 금융투자업자와 투자자 간, 특정 투자자와 다른 투자자 간 이해상충이 발생할 가능성을 파악·평가한 결과 이해상충이 발생할 가능성이 있다고 인정되는 경우에는 내부통제기준에 따라 적절히 관리하여야 하며(제1항), 그 사실을 미리 해당 투자자에게 알려야 하며, 그 이해상충이 발생할 가능성을 내부통제기준이 정하는 방법 및 절차에 따라 투자자 보호에 문제가 없는 수준으로 낮춘 후 매매, 그 밖의 거래를 하여야한다(제2항). 금융투자업자는 그 이해상충이 발생할 가능성을 낮추는 것이 곤란하다고 판단되는 경우에는 매매, 그 밖의 거래를 하여서는 아니 된다(제3항).

투자권유와 관련하여 적합성의 원칙(제46조), 적정성의 원칙(제46조의 2), 설명의무(제47조) 등은 금융소비자보호법으로 일원화하여 규율되면서 모두 삭제되었다.

4. 다른 법률과의 관계

금융소비자보호법은 금융소비자의 권리와 책무(제7조·제8조), 국가 및 금융상품판매업자의 책무(제9조·제10조) 등을 규정하고 있을 뿐만 아니라, 정책 및 교육(제29조·제30조)에 관한 사항도 규정하고 있다. 즉 동법은 규제법으로서의 성격뿐만 아니라 기본법으로서의 성격도 지니고 있다. 금융소비자보호법 제6조가 금융소비자보호에 관하여 다른 법률에서 특별한 규정이 없으면 금융소비자보호법에서 정하는 바에 따른다(제6조)고 규정하고 있어서 '기본법'적 색채를 드러내고 있다.[279)]

279) 이러한 규정방식을 두고 금융소비자보호를 위한 기본법으로서의 지위에 부합하는 입법방식인지 의문이 없지 않으나 금융소비자의 보호에 관하여 다른 법률에서 특별한 규정을 두고 있는 경우란 특별법에서 정책적 목적을 감안하여 그에 상응한 소비자보호방안을 제공할 것으로 상정하는 경우로 금융소비자보호법과 같은 입법방식이 금융소비자보호기본법으로서의

따라서 다른 법률에서 특별한 규정을 두고 있는 경우 금융소비자보호법은 적용되지 않게 된다. 다른 법률의 특별한 규정이 금융소비자보호법보다 금융소비자에게 불리한 경우 금융소비자보호법이 아닌 금융소비자에게 불리한 다른 규정이 우선하여 적용된다. 이러한 규정방식은 「전자상거래소비자법」과 비교되는데, 동법 제4조는 '전자상거래 또는 통신판매에서의 소비자보호에 관하여 이 법과 다른 법률이 경합하는 경우에는 이 법을 우선 적용한다. 다만, 다른 법률을 적용하는 것이 소비자에게 유리한 경우에는 그 법을 적용한다'고 규정하여 전자상거래소비자법은 다른 법률이 있다고 하더라도 동법을 적용하는 것이 소비자에게 유리한 경우 전자상거래소비자법을 우선 적용하도록 하고 있다.

위와 같은 점을 고려할 때 금융소비자보호를 위해서 다른 법률과의 관계에서 금융소비자보호법을 우선 적용하되, 다른 법률의 규정을 적용하는 것이 금융소비자에게 유리한 경우 해당 법률이 적용되도록 개정할 필요가 있다.[280]

5. 영업행위 준수사항으로서 영업행위 일반원칙

금융소비자보호법은 금융상품판매업자등이 준수해야 할 영업행위 준수사항으로 크게 영업행위 일반원칙, 금융상품 유형별 영업행위 준수사항, 업종별 영업행위 준수사항을 규정하고 있다.[281]

영업행위 일반원칙으로는 영업행의 준수사항 해석의 기준(제13조), 신의성실의무(제14조), 차별금지(제15조), 금융상품판매업자등의 관리책임(제16조) 등이 있고, 금융상품 유형별 준수사항으로 적합성원칙(제17조), 적정성원칙(제18조), 설명의무(제19조), 불공정영업행위 금지(제20조), 부당권유행위 금지(제21조), 금융상품등에 관한 광고 관련 준수사항(제22조), 계약서류의 제공의무(제23조)가 있다. 또한 금융상품판매업자등의 업종별 준수사항으로는 미등록자를 통한 금융상품판매 대리·중개 금지(제24조), 금융상품판매대리·중개업자의 금지행위(제25조), 금융상품판매대리·중개

지위를 훼손한다고 보기는 어렵다는 견해도 있다. 안수현, 금융소비자보호에 관한 법률 내용과 효과 검토-실무에 영향을 미치는 부분을 중심으로, 한국FP학회·한국금융소비자학회·보험연구원·금융감독원 춘계심포지움 자료, 2020, 2면.

280) 윤민섭, 앞의 논문, 29면.

281) 이에 관한 문헌으로는, 노태석, 금융소비자 보호에 관한 법률안상의 판매행위 규제에 관한 검토, 소비자문제연구 제44권 1호, 2013.4., 103-131면; 동, 금융소비자보호법상의 영업행위 준수사항에 대한 검토, 법학연구 제31권 2호, 충남대학교 법학연구소, 2020.5., 11-43면.

업자의 고지의무(제26조), 금융상품자문업자의 영업행위준칙(제27조), 자료의 기록 및 유지·관리(제28조) 등을 규정하고 있다.

이하에서는 먼저 영업행위 일반원칙을 다루고 차례로 금융상품 유형별 준수사항, 금융상품판매업자등의 업종별 준수사항에 대해서 살펴보기로 한다.

(1) 영업행위 준수사항 해석기준

금융소비자보호법은 영업행위 준수사항에 관한 규정을 해석·적용하려는 경우 금융소비자의 권익을 우선적으로 고려하도록 규정하고 있으며(제13조 전단), 금융상품 또는 계약관계의 특성 등에 따라 금융상품 유형별 또는 금융상품판매업자등의 업종별로 형평에 맞게 해석·적용하도록 규정하고 있다(동조 후단). 금융소비자보호법이 이러한 해석기준을 규정한 것은 금융업종별로 적용되는 법률이 금융업권별 법률과 금융소비자법으로 이원화됨에 따라 이를 체계적으로 운영하기 위한 해석기준을 규정한 것으로 이해할 수 있고,[282] 동법의 목적조항이 제1조에서 밝힌 것처럼 금융소비자의 권익증진의 구체화라고 볼 수 있다.

금융소비자보호법은 모든 금융상품에 대해 공통적으로 적용될 판매행위 규제를 마련하고, 금융상품 유형 및 업종별 특성에 따른 개별적인 행위규제사항은 개별 근거법에서 규제하고 있으므로 금융소비자법상의 일반원칙이 금융상품의 유형이나 업종별 특성에 대한 고려 없이 획일적으로 적용되는 경우에 개별 금융업법의 입법취지 및 정책방향이 자칫 왜곡될 수 있으며, 개별 금융업법의 규제수준 차이에 따른 형평성 문제가 나타날 수 있으므로 이를 고려하여 금융소비자의 권익을 우선적으로 고려하되 금융상품의 유형이나 금융상품판매업자등의 업종별 형평에 맞게 영업행위원칙이 해석·적용되도록 한 것이다.[283]

이와 유사한 규정으로 약관규제법 제5조 제2항에서 약관의 해석에서 약관이 불명료한 경우 소비자에게 유리하게 해석해야 한다는 '작성자 불이익의 원칙'을 들 수 있다. 동규정은 약관규제법보다 강한 원칙이라고 할 수 있다. 일반적으로 법해

282) 노태석, 금융소비자보호법상의 영업행위 준수사항에 대한 검토, 법학연구 제31권 2호, 충남대학교 법학연구소, 2020.5., 14면; 윤민섭, 앞의 논문, 12면; ; 한창희, 금융소비자보호법안상의 영업행위 준수사항, 금융법학 제5호, 국민대학교, 2013, 5면.

283) 노태석, 앞의 논문, 14면; 이러한 규제방식을 기존의 권역별 규제방식에서 기능별규제방식으로 전환함에 따르는 금융상품유형·금융상품판매업자 등의 업종별 적용에 있어서 불공정성을 시정ㅎ라기 위한 것으로 본다. 한창희, 앞의 논문, 5면.

석은 문리해석을 원칙으로 하고, 문리해석으로 해결되지 않은 경우 논리해석뿐만 아니라 입법취지까지 고려해야 하는데, 동법은 해석기준을 입법취지를 고려하여 명문으로 제시하고 있다는 점에 특색이 있다.

금융소비자보호법 제13조 후단의 규정은 동일기능-동일규제원칙에 따라 법률을 해석하도록 규정한 것이다.

(2) 신의성실의무

신의성실의무는 오늘날 사법뿐만 아니라 공법에도 적용되는 대원칙으로 자리잡았는데, 금융소비자보호법은 금융소비자가 아닌 금융상품판매업자등의 의무로 규정하고 있다(제14조 제1항). 물론 금융소비자도 계약의 당사자로서 권리의 행사와 의무의 이행을 신의에 좇아 성실하게 하여야 하지만, 입법자는 금융상품판매업자등의 신의성실의무를 명문으로 선언함으로써 강조한 것이다. 따라서 향후 금융소비자계약에서 발생한 법률관계의 효과에 따른 금융소비자의 권리는 이 조항의 적용을 통하여 강화될 것으로 보인다.

이에 대해서 금융소비자를 단순히 보호할 대상으로만 보는 것은 문제가 있으므로 금융소비자도 권리에 상응하는 의무부과가 필요하다는 견해도 있으나, 현행 자본시장법(제37조 제1항)에서도 금융투자업자에게만 신의성실의무를 부과하고 있고, 금융소비자보호법이 금융소비자의 보호를 목적으로 하고 있는 점을 감안할 때, 다른 소비자계약에 비하여 전문적 지식이나 경제력, 정보력에서 열위에 있는 소비자를 보호하고자 하는 입법자의 의사를 확인할 수 있다.

또한 금융소비자보호법 제14조 제2항은 「금융상품판매업자등은 금융상품판매업등을 영위할 때 업무의 내용과 절차를 공정히 행해야 하며, 정당한 사유 없이 금융소비자의 이익을 해치면서 자기가 이익을 얻거나 제3자가 이익을 얻도록 해서는 아니된다」라고 규정하고 있는데, 이는 이해충돌발생시 금융소비자의 이익을 우선하도록 한 것이라고 볼 수 있다.[284] 또한 금융소비자보호법은 자본시장법상의 투자자이익의 우선의무(자본시장법 제37조 제2항)를 보다 확대하여 금융소비자 이익 우선의 의무를 규정하고 있다.

금융소비자보호법은 금융판매업자에 대한 금융소비자의 이익우선의무를 부과하고 있지만, 그 위반 효과에 대해서는 특별한 규정을 두고 있지 않고 있다.

---

284) 노태석, 앞의 논문, 16면.

(3) 차별금지

금융상품판매업자등은 정당한 사유 없이 성별·학력·장애·사회적 신분 등을 이유로 계약조건에 관하여 금융소비자를 부당하게 차별하여서는 아니 된다(제15조). 대부업법 제9조의8과 동일한 취지의 규정이다.[285] 모든 금융상품 및 자분에 관한 계약체결시에 적용되는 원칙이다. 금융상품의 유형 중 대출성 상품이나 예금성 상품의 경우 금융소비자의 신용도 등을 평가할 때 학력[286] 등의 기준으로 과거에 차별을 하였던 것을 고려하여 차별금지의무를 명시한 것으로 보인다. 동조항은 예시조항으로 보아야 한다. 입법자가 성별·학력·장애·사회적 신분 '등'이라고 함으로써 예시된 것 이외에도 종교라든가 사상 등도 차별금지 대상에 포함된다고 해석해야 한다.

다만, 해당 조문이 '정당한 사유' 없이 금융소비자를 '부당하게' 차별하여서는 아니 된다고 규정하여 차별사유의 정당성 및 차별의 부당성이라는 불확정 개념으로 인하여 그 범위가 모호하여 실무상 적용에 곤란할 여지가 있다.[287] 이는 영업의 자유와 금융판매업자등의 영업이익을 고려하여 모든 차별이 금지되는 것이 아니라 합리적 차별은 허용된다는 것을 의미한다. 또한 차별적 취급의 사유로 '연령'은 빠져 있어 자칫 고령자 등에 금융상품이나 금융서비스 제공에 있어 차별적 행위를 할 수 있는 것으로 오인될 소지가 있다.[288] 아마 입법과정에서 금융상품판매업자등의 요청과 시장상황을 고려하여 '고령자'는 차별금지대상에서 제외된 것으로 보인다.

실제 자동화된 의사표시에 의한 금융거래에서 차별이 은밀하게 행해질 가능성이 높다. 요즈음 보험 및 대출 등 광범위하게 금융거래가 사전에 프로그래밍된 절

285) 외국의 입법례에 따라서는 신용거래시 성별 또는 혼인 여부에 기한 차별을 금지하는 법률을 별도로 두거나 판례로 규율하기도 한다.

286) 2012년 학력 내지 지적장애등을 이유로 대출을 받지 못하는 문제가 제기된 바 있다. 경향비즈, 은행대출 때 학력·장애 등 차별금지, 2012.10.31. ; 경향비즈, 대출도 '학력 차별'…신한은행, 고졸 13점, 석박사 54점 신용평가, 2012.7.23.

287) 국회정무위원회 검토보고서, 금융계약시 소비자 차별금지 의무 부과 등, 2017.9, 14면.

288) 통계청이 2020.12.7. 내놓은 2017년 기준 한국인 국민이전계정(National Transfer Accounts) 통계에 의하면 45세에 소득이 가장 많고 이후 소득보다 소비가 많아지며 59세부터는 적자로 돌아선다고 한다. 노년층(65세 이상)은 세금지출보다 보건·연금 등의 분야에서 정부의 공공이전 지원이 커진다. http://kostat.go.kr/assist/synap/preview/skin/doc.html?fn=synapview386491_1&rs=/assist/synap/preview

차에 따라 이루어지는 경우가 많은데, 만약 사전에 차별적 요소가 있는 프로그램 설계를 교묘하게 해 놓았다면, 일방적으로 거래가 진행되는 만큼 금융소비자뿐만 아니라 감독기관에서조차 차별사실을 파악하기가 어렵다. 따라서 프로그램 설계단계에서 법률가 등이 개입하여 이러한 차별금지요소를 제거할 필요가 있다.

차별금지는 영업행위의 일반원칙으로 금융상품판매업자등이 영업행위를 하는 과정에서 지켜야 될 행위원칙으로서, 향후 영업이익을 목적으로 하는 금융판매업자등은 구체적인 통계수치를 제시하면서 위험부담 감소의 노력을 할 것으로 보인다. 위와 같은 점을 고려하여 차별금지 위반의 경우에는 벌칙조항을 두지 않았던 것으로 보이고, 선언적 의미에 그치고 있다는 비판을 받고 있다.[289]

(4) 계약서류 제공의무

계약서류는 계약 당사자 간에 합의한 일정한 사항에 대해서 작성된 문서로 형식화된 것으로서 향후 당사자간 분쟁에 대비하여 구비되어야 하는 서류이다. 특히 금융상품의 경우 그 계약 체결 후 상당 기간이 지난 후에야 최종적인 그 효용이 결정되기 때문에 사후적으로 분쟁이 발생할 가능성이 매우 높으므로 기존의 금융관련 법령에서도 금융소비자에게 계약서류의 교부를 의무화하고 있었다.[290]

금융소비자법에서는 계약서류에 대한 제공의무를 규정하고 있다. 즉, 금융상품직접판매업자 및 금융상품자문업자는 금융소비자와 금융상품 또는 금융상품자문에 관한 계약을 체결하는 경우 금융상품의 유형별로 계약서류를 금융소비자에게 지체 없이 제공하도록 하고 있다(제23조 제1항). 이러한 계약서류 제공의무는 금융상품직접판매업자와 금융상품자문업자가 부담하게 되는데, 이는 금융소비자와 금융상품 계약(자문계약 포함)을 체결할 수 있는 권한을 보유한 자가 금융상품직접판매업자이기 때문이다.

계약서류로는 금융상품직접판매업자는 계약서(보장성 상품의 경우 보험업법에 따른 청약서를 말한다), 약관, 설명서 및 핵심설명서, 보험증권 또는 보험증권에 준하는 공제증권을 제공하여야 하며, 금융상품자문업자는 위의 것 중 계약서와 약관을 제공하여야 한다(동법시행령 제20조 제1항 1호·2호). 다만 제23조 제1항 단서에서 말하는 계

289) 노태석, 금융소비자보호법상의 영업행위 준수사항에 대한 검토, 법학연구 제31권 2호, 충남대학교 법학연구소, 2020.5, 16면.

290) 은행법 시행령 제24조의5 제2항 제2호 다목, 자본시장법 제59조 제1항, 여신전문금융업법제39조, 대부업법 제6조 제1항 등.

약서류를 제공하지 않아도 되는 경우로는 대부업자, 온라인투자연계금융업자와 계약을 체결하는 경우(시행령 제20조 제2항 2호)와 보장성 상품에 관한 기존의 계약을 변경하는 경우에 기존 계약에 따른 보험증권에 그 사실을 쓰는 경우(3호), 계약서류를 제공하지 않아도 금융소비자 보호가 저해될 우려가 없는 경우로서 금융위원회가 정하여 고시하는 경우(4호)이다.

계약서류는 계약이 체결된 후 즉시 금융소비자가 요청하거나 동의하는 방식에 따라 서면등(전화는 제외한다)으로 제공하여야 한다(제3항 본문). 다만 금융소비자가 계약서류의 제공을 원하지 않은 경우에는 금융소비자로부터 서명 또는 그 밖에 전자금융거래법 제21조 제2항에 따른 기준을 지키는 안전성과 신뢰성이 확보될 수 있는 수단을 통해 확인을 받은 경우에 한정하여 제공하지 않을 수 있다(제3항).

계약서류의 제공 사실과 관련하여 다툼이 발생한 경우에는 계약서류의 제공 사실에 관한 증명책임을 금융소비자가 아닌 금융상품직접판매업자와 금융상품자문업자에게 부과하고 있다(법 제23조 제2항). 이는 금융상품직접판매업자 및 금융상품자문업자는 계약서류의 발급 사실 및 계약서류 자체를 체계적으로 보관하고 있으므로 그 자에게 발급사실을 입증하는 것이 용이하기 때문이다.

(5) 금융상품판매업자등의 관리책임

일반적으로 금융상품의 판매는 금융상품판매업자등의 임직원 및 금융상품직접판매업자로부터 위탁받은 금융상품판매대리·중개업자에 의하여 이루어진다. 따라서 직접 거래당사자의 일방인 이들에 대하여 업무를 수행할 때 법령을 준수하고 건전한 거래질서를 해치는 일이 없도록 성실히 관리하도록 하고 있다(제16조 제1항). 관리책임을 위반한 경우에 어떠한 책임을 지울 것인가. 제16조 제1항 위반에 대하여 동법에 특별히 금융상품판매업자의 손해배상책임이나 벌칙규정을 두고 있지 아니한 이상 관리책임의 소홀로 금융소비자에게 손해가 발생한 경우 민법 제756조의 사용자책임에 문의하여야 할 것이다.

또한 법인인 금융상품판매업자등은 동조 제1항의 관리책임을 위해 내부통제기준을 마련하여야 한다(동조 제2항).[291]

291) 여기서의 내부통제기준을 금융회사의 지배구조에 관한 법률상 내부통제기준과 달리 보아야 한다. 금융사지배구조법의 내부통제는 주체로 한정되어 있고, 그 취지상 법령준수, 경영건전성 등을 확보하기 위함이다. 반면 금융소비자보호법상 내부통제기준은 판매채널에 대한 관리기준이라고 할 수 있어, 그 취지 뿐만 아니라 내용도 다른 것이라고 한다. 윤민섭, 앞의 논문, 13면.

6. 금융소비자보호법상 판매행위 규제

금융소비자보호법은 금융상품 유형별로 판매규제 원칙을 마련하고 있는데, 규정의 체계는 금융상품의 유형별로 규정하는 것이 아니라 준수사항별로 개별조문화하고 각 조문에서 금융상품의 유형별로 구체적인 준수사항을 규정하고 있다. 적합성 원칙, 적정성 원칙, 설명의무, 불공정영업행위 금지, 부당권유행위, 허위·과장광고 금지 등 6가지 준수사항이 있는데, 보통 6대 판매원칙 또는 6대 판매행위 규제라고 한다.

(1) 적합성 원칙(제17조)

적합성 원칙이란 금융상품판매업자등이 금융상품계약체결등을 하거나 자문업무를 하는 경우 상대방인 금융소비자가 일반금융소비자인지 전문금융소비자인지를 확인하여 금융소비자의 연령, 재산상황 등에 비추어 적합한 금융상품의 계약의 체결을 권유하는 것을 말한다(제1항·제3항). 모든 유형의 금융상품에 해당하며 예금성·보장성 상품은 일부에 해당한다.

대법원은 키코(KIKO) 통화옵션상품[292] 판매 사건에서 통화옵션계약에서의 '적합성 원칙'에 관하여 다음과 같이 설시하였다. 즉 「은행은 환 헤지 목적을 가진 기업과 통화옵션계약을 체결함에 있어서 해당 기업의 예상 외화유입액, 자산 및 매출 규모를 포함한 재산상태, 환 헤지의 필요 여부, 거래 목적, 거래 경험, 당해 계약에 대한 지식 또는 이해의 정도, 다른 환 헤지 계약 체결 여부 등 경영상황을 미리 파악한 다음, 그에 비추어 해당기업에 적합하지 아니하다고 인정되는 종류의 상품 또는 그러한 특성이 있는 통화옵션계약의 체결을 권유해서는 아니 된다. 은행이 그러한 의무를 위반하여 해당 기업의 경영상황에 비추어 과대한 위험성을 초래하는 통화옵션계약을 적극적으로 권유하여 이를 체결하게 한 때에는, 이러한 권유행위는 이른바 적합성의 원칙을 위반하여 고객에 대한 보호의무를 저버리는 위법한

292) 키코(KIKO)는 기업과 은행이 환율 상한선과 하한선을 정해 놓고 그 범위 내에서 지정환율로 외화를 거래하는 상품을 말한다. 환율이 미리 정한 범위 내에서 움직이면 기업이 은행에 (시장가격보다 높은)지정환율로 외화를 팔 수 있어 환차익을 볼 수 있으나, 하한 이하로 떨어지면 계약을 무효화하고, 상한 이상으로 올라가면 약정액의 1~2배의 외화를 (시장가격보다 낮은) 지정환율로 팔도록 약정한 환헤지 파생금융상품이다. 2008년 글로벌 금융위기가 오면서 환율이 예상과 달리 상한선보다 상승하여 기업이 은행에 보상해줘야 하는 금액이 커졌으며, 이로 인해 약 3조 3000억 원의 손실을 보고 500여개의 기업이 파산했다.

것으로서 불법행위를 구성한다. 특히 장외파생상품은 고도의 금융공학적 지식을 활용하여 개발된 것으로 예측과 다른 상황이 발생할 경우에는 손실이 과도하게 확대될 위험성이 내재되어있고, 다른 한편 은행은 그 인가요건, 업무범위, 지배구조 및 감독 체계 등 여러 면에서 투자를 전문으로 하는 금융기관 등에 비해 더 큰 공신력을 가지고 있어 은행의 권유는 기업의 의사결정에 강한 영향을 미칠 수 있으므로, 은행이 위와 같이 위험성이 큰 장외파생상품의 거래를 권유할 때에는 다른 금융기관에 비해 더 무거운 고객 보호의무를 부담한다. 다만 은행 등 금융기관과 금융상품 거래를 하는 고객은 그 거래를 통하여 기대할 수 있는 이익과 부담하게 될 위험 등을 스스로 판단하여 궁극적으로 자기의 책임으로, 그 거래를 할 것인지 여부 및 거래의 내용 등을 결정하여야 하고, 이러한 자기책임의 원칙은 장외파생상품 거래와 같이 복잡하고 위험성이 높은 거래라고 하여 근본적으로 달라지는 것이 아니다. 따라서 기업이 환 헤지 목적이 아니라 환율변동을 이용하여 환차익을 얻고자 하는 등 투자 내지 투기적 목적으로 통화옵션계약을 체결하고자 할 경우에는, 금융기관이 고객에게 그 계약에 내재된 위험성 등을 충분히 고지하여 인식하게 한 이상 그러한 목적의 계약체결을 저지하거나 거부하지 않았다고 하여 곧 적합성의 원칙을 위반하고 고객 보호의무를 다하지 아니한 것이라고 단정할 수는 없다. 이는 은행이 다른 금융기관에 비해 더 큰 공신력을 가지고 있다는 점을 고려하더라도 마찬가지이다.」[293]라고 하여 금융기관의 적합성 원칙의 판단기준을 제시하였다.

금융소비자보호법에서는 금융상품판매업자등은 일반금융소비자에게 금융상품 계약체결을 권유(자문에 응하는 경우 포함)하는 경우에는 면담·질문 등을 통하여 상품의 구분에 따른 정보를 파악하고, 일반금융소비자로부터 서명, 기명날인, 녹취 또는 그 밖에 대통령령으로 정하는 방법으로 확인을 받아 이를 유지, 관리하여야 하며, 확인받은 내용을 일반금융소비자에게 지체 없이 제공하여야 한다(제17조 제2항). 다만 자본시장법 제249조의 2에 따른 전문투자형 사모집합투자기구의 집합투자증권을 판매하는 경우에는 예외를 인정하고 있는데, 이 경우에도 적격투자자 중 일반금융소비자 등 대통령령으로 정하는 자가 요청하는 경우에는 적합성원칙이 적용된다.

---

293) 대판(전) 2013.9.26. 2013다26746. 적합성의 원칙을 언급한 판례로는, 대판 2013.11.28. 2013다23891.

금융상품판매업자등이 파악해야 하는 정보로는, 변액보험 등 보장성 상품인 경우에는 일반금융소비자의 연령, 재산상황, 보장성상품 계약체결의 목적(제17조 제2항 1호)이고, 투자성상품 및 운용실적에 따라 수익률 등의 변동가능성이 있는 금융상품으로서 대통령으로 정하는 예금성 상품인 경우에는 일반금융소비자의 해당 금융상품 취득 또는 처분 목적, 재산상황, 취득 또는 처분경험(2호), 대출성 상품인 경우에는 일반금융소비자의 재산상황, 신용 및 변제계획(3호) 등이다.

적용범위를 시행령으로 정하는 보험상품, 투자성상품, 대출성상품 및 예금성상품 등으로 적용범위를 확대하였으며, 대출성상품에는 예외 없이 적용된다.

(2) 적정성 원칙(제18조)

적정성 원칙이란 금융소비자가 금융상품판매업자등의 권유가 아니라 자발적으로 구매하려는 경우에도 상품이 소비자의 재산상황 등에 비추어 적정하지 않을 경우 금융상품판매업자에게 적합성원칙에서와 마찬가지로 계약체결의 목적, 재산상황, 투자경험 등에 대한 고지·확인 의무를 부여하는 것을 말한다(제1항). 보장성상품 및 투자성상품, 대출성상품 등에 적용된다.

금융상품판매업자는 해당 금융상품이 그 일반금융소비자에게 적정하지 아니하다고 판단되는 경우에는 대통령령으로 정하는 바에 따라 금융소비자에게 그 사실을 알리고, 그 금융상품의 위험성에 대하여 경고하는 것인데 이에 대해 그 일반금융소비자로부터 서명, 기명날인, 녹취, 그 밖에 대통령령으로 정하는 방법으로 확인을 받아야 한다(제2항). 적정성 원칙은 적합성 원칙과 다음의 점에서 구분된다. 첫째, 적합성원칙이 금융상품판매업자의 계약체결의 권유가 있는 경우에 적용되는 것과 달리 금융상품판매업자의 권유행위가 없는 경우에 적용된다는 점에서 차이가 있다. 둘째, 적합성원칙이 금융상품판매업자등에게 적용되는 것과 달리 적정성 원칙은 금융상품판매업자에게만 적용되므로 금융상품자문업자에게는 그 적용이 없다는 점에서 구별된다.

스스로의 요구에 의하여 일반금융소비자가 금융상품을 구매하는 경우에는 자기책임의 원칙상 일반금융소비자 자신이 그에 따른 위험을 감수해야 하지만, 일반금융소비자의 자발적 의사에 의한 거래라 할지라도 해당 금융상품의 위험성 및 중복거래에 대한 경고를 통하여 금융상품거래에 있어서 보다 신중을 기할 수 있다는 점에서 적정성 원칙을 인정할 실익이 있다.

(3) 설명의무(제19조)

1) 설명의무의 의의

설명의무란 당사자간에 정보격차가 있는 금융거래에서 금융전문가의 일종의 정보제공의무의 일환으로 금융소비자가 반드시 알아야 할 상품의 주요 내용을 설명해 주어야 할 의무를 말한다.[294] 판례는 「금융투자상품에 대한 투자 위험은 투자자가 부담하는 것이 원칙이나, 금융투자업자와 투자자 사이에는 전문성 및 정보에 관한 현저한 차이가 존재하므로, 위와 같은 자기책임의 원칙은 투자자에게 위험부담의 중요 사항인 금융투자상품의 구성, 투자 대상, 위험성 등에 관한 정확한 정보가 제공되고 이에 따라 투자자의 투자결정이 적정하게 이루어지는 것을 전제고 하여야 한다. 따라서 금융투자상품을 거래하는 금융투자업자는 상품의 내용, 투자에 따르는 위험 등을 투자자가 충분히 이해할 수 있게 설명함으로써 투자자를 보호하여야 할 의무가 있는데 이를 설명의무」라고 한다.[295]

계약체결 과정에서 금융상품판매업자등의 설명의무가 필요한 이유로 계약체결에 대한 당사자의 선택권 보호라는 견해,[296] 계약의 공정성을 달성하기 위한 수단이라는 견해,[297] 당사자의 선택권 보호 및 계약의 공정성 확보라는 견해[298] 등이 있는데, 설명의무는 계약 당사자에게 올바른 정보를 제공하여 계약의 공정성을 확보함으로써 당사자의계약체결에 대한 선택권을 보장하기 위한 것으로 보아야 할 것이다. 특히 금융상품은 다른 상품에 비하여 구입 당시 향후 상품의 변동성을 모두 예측하기 어려운 특성이 있고, 거래가 종결되기 전까지 금융서비스의 공급자인 금융회사와 수요자인 금융소비자 간에 정보의 비대칭성이 크기 때문에 대등한 교섭력을 확보하기에는 곤란한 점도 존재한다.[299] 따라서 금융상품의 공급자와 수요자 사이에 존재하는 정보의 비대칭성을 해소하고 공정한 금융거래를 위한 교섭력의 균형을 도모함으로써 금융거래에서 금융소비자의 권익을 보호하기 위하여 금

---

294) 설명의무에 관한 문헌으로는, 박진근, 금융회사의 설명의무 - 금융소비자보호기본법(안)을 중심으로-, 법과 정책연구 제16집 제3호, 한국법정책학회, 2016.9., 345면 이하.

295) 서울중앙지판 2013.1.17. 2011가합71808.

296) 어수용, 계약체결과정에서의 설명의무와 선택권 보호, 재산법연구 제27권 제3호, 한국재산법학회, 2011, 102면.

297) 증권법학회, 자본시장법 주석서 I, 박영사, 2009, 253면.

298) 노태석, 앞의 논문, 20면 이하.

299) 원승연, 금융투자상품 시장에서의 금융소비자 보호- 제한된 합리성 개념을 중심으로, 소비자학연구 제22권 제1호, 한국소비자학회, 2011, 36면.

융상품에 대한 설명의무가 필요하다.

금융회사의 설명의무는 고객으로 하여금 오인을 야기할 수 있는 정보를 제공하지 말아야 할 부작위의무와 고객이 자기책임 하에 적절한 투자판단을 할 수 있도록 필요한 정보를 적극적으로 제공해야 할 작위의무로 나눌 수 있다.[300] 여기서 작위의무란 고객이 자기책임 하에 합리적인 투자판단을 할 수 있도록 필요한 정보를 적극적으로 제공하여야 하는 의무이고, 부작위의무는 설명시 투자자를 오도(誤導)하거나 부실기재 또는 중요한 사항을 누락하여 설명해서는 안되는 의무이다. 예컨대 투자자의 수수료에 관한 사항은 금융상품에 기본적으로 내재하는 위험은 아닐지라도 투자수익에 영향을 미치는 중요한 정보라는 점에서 설명의무의 대상으로 편입되어야 한다는 것이다.

2) 설명의무 규정

금융소비자법에서는 금융상품판매업자등은 일반금융소비자에게 계약체결을 권유하는 경우 및 금융소비자가 설명을 요청하는 경우에는 상품에 따른 중요한 사항(금융소비자가 특정사항에 대한 설명만을 원하는 경우 해당 사항으로 한정한다)을 일반금융소비자가 이해할 수 있도록 설명하여야 한다(제19조 제1항). 보장성상품, 투자성상품, 예금성 상품, 대출성 상품, 연계·제휴서비스 등에 적용되며, 설명서 제공의무를 법정화하였다(동조 제2항).[301]

각 상품에 따른 중요한 사항으로는, 보장성 상품의 경우 상품의 내용, 보험료(공제료 포함), 보험금 지급제한 사유 및 지급절차, 위험보장의 범위, 그 밖에 위험보장기간 등 보장성상품에 관한 사항으로 대통령령으로 정하는 사항이다. 투자성 상품의 경우 상품의 내용, 투자에 따른 위험, 대통령령으로 정하는 투자성 상품의 경우 금융상품직접판매업자가 정하는 위험등급, 그 밖에 금융소비자가 부담해야 하는 수수료 등 투자성 상품에 관한 중요한 사항이다. 예금성 상품의 경우 상품이 내용, 그 밖에 이자율, 수익률 등 중요한 사항, 대출성 상품의 경우 금리 및 변동

300) 우홍구·권종호, 투자권유에 있어서 증권회사의 주의의무에 관한 고찰, 일감법학 제2권, 1997, 42-48면.

301) 대법원은 고객보호의무의 일환으로 금융회사는 상품의 특성, 위험도의 수준, 고객의 경험 및 능력 등을 종합적으로 고려하여 금융상품의 특성과주요 내용 및 거래에 수반하는 위험을 고객이 이해할 수 있도록 명확히 설명할 의무가 있다고 하고 있다. 대판 2010.11.11. 2010다55699; 공사채형 투자신탁의 경우 투자권유자의 고객에 대한 설명의무의 내용에 대한 판례로는, 대판 2003.7.11. 2001다11802.

여부, 중도상환수수료 부과 여부·기간 및 수수료율 등 상품의 내용,[302] 상환방법에 따른 상환금액·이자율·시기, 저당권 등 담보권 설정에 관한 사항, 담보권 실행사유 및 담보권 실행에 따른 담보목적물의 소유권 상실 등 권리변동에 관한 사항, 대출원리금, 수수료 등 금융소비자가 대출계약을 체결하는 경우 부담하여야 하는 금액의 총액, 그 밖에 대출계약의 해지에 관한 사항 등 대출성 상품에 관한 중요한 사항이다.

또한 위의 금융상품과 연계되거나 제휴된 금융상품 또는 서비스 등이 있는 경우 연계·제휴서비스등의 내용, 연계·제휴서비스등의 이행책임에 관한 사항과 그 밖에 중요한 사항과 청약 철회의 기한·행사방법·효과에 관한 사항등도 설명의무의 내용에 해당한다(제3항). 설명의무위반시에는 위반행위로 인한 수입 또는 이에 준하는 금액의 100분의 50 이내에서 과징금이 부과된다(제57조 제1항 제1호).

금융소비자법은 설명의 정도에 대하여 금융소비자가 이해할 수 있도록 설명해야 한다고 규정한다. 설명의 정도는 금융회사의 설명의무의 이행여부를 판단할 수 있는 지표가 된다. 설명사항 내지 중요사항과 관련된 설명의 정도는 금융소비자가 금융정보를 얼마나 이해하였는지가 문제된다. 금융회사는 금융소비자의 자주적 판단이 가능하도록 투자판단에 중요한 사항들을 알려주어야 하는 것은 물론, 이해하도록 배려하는 행위, 즉 충분히 이해하였는지에 대한 확인이 무엇보다도 중요하기 때문이다.[303] 따라서 설명의 정도는 각각의 금융소비자가 체결한 금융거래가 합리적인 결정에 의한 것인지에 대해 정확한 판단을 내릴 수 있을 정도여야 하며, 금융소비자가 금융정보에 대한 구체적인 이해를 할 수 있어야 한다. 금융회사가 일반적인 기준에 따라 설명을 하였음에도 불구하고 금융소비자의 금융경험이나 금융지식의 부족으로 인해 그 내용에 대한 이해에 문제가 발생할 여지가 있는 경우에는 설명의무를 이행하였다고 보기 어렵다.

다만 각 금융소비자가 금융거래 할 때 구체적인 상황은 차이가 있을 수 있으므로, 그 설명의 정도를 획일적으로 정할 수는 없다. 전문가가 아닌 일반적인 금융소

---

302) 금융소비자보호법에서 수수료사항이 법상 설염의무대상으로 명시되어 있으나 갈수록 수수료체계가 복잡해지는 경향이 있음을 고려할 때 수수료항목을 별도로 표시하고, 수수료체계 및 선취·후취의 구별과 그 의미 및 계약이전수수료, 해지시 추징세금까지 설명하게 하는 것이 바람직하다. 안수현, 앞의 발표문, 9면.

303) 안수현, (가칭)자본시장통합법과 소비자보호법의 접점 -금융소비자의 보호-, 증권법연구 제7권 제2호, 2006, 2006, 226면.

비자는 그 구체적인 경험과 지식은 서로 차이가 있으며, 금융소비자의 이해에 필요한 방법 및 정도에 의한 설명을 할 필요가 있다. 따라서 설명의 정도는 평균적인 금융소비자가 이해할 수 있는 설명이 아니라 특정 고객이 이해가능한 설명이라는 기준에서 설명의무의 정도가 결정되어야 한다.

판례는 「고객에게 어느 정도의 설명을 하여야 하는지는 투자대상인 상품의 특성 및 위험도의 수준, 고객의 투자 경험 및 능력 등을 종합적으로 고려하여 판단하여야 할 것이라고 보고 있다. 그 구체적인 설명의 정도에 관하여 금융기관은 고객이 당해 파생상품거래의 구조와 위험성을 정확히 평가할 수 있도록 그 금융상품의 특성 및 위험의 수준, 고객의 거래목적, 투자경험 및 능력을 종합적으로 고려하여 고객이 거래상 주요정보를 충분히 이해할 수 있을 정도로 설명하여야 한다」[304]고 하여, 일반 금융소비자가 파생상품거래의 구조와 위험성을 평가할 수 있기 위한 정도의 설명을 하도록 하고 있다. 하급심에서는 「투자자가 그 상품을 판매하는 금융투자업자의 인식과 비슷한 수준으로 인식할 정도로서 금융투자업자와 투자자 사이에 정보의 대등화가 이루어지는 정도로 설명을 하여야 한다」고 판시하여 설명의 정도의 기준을 좀 더 강화하기도 한다.[305] 이러한 설명의무의 취지는 금융투자업자와 투자자 사이에 정보의 격차가 크기 때문에 자기책임원칙의 적용을 위한 전제로서 위 격차를 줄이려는 것이지, 자기책임원칙을 근본적으로 수정하려는 것으로 보기 어렵다.[306]

설명사항과 정보제공은 단지 계약체결을 권유하는 판매단계 뿐만 아니라 판매 후 내지 계약관계 상실시에도 금융소비자 보호 측면에서 중요하다. 그러나 금융소비자보호법은 판매단계에서의 설명의무만 규정하고 있다. 따라서 일반금융소비자에게 판매권유 없이 금융상품을 판매하는 경우에는 요청하지 않는 이상 설명의무의 적용대상이 되지 못하는 공백이 생긴다. 그러나 이 경우에도 이러한 요청권이 있음을 고객에게 알리도록 할 필요가 있다.

3) 설명의무 위반의 효과

금융상품판매업자등이 설명의무를 위반한 경우에 어떠한 책임을 물을 것인가. 금융소비자법에서는 설명의무를 위반한 경우에 공법적 규제로서 과태료를 인정하

304) 대판 2003.7.11. 2001다11802.

305) 서울중앙지판 2013.6.9. 2012가합43411(항소심 서울고등법원 2013나38461 조정성립).

306) 정순섭, 일본의 금융기관 설명의무 입법에 대한 연구, 홍익법학 제8권 제1호, 2007, 199면.

고 있다(제69조 제1항 2호). 동법에서 특별히 설명의무위반의 효과에 대하여 규율하고 있지 않으므로 민사법에 의하여 해결할 수밖에 없다. 먼저 설명의무 위반 시 착오·사기에 의한 의사표시로서 취소(민법 제109조·제110조), 선량한 풍속 위반이나 불공정한 법률행위로서 무효(제103조·제104조) 등을 생각할 수 있다. 만약 설명의무가 정보제공의무와 함께 계약의 내용을 이룬다면 채무불이행책임을 물을 수가 있다. 그러나 단지 설명의무위반을 들어 계약책임으로 이론구성하는 것은 한계가 있다.

설명의무위반의 경우 불법행위책임으로 이론구성하는 것은 비교적 용이하다. 판례는 설명의무 위반의 경우 '고객보호의무'를 게을리 한 것으로 보아 불법행위가 성립한다고 한다.[307] 즉 불법행위 성립요건으로서 위법성 판단여부를 고객보호의무위반에서 찾고 있고, 설명의무를 다 하지 않은 경우 고객보호의무를 게을리 했다고 본다.[308] 따라서 여전히 설명의무위반사실은 요건사실로서 손해배상청구권자인 금융소비자 쪽에서 고의·과실과 함께 증명책임을 부담하게 된다. 또한 손해의 발생 사실과 손해액의 증명까지 금융소비자가 부담하게 되므로, 소송에서 유리한 입장이라고 말할 수 없다.

(4) 불공정 영업행위금지(제20조)

불공정 영업행위의 금지란 대출성 상품 등 대통령령으로 정하는 금융상품에 관한 계약체결과 관련하여 금융상품판매업자등이 우월적 지위를 이용하여 소비자의 의사에 반하여 다른 상품계약을 강요하거나 부당한 담보를 요구하거나 부당한 편익 요구 등을 금지하는 것을 말한다.[309] 불공정행위의 유형은 ⅰ) 대출성 상품 등과 관련하여 다른 금융상품의 계약체결을 강요하는 행위(1호)와 부당하게 담보를 요구하거나 보증을 요구하는 행위(2호), ⅱ) 금융상품판매업자등 또는 그 임직원이 업무와 관련하여 편익을 요구하거나 제공받는 행위(3호), ⅲ) 금융상품과 련련한 연계·제휴서비스 등의 부당한 축소·변경하는 행위(5호) ⅳ) 그 밖에 금융상품판매업자등이 우월적 지위를 이용하여 금융소비자의 권익을 침해하는 행위로 구분할 수

307) 대판 2003.7.11. 2001다11802.

308) 보호의무란 일반적으로 생명, 신체, 재산의 완전성 이익을 보호하고자 하는 것으로 판례는 숙박계약, 여행계약, 고용계약에서 인정하고 있는데 여기서 금융소비자계약에서 사용하는 고객보호의무는 고객을 보호할 주의의무를 말하는 것으로 앞의 용례와 다르다.

309) 이 규정은 은행법 제52조의2와 보험업법 제110조의2의 내용을 이관한 것으로 은행법과 보험업법에서는 각각 삭제되었다.

있고, 이러한 불공정 영업행위는 금지된다.

특히 대출상품의 경우 자기 또는 제3자의 이익을 위하여 금융소비자에게 특정 대출 상환방식을 강요하는 행위와 일정한 경우, 예컨대 대출계약이 성립한 날부터 3년 이내에 상환하는 경우와 다른 법령에 따라 중도상환수수료 부과가 허용되는 경우, 금융소비자 보호 및 건전한 거래질서를 해칠 우려가 없는 행위로서 대통령령으로 정하는 경우 이외에는 수수료, 위약금 또는 그 밖에 어떤 명목이즌 중도상환수수료를 부과하는 행위는 금지된다(제4호 나목). 위의 ⅰ)과 ⅱ)의 불공정 영업행위 금지행위는 자본시장법상의 채무증권, 지분증권, 집합투자증권과 금유위원회가 고시하는 금융상품에도 적용된다(시행령 제15조 제1항 1호·2호).

금융소비자보호법 제20조에서 금지하는 행위는 「독점규제 및 공정거래에 관한 법률」 제23조에서 규정하는 거래상의 지위를 남용하는 불공정거래행위로도 규제할 수 있으나, 감독권한 등을 고려하면 금융소비자의 지위를 강화하기 위하여 동법에서 규정한 것이다.[310]

(5) 부당권유행위 금지(제21조)

부당권유금지란 금융상품판매업자등이 계약체결을 권유하는 경우 금융상품에 대한 금융소비자의 정확한 인식을 방해하거나, 의사에 반하여 지속적으로 권유하는 행위, 단정적 판단 또는 허위사실 제공 등을 금지하는 것을 말한다. 금지행위를 예시적으로 열거하고 있는데, 모든 금융상품에 공통적으로 적용되는 금지행위로는 ⅰ) 불확실한 사항에 대하여 단정적 판단을 제공하거나 확실하다고 오인하게 할 소지가 있는 내용을 알리는 행위, ⅱ) 금융상품의 내용을 사실과 다르게 알리는 행위, ⅲ) 금융상품의 가치에 중대한 영향을 미치는 사항을 미리 알고 있으면서 금융소비자에게 알리지 아니하는 행위, ⅳ) 금융상품 내용의 일부에 대하여 비교대상 및 기준을 밝히지 아니하거나 객관적인 근거 없이 다른 금융상품과 비교하여 해당 금융상품이 우수하거나 유리하다고 알리는 행위 등이다(법 제21조 제1호 내지 제4호).

금융상품의 특성을 고려하여 보험상품과 같은 보장성 상품의 경우에는 ⅰ) 금융소비자가 보장성 상품 계약의 중요한 사항을 금융상품직접판매자업자에게 알리는 것을 방해하거나 알리지 아니 할 것을 권유하는 행위, ⅱ) 금융소비자가 보장성 상품 계약의 중요한 사항에 대하여 부실하게 금융상품직접판매업자에게 알릴 것

310) 노태석, 앞의 논문, 21면.

을 권유하는 행위를 추가로 규정하고 있다(제21조 5호). 또한 투자성 상품의 경우에도 ⅰ) 금융소비자로부터 계약의 체결권유를 해줄 것을 요청받지 아니하고 방문·전화 등 실시간 대화의 방법으로 이용하는 행위, ⅱ) 계약의 체결권유를 받은 금융소비자가 이를 거부하는 취지의 의사를 표시하였는데도 계약의 체결권유를 계속하는 행위를 부당권유행위로 규정하고 있다(제6호).

부당권유행위 금지는 설명의무와 중복되는 부분이 있으나, 설명의무는 금융상품판매업자의 적극적 의무를, 부당권유행위 금지는 잘못된 내용을 설명하거나 부당한 방법으로 계약체결을 권유하는 것을 방지하고자 하는 소극적 의무를 규정하는 것을 그 취지에 있어 다른 것으로 보아야 한다.[311]

한편, 보험상품과 같은 보장성 상품의 경우 고지의무와 관련하여 보험모집종사자의 일탈행위가 빈번하게 발생하므로 금융소비자보호법은 보험상품의 모집종사자에 해당하는 금융상품판매대리·중개업자가 금융소비자에 대해서 보험계약의 중요사항을 금융상품직접판매업자(보험회사)에 알리는 것을 방해하거나 알리지 않도록 권유하는 행위 또는 부실사항을 알리도록 권유하는 행위를 부당권유 행위로서 금지하고 있으며, 원본 손실 가능성이 있는 투자성상품의 경우에는 소위 '불초청권유행위 금지(unsolicited call)', '재권유 금지' 원칙을 적용하여 금융소비자에 대한 불완전판매의 유인을 제거하고자 하고 있다(제26조).

(6) 광고규제

광고규제란 금융상품 광고시 금융소비자보호를 위하여 광고행위에 대해 규제하는 것을 말한다. 금융소비자보호법 제22조에서 광고규제 규정을 두고 있다. 광고는 사업자가 상품 등에 관한 사항을 신문, 방송, 전기통신 등의 방법으로 소비자에게 널리 알리거나 제시하는 것을 의미하므로(표시광고법 제2조 2호), 금융상품 등에 관한 광고는 금융상품판매업자등이 그 업무 또는 금융상품에 관한 사항을 금융소비자에게 널리 알리는 것을 말한다.

광고는 금융상품판매업자 등에게는 홍보 및 판촉 및 계약에의 유입 수단이 되는 반면, 금융소비자의 입장에서는 정보획득의 수단으로 활용된다. 광고는 일종의 청약의 유인에 해당하기 때문에 원칙적으로 금융소비자계약의 내용이 되지 못하기 때문에 규율하는데 한계가 있다. 기왕의 개별 금융 관련 법령에서는 개별 규정

---

311) 노태석, 앞의 논문, 23면.

을 통하여 금융상품 등에 관한 광고규제를 취하고 있었으나, 광고규제 체제가 너무 복잡하여 그 준수 여부를 판단하기가 쉽지 않고, 업권간 형평성 문제가 있으므로 기존의 규제체계를 기능별 규제체계로 통합할 필요성이 있었다.[312)]

금융상품등에 관한 광고를 하는 경우에는 금융소비자가 금융상품의 내용을 오해하지 아니하도록 명확하고 공정하게 전달하여야 한다(제2항). 또한 투자상 성품에 관한 광고를 제외하고는 금융상품에 관한 계약을 체결하기 전에 금융상품 설명서 및 약관을 읽어 볼 것을 권유하는 내용(제3항 1호), 금융상품판매업자등의 명칭, 금융상품의 내용(제3항 2호)의 내용이 포함되도록 하여야 한다. 더 나아가 보장성 상품의 경우에는 기존에 체결했던 계약을 해지하고 다른 계약을 체결하는 경우에는 계약체결의 거부 또는 보험료 등 금융소비자의 지급비용(이하 이 조에서 "보험료등"이라 한다)이 인상되거나 보장내용이 변경될 수 있다는 사항을, 투자성 상품의 경우에는 투자에 따른 위험과 과거 운용실적을 포함하여 광고를 하는 경우에는 그 운용실적이 미래의 수익률을 보장하는 것이 아니라는 사항을, 예금성 상품의 경우에는 만기지급금 등을 예시하여 광고하는 경우에는 해당 예시된 지급금 등이 미래의 수익을 보장하는 것이 아니라는 사항(만기 시 지급금이 변동하는 예금성 상품으로서 대통령령으로 정하는 금융상품의 경우에 한정한다)을, 대출성 상품의 경우에는 대출조건이 포함되어야 한다.

이상과 같이 금융소비자보호법에서는 개별법상 금융상품 등에 관한 광고 사항을 모두 포함할 수 있도록 포괄적으로 규정하고, 금융상품의 특성을 고려하여 금융상품의 유형별로 규제사항을 마련하고 있다.

7. 금융상품판매업자등의 업종별 영업행위 준수사항

(1) 미등록자를 통한 금융상품판매 대리·중개 금지

금융소비자보호법은 불완전판매로 인한 금융소비자의 피해방지를 위해서 금융상품판매업자의 금융상품판매대리·중개업자가 아닌 자에게 금융상품 계약체결 등을 대리하거나 중개하게 해서는 아니 된다(제24조)고 규정하여 금융상품판매업자가

312) 한국금융연구원, 금융관고 규제 개선에 관한 연구, 금융위원회연구용역보고서, 2014, 156면. 기능별 규제체계로의 전환은 업권에 따른 규제차익 및 형평성 문제를 해소할 수 있으며, 규정 준수 여부에 대한 판단도 보다 더 용이해진다고 한다.

금융상품판매대리·중개업자 이외의 자에 대하여 금융상품 계약체결 등의 위탁을 하는 것을 금지하고 있다.

미등록자에 의한 금융상품 판매행위로 인하여 금융소비자가 피해를 입는 것을 사전에 예방하기 위한 조치로 금융상품판매업자등을 제외하고 금융상품판매업을 영위해서는 아니 된다(제11조)고 규정하고 있고, 금융상품판매업자등은 업자별로 취급하는 상품의 범위를 정하여 금융위원회에 등록하도록 하고 있다(제12조). 이는 금융소비자 피해방지의 실효성을 제고하기 위한 것으로 금융상품판매업자등의 위탁자에 대한 규제도 함께 하고 있는 것이다. 기존의 개별 금융 관련 법령에서도 이러한 규정을 두고 있는데, 자본시장법은 금융투자업자가 투자권유대행인 이외의 자에게 투자권유를 대행하지 못하게 하고 있으며(자본시장법제52조 제1항), 보험업법도 보험모집을 할 수 있는 자 이외의 자에게 모집위탁을 금지하고 있고(보험업법 제99조 제1항), 여신전문금융업법도 신용카드회원을 모집할 수 있는 자 이외의 자에게 모집위탁을 금지하고 있다(여신전문금융업법 제14조의5 제1항).

(2) 금융상품판매대리·중개업자의 금지행위

금융상품판매대리·중개업자는 금융상품직접판매업자로부터 위임·위탁을 받아 업무를 행하므로 금융소비자보호와 건전한 금융거래질서를 유지하기 위해서는 금융상품판매업자로서의 일반적인 규제 이외에 그 업무 특성에 따른 추가적인 규제가 필요하다. 이를 위해 금융소비자보호법은 금융상품의 판매채널에 해당하는 금융상품판매대리·중개업자에 대하여 추가적인 규제를 하고 있다(제25조).

금융상품판매대리·중개업자는 금융소비자로부터 투자금, 보험료 등 계약의 이행으로서 급부를 받는 행위를 할 수 없으며(제24조 제1항 제1호), 그 대리·중개하는 업무를 제3자에게 재위임·재위탁하는 것을 금지하고, 재위임·재위탁행위에 관하여 수수료·보수나 그 밖의 대가를 지급하는 행위를 금지하고 있다(제2호). 또한 금융상품직접판매업자로부터 정해진 수수료 외의 금품, 그 밖의 재산상 이익을 요구하거나 받아서는 아니 된다(제24조 제2항)고 규정하여 부당한 이익수수를 금지하고 있다.

금융상품판매대리·중개업자로 하여금 금융소비자로부터 급부 수취를 금지하는 이유는 금융상품에 대한 계약체결 권한을 보유한 자는 금융상품직접판매업자인데, 금융상품판매대리·중개업자가 계약의 이행으로서 급부를 수취하게 되는 경우 계약체결의 상대방으로 오인할 우려가 있기 때문이다. 다만 금융상품판매대리·중개업자가 금융상품직접판매업자로부터 급부 수령에 대한 권한을 부여받은 경우에는 예외가 인정된다(상법 제646조의 2).

한편 금융상품판매대리·중개업자는 금융상품직접판매업자로부터 정해진 수수료 이외의 금품, 그 밖의 재산상 이익을 요구하거나 수취하는 행위를 할 수 없다(제25조 제2항). 이는 금융상품의 제조판매 분리 현상[313]으로 말미암아 판매조직의 영향력이 증대되어 판매조직이 그 영향력을 바탕으로 부당한 이익을 수수하거나 과도한 수수료 등을 수취하는 불공정행위를 금지하기 위한 것이다. 금융상품판매대리·중개업자의 불공정한 행위는 결국 금융소비자의 부담으로 되돌아오기 때문에 금융소비자보호법에서는 이를 적극적으로 규제하고 있다.

(3) 금융상품판매대리·중개업자의 고지의무

금융소비자보호법은 금융상품판매대리·중개업자의 의무사항으로 금융상품판매대리·중개업자가 그 대리·중개업무를 수행하는 경우에 금융소비자에게 i) 대리·중개하는 금융상품직접판매업자의 명칭 및 업무 내용, ii) 하나의 금융상품직접판매업자만을 대리하거나 중개하는 금융상품판매대리·중개업자인지 여부(전속 여부), iii) 계약체결 권한의 유무, iv) 손해배상책임에 관한 사항, v) 증표제시, vi) 그 밖에 금융소비자 보호 또는 건전한 거래질서를 위하여 대통령령으로 정하는 사항을 사전에 알리도록 하고 있다(제26조). 시행령에서 정한 사항으로는, 예탁금(금융소비자가 금융투자상품의 매매, 그 밖의 거래와 관련하여 금융상품직접판매업자에 예탁하는 금전을 말한다), 보험료 등 금융소비자가 계약에 따라 금융상품직접판매업자에 지급해야 하는 금전을 받을 수 있는 권한이 없다는 사실(시행령 제22조 제1항 1호), 금융소비자로부터 청약, 해지 등 계약에 관한 의사표시를 수령할 수 있는 권한이 없다는 사실(2호), 법 제25조 제1항 제2호의 단서에 따라 금융상품판매대리·중개업자의 업무를 수탁 받은 경우에 그 업무를 위탁한 금융상품판매대리·중개업자의 명의(법 제

313) 제조와 판매의 분리는 제조와 판매기능을 함께 가지고 있던 회사가 판매기능부문을 법인으로서의 판매회사나 이익책임 단위(profit center)로서의 판매회사를 이용하여 분리시키거나, 판매채널을 이익책임 단위로서 활용하는 것 등을 모두 포함하는 넓은 의미로 정의되기도 하나, 좋은 의미의 제조와 판매의 분리는 상품 제조기능과 판매기능의 완전한 분리, 즉 금융상품 제조회사가 제조기능만을 담당하며 판매를 위해서는 독립적인 판매법인을 활용하는 것으로 정의된다.

26조제2항에 따른 증표·표지를 포함한다) 및 업무 내용(3호), 금융상품판매대리·중개업자가 대리·중개하는 금융상품직접판매업자의 명의 및 그 금융상품직접판매업자가 금융관련법령에 따라 인가·허가를 받거나 등록되었는지 여부(4호), 그 밖에 금융소비자 보호 또는 건전한 거래질서를 위하여 필요한 사항으로서 금융위원회가 정하는 사항(5호) 등이다.

이와 같이 금융상품판매대리·중개업자에게 고지의무를 부과한 이유는 금융소비자로 하여금 계약의 상대방이 누구인지 명확히 인식하도록 하여 착오 또는 오인으로 인한 분쟁을 사전에 방지하고 사후에 분쟁이 발생하는 경우에 그 책임소재를 분명히 하기 위한 것으로 볼 수 있다.

(4) 금융상품자문업자의 영업행위준칙

금융상품자문업자는 주요업무는 자문서비스의 제공이므로 필연적으로 금융소비자가 최선의 선택을 할 수 있도록 자문업무를 성실히 수행하여야 하며, 금융상품판매업자가 아닌 금융소비자의 이익을 위하여 자문서비스를 제공할 수 있어야 하므로 자문업무 수행에 있어 공정성과 독립성을 갖추어야 한다. 이에 따라 금융소비자보호법에서는 금융상품자문업자가 준수해야 할 영업행위준칙으로 i) 금융소비자에 대한 선량한 관리자의 주의의무를 부과하고 있으며(제27조 제1항), ii) 금융소비자의 이익을 보호하기 위하여 자문업무를 충실하게 수행하도록 하고(제27조 제2항), iii) 금융소비자에 대한 고지의무(제3항)를 규정하고 있다. 한편, 금융상품판매업자와 이해관계를 갖지 않는 독립금융상품자문업자의 경우에는 이해상충을 방지하기 위하여 별도의 규제사항을 마련해놓고 있다(제4항 내지 제5항).

금융소비자보호법은 금융상품판매업자로부터의 독립성 확보를 위하여 독립금융상품자문업자에 대한 별도의 규제사항을 마련해놓고 있는데, 독립금융상품자문업자가 아닌 자는 '독립'이라는 문자 또는 이와 같은 의미를 가지고 있는 외국어 문자를 명칭이나 광고에 사용할 수 없도록 하고 있으며(제27조 제4항), 독립자문업자의 금지행위로 i) 금융소비자의 자문에 대한 응답과 관련하여 금융상품판매업자로부터 재산상 이익을 받는 행위, ii) 그 밖에 금융소비자와의 이해상충이 발생할 수 있는 행위로서 대통령령으로 정하는 행위를 규정하고 있다(제27조 제5항 각 호).

이와 같이 금융소비자보호법이 금융상품자문업자에 대해서 별도의 영업행위 준수사항을 마련한 이유는 금융상품에 대한 자문서비스는 금융소비자의 이익을 위해서 서비스를 제공하는 것으로 금융소비자에 대한 신뢰를 형성시키고, 그러한 신뢰를 보호할 필요성이 강하게 요구되기 때문이다.[314] 이에 따라 금융소비자보호법은 금융상품자문업자에 대한 금융소비자의 신뢰를 보호하기 위하여 보다 높은 수준의 의무를 부과하고 있는 것으로 이해되며, 특히 금융상품자문업자의 금융소비자에 대한 이해상충을 최소화하는 것이 금융상품자문업에 대한 영업행위규제의 핵심적 내용이라고 할 수 있다.[315]

(5) 자료의 기록 및 유지·관리

금융소비자보호법은 금융상품판매업자등이 금융상품판매업등의 업무와 관련한 자료에 대한 기록의무와 함께 자료의 종류별로 일정기간 동안 그 자료를 유지·관리하도록 규정하고 있으며(제28조 제1항), 기록 및 유지·관리하여야 하는 자료가 멸실 또는 위조되거나 변조되지 아니하도록 적절한 대책을 강구하도록 하고 있다(제28조 제2항). 이와 같이 금융상품판매업자등으로 하여금 그 업무와 관련된 자료의 기록 및 유지·관리의무를 부과한 취지는 금융소비자보호법에서 규정하고 있는 영업행위 준칙사항 등에 대한 준수여부의 확인과 향후 분쟁이 발생할 경우 소송의 수행 등 그에 대한 증빙자료로써 활용가치가 있기 때문이다. 상법상 상인의 경우에는 영업에 관한 중요서류에 대한 보존의무가 존재하기 때문에(상법 제33조) 금융소비자보호법상의 자료에 대한 기록·의무가 불필요하다고 할 수도 있으나, 상법상 규정은 영업에 관한 '중요자료'에 한정되어 있는 반면에 금융소비자보호법상의 규정은 업무에 관한 자료로서 그 범위가 보다 넓고, 금융소비자에 대한 자료접근권을 보장하고 있기 때문에 금융소비자보호법상의 업무에 대한 자료의 기록·유지의무는 금융소비자보호에 도움이 된다 할 것이다.[316]

한편, 금융소비자보호법은 금융상품판매업자등이 보관하고 있는 자료에 대한 금융소비자의 접근성 강화를 위하여 금융소비자가 분쟁조정 또는 소송의 수행 등 권리구제를 위한 목적으로 금융상품판매업자등이 기록 및 유지·관리하는 자료의

---

314) 김정연, 금융상품자문법리 정립을 위한 시론, 법학 제58권 제1호, 서울대학교, 2017.3, 380면에서는 특히 금융상품의 경우 전적으로 신뢰와 신용에 의지하여 구매를 결정할 수 밖에 없는 신용재(credence goods)로서의 성격이 있기 때문에 금융상품에 관해서는 금융기관의 조언과 추천을 믿고 계약체결에 이르게 되는 소비자의 신뢰를 보호할 필요성이 더욱 크다고 한다.

315) 노태석, 앞의 논문, 31면.

316) 노태석, 위의 논문, 32면.

열람 요구할 수 있도록 하고 있으며(제27조 제3항), 금융상품판매업자등은 금융소비자로부터 자료의 열람 요구를 받은 경우에는 10일 이내의 범위에서 대통령령으로 정하는 기간 내에 특별한 사유가 없으면 금융소비자에게 열람을 허용하도록 규정하여(제4항 및 제5항) 금융소비자의 자료에 대한 접근권을 실질적으로 보장하고 있다. 다만, 남소 등의 남용을 방지하기 위하여 분쟁조정 또는 소송수행 등 권리구제의 목적으로 한정하였으며, 과도한 자료열람을 방지하고자 소정의 수수료 등의 비용을 부과할 수 있도록 하였다. 이와 같은 금융소비자의 금융상품판매업자등의 보관자료에 대한 접근성 강화조치는 금융상품판매업자등의 업무수행에 있어 투명성을 제고하고, 금융소비자는 충분한 자료접근을 통하여 소송 제기전 객관적으로 승소 가능성을 가늠할 수 있게 되어 무리한 남소 방지 등의 효과도 있을 것으로 보인다.

8. 금융소비자보호법상 구제제도

금융소비자보호법은 금융소비자에게 피해가 발생하였거나, 피해를 예방하기 위하여 금융계약 체결 이후 구제할 수 있는 방안을 규정하고 있다. 금융분쟁조정제도와 손해배상책임, 청약의 철회, 위법계약의 해지 등에 대하여 규정하고 있다.

(1) 금융분쟁조정제도

종전 금융위원회법에 규정되어 있었던 금융분쟁조정제도가 금융소비자보호법으로 이관되었다(제33조-제43조). 조정위원회의 구성(제34조), 분쟁의 조정(제36조), 조정의 효력(제39조), 시효의 중단(제40조) 등 분쟁조정과 관련된 기본적인 사항은 금융위원회법과 동일하나, 금융소비자법에서는 소송절차의 중지(제41조), 조정이탈금지제도(제42조) 등이 신설되었다.

먼저 소송절차중지는 조정이 신청된 사건에 대하여 신청 전 또는 신청 후 소가 제기되어 소송이 진행 중인 경우 수소법원(受訴法院)은 조정이 있을 때까지 소송절차를 중지시킬 수 있는 제도이다(제41조 제1항). 즉, 법원의 판단에 따라 조정을 우선 실시하도록 하는 제도이다. 이는 금융분쟁이 발생하였을 때, 금융회사 등이 분쟁조정절차가 개시하여도, 소송이 제기되는 경우 조정절차는 정지되는데, 이를 악용하여 금융소비자를 압박하기 위해서 금융회사가 소송을 남발한다는 문제점이 있었다. 이러한 문제점을 개선하기 위해서 도입된 것이 소송중지제도이다.

조정위원회는 소송절차가 중지되지 아니하는 경우에는 해당 사건의 조정절차를 중지하여야 한다(동조 제2항). 또한 조정위원회는 조정이 신청된 사건과 동일한 원인으로 다수인이 관련되는 동종·유사 사건에 대한 소송이 진행 중인 경우에는 조정위원회의 결정으로 조정절차를 중지할 수 있다(동조 제3항). 다만 소액분쟁사건에 대한 특례규정을 두고 있는데, 일반금융소비자가 신청한 사건이면서 조정을 통하여 주장하는 권리나 이익의 가액이 2천만 원 이내에서 대통령령으로 정하는 금액 이하일 때에는 조정대상기관은 소액분쟁사건과 관련하여 조정절차가 개시된 경우에는 제36조 제6항에 따라 조정안을 제시받기 전에는 소를 제기할 수 없다(제42조 본문). 다만 제36조 제3항에 따라 서면통지를 받거나 제36조 제5항에서 정한 기간 내에 조정안을 제시받지 못한 경우에는 그러하지 아니하다(동조 단서).

조정이탈금지제도는 i) 일반금융소비자가 신청한 분쟁조정 사건으로서 ii) 분쟁금액이 2천만 원 이내에서 대통령령으로 정하는 금액(2천만 원) 이하인 분쟁조정의 경우 분쟁조정위원회의 조정안을 제시받기 전까지는 분쟁조정 당사자 중 하나인 금융회사 등은 소송을 제기하는 것을 금지하는 제도이다(제42조). 소제기 금지제도가 도입된 것은 앞서 소송중지제도와 유사하게 금융소비자를 압박할 목적으로 소송을 남발하는 것을 방지하고, 조정제도의 활성화를 통해 금융소비자를 보호하기 위한 것이다.

(2) 손해배상책임

1) 금융상품판매업자 및 금융상품직접판매업자의 손해배상책임

금융소비자계약의 당사자인 금융상품판매업자가 손해배상책임을 지는 경우는 계약위반의 경우와 불법행위를 들 수 있다. 금융상품의 유형에 따라 예금거래, 대출거래, 보험거래, 투자거래 시 당사자 사이의 각 계약에 따른 급부를 이행하지 않은 경우 금융상품판매업자등은 채무불이행에 따른 손해배상책임을 부담한다. 이와 별도로 금융소비자보호법 제44조 및 제45조는 금융상품판매업자 및 금융상품직접판매업자의 손해배상책임에 관해서 규정하고 있다. 즉 금융상품판매업자 등이 고의 또는 과실로 동법을 위반하여 금융소비자에게 손해를 발생시킨 경우 그 손해를 배상할 책임이 있다(법 제44조 제1항).

금융소비자보호법은 소비자보호를 목적으로 하는 법률이므로 동법의 위반은 '소비자보호의무'의 위반이라고 할 수 있으며 동법에서 금융상품판매자등에게 요구되는 모든 의무는 금융소비자가 자기책임 하에 합리적으로 거래에 진입하기 위한 전제로서 요구되는 객관적 가치판단의 대상이 되는 의무라고 보아야 한다. 특히 제44조 제2항은 제19조의 설명의무위반의 경우에도 손해배상책임을 인정하고 있다. 다만, 그 금융상품판매업자등이 고의 및 과실이 없음을 입증한 경우에는 그러하지 아니하다(제2항 단서)고 하여 증명책임을 전환하고 있다. 동법은 이하의 자본시장법 제48조 제2항처럼 손해액 추정규정은 두고 있지 않다. 따라서 손해발생사실, 설명의무위반과 손해발생의 사실 사이의 인과관계, 손해액에 대하여 금융소비자가 증명하여야 하는 문제가 남는데 향후 이에 대한 구체적인 손해액 추정규정 등의 입법이 필요하다.

자본시장법 제48조 제1항에서도 금융투자업자는 금융소비자보호법 제19조 제1항 또는 제3항의 설명의무 관련 규정을 위반한 경우 이로 인하여 발생한 일반투자자의 손해를 배상할 책임이 있다고 규정하고 있다.[317] 특히 제2항에서는 손해액 추정 규정을 두어서 금융소비자의 손해액 증명책임을 완화하고 있다. 즉, 금융투자상품의 취득으로 인하여 일반투자자가 지급하였거나 지급하여야 할 금전 등의 총액에서 그 금융투자상품의 처분, 그 밖의 방법으로 그 일반투자자가 회수하였거나 회수할 수 있는 금전 등의 총액을 뺀 금액을 손해액을 추정한다(자본시장법 제48조 제2항).

금융소비자보호법의 손해배상규정은 민법 제750조의 일반 불법행위와 동일한 구조를 가지는 손해배상책임 규정이다. 다만 위법성 판단에서 제750조와 다른 점은 금융소비자보호법 위반을 위법성 판단의 요소로 한다는 점이다.

따라서 금융소비자가 금융상품판매업자등에게 손해배상청구소송을 하는 경우 손해배상책임의 요건으로서 금융상품판매업자의 고의 또는 과실, 금융소비자법 위반사실, 손해의 발생, 위반사실과 손해의 발생과의 인과관계 등이 요구된다.

금융상품판매대리·중개업자 또는 임직원이 금융소비자에게 손해를 발생시킨 경우에는 '금융상품직접판매업자'가 그 손해를 배상할 책임을 부담한다(법 제45조 제1항 본문). 단 금융상품직접판매업자가 금융상품판매대리·중개업자 등의 선임과 그 업무감독에 적절한 주의를 하였고, 금융소비자의 손해를 방지하기 위해서 노력한

317) 설명의무위반과 관련하여 은행의 펀드판매에 대한 손해배상 책임을 인정한 하급심 판례는, 은행원들이 펀드가입을 권유하면서 고위험·고수익의 장외파생상품을 주된 투자대상으로 하는 펀드의 위험성을 알리지 않은 사안에서, 이러한 행위는 투자자 보호의무를 위반한 불법행위를 구성하므로 은행이 사용자로서 손해배상책임을 진다"고 판시하였다(서울중앙지법 2009.6.23. 선고 2008가합99578 판결).

경우에는 그러하지 아니하다(법 제45조 제2항 단서)고 하여 사용자책임에서 사용자가 피용자의 사무감독에 상당한 주의를 한 때에는 책임을 지지 아니하는 중간책임과 유사한 책임을 부담한다.

만약 위법행위시와 손해발생 시점 사이에 시간적 간격이 있는 경우라면 불법행위로 인한 손해배상책임의 성립시기에 따라 손해액의 산정이 달라지게 되는데, 판례는 불법행위로 인한 손해배상책임은 원칙적으로 위법행위 시에 성립하지만 위법행위 시점과 손해발생 시점 사이에 시간적 간격이 있는 경우에는 손해가 발생한 때에 성립하고, 손해의 발생시점이란 이러한 손해가 현실적으로 발생한 시점을 의미하는데, 현실적으로 손해가 발생하였는지 여부는 사회통념에 비추어 객관적으로 합리적으로 판단하여야 한다고 한다.[318)]

금융상품직접판매업자가 금융상품판매대리·중개업자가 금융소비자에게 손해를 가하여 손해배상책임을 부담한 경우에는 구상권을 행사할 수 있다(제45조 제2항).

2) 증명책임의 전환

금융소비자법상 손해배상책임은 현행 금융관련 법률의 손해배상책임과 차이점이 있다. 즉 설명의무위반(법 제19조)에 대해서 제한적으로 증명책임이 전환되었다는 것이다. 금융소비자법 제44조 제2항 본문은 금융상품판매업자 등이 설명의무를 위반(제19조)하여 금융소비자에게 손해를 발생시킨 경우에는 그 손해를 배상할 책임을 진다고 규정하고 있다. 그런데 입법자는 제44조 2항 단서에서는 '그 금융상품판매업자 등이 고의 및 과실이 없음을 입증한 경우에는 그러하지 아니하다'라고 규정하여 마치 본문에서 규정하고 있는 설명의무위반의 경우에도 입증책임이 전환된 것처럼 표현하고 있다.[319)] 그렇다면 제44조 제1항의 요건 중 고의 또는 과실에 대해서는 증명책임이 전환되어 금융상품판매업자 등이 고의 또는 과실 없음을 증명하여야 손해배상책임을 지지 아니한다.

물론 설명의무를 위반했다는 사실과 그로 인하여 손해가 발생하였다는 사실을 여전히 금융소비자가 입증하여야 하는 경우에도 개연성 정도로 증명하게 한다면

---

318) 대판 2018.7.20. 2016다35352; 대판 2013.1.24. 2012다29649; 대판 2011.7.28. 2010다76368.

319) 이를 입법의 착오로 보아 제44조 제2항 단서의 내용은 동조 제1항 단서에 위치하는 것이 타당하다는 견해가 있으나 입법자는 설명의무의 입증책임을 판매자가 입증하는 것이 더 용이할 뿐만 아니라 판매자에게 부과함으로써 판매자에게 최선을 다하여 설명의무를 할 것을 요구하고 있다.

금융판매자가 입증책임을 지는 것과 균형을 유지하게 될 것이다. 손해배상청구권자인 금융소비자는 이 이외의 요건인 동법의 위반과 손해의 발생 사이의 인과관계에 대해서도 증명책임을 부담한다. 따라서 제44조 손해배상책임규정은 완전한 입증책임전환이 아니라 제한적인 입증책임 전환이라고 할 수 있다.[320)]

금융소비자보호법에서는 손해배상의 내용에서 징벌적 손해배상제도를 도입하고 있지 않다.

(3) 청약철회권

1) 청약철회권 인정되는 금융상품

금융상품거래에서 청약철회는 그 동안 제한적으로 인정되었다. 투자자문의 경우 자본시장법 제59조 제2항 및 대통령령 제61조 제2항에서, 보험의 경우 보험업법 제102조의 4에서 규정하고 있고, 대출의 경우에는 표준약관을 개정하는 방식으로 도입되었다.[321)] 다만 청약철회는 모든 금융상품거래에서 인정되는 것은 아니고, 대통령령에서 정하는 금융상품에 대해서만 청약철회가 인정된다(법 제46조). 동법 시행령(안)에서는 보장성 상품 중 보험증권을 받은 날부터 15일과 청약을 한 날부터 30일의 기간에 해당 금융상품이 보장하는 혜택의 상당 부분을 금융소비자가 받을 수 있는 금융상품으로서 그 계약기간이 금융위원회가 정하는 기간 이내인 금융상품, 제3자를 위한 보증보험(일반금융소비자가 제3자의 동의를 받은 경우 제외), 그 밖에 금융위원회가 정하여 고시하는 보장성 상품을 들고 있다.

투자성 상품으로는 고난도금융투자상품(집합투자업자가 기간을 정하여 금융소비자를 모집하고 그 기간이 종료된 후에 금융소비자가 지급한 금전등으로 「자본시장과 금융투자업에 관한 법률」에 따른 집합투자를 실시하는 것을 내용으로 하는 계약에 한정한다), 고난도투자일임계약, 신탁계약(금전에 관한 신탁계약은 고난도금전신탁계약에 한정한다).

---

320) 윤민섭, 금융소비자보호에 관한 법률 제정과 법적 과제, 은행법연구 제13권 제1호, 은행법학회, 2020.5., 25면. 금융거래 관행을 보면, 금융거래시 금융소비자에게 금융상품에 대한 설명을 하고, 설명을 들었다는 확인서명을 금융소비자로부터 받게 되는데, 설명의무의 이행과 관련된 사항에 대해서 모든 자료를 금융회사가 가지고 있으며, 녹취가 의무가 아닌 이상 금융소비자의 확인서명만으로 설명의무를 이행한 것으로 간주되는 것이 일반적이기 때문에 금융소비자가 설명의무 위반을 입증하는 것은 사실상 불가능에 가깝다고 보아야 한다.

321) 은행여신거래기본약관(표준약관 제10006호, 2016.10.7. 개정) 제4조의2(대출계약 철회) ① 채무자는 계약서류를 발급받은 날(계약서류를 발급받은 날보다 대출금의 지급이 늦게 이루어진 경우에는 대출 실행일)로부터 14일 이내에 서면, 전화, 컴퓨터통신으로 대출계약 철회의 의사를 표시할 수 있습니다.

대출성 상품 중 제외되는 것으로는, 「여신전문금융업법」에 따른 시설대여·할부금융·연불판매(다만, 계약에 따른 재화를 제공받지 않은 경우는 제외한다), 「온라인투자연계금융업 및 이용자 보호에 관한 법률」에 따른 연계대출에 관한 계약, 「자본시장과 금융투자업에 관한 법률」 제72조제1항에 따른 신용의 공여(금융상품판매업자가 일반금융소비자가 표시한 청약의 철회의사를 받기 전에 해당 대출성 상품과 관련하여 담보로 제공된 증권을 「자본시장과 금융투자업에 관한 법률」에 따라 처분한 경우에 한정한다), 그 밖에 금융위원회가 정하여 고시하는 대출성 상품 등이다.

2) 청약철회의 효력 발생 시기

보장성 상품, 투자성 상품, 금융상품자문의 경우, 일반금융소비자가 청약의 철회의사를 표시하기 위하여 서면(대통령령으로 정하는 방법에 따른 경우를 포함한다. 이하 이 절에서 "서면등"이라 한다)을 발송한 때이다. 대출성 상품의 경우, 일반금융소비자가 청약의 철회의사를 표시하기 위하여 서면 등을 발송하고, 다음 공급받은 금전·재화와 이자, 제3자에게 이미 지급한 수수료 등의 비용 등의 금전·재화 등(이미 제공된 용역은 제외하며, 일정한 시설을 이용하거나 용역을 제공받을 수 있는 권리를 포함한다. 이하 이 항에서 같다)을 반환한 때

3) 청약철회의 방법

청약이 철회된 경우 금융상품판매업자등이 일반금융소비자로부터 받은 금전·재화등의 반환은 각 다음과 같다. 먼저 보장성 상품의 경우에는 금융상품판매업자등은 청약의 철회를 접수한 날부터 3영업일 이내에 이미 받은 금전·재화등을 반환하고, 금전·재화등의 반환이 늦어진 기간에 대하여는 대통령령으로 정하는 바에 따라 계산한 금액을 더하여 지급할 것을 요한다.

투자성 상품, 금융상품자문의 경우에는 금융상품판매업자등은 청약의 철회를 접수한 날부터 3영업일 이내에 이미 받은 금전·재화등을 반환하고, 금전·재화등의 반환이 늦어진 기간에 대해서는 대통령령으로 정하는 바에 따라 계산한 금액을 더하여 지급할 것. 다만, 대통령령으로 정하는 금액 이내인 경우에는 반환하지 아니할 수 있다.

대출성 상품의 경우에는 금융상품판매업자등은 일반금융소비자로부터 제2항 제2호에 따른 금전·재화등, 이자 및 수수료를 반환받은 날부터 3영업일 이내에 일반금융소비자에게 대통령령으로 정하는 바에 따라 해당 대출과 관련하여 일반금

융소비자로부터 받은 수수료를 포함하여 이미 받은 금전·재화등을 반환하고, 금전·재화등의 반환이 늦어진 기간에 대해서는 대통령령으로 정하는 바에 따라 계산한 금액을 더하여 지급할 것을 요한다.

청약이 철회된 경우 금융상품판매업자등은 일반금융소비자에 대하여 청약의 철회에 따른 손해배상 또는 위약금 등 금전의 지급을 청구할 수 없다. 또한 보장성 상품의 경우 청약이 철회된 당시 이미 보험금의 지급사유가 발생한 경우에는 청약 철회의 효력은 발생하지 아니한다. 다만, 일반금융소비자가 보험금의 지급사유가 발생했음을 알면서 청약을 철회한 경우에는 그러하지 아니하다.

위의 규정에 반하는 특약으로서 일반금융소비자에게 불리한 것은 무효로 한다(제46조 제6항). 청약 철회권의 행사 및 그에 따른 효과 등에 대해서 금융소비자법은 명시적으로 규정하고 있지 않고 대통령령에 위임하고 있다.

(4) 위법계약의 해지권

정보불균형이 심한 금융거래에서 금융소비자의 권리를 보장해주는 차원에서 금융소비자에게 위법계약해지권을 인정하고 있다. 즉 금융판매업자 등이 판매원칙인 적합성 원칙(제17조 제3항), 적정성 원칙(제18조 제2항), 설명의무(제19조), 불공정영업행위 금지(제20조) 또는 부당권유금지(제21조)를 위반하여 대통령령에서 정하는 금융상품에 관한 계약을 체결한 경우 5년 이내의 범위에서 금융소비자는 '대통령령으로 정하는 기간' 내에 서면 등으로 계약의 해지를 요구할 수 있다(제47조 제1항). 대통령령이 정하는 금융상품은 다음 요건을 모두 충족하여야 한다. 즉 계약의 형태가 계속적일 것(계약의 체결로 자본시장법 제9조 제22항에 따른 집합투자규약이 적용되는 경우에는 그 적용기간을 포함한다), 계약기간 종료 전 금융소비자가 계약을 해지할 경우 그 계약에 따라 금융소비자의 재산에 불이익일 발생할 것, 그 밖에 금융소비자 보호 및 건전한 거래질서를 유지하기 위해 필요한 사항으로서 금융위원회가 정하는 사항이다(동법 시행령 제38조 제1항).

대통령령으로 정하는 기간이란 금융소비자가 위의 원칙들을 위반한 사실을 안 날부터 1년 또는 계약서류를 받은 날(계약서류가 제공되지 않은 경우에는 계약체결일을 말한다)과 보장성 상품은 최초로 보험료를 납부한 날, 투자성 상품은 최초로 수수료를 납부한 날(다만 금융소비자의 재산을 운용한 후 수수료를 지급받기로 약정한 경우에는 계약서류를 받은 날로 한다), 대출성 상품의 경우에는 금융상품직접판매업자가 계약에 따른 금전·재화 등을 최초로 지급한 날 중 늦은 때로부터 5년(예금성 상품은 계약서류를 받은 날로부터 5년을 말한다)중 먼저 도달한 기간을 말한다(시행령 제38조 제2항).

금융상품판매업자 등이 판매과정에서 위법행위를 하였다면, 금융소비자는 손해발생여부에 관계없이 해당 계약을 계약일로부터 5년 이내에 계약을 해지할 수 있다. 해지요구문서에는 금융상품의 명칭, 법위반사실, 법 위반사실에 필요한 객관적·합리적인 근거자료, 그 밖에 금융위원회가 정하여 고시하는 사항을 명기하여야 한다(시행령 제38조 제3항).

이 경우 금융상품판매업자등은 해지를 요구받은 날부터 10일 이내에 금융소비자에게 수락여부를 통지하여야 하며, 거절할 때에는 거절사유를 함께 통지하여야 한다(제47조 제1항 단서). 거절사유를 알리는 경우에 정당한 사유와 그에 대한 객관적·합리적 근거(법 제19조 위반인 경우에는 해당 위반사실이 없다는 객관적·합리적 근거를 포함한다)를 함께 알려야 한다(시행령 제38조 제4항).

금융소비자는 금융상품판매업자등이 정당한 사유 없이 위의 요구를 따르지 않는 경우 해당 계약을 해지할 수 있다(제2항). 이러한 위법계약해지권은 청약철회권에 비해 5년이라는 비교적 장기간 동안 행사할 수 있고, 금융기관이 '정당한 사유' 없이 해지요구에 응하지 않는 경우 계약을 해지할 수 있다는 점에서 금융소비자에게 강력한 무기가 될 수 있다. 동법시행령에서는 '정당한 사유'에 대하여 다음과 같이 규정하고 있다. 즉 금융소비자가 계약해지요구서를 제출하지 않은 경우, 계약해지요구서의 중요한 사항이 거짓으로 기재되어 있거나 빠진 경우, 법 위반사실이 있는지를 확인하는데 필요한 객관적·합리적인 근거자료를 제시하지 않은 경우, 금융소비자가 계약 후 발생한 자신의 사정변경을 이유로 해당 계약에 법 위반사실이 있다고 판단한 경우, 금융상품판매업자등이 경미한 위반행위에 대해 금융소비자의 동의를 받아 조치를 취한 경우, 금융소비자가 금융상품판매업자등의 행위에 법 위반사실이 있다는 사실을 계약을 체결하기 전에 이미 알고 있었다고 볼 수 있는 경우, 그 밖에 금융위원회가 정하여 고시한 경우(동법 시행령 제38조 제4항)이다.

다만 계약해지요구를 한 금융소비자의 연락처나 소재지를 확인할 수 없는 등 수락 여부를 알리기가 곤란한 경우나 관련 자료 확인 등을 이유로 금융소비자의 동의를 받아 통지를 일정 기간 유예한 경우를 제외하고 계약해지를 받은 날부터 10일 이내에 금융소비자에게 수락 여부를 알리지 않은 경우와 통지 일정 기간 유예한 경우 유예한 기간에 금융소비자에게 수락 여부를 알리지 않은 경우에는 정당한 사유가 없다고 본다(시행령 제38조 제6항). 금융상품직접판매업자등은 법 제47조 제1항 후단에 따라 금융소비자에게 거절사유를 알리는 경우에 정당한 사유와 그에 대한 객관적·합리적 근거(법 제19조 위반인 경우에는 해당 위반사실이 없다는 객관적·합리적 근거를 포함한다)를 함께 알려야 한다(시행령 동조 제5항).

비록 시행령에서 정당한 사유에 대하여 규정하고 있지만, 금융기관이 어떠한 '정당한 사유'를 주장할 수 있는지가 향후 중요한 쟁점이 될 것으로 보인다. 또한 금융상품의 종류 및 특성, 해지 시점 및 금융소비자의 손실 정도나 손실 사유 등에 따라 반환 범위의 확정에 관한 분쟁이 있을 것으로 예상된다.

또한 금융상품 계약체결과정에서 위법성이 존재하는 경우 해당 계약이 완전히 유효한 계약이 되려면 일정기간이 경과해야 하기 때문에 금융상품판매업자 등의 입장에서는 법적 확실성을 확보하기 위해 판매행위규제를 준수하는 효과가 나타날 것으로 예상한다.[322]

(5) 계약체결의 제한·금지 등 명령권

금융위원회는 금융소비자의 권익보호를 위하여 금융상품판매업자등에게 광범위한 시정·중지 명령권을 발할 수 있다. 금융소비자보호를 위하여 새로 도입한 제도이다. 즉 금융상품판매업자등의 경영 및 업무개선에 관한 사항, 영업의 질서유지에 관한 사항, 영업방법에 관한 사항, 금융상품에 대하여 투자금 등 금융소비자가 부담하는 급부의 최소 또는 최대한도 설정에 관한 사항, 그 밖에 금융소비자의 권익 보호 또는 건전한 거래질서를 위하여 필요한 사항으로서 대통령령으로 정하는 사항 등에 관하여 시정·중지 등 필요한 조치를 명할 수 있다(제49조 제1항).

더 나아가 금융상품으로 인하여 금융소비자의 재산상 현저한 피해가 발생할 우려가 있다고 명백히 인정되는 경우로서 대통령령으로 정하는 경우에는 그 금융상품판매업자에 대하여 해당 금융상품 계약체결의 권유 금지 또는 계약 체결의 제한·금지를 명할 수 있다(동조 제2항). 이러한 명령권은 금융상품에 대한 선제적이고 예방적인 접근방식이라 할 수 있다. 즉 금융상품의 구조로 인해 금융소비자에 현저한 손실이 발생할 가능성이 높으며, 해당 금융상품의 복잡성, 영업방식 등으로 인해 금융소비자가 그 위험을 고려하지 않고 계약을 체결할 가능성이 상당히 높은 경우와 금융상품으로 인해 심각한 손실이 발생하였고 손실이 더 늘어날 것으로 예

322) 윤민섭, 앞의 논문, 27면.

상되는 경우, 그 밖에 금융위원회가 정하여 고시하는 경우이다(동법 시행령 제41조 제2항).

이러한 명령권은 금융소비자보호법의 다른 규정으로 규제할 수 있는 권한 및 하위법령을 만들 수 있는 권한과 중복되는 측면이 존재함에도 불구하고, 이러한 명령권을 규정하고 있는 것은 규제 적용 및 신설에 소요되는 행정절차 등으로 인하여 발생하거나 확대될 수 있는 금융소비자피해에 선제적으로 대응할 수 있게 하기 위함이다. 이는 일반 산업분야에서 존재하는 유통제한명령이나 리콜제도와 유사하다고 볼 수 있다.[323)]

323) 윤민섭, 앞의 논문, 27면.

찾아보기

판례

사 항

宋 五 植

전남대학교 법과대학 및 동대학원 졸업(법학박사)
미국 워싱턴대학(St. Louis) 로스쿨 방문교수
광주고등법원 민사·가사조정위원
대한상사중재원 중재위원
전라남도 소청심사위원장
소비자시민모임 자문위원
사법시험, 행정고시, 입법고시 시험위원
현 전남대학교 법학전문대학원 교수

저서

사이버스페이스법(전남대학교출판부, 2016)
단체법(전남대학교출판부, 2015)
소비자법(전남대학교출판부, 2013)
불법행위법(법률정보센터, 2012)
계약법(전남대학교출판부, 2011)
민법총칙(공저, 형설출판사, 2009)
물권법(형설출판사, 2008)
여성과 법(공저, 형설출판사, 2005)
가상공간법(전남대학교출판부, 2005)

소비자계약법

인 쇄 2021년 2월 10일
발 행 2021년 2월 25일

저 자 송오식
발행인 정성택
발행처 전남대학교출판문화원

등 록 1981년 5월 21일 제53호
주 소 61186 광주광역시 북구 용봉로 77
전 화 062) 530-0571~2
마케팅 062) 530-0573
팩 스 062) 530-0579
홈페이지 http://www.cnup.co.kr

값 38,000 원

ISBN 978-89-6849-777-3 (93360)